国富論（上）

国民の富の性質と原因に関する研究

アダム・スミス
高　哲男 訳

講談社学術文庫

訳者まえがき

　本書は、アダム・スミス（一七二三～一七九〇）の主著『国民の富の性質と原因に関する研究』（初版一七七六年）の第五版、つまり生前刊行された最終版の翻訳である。タイトルは、我が国では慣例として定着している簡略表記『国富論』を踏襲している。

　スミスの第一作『道徳感情論』（初版一七五九年）と違い、『国富論』は我が国ではすでに数多く翻訳され、多くの読者を獲得してきたものであるから、内容について改めて紹介する必要はないだろう。経済学の体系を最初に打ち立て、今なお、つねに参照されるべき内容を備えた古典中の古典、大著であることは間違いない。

　『国富論』の翻訳は、大河内一男監訳の中公文庫版（一九七八年）と水田洋監訳杉山忠平訳の岩波文庫版（二〇〇〇年）に至るまで、学術的にも飛躍的に改善されてきた。前者はキャナン版を底本に、歴史的背景について丹念な解説を付けたもので、後者は、*Adam Smith's Library : A Catalogue* の著者であり、監訳者でもある水田洋による詳細な書誌情報を含んだものである。翻訳にあたりおおいに参考にさせていただいたのはもちろんのことで、厚くお礼申し上げなければならない。

　上記二点に較べた場合に本訳書がもつ最大の特徴は、以前はまだ十分に利用できなかったコンピュータ・インターネットの発展を最大限活用し、現代化を図ることができたところにある。大部のOxford English Dictionary 3rd ed.もCD-ROM版が常用できるし、Oxford Dictionary of National Biographyだけでなく、BnF(フランス国立図書館)のGallicaでもフランスの稀覯本が数多くデジタル化されており、誰でも利用可能になっている。『グラスゴー版スミス全集』もLiberty Fundから廉価版が出版されているし、その研究成果を生かしつつ、キャナン編集の第五版を底本に用いた『国富論』がThe Online Library of Libertyで公開されていることも、付言しておきたい。

二〇一九年七月

高　哲男

お知らせ〔第三版〕

以下の著作の初版が印刷されたのは、一七七五年の終わりと一七七六年の初めのことであった。それゆえ、本書の大部分をつうじて、事物の現在の状態と言及する時には、私が本書の執筆に従事していたまさにその時か、あるいは少しだけ前の時期における状態のことだ、と理解されなければならない。しかしながら、私はこの第三版で、とりわけ戻し税を論じる章、および助成金を論じる章でいくつか加筆したし、同様に、「重商主義の体系にかんする結論」という題目の章、および統治者の経費を論じる章で新しい節を追加した。このようなすべての増補部分において、「事物の現在の状態」が意味しているのは、一七八三年および一七八四年の初めのことである。

お知らせ〔第四版〕

この第四版では、種類を問わず、何の変更も加えなかった。しかしながら、勝手にではあるが、アムステルダムのヘンリー・ホープ氏にきわめて多くのものを負っていることに、感謝の意を表しておきたい。私は、きわめて興味深く、また重要な題目でもあるアムステルダム銀行──過去印刷された説明で、私にとって満足でき、意味明瞭なものは何ひとつなかった──にかんするもっとも明瞭かつ十分な情報を、この紳士に負うている。この紳士の名前はヨーロッパではとてもよく知られており、彼に由来する情報は、その恩恵を受けた人なら誰でもおおいに名誉だと思うはずのものであり、私の虚栄心がこのような謝辞を記すように急き立てていることもあり、拙著のこの新しい版の冒頭にこのお知らせを記す喜びを、もはや抑えることができないのである。

凡例

1. 翻訳の原典は一七八九年に出版された第五版である。第二編第二章までが第一巻、第四編までが第二巻、第五編が第三巻、全三巻として印刷・刊行された。

An Inquiry into the Nature and Causes of the Wealth of Nations. By Adam Smith, LL.D. and F.R.S. of London and Edinburgh : One of the Commissioners of His Majesty's Customs in Scotland; and Formerly Professor of Moral Philosophy in the University of Glasgow. In Three Volumes. The Fifth Edition. London : Printed for A. Strahan; and T. Cadell, in the Strand. MDCCLXXXIX.

参考までに、翻訳に当たって参考にした一七七六年の初版から一七八六年の第四版、さらに一七九一年刊行であるが、スミスが綴りの訂正指示をした可能性があるとされる第六版までの書誌情報を、以下に示しておく。

〔初版〕*An Inquiry into the Nature and Causes of the Wealth of Nations*. By Adam Smith, LL.D. and F.R.S.; Formerly Professor of Moral Philosophy in the University of Glasgow. In Two Volumes. The First Edition. London : Printed for A. Strahan; and T. Cadell, in the Strand. 1776.

〔第二版〕*An Inquiry into the Nature and Causes of the Wealth of Nations*. By Adam Smith, LL.D. and F.R.S.; Formerly Professor of Moral Philosophy in the University of Glasgow. In Two Volumes. The Second Edition. London : Printed for A. Strahan; and T. Cadell, in the Strand. 1778.

〔増補と訂正〕*Additions and Corrections to the First and Second Editions of Dr. Adam Smith's Inquiry into the Nature and Causes of the Wealth of Nations*. (pp.79.) 1784.

〔第三版〕*An Inquiry into the Nature and Causes of the Wealth of Nations*. By Adam Smith, LL.D. and F.R.S. of London and Edinburgh : One of the Commissioners of His Majesty's Customs in Scotland; and Formerly Professor of Moral Philosophy in the University of Glasgow. The Third Edition, with Additions, In Three Volumes. London : Printed for A. Strahan; and T. Cadell, in the Strand. 1784.

〔第四版〕*An Inquiry into the Nature and Causes of the Wealth of Nations*. By Adam Smith, LL.D. and F.R.S. of London and Edinburgh : One of the Commissioners of His Majesty's Customs in Scotland; and Formerly Professor of Moral Philosophy in the University of Glasgow. In Three Volumes. The Fourth Edition. London : Printed for A. Strahan; and T. Cadell, in the Strand. 1786.

〔第六版〕*An Inquiry into the Nature and Causes of the Wealth of Nations*. By Adam Smith, LL.D. and F.R.S. of London and Edinburgh : One of the Commissioners of His Majesty's Customs in Scotland; and Formerly Professor of Moral Philosophy in the University of Glasgow. In Three Volumes. The Sixth Edition. London : Printed for A. Strahan; and T. Cadell, in the Strand. 1791.

2.『国富論』は、初版以降多くの細かな修正・訂正が加えられたが、すべてを示すと煩雑になりすぎるため、大きな修正と増補が施された第三版の出版と同時に、初版と第二版の購入者宛にスミスが印刷・公刊した『増補と訂正』を中心に、理論的に重要と思われる箇所に限り、その内容れている。

がわかるように〔 〕で説明を補っている。初版から第五版に至るまでの詳細な修正・変更・増補については、The Glasgow Edition of the Works and Correspondence of Adam Smith : Clarendon Press に納められている二巻本の Wealth of Nations（底本は第三版）に網羅的な脚注が付されているし、また水田洋監訳、杉山忠平訳『国富論』でも、同様に詳細な注記が与えられている。

3. スミスの著作からの引用は、近年国際的にも上記グラスゴー版を用いて WN. I. xi. a. 1. の形式〔『国富論』第一編第一一章第一節パラグラフ1のこと〕で示されることが多い。したがって、本訳書においてもこれを踏襲することにし、偶数頁の柱に「編、章、節」を示す記号番号を付し、パラグラフ番号を、パラグラフの先頭に入れておいた。

4. スミスの文章は、時に数頁にまたがる長いパラグラフから構成されることがあり、とりわけ文庫本の場合には、著しく読みにくくなってしまう。そこで、編集者からの助言も参考に、長いパラグラフの場合〔『国富論』で最長のパラグラフは V. i. e. 26. であり、原典でも本翻訳でも一〇頁超になる〕、原典には存在しない改行を随所に入れて対応することにしている。スミスの思考と論理を厳密に追究する場合には、あくまでもパラグラフ番号を念頭においていただくように、お願いしたい。このような大胆な試みをしたこともあり、「:」や「;」を多用して、緩やかな時間的前後関係や因果関係などを織り交ぜながら考察を進めていくスミスの主張を、長い一文を細かく切り分けて「わかりやすくする」という便宜は、原則として回避している。

5. 原注は＊でしめす。

6. 訳者註はもっぱら〔 〕で挿入したが、長い場合は、〔訳注〕と表記し、章末にまとめた。

7. 作品名や主人公名などは、すべて原作者の生没年をあげて年代を示唆するが、生没年が推定の場合、慣例に従って、?または c. を付している。また、名称のカタカナ表記は、ギリシャ・ローマの人物については、たとえばスミスが Caesar と表記していても、慣例的な表記にしたがって（ラテン文字に翻字）カエサルに、Pliny はプリニウスと表記しているし、スミスが英語表記している場合も、すべて日本語での慣例表記にしている。さらに人名における長音表記は原則回避したため、プラトーンではなくプラトンのように表記しているが、かならずしも厳密に統一したわけではなく、あくまでも我が国における慣例を重視したものである。

8. ラテン語表記やイタリック表記には、すべて傍点を付して示した。

9. ルビで示したカタカナ表記の原語は、複数形の場合も基本的にすべて単数形で表記している。また、「国」「地方」「原則」「彼」など名詞の複数形は、前後関係からして誤解が生じる恐れがないかぎり、表記の上ではすべて「諸」を省略して単数形にした。わずらわしさを回避し、日本語らしさを維持するためである。

10. 訳語については、機械的な統一を避け、同一の原語に対してすべての訳語を統一することはせず、あくまでも文脈に即して解釈するように心がけている。スミスの場合、特に『国富論』は時代的に資本主義体制あるいは市場経済体制が確立してくる時期にまとめられたものであり、経済理論的な厳密な考察と、制度的・法律的な考察と、歴史的な分析のすべてが織り合わされているからである。本書は、このようなスミスの分析に、あくまでもスミスの思考に即した理解と解釈を施したうえで、現代的な統一的再構成を目指した翻訳である。そのため、基本的にOED第三版に依拠しつつ、研究史の成果に留意しながら、なお現代でも明快に理解できるようにという観点から、訳語の選択・決定を行っている。「あとがき」でもすこし解説しておいたが、『国富論』を理解していくうえで重要な概念でありながら、それぞれが多義的であったり、共通する意味をもつこともあるため混乱しやすい言葉を、あらかじめ数点挙げておくことにしたい。

Fund は「基金」でおおむね統一しているが、「資金」「源泉」の場合もまれにある。

Stock は、第一編では、手許にある実物資本という意味で「元本」、第二編では、文脈に応じて「元本」あるいは稀に「在庫」、第三編以降は「元本」としている。

Capital は、すべて「資本」としている。

Country は、文脈に応じて「国」、「地方」あるいは「田舎」としている。

Industry は「産業」「勤労」「努力」「勤勉」など多くの意味をもつが、市場経済における分業の一翼を担う「労働」であることを明瞭にするため、基本的に「産業的な労働」とか「組織的な労働」とした箇所が多い。もっとも、「組織的な労働」とは、社会的分業体系の一環としての「組織的」な労働という意味であり、労働組合組織という意味ではないことに注意されたい。

Trade は、「職業」、「事業」、「貿易」など、文脈に応じて適宜訳出した。

British には、曖昧であることを承知の上で、基本的に、日本で長く用いられ、今なお他分野で用いられている「イギリスの」という訳語を当てることにした。ある意味で原語に忠実に「ブリテンの」としたとしても、若い読者も含め、きっと首をかしげるだけであろうからである。「イングランド」や「グレートブリテン」と重なったり重ならなかったりして、歴史的にも厄介な論点を含みはするが、だからと言って、「ブリティッシュ」とか「ブリテンの」とカタカナ表記すれば、意味内容がそのまま伝わるわけでもないからである。

11.『国富論』は第三版から巻末に索引が設けられている〔スミス自身が作成したものではない、というのが定説である〕が、使い勝手が良いとは言えないし、また本書は電子書籍版も刊行されるので、詳細についての索引は電子版での検索機能に委ねることにした。そこで本書では、同一の原語を文脈に応じてさまざまな日本語に移し替えたこと、数が多すぎると事実上無用の長物になることなども考慮し、大幅に簡略化することにした。事項については、章や節のタイトルに含まれているものについては編、章、節などの記号番号をゴチック体で表記し、それ以外については、定義的な説明が含まれているなど、スミスの主張を理解していく上で特に重要と思われる箇所だけに絞り、地名はすべて省略している。

12. 今日では不適切な表現とされている「未開（savage）」「野蛮（barbarous）」という叙述表現があるが、一八世紀当時のイギリスにおける認識をあらわすものとしてそのままとした。加えて本書の叙述には、執筆された一八世紀のイギリス社会に支配的な思考や認識を反映した部分も含まれており、とくに内外の世相について差別的・侮蔑的と受け取られかねない表現が散見される。もとより差別は許されるものではないが、本書が書かれた歴史的・時代的背景を理解したうえで、そのような差別に立ち向かおうとするスミス自身の視座、人間観や社会観をより正確に理解し、理論的に再構成していく一助とするために、基本的にはあくまでも原文を忠実に訳出している。読者のご理解を乞うものである。

目次

国富論（上）

【下巻　目次】

国富論（上）

――国民の富の性質と原因に関する研究――

序と構想

1 国民の年々の労働は、まず第一に、国民が年々消費する生活必需品と便宜品のすべてを供給する基金(ファンド)であって、この生活必需品と便宜品は、つねに国民による労働の直接の生産物と、それと引き替えに他国から購入するものとで構成されている。

2 それゆえ、この生産物やそれと引き替えに購入したものが、消費する人間の数に対して、大きな比率を占めるか小さな比率を占めるかに応じて、国民自身が享受できる必需品と便宜品の供給量の全体が、潤沢になったり不足したりするであろう。

3 だが、この比率は、どの国民でも二つの異なった事情によって——第一に、一般的に国民の労働が用いられる際の技能、技量や判断力によって、第二に、日常の必要を満たす労働に従事している人間の数と、それに従事していない人間の数との間の比率によって——左右されるはずである。土地、気候、領土の広さが国によってどれだけ違っているとしても、それぞれ置かれた特定の条件のもとで、国民の年々の供給が豊富であるか、それとも不足しているかは、この二つの事情次第なのである。

4 このような供給の量が潤沢であるか、それとも不足気味であるかは、二つの事情のうちでは、前者に依存するところのほうが大きいように思われる。猟師と漁師だけしか住まないような未開な国のばあい、労働能力をもつすべての人間は、有用な労働——高齢のため、あるいは、幼かったり虚弱であったりするため、狩猟や漁労に従事できない家族や部族の人々や自分自身のために、可能なかぎり生活必需品や便宜品を提供しようとする努力――に従事している。だが、そのような未開な国民は目を覆うほど貧しいから、たんに不足の状態にあるだけでなく、時には、餓死するほどの窮乏――幼児、高齢者や長期の病に冒された人々が餓死し、やがて獣が食らうままに放置せざるをえないほどの窮乏――に晒されるし、すくなくとも、彼ら自身もそのように信じている。逆に、文明が進展して繁栄している国では、きわめて多くの人々がまったく肉体労働に従事しないでいるというのに、労働しない人々が消費する労働生産物は、労働に従事する大部分の人々の一〇倍、時には一〇〇倍に達している。だが、社会全体の労働生産物がきわめて大量にあるため、ほとんどの場合、すべての人々は十分に満たされており、もっとも身分が低くて貧しい階級に属する労働者でさえ、入手する生活必需品と便宜品の分け前で比較した場合、あらゆる未開人が入手できる量よりもずっと大きくなる可能性がある。

5　労働の生産力におけるこのような改善の原因、労働の生産物が社会のさまざまな地位や身分に属する人々に自然に分配される秩序、これが本書第一編の主題である。

6　労働が実際に利用される際の技能、技量や判断力があらゆる国でどのような状態にあろうと、それが一定の水準にとどまっているかぎり、一国の年々の供給量の多寡を決定するのは、年々有用な労働に従事する人間の数と、それに従事しない人間の数とのあいだの比率だけである。後に解明するところだが、有用で生産的な労働者の数は、どの国でも、労働者を働かせるのに用いられる資本元本（キャピタル・ストック）の量と、それを用いるそれぞれの方法に比例している。

だから第二編では、資本元本の性質と、漸次的な蓄積の仕方や用途の違いに応じて決まる雇用労働量の相違、これが主題になる。

7　労働を利用する際の技能、技量、判断力の点でかなりの発展をとげた国は、その一般的な管理や指揮の仕方について、大きく異なる計画を採用してきた。つまり、生産高を増加させるという点でみると、さまざまな計画はかならずしも同じようにうまくいったわけではない。地方の産業を例外的に奨励する政策を採用した国がある一方で、都市の産業を奨励した国もあった。すべての産業を分け隔てなく取り扱った国は、ほとんど存在しない。ローマ帝国の崩壊後、ヨーロッパを支配してきた政策は、地方の産業である農業よりも、都市の産業つまり同業者の組織、製造業や商業というものを、一段と優遇してきたのである。このような政策を採用し、それを蔓延させた事情が、第三編で説明される。

8　このようなさまざまな計画は、そもそも特定集団の私的な利益（プライベート・インテレスト）と依怙贔屓（えこひいき）をつうじて導入されたようだが、そこには、社会の一般的な福祉に及ぼす影響に対する配慮や予見など、まったく存在しなかった。とはいえ、そのような計画は、まったく異なった理論体系から成り立つ経済学を台頭させたのであって、都市で遂行されている部類の産業の重要さを誇張したものがある一方で、地方で遂行される産業の重要さを誇張したものもあった。このような理論体系が、知識階級の考え方ばかりか、君主や独立国の公的な管理にも大きく影響してきたのである。第四編では、このようなさまざまな理論体系を、つまりそれが異なった時代と国においてもたらした主要な結果を、できるだけ明瞭に、もれなく説明するように努めた。

9 以上四編の目的は、異なった時代と国において、大多数の国民の収入とはどのようなものか、すなわち、国民の年々の消費を満たしてきた基金の性質とはどのようなものか、これを説明することである。最後の第五編では、統治者つまり国家の収入を論じる。この編では、以下の三点を呈示したい。すなわち第一に、統治者つまり国家にとって不可欠な経費は何か、このような経費のどの部分が社会全体に共通な税によって負担されるべきか、社会の特定の部分つまり特定の人々だけが負担すべきものはどれか。第二に、義務として負担する経費を賄う方法として社会が利用できるのはどれであるか、つまり、それぞれの課税方法がもつ主要な利点と不都合は何か。最後に第三として、ほとんどすべての近代政府が、どのような原因や理由で歳入の一部を抵当に入れ、債務を生じさせるように仕向けられてきたか、さらに、このような国家の債務は、真実の富つまり社会の土地と労働の年々の生産物に対して、どのような影響を及ぼしてきたか、これである。

第一編　労働の生産力が改善される原因、および労働の生産物がさまざまな階級の人々に自然に分配される秩序について

第一章　分業について

1　労働の生産力における最大の改善、つまり、労働を管理したり利用したりする際の技能、技量や判断力の大部分は、分業、つまり労働を細分化することによって実現されたように思われる。

2　社会の一般的な仕事で発生する分業の効果は、特定の製造業で遂行されている方法を思い浮かべれば、ごく容易に理解できるだろう。分業は、普通いくつかの零細な製造業でもっとも進んでいると思われているが、その理由は、そのようなところのほうが、大々的な製造業よりもずっと多くの分業を取り入れているからではない。少人数向けに、少量の必要物を供給する零細な製造業で働く人間の数それ自体が小さいから、このような分野で使用される労働者は、しばしば同じ仕事場に集められ、監督の目の届く範囲に配置されていることが大きな理由である。逆に、大部分の国民の必要物を大量に供給する大規模な製造業の場合、個々の部門は、それぞれきわめて多くの労働者を使用するため、全員を単一の仕事場に集めることは不可能である。人間が一度に視野に入れることができるのは、一部門で使用されている数の労働者で精一杯である。それゆえ、零細な製造業と比べた場合、大規模な製造業でも、実際には仕事をずっと多くの部分に細分化しているのだが、後者では分業がそれほど目につかないため、観察される機会がずっと少なかったのである。

3　したがって、分業つまり労働の細分化が頻繁に観察されてきたごく小規模な製造業のなかから、ピン製造業〔ピンは、衣服製作に不可欠な生活必需品であり、イギリスでは一七世紀に工場生産方式が導入され、児童労働を活用しながら発展し、一八世紀半ばには、あらゆる地方都市で二〇〇人を上回る大規模な工場が多数出現していたし、小さな田舎町では、どこにでも零細な工場があった〕を実例として取り上げておくことにしよう。この仕事（分業の結果独立した一つの職業）を仕込まれておらず、仕事に使う機械（この発明も同じ労働の細分化が生み出したものと思われる）の利用にまだ習熟していない労働者の場合、どれほど勤勉に働いても、一日に一本のピンを作るのがせいぜいであり、二〇本などというのは絶対に不可能だろう。だが今では、この事業は仕事全体が業界として独立しただけでなく、いくつかの部門に細分化され、しかもその大部分が、同様に特殊な職業に分化した形で遂行されている。一人の従業員が針金を引き伸ばし、他の従業員が真っ直ぐにし、三人目が切断し、四人目が先端を尖らせ、五人目はヘッドを支えるために反対側の先を削る。ヘッドを作るには、さらに二つか三つの異なった作業が必要だが、それを付けるのはまったく別の作業だし、ピンを白く塗るのはさらに別の作業である。出来上がったピンを紙で包むことさえ、独立の仕事になる。

このように、ピン製造という有意義な事業は、約一八の異なった作業工程に細分化されるが、このすべてが個々別々の労働者によって遂行される工場もあるし、同じ人間が、時に応じてそのうちの二つか三つを遂行する工場もある。わずか一〇人を雇い、彼らの一部が二つか三つの異なった作業を遂行するような小工場を見たことがある。彼らはきわめて貧しく、必要な機械の供給という点でかなり劣悪だが、全力で働いた場合には、全員で一日に約一二重量ポンド〔標準の重量単位で一ポンドは約〇・四五三キログラム。本書では、貨幣単位のポンドと区別するため、重量ポンドと表記する〕のピンを作ることができる。一重量ポンドといえば、中程度のピン約四〇〇〇本以上である。したがって、一〇人の人間は一日に全員で四万八〇〇〇本以上のピンを製造できることになる。それゆえ、ピン四万八〇〇〇本の一〇分の一を作る従業員は、それぞれ一日に四八〇〇本のピンを作ると考えてよい。だが、もし彼らがすべて別々に独立して働き、しかも誰一人この特殊な事業を仕込まれていない場合には、全員で一日に二〇本はおろか、おそらく、一本すら作れないにちがいない。この数字が、彼らのあいだでさまざまな作業工程を適切に細分化して結合した結果、実現できるようになったものの二四〇分の一はおろか、おそらく四八〇〇分の一にも達しないこと、これはまったく明らかなことである。

4 他のすべての手工業や製造業でも、分業による効果は、前述のごくありふれた事業とまったく変わらないが、多くの場合、同じ程度まで労働を再分割したり、単純な作業に還元し尽くしたりすることはできない。しかし、導入が可能であれば、分業はどの職業でも労働生産力の比例的な増大を引き起こす。さまざまな種類の事業や仕事がそれぞれ分離・独立していく理由は、このような利点があるからである。一般的に、このような分化がもっとも進むのは、最高度の勤勉と改良を実現している国でのことであって、未開状態の社会なら一人の人間の仕事であったものが、進歩した社会では、数人の仕事に分かれるのが通例である。進歩した社会では、農業者は一般的に純然たる農業者であり、製造業者も、製造業者以外のなにものでもない。ある一個の完全な製造品の生産に必要な労働もまた、まず例外なく、ずっと多くの労働者のあいだに分割される。麻製品や羊毛製品の製造業部門に、いかに多くの職業が携っていることか。亜麻と羊毛の栽培・育成業者に始まり、亜麻布の漂白職人やつや出し職人、さらには布地の染色職人から仕上げ職人、という具合である。

製造業と比べた場合、農業では、性格上それほど多くの労働の細分化が許されないから、ひとつの作業を他の作業から完全に分離できないのは事実である。大工の仕事と鍛冶屋のそれを一般的に区別できるほど、畜産業者の仕事と穀物生産者の仕事を完全に区別することは不可能である。紡績工と織布工はつねに別人物だが、畑を掘ったり、表土を掻き均したり、種をまいたり穀物を刈り取ったりする仕事は、しばしば同一人物が兼務する。このようにさまざまな種類の労働に従事する機会は季節の変化とともにめぐってくるから、一人の人間が、かならずそのどれかに従事できるわけである。農業労働は仕事の種類に応じてすべて完全に分割できないこと、おそらくこれが、この職業における労働生産力の発展が製造業よりつねに遅れる理由であろう。もっとも富裕な国は、実際には、製造業だけでなく農業でも隣国をしのいでいるが、普通その卓越性が目立つのは、後者よりも前者においてのことである。豊かな国の土地は一般によく耕作され、より多くの労働と経費が土地に費やされているからこそ、土地の広さやもともとの肥沃度のわりに、産出量が多くなるのである。だが、この生産高における卓越性は、労働と経費における卓越性にくらべると、ほとんどの場合些細なものである。

農業の場合、富国の労働生産性は、いつも貧国より大幅に高いわけではないし、すくなくとも、製造業で一般的なほど、著しく生産性が高いことなどけっしてない。それゆえ、同じ品質のものであれば、富国の穀物が、貧国のそれよりつねに安く市場に供給されることにはならないだろう。同じ品質の場合、ポーランドの穀物は、富裕と進歩の程度がはるかに勝っているフランスのそれと、同じくらい安価である。穀倉地帯に限っていえば、フランスの穀物は品質が良く、どの年度をとってもイングランドの穀物とほぼ同じ価格であるが、富裕と進歩という点では、おそらくフランスはイングランドより劣っている。だが、イングランドの穀物畑はフランスよりもよく耕作され、フランスの穀物畑はポーランドよりずっとよく耕作されている、といわれている。しかし貧国は、耕作の程度が劣っていても、穀物の安価さと品質の点で、富国にある程度まで対抗できるにもかかわらず、製造業——すくなくとも富国の土地や気候、さらには地理的条件に適合した製造業——という点では、貧国は競争する素振りさえすることができない。

フランスの絹製品がイングランドのそれより質がよくて安価な理由は、すくなくとも原料の生糸輸入に対する高関税が現在のままである限り〔すくなくとも以降は、第二版で追加〕、イングランドの気候が、フランスほど絹織物業に適さないからである。だがイングランドの金属製品や目の粗い毛織物は、どこから見てもフランス産より優れており、品質が同じ場合には値段もずっと安価である。ポーランドには、およそ製造業とよべるものは存在しないといわれるが、粗末な家庭用品製造などは例外であって、それなしで満足に存続できる国など、あるはずがない。

5 分業つまり労働の細分化によって、同数の人々が遂行しうる産業活動は飛躍的に増加するが、これは、三つの異なった副次的な原因にもとづいている。すなわち第一に、労働者一人一人の技量の向上。第二に、ある種類の仕事から他の仕事に移る際に一般的に失われる時間の節約。そして最後に、以前多数の人間が遂行していたものを、労働の促進と短縮により、一人で遂行可能にするような無数の機械の発明、これである。

6 労働者の技量の向上は、成し遂げることができる仕事の量を必然的に増加させる。つまり、分業とは、あらゆる人の業務をある程度単純な作業に還元するだけでなく、その作業を生涯つづける職業にすることにより、労働者の技量を必然的に大幅に向上させるものなのである。ハンマーの取り扱いに習熟していたとしても、釘の製造に慣れていない並の鍛冶屋は、突発的な事情でそれを作らざるをえなくなったとしても、一日あたり二〇〇から三〇〇本の低品質の釘を作ることさえ難しいにちがいない。釘作りに慣れていても、本業が釘作りではない鍛冶屋は、どんなに勤勉に働いても、一日に八〇〇から一〇〇〇本以上の釘を作れないだろう。

　釘作り以外の職を経験したことがない二〇歳に手が届かぬ少年だというのに、全力で努力すれば、一日に一人当たり二〇〇〜三〇〇本以上の釘を作ることができる者を、何名か見かけたことがある。だが、釘作りは、けっして単純きわまりない類いの作業ではない。同一の人間が鞴（ふいご）を吹き、必要な場合には、燃料を足しながら火をかきたてて鉄を加熱しながら、釘の全体を鍛造する。さらに釘の頭を鍛造する時には、道具を取り替える必要もある。ピンや金属ボタン製作の過程で細分割されるさまざまな作業は、すべてがはるかに単純なものであって、それを生涯で唯一の本職にする人間の技量が著しく高いのは、当たり前のことなのである。このような製造工程のいくつかが遂行される速度は、それを見たことのない人には、とうてい人間業ではないと思えるほどである。

7　第二に、ひとつの仕事から別の仕事へ移動するために費やす必要がある時間を節約してえられる利益は、一見して想像しがちなものよりずっと大きい。ひとつの仕事から、違った場所で違う道具を使っておこなう別の仕事に素早く移動することは、きわめて難しい。狭い畑を耕作している田舎の織布工は、織り機から畑へ移動したり、畑から織り機へ移動したりする場合、長い時間を無駄にせざるをえない。同じ作業場で、二種類の仕事を遂行できるのであれば、失われる時間は間違いなく大幅に減少する。だが、この場合でさえ、それはかなり大きなものになる。人間というものは、ある種類の仕事をやめて別の仕事に取りかかる時には、ある程度時間を空費するものである。新しい仕事に着手した当初は、なかなか機敏にもなれないし、まして熱中するのは難しい。いわゆる気乗りしない状態があり、しばらくのあいだ、本来の目的に専心するというより、いじくり回すだけに留まる。ぶらついたり、怠惰で注意力散漫になったりする習慣は、三〇分おきに仕事と道具を取り替え、命がつづく限り、ほとんど毎日二〇もの異なった方法で手を動かす必要に迫られる田舎の労働者が、自然に、あるいはむしろ必然的に、身につけるものなのである。田舎の労働者をつねに怠惰なのろまにするもの、つまり、もっとも切迫した状況の中でさえ、活力に溢れる不屈の努力ができない人間に仕立て上げるのは、この習慣にほかならない。それゆえ、技量という点でみた不足は別として、この原因だけでも、彼が遂行しうる仕事の量をつねに著しく減少させているはずである。

8　第三つまり最後に、適切な機械の採用がいかに多くの労働の促進や短縮を実現するかということ、これは誰でも意識しているはずである。具体例など挙げる必要はない。それゆえここでは、およそ労働を著しく促進したり短縮したりする機械の発明は、究極的には労働の細分化に由来すると見てよい、と指摘するにとどめておこう。何らかの目的を達成するために、人間が従来よりも容易で簡便な方法を発見する可能性が著しく高まるのは、さまざまな対象に分散させずに、心血のすべてを単一の対象に注ぎ込む時である。だが、労働の細分化つまり分業が進展する結果、個々人の注意力は、おのずと特定の単純な対象に絞り込まれてくる。それゆえ、仕事の性質がこの種の改良を許容するものであるかぎり、ある特定の労働分野に従事する人々のなかで、以前よりも容易かつ迅速に自分自身の仕事を遂行する方法を発見する人間が、まもなく現れると期待しても何ら不自然ではない。

労働の細分化がもっとも進んだ製造業で利用される機械の大部分は、もともと普通の労働者によって発明されたものである。つまり彼らは、きわめて単純な特定の作業に従事していたため、自然と、それをより容易かつ迅速に遂行する方法をみつけよう、と考えを巡らせはじめたわけである。このような工場をしばしば訪れたことがある人は、労働者がそれぞれ担当している仕事を促進したり短縮したりするために、自分自身で発明した立派な機械を数々目撃したはずである。最初の蒸気エンジンでは、ピストンの上下にあわせて、ボイラーとシリンダー間の通路を交互に開け閉めするために働く少年が、いつも一人欠かせなかった。友達と遊ぶことが大好きな少年の一人が、この通路を開ける弁の取っ手と蒸気エンジンの他の部分を紐で結べば、自分の手を下さなくても弁が自動的に開け閉めされ、仲間と楽しく遊んでいられるということを発見した。この機械の発明以後に加えられた重要な改良のひとつは、このような労働の節約を願う少年による発見であった。

9 だが、機械においてなされた改良が、ことごとく機械を使う人々による発明だったわけではない。機械の製作が特定の職業として独立すると、多くの改良は、機械製作者の創意工夫に大きく依存するようになる。もちろんある程度の発明は、なにも生産せず、ひたすら科学的に観察することを仕事にしている学者（フィロソファー）や思索家と呼ばれる人々によってなされた。この理由から、彼らは、もっともかけ離れた、似ても似つかぬ対象がもっている力を合体する能力を、かなりの頻度でもっていることが理解できる。

社会が進歩してくると、自然現象の研究や観察は、特定の市民階級が従事する主要で独立した仕事や職業になってくる。他の職業と同様に、これもまたきわめて多くの異なった部門に細分化され、学者という特別な種族や階級の仕事になる。自然現象の研究（フィロソフィー）におけるこのような仕事の細分化は、他のすべての職業と同様に、技量を改善し、時間を節約するものである。すべての個人が従事する特殊な分野で、自分自身が専門家になればなるほど、全体としてますます多くの仕事がなされ、結果的に、専門的知識の量が飛躍的に増加することになるわけである。

10 立派に統治された社会で、社会の最下層の人々にまで行きわたるような一般的富裕を実現するのは、分業の結果として生じる、さまざまな職業全体における生産物の飛躍的な増加である。どの労働者も、自分自身で消費しうる量をはるかに超える生産物を持っており、他の労働者も残らずまったく同じ状況にあるから、すべての労働者は、自分自身が作ったものの大部分を他人が作ったものの大部分と、つまり同じことだが、他人が作ったものの大部分の価値と交換できるのである。ある労働者が他の人々の欲するものを潤沢に供給し、他の人々がある労働者の欲する物をできるだけ多く提供しようとするから、一般的な富裕が、あらゆる社会階層に属する人々すべてに行きわたって行くのである。

11　ごく普通の職人や日雇い労働者が、文明化されて、繁栄している国で享受している便宜品を観察してみよう。そうすれば、たとえごく一部にすぎないにしても、勤労（インダストリー）の一部をこのような便宜品を製造するために振り向けている人間の数が、考えられないほど多いのに気付くだろう。たとえば、日雇い労働者が身に付ける粗い織りのごわごわした毛のコートは、多数の職人による結合労働の産物である。牧羊者、羊毛の選別工、羊毛の梳き手つまり梳毛工、染色工、紡績工、織布工、縮絨（しゅくじゅう）工〔毛織物製造の一過程で、アルカリ溶液のなかで圧力と摩擦を加え、毛織物を密に整える労働者〕、仕上工その他の人々が、この質素きわまりない生産物をもたらすために、さまざまな技能を遺漏なく結合している。

くわえて、遠く離れた地方に住んでいることが多い労働者に原料を運搬するため、どれだけ多くの商人や運送業者が必要だったことか。染色工が利用するさまざまな薬品は、世界の隅々からくることが多いが、それを持ってくるためにいかに多くの商業と航海――すなわち多くの造船業者、船員、製帆業者、製綱業者――が必要であったことか。このような労働者のうち、取るに足りぬ連中が使う道具の製作に必要な労働もまた、なんと多種多様であったことか。船員の船、縮絨工の圧搾機、さらには織布工の織り機という複雑な機械はさておき、ここではきわめて簡単な機械、つまり牧羊者の羊毛刈り取り用の大鋏を作るのに要する労働がいかに多様であるか、これに絞って考察してみよう。

鉱山業者、溶鉱炉建設業者、木材伐採業者、製鉄業者が使用する木炭の炭焼工、レンガ製造工、レンガ積み工、さらに、溶鉱炉の世話をする機械組立工、鍛鉄工、鍛冶屋などすべての労働者は、大鋏を生産するためにさまざまな技術を残らず結合する必要がある。くわえて、牧羊者の衣類や家具の大部分、つまり、直に肌にふれる粗い麻の下着、靴、ベッド、寝具、食事を調理する台所の火床、地下から掘り出され、おそらく長距離の海運と陸運を経て運び込まれた調理用の石炭、その他のあらゆる台所用品、食事を取り分ける陶製や錫合金製の皿、ナイフやフォークといったあらゆる食卓用品、パンとビールを造るのに使用された他人の労力、暖と採光をもたらし、風雨を防いでくれるガラス窓――この美しくて幸福な発明を生み出すために必要なすべての知識と技術をもってしても、これなしでは、地球の北部地域をきわめて快適な居住場所にできなかったであろう物――に加え、このようなさまざまな便宜品を生産するために用いられたさまざまな労働者の道具も、すべて同様に調査してみる――これらの物を調査し、それぞれの物を作るのにいかに多くの種類の労働が用いられたかに注目する――と、たちどころに、以下のことに気付くだろう。

すなわち、文明国では、このような何千人の助力や協力がなければ、ごく普通の人間でさえまったく日常的に遂行している、簡素で控えめな――このように、我々はまったく誤解しているのだが――生活様式に一致するものさえ、入手できないようになっているのである。実際、高貴な人々の途方もない贅沢と較べると、普通の人々が享受する便宜など、この上なく控えめで簡素なものに見えるにちがいない。にもかかわらず、ヨーロッパの君主の部屋や調度品が、勤勉で倹約なヨーロッパの小作人(ペザント)のそれを凌駕している程度で較べれば、後者の部屋や調度品が、多くのアフリカの王様——裸ですごす一万人もの未開人の生命と自由の絶対的支配者——のそれを凌駕している程度ほどには、かならずしも大きくないこと、これはおそらく間違いないことだろう。

第二章　分業を引き起こす原理について

1 分業とはじつに多くの利益を引き出してくれるものだが、もともとこれは人間の英知——それがもたらす一般的な富裕を予見したり、意図したりするような英知——の産物ではない。そのような広範な有用性などまったく予見しない人間本性のなかの一定の習性（プロペンシティ）が、きわめてゆっくりと、徐々にもたらした結果ではあるとはいえ、これ——あるものを他のものと取り引きし、やり取りし、交換するという習性——は、人間に不可欠（ザ・ネセサリー）な行為なのである。

2 このような習性が、ここではこれ以上詳しく述べることができない根元的な人間本性に属するものか、あるいはずっとありそうなことだが、理性と言語能力の必然的な帰結であるのか、ということは当面の研究課題ではない。それは人間であれば普通に見られるが、他の動物種ではまったく見られないものであるし、動物の場合には、およそ契約というものをまったく知らないようである。二匹のグレイハウンドは、野ウサギを追いかける時、時々一種の協力行動をしているように見える。それぞれ相棒のほうにウサギを追いこんだり、相棒が追いこんでくれたりしたウサギを捕まえようと努力する。しかし、これはおよそ契約にもとづくものではなく、たまたま、その時同じ獲物を追いかけた情熱がもたらした偶然の結果である。犬同士が公正で計画的な骨の交換をしている風景など、誰一人見たことはないだろう。

これは俺のものでそれはおまえのものだから、それと引き換えにこれをおまえにやろうと、身振りや鳴き声で知らせようとしている動物も、まだ観察されていない。ある動物が人間や他の動物から何かをもらおうとする場合、説得の手段は、恩恵を施してくれる当事者の好意を確保するほかにない。だから、子犬が母犬にじゃれるのであり、食べ物をもらいたい時、食事中の飼い主の注意をひきたい一心で、スパニエルがむやみやたらに芸を披露することになる。

ときには人間も、仲間に対しておなじ手管を用いるのであって、望み通りに仲間を動かす方法が他になければ、仲間の好意を得ようとして、卑屈で媚びへつらうようなありとあらゆる献身的な振る舞いに訴えようとする。だが、必要な時に、いつでもこのように振る舞う時間があるわけではない。文明社会では、人間は、つねにきわめて多くの人々の協力や援助を必要としているにもかかわらず、生涯をつうじた親密な交友関係をいくつか築くことさえ難しい。人間以外のほとんどの動物の場合、成年に達した時、あらゆる個体はそれぞれ完全に独立していて、自然状態の中で、他の生き物に助力を仰ぐようなことはない。だが人間は、ほとんどいつでも仲間の助力が不可欠だが、好意にもとづく助力を期待するだけでは成果を上げられない。自分自身に有利になるように、仲間の自己愛（セルフ・ラヴ）に訴えかけることができれば――自分にして欲しいことをすることが彼ら自身の利益になる、と彼らに知らせることができれば――、ずっとうまく説得できるだろう。

これは、他の誰かと何か取り引きしようとする時、誰でも試みることである。この提案の意味は、私が欲しがるものをくだされば、貴方の欲しいものが手に入りますよ、というものである。我々が必要とする申し分のない援助というものは、ほとんどすべて、このような方法で確保されている。夕食に対する我々の期待は、肉屋、ビール醸造業者、あるいはパン屋の好意にではなく、彼ら自身の利益に対する配慮にもとづいている。彼らの人間愛に対してではなく、自己愛に対して訴えかけているのであって、説いて聞かせるのは我々の窮状ではなく、彼らの利益である。

同胞国民の好意にひたすら頼ろうとするのは物乞いだけだが、物乞いでさえ、それに頼り続けることはない。暮らし向きの良い人々の施しが、彼らに生活資金のすべてを提供しているのは間違いない。しかしこれは、必要なすべての生活必需品を彼にもたらす究極の原理であるにしても、この原理が、必要な時に必需品をもたらすわけでも、それを可能にするわけでもない。彼が日々必要とするものは、他の人々と同様に、ほとんどすべて交渉、交換、および購買という方法で提供される。誰かに恵んでもらったお金で、彼は食べ物を購入する。他の誰かに投げ与えてもらった古着を、体型に合う別の古着、宿、食べ物、あるいは必要な時に食べ物や衣服や宿の購入に役立つお金と、交換するのである。

3　我々が必要とするこのような互恵的な尽力の大部分をたがいに確保する手段が、交渉、交換および購買であるように、そもそも分業を引き起こす要因が、このまさに同じ交換しようとする気質（ディスポジション）なのである。猟師や羊飼いの部族内部に、たとえば弓や矢を、誰よりも簡単にうまく作る特別な人間がいるとしよう。彼は、それを仲間のあいだで頻繁に家畜や鹿肉などと交換し、最終的に、彼自身で手掛けるよりもずっと多くの家畜や鹿肉を、このやり方で入手できることを理解する。それゆえ、自分自身の利益への関心が、弓矢の製作を彼の本職にまで成長させ、こうして彼は、一種の武具師になるのである。他の人間が、小屋や移動用家屋の枠組みや覆いの製作に優れているとしよう。彼はいつもこんなふうに仲間――同じやり方で、家畜や鹿肉を彼に報酬として与える人々――の役に立っているため、最終的に、完全にこの仕事に専念して一種の家大工になることが自分の利益である、と理解するようになる。これとまったく同様に、第三の人物が鍛冶屋や真鍮細工師に、第四の人物が未開人の衣服の主要な素材である皮革の鞣し工や仕上工になるのである。要するに、自分の生産物のうちの自己消費分を上回る余剰部分のすべてを、自分が必要とする他人の労働生産物の一部と交換できるという確実性、これこそが、万人をして特定の仕事に専念し、自分自身の素質や才能のすべてをその特殊な業務用に洗練して、完全なものに仕上げるように奨励するものなのである。

4　人間が生まれつき持っている素質の違いは、実際には、想像するほど大きくない。一人前になった時、さまざまな専門職の人々の特徴であるように見えるまったく異なった才能は、多くの場合、分業の原因というよりも結果なのである。たとえば、学者とありふれた路上運搬人のあいだの似ても似つかぬ外見的特徴の差異は、生まれつきというより、習慣、慣習および教育から生じたものだと思われる。両者がこの世に生をうけた時、さらには生後六年から八年のあいだというもの、両者の間にほとんど違いなど存在せず、彼らの両親や遊び友達も、それらしい明確な違いを識別できなかったはずである。その年齢、あるいはもう少し後になると、彼らはおおいに異なった職業に従事しはじめる。要するに、才能の違いが目立ちはじめ、その程度が大きくなると、最終的には学者の虚栄心が、そのような類似性など毫も認めようとしなくなるだけの話なのである。だが、もし人間が、交渉し、交換し、交易するという気質を持っていなかったら、誰であろうと、自分自身が必要とする生活必需品や便宜品を、自分自身で手に入れなければなるまい。万人が同じ任務を遂行し、同じ仕事をしなければならないわけであるから、著しく違った才能を利用するきっかけになる職業の違いなど、存在するはずがないのである。

5 さまざまな専門的職業のあいだで顕著な才能の違いを生み出すのがこの気質であるように、このような違いを有益なものに転じるのもまた、この気質である。同じ種に属すると認められた動物集団の場合、人間が慣習や教育を身に付ける前から持っているものに較べると、生まれつきもつ才能の違いはずっと大きくて多様である。才能や気質という点で見た学者と路上運搬人とのあいだの先天的な違いは、グレイハウンドとマスティフ、スパニエルとグレイハウンド、あるいはスパニエルと牧羊犬とのあいだの違いほど、大きくない。だが、すべて同じ種族に属していながら、このような動物の集団間の違いは、ほとんど相互の利益のために役立っていない。マスティフの力強さは、グレイハウンドの俊敏さ、スパニエルの利口さ、あるいは牧羊犬の従順さのいずれによっても、まったく支援されるところがない。このようなさまざまな才能や素質がもつ効果は、交換し、取り引きしようとする力や気質が欠如しているため、共同資産（コモン・ストック）になりえず、種全体の便宜の向上には少しも役立たないのである。それぞれの動物は、個々別々に自らを支えて防御し続けなければならず、自然がその集団を区別した才能の違いから、何の恩恵も引き出していない。これとは逆に、人間の間では、似ても似つかぬ才能が、たがいに役に立つ。それぞれの才能が作り出すさまざまな生産物は、交渉し、交換し、取り引きしようとする一般的な気質によって、共同資産――誰もが他人の才能が生み出した生産物の一部を何でも購入することができるところ――へとまとめ上げられるわけである。

第三章　分業は市場の広さに規制されるということ

1　分業を引き起こすのが交換取引しようとする力であるように、分業の程度は、つねにその力の程度、言い換えれば、市場の広さによって制限されるはずである。市場がごく小さければ、誰もひとつの職業に専念しようという気持ちにはなりえない。自分の労働でえた生産物のうちの自己消費を上回る余剰部分を、自分にとって必要な他人の労働生産物の余剰部分と、残らず交換する力が不足しているからである。

2　事業のなかには、もっとも程度が低いものでも、大都市以外のところでは継続し得ないものがある。たとえば運搬人は、大都市以外のところでは、仕事も食料などの生活物資（サブシスタンス）も見出すことができない。村は、彼にとって仕事をするにはあまりにも狭すぎ、普通規模の市場（いちば）をもつ町でさえ、彼に継続的な仕事を与えるほどの規模であることはまれである。スコットランドのハイランドのような荒涼とした地域に散在する人里離れた集落や小さな村では、すべての農民が、家族のための肉屋、パン屋、酒屋でなければならない。このような環境の下では、二〇マイル以内に二人目の鍛冶屋、大工、石工を見出すことなど、まず期待できない。もっとも近い別の家族でも八マイルか一〇マイル離れているから、彼らは細々とした多くの仕事――人口の多い地方なら、このような職人たちの助力を求められるような仕事――を、自分でできるように学ぶ必要がある。どこでも田舎の職人というのは、同じ種類の材料を用いるという程度の類似性をもつ仕事なら、少々違った種類の仕事でもすべてこなす必要がある。田舎の大工は、木材で作れる仕事なら何でもするし、田舎の鍛冶屋は、鉄で作れるものならどんな仕事でもこなす。前者は一人の大工であるばかりか、建具屋、指物師にくわえて木彫職人でさえあるし、さらに車大工、鋤作り職人、荷車製造工でもある。後者の場合、その職業はもっと多彩になる。スコットランドのハイランドのような辺鄙（へんぴ）な内陸部では、釘製造工という程度の職業さえ存在しえないだろう。一日あたり一〇〇〇本の釘を作り、年間三〇〇日働くような職人は、年に三〇万本の釘を作ることになる。だが場所が場所だけに、ここでは一年に一〇〇〇本、つまり一日分の成果を売り捌くことさえ不可能であろう。

3　陸上運送だけで実現するものに較べると、水上輸送という手段は、どのような産業の市場であれ市場を大幅に広げるから、あらゆる種類の産業が自然に枝分かれしながら発展し続けるのは、沿岸部や航行可能な河川の両岸であって、このような進歩が地方の内陸部まで普及していくのは、かなり遅くなってからのことが多い。二人が添乗し、ロンドンとエディンバラ間を六週間ほどで往復する八頭引きの大型荷馬車は、四トン近くの荷物を積載する。六人か八人が乗り組み、同じ所要時間でロンドンとリース〔エディンバラに隣接する町〕両港間を帆走する船は、二〇〇トンの荷物を積載することが多い。したがって、水上輸送機関を利用する六人ないし八人が、同じ所要時間で、ロンドンとエディンバラ間を往復して運ぶ荷物の量は、一〇〇人が添乗し、四〇〇頭の馬が引っ張る五〇台の大型荷馬車が運ぶものに等しい。それゆえ、ロンドンからエディンバラへ最低運賃で陸送された二〇〇トンの荷物に対する請求額は、一〇〇人の三週間分の生活費、五〇台の大型荷馬車と四〇〇頭の馬の維持費、およびそれに近い額に達する両者の消耗費になるはずである。

しかるに、船で運ばれた荷物に対する請求額は、並外れたリスクの査定額、すなわち、陸上輸送と海上輸送における保険料の差額分が加わるとはいえ、六人か八人の生活費と二〇〇トンの積み荷に対する船の損耗費だけである。したがって、この二地点間を結ぶ交通が陸運以外にはなかったとすると、重さのわりに著しく価格が高い財貨しか運送しえないから、現在二地点間で続けられている通商のごく一部分しか担えず、結果的に、それぞれ他の地域の産業に現在与えている刺激のごく一部しか与えられなかったはずである。地球上のかけ離れた地域間でなされる通商などほとんどありえないし、たとえあったにしても、ごくまれである。ロンドンとカルカッタ〔現在のコルカタ〕間を陸送する費用に耐えられる商品とは、どのようなものだろうか。このような高い費用に耐えられるほど高価なものがあるとしても、多くの粗暴な国の領土を安全に運送される確率たるや、いかほどのものであろうか。しかし、いまでは二つの都市は相互にきわめて大きな通商を営み、たがいに相手の市場になることによって、それぞれが相手の都市に多大な刺激を与えている。

4　以上のことが水運のもつ利点であるから、このような便宜が、労働生産物に対する市場を世界中に広げる所で技術と産業の進歩が始まるということも、それが地方の内陸部にまで広がっていくのはずっと後になってのことだということも、ともにごく自然なことなのである。長い間内陸地域は、当該地域を沿岸部と大きな河川から隔て、それを取り巻くような形で位置している田舎以外に、産出する商品の大部分をさばく市場を持っていなかった。それゆえ内陸地域の市場の広さは、長期にわたって周辺地域の豊かさと人口に比例していたはずであるから、内陸地域における技術と産業の進歩は、つねに周辺地域における技術と産業の進歩の後塵を拝してきたはずである。我が北アメリカ植民地では、大農場（プランテーション）は決まって沿岸部、または航行可能な河川の両岸に沿っており、両者から著しく離れたところに広がることは、ほとんどなかった。

5　もっとも信頼しうる歴史書によれば、最初に文明化したと思われる国民は地中海沿岸部に居住していた。潮の干満だけでなく、風による以外には大きな波も発生しない地球上最大の内海である地中海は、海面が穏やかなことや多くの島があることに加え、周辺の海岸から近かったから、人類の初期段階の航海にとってきわめて好都合であった。当時はまだ羅針盤が知られていなかったから、船乗りは海岸線を見失って航海することだけでなく、造船技術が未熟であったため、荒れ狂う海の大波に身を委ねることも恐れた。ヘラクレスの柱〔ヘラクレスが引き離したとされるジブラルタル海峡東端の二つの岬〕を通りすぎること、つまり、ジブラルタル海峡の外へ漕ぎ出すことは、古代世界では飛び切りすばらしくて危険な海の偉業だ、と長い間考えられていた。このような古い時代におけるもっとも優れた船乗りであり、船造りであったフェニキア人やカルタゴ人でさえ、それを敢行するのはずっと後のことであり、しかも、その後長い間それに挑戦した唯一の国民であった。

6　地中海沿岸に位置するあらゆる国のなかでは、エジプトが、農業や製造業において、耕作や改良の進展という点で目覚ましい成果をあげた最初の国であろう。上エジプトには、ナイル川から数マイルを超えて耕作地が拡大したところはなく、その大河は下エジプトで多くの水路に枝分かれするが、これは少しばかり技術の助けを借りて、大都市間だけでなく、あらゆる主要な村の間に、さらには地方にある多数の農家にいたるまで、水上交通の便を提供していたようである。現在のオランダでも、ライン川やマース川がほぼ同じ役割を果たしている。このように内陸の水運が広く利用可能で容易であったことが、おそらく、エジプトでいち早く改良が進んだ主な原因のひとつであった。

7 農業や製造業における改良の進展は、インド東部のベンガル地域や中国の東部地域で、同様にきわめて古い起源を持っていたようだが、どの程度の太古に遡るかという点について、西洋で権威とされてきた歴史書で確かめることはできない。ベンガルでは、ガンジス川その他の大河川が、エジプトでナイル川が果たしているのとまったく同様に、航行可能な水路網を提供している。中国東部地域でも、支流をもついくつかの大河が運河網を形成しており、相互に交通することによって、ナイル川やガンジス川に負けないばかりか、両者を束にしたものよりもはるかに包括的な内陸水運を実現している。古代のエジプト人もインド人も、さらには中国人もまた対外交易を奨励しなかったが、どの国民も、このような内陸水運から巨万の富を引き出していたように見える、ということは注目に値する。

8 アフリカ内陸部全域と、昔のスキタイで、今ではタタールやシベリアと呼ばれている黒海とカスピ海のはるか北方に広がるアジア内陸部全域は、歴史を通じて、現代我々が今もって目にしている粗暴で文明からほど遠い状態に、留まっていたように思われる。タタールの海は航行できない凍結した外洋であり、世界最大級の河川がその地域を流れているとはいえ、その地域の大部分でたがいに交易や交通を行うには、あまりにも距離的隔たりが大きすぎる。アフリカには、ヨーロッパのバルト海やアドリア海、ヨーロッパとアジアにまたがる地中海や黒海というような大きな内海や、アジアにおけるアラビア、ペルシャ、インド、ベンガル、シャム〔タイの旧名〕等々のような湾が存在しないため、海上交易を大陸の内陸部まで伸ばすことができない。アフリカの大河はたがいに離れすぎているため、何とか満足できる内陸水運さえ提供できないのである。くわえて、無数の支流や水路に分かれておらず、海に注ぐまで他国の領土を流れる河川を利用して国民がなしうる交易というものは、けっして大規模たりえない。上流の国と海との間の交通を遮断すること、これは、領土をもつ別国の権力の意のままだからである。ドナウ川の水運は、黒海にまで達する全水路が一国で確保されていたら生じたであろう事態と較べた場合、バイエルン、オーストリアやハンガリーといったさまざまな国には、ほとんど何の役にも立っていない。

第四章　貨幣の起源と用途について

1　一旦分業が確立すると、自分自身の労働によって入手できる生産物は、自分にとって必要なもののごく一部になってしまう。人は、自己労働による生産物のうちの自己消費を上回る余剰部分を、彼が利用しうる他人労働の生産物と交換して、必要なものの大部分を補充し始める。こうして誰もが交換によって生活する、つまり、ある程度商人になり、社会自体も、間違いなく商業社会と呼びうるものに成長するのである。

2　だが、最初に分業が始まった時、このような交換しようとする力は、しばしばその作用を著しく妨げられ、惑わされたにちがいない。自分自身が必要な量以上の商品を持っている人と、そうでない人がいると仮定してみよう。当然、前者は喜んで余剰部分を捌きたがり、後者は買いたがるだろう。だが、もし後者が、前者が必要としているものをたまたま持っていなければ、両者間で交換は生じえない。肉屋が自分の店に持っている肉は、彼自身の消費量を上回っており、酒屋やパン屋は、それぞれその一部を買おうとするだろう。だが、彼らが交換に出せるものは、職業ごとにたがいに異なる生産物だけであるから、すでに肉屋が差し当たり必要なパンとビールをすべて提供されているような場合には、彼らの間で交換は生じえない。彼は、彼らの商人にも顧客にもなれないから、誰ひとり、たがいに役立つ存在になれないのだ。このような状況につきまとう不便を避けるため、分業が最初に確立した時期以降の社会に住む思慮深い人々は、次のように事態に対処しようと努めたと考えても、ごく自然なことであるにちがいない。すなわち、彼自身の勤労による特定の生産物だけでなく、それと組織的な労働の生産物との交換を拒否する人などまずいないと予想されるある商品の一定量を、つねに手許に保持しておくという方法である。

3　おそらく、さまざまな商品が、次から次へとこの目的のために思いつかれ、利用されたことだろう。未開時代の社会では、家畜が交易の一般的な道具であったといわれている。家畜はもっとも扱いにくいものであったにちがいないが、古い時代には、交換して入手できる家畜の数に応じて、ものの価値が計られることが多かった。ホメロス〔紀元前九世紀のギリシャの詩人で、『イリアス』と『オデュッセイア』の著者〕によれば、ディオメデス〔四頭の馬を人肉で飼育したとされるギリシャ神話の神〕の鎧はわずか九頭の牛の価値しかなかったが、グラウコス〔ギリシャ神話の登場人物で、所有する金の鎧をディオメデスのものと交換した〕のそれは、一〇〇頭の牛の価値があったという。アビシニア〔後のエチオピア〕では塩が、インド沿岸のある所ではある種の貝殻が、ニューファンドランドでは干鱈が、ヴァージニアではタバコが、西インド植民地の一部では砂糖が、植民地の他の地方では獣皮や鞣し革が、それぞれ通商や交易の一般的な道具であったといわれている。また、聞くところによれば、スコットランドの田舎では、今日でもお金の代わりに釘をパン屋や居酒屋に持っていく職人を見かけることが、まれではないという。

4　だが、抗し難い理由から、最終的にはどの国でも、他のいかなる商品にもましてこの用途には金属の選択が望ましい、と決められたようである。金属は、何より腐りにくいという点で稀少価値をもっており、他の商品ほど無駄をださずに保存できるだけでなく、いくらでも無駄なく分割可能で、しかも溶融すれば、ふたたび全体を容易に一体化できる。これは、同じ耐久性をもつ他の商品にない特性であり、通商と流通の用具としての適性を金属に付与するのは、何よりもこの特性である。たとえば、塩を買いたいが、交換に渡すために家畜しか持っていない人は、一度に牛や羊一頭丸ごとの価値と等しい量の塩を買わざるをえないはずである。彼が交換に与えうるものは、無駄なく分割できる可能性をほとんどもたないから、これ以下の量を購入することは、まず不可能であった。これ以上の量を購入したければ、同じ理由から、二倍か三倍の量――つまり二頭または三頭の牛あるいは羊の価値――の購入を余儀なくされるはずである。逆に、交換に与えるものとして、羊や牛ではなく金属を持っている場合には、差し当たり必要な商品の量と正確に等しくなるように、金属の量を簡単に調整することができるはずである。

5 この目的のために、さまざまな国民によって、さまざまな金属が利用されてきた。古代スパルタ人の間では鉄が、古代ローマ人の間では銅が、あらゆる豊かで商業的な国民の間では金と銀が、それぞれ商取引の一般的な道具であった。

6 元来このような金属がこの目的に用いられる場合には、刻印も何もない延べ棒が利用されていた。プリニウス〔Gaius Plinius Secundus, 23-79. 古代ローマの政治家、軍人、博物学者〕によれば*、古代の歴史家ティマエウス〔Timaeus, c.356B.C.-260B.C.〕の権威ある叙述にしたがうと、セルヴィウス・テュリウス〔Servius Tullius. ローマの王、在位前五七八～前五三四〕の時代までローマ人は鋳貨をもたなかったが、何も刻印されていない銅の延べ棒で、必要なものをすべて購入していたという。それゆえ、当時はこのような延べ棒が貨幣の機能を遂行していたことになる。

＊プリニウス『自然誌』(*Naturalis Historia*) 第三三編第三章。

7　このような未加工の金属を利用する場合には、二つの大きな不便――第一に、重さを量る困難、第二に、金属の成分を確かめる不便――が付きまとう。貴金属の場合には、わずかな分量の違いでも価値が大きく違ってくるから、ある程度正確に計量する仕事でも、すくなくともきわめて正確な分銅と天秤が不可欠である。多少量り間違えても結果に大きな違いが生じない卑金属の場合、それほどの正確さを求められないのは確かである。とはいえ、一ファージング〔四分の一ペニー相当〕の価値しかもたぬものを売り買いしなければならない貧しい人物が、毎度毎度ファージングを秤量する必要があるとすれば、ひどい重荷になるはずである。検量する作業は、困難を極めるうえ、耐え難いほど退屈な仕事であり、しかも、適切な溶剤を用いて金属の一部を坩堝（るつぼ）で溶かしてから、その結果を検証しなければ、著しく不正確なものになってしまう。だが鋳貨制度が始まるまで、このような退屈で困難な操作を経なければ、人々はつねに大がかりな詐欺や不当な要求――彼らの財貨と交換に、純銀あるいは純銅の一重量ポンドではなく、外見上このような金属に似せて造られた安価な卑金属の混ぜものを受け取るという詐欺や不当な要求――に晒されてきたにちがいない。

　このような乱用を阻止して交換を促進し、結果的にあらゆる産業と商業を奨励するためには、改良をめざして目覚ましい前進をとげてきた国ではどこでも、国内で商品を購入するために一般的に利用されてきた特殊な金属の一定量に、公的な刻印を押す必要があるという理解が進んだ。これが鋳貨と鋳造局と呼ばれる公共機関――毛織物や麻織物の検査・刻印官とまったく同じ性格をもつ機関――の始まりである。公的な刻印を施すことによって、市場に供給されるさまざまな商品の品質と等級の均一性を保証すること、これがそのような仕事がもつ意味のすべてである。

8 金属に打刻されて一般に用いられているこの種の最初の公的刻印は、ほとんどの場合、保証そのものが困難であるばかりか、最重要事である当該金属の品質と純度を確定し、現在板銀や棒銀に刻印されている法定純度記号〔銀の場合は九二・五パーセント〕や、時に金のインゴットに打刻されるスペイン式記号――表面全体ではなく、一面だけに打刻され、重量ではなく純分のみを保証する記号――と似たものにするために、試みられたものである。アブラハムは、マクペラの土地代金として支払う約束をした銀四〇〇シェケルを、エフロンに量って渡した〔旧約聖書『創世記』二三・一四～一六〕。もっとも、これは商人の通貨であるといわれており、現在の金のインゴットや棒銀と同様に、数ではなく重量を基準に、受領されたものである。イングランドの古代サクソン王の収入は、貨幣ではなく現物で、つまり、ありとあらゆる種類の食糧で支払われたらしい。貨幣でそれを支払うという習慣を導入したのは、ウィリアム征服王〔William I. ノルマン王朝の創始者。在位一〇六六～一〇八七〕である。しかし、長い間この貨幣の受領は、数ではなく、重量が基準であった。

9 鋳貨制度発生のきっかけは、このような金属を正確に計量する不便と困難であったが、一個の両面全体だけでなく、時にその縁にまで施される刻印は、金属の純度だけでなく、重さも保証すると理解された。それゆえそのような鋳貨は、重量を量る手間をかけずに、現在のように数を基準に受領されたわけである。

10 このような鋳貨の呼称は、もともとそれに含まれている金属の重さや特定の量を表示していたようである。ローマで最初に貨幣を鋳造したセルヴィウス・テュリウスの時代、ローマのアスやポンド鋳貨は、良質の銅一ローマ・ポンドを含んでいた。これは現在用いられているトロイ・ポンド〔貴金属類の重量表示に用いられる一トロイ・ポンドは約三七三グラム〕と同じように、一二オンスに分割されるが、一オンスには良質の銅が字句通り一オンス含まれていた。エドワード一世〔在位一二七二～一三〇七〕時代のイギリスの正貨一ポンドには、タワー衡〔一五二六年のトロイ・ポンド採用まで用いられ、一一と四分の一トロイ・オンスに等しい〕で量れば、一定純度の銀一ポンドが含まれていた。タワー・ポンドは、ローマ・ポンドよりも幾分重く、トロイ・ポンドよりも軽かったようである。このトロイ・ポンドがイングランドの鋳造局に最初に導入されたのは、ヘンリー八世〔Henry VIII. 在位一五〇九～一五四七〕治世一八年のことである。フランスのリーヴルは、シャルルマーニュ〔Charlemagne. フランク王。在位七六八～八一四〕の時代に、トロイ衡で一ポンドの一定純度の銀を含んでいた。シャンパーニュ地方のトロワ〔Troyes〕の定期市には、当時ヨーロッパ中の国民が頻繁に押し掛けており、それほど著名な市場で用いられる度量衡は、広く知られただけでなく、尊重されていたのである。アレグザンダー一世〔Alexander I. 在位一一〇七～一一二四〕の時代からロバート・ブルース〔Robert I. スコットランド王、在位一三〇六～一三二九〕の時代まで、スコットランドの貨幣一ポンドには、イングランドの正貨一ポンドと同じ重さと純度をもつ銀が、一重量ポンド含まれていた。さらに、イングランド、フランスおよびスコットランドの一ペニーは、もともとすべて一重量ペニーの銀――つまり一オンスの二〇分の一、すなわち一重量ポンドの二四〇分の一の銀――を実際に含んでいた。シリングも、元来は重量の呼称であったと思われる。ヘンリー三世（Henry III. 在位一二一六～一二七二）時代の古い制定法では、「小麦が一クォーターあたり一二シリングである時には、極上小麦粉で作った一ファージングのパンは、一一シリング四ペンスの目方がなければならない」と記されている。だが、シリングとペニー、さらにシリングとポンドとの間の比率は、ペニーとポンドの間のそれほど一定不変ではなかった。フランス王室の最初の家系が続いている間、フランスのスーすなわちシリングは、時に応じて五ペニー、一二ペニー、二〇ペニー、さらには四〇ペニーに等しかったようである。古代サクソン族の間では、一シリングは、ある時にはわずか五枚のペニー貨しか含んでいないように思われ、隣国人である古代フランク族と同様に、変化し続けた可能性を否定できない。フランスではシャルルマーニュの時代以降、イングランドではウィリアム征服王の時代以降、ポンド、シリング、ペニー間の比率は現在と同じ比率に保たれてきたが、それぞれの価値自体は相当変化した。というのは、世界のどの国でも、国民の信頼につけ込もうとする君主や独立国家の貪欲と不正が、もともと鋳貨に含まれていた正味の金属量を次第に減少させたからである。共和制後期になると、ローマのアスはもともと含んでいた価値の二四分の一にまで低下し、重さは一ポンドではなく、わずか半オンスになっていた。現在のポンドとペニーの価値をもともとのそれと較べると、イングランドでは三分の一、スコットランドでは三六分の一、フランスでは六六分の一の価値しか含まれていない。

これを断行した君主や独立国家は、このような手段を駆使することによって、そうしなかった時より少ない量の銀で彼らの契約を履行し、債務を支払うことが、外見上可能になった。もっとはっきり言えば、これがたんなる外見にすぎない理由は、彼らの債権者が当然支払われるはずのものが実際には騙し取られた、という事実にある。国内の他のすべての債務者も同じ恩恵に浴し、古い鋳貨で借り受けたものを、純分が減少した新しい鋳貨で数え、名目的に等しくなるように支払うことができた。したがって、このような操作はつねに債務者には好都合だが、債権者には破滅的であることが明らかであり、私人の運命の盛衰という点でみると、途轍もなく大きな社会的災害がもたらし得るものよりもはるかに大きく、しかも、全員に影響するような急激な変化を、時々引き起こすことになった。

11 貨幣はこのようにして、あらゆる文明国で商業の普遍的な道具――あらゆる財の売買、つまり相互の交換を媒介する道具――になったのである。

12 あらゆる財を貨幣と交換したり、相互に交換したりする場合、人間が自然に遵守する法則（ルール）とはどのようなものか、これが次の検討課題になる。財の相対価値とか交換価値と呼ばれるものを決めるのは、この法則なのである。

13 価値という言葉には二つの異なった意味があること、すなわち、ある特定のものの効用をさす時と、ものを所有しているがゆえに生じる他財を購買する力をさす時がある、ということに注意しなければならない。前者を「使用価値」、後者を「交換価値」と呼ぶことができる。最大の使用価値をもつものが、交換価値をほとんど、あるいはまったくもたない、ということも少なくない。逆に、最大の交換価値をもつものであっても、使用価値をほとんど、あるいはまったくもたないことが少なくない。水ほど有用なものはないが、それで何かを購入できること――それと交換に入手できるものがあること――は、ほとんどない。これに反して、ダイヤモンドは使用価値などほとんどもたないが、それと交換に、きわめて多量の他財を入手できることが少なくないのである。

14 商品の交換価値を規制する原理を研究するため、以下の点を明らかにしよう。

15 第一に、この交換価値の真実の尺度はなにか、すなわち、あらゆる商品の真実価格は、どのような仕方で決まるのか。

16 第二に、この真実価格を構成し、形成するさまざまな要素部分とは何であるか。

17 最後に、どのような事情が、このような価格の構成部分の一部またはすべてを、その自然率つまり通常率よりも、引き上げたり引き下げたりするのか。すなわち、商品の市場価格、つまりその実際の価格を、自然価格と呼びうるものにぴったり一致させることがないように、時々妨害する原因は何か。

18 この三つの主題について、以下の三章で、可能なかぎり十分かつ明確な説明を試みるつもりだが、この点について、あらかじめ読者に忍耐と注意力――場所によっては、おそらく不必要なまでの冗長さだと判断されかねない、詳細な検討を行うための忍耐力に加え、可能なかぎりの十分な解説をもってしても、なお幾分曖昧さが残る内容を理解しようとする注意力――を賜るよう、心からお願いしておかねばならない。私自身の明晰さを確保するためであれば、いつでも冗長に堕す危険を冒すつもりではあるが、しかし、もともと本質的にきわめて抽象的な主題であるから、可能なかぎりの明晰さを保つために、最大の注意を払ってもなお、依然としてある程度不明瞭さが残っているように見える可能性は、否定できないのである。

第五章　商品の真実価格と名目価格、すなわち労働価格と貨幣価格について

1　人間の貧富は、享受しうる生活の必需品や便宜品、および娯楽品の程度に応じて決まる。だが、一旦分業が徹底してなされると、そのようなもののうち、自分自身の労働で自給できるものは、ごく一部分になる。誰もが、その大部分を他人の労働から引き出さなければならず、それゆえ人は、支配あるいは購買できる労働量に応じて、富んだり、貧しかったりするはずである。したがってあらゆる商品の価値は、自ら使用したり消費したりするのではなく、もっぱら他の商品と交換するために所有している人にとっては、それが彼に購買または支配を可能にする労働量に等しいことになる。それゆえ、労働があらゆる商品の交換価値の本当の尺度なのである。

2　あらゆるものの真実価格、つまり、どんなものであれその入手を望む人が実際に要する費用は、それを獲得する苦労と手数（トイル・アンド・トラブル）である。あらゆるものが、それを獲得したうえで、処分するなり、他の何かと交換しようとする人にとって実際にもつ価値とは、それを所有するがゆえに自身は手を下さずに済み、他人に負わせることができる苦労と手数である。貨幣や財で購入されるものは、我々自身の肉体の骨折りによって獲得するものとまったく同様に、労働によって購買される。貨幣や財が、我々にこの苦労を省いてくれるのは確かである。それは一定量の労働の価値を含んでおり、我々はそれを、その時等しい量の価値を含んでいる、

と判断したものと交換する。労働が最初の代価（プライス）であり、あらゆるものに対して支払われたそもそもの購買貨幣であった。世界中の富がそもそも購買されたのは、金や銀によってではなく、労働によってである。すなわちその価値は、それを所有して何らかの新しい製造品と交換しようと望んでいる人にとっては、それによって購買または支配できるようになる労働量と、正確に等しい。

3　ホッブズ氏〔Thomas Hobbes, 1588-1679.『リヴァイアサン』の著者でイギリスの思想家〕が言うように、富は力である。だが、莫大な財産を獲得したり相続したりした人物が、かならずしも文民または軍人として政治的権力を獲得したり、相続したりするわけではない。おそらく、彼の財産は両方を入手する手段を提供するだろうが、たんに財産を所有しているだけで、いずれかがもたらされるとはかぎらない。その所有が即座に直接もたらす力は購買力、つまり、その時市場に存在する労働の全体、あるいは労働の生産物全体に対する一定の支配力である。彼の財産は、この力の大きさ――すなわち、それが購買または支配を可能にする他人の労働、あるいは同じことだが、他人労働の生産物の量――に正確に比例して、大きくもなり、小さくもなる。あらゆるものの交換価値は、その所有者にもたらされるこの力の大きさと、つねに厳密に等しいはずである。〔パラグラフ3は第三版で追加〕

4　しかし、あらゆる商品の交換価値の真実の尺度が労働であるとしても、それによって、商品の価値が一般的に評価されるわけではない。二つの異なった労働量の間の比率を確定するためには、困難なことが多い。異なった種類の仕事に費やされた時間だけでは、かならずしもこの比率を決めることはできまい。堪え忍ばれた苦難や、発揮された創意の度合いの違いも、同様に勘定に入れなければならない。二時間の易しい業務よりも、一時間の難しい仕事のなかに――ありふれた理解しやすい仕事における一ヵ月の組織的な労働よりも、修得に一〇年かかる職業における一時間の就業のなかに――より多くの労働が含まれている可能性がある。だが、苦難であれ創意であれ、何らかの正確な尺度を見つけるのは易しいことではない。異なった労働のさまざまな生産物をたがいに交換する際に、両者に対して、普通いくらか配慮がなされるのは確かである。だがこの調整は、正確な尺度を利用してではなく、たとえ正確でなくても、日常生活で取引を継続するのに不自由しない程度の大まかな等しさにしたがって、市場における駆け引きや取引を通じて行われるのである。

5 くわえて、あらゆる商品が交換され、それを通じて比較されているのは、ほとんどの場合他の商品であって、労働ではない。だから、その交換価値は、購買しうる労働の量よりも他の商品の量によって評価するほうが、より自然である。大部分の人々にとっても、労働の量が意味するものより、特定の商品の量が意味するもののほうが、はるかに理解しやすい。一方は完全に知覚可能な対象物だが、他方は抽象的な観念であり、十分に理解可能なものではありえても、余すところなく現実的で自明のことだ、とは言い難い。

6 しかし、物々交換が終わり、貨幣が商業の一般的な道具になると、個々の商品は、他の商品よりも、貨幣と交換される頻度のほうがはるかに高くなる。肉屋は、パンやビールと交換するために、手持ちの牛肉や羊肉をパン屋や酒屋に持って行くことなど滅多にせず、市場で売却して貨幣を入手した後、その貨幣をパンやビールと換える。売り捌くことによって入手する貨幣の量が、後に購入しうるパンとビールの量をも規制しているのである。したがって、肉屋にとっては、肉と交換される直接の商品である貨幣の量で肉の価値を評価するほうが、もうひとつ別の商品である貨幣を介在させなければ、肉と交換できない商品であるパンやビールの量で評価するよりも、はるかに現実的で理解しやすいことになる。つまり、肉屋が提供する肉は、三または四重量ポンドのパン、三または四クォート〔一クォートは約一・一三リットル〕の弱いビールと価値が等しいと言うよりも、肉一重量ポンドにつき三ペンスか四ペンスの価値があると言うほうが、はるかに現実的で理解しやすいのである。このような次第で、あらゆる商品の交換価値は、それと交換に入手しうる労働の量や他の商品の量ではなく、貨幣の量で評価されるという事態がますます生じることになる。

7 しかし金や銀も、それ自体価値が変わるという点では他のあらゆる商品と同様であり、安価だったり、高価だったり、買いやすかったり、買いにくかったりする。金や銀の特定量が購入または支配しうる労働の量、すなわち、それと交換される他財の量は、そのような交換遂行時にたまたま知られている鉱山が、金銀含有率の高い豊鉱であるか、低い貧鉱であるかにつねに依存している。アメリカにおける豊かな鉱山の発見が、ヨーロッパにおける金銀の価値を以前の三分の一に低下させたのは、一六世紀のことであった。このような金属を鉱山から市場に供給するための労働が少なくて済むため、そこにもち込まれた時、それは以前より少ない労働しか、購入または支配できなかったのである。金銀の価値に生じたこの急激な変化は、おそらく最大だとしても、けっして歴史上知られている唯一のものではない。実際の足の大きさ、ファゾムつまり一尋（ひろ）、あるいは一握りというような量の尺度はそれ自体が絶えず変化するから、けっして他のものの長さを測る正確な尺度たり得ないように、それ自身の価値が絶えず変わる商品も、けっして他の商品の正確な価値尺度たり得ない。

等しい量の労働は、何時いかなる所においても、労働者にとって等しい価値をもつと言うことができよう〔初版では「に違いない」。第二版で修正〕。健康、体力、気力の点で普通の状態にあり、技能や器用さの点でも普通の水準にある場合〔「健康」以降は、第二版で追加〕、労働者はつねに彼の安息、自由および幸福の同じ分け前を放棄しなければならない。彼が支払う代償（プライス）は、それと引き換えに受け取る財の量の多少にかかわらず、つねに同一であるにちがいない。労働が購入しうる他財の量は、確かに多かったり少なかったりするが、変化するのは財の価値であり、それを購入する労働の価値ではない。時と所のいかんにかかわらず、入手が困難なもの、つまり、獲得するのに多大な労働を要するものが高価であり、ごくわずかな労働で、つまり容易に入手できるものが、安価なのである。したがって、それ自体の価値がけっして変化しない労働だけが、時と所のいかんにかかわらず、あらゆる商品の価値を評価・比較するための究極的かつ真実の基準である。これが商品の真実価格（リアル・プライス）であり、貨幣は商品の名目価格（ノミナル・プライス）にすぎない。

8　だが等しい労働量は、労働者にとってはつねに等価値のものだが、労働者を雇用する人物の目には、等量の労働であっても、その価値が時々増減するように見える。雇い主が等量の労働を購入する際に与える財の量が、時に応じて増減するため、彼の目には、労働の価格も、他のすべての商品と同様に変動するように見えるのである。労働の価格は、前者の場合に高価、後者の場合に安価というのが、彼の認識である。だが実際には、前者において安価、後者において高価なのは、財なのである。

9　したがって、この一般的に広く行きわたっている意味で言うなら、商品と同じように、労働も真実価格と名目価格をもつということができよう。その真実つまり実質価格とは、労働と引き換えに渡される生活必需品と便宜品の量であり、その名目価格が貨幣の量である、といって良い。労働者に金があるかないか、つまりその報酬の多寡は、労働の実質価格に応じて決まるのであって、名目価格に応じて決まるわけではない。

10　商品と労働の実質価格と名目価格の区別は、たんなる推測の域を出ないようなものではなく、実際にかなり重要な用途をもつことがある。実質価格が同一であればつねに同じ価値になるが、金や銀の価値が変わるため、名目価格は同一でも、価値が大きく違うことがある。したがって、土地財産が永代地代を留保したまま売却される場合、もしこの地代につねに同一の価値をもたせようとするなら、権利を留保して利益を受ける家族にとって大切なことは、地代が特定の貨幣額であってはならない、ということである。この場合、地代の価値は二つの異なった種類の変化、すなわち第一に、同じ名目額でも、鋳貨に含まれる金銀の量が時代によって違うことに由来する変化、第二に、等量の金銀でも、時代によってその価値が変化することに由来する変化を免れないであろう。

11　君主や独立国家は、鋳貨に含まれる純粋な金属量を減少させることが、彼らの一時的な利益になると思いこむことが度々あったが、純分を増やすことが利益だなどと思うことは、きわめてまれであったようである。どの国でもそうだったと信じているが、鋳貨に含まれる金属量は、こうしてほとんど絶え間なく減少し続けたわけで、増加することはほとんどなかった。それゆえ、このような変化は、いつも貨幣地代の価値を減少させるという結果をもたらした。

12　アメリカにおける鉱山の発見は、ヨーロッパにおける金銀の価値を低下させた。この価値低下は、何ら確かな証拠が挙げられているとは思われないのに、今なおゆっくりと続いており、長期的に下がり続ける傾向があるかのように、広く信じられている。したがって、たとえ一定の名称をもつ鋳貨の一定量（たとえば、正貨何ポンドというような）ではなく、純銀または一定標準の銀何オンスで支払うと取り決められるべきだとしても、このような推測にもとづいていたため、銀価値の変動は、貨幣地代の価値を増加させるよりも、低下させがちだということになった。

13　穀物で確保された地代は、鋳貨の呼称単位が変更されなかった場合でも、貨幣で確保されたものより、ずっとよくその価値を保ってきた。エリザベス〔Elizabeth I. 在位一五五八～一六〇三〕治世一八年に、あらゆるカレッジの借地契約の三分の一は穀物で確保され、現物またはもよりの公設市場における現行価格にしたがって支払われなければならない、という制定法が定められた。もともと全体の三分の一にすぎなかったが、この穀物地代から生じる貨幣は、ブラックストーン〔William Blackstone, 1723-1780. イギリスの判事・法学者〕博士によれば、いまでは、残りの三分の二から生じるもののほぼ二倍であるのが普通だという。この説明にしたがえば、カレッジの長年にわたる貨幣地代は、往年の価値のほぼ四分の一に落ち込んだ——つまり、昔の貨幣地代が、その当時等しい価値関係にあった穀物相当量の四分の一をわずかに上回るほどの値打ちしかない——ことになる。だが、フィリップとメアリー〔イングランド王 Mary I. 在位一五五三～五八とその夫スペイン王 Philip II. 在位一五五六～九八のこと〕の治世以後、イギリス鋳貨の呼称単位はほとんど変化しておらず、同額のポンド、シリング、ペニー貨は、ほぼ同一量の純銀を含むように鋳造されてきた。それゆえ、カレッジがうけとる貨幣地代の価値に生じたこのような低落は、すべて銀価値の低落に由来していたことになる。

14 銀価値の低下が、同一呼称単位の鋳貨に含まれる銀量の引き下げと合体すると、貨幣地代における損失は、さらに拡大することが多い。イングランドに較べて、鋳貨の呼称単位の大幅な変更がなされたスコットランド、さらにスコットランドと較べてもっと大幅な変更がなされたフランスでは、もともとかなり価値が高かった昔からの地代の中には、こうしてほとんど無価値に等しいほど縮小したものがある。

15 時間的にかけ離れている場合でも、等量の労働は、等量の金銀つまり他のあらゆる商品よりも、労働者の生活物資(サブシスタンス)である穀物の等量によって、より正確に購買されるだろう。それゆえ、時間的にかけ離れている場合でも、等量の穀物は、他の何にもまして同一の真実価値(リアル・ヴァリュー)をもち続ける――つまりその所有者に、他人労働の同一量にほぼ等しいものを購買または支配できるようにする――であろう。もちろん、これは等量の穀物でさえ正確にはなしえない事柄であり、ほとんどすべての他の商品の等量よりも穀物のほうが正確さがずっと勝るというだけのことである。後に説明を試みるが、労働者の食料などの生活物資、つまり労働の実質価格というものは、場合によって大きく異なっている。富裕に向かって前進しつつある社会では、停滞している社会よりも気前が良くなるし、停滞している社会では、後退しつつある社会よりも気前が良くなるからである。しかし、どの時点においても、他のすべての商品が購入する労働量は、当該商品がその時購買しうる食料などの生活物資の量に比例して、増減するだろう。したがって、穀物で確保される地代は、一定量の穀物が購入しうる労働量の変化に晒されるだけで済む。だが、あらゆる他の商品によって確保される地代は、特定量の穀物が購入しうる労働量の変化に晒されるだけでなく、当該商品の特定量で購入しうる穀物量の変化にも晒されるのである。

16 しかし注意を要する点は、世紀から世紀にまたがる穀物地代の価値変化は、貨幣地代のそれよりずっと小幅だが、逆に年度ごとの変動ははるかに大きい、ということである。後に説明を試みるように、労働の貨幣価格は、どこでも年々穀物の貨幣価格と一緒に変動したりせず、一時的または時々のというよりも、平均的または通常の生活必需品価格と同調しているように思われる。くわえて、穀物の平均価格つまり通常価格は、これまた後に説明を試みるように、銀の価値、つまり、その金属を市場に供給する鉱山が豊鉱であるか貧鉱であるか、さらに言い換えれば、銀の一定量を鉱山から市場へ供給するために使用される労働量――すなわち、結果的に消費されざるをえない穀物量――によって規制されている。だが銀の価値は、世紀から世紀にまたがって大きく変動することもあるが、年々大きく変動することはまれで、多くの場合半世紀や一世紀間ほとんど変動せず、変動するにしてもごくわずかなのである。

したがって、穀物の通常つまり平均の貨幣価格は、それほどの長期間同一またはほとんど同一であり続けうるから、それとともに労働の貨幣価格も、すくなくとも社会が他の側面でも同一、またはほぼ同一の状態に留まると前提してよければ、同様でありえることになる。

中間の期間を取ってみると、一時的または時々の穀物価格は、ある年に前年の倍になる――たとえば、一クォーター〔約二九一リットルで、八ブッシェルのこと〕あたり二五シリング〔一ポンド＝二〇シリング＝二四〇ペンス。一シリング＝一二ペンス〕から五〇シリングの間を上下する――ことがしばしば生じうる。だが、穀物価格が五〇シリングの高さにある時には、たんに穀物地代の貨幣価値だけでなく、真実価値もまた二五シリングの時の倍になっている――すなわち、倍の労働量または倍量の他のほとんどの商品を支配する――だろう。もちろんこれは、このような変動をつうじて、労働の貨幣価格も、他のほとんどの商品の貨幣価格もともに同一であり続ければ、という前提のもとでの話であるが。

17 それゆえ、労働こそが唯一の正確で普遍的な価値の尺度であること、言い換えると、それを用いれば、時と所の違いを越えてさまざまな商品の価値を比較できる唯一の基準であることは、明白であると思われる。世紀をまたぐ長期では、我々がそれと引き換えに渡す銀の量ではさまざまな商品の真実価値を評価し得ないことが、広く認められている。年度から年度という場合には、穀物の量によってそれを評価することはできない。労働量を用いれば、世紀をまたぐ場合も、年度をまたぐ場合もともに、それをもっとも正確に評価することができる。世紀をまたぐような場合に、銀よりも労働のほうが尺度として優れている理由は、世紀をまたぐ場合には、等量の銀よりも等量の穀物のほうがよりいっそう等量の労働に近いものを支配するであろう、ということにある。逆に、年度から年度という場合には、等量の銀のほうが、よりいっそう等量の労働に近いものを支配するから、穀物よりも銀のほうが優れた尺度なのである。

18 だが、永代地代の設定や、さらには長期の賃貸契約の締結に際してさえ、実質価格と名目価格とを区別することが有益でありえるとはいえ、人間にとってずっと一般的で日常的な取引である売買取引においては、それはなんの役にも立たない。

19 時と所が同一である場合、あらゆる商品の実質価格と名目価格は、それぞれ正確に釣り合っている。たとえば、任意の商品をロンドンの市場で売却して多くの貨幣を入手しようと、わずかの金しか入手できなかろうと、その貨幣でもって、同じ時と所で購入または支配できる労働は、同じ比率で、多かったり少なかったりすることになる。それゆえ、時と所が同一である場合には、貨幣があらゆる商品の実際の交換価値の正確な尺度である。だがこうなるのは、時と所が同じ場合にかぎられる。

20 遠く離れた二地点では、商品の実質価格と貨幣価格との間に規則的な釣り合いなどまったく存在しないが、しかし、一方から他方へ財貨を運ぶ商人が考慮する点は、財貨の貨幣価格、すなわち、財貨の購入時に支払う銀量と、財を売却して入手できそうな銀量との差額だけである。中国の広東（カントン）では、半オンスの銀が支配できる労働の量だけでなく、生活必需品と便宜品の量もともに、一オンスの銀がロンドンで支配できる量を上回っている可能性がある。それゆえ、広東で半オンスの銀と引き換えに売却される商品は、ロンドンで一オンスの銀と引き換えに売却される商品よりも実質的に値段が高い、つまり広東で商品を所有している人にとってもつ実質的な価値は、ロンドンでそれを所有している人にとってもつ実質的な価値よりも大きい可能性がある。だが、もしロンドンの商人が、ロンドンで後に銀一オンスで売却できる商品を、広東で銀半オンス払って仕入れることができるとすると、あくまでもロンドンにおける銀一オンスが広東の半オンスと同価値だという前提の下でのことだが、彼はこの取引によって一〇〇パーセントの利益を得ることになる。広東における半オンスの銀が、ロンドンで一オンスの銀が購買または支配しうる労働量や生活必需品と便宜品の量よりも多かったであろうなどということは、商人にとっては何ら重要なことではない。ロンドンにおける銀一オンスが支配を可能にするものの量は、ロンドンにおける銀半オンスが支配を可能にするものの量に較べてつねに倍であること、これがまさに彼の望みなのである。

21 それゆえ、あらゆる売買が最終的に抜け目なく遂行されたかどうかを決め、価格にかかわる日常生活業務のほとんどすべてを規制するのは、財の名目価格つまり貨幣価格であるから、それが実質価格に較べて多大な注意を引きつけてきたとしても、驚くには値しないのである。

22 しかし本書のような著作では、ある特定の商品の真実価値が、時と所の違いに応じてどのように違うか――すなわち、さまざまな機会に特定の商品がその所有者にもたらす他人労働に対する支配力の違い――を比較することも、有益である可能性がある。この場合、我々が較べなければならないのは、普通それと交換に入手される銀量の違いではなく、このような異なる量の銀が購入しうる労働量の違いである。だが、時と所が異なる場合、ある程度正確にそれぞれの労働の一般的な価格を知ることは、まず不可能である。系統的に記録されているわけではないが、穀物の一般的な価格は歴史家や他の著作家に広く知られており、かなりの頻度で注目を集めてきている。したがって我々は、穀物の一般的な価格でおおむね満足せざるをえないのだが、その理由は、これがつねに労働の一般的な価格と同じ比率を保つからではなく、一般的に得られる近似値としてもっともその比率に近いという点にある。本書では、後にこの種の比較をいくらか行う機会をもつ予定である〔第一編第一一章に含まれる銀価値の変動にかんする余論のこと〕。

23 産業の発展とともに、商業的な国民は幾種類かの金属を貨幣に——金を多額の支払い用に、銀を中程度の価値をもつものの購入用に、銅または他の卑金属をさらに少額の対価支払い用として——鋳造することが便利だ、と気付いた。しかし、彼らはいつも、このような金属のうちのひとつが、他の二つのものに較べてずっと価値尺度にふさわしいと考えてきたが、結果的に選択されたのは、彼らが取引の道具として偶然利用した金属であったように思われる。一旦その金属が貨幣の本位に利用され始めると——他の貨幣をもたなければ、そうせざるをえないが——、必要性に変化が生じても、彼らはそれを本位として利用し続けたのである。

24 ローマ人が初めて銀貨を鋳造したのは、ようやく第一次ポエニ戦争〔ローマとカルタゴの戦争で紀元前二六四〜前二四一〕が始まる五年前のことで、それまでは銅貨しか用いなかった、と言われている。* それゆえ、ローマ共和国では、一貫して銅が価値尺度であったと見て良い。ローマでは、アスまたはセステルティウスのどちらかであらゆる勘定が記帳され、あらゆる財産価値が算定されたようである。アスというのはつねに銅貨の呼称であり、セステルティウスという言葉は、二アス半を意味していた。それゆえ、セステルティウスは、もともと〔第二版まで「つねに」〕銀貨であったが、その価値を銅で評価されたわけである。ローマでは、多額の借金を抱えている者は、他人の銅を大量に抱え込んでいる、と言い習わされた。

＊プリニウス『自然誌』第三三編第三章〔第二版で追加〕。

25 ローマ帝国の廃墟の上に建国した北方の人々は、定住の当初から銀貨を持っており、その後数世代にわたって、金貨や銅貨は知らなかったようである。イングランドでは、サクソン族の時代〔五〜一一世紀〕に銀貨が存在していたが、金貨はエドワード三世〔Edward III. 在位一三二七〜一三七七〕の時代まで、銅貨もグレートブリテン〔一七〇七年以来イングランド、スコットランド、ウェールズを総称する政治的な呼称として用いられた〕のジェイムズ一世〔James I. 在位一六〇三〜一六二五〕の時代まで、ほとんど鋳造されていない。したがって同じ理由から、イングランドばかりかヨーロッパのあらゆる近代国家でも、銀でもって、あらゆる勘定が記録され、あらゆる財と財産の価値が一般的に算定されたと思われる。だから、人が所有する財産額を表現しようとする場合、相当すると思われるギニー金貨でいくらと言わず、正貨〔第二版で追加〕ポンドでいくら、と言うわけである。

26 どんな国でも、もともと〔第二版で追加〕支払い用の法貨になり得たのは、価値の本位、つまり尺度として特別視された金属で作られた鋳貨だけであった、と私は信じている。イングランドでは、金は貨幣に鋳造された後も、長期間法貨とみなされなかった。金貨と銀貨の間の価値比率は、けっして一般法律や布告によって定められることがなく、市場での決定に委ねられた。債務者が金での支払いを望んだ場合、債権者はそのような支払いをすべて拒否しても良かったし、債務者との間で合意可能な金の価値評価にしたがって、それを受け入れることもできた。少額の銀貨の釣り銭として渡される場合をのぞいて、すでに銅貨は法貨ではなかった。このような状態の下では、本位である金属とそうでない金属との間の違いは、名目上の違いに留まらないのである。

27 時の経過とともに、次第に人々がさまざまな金属鋳貨の使用に慣れ、結果的にそれぞれの価値比率に精通してくると、ほとんどの国で、この比率——たとえば、これこれの純度と重量をもつ一ギニーは二一シリングと交換されるということ——を確定し、この額の負債に対する法貨であるものとする、と公法で定めれば便利だという理解が深まったようである。この状態のもとでは、すなわち、この種の一定の法定比価が維持されているかぎり、本位である金属とそうでない金属との間の違いは、ほとんど名目的な違いになってしまう。

28 しかし、この法定比価が少しでも変化したりすると、この区別はふたたび名目以上のものになってくるし、すくなくともそうなるように見える。かりに、たとえば一ギニーの法定比価が二〇シリングに引き下げられるか、二二シリングに引き上げられたとすると、銀貨で記帳された勘定、それで表記されたほとんどすべての債務、つまり大部分の支払いは、銀貨でなされる場合にはなお以前と同一量の銀貨で可能であるが、金貨でなされる場合には、おおいに違った量——一方の場合にはより多くの、他方の場合にはより少ない量——が必要とされるだろう。銀のほうが、金よりも価値が変わりにくいように見えたのであろう。銀が金の価値を計っているように見え、金が銀の価値を計っているようには見えない。金の価値は、それと交換に渡される銀の量次第で決まるように見え、銀の価値は、それと交換に渡される金の量に依存していないように見えるわけである。

しかし、この違いは、額の多少にかかわらず、金貨よりも銀貨で表記し、勘定を付けるという習慣にもとづくところが大きかった。たとえばドラモンド氏の二五ないし五〇ギニーの手形は、この種の変更の後でも、以前と同様に、二五ないし五〇ギニーで支払われるであろう。そのような変更がなされた後も、以前と同量の金で支払うことは可能であったが、銀で支払うとなると、まったく違う量になった。そのような手形の支払いにおいては、銀よりも金のほうが、価値が変わりにくいように見えたことだろう。金が銀の価値を計っているように見え、銀が金の価値を計っているようには見えないからである。もし勘定を付けたり、約束手形や他の貨幣債務証書における表記をこのようにする慣習が以前から一般化していたとすれば、銀ではなく、金が特別に価値尺度または本位である金属である、とみなされたことだろうが。

29 実際には、鋳貨に含まれる異なった金属間の法定比価が一定に留まるかぎり、鋳貨全体の価値は、もっとも高価な金属の価値によって規制される。一二ペンスの銅貨は、常衡〔イギリスの古い重量単位 avoirdupois のことで一六オンス＝一ポンド≒〇・四五三キログラム〕で〇・五重量ポンドのかならずしも最良質とはいえない銅を含むとはいえ、それは、鋳造以前に銀で七ペンス以下の価値しかないことが多い。だが、鋳貨一二ペンスは一シリングと交換されるように規定によって定められているから、市場では、それは一シリングの価値があるとみなされ、それと引き換えに、いつでも一シリング入手することができる。グレートブリテンにおける最近の金貨改鋳〔一七七四年実施〕以前でさえ、すくなくともロンドンやその近隣で流通していた金貨は、大部分の銀貨にくらべて標準重量を下回る度合いが一般的に小さかった。だが、摩滅損耗した二一シリングは、銀貨ほどひどくなかった一ギニー——おそらくこれまた摩滅損耗していた——と等価である、とみなされた。最近の改鋳によって、どんな国でも流通通貨になれそうな、標準重量に近い金貨がもたらされた。おまけに、役所が金を受領する場合は重量に限るべしという命令は、それが守られる限り、金の純分を維持しそうである。銀貨は、金貨の改鋳以前と同様に、相変わらず摩滅損耗したままである。だが市場では、この劣化した銀貨二一シリングが、依然としてこの最高級の金貨一ギニーと価値が等しいとみなされるのである。

30 金貨の改鋳が、それと交換される銀貨の価値を次第に引き上げたことは明らかである。

31 イングランドの鋳造局では、一重量ポンドの金が四四ギニー半に鋳造されるが、一ギニーは二一シリングであるから、これは四六ポンド一四シリング六ペンスに等しい。それゆえ、このような金貨一オンス〔一重量オンスは一六分の一重量ポンド〕は、銀に換算すると三ポンド一七シリング一〇ペンス半に相当する。イングランドでは、鋳造にはまったく税金も鋳造手数料もかからず、一重量ポンドまたは重量オンスの標準金地金を鋳造局にもち込めば、まったく差し引かれることなく、鋳貨で、金一重量ポンドまたは一重量オンス相当分が戻される。したがって、一重量オンスにつき三ポンド一七シリング一〇ペンス半が、イングランドにおける金の鋳造価格——すなわち、標準金地金と引き換えに鋳造局が渡す金貨の量——であるといわれる。

32 金貨改鋳以前、市場における標準金地金価格は、長らく一重量オンスにつき三ポンド一八シリングから時には三ポンド一九シリング、多くの場合四ポンドの間であったが、摩滅損耗した金貨の場合、この額でも、一重量オンス以上の標準金地金を含むことなど、ほとんどなかった可能性がある。金貨の改鋳以後、標準金地金の市場価格が一重量オンスにつき三ポンド一七シリング七ペンスを超えることは、まずなかった。金貨の改鋳以前には、金の市場価格は鋳造価格よりはつねにある程度高かった。金貨の改鋳以後、金の市場価格はつねに鋳造価格を下回っている。だが金の市場価格は、金貨で支払われようと銀貨で支払われようと、同一である。したがって最近の金貨改鋳は、たんに金貨の価値を引き上げただけでなく、金地金に比して銀貨の価値をも同様に引き上げ、こうして、おそらく他のすべての商品に比して両貨幣の価値を引き上げたのである。もっとも、ほとんどすべての他の商品の価格は、きわめて多くの他の原因によって影響を受けるから、諸商品と較べた場合の金貨や銀貨の価値上昇は、それほど明瞭でなく、目立たない可能性がある。

33　イングランドの鋳造局では、標準銀地金の一重量ポンドは、金貨と同様に、一重量ポンドの銀を含む六二シリングに鋳造される。それゆえ、一重量オンスにつき五シリング二ペンスがイングランドにおける銀の鋳造価格――すなわち、標準銀地金と引き換えに鋳造局が渡す銀貨の量――であるといわれる。金貨改鋳まで、標準銀地金の市場価格は、時によって一重量オンスあたり五シリング四ペンス、五シリング五ペンス、五シリング六ペンス、五シリング七ペンスであり、たいていの場合五シリング八ペンスであった。しかし、五シリング七ペンスというのが、もっとも普通の価格であったようである。金貨改鋳以後、標準銀地金の市場価格は、時々一重量オンスあたり五シリング三ペンス、五シリング四ペンス、さらには五シリング五ペンスに低下したが、最後の価格を上回ることはほとんどなかった。銀地金の市場価格は、金貨改鋳後大幅に低下したが、鋳造価格に近づくほど低下しなかった。

34 イングランドのさまざまな鋳貨の間の割合としてみた場合、銅は、実際の価値よりもかなり高く、銀は、実際の価値よりも幾分安く評価されている。ヨーロッパ市場、つまりフランスとオランダの鋳貨についてみると、純金一オンスは、純銀約一四オンスと交換されている。イングランドの鋳貨では、それは約一五オンス、つまりヨーロッパで普通に評価されているよりも多くの銀と交換される。だがイングランドでさえ、イングランドで鋳造された銅が高く評価されたからといって、銅の延べ棒の価格が上昇しないように、銀地金の価格も、イングランドで鋳造された銀が低く評価されたからといって、低下することはない。銀地金は依然として金に対して適切な比率を保っているが、これは、延べ棒の銅が銀に対して適切な比率を保っているのと同じ理由にもとづいている。

35 ウィリアム三世〔William III. 在位一六八九〜一七〇二〕統治下の銀貨改鋳直後、銀地金の価格は、なおその鋳造価格を若干上回り続けた。ロック氏〔John Locke, 1632-1704.『人間知性論』や『統治二論』で著名な哲学者・思想家で、利子・貨幣論の著書もある〕は、銀地金の輸出を許可しておきながら、銀貨の輸出を禁止したことに、この高価格の原因を帰した。彼の主張によれば、銀地金に対する需要がこの輸出許可によって銀貨に対する需要を上回ってしまった、というのである。だが、国内で通常の売買に用いる銀貨を必要とする人々の数が、輸出または他の用途のために銀地金を必要とする人々の数より、はるかに多いことは間違いない。現在、金地金の輸出にかんする同様な許可と金貨の輸出にかんする同様な禁止が存在しているにもかかわらず、金地金の価格は、鋳造価格以下に下落したままである。だが、当時のイングランドの銀貨においては、現在と同様に、銀は金に比して低く評価されており、結果的に金貨（当時これも改鋳が必要とはまったくみなされていなかった）が、当時も現在と同様に、あらゆる鋳貨の価値を実際に規制していたことになる。当時の銀貨の改鋳が、銀地金価格を鋳造価格に引き下げたりしなかったわけだから、現在同じ改鋳をしたとしても、銀地金価格が鋳造価格にまで下がる可能性はほとんどない。

36 銀貨が、ギニー金貨のようにその法定純分に近いものに回復されれば、現在の比価にしたがうかぎり、一ギニーは、銀地金で買うよりも銀貨と交換するほうが、より多くの銀を入手できる可能性がある。銀貨〔第五版と六版は「銀」だが、内容的には以前の版の「銀貨」であり、訳者の判断で変更〕が完全な法定純分を含んでいる場合には、それを溶解する――まず銀地金を売って金貨を手に入れ、次にこの金貨を銀貨と交換して、同様にこの銀貨を溶解する――ことが利益を生むだろう。この不都合を解消するには、現在の金銀比価を若干変更するほかない。

37 鋳貨に含まれる銀の評価を、正しい金銀比価にくらべて、実際に下がっている分だけ引き上げればこの不都合は解消するだろうが、これは以下の法律――銀貨は金貨に対する釣り銭として用いられる場合にのみ法貨であり、銅貨もまた同様に、一シリングの釣り銭として用いられる場合にのみ法貨であるという法律――が同時に制定される、と前提した上での話である。この場合、鋳造された銀が高く評価されたとしても、債権者が欺かれることにはならないのであって、それは、いかなる債権者も、鋳造された銅が高く評価された結果欺かれたりしないのと同じことである。この規制によって被害を受けるのは、銀行業者だけであろう。取り付けが生じた時、しばしば銀行業者は六ペンス銀貨で支払って時間稼ぎをはかるが、この規制によって、彼らはこのような即時払いを回避するための恥ずべき手段を奪われることになる。結果的に、彼らはつねに現在よりも多量の現金を金庫に保有せざるをえなくなろう。これは銀行業者には間違いなく大きな不便でありえるが、それにもかかわらず、その債権者には大きな保証となるであろう。

38　三ポンド一七シリング一〇ペンス半（金の鋳造価格）には、現在の最上質の金貨をもってしても標準金一オンス以上は含まれておらず、したがって、それ以上の量の標準金地金を購入できるはずがない、と考えて良い。だが鋳造された金は、地金の金よりもはるかに便利であり、イングランドでは鋳造費こそゼロだが、鋳造局にもち込まれた金が鋳貨になってその所有者の手許に戻るまで、最低でも三週間以上かかる。鋳造局の混雑が現状通りだとすれば、三月以内に戻ることはありえない。この遅れは少額の税に等しいから、鋳造された金に対して、等量の金地金よりも若干大きな価値を与えることになる。イングランドの鋳貨のなかで、銀が金に対して適切な比価で評価されさえすれば、銀地金の価格は、銀貨改鋳などなされなくても、おそらく鋳造価格以下に低下するだろう。現在の摩滅損耗した銀貨の価値は、それと交換可能な良質の金貨の価値によって、規制されるからである。

39　金や銀の鋳造に少額の手数料や税金が課せられた場合、同量の両金属地金に較べて、鋳造された金や銀の価値がさらに上昇することになろう。この場合、職人の腕前が、腕前の価格に応じて金銀製の食器の価値を引き上げるのと同じ理屈で、手数料が、この少額の税が占める割合に応じて、鋳造された金属の価値を引き上げることになる。鋳貨のほうが地金よりも価値が高いということは、鋳貨の溶解を防止し、結果的にその輸出を思いとどまらせるだろう。国家的な緊急事態のゆえに鋳貨を輸出する必要が発生しても、その大部分は、まもなく自動的に還流するであろう。外国では、鋳貨はそれに含まれる地金の重さでしか売却できない。母国では、地金の重さ以上に購入することができる。それゆえ、ふたたびそれを母国にもち込めば利益が生じよう。フランスでは鋳造する際に約八パーセントの手数料が課されるから、フランスの鋳貨は、輸出されても、自動的に母国に還流するといわれている。

40　金銀地金の市場価格の変動は、他のあらゆる商品の市場価格の変動と同じ原因にもとづいて、時々生じる。陸上輸送や海上輸送におけるさまざまな事故に由来する頻繁な貴金属の紛失、メッキや箔押し、レースや刺繍の装飾、さらに鋳貨や金銀製の食器の摩滅損耗などによる貴金属の不断の浪費は、国内に貴金属鉱山をもたない国の場合には、この種の紛失や浪費を穴埋めするための不断の輸入を不可避にする。他のあらゆる商人と同様に、貴金属輸入商も、可能なかぎり時々の輸入量を当面需要があると思えるものにあわせようと、努めるはずである。だが、いくら注意しても、時には輸入が多すぎたり、足りなかったりする。需要を上回る地金を輸入した場合、リスクを負った上でそれを再輸出する手数をかけるよりも、その一部を、通常つまり平均価格以下で売却しようと思うだろう。反対に、輸入が需要に満たなかった場合には、この価格より高いものを入手するだろう。

だが、このような随時の変動に晒されながら、それぞれ金銀地金の市場価格は、鋳造価格をある程度上回るか下回った状態で、数年間というもの、まったく安定し、不変を保ち続けるものである。高いか低いかは別として、このような価格の安定性と持続性が、鋳貨の側に生じる事情――つまり、一定量の鋳貨に、その時当然含有すべき地金の正確な量より大きな価値をもたせたり、小さな価値をもたせたりする事情――の結果であることは間違いない。結果における安定性と持続性は、原因におけるそれに見合った安定性と持続性の存在を含意しているわけである。

41　いかなる国の貨幣も、ある特定の時と所に限定した場合には、流通している鋳貨が多少なりとも正確に法定純分に一致する――すなわち、当然含有すべき純金や純銀の量を多少なりとも正確に含んでいる――程度に応じて、多少なりとも正確な価値尺度である。もしイングランドで、たとえば四四ギニー半が正確に標準金一ポンドの重量、すなわち純金一一オンスと合金用卑金属一オンスを含んでいるとすれば、イングランドの金貨は、ことの性質が許すかぎりの正確さで、いかなる特定の時と所であれ、商品の実際の価値尺度になるだろう。だが、削り取りと摩滅によって、一般に四四ギニー半が含む標準金が一ポンドの重さに満たない場合には、軽減の程度が鋳貨ごとにいかに異なっていようと、この価値尺度は、他のあらゆる度量衡が共通に晒されているのと同じ種類の不確実性を、免れないことになる。このような度量衡が本来の標準と厳密に一致することは滅多にないから、商人は、彼の財の価格を、このような度量衡が求めるものにではなく、平均すれば、経験的に実際に含んでいるとみなされたものに、可能なかぎり調整しようとする。鋳貨における同じ混乱の結果、財の価格は、同様にして、当然含有すべき純金や純銀の量に対してではなく、平均すれば、経験的にそれが実際に含んでいるとわかるものに対して調整されるようになる。

42　財の貨幣価格という場合、私が念頭に置いているのは、財がそれと引き換えに売却される純金または純銀の量のことであって、鋳貨の呼称とはまったく無関係である、ということが注意されなければならない。たとえば、エドワード一世〔Edward I. 在位一二七二～一三〇七〕時代の六シリング八ペンスは、我々が判断しうるかぎり、ほぼ等しい量の純銀を含んでいるがゆえに、現代の正貨一ポンドと同一の貨幣価格である、と私は考えるのである。

第六章　商品価格の構成部分について

1 元本（ストック）の蓄積と土地の専有に先立つ初期未開の状態に留まる社会では、さまざまなものを獲得するために費やされた労働量の比率が、それを交換する際のルールになりうる唯一の事情であった、と思われる。たとえば、狩猟に従事する人々の間で、ビーヴァーを仕留めるのに要する労働が、鹿を仕留める労働の二倍手間がかかるのが普通だとすれば、当然の帰結として、ビーヴァー一匹は鹿二頭と交換される、つまり、それと等価値でなければなるまい。通例二日または二時間の労働で生産されるものが、通例一日または一時間の労働で生産されるものの二倍価値があるということ、これは自然に生じることである。

2 ある種の労働が他のものより骨が折れるはずだとすれば、当然のことながら、この並外れた苦難に一定の配慮がなされ、結果的に、骨の折れる労働一時間の生産物は、楽な労働二時間のそれと頻繁に交換されることになるだろう。

3 ところで、並以上の技量と創意を要する労働の場合には、そのような能力があるという評価が、おのずとその生産物に、従事した時間に対して支払われるべきものを上回る価値を与えることになろう。そのような能力は、長期にわたる不屈の努力を通じてしか得られないから、その生産物の並以上の価値は、それを身に付けるために費やさねばならなかった時間と骨折りに対する、応分の補償にすぎないことが多い。発展した状態にある社会では、並外れた苦難と技能に対するこのような酌量が、一般に労働賃金においてなされており、おそらく同じようなことは、初期未開の時代でもなされていたはずである。

4　このような事態のもとでは、労働生産物はすべて労働者のものであり、結果的に〔「労働生産物」以降は第二版で追加〕商品の獲得または生産に使用される労働量こそ、生産物が普通に購買、支配または交換するはずの労働量を規制しうる唯一の事情である。

5　元本が特定の人々の手許に蓄積されるやいなや、一部の人々が、勤勉な配下の者を働かせるためにそれを利用するのは自然なことであり、配下の者の組織的な労働の成果を売却して――つまり、彼らの労働が原材料の価値に追加したものによって――利益を得るために、一部の人々は、配下の者に原材料と生活手段を供給しようとする。製品のすべてを貨幣、労働あるいは他の財と交換する際に、自らの元本をこの冒険に賭ける仕事を引き受ける人の利益として、原材料の代価や職工(ワークマン)の賃金に対する支払い分を十分上回るなにがしかのものが、与えられる必要がある。その結果、職工が原材料に追加する価値は、この場合二つの部分に分解するのであって、一方が職工の賃金を支払い、他方が前貸しした全元本――原材料と労賃――に対する、雇い主の利潤を支払うことになる。職工の生産物を売り捌いて、前払いした元本を回収する以上のものを入手する期待がなければ、雇い主が、職工の雇用に関心をもつはずがない。すなわち利潤が、前払いする元本の量にある程度比例しないかぎり、雇い主が少量の元本よりも大量の元本を用いることに、関心をもち得るはずがないのである。

6　元本に対する利潤は、監督と指揮という特殊な労働の賃金に対する異なった名称でしかない、と思われるかもしれない。だが、両者はまったく別物であって、まったく異なった原理によって規制されるのであり、したがって利潤は、監督と指揮という想像上の労働の多さ、困難さや創意といったものにはまったく比例しない。元本に対する利潤は、全体として使用された元本の価値によって規制されるから、この元本の量に比例して、大きかったり小さかったりするのである。

たとえば、ある特定の所では、製造業に投じられる元本の一般的な年率が一〇パーセントであり、そこには、それぞれ二〇人の職工を、一年一人あたり一五ポンドの賃金で――すなわち、それぞれの工場で一年に三〇〇ポンド支払って――雇っている二人の異なった製造業者がいると仮定しよう。さらに、一方の工場で年々使い尽くされる粗末な原材料はわずか七〇〇ポンドだが、他の工場の高級な原材料は七〇〇〇ポンドかかると仮定しよう。この場合、一方の工場で年々用いられる資本（キャピタル）はわずか一〇〇〇ポンドでしかないが、他の工場で用いられる資本は七三〇〇ポンドに達するであろう。それゆえ、一〇パーセントの率なら、一方の企業者（アンダーテイカー）が年利潤として期待するのは約一〇〇ポンドにすぎないだろうが、他の企業者が期待するのは約七三〇ポンドになろう。だが、彼らの利潤がこれほど大きく違うとはいえ、監督と指揮という彼らの労働はまったく、あるいはほとんど同一でありえよう。

多くの大規模工場では、この種の労働はおおむね上級事務員に委ねられている。この監督と指揮という労働の価値は、彼の賃金に正確に表現される。その決定に際して、一般的には彼の労働と技能だけでなく、彼に対する信頼もまたある程度考慮されるのだが、しかしその賃金が、彼が管理・監督する資本と決まった比率を保つことなどまったくない。ところが、この資本の所有者は、こうしてほとんどすべての労働を免れるにもかかわらず、彼の利潤は、彼の資本と決まった比率を保っていなければならない、と今まで通りに期待する。それゆえ、商品の価格のなかでは、資本の利潤は、労働の賃金とまるで異なった一構成部分であるから〔初版の「価値の源泉である」を第二版以降修正〕、まったく異なった原理によって規制されるわけである。

7　この状態のもとでは、労働生産物の全体は、かならずしも労働者に所属するとは限らない。ほとんどの場合、労働者は、労働者の手を必要とする資本の所有者に、労働生産物を分けてやる必要がある。その上〔「労働生産物」からここまで第二版での追加、初版では「それゆえ」〕、ある商品を獲得・生産するのに一般的に使用される労働量も、その商品が一般的に購入、支配または交換できるはずの量を規制しうる唯一の事情でありうるはずがない。賃金を前払いし、労働遂行のための原材料を供給した資本の利潤にふさわしい追加量がなければならない、ということは明白である。

8　どんな国の土地も、一旦それが私有財産になると、他の人々と同様に、たちどころに地主は種を蒔きもしなかった所で収穫することを好み、土地の自然の生産物に対してさえ地代を要求する。森の木、野の草、さらに大地の自然の果実といったものは、土地が共有であった時には、労働者にとって〔「労働者にとって」は第二版で追加〕収穫の手間しかかからなかったのに、彼にとってさえ〔「彼にとってさえ」は第二版で追加〕土地生産物に課された追加の価格をもちはじめる。その時から労働者は、そのようなものを収穫する許可を得るために支払わなければならず、しかも、彼の労働が採集または生産したものの一部を、地主に引き渡さなければならなくなる。この部分、つまり同じことだが、この部分の価格が土地の地代になるため、それは大部分の商品の価格における第三の構成部分になるのである。

9 価格を構成するさまざまな部分全体の真実価値は、それぞれの部分が購買、つまり支配できる労働量を基準にして計られる、ということが注意されなければならない〔初版の「計られるのは、このようにしてなのである」を第二版で修正〕。労働は、労働に分解する価格の構成部分の価値を計るだけでなく、地代に分解する構成部分、さらには利潤に分解する構成部分の価値も計るのである。

10 いかなる社会でも、あらゆる商品の価格は最終的にこの三つの部分のどれか、あるいはすべてに分解する。だが改良が進んだ社会では、大なり小なり三つのすべてが、構成部分として大部分の商品の価格に入り込む。

11 たとえば穀物の価格をとってみると、ひとつの部分が地主の地代を支払い、もうひとつの部分が賃金、つまり小麦の生産に使用された労働者と役畜の維持費を支払い、第三の部分が農業者の利潤を支払うのである。直接的か究極的かは別として、この三つの部分が穀物価格の全体を形成していると思われる。農業者の資本を更新するために、すなわち、所有する役畜その他農機具類の消耗分を補塡するために、第四の部分が欠かせないと考えることも不可能ではないかもしれない。だが、注意されるべきは、農耕馬などを含むあらゆる農耕用具の価格は、同じ三つの構成部分——農耕馬を養う土地の地代、それを世話して育てる労働、この土地の地代とこの労働の賃金を前払いする農業者の利潤——から成り立っている、ということである。したがって、穀物の価格は、馬の維持費だけでなく馬の価格を支払っていると言えなくもないが、馬の価格全体は、直接的であれ究極的であれ、さらに地代、労働および利潤という同じ三つの部分に分解する。

12 小麦粉や粗挽き粉の価格の場合には、穀物の価格に、製粉業者の利潤とその使用人の賃金を加えなければならず、パンの価格の場合は、パン屋の利潤とその使用人の賃金を、さらにその両方の価格に、穀物を農家から製粉業者へ、製粉業者からパン屋へと運送する労働に加えて、このような労働の賃金を前払いする人の利潤を付け加えなければならない。

13 亜麻の価格は、小麦のそれと同じ三つの部分に分解する。リンネル価格の場合には、我々はこの価格に、亜麻糸の仕上工、紡績工、織布工、漂白工などの賃金を、それぞれの雇い主に対する利潤とともに、追加しなければならない。

14 いかなる特定の商品であれ、加工が進めば進むほど、賃金と利潤に分解する価格部分は、地代に分解する部分に較べてますます大きな割合を占めるようになる。加工の過程が進展して行くにつれ、利潤の数値が増加していくばかりか、そこから利潤が引き出される資本(キャピタル)がますます大きくなるはずであって、後続の過程で生じる利潤は、どれも先行する過程で生じた利潤よりも大きくなる。たとえば、織布工を雇用する資本は、紡績工を雇用するそれより大きいはずである。というのは、それは後者の資本を利潤とともに回収するだけでなく、さらに織布工の賃金を支払った上で、利潤は、つねに資本に対して何らかの比率を保つはずだからである。

15 だが、もっとも改良の進んだ社会でも、その価格が二つの部分——労働の賃金と資本の利潤——にしか分解しないごく少数の商品だけでなく、価格が本質的にすべて労働の賃金であるようなもっと少数の商品さえ存在する。たとえば、海魚価格の場合は、一部分が漁夫の労働を支払い、他の部分が漁業に用いられた資本(キャピタル)の利潤を支払う。後に考察するように、時に例外が発生するとはいえ、地代が価格の一部になることはほとんどない。河川漁業の場合、すくなくともヨーロッパのほとんどの所では、事態は異なる。鮭漁は地代を払うから、申し分なく土地の地代と呼ぶことができないにしても、地代は、賃金や利潤とともに鮭価格の一部を構成する。スコットランドの一部には、一般にスコットランド瑪瑙(めのう)の名前で知られる斑入りの小石を、海岸沿いで拾い集める仕事に従事するごく少数の貧乏な人がいる。宝石細工業者が彼らに支払う価格は、すべて彼らの労働の賃金であって、地代や利潤は、価格のどの部分にもならない。

16 だがいかなる商品であれ、価格の全体は、やはり最終的にこの三つの部分のどれか、またはすべてに分解する。土地の地代と、栽培・製造したうえで商品を市場にもたらすために使用された労働全部の価格を支払った後に残る部分は、必然的に誰かの利潤でなければならないからである。

17 あらゆる特定の商品の価格つまり交換価値が、個別的にみれば、それ自体この三つの部分のどれかまたは全部に分解するように、あらゆる国の年間総労働生産物を構成する商品全体の価格は、全体としてみれば、同じ三つの部分に分解し、実際その国のさまざまな住民のあいだに、彼らの労働の賃金、元本の利潤あるいは土地の地代のどれかとして、配分されるはずである。どのような社会でも、労働により一年間に採取または生産されるものの全体、つまり同じことだが、それを価格で表現した全体が、そのような仕方で、その国のさまざまな構成員にそもそも分配されるのである。賃金、利潤および地代は、あらゆる収入のそもそもの源泉であると同時に、あらゆる交換価値のそもそもの源泉である。そのほかの収入はすべて、究極的にはこの三つのどれかから引き出されるのである。

18 自分の所有する基金（ファンド）から収入を引き出す人は誰でも、それを自分の労働、自分の元本あるいは自分の土地から引き出すほかにない。労働から引き出された収入は、賃金と呼ばれる。管理つまり使用する人によって、元本から引き出される収入は、利潤と呼ばれる。自分で使用せず、他人に貸し付ける人物によって元本から引き出される収入は、利子または貨幣の利息と呼ばれる。それは、貸し手がその金を使用して手に入れる可能性がある利潤に対して、借り手が貸し手に支払う報酬である。当然その利潤の一部は、危険を冒し、それを使用する労をいとわない借り手のものであり、また一部は、このような利潤を手にする機会を借り手に与えた、貸し手のものである。

貨幣の利子はつねに派生的な収入であり、たとえそれが貨幣を使用することによって得られる利潤から支払われないような場合でも、借り手が最初の借金の利子を支払うためにもう一度借金を重ねるような放蕩者でもないかぎり、他の何らかの収入源から支払われなければならない。土地から出てくる収入はすべて地代と呼ばれ、地主のものになる。農業者の収入は、一部は彼の労働から、そして残りの部分は彼の元本から引き出される。農業者にとって土地は、彼が労働の賃金を手に入れ、元本の利潤を上げられるようにする道具でしかない。あらゆる税、さらには税に基礎をもつあらゆる収入、あらゆる俸給、年金（ペンション）、各種の年金型公債利子収入（アニュイティーズ）といったものは、究極的には、この三つのそもそもの収入源のどれかから引き出され、直接であれ間接であれ、労働の賃金、元本の利潤または土地の地代から支払われるのである。

19 このような三種の異なった収入が、それぞれ異なった人々に属する場合には、その区別は容易である。だが、同一人物に属する場合には、すくなくともありふれた言い方のなかでは、しばしばたがいに混同されている。

20 私有地の一部を耕作する紳士（ジェントルマン）は、耕作の経費を支払った後で、土地の地代と農業者の利潤の両方を手にするはずである。しかし彼は、彼が得たもの全部を誤って利潤と呼ぶことが多く、こうして、すくなくともありふれた言い方のなかでは、地代を利潤と混同してしまう。北アメリカと西インド諸島の農園主（プランター）の大部分は、このような状況下にある。彼らの大部分が自分の私有地を耕作しているため、我々が農場の地代を耳にすることはまれになり、その利潤について聞く機会が頻繁になるわけである。

21 ありふれた農業者なら、農場の一般的な業務指揮用の監督を雇うことはほとんどない。一般的に、彼らは鋤き返したり、ならしたりする労働者などのように、自ら手を下して働いたりする。それゆえ、収穫から地代を支払った後に残るものは、耕作に使用された彼らの元本をたんに利潤とともに回収するだけでなく、労働者兼監督として当然支払われるべき賃金を、彼らに支払うはずである。だが、地代を支払い、元本を維持した後に残るものは、何でも利潤と呼ばれてしまう。しかし、賃金がその一部であることは明白である。農業者は、このような他人に支払う賃金を節約することによって、必然的に、自分の賃金を稼ぐはずである。それゆえ賃金は、この場合、利潤と混同されるわけである。

22 原材料の購入用と、収穫物を市場に出すまで彼自身を養うための元本を十分蓄えている個人経営の製造業者は、雇い主のもとで働く職人の賃金と、雇い主が職人の生産物を販売して獲得する利潤の両方を入手するはずである。だが、彼が得たものはすべて普通に利潤と呼ばれるから、この場合にも、賃金が利潤と混同されることになる。

23 所有する囲い込んだ土地を自分自身で耕作する園芸家は、地主、農業者および労働者という三つの異なる人格を、一身に兼ね備えている。それゆえ彼の生産物は、地主の地代、農業者の利潤および労働者の賃金を彼に支払うはずである。だが、その全体は、普通は彼の労働の稼ぎだとみなされている。この場合、地代と利潤が賃金と混同されているのである。

24 文明化された国では、交換価値が労働だけから発生するような商品はほとんどなく、地代と利潤が大部分の商品の交換価値に相当入り込む結果、その国の労働の年生産物は、その生産物を栽培し、準備し、市場にもたらすために使用された労働量よりもずっと多くの労働量を購買または支配するためにつねに十分な量存在する、ということになろう。もし社会が、年間購買しうるすべての労働を一年中雇用すれば、労働量が年々著しく増加するから、その次の年生産物は、それ以前の年に較べてはるかに大きな価値をもつことになろう。だが、年生産物のすべてが勤勉な人々の維持にあてられる国など、皆無である。どこでも、怠惰な人々がより多くの部分を消費するから、年総生産物がこの二つの異なった階級の人々に年々分配される比率の違いに応じて、その通常つまり平均の価値は、年々増加するか、減少するか、同一に留まるかするはずである。

第七章　商品の自然価格と市場価格について

1　いかなる社会や地域であろうと、労働や元本の用途の違いにもかかわらず、賃金と利潤には、ともにその通常率つまり平均率というものが存在する。後に明らかになるように、この率は、一部は社会の一般的な事情、つまり暮らし向きが良いか悪いか、経済状態が改善しつつあるか、停滞的であるか、それとも衰退的であるかによって、また一部は、あらゆる職業に特有な性質によって、規制される。

2　同様に、いかなる社会や地域にも、地代の通常率つまり平均率というものが存在するが、後に明らかになるように、これまた、一部は、当該の土地が位置する社会や地域の一般的な事情によって、また一部は、土地の自然の肥沃度または改良された肥沃度によって、規制される。

3　このような通常率つまり平均率は、当該の時と所で一般的に成立している賃金、利潤および地代の自然率と呼ぶことができる。

4　ある商品の価格が、それを育て、準備し、市場に供給するために利用された土地の地代、労働の賃金さらに元本の利潤を支払うのに十分なものに較べて、多くも少なくもない場合――それぞれの自然率にしたがって支払われている場合――には、当該の商品は、その自然価格と呼ぶことができる価格で売られていることになる。

5　その場合には、その商品は正確にそれに値する価格で、つまりそれを市場に供給する人が実際に費用として支払う価格で販売されることになる。というのは、一般的な言い方で商品の主要費用と呼ばれるものには、それを再販売する人の利潤が含まれないが、彼の元本を、他の何らかの方法で利用すれば通常の利潤率を獲得できる可能性がある以上、かりに近隣地域の通常利潤率を達成できないような価格で商品を販売することになれば、彼は明らかにこの商(あきない)によって損失をこうむるからである。その上、彼の利潤は彼の収入であり、間違いなく彼の生活物資の基金(ファンド)である。財を準備して市場に供給するまで、彼が雇っている職工に対して賃金、つまり食料などの生活物資を前払いするように、彼自身に対しても同様に生活物資を前払いするから、彼自身の生活物資も、財の販売から当然期待できる利潤にふさわしいものだ、と一般化されるのである。結果的に、財がこの利潤をもたらさないかぎり、彼が実際に犠牲にしたといって間違いないものが、報われないようになってしまうのである。

6　それゆえ、このような利潤を残すような価格は、かならずしも財の売り手が時々提供する最低のものではないが、すくなくとも完全な自由がある所、つまり好きなだけ職業を変えられるような所では、かなり長期にわたって販売し続けることができる最低の価格である。

7　ある商品が実際に通常売られる価格は、市場価格と呼ばれる。それは、自然価格を上回ったり、下回ったり、あるいはちょうど等しかったりすることがある。

8　個々の商品の市場価格は、実際に市場に供給される量と、その商品の自然価格――すなわち、その商品を市場に供給するために支払われなければならない地代、労働および利潤の価値全体――を進んで支払おうとする人々の需要量との比率によって左右される。このような人々を有効需要者、彼らの需要を、有効需要と呼ぶことができるだろう。それは、商品を市場に供給させる十分な効力であり得るからである。それは絶対的な需要とはまったく異なる。できればもちたいという意味でなら、極貧の人でも六頭立ての馬車に対する需要を持っている、と言うことはできるだろう。だが、そのような需要を満たすために商品が市場に供給されることは絶対にありえないから、このような需要は有効需要ではない。

9　市場に供給される商品の量が有効需要に達しない場合、それを市場に供給するために支払われなければならない地代、賃金および利潤の価値のすべてを進んで支払おうとする人々はすべて、必要な量が供給されないことになる。彼らの一部は、まったく事欠いたままでいるより、進んでより多く与えようとするだろう。彼らの間で即座に競争が開始されるため、不足の規模や、競争者の富と勝手気ままな贅沢のいずれかが偶然駆り立てる熱のこもった競争の程度に応じて、多少ともその市場価格がその自然価格より上昇するだろう。一般的に豊かさと贅沢の点で等しい競争者の間では〔「豊かさ」以降は、第二版で追加〕、彼らにとって当該商品の入手がどの程度重要性をもつかに応じて、同じ不足は、それに見合った激しい競争を引き起こす。このゆえに、都市の封鎖や飢饉の折には、生活必需品に法外な価格がつくのである。

10　市場への供給量が有効需要を超過すれば、それを市場に供給するために支払われなければならない地代、賃金および利潤の価値のすべてを進んで支払おうとする人々に、全量を売ることはできない。一部は、安ければ支払っても良いという人々に売却される必要があり、彼らが与える低価格が、全体の価格を引き下げるはずである。その市場価格は、超過の大きさが売り手間の競争を激化させる程度、すなわち、商品の早急な処分が差し当たり彼らにとってもつ重大さの程度に応じて、多少ともその自然価格以下に低下するであろう。たとえば、オレンジと古鉄の輸入を較べれば分かるように、腐敗しやすい輸入品に同様な超過が生じると、耐久性に富む商品にくらべ、前者では一段と激しい競争が引き起こされるだろう。

11　市場に供給される量が有効需要を過不足なくぴったり満たす場合、市場価格は、おのずと自然価格と――正確であれ、判断しうる限り近似的であれ――同一のものになってくる。この価格であれば、手許にある量はすべて売却可能であるが、それ以上の価格では売却できない。さまざまな売り手間の競争が、全員にこの価格の甘受を余儀なくさせるが、それより低い価格を受け入れさせることはない。

12　市場に供給されるあらゆる商品の量は、おのずと有効需要に一致する。商品を市場に供給するような事業で自分の土地、労働または元本を利用している人々の利益は、供給量が絶対に有効需要を超過しないことにあるが、それ以外の人々の利益は、供給量が絶対に有効需要を下回らないことにある。

13　もし商品の供給量が有効需要を超過していれば、価格構成部分のどれかが、その自然率以下で支払われざるをえなくなる。それが地代であれば、地主の利益が、土地の一部をこの仕事から引き上げるように即座に促すだろう。また、それが賃金や利潤であれば、前者では労働者の利益が、後者であれば彼らの雇い主の利益が、この仕事から労働や元本の一部を引き上げるように促すだろう。まもなく市場に供給される量は、有効需要を満たすのに十分な量を超えなくなるであろう。価格のさまざまな構成部分がすべてその自然率まで上昇するから、価格全体も、その自然価格に上昇することになる。

14 逆に、市場に供給される量が有効需要を下回っているような時には、その価格構成部分の一部が、それぞれの自然率以上に上昇するはずである。もしそれが地代なら、他のすべての地主の利益が、おのずとさらに多くの土地を、この商品を育てるために準備するように促すだろう。もしそれが賃金または利潤であれば、まもなくあらゆる他の労働者と商人の利益が、それを市場に供給するために、より多くの労働と元本を振り向けるように促すだろう。市場に供給される量は、まもなく有効需要を満たすのに十分な量になるであろう。価格のさまざまな構成部分は、すべてその自然率まで低下するから、価格全体もその自然率に下落するのである。

15 それゆえ自然価格とは、いわば、あらゆる商品価格が絶え間なく強く引きつけられる中心価格なのである。さまざまな偶然の出来事が、時に商品価格を自然価格より相当高止まりさせることもあろうし、時にはそれ以下に引き下げるかもしれない。だが、商品価格がこの中心に留まり続けさせないようにする障害物が何かあったとしても、商品価格は絶えずそこに向かい続けるのである。

16 商品を市場に供給するために一年間に利用される組織的な労働の量全体は、このようにして、おのずとその有効需要に適合していくのである。それは、けっして有効需要を超えることはないが、しかし有効需要を満たすのに十分な量をつねに正確に供給することを、自然とめざすわけである。

17 だが同一の労働量でも、年によってまったく違った量の商品を生産する職業があるかと思えば、他方では、同一の労働量が、いつも同一ないしそれに近い量の商品を生産するような職業もある。農業に従事する同数の労働者が生産する穀物、葡萄酒、油、ホップなどの量は、年によってかなり違う。ところが、同数の紡績工や織布工は、毎年同一ないしそれに近い量の亜麻布や毛織物を生産するであろう。あらゆる点で有効需要に適合すると言うことができるのは、前者に属する産業では平均的な産出高のことにすぎないから、その実際の産出高が頻繁に平均を大きく上回ったり下回ったりすれば、市場に供給される商品の量は、時々その有効需要を大幅に超過したり、不足したりするであろう。

したがって、たとえ有効需要がつねに同一量を保つとしたところで、その市場価格は、大きな変動――時にはその自然価格より大幅に低下したり、上昇したりするという変動――に晒されることになろう。後者に属する産業では、同一労働量の生産物は、つねに同一ないしそれに近いものであるから、それはずっと正確に有効需要に適合可能である。それゆえ、その有効需要が同一である間は、商品の市場価格もまた同じことになり、結果的に、判断しうる限り完全もしくはほとんど近似的に、その自然価格と同一になると思われる。亜麻布と毛織物の価格の変動が、穀物価格ほど頻繁で大幅な変動に晒されないということ、これは、誰でも経験上知っていることである。前者の部類に属する商品の価格は、たんに需要が変化した時に変動するだけである。後者の部類に属する商品の価格は、需要の変化に従って変動するだけでなく、有効需要を満たすために市場に供給される商品量の大幅かつ頻繁な変化に従って、変動することになる。

18　あらゆる商品の市場価格にみられる偶発的・一時的な変動は、価格のうちの賃金と利潤に分解する部分に、もっぱら集中する。地代に分解する部分は、それによってあまり影響されない。すくなくとも確定貨幣地代は、率においても価値においても、まったく影響を受けない。地代が原生産物（ルード・プロダクト）の一定割合あるいは一定量である場合、一年間の価値としてみると、地代である原生産物の市場価格におけるあらゆる随時的・臨時的な変動の影響を受けることは確かだが、一年間の割合としてみた場合には、ほとんど影響を受けない。貸借の条件を決定する際に、地主と農業者はそれぞれよく考え抜いた上で、その割合を、生産物の一時的・随時的な価格にではなく、平均つまり通常価格にあわせようと試みるからである。

19 このような変動は、市場が、商品と労働——すなわち、遂行済みの仕事と将来遂行予定の仕事——において、たまたま在庫過剰であるか不足であるかに応じて、賃金においても利潤においても、価値と割合の両方に影響を及ぼす。公的な服喪は、黒い布（そのような場合、市場はほとんど間違いなくその在庫不足に陥る）の価格を引き上げ、相当量それを保有している商人の利潤を増加させる。それは織布工の賃金にはまったく影響しない。市場で在庫不足になっているのは、商品であって労働ではない——つまり遂行済みの仕事であって、将来遂行予定の仕事ではない——からである。それは日雇い仕立て職人の賃金を上昇させる。ここでは、市場は労働が在庫不足に陥っている。より多くの労働——すなわち、入手しうる量を上回る遂行すべき仕事——に対する有効需要が存在しているからである。それは色物の絹織物や布の価格を引き下げ、こうして、それをかなり大量に在庫にもつ商人の利潤を減少させる。それはまた、そのような商品を用意するために雇用される労働者の賃金を低下させる。というのは、それに対する需要が六ヵ月、場合によっては一二ヵ月止まってしまうからである。ここでは、市場は商品と労働が、ともに在庫過剰に陥っているわけである。

20 だが、個々の商品の市場価格は、言ってみれば、このように自然価格へ持続的に強く引きつけられているとはいえ、時には、特定の出来事、自然的な原因、さらには特定の行政上の規制が、商品の市場価格を長期にわたって自然価格よりかなり高く保つ、ということが多くの国で生じる可能性がある。

21 ある商品の市場価格が、有効需要の増加によってたまたまその自然価格以上に高騰した場合、その市場に供給するために元本を用いる人は、一般的にこの変化を知られないようにしようと気を配る。もしそれが広く知れ渡ったら、彼らの大きな利潤が、多数の新しい競争相手に自分の元本を同じ仕方で使う気にさせてしまうから、結果的に有効需要が完全に満たされ、その市場価格がまもなく自然価格にまで低下するだろうが、おそらく、ある程度の期間それ以下にさえ低下するだろう。市場に財を供給する人々の居住地がその市場から遠く離れている場合には、このような秘密を数年間守り続け、その間まったく新規参入に脅かされることなく特別利潤を享受できるであろう。しかし、確認されるべき点は、この種の秘密が長期間守られることはほとんどなく、秘密が保てなくなるとほぼ同時に、特別利潤が消滅するということである。

22 秘密の保持は、商業よりも製造業のほうがはるかに長期間可能である。普通に使用されているものの半値しかかからない原料で、特殊な色を出す方法を発見した染色業者は、きちんと管理した場合には、生きている限りこの発見の利益を享受できるだろうし、さらに、それを子孫に遺産として残すことさえ可能であろう。彼の莫大な利益は、彼自身の労働に支払われる高価格から発生する。それは、まさにかかる労働の高賃金である。だが、その継続は全面的に彼の元本に支えられているばかりか、そういう原因から、総額が元本と一定の比率を保つこともあって、それは、一般的に元本の特別利潤であるとみなされるのである。

23 そのような市場価格の底上げ（エンハンスメント）は、明らかにある偶然の出来事——時にその作用が長期間続くこともある偶然の出来事——の結果である。

24 ある種の自然の産物は、特殊な土壌と立地条件が不可欠であるから、その生産に適した土地となると、大国のすべての土地をもってしても、有効需要を満たすのに不足することがありえる。したがって、市場に供給される全量が、それを産出する土地の地代に加えて、それを準備し、市場に供給するために利用された労働の賃金と元本の利潤とを、それぞれの自然率に従って十分支払える以上のものを進んで与えようとする人々に、売却される可能性がある。このような商品は、一世紀もの間ずっとこの高価格で売られ続ける可能性があるが、この場合、価格のうち土地の地代に分解する部分が、一般的にその自然率以上で支払われる部分である。特別に恵まれた土壌と立地条件をもつフランスのいくつかのブドウ園の地代のように、特別に高く評価される生産物をもたらす土地の地代は、同程度の肥沃さを備え、よく耕作された近隣に位置する他の土地の地代と、一定の比率を保つことはない。これとは逆に、そのような商品を市場に供給するために利用された労働の賃金と元本の利潤が、近隣地域の他の職業における労働や元本の賃金や利潤に対するそれぞれの自然の割合から乖離することは、ほとんどない。

25 そのような市場価格の底上げは、明らかに有効需要の完全な充足を妨げてきた自然原因

——したがって、永遠に作用し続ける可能性がある自然原因——の結果である。

26 個人または貿易会社に与えられた独占は、商業や製造業における秘密と同じ効果をもつ。独占者は、市場を絶えず在庫不足に保ち、けっして完全に有効需要を満たさないようにして、彼らの商品をその自然価格よりずっと高値で売るから、彼らの報酬は、それが賃金であるか利潤であるかは別として、それぞれの自然率を著しく上回るものに引き上げられる。

27 独占価格は、いかなる場合でも、入手しうる最高の価格である。これとは逆に、自然価格つまり自由競争価格は、実際いつでもというわけではないが、相当長期間にわたって甘受しうる最低の価格である。一方は、いかなる場合でも買い手から搾り取ることができる——すなわち、買い手が与えることに同意すると言われる——最高のものである。他方は、売り手が一般的に甘受でき、同時に、彼らの事業を継続できる最低のものである。

28 同業組合（コーポレーション）、徒弟に関する法律、さらには個々の職業における競争を、それがなければ参入したであろうよりも少数に抑制する類いの法律はすべて、程度こそ劣るが、まったく同じ傾向をもっている。それは一種の拡大された独占であって、特定の商品の市場価格を、あらゆる種類の職業において数世代その自然価格以上に保ち、使用された労働の賃金と元本の利潤の両方を、その自然率より幾分高く維持することがありうる。

29 そのような市場価格の底上げは、その根拠となる行政上の規制が存在するかぎり、持続する可能性がある。

30 個々の商品の市場価格は、長期間その自然価格を上回り続ける可能性をもつが、長期間それを下回り続けることはまずありえない。市場価格のどの部分が自然率以下で支払われようと、利益を侵された人が即座に損失を嗅ぎ取り、なにがしかの土地、労働あるいは元本のどれかをそのような用途から引き上げるだろうから、市場への供給量は、まもなく有効需要を満たすものを超えなくなるだろう。それゆえ、その市場価格は、まもなく自然価格に上昇する。すくなくとも、これが完全な自由がある所での真実であろう。

31 製造業が繁栄している時には、労働者の賃金を、その自然率よりずっと高く引き上げることを可能にする同じ徒弟条例や他の同業組合規則が、実際に製造業が衰退する段になると、賃金をその自然率よりかなり低下させることがある。前者の場合は、多くの人々をその職業から閉め出しており、後者の場合は、多くの人々が他の職業に就く機会を奪っているわけである。だが、そのような規制が労働者の賃金を自然率以上に引き下げるという点でもつ効果は、引き上げる点でもつ効果ほど、永続的とはとてもいえない。前者の場合、その作用は数世紀続く可能性があるが、後者の場合は、製造業が繁栄している時期に仕事を仕込まれた一部の労働者の寿命より長く続くはずがない。彼らが死ねば、後にその仕事を仕込まれる人の数は自然と有効需要に適合するであろう。どのような職業であれ、数世代にわたって労働の賃金や元本の利潤をその自然率以下に引き下げておくことができる行政とは、インドスタンや古代エジプト（ここでは、誰もが宗教原理にしたがって父親の職業を継がねばならず、もし子が転職などしようものなら、もっとも忌まわしい瀆聖（とくせい）行為を犯したとみなされた）の行政のように、暴力的なものであるにちがいない。

32 以上が、一時的であれ永続的であれ、商品の市場価格の自然価格からの乖離にかんして、現時点で注意しておく必要があると思われる事柄のすべてである。

33 自然価格それ自体は、価格の構成部分である賃金、利潤および地代のそれぞれの自然率とともに変動する。さらに、どのような社会でも、この自然率はそれぞれの社会の事情に応じて、すなわち、暮らし向きが良いか悪いか、経済状態が改善しつつあるか、停滞的であるか、それとも衰退的であるかに応じて、変動する。続く四章で、可能なかぎり十分かつ明瞭に、このようなさまざまな変動の原因を説明するように努力したい。

34 第一に、賃金の比率(レート)を自然に決定する事情とはどのようなものであるか、つまりこのような事情は、暮らし向きの良さや悪さによって、すなわち改善しつつあるか、停滞的であるか、あるいは衰退しつつある社会の経済状態によって、具体的にどのように影響されるか、という点を解明するように試みたい。

35 第二に、元本の自然率(ナチュラル・レート)を自然に決める事情とはどのようなものであるか、つまり、このような事情はまた、社会状態における同様な変化によって具体的にどのように影響されるか、という点を明らかにしたい。

36 金銭的な賃金と利潤は、労働と元本の用途の違いに応じてさまざまに異なるが、しかし、なお一定の比率(プロポーション)というものが、それぞれ異なった用途に用いられる労働の金銭的な賃金の間でも、元本の利潤の間でも、それぞれ一般的に実現されるように思われる。後に明らかになるように、この比率は、一部はそれぞれの職業の性質に、残りは、それが遂行されている社会のさまざまな法律と政策に依存して決まる。だが、多くの点で法律と政策に依存するとはいえ、この比率は、その社会が豊かであるか貧しいか、その経済状態が改善しつつあるか、停滞的であるか、衰退的であるかによってはほとんど影響を受けないのであって、社会状態のいかんにかかわらず、一定であるか、ほぼ一定に留まるように思われる。続く三番目の章で、この比率を規制するさまざまな事情のすべてを説明するように努めたい。

37 四番目つまり最後の章では、土地の地代を規制する事情が何であるか、つまり、土地が産出するさまざまな物質すべての実質価格を高めたり低めたりする事情とは何であるか、これを明らかにするように努力したい。

第八章　労働の賃金について

1 労働の生産物は、労働の自然な報酬または賃金を構成する。

2 まだ土地の占有も資本の蓄積も始まっていない事物のそもそもの状態では、労働の生産物はすべて労働者の所有物である。彼には、生産物を共有する地主も雇い主（マスター）もいない。

3 この状態が続いたとすれば、分業によって引き起こされる労働生産力の改善が達成された分だけ、そっくりそのまま、労働者の賃金が増加してきたことだろう。あらゆる物の値段が、次第に安くなったであろう。あらゆる物がますます少量の労働で生産されたであろうし、さらに事物のこの状態では、等量の労働で生産された商品がおのずと交換されるだろうから、同様にあらゆる物は、次第にますます少ない労働で生産された物でもって購買されるようになったことであろう。

4 だが、あらゆる物の価格が次第に本当に安くなったとしても、外見的には、多くの物の値段は以前よりも上がった――つまりより多量の他財と交換されるようになった――と見えるかもしれない。たとえば、大部分の職業で、労働の生産力が一〇倍向上する――一日の労働が、当初生産していた一〇倍の製品を生産できる――のに、ある特定の職業では、その向上は二倍になった――一日の労働が、そもそもそれが遂行していた二倍量の成果を生み出せる――だけであった、と仮定しよう。大部分の職業における一日の労働生産物を、この特定の職業における一日の労働生産物と交換するとすれば、大部分の職業における当初の量の一〇倍の成果は、特定の職業における当初の量の二倍の成果しか購入できないであろう。それゆえ、ある特定の職業における一定の量、たとえば一ポンドの重さの労働生産物は、前よりも五倍値段が高いように見えるだろう。だが、本当は、それは二倍安くなった、と言うべきであろう。それを購入するためには、量でみれば以前の五倍の他商品が必要になるが、それを生産するために必要な労働量は以前の半分しか必要とされないからである。したがって、その獲得は以前よりも二倍容易になっている、と言ってよいのである。

5 だが、労働者が彼自身の労働生産物のすべてを享受するというような事物のそもそもの状態は、土地の専有と資本の蓄積が最初に導入されて以後、終焉を迎える。それゆえこの状態は、労働生産力における最大の改良が開始されるはるか以前に終わっていたわけだから、この状態が、労働の報酬、つまり賃金に対してどのような効果を与えたかなどと、さらに詮索したところで何の意味もないだろう。

6 土地が私有財産になると、たちどころに地主は、労働者が土地の上で育てたり、そこで採集したりしたほとんどすべての〔初版の「ありとあらゆる」を第二版で修正〕生産物に対して、分け前を要求する。地主の地代は、土地に対して用いられた労働の生産物から控除されたものとしては、最初のものである。

7 土地の耕作を望む人で、作物収穫期まで自活する資力をもち合わせている人はごくまれである。彼の生活手段は、一般的に雇い主、つまり彼を雇う農業者の元本から前貸しされるが、耕作に従事する人が、その生産物を雇い主と分け合うことになっていない――所有する元本が、利潤とともに回収されるようになっていない――限り、耕作に従事する人の雇用に関心を抱く人はいないだろう。この利潤が、土地に対して用いられた労働の生産物から控除されるものとしては、二番目のものである。

8　ほとんどすべての他の労働生産物も、利潤という同様の控除を免れえない。あらゆる熟練を伴う事業や製造業では、大部分の職工は、仕事の原材料、賃金や生計費といったものを、仕事が済むまで前貸ししてくれる雇い主を欠かせない立場にある。雇い主は、労働者の労働生産物の配分、すなわち、労働が費やされる対象である原料に労働者の労働が追加する価値の配分に与るのであって、雇い主の利潤はこの分け前にある。

9　実際に時々生じることだが、雇われずに自前で働く職工は、十分な量の元本を持っているため、仕事の原材料を購入した上で、仕事が完了するまで、自分の生計を維持することができる。彼は雇い主であると同時に労働者でもあるから、彼自身の労働の生産物全部、すなわち、労働が費やされる対象である原材料に労働が追加した価値のすべてを享受する。それは、通例二つの別個の人物に属する別個の収入、つまり、元本の利潤と労働の賃金とを含んでいる。

10　しかし、そのような場合はそれほど頻繁に起きるわけではなく、ヨーロッパではどこでも、自前で働く職工一人に対して、雇い主に仕える職工二〇人という割合であるから、労働賃金とは、労働者を雇う元本の所有者と労働者とがまったく別人物である場合に普通に存在しているもののことだ、と理解されている。

11　一般的な労働賃金というものは、どこでも、それぞれの利益がけっして同一ではない二人の当事者の間で一般に締結される契約によって決まる。労働者は可能な限り多く入手したがるし、雇い主は、可能な限り少なく与えようとする。前者には、労働賃金を引き上げるために団結しようという気持ちが起きるし、後者には、それを引き下げるために団結しようという気持ちが起きるのである。

12 だが、通常の場合、二人の当事者のどっちが論争で優位に立ち、相手方に提案に応じるように強制するようになるかを、あらかじめ予見することは難しくない。雇い主は、その数が少ないからずっと容易に団結できるし、さらに法律も、すくなくとも彼らの団結を禁止せずに公認しているが、他方で労働者の団結については、これを禁止している。労働価格の引き下げをねらった団結を妨げる法律が議会で制定されたためしはないが、その引き上げをねらった団結を妨げる法律は山ほどある。このような争議では、いつも雇い主がずっと長くもちこたえられる。地主、農業者、親方製造業者あるいは商人というものは、たとえ一人も労働者を雇っていない場合でも、一般に、すでに手許にある元本で一年や二年くらい生活できる。多くの労働者は、雇われなかったら、一週間と暮らしていけないだろうし、まして一ヵ月となると生きていける者は少なく、一年となればほとんど皆無である。長期的には、労働者が雇い主を必要とするのと同程度、雇い主もまた労働者を必要としているのだが、この必要性は、それほど差し迫ったものではない。

13 雇い主の団結などほとんど聞いたことがないが、労働者のそれは頻繁に耳にすると言われてきた。だが、これを根拠に、雇い主が団結することはまれだと想像するような人は、俗世間に不案内であるばかりか、この主題についても不案内である。いついかなるところでも、雇い主には、労賃を現行の相場よりも引き上げないようにしよう、という恒常的で一貫した一種の暗黙の連携がある。この連携を打ち破ることは、どこでももっとも不人気な行為であり、隣人や同じ立場にある人々の間で、雇い主の信用を落とすもとになるようなことである。実際、このような雇い主の団結を耳にする機会が少ない理由は、それが慣例になっており、そう言ってよければ、それまで誰も聞いたことがない類いの事物の自然状態だ、ということにある。さらに雇い主は、労働賃金をこの相場以下にさえ引き下げようとして、時々特別に提携する。これは、つねに実行の時まで最大級の沈黙と秘密のうちになされるから、労働者が時々そうするように、一旦彼らが抵抗もせずに譲ってしまうと、たとえ彼らには重く受けとめられていたとしても、そのほかの人々の耳にまで達することは絶対にない。

しかし、このような雇い主の団結は、しばしば労働者による逆の防衛的な団結によって、抵抗をうける。時々彼らもまた、この種の雇い主の挑発などなくても、彼らの労働の価格を引き上げるために、自発的に団結する。彼らのいつもの口実は、食料の高価格であったり、彼らの雇い主が彼らの仕事によって稼いだ大きな利潤であったりする。だが、彼らの団結が攻撃的なものであろうと防衛的なものであろうと、それにかんする話は、いつもたっぷりと耳に届く。争点を迅速に決着させるため、彼らはいつも可能な限り大騒ぎするという手段に訴えるのであって、ときには、呆れてものが言えないほどの暴力と不法行為に訴えさえする。彼らは自暴自棄になって、飢え死にするか、彼らの雇い主を脅して彼らの要求を即刻応諾させるか、いずれかしかありえないと考える捨て鉢になった人間がもつ愚劣さと無節制のうちに行動する。このような事態に直面した雇い主たちは、相手側に対してこれに劣らず騒ぎ立て、治安判事の助力だけでなく、使用人（サーヴァント）、労働者（レイバラー）、および雇い職人（ジャーニーマン）の団結を取り締まるために、あれほど厳しく定められてきた法律の厳密な執行を、声高に求めつづける。それゆえ、労働者がこのような団結の無秩序な暴力沙汰から何らかの利益を引きだすことなど、ほとんどないに等しい。そしてこのような団結は、一部は治安判事の介入により、一部は雇い主たちの並外れた頑固さにより、また一部には、大部分の労働者が当座の生計を維持するために屈服せざるをえない状態にあるため、一般に、首謀者の処罰や破滅という結末を迎える以外には、何も得られないことになる。

14 しかし、雇っている労働者との争議において、雇い主は一般的に優位に立っているはずであるが、やはり、もっとも未熟な種類に属する労働の通常の賃金でさえ、かなり長期間それよりも低く保つことができないと思われる、ある最低限の大きさ（レート）が存在する。

15 人間はつねに自分の仕事によって生きなければならず、したがって、すくなくともその賃金は肉体を維持するのに十分でなければならない。さらにほとんどの場合、それを超えている必要がある。そうでなければ、労働者による家族の扶養が不可能になり、そのような労働者の子孫が、最初の世代より後まで存続しえないからである。この理由からカンティロン氏〔Richard Cantillon, c.1680-1734. フランスで活躍した商人で『商業試論』の著者〕は、労働者の妻の労働は、子供の世話をする必要があるため彼女自身を養うだけで精一杯であると想定した上で、全体的に見て、夫婦が二人の子供を養育できるためには、もっとも未熟な種類に属する並の労働者は、どこでも、すくなくとも自分自身の肉体を維持するために必要なものの二倍を稼がなければならない、と推定している。だが、生まれた子供の半分は成人に達する以前に死亡する、と見積もられている。だから、この説明にしたがえば、最貧層の労働者は、子供二人がともに運良く成人に達するまで生きているためには、全体的に見て、すくなくとも四人の子供を育てようと努力しなければならないことになる。しかし、四人の子供のために必要な養育費は、成人男性一人のそれにほぼ等しいと推定されている。同じ著者の付言するところによれば、屈強な奴隷の労働は、彼の肉体維持費に比べて二倍の価値をもつと見積もられており、もっとも低級な肉体労働者の労働が、屈強な奴隷のそれよりも価値が劣ることなどありえない、と考えられている。

それゆえこう見てくると、家族を養っていくためには、最下層の並の労働者の場合でも、全体的に考えれば、夫婦合わせた労働が、夫婦二人の肉体を維持するために厳密に必要なものよりもある程度大きなものを稼がなければならない、ということはまず確かだと思われる。しかし、どの程度の部分を占めるのか、つまり先に言及したものであるか、それとも、別のものであるかを決定する役割は引き受けないことにしたい。

16 しかし、時に肉体労働者にとって利益になり、彼らが、明らかに通常の人間性にふさわしい最低限に等しい賃金よりもかなり上まで、彼らの賃金を引き上げられるようにする一定の事情が存在する。

17 どんな国でも、賃金によって生活する人々――労働者、雇い職人、あらゆる種類の使用人――に対する需要が継続的に増加している時、つまり、毎年その前の年に雇用されていた人数以上の雇用が提供されている場合には、彼らの賃金を引き上げるために労働者が団結する理由はない。人手不足が雇い主の間の競争を引き起こし、労働者を確保するために雇い主がたがいに競い合うから、結果的に、賃金を引き上げまいとする彼らの自然な団結が、自発的に破られるからである。

18 賃金で生活する人々に対する需要は、賃金支払い用に向けられる基金(ファンド)の増加に比例してしか増加し得ない、ということは明らかである。このような基金は二種類あり、第一は、生計維持のために必要なものを超える収入、第二は、労働者の雇い主の仕事にとって必要なものを超える元本である。

19 地主、年金型公債利子取得者(アニュイタント)、すなわち金持ちの資産家というものは、自分自身の家族を扶養するために十分と思われる以上の大きな収入がある場合には、剰余の全部または一部を、一人またはそれ以上の数の家事使用人の維持に充てる。この剰余が増えれば、彼はおのずとこのような使用人の数を増加させるであろう。

20 織布工や製靴工といった自前で働く職人は、彼自身の仕事の材料を購入し、製品を売却するまで、彼自身を養うために必要なものを超える元本を入手した場合、彼らの仕事によって利潤を上げるため、彼はおのずと剰余分で一人もしくはさらに多くの雇い職人を雇う。この剰余が増えれば、彼はおのずと雇い職人の数を増やすだろう。

21 それゆえ、賃金で生活する人々に対する需要は、必然的に、あらゆる国の収入や元本の増加と軌を一にして増加するのであって、それなくして増加する可能性などありえない。収入や元本の増加は、国富の増加である。それゆえ、賃金で生活する人々に対する需要は、国富の増加とともにおのずと増加するのであって、それなしで増加する可能性などありえないのである。

22　労働賃金の上昇を引き起こすのは、国富の実際の大きさではなく、その持続的な増加である。したがって、労働の賃金がもっとも高いのは、もっとも豊かな国においてのことではなく、もっとも繁栄しつつある、つまり、もっとも急速度で豊かになりつつある国においてのことである。現時点で見ると、イングランドは、北アメリカのどの地方よりもはるかに豊かな国である。だが、労働の賃金は、イングランドのどの地方よりも、北アメリカのほうがずっと高い。ニューヨーク地域では、並の労働者の一日当たりの稼ぎは、現地通貨で三シリング六ペンス、正貨で二シリングに等しい。*船大工の場合、現地通貨で一〇シリング六ペンスと、正貨で六ペンスの価値になる一パイント〔約〇・五七リットル〕のラム酒で、足し合わせて正貨で六シリング六ペンスに等しい。家大工やレンガ積み工の場合、現地通貨で八シリング、正貨で四シリング六ペンスに等しい。雇い仕立て職人の場合は、現地通貨で五シリングだが、正貨で約二シリング一〇ペンスに等しい。

このような労賃の相場は、すべてロンドンの相場を上回っており、そのほかの植民地でも、ニューヨークと同じくらい高いと言われている。食料価格は、北アメリカのどの地域でも、イングランドに比べてずっと低いという。食糧不足が起きたなどとは、聞いたこともない。もっとも不作の年でも、輸出するには足りないが、国内で必要な分は、つねに十分な量ある。それゆえ、労働の貨幣価格が母国のどこよりも高ければ、その実質価格、つまり、それによって労働者が手に入れる生活必需品と便宜品に対する実際の支配力は、さらに大きな比率で高いにちがいない。

＊ここは最近の動乱〔アメリカ独立戦争のこと〕が始まる前の一七七三年に執筆された〔第二版で追加された脚注〕。

23 だが、まだ北アメリカはイングランドほど豊かではないが、繁栄の度はずっと高く、さらに大きな富の獲得に向けてより急速に前進しつつある。どんな国であれ、もっとも決定的な繁栄の印は、その国の住民数の増加である。グレートブリテンやほとんどのヨーロッパ諸国の場合、ここ五〇〇年以内に人口が倍増するとは考えられていない。北アメリカのイギリス（ブリティッシュ）植民地では、ここ二〇年から二五年の間に、住民数が倍増したとみなされてきた。現時点では、この増加は新住民の継続的な流入によるものではなく、主として種の大増殖によるものである。そこで高齢に達した人は、しばしば五〇人から一〇〇人の子孫に恵まれており、時にはさらに数が増えることがあるという。そこでの労働は報酬がとても良いため、両親にとって子だくさんの家族というのは、重荷どころか、むしろ富裕と繁栄の源泉なのである。親離れできるまでに遂行される子供一人当たりの労働は、正味一〇〇ポンドの儲けに等しい価値があると見積もられている。

ヨーロッパでは、中流ないし下層階級に属する四～五人の子供を抱えた若い未亡人が、次の亭主を見つけるチャンスはまず皆無であろうが、ここでは、ある程度の財産持ちとして求愛されることが多い。子供の価値は、結婚を奨励するあらゆるもののなかでは最大である。したがって、我々は北アメリカの人々が一般的にきわめて若くして結婚するはずだ、と知っても驚いてはいけない。そのような早婚によって引き起こされる大増殖にもかかわらず、北アメリカでは、人手不足にかんする慢性的な苦情が絶えない。労働者に対する需要、つまり、労働者の扶養に向けられる基金は、雇用すべき労働者を探し出すまもなく、さらに急速に増加していると思われる。

24 国の富はきわめて大きいはずだといっても、長い間停滞をつづけてきた場合に、そこでの労働賃金がきわめて高いと期待することはできない。賃金支払いに向けられる基金、つまりその住民の収入と元本の大きさは最大かもしれないが、数世紀間も同一かほぼ同一の水準に留まっている場合には、毎年雇用される労働者は、次年度必要とされる数を容易に満たし得るし、さらにはそれを超えさえするだろう。人手不足など滅多に起きるはずがなく、労働者を確保するために、雇用主が他の雇用主とたがいに競り合う必要が生じるはずもない。逆であって、この場合には人口増殖が自然に勤め口の数を超えてしまうのである。ここでは勤め口がつねに不足しており、雇用を確保するためにたがいに競り合わなければならないのは、労働者である。このような国で、労働の賃金が労働者を維持するために必要なものを上回り、彼に家族を養えるようにするほどであったとすれば、労働者の競争と雇い主の利益とが、まもなく労賃を並の人間性に一致する最低限の賃金レートに引き下げるであろう。

中国は、長い間世界でもっとも豊かな、すなわち、もっとも多産で、もっとも耕作が進み、もっとも勤勉で、もっとも人口の多い国のひとつであった。だが、この国は長期間停滞していたように思われる。五〇〇年以上前にこの国を訪れたマルコ・ポーロ〔Marco Polo, 1254-1324. イタリアの旅行家で『東方見聞録』の著者〕が描写するその国の耕作、産業、および人口の多さは、現代の旅行者によって描写されている表現とほとんど変わらない。おそらくこの国は、マルコ・ポーロの時代よりかなり前に、その国の法と制度の性質に従って獲得しうる限り多くの富を、すべて獲得し尽くしていたのであろう。どの旅行者の説明も、他の多くの点では一致していないのに、中国における労働賃金の低さや、家族を養うことが労働者にとって困難とみなされているという点で、すべて一致している。一日中土地を掘り返し、夕方にわずかばかりの米を買えるものを稼ぎさえすれば、彼はそれで満足するのである。予想がつくとはいえ、職人の状況はさらに悪い。ヨーロッパと同様に、仕事場で無為に過ごしながら顧客の訪問を待つ代わりに、各自の商売道具を抱え、絶えず通りを走り回りながらサーヴィスを提供しているが、それはあたかも物乞い同然の仕事なのである。

　中国における最下層の人々の貧しさは、ヨーロッパのもっとも貧しい国民のそれを、数段上回っている。広東（カントン）の近隣地域では、何百何千という家族が土の上に住居をもたず、川や運河に浮かぶ小さな漁船でいつも生活している、と一般に言われている。そこで入手しうる食料などの生活物資があまりにも乏しいため、彼らは、ヨーロッパの船から水中に放棄された不潔きわまりないゴミをすくい上げようと血眼になる。半ば腐って悪臭を放っていても、たとえば、犬や猫の死肉や死骸は、その他の国の人々の最高の好物に引けを取らぬほど、彼らに歓迎される。中国で結婚が奨励されるのは、子供が利益をもたらすからではなく、子供を殺す自由があるからである。あらゆる大都市では、毎晩数人の子供が街路に遺棄されたり、子犬のように水中で溺死させられたりしている。この忌まわしい仕事を遂行することが、一部の人々が生計費を稼ぎだす公認の仕事になっている、とさえ言われている。

　しかし、おそらく中国は静止している可能性があるとはいえ、後退しているようには見えない。住民によって見捨てられた都市は、どこにもない。過去に耕作されていた土地で、放棄されたところはない。それゆえ、まったく同じか、ほぼ同じ量の労働が毎年遂行されつづけているのだから、それを維持するための基金が、それとわかるほど減少しているはずはない。それゆえ、乏しい食料などの生活物資しかないにもかかわらず、最下層階級の労働者は、普通の労働階級の家族数を養っているかぎり、何らかの方法で、彼らの家系をどうにか存続させているはずである。

26　だが、労働を維持するための基金がそれとわかるほど減少しつつある国では、事態は異なるだろう。使用人や労働者に対する需要は、すべての異なった職業分野で、前年水準より低下するだろう。上層の部類に属する職業で育ってきた多くの労働者は、それまで続けてきた事業では仕事を確保できず、最下層の部類の職業のなかに仕事を見つけようとするだろう。最下層の部類の職業は、もともと従事していた労働者だけでなく、他のすべての部類の職業からのあぶれ者で溢れかえるから、そこでは、雇用をもとめる競争が著しく激化し、労働賃金を、労働者の生活物資としてはもっとも惨めで乏しいものに引き下げるであろう。多くの人々は、このような過酷な条件の下でさえ仕事を見つけられず、飢え死にするか、食料などの生活物資を求めて余儀なく物乞いをしたり、最悪の犯罪行為に走ったりするだろう。まもなく欠乏、飢餓、大量死が最下層の労働階級に蔓延し、以後、それは上層のあらゆる階級に広がっていくから、最終的には、残りのものを破壊し尽くした暴虐や災難を免れて、国内に残留している収入と元本だけで容易に維持できる数まで、その国の住民数が減少することになる。

おそらくこれが、ベンガルおよびその他の東インド地域にあるイングランド入植地の現状に近いものである。かつて著しい人口減少が生じた肥沃な国で、したがって、生計を立てるのがそれほど困難ではないはずであるのに、一年間に三〇万~四〇万人もが飢え死にしているというのだから、労働貧民の維持に向けられる基金は急速に減少している、ということは確かである。北アメリカを保護・統治するイギリス憲法の精神と、東インドで圧制と独裁的支配を行っている貿易会社の精神との間の違いを例示するものは、おそらく、このような国々の間の制度状況の違い以外にありえないだろう。

27 それゆえ、労働の十分な報酬というものは、国の富が増加しつつあることとの必然的な結果であると同時に、その自然な兆候なのである。他方、労働貧民の生計が不十分であることは、事態が行き詰まっていることの、したがって、彼らが急速に転落しつつある飢餓的状況の自然な兆候である。

28 グレートブリテンでは、現在のところ、労働賃金は労働者が家族をなんとか養いうるのに必要なものを、明らかに上回っている。この程度で満足するのであれば、家族の扶養に必要な最低限の額はどれだけかという、退屈で曖昧な計算に着手する必要はないだろう。我が国には、労働賃金が並の人間性と一致する最低限の賃金レートによって規制されているところなどない、という明白な兆候が数多く存在する。

29 第一に、グレートブリテンのほとんど大部分のところでは、もっとも最下層の部類の労働でさえ、夏賃金と冬賃金の区別がある。つねに夏の賃金がもっとも高い。しかし燃料費が異常に高くつくため、家族の生計費は冬が最高である。それゆえ、もし賃金が、この費用が最低である季節に最高であれば、それはこの支出を必要とするものによって規制されるのではなく、仕事の量とその推定上の価値とによって規制される、ということは明らかだと思われる。実際には、労働者は冬季の支出を負担するために夏賃金の一部を蓄えておくべきであって、通年で見ると、夏賃金は一年を通じて家族を養うために必要なものを超えていない、と言うことができよう。しかし奴隷や、当面の生活手段をすべて我々に依存している者については、これと同じようには取り扱えないだろう。そのような人の日常的な生活手段は、彼の日常的な必需品次第で決まることになる。

30　第二に、グレートブリテンでは、労働賃金は食料価格と一緒に変動するわけではない。食料価格はどこでも年ごとに、しばしば月ごとに変化するものである。だが、労働の貨幣価格は、時には半世紀間一貫して変わらない所も数多くある。それゆえ、このような所で食料価格が高い年に労働貧民が家族を養えるとすれば、農作物が平年作をいくらか上回る時には、家族の扶養が容易であり、食料価格が例外的に安い時には、彼らは裕福であるはずである。過去一〇年間続いた食料の高価格は、王国の多くの所で労働の貨幣価格の目立った上昇を伴わなかった。もちろん、そういう地方もいくつかあったが、その原因は、おそらく食料価格の上昇よりも、むしろ労働に対する需要の増加であった。

31　第三に、労働賃金に比べると、食料価格のほうが年々の変化が大であるが、これに対して労働賃金は、食料価格よりも、場所の違いによる変化のほうが大きい。パンと食肉の価格は、連合王国の大部分の所で、一般的に同一またはほとんど同一である。小売商人――労働貧民があらゆる物を購入する職業――によって販売されるこのような物のほとんどは、一般的に遠く離れた地方でよりも大都市でのほうが十分安いか、いっそう安いのであって、この理由については後に説明の機会をもつ予定である。だが、大都市やその近隣地域における労働賃金は、数マイル離れた所と比べて五分の一から四分の一、つまり二〇パーセントから二五パーセント高いのが普通である。一日に一八ペンスというのが、ロンドンとその近隣地域における一般的な労働の価格と判断できよう。数マイル離れると、それは一四ペンスから一五ペンスに下がる。エディンバラとその近隣地域では、一〇ペンスがその価格だと判断できよう。数マイル離れるとそれは八ペンスに下落し、これがスコットランド低地地方の大部分における並の労働の通常価格であるが、ここではイングランドほど大きな価格差はない。

　このような価格差は、かならずしも人間をある教区から別の教区へ移動させるほど十分だとは思えないが、もっとも量が嵩ばる商品の場合には、一教区から他の教区だけでなく、王国の一方の端、つまり、世界の一方の端からもう一方の端まで、短期間で価格をほぼ等しい水準に均すほど、大量の移動をかならず引き起こすであろう。人間性における軽薄さや気まぐれについては言い古されてきたが、結局のところ経験から明らかだと思われることは、あらゆる荷物のなかでは、人間がもっとも運搬しにくいということである。それゆえ労働貧民は、労働価格が、王国内でもっとも低い地域で家族を養うことができるなら、労働がもっとも高価なところでは、裕福であるはずなのである。

32 第四に、労働価格の変動は、たんに場所的または時間的な食料価格の変動に符合しないだけでなく、しばしばまったく反対になる。

33 大衆の食物である穀物は、イングランドよりもスコットランドのほうが高価であり、スコットランドは、ほとんど毎年イングランドからきわめて大量の必需品を受け取っている。だが、イングランド産の穀物は、それがもち込まれる国であるスコットランドでのほうが、それが運び出される国であるイングランドでよりも、高値で売られるはずである。しかし、その品質に応じてのことであれば、それと競争して同じ市場に入ってくるスコットランド産の穀物よりも、さらに高値で売却されるはずがない。穀物の品質は、それから製粉所でできる篩にかけた粉やひき割り粉の品質にもっぱら依存しており、この点でイングランド産穀物は、スコットランド産穀物よりもずっと優れているから、その外見、つまりその容積に応じてのことであれば、しばしばより高価だが、実質つまりその質でみるとか、さらには、その重量に応じてのことであれば、一般的にそれはより安価なのである。

逆に、労働の価格は、スコットランドよりもイングランドのほうが高い。したがって、労働貧民が連合王国の一方の側で家族を養うことができれば、他の側では裕福であるはずである。実際、オートミールは、スコットランドの一般大衆に食料としてもっとも重要で、最良の部分を提供しているが、一般的に彼らの食料は、イングランドの同じ階層の隣人のそれと較べると、はるかに粗末である。だが生計の様式におけるこの違いは、賃金における違いの原因ではなく、その結果である。とはいえ、奇妙な誤解によって、それが原因であると主張されているのを、しばしば耳にしてきた。ある人が豊かで、隣人が貧乏である理由は、後者が徒歩で歩くのに、前者が四輪馬車を持っているからではない。前者は、豊かであるからこそ四輪馬車を持っているのであり、後者は貧乏だからこそ、徒歩で歩くのである。

34 年ごとの違いを考慮すると、穀物は、前世紀全体を通じて連合王国の両側〔イングランドとスコットランドのこと」で、今世紀にくらべて高価格であった。これは、疑念を抱く合理的な理由などありえない事実の問題であり、立証が可能だとすれば、イングランドについてよりもスコットランドについてのほうが、さらに決定的である。スコットランドでは、それは公示価格（パブリック・フィアーズ）――すなわち市場の実際の状態に応じて、スコットランドのあらゆる地方で、ありとあらゆる種類の穀物について、宣誓にもとづいてなされた年ごとの査定額――という証拠によって、裏付けられている。もしそのような直接の証拠が、それを確かめるものとして追加的な根拠を求めうるとすれば、これは、同様にフランスでも、さらにおそらくはヨーロッパの他の大部分のところで見られた事態だ、ということに注意したい。フランスについては、明白きわまりない証拠がある。

しかし、穀物は連合王国を構成する両地域で前世紀より今世紀のほうが幾分高価であったことは確実だが、労働がずっと安価であったことも、同様に確かである。それゆえ、もし労働貧民がその当時家族を養えたとすれば、今ならずっと容易にそうできるはずである。前世紀を通じて、スコットランドの大部分のところでは、並の労働のもっとも一般的な一日当たりの賃金は、夏に六ペンス、冬は五ペンスであった。ハイランド地方や西部諸島の一部では、同じ価格にきわめて近い週三シリングの額が、今なお支払われ続けている。低地地方の大部分をつうじて、並の労働のもっとも一般的な賃金は、現在では一日当たり八ペンスである。エディンバラあたりでは一シリングの時もあるが、一〇ペンスというのが、おそらく近隣に位置するという理由から、イングランドとの境に近い地方での賃金であるし、さらにグラスゴー、カーロン、エアシャー近辺など、最近労働需要の著しい増加を示してきた少数の他の地方における、並の労働の一般的な賃金である。

イングランドでは、農業、製造業および商業における改良は、スコットランドよりもずっと早い時期に開始された。労働に対する需要、つまり労働の価格は、このような改良とともに必然的に上昇してきたはずである。それゆえ、前世紀もまた今世紀と同様に、労働賃金は、スコットランドよりもイングランドのほうが高かったのである。異なった地域で支払われる賃金は著しく多様であるため、それがどれだけかを確定するのはさらに困難だが、前世紀以降両地域の賃金は相当上昇してきた。一六一四年に、歩兵の俸給は現在と同額で、一日に八ペンスであった。その額が最初に定められた時、それは一般的に歩兵を補充する階級である並の労働者の一般的な賃金によって、おのずと規制されていただろう。チャールズ二世〔王政復古後の国王、在位一六六〇〜一六八五〕の時代に記録を書き残した王座裁判所首席裁判官ヘイルズ〔これはスミスの誤記で、正しくはマシュー・ヘイル Matthew Hale, 1609-1676〕は、夫婦と手伝いができるような二人の子供と、何もできない二人の子供という六人で構成される労働者の家族に要する経費は、一週間に一〇シリング、つまり年間二六ポンドだと積算している。もし彼らの労働でこれを稼げなければ、物乞いをするか、盗みをしてでも埋め合わせなければならない、というのが彼の推測である。彼は、きわめて注意深くこの問題を調査したように思われる。*ダヴナント博士〔Charles Davenant, 1656-1714.『東インド貿易論』などの著書がある〕によって手放しに賞賛された巧みな政治算術を身に付けたグレゴリー・キング氏〔Gregory King, 1648-1712. 家譜紋章学者、統計家〕は、一六八八年に、並の労働者と通いの使用人の通常の所得は、全体的に見て、平均三人半で構成されると想定された一家族当たり、年間一五ポンドであると積算した。それゆえ、表面的には違っていても、彼の計算は、根っこのところでは、ヘイルズ判事のそれときわめてよく符合している。両者とも、そのような家族の一週当たりの経費を一人約二〇ペンスと見積もっている。

そのような家族の貨幣所得額と貨幣支出額は、ともに前世紀以降、王国の大部分の所で著しく増加してきた。増加の幅は、最近公表された現在の労賃にかんして若干誇張された説明が言明するほど、大きな数字に達する所はほとんどないが、ところによって、もっと大きかったり小さかったりした。どこであろうと、労働の価格をきわめて正確に突き止めることは不可能である。たんに労働者の異なった能力に応じてだけでなく、雇い主が寛大であるか過酷であるか次第で、しばしば同じ所で、しかも同じ種類の労働に対して異なった価格が支払われる、ということが注意されなければならない。賃金が法律によって規制されていないところでは、我々が十分に納得できることと言えば、せいぜい何がもっとも一般的であるか、という程度のことでしかない。しばしば法律が賃金を適切に規制するかのように主張されてきたが、経験の示すところによれば、それはけっして可能なことではないと思われる。

*貧困者の扶養にかんする彼の計画については、バーン〔Richard Burn, 1709-1785.〕著『救貧法の歴史』〔*The history of the poor laws : with observations*, 1764〕を参照のこと〔この注は第二版で追加〕。

35 労働の実質的な報酬、つまり、労働が労働者にもたらしうる生活必需品や便宜品の実際の量は、おそらく今世紀を通じて、その貨幣価格よりもさらに大きな割合で増加してきた。たんに穀物が幾分安くなっただけでなく、勤勉な貧民が好み、健康にも良いさまざまな食べ物の素材となる他の多くの物も、大幅に値下がりした。たとえばジャガイモは、現在では王国の大部分の所で、三〇年から四〇年前の値段の半分もしない。同じことはカブ、ニンジン、キャベツについても言いうるのであって、このような物は、以前なら踏鋤（スペード）でしか栽培されなかったのに、今では、一般に牛や馬がひく犂（プラウ）で栽培されるほどである。あらゆる種類の野菜類がより安価になった。グレートブリテンで消費される大部分のリンゴやタマネギでさえ、前世紀はフランドル〔現在のベルギー西部〕から輸入されていた。麻織物と毛織物という二つのありふれた産業における目覚ましい改良は、労働者に安くて上質の衣類を提供しているし、卑金属類を扱う製造業における目覚ましい改良は、多くの大衆に好まれ、しかも便利な家庭用の家具や調度だけでなく、より安価で上質な仕事道具を提供している。

石鹸、塩、ロウソク、革製品および醸造酒が相当値上がりしてきたのは確かだが、主要な理由は、それに対して課された税金である。しかし、労働貧民が消費せざるをえないこのような物の量はごくわずかだから、その価格における上昇分は、その他のきわめて多くの物の価格における下落分を相殺してしまうほどではない。贅沢が最下層の大衆まで広がり、今や労働貧民は、昔なら満足していたものと同じ衣・食・住に甘んじたりしない、という一般的な苦情から我々が確信してよいことは、労働の貨幣価格が上昇したということだけでなく、その実質的な報酬もまた増加した、ということなのである。

36 下層階級である大衆のこのような境遇の改善は、社会にとって有利だとみなされるべきであろうか、不都合だとみなされるべきであろうか。答えは、一目瞭然、余すところなく明白だと思われる。さまざまな種類の使用人、肉体労働者や職工は、あらゆる大規模な政治社会の圧倒的大多数を形成している。だが、大多数の者の境遇を改善することが、全体にとって不都合だとみなされうるはずはない。圧倒的大部分の構成員が貧しく悲惨な状況にありながら、なお繁栄し、幸福であるような社会が存在し得ないことは、間違いない。くわえて、大衆全体の衣・食・住を賄う人々が、彼ら自身、ある程度衣・食・住を楽しめる程度まで自分自身の労働生産物の分け前に与るべきだというのは、衡平（エクイティ）原則の適用にすぎない。

37 貧困は、確かに結婚を思いとどまらせるが、かならずしもそれを阻止するとはかぎらない。それは、子を産むことにとって好都合でさえあると思われる。ハイランド地方の飢え死にしそうな女性が二〇人以上の子を産むことはよくあるが、大事にされた細身の婦人の場合、子を産めないことはめずらしくなく、一般的には二〜三人で尽きてしまう。上流階級の婦人にしばしば見かけられる不妊は、下層身分の婦人の間ではごくまれである。女性の贅沢は、おそらく喜びへの情熱を掻き立てるものではあっても、つねに子を産む力を弱め、しばしばそれを完全に消滅させてしまうように思われる。

38 だが貧困は、出生を妨げないにしても、子供の養育にとってはまったく好ましくない。ひ弱な苗が作られても、大地が冷たく気候も厳しければ、まもなく萎れて消滅する。よく聞くことだが、スコットランドのハイランドでは、二〇人の子を産んだのに、生きている子供が二人といない母親が、めずらしくないという。経験豊かな幾人かの将校の証言によれば、連隊で生まれた兵士の子供全員のなかから、彼らの連隊を補充することはおろか、鼓笛手を供給することさえ不可能だという。しかしながら、多数の立派な子供を、兵士の宿舎近辺以外のところで見かけることなど、滅多にあることではない。彼らのうち、一三〜一四歳まで達するものはごく少数だと思われる。所によっては、生まれた子供の半数が四歳に達するまでに死亡するが、多くの所では七歳になる前であり、ほとんど大部分のところでは、九歳か一〇歳に達する以前である。しかし、この高い死亡率は、どこでも主として大衆の子供の間で目立つことだとはいえ、彼らは、良い身分の人々と同じように子供の世話をしようにもできないのである。彼らの結婚は、一般的に上流階級の人々のそれよりもずっと多産であるが、青年に達する子供の比率はずっと低い。孤児院や教区の慈善施設で育った子供の場合、その死亡率は、一般大衆の子供の場合よりもさらにずっと高い。

39 どのような動物種も、その生存手段に比例して自然に増殖するのであって、それを超えて増殖しうる種など存在しない。だが、生存手段の欠乏が人類のいっそうの増殖を規制しうるのは、文明社会では下層階級の人々の間に限られ、それも、もっぱら彼らの多産な結婚がもたらす子供の大部分を死なせる、という方法に従った場合のことである。

40 労働の十分な報酬は、彼らの子供をよりよく養えるようにし、結果的により多く育てることになるから、このような制限をおのずと押し広げ、拡大する傾向を持っている。必然的に、労働需要が求める量と釣り合う範囲で、可能な限り多くの人数になる傾向がある、ということも注目に値する。もし労働需要が持続的に増加していれば、労働の報酬は、持続的に増加し続ける人口によって、不断に増加しつづける労働需要を満たし得るというような仕方で、間違いなく労働者の結婚と増殖を奨励するはずである。もしその報酬が、この目的のために必要なものに足りない場合には、いつでも人手不足が、まもなくそれを引き上げるだろう。それを上回っている場合には、いつでも過剰な増殖が、まもなく報酬をこの必要最低限の賃金レートに引き下げるであろう。前者の場合には、市場は著しい労働者の在庫不足になっており、後者の場合にはその著しい在庫過剰に陥っているから、まもなく社会の事情が余儀なくする適切な大きさに、労働の価格を押し戻すことになろう。

人間に対する需要は、あらゆる他の商品に対する需要と同様に、必然的にこのような仕方で人間の生産を規制するのであって、その進行があまりにも遅すぎる場合には速め、あまりにも急速な時には停止させるわけである。北アメリカ、ヨーロッパおよび中国といった世界のすべての国で、人口増殖の状態を規制し、決定しているのはこの需要であり、北アメリカでは、それは急速に増加しつつあるが、ヨーロッパでは、ゆったりした漸次的な増加であり、中国では、ほとんど停滞的である。

41 奴隷の消耗分は、その所有者が費用を負担するが、自由身分の使用人の消耗分は自己負担である、と言われてきた。しかし、実際には、後者の消耗分も前者のそれと同じように、雇い主が費用を大部分負担する。あらゆる種類の雇い職人や使用人に支払われる賃金は、全体的に考えると、偶然にも社会がその時必要としている需要が、急速に増加しつつあるか、ゆっくりと漸増的であるか、まったく停滞しているかに応じて、雇い職人や使用人の家系を継続できる程度のものである必要がある。だが、同様に自由身分の使用人の消耗分がその雇い主の費用負担になるといっても、その費用は、奴隷のそれよりもずっと安い。奴隷の消耗分の置換や補修——そう表現して良ければ——に向けられる基金は、一般的に怠慢な雇い主や不注意な監督者によって管理されている。自由な人間について同じ役割を果たすための基金は、自由な人間自身によって管理されている。富者の経済組織に一般的にはびこりやすい乱脈は、おのずと奴隷の管理のなかにもち込まれるが、貧しい人々の几帳面な節約と倹約に努める注意力は、自由な人間の管理のなかにおのずと浸透する。このように異なった管理のもとでは、目的は同じでも、大きく異なった運営費用が必要になるはずである。したがって、あらゆる時代と国民の経験からわかることは、自由な人間によってなされる仕事のほうが、奴隷によってなされるそれよりも最終的には安くつく、ということであると思われる。これは、並の労働の賃金が飛び切り高いボストン、ニューヨークおよびフィラデルフィアでさえ、この通りであることが確認されている。

42 それゆえ、労働の十分な報酬というものは、富が増加しつつあることの結果であるとともに、人口増加の原因でもある。そのことに不満を漏らすことは、最高の社会的繁栄の必然的な原因と結果を、嘆き悲しむことに他ならない。

43 労働貧民、つまり、大多数の大衆の境遇がもっとも幸福で、もっとも満ち足りているように見えるのは、その社会で獲得可能な富の全量を達成した時よりも、社会がより多くの獲得物に向けて前進しつつある発展的状態にある時である。労働貧民の境遇は、発展が停止している時には苦しく、衰退しつつある時には悲惨である。発展しつつある状態は、あらゆる社会階級にとって、実際に心地よくて元気に充ち溢れる状態である。停滞した状態は活気がなく、衰退しつつある状態は、憂鬱である。

44 労働の十分な報酬は、人口の増殖を奨励すると同時に、一般大衆の勤労を増加させる。労働賃金は勤勉を奨励するものだが、勤勉というものは、他のあらゆる人間資質と同様に、奨励の程度に比例して増加する。十分な量の食料などの生活物資は労働者の肉体的な体力を増大させるし、さらに境遇が向上し、おそらく安らかで豊かな晩年を迎えられるだろうという心安まる希望が、彼の体力を最大限発揮するように駆り立てるのである。こうして、賃金が低いところよりも高いところ、たとえばスコットランドよりもイングランドで、あるいは田舎の遠隔地よりも大都市の近隣地方で、労働者がいっそう生き生きとしており、勤勉であり、動きが迅速である様を、いつも目にするようになるのである。労働者のなかには、四日の働きで一週間養えるだけのものを稼げさえすれば、残りの三日は怠惰に過ごす者も確かにいるだろう。だが、これはけっして大部分の労働者に当てはまることではない。逆に労働者は、出来高払いで十分に支払われる場合には、いとも簡単に、自ら労働過多に陥りやすく、数年のうちに健康と体を壊してしまうことが多い。ロンドンおよび他のいくつかの地方の大工は、仕事盛りの状態を八年以上持続できない、と言われている。同じ性質の事柄は、出来高払いの多くの他の職業でも生じるのであって、製造業で一般的にみられるように、賃金が普通以上に高いところではどこでも、田舎の労働者の場合でさえ生じることである。ほとんどすべての部類の技術職人（アーティフィサー）は、彼ら独自の特別な種類の仕事に没頭しすぎる結果、特有の疾患に冒されやすくなる。著名なイタリアの医師であるラマッツィーニ〔B. Ramazzini, 1633-1714〕が、そのような疾病にかんする専門の書物を著している。

我々は兵士を、我々のもっとも勤勉な仲間の一員であるとみなすことはない。しかし、兵士がある特定の種類の仕事に雇われ、しかも出来高で支払いも十分だった場合には、彼らの将校は、彼らが支払われる賃金にしたがって毎日一定額以上を稼ぐことを許されていない旨、しばしば企業者と取り決めざるをえなかった。この取り決めができるまで、相互の競争心と、できるだけ稼ぎたいという願望が、しばしばおのずと彼らを過労に追い込み、労働過多によって健康を害するように促してきた。週に四日間の過度な没頭は、あちこちで声高な苦情の的になっている、残り三日間の怠惰の本当の原因になっていることが多い。精神的であれ肉体的であれ、まるまる数日続けられた大仕事は、息抜きをしたいという強い願望を大概の人にもたらすのが自然であり、強制力や、何らかの避け難い必要性によって抑制されない限り、この願望を抑え込むのはまず不可能である。

息抜きは生理的要求であって、時には休養三昧に過ごすとか、しかし、またある時には娯楽や気分転換といったものに耽ったりして、解放される必要がある。それが満たされなかった場合には、結果はしばしば危険なもので、時には致命的であり、遅かれ早かれ、その職業特有の疾患をかならず招くような類いのものである。もし雇い主が、理性と人間愛の命じるところにつねに耳を傾けようとするなら、多くの雇用労働者を、仕事に没頭するように駆り立てるよりも、むしろ、度を過ごさないようにさせる必要が少なくないだろう。どんな種類の職業であれ、定期的にきちんと働けるように、度を過ごさないように働く人こそ、もっとも長く健康を維持するだけでなく、年間を通じてみると、もっとも多くの仕事量をこなす人だ、というのが私の信念である。

45 労働者は、一般的に物価が安い年には怠惰であり、物価が高い年には普通以上に勤勉になるという、いかにももっともらしい主張がなされてきた。それゆえ、有り余るほどの生活物資は彼らの勤労を弛緩させ、不足気味の生活物資が労働者の勤労をかきたてる、という結論が導き出されることになる。通常を上回るわずかばかりの潤沢さが、ある種の労働者を怠惰にするということに、疑念を差し挟む余地はない。しかし、このような影響が労働者の大部分に及ぶはずであるとか、一般に人間は、栄養状態がよい時よりも悪い時のほうがよく働くはずだとか、精神が充実している時より意気阻喪している時、すなわち、一般的に健康状態が良い時よりも、病気がちな時のほうがよく働くはずだなどということは、とうてい信じ難いように思われる。食料などの生活物資が払底している年というのは、一般大衆の間では、一般に病と大量死の年を意味しており、それが彼らの勤労の生産物を減少させずに済むはずはない、ということに注意する必要がある。

46 豊作年には、使用人はしばしば雇い主のもとを離れ、一人で働いて獲得しうるものを頼りに、生計をたてようとする。だが、同じ食料の低価格は、使用人の維持に向けられる基金を増加させることによって、雇い主、特に農業者がさらに多くの使用人を雇い始めるように奨励する。そのような状況にいる農業者は、収穫した穀物を市場で低価格で売却するよりも、その穀物で農作業に従事する使用人をもう少し多く養って、より多くの利潤を上げようという期待を抱く。使用人に対する需要は増加するが、その需要を満たすために応募する人の数は減少する。したがって労働の価格は、食料価格が安い年にしばしば上昇することになる。

47 凶作年には、食料などの生活物資を確保する困難さと不確実性が、そのような人々のすべてに再雇用されたいという願いを抱かせる。だが食料の高価格は、使用人を養うための基金を減少させるから、雇い主は、雇用する人数を増やすよりも、むしろ減らそうという気持ちになる。また物価高の年には、自前で働く貧しい職工は、自分自身で仕事の原料を補充するのに用いてきたわずかばかりの元本までしばしば使い尽くしてしまい、仕方なく生計のために雇い職人（ジャーニーマン）になる。雇用を求める人のほうが、簡単にそれを見つける人よりも多くなる。多くの人が通常よりも悪い条件でそれを受け入れようとし、こうして、使用人の賃金も雇い職人の賃金もともに、食料が高価格の年にしばしば下落することになる。

48　それゆえ、雇用者というものは、業種を問わずしばしば食料価格が低い年よりも高い年に被雇用者とより有利な取引ができ、しかも低い年よりも高い年のほうが、被雇用者が慎み深く、隷属的であると感じるのである。したがって、おのずと彼らは、産業にとってより好ましいのは後者である、と賞賛することになる。くわえて、雇い主のなかの二大階級である地主と農業者には、食料価格が高い年を歓迎する、さらに別の理由がある。地主の地代と農業者の利潤は、食料価格にきわめて大きく依存している。だが、一般的に人間というものは、他人のためよりも、自分自身のために働く時のほうがわずかしか働かない、と考えるほど馬鹿げたことはありえない。自前で働く貧しい職工は、歩合給で働く雇い職人と比べてさえ、一般的にずっと勤勉であろう。前者が、自らの勤労の生産物全部を享受するのに対して、後者は、それを彼の雇い主と分け合うからである。前者は、それぞれが孤立した状態にあるから、大規模な製造業で雇われた労働者のモラルをしばしばひどく低下させる悪い仲間の誘惑に、引っかかりにくい。月極めあるいは年単位で雇われ、その働きが良かろうと悪かろうと、賃金も生計費もまったく同じこのような使用人よりも、自前で働く職工のほうが優る点は、さらに拡大しやすい。食料価格が低い年には、あらゆる種類の雇い職人や使用人に比べて、自前で働く職工の占める割合が上昇し、食料価格が高い年には、その割合は低下する傾向がある。

49 博学で創意に富むフランスの著者ムサンス氏〔Louis Messance, 1734-1796. 食料価格と人口の関係にかんする著書で知られる〕は、サン・テティエンヌ〔St. Etienne. リヨンの南西約四〇キロメートル〕徴税区のタイユ〔taille 領主が保護の代償として領民から徴収した直接税。タイユについての詳しい説明はV. ii. g. 5-9. を参照のこと〕の収税吏であったが、三種の製造業――エルブフで営まれている粗毛織物業、ルーアン納税区全体の麻織物業と絹織物業――で、それぞれ異なる時期に作られた製品の量と価値を比較して、食料価格が高い時よりも、安い時のほうが貧民はよく働く、ということを証明しようと試みている。役所の記録から写し取られたこの説明からわかることは、この三種の製造業全体で作られた商品の量と価値は、食料価格が高い年よりも安い年のほうが一般的に大きく、もっとも安い時がつねに最大であり、もっとも高い年が最小である、ということだと思われる。この三つの製造業は、すべて静止的な状態――つまり、その生産物が年ごとにある程度変化するとはいえ、全体としては衰退も発展もしていない状態――にある、と思われる。

50 スコットランドにおける麻織物製造業、および、ヨークシャー西地区の粗毛織物製造業はともに成長産業であって、ある程度の変動はあるが、量的にも価値的にも、一般的に増大しつつある。だが、毎年の生産高について公表された報告書を吟味してみても、その変化が、時期に応じた物価の安さや高さと、目に付くほど連動していたようには理解できない。大凶作の年である一七四〇年には、事実、両製造業はともに著しく落ち込んだように見える。しかし、別の大凶作の年である一七五六年には、スコットランドの製造業は、通常の発展以上のものを達成した。ヨークシャーの製造業が落ち込んだのは確かで、アメリカの印紙法が破棄されたあとの一七六六年まで、その生産高が、一七五五年の実績まで盛り返すことはなかった。その年および翌年に、それは過去の実績を大幅に上回り、その時以降ずっと発展し続けている。

51 遠隔地販売をめざすあらゆる大製造業の生産高は、製造業が立地している国における季節に応じた食料価格の高低よりも、消費国における需要に影響を及ぼす事情、つまり、平和か戦争か、他のライバル企業が繁栄しているか下り坂にあるか、主要な顧客の評判が良いか悪いか、むしろこれに依存している。くわえて、おそらく食料価格が安い年に成し遂げられる並外れた仕事の大部分は、製造業にかんする公的な記録帳には、まったく掲載されていない。雇い主のところを去った男の使用人は、自前で働く労働者（インディペンダント・レイバラー）になる。女の使用人は両親の元に戻り、自分自身や家族用の衣服を作るために、糸を紡ぐのが普通である。自前で働く職工（インディペンダント・ワークマン）でさえ、かならずしも誰にでも売るために働いているわけではなく、隣人の誰かに雇われて、家庭用品の製造に従事している。したがって、彼らの労働生産物は、このような役所の記録――そこに記録された数字が時々大々的に誇示されたし、それにもとづいて、我が国の商人や製造業者が、もっとも偉大な帝国の繁栄や衰退について明言する際のむなしい口実にすることがしばしばあった――には、まったく記載されていないのである。

52 労働の価格における変動は、かならずしも食料価格の変動と一致していないだけでなく、しばしばまったく反対であるが、この理由から我々は、食料価格は労働の価格にまったく影響しない、と想像してはならない。労働の貨幣価格は二つの事情、つまり、労働に対する需要と生活必需品や便宜品の価格によって、必然的に規制されている。労働に対する需要は、たまたまそれが増加しつつあるか、静止的であるか、減少しつつあるか、あるいは、それが人口のますますの増加、静止、あるいは減少を求めているかに応じて、労働者に与えられるはずの生活必需品と便宜品の量を決定する。つまり、労働の貨幣価格は、この量を購入するために不可欠なものによって決定されるわけである。それゆえ、労働の貨幣価格は、食料価格が低いところで時折高くなるが、労働に対する需要が一定に留まっていたとしても、もし食料価格が高ければ、それはさらに高まることになろう。

53 時に労働の貨幣価格が、突然おとずれる並外れた豊作の年に上昇し、突然おとずれる並外れた不作の年に低下する理由は、労働に対する需要が、前者では増大し、後者では減少するからである。

54 突然訪れる並外れた豊作の年には、産業に従事する多数の雇い主の手許に、前年まで雇っていたよりもずっと多数の——したがって、いつも雇うことなどありえなかったほど桁外れに多い数の——勤勉な人を雇用・維持するために十分な量の基金が存在している。それゆえ、さらに多くの職工を雇いたいと思っている雇い主は、彼らを確保しようとたがいに競り合うのであって、そのことが、時々彼らの労働の実質価格と貨幣価格をともに引き上げるのである。

55 これと逆のことは、突然訪れる並外れた不作の年に生じる。組織的な労働の雇用に向けられる基金は、その年以前の実績値よりも小さい。かなり多数の人々が雇用から投げ出され、彼らが職を求めてたがいに競い合うから、彼らの労働の実質価格と貨幣価格の両方が、時々低下する。並外れた不作の年である一七四〇年には、多くの人々は、ごくわずかな食料などの生活物資を求めて働こうとした。その後の豊作の年には、並の労働者（レイバラー）と使用人を確保するのがずっと困難であった。

56 物価高の年の物不足は、食料の高価格が労働の価格を押し上げる傾向をもつように、労働に対する需要を減少させることにより、労働の価格を引き下げる傾向をもっている。逆に、食料価格が安い年の潤沢さは、労働に対する需要を増大させるため、食料の低価格が労働の価格を低下させる傾向をもっているように、労働の価格を引き上げる傾向をもっている。食料価格の通常の変動のなかでは、反対に作用するこの二つの原因が、相殺し合うように思われるのであって、おそらくこれが、なぜ労働賃金が、至るところで食料価格よりもずっと安定的で永続的であるか、という理由をある程度まで説明する。

57 労働賃金の上昇は、商品価格のうち、賃金になる部分を増大させることにより、必然的に多くの商品価格を上昇させ、その限りで、国内外の両方における商品の消費を減少させる傾向がある。しかし、労働賃金を高める同じ原因、つまり元本の増加は、労働の生産力を高める傾向があり、以前よりも少量の労働が、以前よりも多量の成果を生み出させるようにする傾向をもっている。きわめて多数の労働者を雇用する元本の所有者は、彼自身の利益のために、労働者が最大量の成果を生み出せるような仕事の適切な細分化と配分を行うべく、必然的に努力する。同じ理由から、元本の所有者は、彼自身が思いついたものであれ労働者が思いついたものであれ、最良の機械を労働者に提供しようと努力する。

個々の工場で労働者の間に生じることは、同じ理由から、大きな地域社会の労働者の間でも生じる。労働者の数が増加すればするほど、おのずとますます多くの労働者が、異なった部類や小部門に属する職業へと分散して行く。より多くの頭脳が、個々の仕事を遂行するためにもっとも適した機械の発明に専念するようになるから、したがって、それはますます発明されやすくなる。それゆえ、多くの商品は、このような改良の結果、以前よりもずっと少ない労働で生産されるようになるため、労働価格の上昇は、労働量の減少によって相殺されるものを上回るのである。

第九章　元本の利潤について

1　元本の利潤上昇・下落は、労働賃金の上昇・下落と同じ原因、つまり、社会の富が増加しつつある状態にあるか、減少しつつある状態にあるかに依存しているが、しかしこの原因は、それぞれに対して著しく異なった影響を及ぼす。

2　元本の増加は、賃金を引き上げる半面で、利潤を低下させる傾向がある。多くの富裕な商人の元本が同じ事業に投入された場合には、相互間の競争が、当然その利潤を低下させることになろう。さらに、同じ社会の中で営まれている種類が異なる事業のすべてにおいて、同様な元本増加が生じた場合には、同じ競争が、そのすべてにおいて同一の結果をもたらすにちがいない。

3　すでに指摘したように、ある特定の場所や特定の時期に限定したとしても、労働の平均賃金がどれだけになるかを確定することは困難である。この場合でさえ、もっとも普通に目に付く賃金がどれだけになるか以上のことを確定することなど、ほとんど不可能である。だが、元本の利潤となると、これを確定することさえ難しくなる。利潤はきわめて変動が激しく、特定の事業を営んでいる人でも、その年間利潤の平均がどれだけかを、かならずしも告げることはできない。それは、たんに取り扱う商品価格のあらゆる変化だけでなく、商品が、競争相手や顧客双方の幸運や不運、さらに、海上輸送や陸上輸送の途中だけでなく、倉庫に保管されている時でさえ晒されている、数多くのその他の不慮の事故によっても影響される。したがって、それは年ごとに変わるだけでなく、日ごとに、さらには一時間ごとに変わるのである。広大な王国の中で営まれている種類の異なったあらゆる事業の平均利潤がどれだけであるかを確定することは、なおさら困難なことにちがいなく、さらに、以前それがどれくらいだったかとか、遠く隔たった時代にそれがどれくらいであったかなどについて、ある程度の正確さで判断することは、ほとんど不可能であるにちがいない。

4　だが、たとえ正確さの程度を問わないにしても、現在であれ遠い過去であれ、元本利潤の平均がどれほどであり、また、どれだけであったかを確定するのは不可能であろうが、貨幣の利子から、ある程度の見解をまとめることは可能であろう。貨幣を利用して大きな取引が行われる所ではどこでも、普通その利用に対して大きな分け前が与えられるし、それを用いてごくわずかな取引しかされない所ではどこでも、普通その利用に対してさらに小さな分け前しか与えられない、ということは格言(マキシム)であると断固主張できよう。それゆえ、どの国においても、通常の市場利子率が変動すれば、元本の通常の利潤も、それとともに変動する、つまり利子率が低下する時に減少し、上昇する時に増加する、と断言してもよいであろう。したがって、利子の推移は、我々に利潤の推移にかんする一定の理解をもたらす、と考えてよいことになる。

5　ヘンリー八世の治世三七年に、一〇パーセント以上の利子はすべて違法であると布告された。それ以前には、時折それ以上のものが徴収されていたと思われる。エドワード六世〔在位一五四七〜五三〕の治世下では、宗教的熱情があらゆる利子を禁じた。しかしこの禁止は、他の類似のものと同様に、まったく効果を発揮せず、高利の罪悪を減少させるどころか、おそらく、むしろ増加させたと言われている。ヘンリー八世の制定法は、エリザベス一世〔在位一五五八〜一六〇三〕治世一三年の法律第八号によって復活され、ジェイムズ一世〔在位一六〇三〜一六二五〕治世二一年に八パーセントに制限されるまで、一〇パーセントというのが法定利子率であり続けた。それは、王政復古〔一六六〇年〕のすぐ後で六パーセントに、さらにアン女王〔在位一七〇二〜一七一四〕治世一二年に、五パーセントに引き下げられた。

このような制定法によるさまざまな規制は、すべてきわめて妥当なものとみなされて実施されたようである。それは市場利子率、すなわち、十分な信用をもつ人々が普通に借り入れる際の利子率に追随していたのであって、それに先んじていたわけではないように思われる。アン女王の時代以降、五パーセントというのは、市場利子率よりむしろ高く、それを下回るものではなかったように思われる。最近の戦争〔一七六三年のパリ条約で終結した七年戦争のこと〕が終わるまでの時期、政府は三パーセントで借り入れており、首都ロンドン、およびこの王国の他の多くの地域の十分な信用をもつ人々の場合は、三・五パーセント、四パーセント、四・五パーセントで借り入れていた。

6 ヘンリー八世の時代以降、この国の富と収入は持続的に増加し続けており、しかも、この発展の過程で、増加のペースは落ちるというよりも、むしろ次第に加速したように思われる。富と収入の増加は、たんに持続してきただけでなく、ますます加速し続けたように思われるのである。労働賃金は、同じ時期をつうじて絶えず増加し続け、そうして、種類の異なるさまざまな分野の事業や製造業の大部分では、元本の利潤は低下しつつあった。

7 どのような種類の事業を営むためであろうと、地方の農村よりも大都市でのほうが、一般的により大きな元本が必要になる。あらゆる分野の事業で利用されている膨大な元本や、多くの豊かな競争相手の存在は、一般的に、農村における利潤率よりも都市におけるそれをさらに低く押し下げる。だが、一般に、労働賃金は地方の農村よりも大都市のほうが高い。繁栄している都市では、利用するための大きな元本を持っている人々は、彼らが必要とする数の職工を確保できないことが少なくなく、それゆえ、できるだけ多くの職工を確保するためにたがいに競い合い、このことが、労働賃金を上昇させ、元本の利潤を低下させるのである。我が国の辺鄙な地域では、すべての住民を雇用するために十分な量の元本が存在しないことが多く、それゆえ、住民は職を入手するためにたがいに競い合い、このことが労働賃金を低下させ、元本の利潤を上昇させるのである。

8 スコットランドでは、法定利子率はイングランドとまったく変わらないが、市場利子率はかなり高めである。もっとも信用が高い人でも、五パーセント以下では、ほとんど借りることができない。エディンバラの個人銀行業者でさえ、全額または一部を、要求払いで支払う約束手形に対して四パーセントの利子を支払っている。ロンドンの個人銀行業者は、彼らに預けられた貨幣に対して、まったく利子を支払っていない。イングランドに比べてスコットランドでは、より少額の元本で営めないような事業はほとんどない。したがって、並の利潤率は幾分か高いはずである。すでに説明したように、労働賃金は、スコットランドではイングランドよりも低い。その国はまたたんにずっと貧しいだけでなく、よりよい境遇へ向かう歩調も、それが明らかに前進しつつあるという点で、ずっと緩慢で、さらに遅々としたものであるように見えるのである。

9　フランスの法定利子率は、今世紀をつうじて、つねに市場利子率によって規制されていたわけではない。*利子は一七二〇年に総額の二〇分の一から五〇分の一に、つまり五パーセントから二パーセントに引き下げられた。一七二四年に、それは三〇分の一、つまり三パーセント三分の一に引き上げられた。それは、一七二五年にふたたび総額の二〇分の一、つまり五パーセントに引き上げられた。ラヴェルディ氏〔François de L'Averdy, 1723-1793. フランスの財務長官〕の執政中にあたる一七六六年に、それは総額の二五分の一、つまり四パーセントに引き下げられた。後に司祭テレ〔Joseph-Marie Terray, 1715-1778. ラヴェルディの後継財務長官〕は、それを昔のレートである五パーセントに引き上げた。このような多くの著しい利子率引き下げの目的は、公債の利子を縮小させる道筋をつけることであったと推定されるが、時には、この目的が達成されることもあった。現在フランスはおそらくイングランドほど豊かな国ではないだろう。フランスの法定利子率は、しばしばイングランドのそれよりも低かったとはいえ、市場利子率は一般的に高かった。というのは、他の国と同様に、フランスにも、その法律の網をくぐるきわめて安全で容易な方法が、いくつかあるからである。

両国で事業を営んでいたイギリス商人から確かめたことだが、事業の利益は、イングランドよりもフランスのほうが高いらしい。この説明にもとづくかぎり、多くのイギリス国民が、事業が高い尊敬を集めるような国よりもむしろ、事業など不名誉であるようなところで彼らの資本（キャピタル）を利用することを好む、ということは疑う余地がなくなる。労働賃金は、イングランドよりもフランスのほうが低い。スコットランドからイングランドに旅をした時、それぞれの国で、一般大衆の服装や表情の間で目に付く違いは、両者の経済状態の差を十分に物語っている。その際立った違いは、フランスから帰国した時のほうがさらに大きくなる。フランスは、確かにスコットランドよりも豊かな国だが、それほど急速に前進しつつあるとは思われない。フランスは後退しつつあるというのが、その国では一般的で大衆受けする見解であるが、このような見解は、私の見るところでは、フランスに限ってみてもほとんど根拠がないし、それに対してスコットランドにかんする限り、現在その国を眺め、二〇年または三〇年前にその国を眺めた人であれば、おそらく誰も受け入れることができないような理解なのである。

* Denisart, Article Taux de Terres, tom. iii. p.18 を参照〔第二版で挿入。正確に表記すれば、*Collection de décisions nouvelle et de notions relatives à la jurisprudence actuelle*. 7th ed., 1771. Denisar, 1713-1765. Jean-Baptiste Denisart はフランスの法律家〕。

10 一方、オランダという国は、国土の広さと住民数のわりには、イングランドよりも豊かな国である。政府は、そこでは二パーセントで、また信用の高い私人は、三パーセントで借り入れている。労働賃金は、イングランドよりもオランダのほうが高いと言われており、オランダ人がヨーロッパのどの国民よりも低い利潤で事業を営む、ということもよく知られている。一部の人々によって、オランダの事業は衰退しつつあるかのように吹聴されており、おそらくある特定の分野では真実である可能性があろう。だがこのような兆候は、どこから見ても一般的な衰退を示唆するものとは思われない。利潤が減少した場合、商人は事業が衰退していると不平を漏らすこと夥しい。しかし利潤の低下は、事業の繁栄の自然な結果、つまり、その事業に以前よりも多くの資本が利用されたことの自然の結果である。

先の戦争の間、オランダ人はフランスの中継貿易全部を押さえ、いまでもきわめて大きな役割を保持している。彼らがフランスとイングランドの公債の形で所有している巨大な財産は、後者だけで約四〇〇〇万ポンドと言われているが（しかし、これは相当誇張されていると思われる）、自国でよりも、利子率が高い他国で私人に貸し付けられる巨大な額は、彼らの資本が過剰であること、すなわち、彼ら自身の国の適切な事業で満足のいく利潤を上げることができる量以上に元本が増加したことを、疑問の余地なく示している状況証拠ではあるが、その事業が衰退しているということを、示しているわけではない。特定の事業を通じて入手したとはいえ、私人の資本（キャピタル）が、その事業で利用可能な量を超えて増加してもなお、その事業がさらに拡大し続ける可能性があるように、大きな国の資本も、同様でありうるのである。

11　イングランドの北アメリカと西インドの植民地では、労働賃金だけでなく、貨幣の利子も、したがってまた元本の利潤も、イングランドにおけるそれよりも高い。さまざまな植民地では、法定利子率と市場利子率は、ともに六パーセントから八パーセントである。しかし、労働の高賃金と元本の高利潤とは、新植民地が特殊な事情にある場合をのぞいて、おそらく、ほとんど同一歩調にはならない事柄である。他の大部分の国と比べた場合、新しい植民地は、その国土の広さのわりにはしばらくの間いつも元本不足であり、しかも、その元本の量のわりには、いつも人口不足であるにちがいない。彼らは、耕作するための元本を上回る土地を持っている。それゆえ、彼らが所有しているものは、もっとも肥沃で、もっとも好位置にあるところ、つまり、海岸に近く、航行可能な河川の土手に近いところだけが、耕作に付される。そのような土地もまた、その土地の自然の生産物の価値以下の価格で、購入されることが多い。このような土地の購入と改良のために用いられた元本は、きわめて大きな利潤を生むはずであり、結果的に、きわめて高い利子を支払うことができるのである。これほど儲かる活動をつうじた元本の急速な蓄積のおかげで、植民地農園経営者は、新規の入植地におけるよりもずっと急速に、働き手を増加させることができる。こうして、植民地農園経営者によって見出された働き手は、大変気前のいい報酬を手にするわけである。植民地が拡大するにつれて、元本の利潤は次第に減少する。もっとも肥沃で、もっとも好位置にある土地がすべて占有されてしまうと、肥沃度と位置の両方で劣る土地の耕作がもたらしうる利潤が減少し、そのように利用される元本に応じてもたらされうる利子が低下する。こうして、我が国の植民地の大部分では、法定利子率も市場利子率も、ともに今世紀をつうじてかなり低下してきたのである。富裕、改良および人口が増加してくるにつれて、利子は低下してくる。労働賃金は、元本の利潤と一緒に下がることはない。労働に対する需要は、元本の利潤がどうであれ、元本の増加とともに増加する。すなわち、賃金と利潤がともに低下した後でも、元本は、増加し続けるだけでなく、以前よりもさらに急速に増加する可能性がある。

富の獲得という点で前進しつつあるのは、勤勉な個人におけると同様に、勤勉な国においてのことである。もたらす利潤が小さくても、一般的に大量の元本は、高利潤をもたらす少量の元本よりも急速に増加する。諺が言うとおり、貨幣は貨幣を生む。わずかな金を手に入れさえすれば、より多くの金を入手することは容易なことが多い。はるかに困難なことは、そのわずかな金を入手することである。元本の増加と組織的な労働（インダストリー）、つまり有用労働に対する需要の増加との間の関係は、すでに部分的に説明してきたとはいえ、後で、元本の蓄積を論じる箇所でさらに詳しく説明することにしたい。

12　新しい領土、あるいはまた新しい事業部門の獲得は、富の獲得という点で急速に前進しつつある国においてさえ、時々元本の利潤を上昇させ、それでもって、貨幣に対する利子を引き上げる可能性がある。その国の元本は、新規に獲得された領土の配分を受けるさまざまな人々が、提供された事業の増加分のすべてを引き受けるほど十分に存在しないため、もっぱら、最大利潤をもたらすような特定分野に振り向けられる。以前ほかの事業に利用されていた元本の一部が、必然的にそこから引き上げられ、いくつかの新しくて、より儲けの多い事業に振り向けられるのである。こうして、このような古くからの事業の全体で、競争は従来よりも緩和される。市場には、数多くのさまざまな種類の商品が、以前ほど十分に供給されなくなる。このような商品の価格は必然的に多かれ少なかれ上昇し、それを取り引きする人々にもっと大きな利潤をもたらすから、結果的に彼らは、余裕をもってより高い利子で借り入れることができる。

最近の戦争が終結してからしばらくの間、最高の信用をもつ私人だけでなく、ロンドンにある最大の会社（カンパニー）の一部も等しく五パーセントで借り入れたが、それ以前の時期、彼らは四パーセントあるいは四・五パーセント以上を支払うことはなかった。社会に存在する資本元本（キャピタル・ストック）の減少などまったく想定しなくても、北アメリカと西インド諸島獲得によって生じた我が国の領土と交易の一大増加が、このような事態を十分に説明するであろう。従来、存在する元本によって営まれるほかにない新事業の追加があまりにも莫大であったため、それは、きわめて多くの特定の部門で用いられていた元本の量を、必然的に減少させたはずであり、このような部門では、競争が緩和されたために、利潤が増加したはずである。グレートブリテンの資本元本は、最近の戦争がもたらした莫大な出費によってさえ減少していない、と信じたくなるような理由については、後に言及する機会をもつであろう。

13 社会に存在する資本元本の減少、つまり組織的な労働の維持に向けられる基金の減少は、しかしながら、それが労働の賃金を低下させる分だけ元本の利潤を高め、こうして、結果的に貨幣の利子を高める。労働の賃金が引き下げられれば、その社会に存在しているどのような元本の所有者も、以前よりも低い費用で彼らの商品を市場にもたらすことが可能になり、さらにまた、市場に供給するために用いられる元本が以前よりも減少するから、彼らは商品をより高い価格で売り捌くことができる。彼らの商品の費用が低下し、しかもそれと引き換えに、彼らはより多く獲得する。それゆえ彼らの利潤は、初めと終わりの両方で増加するため、多額の利子を十分賄うことができるのである。ベンガルと東インド諸島にある他のイギリス植民地で、あれほど急速かつ容易に獲得された巨万の富が我々に確信させることは、この荒廃した国々では、労働の賃金がきわめて低いので、その分だけ元本の利潤がすばらしく高い、ということである。貨幣の利子は、それに比例して高い。ベンガルでは、貨幣は農民に対して四〇、五〇さらには六〇パーセントで貸し付けられ、次の収穫が、支払いの担保にさしだされることが多い。そのような利子を提供しうる利潤が、地主の地代のほとんどすべてを食い潰すはずであるように、このような法外な高利は、ひるがえって、この利潤の相当大きな部分を食い潰すはずである。ローマ共和国が崩壊する以前、同じ種類の高利が、派遣された総督の破滅的な管理下にあった属州で一般的であったように思われる。キケロ〔Marcus Tullius Cicero, 106B.C.-43B.C. 古代ローマの著名な政治家・雄弁家〕の手紙からわかるように、あの高潔で知られるブルートゥス〔Marcus Junius Brutus, 85B.C.-42B.C. ローマの政治家〕は、キプロスで四八パーセントの利子で貨幣を貸し付けていた。

14　独自の土地と気候がもつ活力、および他の国との関連でみた立地条件などのおかげで、その国が入手しうる十分な量の富を獲得してしまった国では、したがって、それ以上前進することができず、後退しつつあるわけでもないような国では、労働の賃金も、元本の利潤もともにおそらくきわめて低いだろう。その国土が養いうるか、あるいは、その元本が雇用できる限度のわりに人口が多い国では、必然的に雇用を求める競争がきわめて激烈になり、結果的に、労働の賃金をかろうじて労働者の数を維持するだけの水準に引き下げるため、すでに人口が溢れているような国では、労働者数はけっして増加し得ないことになる。遂行しなければならないすべての企業取引のわりに元本が多い国では、あらゆる個々の部門で、事業の性質と規模が許容する大量の元本が利用されるであろう。それゆえ、どこでも競争が激化し、結果的に、通常利潤は可能なかぎり低下するであろう。

15 だが、いかなる国も、おそらくまだこの段階の富裕に達していない。中国は長い間停滞的であったと思われるのであって、おそらくかなり昔に、その国の法と制度の性質と両立するような、富の全量を獲得したのであろう。だがこの富の全量は、他の法や制度の下で、その土地、気候および立地条件が許容したであろう量に比べると、かなり小さい可能性がある。外国貿易を無視したり軽蔑したりして、外国船の寄港を、一つか二つの港だけでしか認めないような国は、別の法と制度の下で営みうるほどの取引を営むことはできない。金持ちや巨額の資本の所有者は十分な安全を享受しているのに、貧乏人やわずかな資本の所有者がそれを不十分にしか享受しておらず、正義という建前にしたがって、下級官吏によって好きな時に略奪や横領されるがままに放置されているような国では、あらゆる異なった事業分野でそれを営むために利用される元本の量は、その事業の活力と規模とが許容するほどの大きさに達することはできない。どの分野の事業であれ、貧しい者の抑圧は、金持ちの独占を作り出すはずであって、後者は、取引の全体を自分自身で買い占めることにより、きわめて巨額の利潤を上げることができるであろう。したがって中国では、一二パーセントが一般的な貨幣の利子率であると言われており、元本の通常利潤も、この高い利子を賄うに足りる、十分な大きさであるはずである。

16 法律における欠陥は、時々利子率を、その国の経済状況が、富裕であるか貧困であるかに応じて求める率よりも、著しく高く引き上げる可能性がある。法律が契約の履行を強制しない場合、あらゆる借り手は、取り締まりが行き届いた国であれば、疑わしい信用しかもたない人や返済不能者に等しいような地位に置かれてしまう。貸付金の回収が不確実だから、貸し手は、普通なら返済不能者に求められるのと同様な、法外な利子を要求することになる。ローマ帝国西部の属領を蹂躙した野蛮な国民の間では、契約の履行は、長年にわたって契約当事者の信義にゆだねられていた。国王の裁判所がそれに干渉することなど、ほとんどなかったのである。このような古い時代に生じた高利子率は、部分的には、おそらくこのような理由で説明がつくだろう。

17 法律が利子を完全に禁止したとしても、それが、利子を完全に防止するわけではない。多くの人は借りる必要があるし、貸したお金の利用に対して、借りたお金を利用して獲得できるものに見合うだけでなく、その法律を犯す困難と危険にも見合う程度の報酬を受けるのでなければ、お金を貸す者はいないだろう。あらゆるイスラム教国民の間でみられる高い利子率は、モンテスキュー氏〔Charles Louis de Secondat, Baron de la Brède et de Montesquieu, 1689-1755. フランスの政治哲学者・啓蒙思想家〕の説明によれば、彼らが貧しいからではなく、一部は高い利子率に、また一部はお金を取り戻すことの難しさにあるという。

18 最低の通常利潤率は、元本をどのように用いようと晒されざるをえない、偶発的な損失を埋め合わせるために十分なものをつねに上回っていなければならない。正味の利潤といえるのは、この剰余分だけである。総利潤と呼ばれるものは、この剰余分だけでなく、しばしばそのような特別の損失を補償するために留保されたものをも含んでいる。借り手が余裕をもって支払える利子とは、もっぱら正味利潤と釣り合ったものなのである。

19 最低の通常利子率は、同様にして、ある程度慎重に貸し付けられた場合でさえ晒される偶発的な損失を、十分埋め合わせる以上のものでなければならない。それを上回らないとすれば、貸付の動機となりうるのは、慈善と友情だけである。

20 可能な限り十分な量の富を手にした――あらゆる個々の取引部門について、そこで利用可能な最大量の元本が存在する――国の場合、通常率の正味利潤がきわめて小さくなるため、余裕をもってそこから与えうる通常率の市場利子も、もっとも豊かな部類の人を除けば、手持ち資金の利子で生活できなくなるほど低くなるだろう。中小規模の財産所有者は、すべて所有元本の利用を自分自身で管理するように強いられるだろう。ほとんどすべての人が実業家(マン・オヴ・ビジネス)になること、つまり、何らかの種類の事業に従事することが不可避になるだろう。オランダは、この状態に近づきつつあるように思われる。そこでは、実業家でないということは、流行遅れである。ほとんどすべての人がそうするのは、必要性がそれを普通のことにしたからであって、すなわち、どこであれ流行を規制するのは慣習なのである。他人と同様に正装しなければ滑稽に見えるように、他人と同様に事業に従事しなければ、ある程度ではあるが滑稽に見えるわけである。一般市民向けの職業についている人は、駐屯地や野営地であれば、危なっかしく見え、軽蔑される危険性すらあるように、実業家たちの間では、遊んでいる人が滑稽に見えるのである。

21 最高の通常利潤率とは、大部分の商品価格において、地代になるはずの部分全体を吸収し尽くし、しかも、どこでも労働が手にしうる最低限の額――最低限の労働者の食料などの生活物資――にしたがって、商品を用意して市場に供給する労働に支払うものだけを残すようなもののことである。職工は、仕事に従事している時には、いつもなんとか食べていけるはずであるが、地主は、かならずしも支払われない可能性がある。東インド会社の従業員がべンガルで営んでいる事業は、おそらく、この状態から大きくかけ離れたものではなかろう。

22 通常の市場利子率が、正味利潤の通常率に対してもつべき比率は、利潤の騰落とともに必然的に変化する。グレートブリテンでは、利子の二倍が、商人によって十分な、つまりある程度まで納得できる利潤と呼ばれている数値であるが、私の理解では、この用語は一般的で、通常の利潤以上のものを含んでいない。正味利潤の通常率が八パーセントか一〇パーセントであるような国では、借り入れ資金で事業が営まれるかぎり、その半分が利子に回るのは理にかなったことだろう。その元本は、いうなれば、貸し手にそれを保証している借り手が危険負担しているわけで、したがって、四パーセントか五パーセントというのは、大部分の事業では、この保証がもつリスクに対する利息として十分であると同時に、元本を使用する煩わしさに対する報酬としても、十分な大きさなのである。だが、利子と正味利潤との間の比率は、通常利潤率が大幅に低かったり高かったりするような国では、同一ではありえないだろう。利潤が著しく低い場合には、おそらくその半分も利子として支払われえず、利潤が大幅に高い場合には、それ以上のものが、利子として支払われる可能性がある。

23 富裕に向けて急速に前進している国では、多くの商品価格における利潤額の低さが高い労働賃金を埋め合わせており、それゆえこのような国は、労働賃金がより低い可能性をもつあまり繁栄していない近隣諸国と同じほど、商品を安価に販売できることになる。

24 実際のところ、高利潤は、高賃金に比べて、はるかに大きな程度で製品価格を引き上げる傾向がある。たとえば亜麻布製造業で、さまざまな労働者――亜麻仕上工、紡績工、織布工など――の賃金が、すべて一日あたり二ペンス上昇したとしよう。結果的に、亜麻布一単位の価格は、二ペンスに、その製造に関係した労働者の数と、それに従事した日数とを掛け合わせた分だけ、引き上げられる必要があろう。商品価格のうち賃金になる部分は、製造業のさまざまなあらゆる段階をつうじ、この賃金の上昇に対して、等差級数的割合でしか上昇しない。しかし、このような労働者のさまざまな雇用主すべての利潤が、五パーセント上昇するとすれば、商品価格のうち利潤になる部分は、製造業のさまざまなあらゆる段階を通じて、この利潤の上昇に対して、等比級数的に上昇するだろう。亜麻仕上工の雇用主は、亜麻の販売に当たって、雇っている職工に前払いした原材料と賃金の全価値に対し、五パーセントの追加分を要求するだろう。紡績工の雇用主は、前払いした亜麻の価格と紡績工の賃金の両方に対して、五パーセントの追加分を要求するだろう。さらに織布工の雇用主は、亜麻布の価格と織布工の賃金に前払いした価格の両方に対して、同様に五パーセントの追加分を要求するだろう。商品価格の上昇においては、賃金上昇は、債務の累積における単利と同じように作用する。利潤の上昇は、複利のように作用するのである。我が国の商人や親方製造業者は、物価上昇における高賃金の悪影響と、そのため国の内外における彼らの商品の売れ行きが低下したことに対し、不平しきりである。彼らは、自分たちの利得がもつ破滅的な影響については黙して語らない。彼らは、ひたすら他の人々の利得について、不平を言うのである〔このパラグラフは、第二版で追加された〕。

第一〇章　労働と元本のさまざまな用途における賃金と利潤について

1　労働と元本をさまざまな用途に用いた場合の利益と不利益の全体は、同一の近隣地域内では、完全に均等か、均等化し続けるかのどちらかである。もし同じ近隣地域内で、ある職業の利益が明らかに他のものよりも有利であったり、不利であったりすれば、一方には多くの人が殺到し、他方からは多くの人が離反するであろうから、まもなくそれは、他の職業と同じ水準に戻るだろう。すくなくともこれは、事物がその自然な進路にゆだねられている社会――つまり、完全な自由が存在し、誰であれ自分が適当と思う職業を選ぶだけでなく、自分が適当と思うだけ、いつでもそれを変更する完全な自由を持っている社会――で生じる事態であろう。すべての人が、各人の利害に促されて有利な職業を探し、不利な職業を避けてきたのである。

2　実際のところ、貨幣であらわした賃金と利潤は、労働と元本の用途の違いに応じて、ヨーロッパ中どこでも極端に異なっている。だがこの違いの一部は、職業それ自体における一定の事情――実際に、あるいはすくなくとも人々の想像の中で、ある職業における低い貨幣所得を埋め合わせたり、他の所得における高い貨幣所得を相殺したりする事情――から生じるし、また一部はヨーロッパの政策、つまり、そのどこにも事物を完全な自由に委ねた所はない、という政策から生じる。

3　本章を二節に分けて、このような事情とその政策を詳しく考察しよう。

第一節　職業自体の性質から生じる不平等

1　観察しえた限りでは、ある職業における低い貨幣所得を埋め合わせたり、他の職業における高い貨幣所得を相殺したりする事情のうち、主要なものは以下の五つである。第一に、職業それ自体が快適なものか、不快なものか。第二に、職業習得の難易度および費用の高低。第三に、その仕事における雇用の安定性と不安定性。第四に、その職業に従事する人に託されるべき信頼の大小。第五に、その職業で成功する可能性の有無。

2　第一に、労働の賃金は、その職業が平易か過酷か、清潔か不衛生か、名誉を伴うか不名誉か次第でさまざまである。こうして、一年を通してみれば、たいていの所で日雇い仕立工の稼ぎは、日雇い織布工よりも低くなる。前者の仕事の方がずっと平易である。日雇い織布工の稼ぎは、日雇い鍛冶職人よりも低い。前者の仕事はかならずしも平易ではないが、清潔という点で数段勝る日雇い鍛冶職人は、技術職人(アーティフィサー)ではあるが、一二時間働いても、たんなる労働者にすぎない炭鉱夫が八時間働いて入手する稼ぎを上回ることは、滅多にない。前者の仕事は、それほど汚いわけでも、危険なわけでもなく、自然の光の中で地上で遂行される。あらゆる尊敬に値する専門職〔聖職者、法律家、医者など〕の報酬は、その大部分が名誉である。貨幣所得という点では、総合的に見れば、のちに説明を試みるように、彼らの稼ぎは一般的に過少報酬である。不名誉は逆に作用することがある。動物の解体はつらい仕事であるが、それは、他のほとんどの仕事にくらべると、収入の点で補償されることが少なくない。刑場で働くことは、もっともつらい苦しい仕事の一つであろうが、どれだけ体を動かすかという点だけから見ると、一般的な仕事よりも償われるものは若干多くなるだろう。

3　狩猟と漁業は、未開状態にある社会ではもっとも重要な職業であったが、発展した状態の社会では、それは、ほとんど誰もが好む娯楽となり、従来なら必要から従事していたことが、楽しみのために遂行されている。したがって、発展状態にある社会では、他の人が気晴らしに遂行するものに職業として従事するのは、すべて貧しい人である。テオクリトス*〔Theokritos. 前三世紀前半のギリシャの牧歌詩人〕の時代以降、漁夫はずっとそうであった。密猟者は、グレートブリテンのどこでも、ひどく貧しい人々である。法の厳格な適用が密猟者を悩ませていない国で、許可を受けた猟師の生活状況が、ずっと良いというわけではない。このような職業に対する生まれつきの好みが、その職業でえられる快適な生活以上に多くの人をそこに惹きつけ、しかも彼らの労働生産物は、その量のわりには、いつもきわめて安く市場にもち込まれるため、労働者にごくわずかな食料などの生活物資しか与えられなくなるからである。

＊『牧歌』二一篇をみよ〔この脚注は、第三版で挿入〕。

4　不愉快さや体裁の悪さは、労働賃金と同様な仕方で、元本の利潤にも影響をおよぼす。宿屋や居酒屋の経営者は、けっして自分の店を自由に操れる人ではなく、あらゆる飲んだくれの蚕行に晒されており、おおいに好感がもて、尊敬に値するとはとうてい言えないような仕事を遂行する。だが、小さな元本で、これほど大きな利潤を生み出すようなありふれた職業は、滅多にあるものではない。

5 第二に、労働の賃金は、それが容易であるかとか安っぽいとか、つまり、その事業に習熟するのが困難であったり、費用がかかったりするかどうかで異なる。

6 何らかの高価な機械が組み立てられる場合、それが摩損し尽くすまでに遂行されると予定されている膨大な仕事は、すくなくとも通常利潤をともなって、それに投下された資本を償還する、と期待されているはずである。多大な労力と時間を費やして、並外れた技量や技能を要するような職業の訓練を受けた人は、そのような高価な機械のひとつになぞらえることができるだろう。彼が習得する仕事は、並の労働の通常賃金に加え、すくなくとも同程度の価値をもつ資本の通常利潤とともに、その習得費用の全額を彼に償う、と期待されているはずである。しかもこれは、人間の寿命がきわめて不確実な点を考慮すれば、より明確な耐用年数をもつ機械と同様な方法で、適切な期間内になされなければならないことである。

7 熟練労働の賃金と、並の労働の賃金との違いは、以下の原理にもとづいている。

8 ヨーロッパの政策は、あらゆる機械工、技術職人や製造業者の労働を熟練労働とみなし、田舎の労働者の労働を、すべてありふれた労働とみなしている。前者の労働は、後者のそれよりも精密さを要する難しい性質のものだ、と信じているように思われる。そういう場合もおそらくあろうが、あとで説明を試みるように、多くの場合、それはまったく逆である。それゆえ、ヨーロッパの法と慣習は、ある特定の種類の労働を遂行する能力を人に身に付けさせるために、場所が違えば厳格さの程度もさまざまだが、徒弟奉公の義務を課している。その法と習慣は、それ以外の労働については、自由に誰にでも開放している。徒弟奉公の期間中、徒弟の労働は、すべてその親方に属する。多くの場合、徒弟はそのあいだ両親かまたは親戚に養ってもらわねばならず、しかもたいていの場合、衣服も彼らから支給してもらわなければならない。また、なにがしかのお金が、徒弟に仕事を教えたお礼として、親方に渡されるのが通例である。お金を渡せない者は時間を渡す、つまり、普通の年限を超えた年季奉公――徒弟にありふれた怠惰のゆえに、かならずしも、つねに親方に有利であるとは限らないが、徒弟にとってはつねに不利な心づけ――をさせられる。

逆に、田舎の労働の場合には、雇われてより易しい仕事をしている間に、仕事のより困難な部分を習得し、しかも、仕事のさまざまな段階のどこでも、自分の労働で自活する。それゆえ、機械工、技術職人および製造業者の賃金が、並の労働者のそれよりもある程度高くなければならないということは、ヨーロッパでは理にかなったことなのである。事実その通りであって、すばらしい稼ぎのせいで、彼らはたいていの所で、上層階級の人々とみなされている。だがこの優越性は、一般的にはきわめて小さい。すなわち、かなりありふれた種類の製造業で働く日雇い職人――たとえば無地の麻織物や毛織物の職人――の一日あるいは週当たりの稼ぎは、並の労働者の一日当たりとか週当たりの賃金に較べて、ほとんどどこでも、ごくわずかしか高くない。事実、彼らの職業は、より安定していて変動も少なく、年間を通じて合算すれば、その稼ぎの優位性もある程度大きいといってよいだろう。だがそれは、職業の習得のための膨大な経費を十分埋め合わせるほど、大きなものではない。

9 独創的な芸術や、紳士にふさわしい専門職の教育は、さらに長期間を要し、費用がかかるものである。それゆえ、画家や彫刻家、法律家や医者の金銭的報酬は、もっと十分なものであって当然のことであり、したがって実際そうなっている。

10 元本の利潤が、その元本を利用する仕事を習得する上での難易度によって左右されることは、ほとんどない。大都市で一般的に利用されている元本の用途はそれぞれ大きく異なるが、実際には、その利用方法習得上の難易度は、どれも、ほとんど相違ないと思われる。外国貿易であれ国内取引であれ、そのどれかひとつの事業部門が、他よりもずっと込み入った業務であるとは、とうてい言えない。

11 第三に、さまざまな職業の労働賃金は、雇用が安定しているか、不安定であるかに応じて違ってくる。

12 雇用は、いくつかの業種では、他のそれに比べてずっと安定的である。多くの製造業では、日雇い職人は、働ける日には年中ほとんど毎日、まず間違いなく雇用を確保できるだろう。対照的に、石工やレンガ積み工は、厳寒期や悪天候下には働けず、加えてその雇用も、顧客からの不定期な発注に左右される。その結果、しばしば何の仕事もないという事態を免れない。それゆえ、雇用を確保している時に彼が稼ぐものは、仕事がない期間も彼を養うだけでなく、そのような不安定な状況があると考えただけで、間違いなく気が滅入って落ち込む時期についても、ある程度補償するものでなければならない。したがって、大部分の製造業者の所得が、一般労働者の一日あたりの賃金と同程度の水準だと見積もられているところでは、石工やレンガ積み工の所得は、その五割増しから倍であることが、一般的である。一般労働者が週に四～五シリング稼ぐところでは、石工とレンガ積み工は七～八シリング稼ぐことが多く、前者が六シリングであれば、後者はしばしば九～一〇シリングであり、ロンドンのように、前者が九～一〇シリングであれば、後者は、普通一五～一八シリング稼ぐという具合である。もっとも、石工やレンガ積み工の熟練は、他の種類のそれに比べれば、もっとも安易に身に付けられるもののようである。ロンドンの椅子駕籠かき人は、夏の間、時々レンガ積み工として雇われていると言われている。それゆえ、このような職人の高賃金は、その技術に対する報酬というよりも、雇用の不定期性に対する補償なのである。

13 石工に比べると、家大工は、一段の精密さと精巧さが求められる仕事をしているように見える。だが、間違いなくそうであるとは言えないため、その一日あたりの賃金は、たいていの場所で幾分低めである。家大工の雇用は、なるほど顧客からの不定期な注文に依存するところが大ではあるが、完全にそうとも言えないし、さらに天候によって中断されやすいというわけのものでもない。

14 一般的に恒常的な雇用をもたらす事業が、たまたまそうでない場合、労働者の賃金は、ある特別なところで、一般労働者の賃金に対する通常の割合をはるかに超える水準に、間違いなく跳ね上がる。ロンドンでは、あらゆる日雇いの技術職人は、他の地域の日雇い労働者と同じやり方で、雇用主によって、日々あるいは週ごとに、仕事を依頼されたり解雇されたりすることが多い。したがって、一般労働者の賃金が一日に一八ペンスとみなされているのに、最下層の技術職人、日雇いの仕立職人は一日に半クラウン〔一クラウンは銀貨五シリング相当〕を稼ぐことになる。小規模な町や地方の農村では、日雇い仕立職人の賃金が、一般労働のそれに等しいことなど滅多にないが、ロンドンでは、とくに夏の間、彼らはしばしば数週間にわたって失業する。

15 雇用の不定期性が、仕事そのものの過酷さ、不快さや不潔さと組み合わさった場合には、もっとも一般的な労働の賃金を、もっとも熟練に富む技術職人のそれよりも高く引き上げることがある。出来高で見た炭鉱夫の仕事は、ニューカッスルでは一般労働の普通二倍、さらに、スコットランドの多くのところでは、約三倍の賃金を受け取るようである。その高い賃金は、仕事の過酷さ、不快さおよび不潔さに、すべて起因している。ほとんどの場合、その雇用は、意欲次第といえるほど途切れることがない。ロンドンの石炭荷揚げ労働者は、ほとんど炭鉱労働者と同じくらい過酷、不潔かつ不快な仕事をするし、しかも、石炭船の到着は不定期的であることが避け難いため、その大部分の者の雇用は、必然的に著しく断続的である。それゆえ、炭鉱労働者が一般労働の二倍から三倍の賃金を稼ぐのが普通だとすれば、石炭荷揚げ労働者が、時々一般労働の四倍から五倍の賃金を稼ぐはずだ、ということに根拠がないなどとみなしてはならない。彼らの状態にかんする数年前の調査でわかったことは、当時支払われていたレートでは、一日当たり六～一〇シリングの稼ぎになる、ということであった。六シリングというのは、ロンドンの一般労働の賃金――あらゆる個々の事業において、最低の普通の稼ぎとは、つねに圧倒的大多数の賃金である、と考えてよい――の約四倍である。この稼ぎがどれほど法外なものに思われようと、もしそれが、その事業の不快な環境のすべてを償って余りあるほど高ければ、排他的特権が存在しない職業なら、まもなく多数の競争者が現れて、そのレートを急速に引き下げてしまうであろう。

16 どのような事業であれ、雇用が継続的か断続的かということが、元本の通常の利潤に影響を及ぼすはずがない。元本が継続的に用いられるかどうかは、事業に依存するのではなく、事業者に依存して決まるからである。

17 第四に、労働の賃金は、労働者に委ねざるをえない責任の大小に応じて異なる。

18 金細工職人や宝石職人の賃金は、どこであれ、器用さの点で等しいか、あるいはずっと上回っている多くの他の職人のそれよりも高いが、その理由は、彼らが委託されるものが非常に高価な素材である、ということにある。

19 我々は、自分の健康を医者の手に、さらには財産だけでなく、時には生命や名声を弁護士や代理人（アトーニー）の手に委ねる。このような信任は、きわめて下品で低い身分の人々に対して、安全になされうるはずはない。それゆえ、彼らに対する報酬は、信任にとって不可欠な重要さをもつ社会的地位をもたらしうるほどのものでなければならない。その教育に当たって費やされなければならない長い時間と大きな出費は、このような事情と組み合わさった場合には、彼らの労働の価格を、さらに大幅に引き上げるに違いない。

20 事業の遂行に際して、自分が所有する元本だけしか利用しない人の場合には、信頼など存在しない。その人が、他人から得るであろう信用は、その職業の性質にではなく、当人の財産、高潔さ、および注意深さに依存している。それゆえ、異なった事業分野のさまざまな利潤率が、その事業者に寄せられる信頼の程度の違いから生じることなど、ありえないのである。

21 第五に、労働賃金は、さまざまな職業において、それぞれ成功する見込みの有無に応じて異なる。

22 ある特定の個人が、教育されてきた職業に終生適格でありつづける見込みは、それぞれの職業でおおいに異なる。大部分の職人仕事の場合、ほぼ合格することは間違いないが、紳士にふさわしい専門職の場合は、きわめて不確実である。製靴業者のもとに息子を徒弟奉公に出せば、まず間違いなく彼は靴の作り方を習得するだろう。だが、法律の勉強に送り出した場合、およそその事業で身を立てることができるほど進歩をとげる子は、せいぜい二〇対一の割合である。文句なく公平に管理された宝くじでは、当たりくじを引いた人が、外れを引いた人の失ったすべてを獲得するはずである。二〇人が失敗し、一人が成功するような専門職の分野では、不首尾に終わった二〇人が獲得するはずであったすべてのものを、一人で獲得するのが当然である。

おそらく四〇歳くらいになって、ようやくその専門職でひとかどの者になり始める法廷弁護士は、彼自身が費やした退屈で高額な教育の分だけでなく、その教育によって何も手にできそうにない他の二〇人分に相当するものを、償いとして受け取るに違いない。ときに法廷弁護士の報酬がどれほど法外なものに見えようと、彼らが受け取る償いは、けっしてこの額におよばない。どこでもいいから特定の所を選び、たとえば製靴業者や織布工といったありふれた職業に従事しているさまざまな職人のすべてについて、その年々の稼ぎがどれほどであるか、年々の支出がどれだけになりそうかを算出すれば、稼ぎの総計が、支出のそれを上回るのが一般的だと気付くだろう。だが、同じ計算をすべての法曹学院（インズ・オヴ・コート）〈リンカーンズ・イン、ミドル・テンプル、インナー・テンプル、グレイズ・インといった法廷弁護士養成機関であるが、そこに事務所をもつ弁護士も多かった）に所属する、法廷弁護士や学生のすべてについて計算してみれば、彼らの年間支出に対する年間所得の割合は、たとえ正当な計算にもとづいて、後者が高く前者が低いと評価したとしても、それほど大きくないことがわかるだろう。それゆえ、法律という宝くじは、文句なく公平な宝くじには遠く及ばないものであって、この職業や、その他紳士にふさわしい令名の高い専門職は、金銭的な所得という点で見ると、明らかに報われ方が足りないのである。

23 しかしながら、このような専門職は、他の職業と対等の水準を保っており、このような支障が存在するにもかかわらず、物惜しみせずに気前のいい多くの人々が、それをめがけてしきりに押し寄せている。二つの異なった理由が、それを魅力的なものにしているのである。第一に、そのすべてにおける飛びぬけた卓越性に伴う名声への渇望、第二に、誰もが多かれ少なかれ持っている自分自身の能力と幸運の両方に対する当然の確信、これである。

24 並に達することさえごく稀にしか起きないような専門職で抜きん出ることは、天才とか特別の能力と呼ばれる人物の、もっとも決定的な印である。そのような卓越した能力に向けられる公衆の賞賛は、つねに彼らの報酬の一部になり、賞賛の程度が高いか低いかに応じて、大きかったり小さかったりする。それは、医術という専門職でも、その報酬の相当な部分を占めており、おそらく、法律のそれよりさらに大きいが、詩や哲学の場合には、それが報酬の大部分を占めている。

25 それを持っていればある種の賞賛を博する、きわめて愛らしくて、美しい才能がいくつかあるが、稼ぎを目的としてそれを使用した場合には、道理にもとづくものであれ、偏見にもとづくものであれ、一種の公娼とみなされてしまうだろう。それゆえ、このような方法でそれを使用する人々の金銭的報酬は、その才能を獲得するのに要した時間、労働および費用だけでなく、生計の資を入手するためにそれを用いることに伴う不名誉を、十分に賄うものでなければならない。俳優、オペラ歌手、オペラダンサーなどの途方もない報酬は、以下の二つの原理、つまり、才能の稀少性と美しさ、およびこのような方法でそれを用いることに伴う不名誉にもとづいている。

一見のかぎり、我々がこのような人々を軽蔑する一方で、なおその才能に対して、最大限溢れんばかりの気前のよさで報いなければならないということは、即座に馬鹿げたことだと思われよう。しかしながら、我々は前者を行っている間、かならず後者も行っているはずである。世論または大衆の偏見が、そのような職業についていくらかでも変化すれば、彼らの金銭的報酬は急速に減少するだろう。その職業により多くの人が志願し、こうして競争が、その労働の価格を急速に低下させるだろう。そのような才能は、ありふれた存在ではまったくないが、けっして、想像されているほど稀少なものではない。多くの人がそれを完璧な状態で持っているが、それを、このように使うことをいさぎよしとしないだけのことで、もし名誉を傷つけずに、それによってなにがしか稼げれるのであれば、ずっと多くの人がそれを習得できるのである。

26 自分自身の能力について、大部分の人が抱く思い上がった自惚れは、あらゆる時代の哲学者や道徳家によって注目されてきた、大昔からの邪心である。自分自身の幸運に対する彼らの馬鹿げた思い込みは、ほとんど注目されてこなかった。しかしながら、このほうが、さらにずっと普遍的である可能性がある。ある程度の健康と元気な状態にある時、ある程度それを享有せずに生きている人間などいない。利益を得る機会は、すべての人によって多少なりとも過大評価され、損をする機会は、ほとんどの人によって過小評価されるのであって、ある程度の健康と元気な状態にある時、人は誰でも、値打ち以上の評価を下そうとするものである。

27 利益の機会がおのずと過大評価されるということは、宝くじがどこでも繁盛している事実から知ることができよう。完全に公正な宝くじ——つまり利益の全体が、損失の全体で補塡されるような宝くじ——が世界で実施されたことはないし、今後されるようなこともなかろう。というのは、そうすれば請負人は何も稼げないからである。国営の宝くじでは、実際にくじ券は、もともと応募者が支払った価格と等しい価値をもたないが、しかし市場では、一般に二〇～三〇パーセント、時には四〇パーセントも高く売られている。

何か大きな賞金を獲得するというむなしい希望が、この需要の唯一の原因である。冷静きわまりない人々が、一万か二万ポンド儲けるチャンスのために小額を支払うことを、愚かな投資とみなすことはほとんどない。だが彼らは、その小額の資金でさえ、そのチャンスが値するものよりも、おそらく二〇パーセントか三〇パーセント割高になっていることを知っている。二〇ポンドを超える当たりくじが出ない宝くじの場合、他の点では、普通の国営宝くじよりもずっと完璧に公平なものに近づいてはいるが、くじ券に対する同一の需要があるわけではなかろう。ある程度高額の賞金を当てるチャンスを高めるために、買うくじの枚数を増やす人もいれば、数としてはずっと多いが、わずかな枚数のくじを買う人もいる。しかし、購入するくじ券の数を増やせば増やすほど、ますます確実に損失者になりやすくなる、ということほど確かな数学的命題はあるまい。宝くじで全部のくじ券を思い切って購入してみよ。損をするのは確実であって、購入するくじ券の数を増やせば増やすほど、損をする確実性はますます高まることになる。

28 しばしば損失の機会は過小評価され、ごくまれにしか過大評価されないということは、保険業者の利潤がごく平凡なものであることから分かるだろう。火災保険であれ、海上保険であれ、保険がひとつの事業として成り立つためには、通常の保険料は、通常の損失を補償し、管理費用を賄い、さらに、すべてのありふれた事業に用いられた同額の資本から引き出すことができる利潤をもたらすのに、十分なものでなければならない。これ以上の額を支払わない人は、明らかにリスクの実質価値(リアル・ヴァリュー)だけ、つまり、合理的な理由から保険をかけうる最低の価格を支払うのである。だが、多くの人々は、保険によってほとんど儲けておらず、ごくわずかの人しか大金持ちになっていないのであって、これを考慮するだけで、以下のこと――利益と損失の通常のバランスは、きわめて多くの人が金持ちになる他のありふれた事業よりも、この事業のほうが有利だというわけではないこと――は、十分に明白だと思われる。しかし、保険の掛け金が普通目に付くそこそこのものだというのに、多くの人は、リスクを見下すあまり、その支払いを危ぶむのである。王国全体で平均してみると、二〇家屋のうちの一九家屋――おそらく、むしろ一〇〇家屋のうちの九九家屋――は、火災保険に加入していない。

海難の危険は多くの人にとってはるかに大きな不安のもとであり、したがって、保険加入船舶の未加入船舶に対する比率はずっと高い。しかし、多くの船は季節を問わず、戦時でさえ、まったく保険なしで航行している。時には無分別とは違った理由で、このようにされることがある。自分で二〇から三〇隻の船を運航している場合には、大会社、あるいは一人の大商人でさえ、それぞれの船が、言ってみれば、たがいに保険をかけていることになりうる。保有する船舶全体で節約された保険料は、通常の航路で発生する災難でこうむりがちな程度の損失を、償って余りあるだろう。しかし、家屋に対するのと同様のやり方で、船舶に対してかける保険を軽視することは、たいていの場合、このような厳密な計算の結果ではなく、考えの足りない軽率さとリスクにかんするおこがましい軽蔑の結果にすぎない。

29 リスクを軽蔑したり、おこがましくも成功を夢見たりすることは、人生の中では、若者が職業を選択する時期にとくに強く現れる。その時期に、逆境に対する不安と幸運に対する希望とをバランスさせることがいかにまれであるかは、紳士にふさわしい専門職と呼ばれるものに就こうとする上流階層の若者の熱心さよりも、兵隊、つまり海軍に入隊してしまう庶民の安直さのなかに、より明瞭に現れている。

30 普通の軍人が何を失う可能性があるかは、十分に明らかである。しかし、新規の戦争が始まる時期に、若い志願者たちが、危険を考慮することなく、あれほど安直に入隊することなど起きるはずがないし、さらに、彼らが昇進する機会は滅多にないにもかかわらず、けっして生じることがない名誉と高名を手に入れる機会を、若者らしい気まぐれから限りなく思い描く。このようなロマンティックな希望が、彼らの血の代償のすべてである。彼らの給料は、一般労働者のそれより低く、実際の軍務による疲労ははるかに大きい。

31 海軍軍務という宝くじは、かならずしも、陸軍という宝くじほど不利なものではない。信用できる労働者や技術職人の子弟が、しばしば父親の同意をえて海軍兵士になることはあるが、陸軍兵士として入隊しようとしても、同意など得られないだろう。本人以外の人々は、彼がひとつの職業である程度まで成功するチャンスを思い描くが、一人彼だけが、他の職業でひとかどの成功をとげると想像するのである。大衆の賞賛の的としてみると、偉大な提督は偉大な将軍より下であり、これ以上ないような海軍での軍功でも、陸軍における同様の軍功に比べて、輝かしい成功と名声の点で見劣りするのである。同様な違いは、両軍におけるより下位の階級の昇進すべてについても貫徹している。席次規則によれば、海軍大佐(キャプテン)は陸軍大佐(コロネル)と同列であるが、社会の評価では、前者の序列は後者に及ばない。宝くじでは、高額当選券が少なくなるにつれて、低額当選券の数が増えるはずである。それゆえ、一般的な海軍兵士は、普通の陸軍兵士にくらべれば、何がしかの成功と昇進とを手に入れることが多くなる。

　このような賞金を手に入れる望みが、その職業を魅力的にする主なものである。彼らの技能と器用さは、ほとんどすべての技術職人のそれをはるかに超えており、その人生も、困難と危険に満ちた出来事の連続ではあるが、彼らが普通の海軍兵士の状態にとどまる限り、この器用さや技能のすべてに対して、さらに、このような困難や危険のすべてに対して、技能を発揮したり、困難を乗り越えたりする喜び以外の報償を受け取ることは、ほとんどない。彼らの賃金は、港で働く一般労働者のそれ——これが、船乗りの賃金レートを規制する——より、一段と高いわけではない。船乗りは、絶えず港から港へ移動するため、グレートブリテンのすべてのさまざまな港から航海に出る船乗りの月給は、このようなさまざまな場所の他のすべての労働者のそれに比べて、あるひとつの水準に接近しやすい。こうして、船舶の出入りが最大である港、すなわち、ロンドン港の賃金レートが、残りすべての賃金を規制するのである。

ロンドンでは、異なった部類の職人の大部分の賃金は、エディンバラの同一階層のそれの約二倍である。だが、ロンドン港から出航する船乗りは、リース〔現在はエディンバラの一部〕の港から出航する者よりも、月に三～四シリング余計に受け取るが、その違いが、それほど大きくないことも頻繁にある。平和時で、しかも商船の場合なら、ロンドンの価格は、一ヵ月あたり一ギニー〔二〇シリング相当の金貨〕から約二七シリングである。ロンドンの一般労働者は、週あたり九～一〇シリングというレートであるから、一ヵ月に直せば、四〇から四五シリング稼ぐことになろう。実際には、船乗りは、賃金に加えて食料を提供されている。しかし、その価値は、おそらく彼の給料と一般労働者のそれとの格差を、いつも上回っているわけではないだろう。それゆえ、時には上回ることがあるはずだが、超過分は、船乗りの明らかな利益にはなっていないだろう。というのは、彼はそれを、自分の賃金でもって自宅で扶養する必要がある妻や家族に分配できないからである。

32 危険や間一髪の脱出などという冒険の生活は、若者の希望を失わせるどころか、しばしば彼らをその職業に引き寄せていると思われる。下層階級の人々の間では、船を見ること、船乗りの会話や冒険が、船乗りになりたいという気持を起こさせたりしないように、息子を港町の学校に通わせたがらぬ柔和な母親が多い。勇気と俊敏さがあれば脱出できると期待できる災難ははるか遠くにしかないということ、これは、我々にとって不愉快なものではなく、どのような仕事においても、労働の賃金を引き上げることはない。勇気と俊敏さがまったく役に立ち得ない仕事の場合には、事情が異なる。ひどく健康によくないことがわかっている職業では、労働賃金は、つねにかなり高めである。不健康は不愉快の種であり、それゆえ、労働賃金に与える影響は、先に指摘した快・不快という一般的項目のもとに分類されなければならない。

33　元本のさまざまな用途のどれをとっても、通常の利潤率は、収益が確実であるか、不確実であるかにしたがって、おおむね変化する。収益の不確実性は、外国貿易よりも国内取引のほうが一般的に低いし、さらに、外国貿易のある部分は、他のもの、たとえば、北アメリカとの貿易はジャマイカとの貿易よりも低い。通常の利潤率は、つねにリスクが原因で多少なりとも上昇する。しかし、それに比例して、リスクを完全に補填するほど上昇するとは思われない。破産がもっとも頻繁におきるのは、もっとも冒険的な要素が強い職業においてである。あらゆる職業のなかでもっとも冒険的なもの、つまり密輸業は、その冒険が成功した場合にはもっとも大きな利益を期待できるとはいえ、破産にいたる絶対確実な道である。ここでは、おこがましい成功の望みが、他のあらゆる職業と同様に作用しているだけでなく、多くの冒険事業をこのような危険な職業に惹きつけているため、彼らの間の競争が、そのリスクを十分補填するもの以下にまで、利潤を引き下げてしまう。それを完全に補填するためには、普通の収益は、元本の通常利潤にくわえて、不定期的なすべての損失を埋め合わせるだけでなく、保険業者の利潤と同じ性質をもつ余分の利潤を、冒険事業家にもたらさねばならない。だが、それ自体の普通の収益が、このすべてを賄うほど十分にあれば、このような事業の破産が他の事業よりもずっと頻繁に起きる、ということにはなるまい。

34 それゆえ、労働賃金を変化させる五つの事情のうち、元本の利潤に影響を及ぼすのは二つ、つまり仕事が快か不快かということと、その仕事に付随するリスクあるいは安全性だけである。快か不快かという点については、さまざまな元本の利用方法のどれをとってもほとんど大差ないが、労働の利用方法をとってみると、じつに大きな違いがあり、したがって、元本の通常利潤はリスクとともに上昇するが、かならずしも比例的に上昇するようには思われないのである。以上から判明することは、同じ社会または近隣地域内では、それぞれ異なった用途に利用される元本の通常利潤率は、それぞれ異なる種類の労働の貨幣賃金にくらべると、ずっと均一な水準に近いはずだということになるし、実際にほぼそうなっている。一般労働者の稼ぎと、立派な仕事をする弁護士や医者のそれとの間の違いは、あらゆる異なった二種の事業分野の通常利潤の間の違いよりも、明らかにかなり大きい。さらに、さまざまな事業の利潤にみられる外見上の差異は、賃金として理解されるべきものと、利潤として理解されるべきものとを、我々が区別できるとは限らないがゆえに生じる一般的な思い違いなのである。

35 薬屋の利潤は、常識を超える法外さを示す常套句になっている。しかし、この途方もない外見上の利潤は、理にかなった労働賃金にすぎないことが多い。薬屋のもつ技能は、あらゆる技術職人のそれよりもさらに精密で、微妙なものであるばかりか、彼に託される信頼は、はるかに重要な性質のものである。彼はいつでも貧乏人の医者であり、また、苦痛や脅威がそれほどでもない場合には、豊かな人々の医者でもある。それゆえ彼の報酬は、その技量と彼に対する信頼に見合っているはずであり、それは一般的に彼が売る薬の価格から発生する。だが、大きな市場をもつ都市で、もっとも繁盛している薬屋が一年で売り上げる薬全体にかかる費用は、おそらく三〇から四〇ポンド以下であろう。したがって、三〇〇から四〇〇ポンドで、つまり、一〇〇〇パーセントの利益でそれを販売するはずであっても、彼が薬の販売価格に上乗せする相応の労働賃金――彼が価格に上乗せできる唯一の方法――を超えることは、滅多にない可能性がある。利潤に見えるものの大部分は、利潤という衣装で変装した、文字通りの賃金なのである。

36 小規模な港町なら、食料雑貨商は一〇〇ポンドの元本に対して四〇〜五〇パーセントの利潤をあげるだろうが、同地域のかなり大手の卸売商人が、一万ポンドの元本に対して八〜一〇パーセントを稼ぐことはほとんどないだろう。食料雑貨商の事業は、住民の利便性にとって不可欠であろうし、市場の狭さゆえに、その事業で大きな資本を用いることはできまい。しかし、人間というものは、その職業によって生きるだけでなく、職業が要請する能力に適するように生きなければならない。わずかな資本を所有することのほかに、彼は読み、書き、算盤ができなければならないし、おそらく、五〇〜六〇種類の商品について、その価格、品質およびどこの市場でもっとも廉価に仕入れられるかについて、ある程度の目利きでなければならない。要するに彼は、大商人にとって必要なすべての知識を持っている必要があり、十分な資本を欠いている点を除けば、彼が大商人になることを妨げるものは何もない。一年に三〇〜四〇ポンドというのは、そのように仕込まれた人物の労働に対する報酬として、大きすぎるとは思われない。表面的に大きくみえる資本の利潤からこの額を差し引けば、おそらく、元本の通常利潤を超えるものはほとんど残らないだろう。この場合にもまた、外見的な利潤の大部分は、実際には賃金なのである。

37　小売業の外見的な利潤と、卸売業のそれとの間の違いは、小さな町や地方の村落におけるよりも、首都のほうがはるかに小さい。食料雑貨商の事業で一万ポンドを運用できるところでは、食料雑貨商人の労働賃金は、かくも巨額な資本の実際の利潤に対する、ごくわずかな付加でしかない。それゆえ、富裕な小売商人の外見上の利潤は、首都では、卸売商人の外見上の利潤水準に近づくことになる。小売商が売りさばく商品が一般的に安価であり、しばしば小さな町や地方の村落でよりも、首都でのほうがずっと安価であることが多いのは、以上の理由からである。たとえば、食料雑貨は一般的にずっと安いし、パンと食肉も、しばしば同様に安価である。大都市に食料雑貨をもたらすための費用は、地方の農村にそれをもたらす費用と変わらないが、穀物や家畜をもち込む場合は、かなり遠隔地からその大部分を運ばねばならないため、費用がはるかに大きくなる。それゆえ、食料雑貨の主要な費用は両地域で同一であるため、商品にかけられる利潤が最低である所が、もっとも安くなる。パンと食肉の主要費用は、地方の村落よりも大都市のほうが高くつき、それゆえ利潤は低いが、かならずしも一段と安いわけではなく、同程度の安価さである。

パンや食肉といった商品の場合、外見上の利潤を引き下げるのと同じ理由が、主要費用を増加させる。大都市の市場規模は、より多額の元本の運用を可能にすることによって、外見上の利潤を引き下げるが、ますます遠隔地からの供給を必要にするため、主要費用を増加させる。このような一方における減少と、他方における増加は、ほとんどの場合、ほぼ相殺されるように思われる。そしてこれが、穀物と家畜の価格が、王国のさまざまな地域で著しく異なるのが普通であるにもかかわらず、パンと食肉の価格は、一般的に王国のほぼ全域でおおむね等しい、という事実の理由であろう。

38 元本の利潤は、卸売業であれ小売業であれ、小都市や地方の村よりも首都のほうが一般的に低いのだが、莫大な富がしばしば獲得されるのは、首都における小規模の開業期からであることが多く、地方都市や田舎のそれからであることは滅多にない。小都市や田舎の村では、市場の狭さゆえに、元本の拡張に合わせて事業を拡張することなど、まず不可能である。したがって、そのような場所では、特定の個人の利潤率がきわめて高くなる可能性があっても、利潤の総額はけっして莫大なものにはなりえず、結果的に、年々の蓄積額も限られたものになる。大都市の場合には、これとは逆に、元本が増加するのにあわせて事業を拡大することができ、しかも節約して繁盛する人物の信用は、保有する元本よりもずっと急速に増加する。彼の事業は、手許の元本と信用を合わせた額に比例して拡大し、しかも、両者の合計、つまり彼の利潤総額はその事業の拡大と比例するため、彼の年々の蓄積も、彼の利潤総額に比例することになる。

しかしながら、長期間にわたる勤勉、節約および注意深さがもたらす場合を除き、莫大な富が、大都市のよく知られた規則的で、確立済みの事業分野で実現されることはほとんどない。実際、降ってわいたような大金が転がり込むのは、投機取引と呼ばれる分野で時々起きることである。投機的な商人は、規則的で確立済みの、つまり、よく知られた事業部門などにはまったく従事しない。投機的商人とは、今年は穀物商、次の年は葡萄酒商、その後、年ごとに砂糖、タバコ、あるいは紅茶商人になる人のことである。彼は、通常以上に利潤が上がりそうな気配があれば、どの事業であろうと参入するし、利潤が他の事業の水準に戻りそうだと予想した場合には、その事業を断念する。それゆえ、彼の利潤と損失は、確立済みでよく知られた事業部門における利潤や損失と、一定の比率を保ちようがない。大胆な冒険事業では、二～三回の投機が成功すれば、相当な富を手中に収めることも時に起きようが、しかし、二～三回の投機の失敗によって、すべての富を失いがちである。この種の事業は、大都市以外のところでは遂行できない。そのために必要な情報を入手できるもっとも手広い商業とニュースに溢れる場所だけにかぎられるのである。

39　以上に言及してきた五つの事情は、労働の賃金と元本の利潤においてかなりの凸凹をもたらすとはいえ、さまざまな職業のどれをとっても、実際であれ、想像上のものであれ、その利益や不利益を全体として引き起こすわけではない。このような出来事の本質は、ある分野では少額の金銭的利得を保証し、他の分野では巨額の金銭的利得の不足を埋め合わせることにある。

40　しかしながら、このような均等性が、それぞれの利益や不利益の全体において生じうるためには、もっとも完全な自由が存在するところでさえ、三つの事柄が不可欠である。第一に、そのような仕事（エンプロイメント）は近隣地域でよく知られており、しかも、長期にわたって確立済みのものでなければならない。第二に、そのような仕事は通常の状態、つまり、その自然な状態と呼ばれるようなものでなければならない。そして第三に、そのような仕事は、それに専念している人々の単独、または主要な仕事でなければならない。

41 第一に、このような均等性が生じうるのは、近隣地域でよく知られ、長期にわたって確立してきた種類の仕事だけである。

42 他の事情がすべて等しければ、賃金は古くからある事業よりも、新しい事業のほうが一般的に高くなる。事業の発起人(プロジェクター)が新しい製造業を設立しようと試みる場合、職工が自分自身の事業で稼げるよりも高い賃金、あるいは、事情が変われば彼の仕事の性質が要求するものよりも高くなる賃金によって、まず職工を他の仕事から引き抜かなければならず、発起人が労賃を普通の水準に思い切って引き下げられるまでには、相当な時間が経過するはずである。需要が全体として流行や好みから生み出されるような製造業は、とめどなく変化しつづけるものであって、昔ながらの確立した製造業と認められるほど、十分長期に継続することは滅多にない。これとは逆に、もっぱら効用とか必要性にもとづく需要は、変化に晒されることがずっと少なく、同一の様式や生地が、一世紀にわたってずっと需要されつづける可能性がある。したがって、労働の賃金は、後者の種類の製造業よりも、前者に属する製造業のほうが高くなりがちである。バーミンガムは、主として前者の種類の製造業に従事しており、シェフィールドは後者の種類の製造業に従事しているから、この二つの異なった場所における労働の賃金は、それぞれの地域の製造業の性質における、このような違いにふさわしいと言って良いのである。

43 何か新しい製造業、新しい分野の商業、あるいは農業における新しい実践の開始は、いつでも一種の投機であって、発起人は、そこで途方もない利潤を期待して待つわけである。このような利潤は、時にはきわめて莫大であるが、時にはというよりも、しばしば、おそらくまったく逆になる。しかし、一般的に、近隣地域に存在する古くからの他の事業の利潤と一定の釣り合いをもつことはない。その企画が成功すれば、普通その利潤は、当初の期間きわめて高くなるだろう。事業や営みが完全に確立して、周知のものになった時には、競争が、その分野の高利潤を、他の事業の水準にまで引き下げるだろう。

44 第二に、労働と元本の異なった雇用がもつ利益と不利益の全体におけるこのような均等性は、通常の状態、つまり、このような雇用の自然な状態と言って良いような状態の下でしか発生しえない。

45 ほとんどすべての種類が異なる労働に対する需要は、通常の労働に比べて、時に増加したり、減少したりすることがある。増加した場合には、その雇用の有利さは、通常の水準以上に上昇するし、減少した場合には、通常の水準以下に低下する。田舎の労働は、一年の大部分と較べた場合、刈り入れや収穫時に増加し、その需要にあわせて賃金が上昇する。戦時期には、四万人から五万人の船員が、商人の雇人としての勤務から、国王に仕えるように強制されるから、商船を動かす船員の需要は、船員自体が不足しているために必然的に上昇するのであって、そのような事態が発生すると、船員の賃金は、一ヵ月当たり一ギニーあるいは二七シリングから、四〇シリングあるいは三ポンドに上昇するのが通例である。これとは逆に、衰退しつつある製造業では、多くの職工は、以前から続けている職業を断念するよりも、繁栄している時期の彼らの雇用の種類にふさわしい賃金以下の額で、満足してしまう。

46 元本の利潤は、元本が費やされている商品の価格とともに変化する。いかなる商品であれ、その価格が通常ないし平均の額よりも高くなるにつれ、商品を市場にもたらすために費やされた元本のうち、最低でもどれか一部の利潤が適切な水準以上に上昇するし、それが低下した時には、利潤の一部が水準以下に落ち込むことになる。すべての商品は、大なり小なり価格の変化を免れ得ないが、一部のものは、他のものよりも大きく変化しやすい。年々費やされる勤労の量は、人間の勤労によって生産されるすべての商品ごとに、年々の平均生産量が年々の平均消費量と可能なかぎり等しくなるように、年々の需要によって必然的に規制される。すでに見てきたように、一部の仕事では、同量の組織的な労働は、つねに等量ないしほぼ等しい量の商品を生産するだろう。たとえば、麻や毛織物の製造業では、同数の働き手が、毎年ほとんど等しい量の麻や羊毛の布地を仕上げるだろう。したがって、そのような商品の市場価格の変動は、需要の側で発生する何らかの突発的な変化によって、生じるだけである。公の服喪は黒い布の価格を引き上げる。だが、ほとんどの種類の無地の麻や羊毛の布地に対する需要はきわめて変化が少ないので、価格もまた同様になる。

とはいえ、等量の組織的な労働が、かならずしも等量の商品を生産しないような仕事もある。たとえば、等量の組織的な労働であっても、年度が違うと、著しく異なった量の穀物、ワイン、ホップ、砂糖、タバコ等々を生産するだろう。それゆえ、このような商品の価格は、需要の変化によって変わるだけでなく、産出量の大幅かつ頻繁な変動をつうじて変わるのであって、結果的に、しばしば極端に変動することになる。だが、一部の卸売業者の利潤は、かならず商品価格と一緒に変動するはずである。投機的商人の取引は、もっぱらそのような商品に費やされている。彼は、そのような商品の価格が上昇しそうだとみなした時に買い占め、下落しそうな時に、売却しようと努力するのである。

47 第三に、さまざまな雇用に用いられる労働と元本の利益や不利益が、全体としてこのように均等化されるのは、その業務に従事する人々が、それを自分自身の専一的で主要な仕事にしている場合だけである。

48 ひとつの仕事から食料などの生活物資を得ているが、しかし、その仕事が彼の時間の大部分を占めていない場合、手が空いている時に、事情が違っていたら仕事の内容に満足するような別の仕事で、賃金が低くても、なお働きたがることが多い。

49 スコットランドの多くの地方には、小屋住み小作人（コッター）とか、小屋住み労働者（コッテジャー）と呼ばれる一連の人々がいるが、しばらく前まで彼らの数は現在よりもずっと多かった。彼らは、地主や農業者の家屋外使用人という部類に属している。彼らが主人から受け取る通常の報酬は、家、小さな家庭菜園、牛を一頭飼うには十分な牧草地、さらに、おそらく一〜二エーカー〔一エーカーは約四〇・五アールに等しい〕の荒れた耕作地である。主人が彼らの労働を必要とする理由が生じた場合、主人はさらに一六ペンスに相当する、一週当たり二ペック〔一ペックは四ブッシェルつまり約八・八リットル〕のオートミールを与える。一年のうちの大部分、主人は、彼らの労働を必要とする理由がほとんどなく、彼らが保有するわずかな土地の耕作だけでは、彼らが自由に処分できる残りの時間をつぶすには、とても足りない。そのような借地人が現在よりもずっと数が多くなれば、相手が誰であろうと、彼らは手隙の時間をごくわずかな報酬のために費やそうとして、他の労働者よりも安い賃金で働きたがる、といわれてきた。

古い時代なら、彼らの存在は、全ヨーロッパでごく一般的であったように思われる。耕作の状態が悪く、住民もまばらな国では、それ以外の方法で、大部分の地主や農業者は、一定の季節に田舎の労働が必要になる、途轍もなく多くの人手を自前でそろえることは不可能であった。そのような労働者が、その雇い主から時々受け取る日払いまたは週払いの報酬が、彼らの労働の価格の全体でないことは明らかである。彼らの小さな住宅は、そのかなりの部分を占めている。しかしながら、この日払いあるいは週払いの報酬が、古い時代の労働や食料の価格を収集し、しかも、両方が驚くほど低いと好んで記述してきた多くの著者によって、報酬の全部であるとみなされてきたように思われる。

50 そのような労働の生産物は、事情が異なれば、その本来の状態に適合的であったはずのものよりも安い価格で、市場に提供されることが多い。ストッキングは、どこであろうと織機で編むことができるものに比べて、スコットランドの多くの地域で、はるかに安価である。それは、彼らの生計費の主要な部分を、他の別の仕事から引き出している使用人や労働者の片手間仕事だからである。リースには、毎年一〇〇〇足以上のシェトランド〔スコットランド北岸の諸島地方〕産のストッキングがもち込まれているが、その価格は、一足五ペンスから七ペンスである。ラーウィック、つまりシェトランド諸島の小さな中心地では、普通の労働の普通の価格が、一日一〇ペンスであることは間違いないと思われる。彼らは、同じ島のなかで、一足一ギニーか、それ以上の価値があるウーステッドのストッキングを編んでいるのである。

51 スコットランドでは、亜麻糸紡ぎの作業はストッキング編みと同じ方法で、主として他の目的のために雇われている使用人によって遂行されている。彼らは、ごくわずかな食料などの生活物資しか稼げず、このような仕事のどれかに従事して、生計の全体を立てようと努力するのである。スコットランドの大部分では、週に二〇ペンス稼ぐことができれば立派な紡績工といえる。

52　豊かな国では、どの仕事をとってみても、それを遂行している労働者や元本のすべてを十分に利用してしまうほど、一般に市場規模が大きい。人々がひとつの雇用のほかに、同時に他の雇用からわずかばかりの利益を引き出して生計を立てる事例は、もっぱら貧しい国に特徴的なことである。しかしながら、以下のようなある程度似た事例なら、きわめて豊かな国の大都市でも見ることができる。

ヨーロッパには、ロンドンよりも家賃が高いところはないと私は信じているが、それでもなお、家具付きのアパートを、それほど安く借りることができる大都市は他にないと確信している。宿屋やホテルは、パリよりもロンドンのほうがずっと安いし、上等さの程度が同じなら、エディンバラよりもずっと安価である。しかも、驚くべきだと思われるのは、高家賃が、宿屋やホテルの安価さの原因だという点である。ロンドンの借家地代の高さは、あらゆる大都市で家賃の高騰を引き起こす原因、つまり、労働の高価格、あらゆる建築資材の高価さ――一般に、すべてを遠隔地から運ばなければならない――に加え、とりわけ敷地地代の高さ、つまり、すべての地主が独占者の役割を果たし、都市にあるわずか一エーカーの荒れた土地から、地方にある一〇〇エーカーの最良の土地から引き出しうるものよりも、法外に高い地代をしばしば引き出すという原因だけでなく、家族のために、下から上まで家を丸ごと借り上げるように家長に強いるという、人々が身につけた特別な風習や習慣にも、部分的に起因するものである。イングランドで住居という場合、それは同じ屋根の下にあるもののすべてを意味する。フランス、スコットランドおよび他の多くのヨーロッパの国では、それはひとつの階の全体だけを意味していることが多い。ロンドンの小売商人は、顧客が住む町のなかに一軒丸ごと借り入れる他にない。店舗は地階にあり、彼とその家族の寝室は屋根裏部屋にし、間の二階部分は間借り人に貸して、自分の家賃の一部を支払うように努力する。彼は、間借り人からの賃料ではなく、商いによって家族を維持しようと思っている。ところが、パリやエディンバラでは、間貸しをする人は、他に生計手段を持っていないことが普通である。だから、間貸しの値段には、たんに家賃だけでなく、家族の維持費すべてが含まれているはずなのである。

第二節　ヨーロッパの政策によって引き起こされた不平等

1　労働と元本のさまざまな利用における利益や不利益の全体を眺めて目につく不平等は、以上の通りであるが、上に言及した三つの必要条件のどれかにおける不足や欠如は、もっとも完全な自由が存在するところでも、発生するにちがいない。しかし、ヨーロッパの政策は、事柄を完全な自由に委ねないから、きわめて重大な他の不平等を引き起こすのである。

2　不平等を引き起こしたのは、主として、以下の三つの方法によってのことである。第一に、もし何もなければ参入しようという気になる人々の数を減少させて、ある事業における競争を抑制すること、第二に、他の事業で、自然に委ねた場合の数を超える参入を引き起こすこと、さらに第三に、事業間および地域間における、労働と元本の自由な移動を阻止すること、これによってである。

3　第一に、ヨーロッパの政策は、いくつかの仕事における競争を、事情が違っていれば参入する気になったはずのものよりも少数に制限することにより、労働と元本のさまざまな利用における利益と不利益の全体において、きわめて重要な不平等を引き起こしてきた。

4　同業組合（コーポレーション）の排他的特権が、この目的のために利用された主要な手段である。

5　一体化された事業（インコーポレーテッド・トレイド）〔同業組合のこと〕がもつ排他的特権は、必然的に、設立された都市のなかで、その事業に従事することを認められている人々の競争を制限する。厳密な資格要件が定められている親方の下で、都市で徒弟修業（アプレンティスシップ）を済ませることが、事業に従事する特権（フリーダム）を獲得するための不可欠の要件になっているのが、通例である。同業組合の細則は、時には、親方が雇うことができる徒弟の数を規定しており、ほとんどの場合、徒弟がそれぞれ修業すべき年数も規定されている。二つの規制の狙いは、事情が異なればその事業に参入しようと試みる数よりもずっと小さくして、競争を抑制することにある。徒弟数の制限は、その直接的な抑制である。徒弟修業年限が長期にわたるということは、その抑制としてみるとずっと間接的であるが、徒弟修業に要する費用を引き上げることを通じた抑制である点で、同様に効果的なのである。

6　シェフィールドでは、刃物製造業の場合、同時に抱えられる徒弟は一人を超えてはならない、という同業組合の細則がある。ノーフォークやノリッジでは、国王に月当たり五ポンドを罰金として支払うという条件によって、織布工の親方が、二人以上の徒弟を抱えることを不可能にしている。イングランド、およびイングランドの植民地では、月に五ポンドの罰金のうち、半分を国王に、残りの半分を記録裁判所(コート・オヴ・レコード)に訴えた人物に与えるという条件によって、すべての帽子製造の親方は、二人以上の徒弟を抱えることを禁じられている。この二つの規制は、王国の一般法によって承認されてきたとはいえ、シェフィールドの細則を制定した同じ同業組合精神によって、決定されたことは明らかである。ロンドンの絹織物業は、組合化して一年もたたないうちに、すべての親方に、二人以上の徒弟を同時に抱えることを禁じる細則を制定した。この細則を取り消すためには、議会の個別的立法が必要であった。

7 ヨーロッパではどこでも、大部分の同業組合化された職業で確立していた徒弟修業の通常の期間は、昔から、七年であったように思われる。このように勅許により一体化された(インコーポレーテッド)職業は、昔からすべてユニヴァーシティと呼ばれていたのであって、事実それは、すべての一体化された団体に対する固有のラテン語である。鍛冶屋のユニヴァーシティ、仕立屋のユニヴァーシティ等々というのは、昔の都市の特許状のなかでごく普通に出くわす表現である。現代固有に大学(ユニヴァーシティ)と呼ばれている、このような同業組合が最初に設立された時、学術修士(マスター・オヴ・アーツ)の学位を取得するために学ぶべき年限が、同業組合化の時期がはるかに古い共同の仕事(コモン・トレイド)における徒弟の年季をまねたものであることは明瞭である。正式な資格をもつ親方の下で七年間働かせてもらうことが、誰であろうと、親方(マスター)になる資格を確保し、自分自身が共同の仕事で徒弟になるために要求されたのと同様に、修士、教師あるいは学術(リベラルアーツ)博士(古来、同じ意味の言葉)の資格を得て、彼の指導の下で学ぶ学生や徒弟(同様に、もともとは同じ意味の言葉）をもつために、必要なこととされたわけである。

8　エリザベス治世五年に、一般に徒弟に関する法律と呼ばれているものが立法されたが、それは、あらかじめすくなくとも七年の年季をその仕事に費やしておかないかぎり、誰であろうと、イングランドでその時遂行されている事業、工芸、専門的技能を将来にわたって遂行してはならない、というものであった。こうして、以前は多くの個別的な同業組合規則であったものが、イングランドでは、定期的に市を開く権利をもつ都市（マーケット・タウン）で遂行されるすべての事業にかかわる一般法としての公法（ジェネラル・アンド・パブリック・ロー）になったのである。というのは、制定法の表現はきわめて一般的なものであり、明らかに王国全体を含んでいるように思われはしたが、その効力が定期的に市を開く権利をもつ都市に限定されてきたと解釈することによって、それぞれの職業で七年間の徒弟の年季を終えていなくても、住民の便宜にとって不可欠のものであって、しばしば必要な数の住民が不足しており、さらに特定の職人集団がそれぞれの財を供給できない場合には、個人が、地方の村で幾種類かの異なった職業に従事してもよい、とみなされていたからである。

9　また表現を厳密に解釈することによって、この制定法の効力は、エリザベス治世五年以前にイングランドで設立された事業に限定されてきたし、それ以降に導入された事業にまで、拡大されることもなかった。このような限定は、いくつかの地域で生じてきたものであるが、公共政策の規則（ルール・オヴ・ポリース）として考えると、想像するだけで、いかにも馬鹿げているように見える。たとえば、屋根付き馬車（コーチ）製造業者は、馬車の車輪を作るために雇い職人を雇用することも、自分自身で作ることもできず、それを車大工から購入しなければならないと宣告されていた。イングランドでは、この事業はエリザベス治世五年以前から遂行されていたのである。だが車大工は、屋根付き馬車製造業者のもとで徒弟修業などしたことがなかったが、屋根付き馬車を作るために雇い職人を雇用するか、自分自身でそれを作ることが可能であったかもしれない。屋根付き馬車製造業は、その制定法が定められた当時のイングランドでは遂行されていなかったから、制定法のなかには存在しなかったのである。マンチェスター、バーミンガムおよびウルヴァーハンプトンの製造業者の大部分は、この理由からして、その制定法には含まれていない。エリザベス治世五年以前には、まだイングランドで営業していなかったからである。

10 フランスでは、徒弟修業の年季は、都市ごと職業ごとに異なる。パリの場合、もっとも長く求められた場合でも五年である。しかし、どの職業であれ、親方として営業するための資格を満たすとなると、多くの職業で、雇い職人としてさらに五年務めあげる必要がある。この雇い職人を務めている時、その人物は親方の仲間（コンパニオン）と呼ばれ、その期間そのものが、仲間付き合い（コンパニオンシップ）と呼ばれたのである。

11 スコットランドでは、全般的に徒弟修業期間を規制する一般法が存在しない。同業組合が違えば、その条件も異なっている。それが長期にわたる場合、少額の制裁金を支払えば、その一部の解放が一般的に可能だったようである。また、ほとんどすべての都市で、あらゆる同業組合の特権を購入するには、ごく少額の礼金を払えば十分であった。この国の主要な製造業者である亜麻布や麻布の織布工に加え、彼らを補助するあらゆる技術職人、車輪大工、糸繰車工などもまた、どの都市自治体（タウン・コーポレート）のなかであろうと、まったく礼金を払うことなく、自分の仕事を営んでよいのである。あらゆる都市自治体では、週のうち法的に許された日に、誰でも食肉を自由に販売することができる。スコットランドでは、おおいに手腕を要するいくつかの職業でも、徒弟修業の期間は通例三年であり、したがって一般的にいえば、これほど同業組合規則が抑圧的でない国が、ヨーロッパに存在するとは思われない。

12 あらゆる人が自分自身の労働という形で持っている財産は、他のすべての財産のそもそもの基礎であり、もっとも神聖かつ不可侵の財産である。貧しい人の世襲財産は、彼の両手がもつ強さと器用さである。だから何ら隣人を侵害せず、適切だと判断せざるをえないような方法でこの強さと器用さを発揮するのを妨害したりすれば、それは、このもっとも神聖な財産の明白な侵害である。それは、労働者と労働者を雇おうとする人間がもっている正当な自由の侵犯である。それは、労働者が自ら適切だと思う仕事に従事することを妨げると同時に、他の人々が自ら適切だと思う人々を雇用することを妨げる。ある人物が雇用されるにふさわしいかどうかという判断が、自分の利益とおおいに関係している雇い主の裁量権に委ねられるべきであることは、間違いない。雇い主が不適切な人間を雇用したりしないようにという立法者のわざとらしい気遣いは、圧政的であるだけでなく、明らかにお門違いなのである。

13 長期にわたる徒弟奉公制度は、不十分な出来栄えの製品が公然と販売にだされることが頻発しないようにする予防措置としては、まったく役に立たない。このようなことが生じるとすれば、一般的に、それは詐欺の結果であって、能力不足に由来するものではない。だから、最長の徒弟奉公は、詐欺に対する予防措置にはまったくならないのである。このような悪習を阻止するためには、まったく異なった規制が必要である。金銀製の食器に記される純度マーク、麻織物や毛織物に付される検印は、いかなる徒弟奉公規則よりも大きな安心を購入者に与える。購入者は、それをおおよそ目にとめることがあっても、製造した職人が七年間の徒弟奉公を済ませているかどうかしらべる価値がある、と思うことなどけっしてない。

14 長期間の徒弟奉公制度は、若い人々に勤勉さを養成する傾向などもっていない。出来高払いで働く雇い職人が勤勉になりがちな理由は、勤勉の発揮から、残らず利益を引き出すことにある。年季奉公人が怠惰になりがちであり、ほとんどいつでもそうである理由は、彼がそれ以外のことに直接の利害をもっていないからである。難易度の低い職業の場合、労働の楽しみは、始めから終わりまで労働の報酬にある。労働の楽しみをやすやすと享受する立場にある労働者は、それに対する楽しい期待を容易に心に浮かべやすく、したがって、早い時期から勤労の習慣を獲得しやすい。若者は、長期間にわたって労働から何の恩恵も受け取らなかったりすれば、労働することに、自然に反感を抱くようになる。公設の慈善施設から徒弟奉公に出された少年は、通常の年数以上つとめさせられるのが通例であり、こうして、一般的にきわめて怠惰な役立たずになってしまうことが多い。

15 古代の人々の間では、徒弟奉公など、まったく知られていなかった。主人と使用人のあいだの互恵的な義務は、あらゆる近代的な法体系のなかで重要な条項になっている。ローマ法は、それにかんするかぎり、なんの言及も含んでいない。私が知る限り、現代我々が徒弟奉公（アプレンティス）という言葉に付随させている概念――親方の親切な行為（ベネフィット）に対し、特定の職業で、主人がその職業を教えるという条件のもとで、決められた年月のあいだ働くように拘束されるという概念――をあらわすギリシャ語もラテン語も存在しない（まったくない、と断言してもよいと信じている）。

16　長期間の徒弟奉公制度など、まったく必要ないのである。ありふれた職業よりもずっと高度な技術、たとえば、置き時計や携帯用の時計製作といった技術が、長期の研修教育を必要とすることについては、疑問の余地などあろうはずがない。そのようなすばらしい仕掛けや機械だけでなく、さらに、そのようなものの製造に用いられる道具のいくつかを最初に発明することさえ、明らかに、深い思考と長時間かけた仕事であったはずであり、人間の創意工夫によるもっとも幸運な成果のひとつであるとみなしても、まったく正当なことだろう。だが両者とも、明確に考案されて十分な理解がなされてしまえば、その道具をどのように用いるかとか、その機械をどのように組み立てるかを完璧な仕方で若者に説明することが、数週間のレッスン――おそらく数日間のレッスンで十分であろう――以上を必要とすることなど、まずありえないだろう。ありふれた機械工の職業であれば、数日間のレッスンで十分に用が足りることは間違いない。実際、ありふれた職業においてさえ、多くの練習と経験なしに、手先の器用さを身につけることは不可能である。だが若者は、最初から一人の雇い職人として、つまり、仕上げることができたささやかな成果に応じて支払いをうけるが、その代わりに、未熟さと経験不足のために、時にダメにしてしまう原材料を弁済する雇い職人として働けば、ずっと多くの不断の努力と注意を払って、練習することになろう。こうすれば、若者の教育は、一般的にずっと効果的になるだろうし、つねに退屈さも減らせるし、費用も安くつくだろう。

実際のところ、親方は損失者になるだろう。彼は、現在出費せずに済んでいる奉公人に対する賃金を、七年間にわたって、すべて損をすることになろう。おそらく最終的には、奉公人自身も損失者になるだろう。それほど容易に学べる職業の場合、彼は、まもなくずっと多くの競争相手に直面するため、一人前の職人になった時、彼の賃金は現在よりもずっと低くなるだろう。同じように激化する競争が、職人の賃金だけでなく、親方の利潤も引き下げることになる。その同業者、高い技術や秘儀をもつ職人のすべてが、損失者になるだろう。だが、このようにしてあらゆる工芸職人（アーティフィサー）の製品が、市場でずっと安価になってくるため、社会の全員が利益者になるのである。

17　あらゆる同業組合（コーポレーション）、および大部分の同業組合法が確立されてきたのは、このような価格、および結果的に生じる賃金と利潤の下落を、ほとんど間違いなくその原因になる自由競争を制限することによって、阻止するためである。古い時代には、同業組合を設立するためには、ヨーロッパの大部分で、設立される都市自治体（タウン・コーポレート）以外の認可は必要とされなかった。イングランドでは、同様に国王からの特許状が求められたことは確かである。だが、この国王の特権は、そのような抑圧的な独占に対して全員の自由を守るためというよりも、臣民から無理に金を取り立てるために、保持されたものであったように思われる。国王に許可料を支払えば、ただちに特許状が付与されるのが一般的であったようである。それゆえ、特定の技能者や同業者の集団が、特許状なしで同業組合として活動したほうが好都合だと考えた場合、そのような違法ギルド――そう呼ばれたのだが――は、かならずしも、それを理由に権利を剥奪されたわけではなかったが、不法使用した特権の行使に対し、国王に許可料を支払うことを余儀なくされた。[*]あらゆる同業組合の直接の監査、さらには、自らを統治するために立法化するのが適切だと考えられた細則の監査は、設立地の都市自治体に属した。だから、同業組合に対するあらゆる規則の運用は、一般的には国王からではなく、このような下級の同業組合がその一部や構成員であるより大きな同業組合によるものであった。

＊Madox Firma Burgi, p.26, & c. を見よ〔Thomas Madox, 1666-1727. 正確なタイトルは *Firma Burgi, or an historical Essay concerning the Cities Towns and Boroughs of England.* 1726 で、マドックスはイギリスの好古家・歴史家。本注は第二版で挿入〕。

18　都市自治体の統治は、ことごとく同業者と技術職人（アーティフィサー）の手中に委ねられていた。それゆえ、彼らが普通表明していたように、市場が彼らの産業の特定の種類のもので溢れかえるのを防ぐこと――実際には、それをつねに品薄に保つこと――は、彼らのどの部門にとっても明らかな利益であった。すべての部門は、この目的のために適切な規制を作り上げようと熱心であり、そうすることを許された時には、それを定めたし、他のすべての部門も同様にするべきだ、と快く同意した。実際、このような規制がなされた結果、それぞれの部門は、必要とする財を、都市のなかの他のそれぞれの部門から、他の場合よりも幾分高い値段で購入するように余儀なくされた。だが、その見返りに、その分だけ彼ら自身のものを高い値段で販売することができたから、結果的にどっちみち同じことになったわけで、同じ都市内部で、異なった部門がたがいに取り引きするなかでは、誰一人このような規制によって損をするわけではなかったのである。だが、地方（カントリー）との取引では、彼らはすべて大きな利益を手に入れた。こうして、あらゆる都市を支えて豊かにする交易のすべては、地方との取引であることになる。

19 あらゆる都市は、食料（サブシスタンス）などの生活物資の全体と、産業の原材料のすべてを地方から受け取る。都市は、これに主として二つの方法で支払う。第一に、加工され、製品化されたこのような原材料の一部を地方に送り返すことによってであって、この場合、原材料の価格は、労働者の賃金と、彼らの親方あるいは直接の雇用主の利益の分だけ引き上げられる。第二に、他の地方あるいは同じ地域の遠く離れたところから、都市に運び込まれた粗製品や製造品の一部を送ることによってであって、この場合もまた、このような財のもともとの価格は、運送人や船員の賃金、さらに、彼らを雇用する商人の利潤の分だけ引き上げられる。このような二つの商取引部門のうち、前者にもとづいて獲得されるものには、都市がその製造業によって作りだす利点があり、後者にもとづいて獲得されるものには、内国交易と外国貿易の利点があることになる。労働者の賃金、および彼らを雇っているさまざまな雇用主の利潤が、二つの場合に獲得されるものの全体を形づくる。したがって、このような賃金と利潤を、そうでない場合以上に増加させる傾向をもつすべての規制は、都市が、より少ない都市の労働で、地方のより大きな量の労働の生産物を購入できるようにする傾向をもつわけである。このような規制は、地方の地主、農業者および労働者の利益を上回るものを、都市に住む同業者や技術職人に与えるから、そうでなければ両者のあいだで遂行される通商で生じたような自然な均等性を破壊する。社会の労働の年々の生産物の全体は、このような二つの異なった人々の集団のあいだで、年々分けられる。このような規制をつうじて、規制がなければ彼らのものになったはずのものよりずっと大きな分け前が都市の住民に、より小さな部分が、田舎の住民に与えられるのである。

20 都市に年々もち込まれる食料などの生活物資や原材料に対して、実際に都市が支払う代価は、都市から年々運び出される数量の製造品やその他の財貨である。後者はより高価で販売され、前者はより安価で購入される。都市の産業が有利になり、そして地方の産業の利点はますます減少する。

21 ヨーロッパのいたるところで、都市で遂行される産業が、地方で遂行されるそれよりもずっと有利であるということは、ごく単純かつ明白な観察によって理解できるだろう。ヨーロッパのどの国でも、土地の改良や耕作によって原生産物を育てるという、もともと地方に属している職業によって富を獲得した人に対して、もともと都市に属している職業や製造業から身を起こして、莫大な富を獲得した一〇〇倍にも達する多くの人々がいる。それゆえ、製造業はよりよく報いられているにちがいなく、同等の賃金と元本の利潤は、都市という立地条件におけるほうが、田舎のそれよりも明らかに大きい。だが、元本と労働は、もっとも有利に利用することを、自然に探し求めるものである。それゆえ彼らは、可能なかぎり多く都市に頼り、田舎を見捨てるわけである。

22 都市の住民は一ヵ所に集まっているため、容易に連合することができる。したがって、都市のなかで遂行されているもっともしがない職業でも、場所によっては、同業組合化されてきたし、同業組合化されたことがなかったところでも、なお、同業組合の精神、部外者に対する用心深さ、年季奉公人を採用したり、職業上の秘密の伝授を回避したがる気風が彼らの間に浸透しており、こうして、自発的な結合や申し合わせによって、規約では禁止することができない自由競争の妨害方法を、彼らに学ばせることが頻繁におきる。ごく少数の人手しか雇用しない職業が、もっとも容易にそのような結合に訴える。おそらく半ダースの羊毛梳き工が、一〇〇〇人にも達する紡績工と織布工の仕事を継続させるために必要になる。年季奉公人を受け入れないように連携することにより、彼らはその職業を独占できるだけでなく、関連する製造業全体を思い通りに従わせ、自分たちの労働の価格を、その本来の仕事に対して当然支払われるべきものより、大幅に引き上げるのである。

23　田舎の居住者は、遠く離れた場所に分散しているため、たやすく連合することができない。彼らが同業組合化されたことがないだけでなく、彼らの間で同業組合の精神がはびこったこともけっしてなかった。田舎の主要な職業である農業用の資格を付与するための年季奉公が必要だ、などと考えられたことはない。しかしながら、職人芸とか自由業と呼ばれているものに次いで、きわめて多様な知識と経験を必要とする職業は他にない。それについてあらゆる言語で書かれてきた万巻の書物は、もっとも探求心旺盛で、知識も進んでいる国民の間で、きわめて容易に理解される事柄であるなどとみなされたことがないという事実を、我々は納得せざるをえないだろう。だから、このような万巻の書物から、その多様で複雑な作業にかんする知識——普通の農民(ファーマー)でさえ、共通に保有する知識であるが、きわめて下劣な一部の著者が、農民についてどれほど傲慢に語るふりをしてきたことか——を収集しようとしても、まったく無駄であろう。

これとは逆に、普通に見かける職人という職業の場合、図を伴った例示を用いた表現なら説明が可能になるように、操作のすべてを、わずか数頁のパンフレットのなかで十分明瞭に説明できないことなど、ほとんど生じない。現在フランスの科学アカデミーによって刊行されつつあるが、職業技術(アーツ)の歴史のなかで、その一部が、このような方法で実際に説明されている。くわえて、天候が変化するたびに、さらに、他の多くの偶発事とともに、変更する必要が生じる作業の指揮においては、つねに同一であるかあるいはほぼ同一に近い作業に比べて、ずっと多くの判断力と分別が求められる。

24　農民の技術、つまり農業における作業の一般的な指揮だけでなく、田舎の労働の多くの下級部門も、大部分の職工の職業よりも、はるかに多くの技能と経験を必要とする。真鍮と鉄に取り組んで働く人間は、道具を使って、気分を変えることなどほとんどない材料に取り組んで働く。だが、馬や牛とチームを組んで大地を耕す人間は、場合に応じて、健康、体力および気分がおおいに異なる道具をつかって働く。彼が取り組む材料の状態は、彼が使用する道具の状態と同様に変わりやすく、両方とも、多大な判断力と分別をもって管理されなければならない。普通の農業労働者は、一般的に、無分別と無知の見本とみなされているが、このような判断力と分別を欠いていることは、滅多にない。実際、都市に住んでいる技能労働者にくらべ、農業労働者は、社会的な交際にほとんど慣れていない。彼が発する声も言葉も、彼らに慣れていない人々に理解されるには、かなり粗野で、しかも相当難解である。だが彼の理解力は、きわめて多様な対象について思考し慣れているため、朝から晩までひとつか二つのごく単純な作業の遂行にすべての注意を注いでいる人々のそれを、はるかに凌いでいることが一般的である。

田舎に住む低い身分の人々が、都市に住む人々よりも実際どれだけ優秀かということは、業務や好奇心に従って両者とおおいに会話してきた人なら、誰でもよく知っていることである。したがって、中国やインドでは、田舎の労働者の地位と賃金の両方が、大部分の技能工や製造業者のそれよりも上だといわれている。同業組合法と組合精神が妨害しなかったら、田舎の労働者の地位と賃金は、おそらくどの国でもそうなっただろう。

25 ヨーロッパのどこであれ、都市の産業が地方のそれに対してもつ優位性は、そのすべてが同業組合や同業組合法にもとづいていたわけではない。それは、多くの他の規制によって支えられていた。外国の製造品や、異国の商人によって輸入されたすべてのものに対する高い関税は、すべて同じ目的に向けられていた。同業組合法は、同一地域の田舎の人々が行う自由競争による低価格販売を恐れることなく、都市の住民にその価格の引き上げを押しつけることができる。このような他の規制が、外国人による自由競争から彼らを等しく保護する。この両方によって引き起こされる価格上昇は、最終的にはどこでも地方の地主、農業者や労働者――彼らがそのような独占の確立に反対することは、ごくまれであった――によって支払われる。普通、彼らは連合体を思い浮かべるような習性や適性を持っていない。だから、商人や製造業者の怒号や詭弁が、その社会の一部であり、しかもその社会では従属的な立場にある人々の私的利益は社会全体の利益である、と容易に説得することになる。

26 グレートブリテンの場合、地方の産業に対する都市の産業の優越性は、現在よりも以前のほうが、ずっと大きかったように思われる。地方の労働者の賃金は、製造業労働者の賃金にいっそう近づきつつあるし、農業に用いられる元本の利潤は、前世紀あるいは今世紀初めにそうであったといわれてきたものにくらべると、商業や製造業における元本の利潤にいっそう近づきつつある。都市の産業に対して与えられた、常軌を逸した奨励策のまさに遅まきの結果であるとはいえ、この変化は不可避なものだと見てよいだろう。都市で蓄積された元本は、早晩きわめて巨大なものになるから、都市に特有な種類の産業であっても、昔からの利潤で用いられることはもはや不可能だろう。その種類の産業は、他のすべてのものと同様に、おのずと限界をもっており、元本の増加は、競争の増加によって必然的に利潤を低下させる。都市における利潤の低下は、元本を田舎に追い出すが、そこでは、田舎の労働に対する新規の需要を作りだすため、それは必然的にその賃金を引き上げる。言ってみれば、それが大地の表面にばら撒かれ、農業に用いられることによって、もともと都市に蓄積されてきたものの大部分を犠牲にして、田舎を部分的に復活させるわけである。

ヨーロッパの至る所でなされた農村の著しい改良が、もともと都市で蓄積された元本がそのように溢れだしたことに由来するということ、これは後に詳しい説明を試みることであるが、同時にまた、このような過程をたどってかなりな程度の富裕を達成した地域がいくつかあるとはいえ、それは、必然的に遅々としたもので、不確実で、数えきれないほどの災難によって、妨害されたり阻止されたりすることが多く、あらゆる点で、自然の秩序（オーダー・オヴ・ネイチャー）と理性の命じるところ（オーダー・オヴ・リーズン）に反することであった。原因になっていた利害、偏見、法律や慣習、これについては、本書の第三編および第四編において、可能なかぎり漏れなく明確な説明を試みることにしよう。

27 同じ職業に従事する人々は、歓楽や娯楽のためであっても、滅多に集まることはないが、世間に対する共謀とか、価格を引き上げるための工夫をするという場合は、別である。だが、執行可能で、しかも自由や正義と両立するような法律でもって、このような集まりを阻止することは、実際には不可能である。だが、法律は同業の人々が時折一緒に集まることを阻止できないにしても、そのような集会を助長しないように、まして、それをなくてはならないものにしないようにする必要がある。

28 個々の都市内部で同一の職業に従事するすべての人間に対して、名前と場所を公に登記するように求めるような規制は、そのような会合を助長する。それは、そうでなければたがいに知り合いなどになりえなかった個人を、たがいに結びつけ、同業者のすべてに、それに従事する他の人々を見つけるためにどこに行けばよいか、手引きを与えることになる。

29 同じ職業に従事する者が、貧乏で、病に臥しがちな自分たちの寡婦や孤児を扶養するために自ら重い負担をするようにする規制は、管理すべき共通の利益を作り出すことによって、そのような集まりを不可欠のものにする。

30 同業組合は、彼らにとって必要なものになるだけでなく、多数を握る人々の振る舞いを、全員の義務に仕立て上げる。自由な商取引であれば、独立した業者の満場一致の同意によらないかぎり、効果的な結合(コンビネーション)体を結成することは不可能であるし、あらゆる独立した業者が同じ精神をもちつづける期間しか、存続できるはずがない。大部分の同業組合は、適切な罰則をもつ内規を法規化することが可能であり、それは、あらゆる自発的な結合体にもまさるほど、効果的かつ永続的に競争を制限するだろう。

31 同業者（ザ・トレイド）を上手に統治するために同業組合が必要なのだという口実には、まったく根拠などない。労働者に対して実施される現実的で効果的な訓練は、同業組合からのものではなく、消費者からのものなのである。労働者の嘘や手抜きの修正を抑え込むのは、自分たちの仕事を失う、という恐怖である。排他的な同業組合は、このような懲戒がもつ力を必然的に弱めてしまう。その場合、特定集団の労働者を雇う必要があるが、立派に振る舞うかどうかは、彼ら次第である。後の時代に自治体化された多くの都市の場合、もっとも必要な職業の一部でさえ、なんとか我慢できる程度の労働者を探しだすことが難しいのは、この理由にもとづいている。もし貴方が、貴方の仕事をなんとか我慢できる程度で遂行してもらおうと思うなら、排他的特権を何ももたない労働者が自分の評判だけしか頼るべきものがない場所、つまり、市外の地域で遂行してもらうほかになく、こうして貴方は、生産物を可能なかぎり、こっそりと都市にもち込む必要に迫られることになる。

32 ヨーロッパの政策が、いくつかの職業における競争を、それがなければ参入するに違いない数を下回るように制限して、労働と元本のさまざまな利用における利益と不利益の全体のなかに、きわめて重大な不平等を生じさせるのは、このような方法によってなのである。

33 第二に、ヨーロッパの政策は、いくつかの職業で自然に決まるような水準以上に競争を激化させることによって、労働と元本のさまざまな利用がもつ利益と不利益を総合的に考えた場合にくらべ、逆の種類の、別の不平等を引き起こす。

34 適切な数の若者が、一定の専門職のために教育されなければならないこと、すなわち、場合によっては、関心を抱く有志とか、敬神の念が篤い民間の基金寄付者などによって、多くの助成金、奨学金、奨学資金、各種奨学金などと呼ばれるものが、この目的のために設立されたということ、これは、おおいに価値があることだと考えられてきたが、これは、そのような制度がなかった場合に生じるといえるものに比べれば、ずっと多くの人間を、このような職業に導き入れることになるだろう。

すべてのキリスト教国では、大部分の司祭や牧師の教育はこのような仕方で賄われている、と私は信じている。自分自身の費用負担だけで教育された聖職者など、ほとんどいない。それゆえ、自分自身で費用を負担する人々による長期間の退屈で多額の費用を要する教育が、それに見合った報酬をもたらすことはかならずしもあるまいが、教会には、他の場合なら、そのような教育が与える受領資格よりもずっと少額の報酬を、職をえるために喜んで受け取ろうとする人々が溢れている。つまり、このような仕方で、貧乏人の競争が、富者の報酬の価値を落とすわけである。牧師補や礼拝堂付き牧師（チャプレン）を、普通の職業に従事している渡り職人と比較することは、間違いなく無作法なことであろう。だが、牧師補や礼拝堂付き牧師の俸給が、渡り職人の賃金と同じ性質のものだと考えても、何ら不都合はない。つまり三者とも、それぞれ上役と取り結ぶことになった契約に従って、彼らの仕事に対して支払われる。一四世紀半ば以降になって初めて、現在の貨幣でいえば一〇ポンドに相当する銀を含む五マークが、イングランドでは、牧師補や俸給付きの教区牧師（パリッシュ・プリースト）の通常の——我々が知っているように、それはいくつかの異なった全国的な宗教会議の教令によって規制されていた——俸給になった。同じ時期に、一日に四ペンス——現在の貨幣一シリングに含まれるものと同量の銀を含む——が石工の親方の俸給で、一日に三ペンス——現在の貨幣では九ペンスに等しい――が、石工の渡り職人の俸給であるべきだと宣言されていた。[*] それゆえ、このような労働者が絶えず雇用されていたとすれば、両者の賃金は、牧師補のそれを大きく上回っていたことになる。石工の親方の賃金は、年の三分の一仕事がなかったと仮定すれば、牧師補のそれとまったく等しくなるだろう。

アン女王治世一二年法律第一二号によって、以下の通り布告された。「牧師補に対する十分な生活費と奨励が不足する次第であるため、聖職者に対する支給は、かなりの地域で貧弱にとどまっている。したがって、主教は自ら起草して捺印し、年に五〇ポンドを上回らず、二〇ポンドを下回らない範囲で、ある程度十分な俸給や手当を定める権能を付与されるものとする」。一年に四〇ポンドというのは、現在なら、牧師補にとってきわめて良い手当だと判断できるが、この議会立法にもかかわらず、年に二〇ポンド以下の牧師補は数多く存在している。年に四〇ポンド稼ぐ渡りの靴職人はロンドンにたくさんいるし、したがってこの首都には、二〇ポンド以下しか稼ぎがない産業労働者は、どの職種をとってみてもごくわずかしかいない。実際のところ、最後に指摘した額は、地方の多くの教区における普通の労働者が、しばしば稼ぐそれを超えるものではない。労働者の賃金を法律が規制しようとした時にはいつも、それを引き上げようというよりも、引き下げようとするものであった。だが多くの場合、法律は牧師補の賃金を引き上げようと試みてきたし、しかも、教会の威厳を保つために、教区の主任牧師に、彼ら自身が喜んで受け取るようなみじめな生活費を上回るものを牧師補に与えるように、義務づけようとしてきた。それゆえ両方の場合、法律は等しく実効性を欠いていただけでなく、牧師補の賃金を引き上げることができたとか、意図した程度まで労働者の賃金を引き下げることができたなどとは、まったく思われない。というのは、法律は、一方では、赤貧という立場にあって競争相手がたくさんいるため、合法的な手当以下のものを喜んで受け取らないようにすることなどできるはずがなかったし、また他方では、彼らを雇用すれば、利益や喜びを手に入れられると期待する人々の真反対の競争が存在するため、彼らがより多くのものを受け取るようにすることなど、できるはずもなかったからである。

＊エドワード三世治世二五年の労働者にかんする制定法を参照〔第二版で追加〕。

35 下級の構成員をとりまくみすぼらしい境遇にもかかわらず、大きな聖職禄と他の聖職にまつわる威厳が、教会の名誉を支えるのである。専門職に与えられる尊敬もまた、受け取る金銭的な貧弱さに対する、なにがしかの補償になる。イングランドおよびローマ・カトリックのすべての国で、聖職という富くじは、不可欠というよりも、実際にはむしろおおいに利益を生むものである。スコットランドの教会、ジュネーヴおよび他のいくつかのプロテスタント教会の事例は、それほど尊敬に値する専門職――そこでは教育がごく容易に手に入れられる――の場合、ずっと控えめな聖職禄に就けるという見込みが、学識があり、上品で、尊敬に値する十分な数の人間を神聖な身分へ引きよせるということを、我々に確信させるものである。

36 たとえば法律家や医者のように、聖職禄がまったく存在しない専門職の場合、比率的に等しい数の人々が公費で教育されれば、まもなく競争が激化し、その金銭的な報酬を大幅に引き下げることになるだろう。こうなると、自分自身が費用を負担して、このような専門職のどれかに向けて自分の子供を教育することは、誰にとっても価値がないことになる。そのような職業は完全に断念され、公的な慈善基金によって教育されてきたものと同様に、一般的にその数と必要性次第できまる、きわめてみすぼらしい報酬で満足せざるをえなくなり、現在尊敬に値する法律家や医者という専門職も、全般的な降格を免れないだろう。

37　一般に著述家（メン・オヴ・レターズ）と呼ばれる集団に属する人々は、先に指摘した条件の下であれば、おそらく法律家や医者が陥るようなものと、ほとんど同じ境遇になる。ヨーロッパではどこでも、彼らの大部分は聖職のために教育されてきたが、しかし、さまざまな理由から、神聖な聖職階級への加入を妨げられてきた。それゆえ、彼らは一般的に公費で教育されてきたのであって、またいたる所でその数もきわめて多かったから、結果的に、彼らの労働の価格は普通きわめてささやかな報酬に引き下げられたのである。

38　印刷技術が発明されるまで、著述家が、自分自身の力量を用いてなにがしか稼ぐことができる唯一の仕事は、一般向けとか個人向けの教師の仕事、つまり、自分自身が獲得してきた細密かつ有用な知識を、他の人々に伝えるというものであった。それゆえこれは、販売用に執筆するという他の仕事――印刷術がそのきっかけを与えた――にくらべ、ずっと名誉があり、さらに有用で、しかも一般に利益が大きな仕事であった。著名な科学の教師資格として求められる年季や研究、才能、知識および不屈の努力というものは、法律や医学の優れた実践家に求められるものと、すくなくとも同等である。だが、著名な教師の通常の報酬は、法律家や医者のそれとは、まったく釣り合いを保っていない。というのは、教師の職業は、公費である程度まで育て上げられた貧窮の人間で溢れかえっているというのに、法律家や医者の職業は、自分自身の費用で教育されなかった人間など、ごく少数しか含んでいないからである。しかしながら、一般向けとか個人向けの教師の俸給は小さなものに見えるかもしれないが、パンを入手するために執筆するさらに多くの著述家の競争が市場から取り除かれたりしなければ、それは現行よりもずっと低くなることは間違いあるまい。印刷技術が発見されるまで、学生（スカラー）と物乞いは、きわめてよく似た同義の言葉であったようである。その時期以前の大学のさまざまな院長は、施（ほどこ）しを乞うための許可証を、学生に交付することが頻繁にあったように思われる。

39　古代には、つまり、貧しい人間を学問を身につけた専門職に教育するためのこの種の慈善基金が設立されるまで、著名な教師の報酬は、ずっと大きなものであったと思われる。イソクラテス〔Isokrates, 436B.C.-338B.C. ギリシャの弁論家、教育者でアテナイに弁論学校を開設した〕は、ソフィスト〔知識を教授して歩く職業の知識人〕に反論する論説と呼ばれるもののなかで、当時の教師を無定見であると非難している。彼がいうには、「彼らは自分の学生に対して、何とも法外な約束をし、賢明であり、幸福であり、さらに公正であるように教えることを請け負い、それほど大切なサーヴィスに対する返礼として、四～五ミナエ〔ミナエは古代ギリシャの貨幣呼称〕という、わずかな報酬を要求する」。さらに続けて彼が言うには、「英知を教授する人間は、間違いなく自分自身が賢明でなければならないが、かりに誰かが、かくかくしかじかの契約を、かくかくしかじかの価格で売ろうとすれば、その人物はもつとも明白な愚挙を理由に、有罪を宣告されるだろう」。

ここでの彼の意図が報酬の強調になかったことは確かだし、彼が想像させようとしたものを下回っていたことも、間違いないだろう。四ミナエは、一三ポンド六シリング八ペンスに、五ミナエは一六ポンド一三シリング四ペンスに等しかった。それゆえ、この二つの額のうちの大きなほうを下回らないものが、当時、アテナイでもっとも著名な教師に通例支払われていたはずである。イソクラテス自身は、学生一人当たり一〇ミナエ、すなわち、三三ポンド六シリング八ペンスを請求していた。アテナイで教えていた時、彼は一〇〇人の学生を抱えていたといわれている。私はこれを、彼が一度に教えていた人数、つまり我々がひとつの連続講義と呼ぶものに参加していた人数だと理解しているが、この人数は、当時もっとも流行していた科学である修辞学（レトリック）が教えられていた大都市から判断しても、また、あれほど著名な教師に対するものと判断しても、けっして並外れたものであったとは思われない。それゆえ、彼はそれぞれの連続講義から一〇〇〇ミナエ、つまり三三三三ポンド六シリング八ペンス稼いだはずである。したがって、プルタルコス〔Plutarchus, c.45-c.120. ギリシャの著作家で、『英雄伝』が代表作。スミスの主張は、川野与一訳の岩波文庫（十）一二六頁に記載の数値が根拠になっている〕が別のところで述べているように、彼の授業料（ディーダクトロン）つまり授業の通常価格は、一〇〇〇ミナエであった。

この時代の著名な教師の多くは、大きな富を手にしていたようである。ゴルギアス〔Gorgias, c.483B.C.-c.376B.C. ギリシャのソフィストで、修辞学理論の発展における功績大〕は、デルフォイの神殿に、純金製の自分自身の彫像を献呈した。あえて言っておきたいことだが、それが等身大のものだったと想像すべきではない。彼の生活の仕方は、当時の著名なもう二人の教師ヒッピアス〔Hippias of Elis, 前五世紀後半のギリシャのソフィスト〕やプロタゴラス〔Protagoras, c.485B.C.-c.400B.C. ギリシャのソフィスト〕のそれと同様に、見せびらかしといえるほど光り輝いている、とプラトン〔Platon, 427B.C.-347B.C. ソクラテスに学んだギリシャの哲学者〕が記述している。プラトン自身は、豪奢な生活をしていたといわれている。アリストテレス〔Aristotéles, 384B.C.-322B.C. プラトンに学んだ後、海洋生物学を研究し、学園リュケイオンを創設し、ペリパトス派と呼ばれる多くの弟子を育てた〕は、アレクサンドロス大王〔Alexandros III, 356B.C.-323B.C. 父フィリッポス二世暗殺後マケドニア王位につき、以後地中海東方諸国やペルシャを征服し、インドの一部に達する大帝国を建設〕の家庭教師を務めて、彼自身とその父フィリッポスから、これ以上ないほど気前のよい報酬を与えられた――というのが、一般的な見解である――後で、それにもかかわらず、彼の学校で教鞭をとるために、アテナイに戻ることが無駄ではないと考えた。

科学の教師は、おそらくこの時期、一世代か二世代後にそうなるよりも珍しい存在であり、そのころには、おそらく競争が、彼らの労働の価格だけでなく、彼らに対する賞賛も、幾分引き下げることになった。しかしながら、彼らのうちのもっとも著名な人物は、現在のよく似た専門職のどれよりも、ずっと優れた程度の報酬をつねに享受していたように思われる。アテナイ人は、ローマへの正式な使節団の一員〔156B.C.-155B.C. に派遣された〕として、アカデミー学派のカルネアデス〔Karneades, 214B.C.-129B.C. キュレネ生まれで、懐疑主義的主張で知られるギリシャ哲学者〕と、ストア学派のディオゲネス〔Diogenes of Babylon. 生没年不詳、紀元前二世紀に活躍したギリシャの哲学者）を派遣した。当時のアテナイは、すでに以前の壮麗さの面影を失っていたが、まだ独立した重要な共和国であった。カルネアデスもまた、バビロンの生まれであるが〔これはスミスの間違いで、キュレネ生まれ〕、アテナイ人以上に用心深く、外国人を国の役人として許容しようとしない国民はいなかったから、彼に対する国民の尊敬は、きわめて大きかったにちがいない。

40 全体としてみれば、共和国にとって、この不平等は、おそらく損失よりも利益であっただろう。それは、ある程度まで専門職としての有名な教師の地位低下をもたらした可能性があるが、読み書きの教育が安価であることは、このとるに足りない不都合を補って余りあるものである。共和国もまた、かりに、このような教育を実施する学校や学寮（カレッジ）という施設が、ヨーロッパの大部分で現在のそれよりもっと手頃なものであったら、そこから、さらに大きな利益を引き出すことが可能であっただろう。

41 第三に、ヨーロッパの政策（ポリシー）は、労働と雇用の自由な移動――職業から職業へ、場所から場所への両方――を妨げることによって、さまざまに利用することから発生する利益と不利益を、全体としてみた場合、いくつかの事例についてきわめて不都合な不平等を引き起こしている。

42 徒弟に関する法律は、同一地域内部であっても、ある職業から別の職業に労働者が自由に移動することを妨げる。同業組合がもつ排他的特権は、同一の職業であっても、ある場所から別の場所に、自由に移動することを妨げる。

43 労働者がある製造業で高賃金が与えられていても、別の製造業でぎりぎりの生活手段で満足することを余儀なくされているということは、しばしば生じることである。前者は、発展しつつある状態においてのことであり、それゆえ、新規の働き手に対する持続的な需要が存在する。後者は、衰退しつつある状態においてのことであり、過剰な人手が持続的に増え続けている。このような二種類の製造業は、最低限の援助をたがいに与えられないまま、時には同一の都市内で、また時には、同一の近隣地域内で併存している可能性がある。前者においては、徒弟奉公という法律がそれを妨害し、後者においては、排他的同業組合と徒弟に関する法律の両方が、それを妨害する。しかしながら、さまざまな多くの製造業では、作業内容がきわめてよく似ているため、このような馬鹿げた法律が妨げたりしなければ、労働者は、職業をたがいにたやすく変えることができよう。

たとえば、無地の麻や絹を織りあげる技術は、ほとんどすべて同一である。無地の毛織物を織りあげる技術は幾分違うが、その違いはそれほど重大なものではないから、麻や絹の織布工は、わずか数日のうちに、まあまあの職人になることができるろう。それゆえ、もしこの三つの重要な製造業のどれかが衰退しつつある場合には、より繁栄している状態にある他の二つのいずれかで、救いの手段を見つけることができるだろう。それゆえ、彼らの賃金は、繁栄のなかで上昇しすぎることにも、滅びつつある製造業で下落しすぎることにもならないだろう。実際イングランドでは、麻の製造業は、特別の法律によってすべての人に解放されているのだが、しかし、地方の大部分の箇所をつうじて、それはあまり奨励されていないため、衰退しつつある別の製造業の労働者に対して、一般的に何の助けも与えることができない。徒弟に関する法律が施行されているところでは、教区に頼るか、彼ら自身のものとある程度の類似点をもつ種類の製造業と比較した場合、適性の点でずっと劣る――彼らの習慣からして――並の肉体労働者(コモン・レイバー)として、働くかしかない。それゆえ彼らは、一般的に地域の教区に頼ることを選ぶのである。

44 ある職業から他の職業への労働者の自由な移動を妨げるものはすべて、元本のそれも、同様に妨げる。あらゆる事業分野で利用可能な元本の量は、それが雇用できる労働の量に依存するところが大きいからである。しかしながら、同業組合に関する法律は、ある場所から別の場所への元本の自由な移動を阻害するという点でみると、労働のそれほどはなはだしいものではない。富裕な商人にとって、自治都市で取り引きする特権を獲得することは、貧しい技術職人がそこで働くための特権を獲得することよりも、はるかに容易なことである。

45 労働の自由な移動に対して同業組合に関する法律が与える妨害は、ヨーロッパのすべての地域に広く浸透している、と私は信じている。救貧法(プア・ローズ)によって与えられる妨害は、私の知るかぎり、イングランドに特有のものである。それは、貧しい人間が定住地(セトルメント)を確保することの難しさ、つまり、彼が属している教区以外のところで、生産的技能を発揮する許可を入手する難しさにある。同業組合に関する法によって自由な移動が妨げられるのは、職人と製造業者の労働だけである。定住地を確保する困難は、並の肉体労働者の自由な移動さえ阻止する。この混乱――イングランドの行政(ポリス)のなかで、おそらく最大のもの――の起源、発展および現状をある程度説明することは、無駄ではないだろう。

46 修道院の滅亡によって、貧民が修道会による慈善的救済を剥奪されてしまうと、彼らを救済しようとするあまり効果のない他の試みがなされた後で、エリザベス治世四三年法律第二号によって、すべての教区は自教区内の貧民を養う義務があるということ、および、教区委員と一緒に、この目的のために正当な額を教区税として集める貧民監督官が、毎年指名されなければならないと定められた。

47 この制定法によって、教区内の貧民を養う必要性は、必然的にそれぞれの教区に委ねられた。それぞれの教区で誰が貧民であると考えるかは、それゆえ、かなり重要な問題になった。この問題は、ある程度変化したのち、チャールズ二世治世一三年～一四年に、誰でも四〇日間継続して居住すれば、どの教区でも定住権を与えられるべし、と最終的に定められた。だが、この期間内であっても、二人の治安判事が、教区委員や貧民監督官からの訴状にもとづいて、新しい居住者をその最後の合法的な定住地であった教区に送還することは適法である、とみなされなければならなかった。とはいえ当人が、年に一〇ポンドの家屋を借りているか、彼がその時居住していた教区を免責するために、二人の治安判事が十分であると判断する担保を提供できる場合は、この限りではないとされた。

48 この制定法が定められた結果、いくつかの詐欺が実行されたといわれている。つまり、教区の役人が時々袖の下を使って、ひそかに自教区の貧民を他の教区に行かせ、定住権をそこで獲得するために四〇日間貧民を隠しておくことにより、彼らが間違いなく所属している教区を免責する、という次第であった。それゆえ、ジェイムズ二世治世元年に、定住権を確保するために不可欠な連続した四〇日は、誰であろうと、当人が住むに至った教区の教区委員か監督官の手によって、居所と家族の人数について記載された通知書の交付日から、厳密に起算されなければならない、と定められた。

49　教区の役人（オフィサー）は、他の教区にかんすることよりも、自分の教区にかんすることについて、かならずしも正直ではなかったし、通知を受け取っても、その結果に対して適切な手段を講じないなど、そのような不法侵入を大目に見過ごすことが、時に生じたようである。したがって、教区のすべての人は、そのような不法侵入によって彼らの負担が膨れ上がらないように阻止することに関心を持っていたようで、ウィリアム三世治世三年の法律で、四〇日の居住期間は、日曜日に教会で書かれた通知書の発行日から起算されなければならない、と定められた。

50　バーン博士〔Richard Burn, 1709-1785. 国教会の聖職者で、治安判事を務めたこともあり、代表作『治安判事』は版を重ねた〕は、次のようにいう。「結局のところ、通知書の発行後四〇日経過することによって、この種の定住権が確定されることは、きわめてまれである。この法律の意図は、ひそかに教区に入ってくる人間については、定住権の獲得に資するというよりも、それを回避することにずっと重きを置いている。というのは、通知書の付与は、移動させる権限を、その教区に対して与えただけだったからである。だが、特定の人間が、実際に移動させられるべきかどうか疑わしい状況にある場合には、通知書の付与をもって、連続して四〇日間彼に定住を許すことにより、異議をとなえようがない定住権を当の人物に与えるか、その権利を試すべく彼を移動させるか、これを教区に強要せざるをえないことになる。」

51　それゆえこの制定法は、四〇日間の居住を楯に、貧しい人間が旧来の方法で新しい定住権を獲得することなど、ほぼ不可能にするものであった。ある教区の普通の人々が、自分自身他の教区で安全に落ち着く余地をまったく排除しているように見えない可能性があることは別として、それは、届けられたり、発行されたりした通知書がなくても定住権が獲得できる方法を、四通り定めていた。第一に、課せられた教区税を支払うことによって。第二に、例年の教区委員に選出され、一年それを務めることによって。第三に、その教区で年季奉公の義務を果たすことによって。第四に、そこで一年間働くために雇われ、同じ奉公を丸一年継続することによって、これである。

52 誰にとっても、最初の二つの方法にもとづいて定住権を獲得することなどできるはずがないが、しかし、自分の労働以外に自分自身を養うものをもたない新参者については、新参者に教区税を課すか、または、彼を教区委員に選出したりすることによって受け入れた場合にどうなるか、この点をよく心得ている教区全体の公的な証文による場合には、話は別になる。

53 結婚している男性は、あとの二つの方法では、いずれにしても、定住権をうまく取得できることはほとんどないだろう。徒弟の身分にある者が、既婚であることはほとんどない。だから、それが立法化されるにいたった明白な理由は、既婚の奉公人が一年間雇用されることによって定住権を取得することなどあってはならない、ということにある。奉公することによる定住権の確定がもつ主要な効果は、一年間の雇用という昔からの流儀を大々的に表明することであって、それが、以前イングランドで慣習としてしっかり定着していたから、現代でもなお、特定の期間にかんする合意がない場合、奉公人はすべて一年間雇用される、というのがその法律の意図なのである。だが、親方はかならずしもこのような仕方で雇用することにより、奉公人に定住権を与えようとはしない。また奉公人も、かならずしも、そのような仕方で雇用されたがらなかった。というのは、どこであろうと、最後の法定の定住地がそれ以前の定住権を消滅させてしまうため、そうすることによって、自らの出生地——両親や親族の居住地（ハビテイション）——における本源的な居住権を失う可能性があったからである。

54 肉体労働者（レイバラー）であれ技術職人（アーティフィサー）であれ、独立した職人（ワークマン）が、徒弟奉公や奉公によって新しい定住権を獲得する見込みなど、まったくなかったことは明らかである。それゆえ、そのような人がその事業を新しい教区で遂行する場合、いかに健康で勤勉であったとしても、彼が年に一〇ポンドの住居を借りている——自分自身の労働以外に生きていくすべをもたない人間には、不可能なこと——か、二人の治安判事が、十分であると裁定するような担保を、教区を免責するために提供可能であるかのいずれかでないかぎり、教会委員や監督官の気まぐれ次第で、立ち退かされることを免れなかった。実際、どのような担保を提供すべきか、これは、すべて二人の決定に委ねられていた。だが、彼らが三〇ポンドより少ない額を求めることなどあるはずがなく、三〇ポンド以下の価値をもつ自由土地保有下にある地所の購入でさえ、教区を免責するためには不十分であるという理由から、誰にも居住権を与えるべきではない、と法制化されていたことになる。とはいえこれは、労働によって生きる人間なら誰も提供できないような担保であり、しばしば、より大きな額の担保が求められた。

55 このようなさまざまな制定法がほとんどすべて奪い去っていた労働の自由な移動を、ある程度回復するために思いつかれたのが、証明書という発明であった。ウィリアム三世治世八年および九年に、最後に合法的に定住していた教区からの証明書——教区委員と貧民監督官によって署名され、二名の治安判事によって認められた——を持参するものは誰であれ、他の教区は、当該の人物を受け入れなければならないということ、すなわち、誰であれ、負担を掛けそうだという理由だけで転居させられてはならず、実際に負担をかけるようになっている場合にかぎって、証明書を発行した教区が当該の人物を扶養し、移転させるための費用を負担しなければならない、ということが法制化された。さらに、そのようにして証明された人物が、定住するために来るはずの教区に非の打ち所がない担保を提供するために、おなじ制定法によって、さらに以下のことが定められた。つまり、そのような人物は、年に一〇ポンドの住居を借り入れるか、まる一年間、独力で教区委員を務めあげるかした場合を除き、いかなる他の手段に訴えようと、そこで定住権を獲得できないというものであって、結果的に、通知書、奉公、徒弟奉公さらには教区税の支払いなどでは、まったく不可能なことであるとされた。またさらに、アン女王治世一二年第一法律第一八号により、そのような証明書をもつ人物の使用人や徒弟は、そのような証明書にもとづいて居住している教区内では、定住権を獲得することが許されていない、と定められた。

56　この発明が、以前の制定法がほとんど完全に奪い去ってしまった労働の自由な移動をどの程度回復したか、我々はこれを、バーン博士のきわめて公正な以下の観察から知ることができよう。彼は言う。「どのような場所であろうと、定住しようとやって来る人間について、証明書を要求するさまざまな申し分のない理由があることは明らかである。つまり、以前の制定法にもとづいて定住している人々は、徒弟奉公であれ、奉公であれ、さらに通知書の発行によってであろうと、教区税を支払うことによってであろうと、定住権を獲得できないか らである。さらに、彼らは奉公人も使用人も住まわせてはならないこと、もし、彼らが堪え難いほど重い負担になる場合には、彼らをどこに移住させるべきか、さらに、移動と当分の間彼らを扶養する費用を、その教区が支払わなければならないからであったし、さらにまた、彼らが病気になり、移動できない場合には、証明書を発行した教区が彼らを扶養すべきであって、証明書をもたない者にはまったく適用されなかったからである。通常の場合、どの理由も、教区が証明書を与えないように、それぞれ抑制しただろう。というのは、ふたたび教区が、もっと悪い条件で、証明書を与えた人間を受け入れることになるということは、五分五分どころか、ほぼ確実なことだからである」。この観察に含まれている教訓は、貧民が住もうとやって来る教区から、証明書がいつも請求されるにちがいないこと、および、立ち退きを申し出ている教区から証明書が交付されることは、ごくまれでしかないということ、これであるように思われる。きわめて理解力の高い同じ著者は、その著『救貧法の歴史』のなかで、次のようにいう。

「この証明書の件については、人間を、言ってみれば一生涯にわたり、投獄する権力を教区委員のもとに置くことになるため、ある程度の困難をともなっている。一人の人間にとって、彼が不幸にも定住権と呼ばれるものを獲得した所で住みつづけることが、彼にとっていかに不便なことであろうと、さらに、どこか他の所で生きていくことによって、どのような利益をめざせるとしても、そのことに変わりはないのである」。

57 証明書は、振る舞いが良かったことの証言を同時に記載しているわけでも、その人物が実際に所属している教区に属していること以外に何かを証明しているわけでもないが、それを交付するかどうかは、完全に教区委員の自由裁量にゆだねられている。教区委員と監督者に証明書への署名を強いる職務執行令状が以前に上申されたことがあるが、バーン博士によれば、王座裁判所は、そのような申し立てを、まったく場違いな企てとして却下したということである。

58 イングランドのたがいにあまり離れていない所でしばしば目につく、きわめて不揃いな労働価格は、ある教区から他の教区に証明書なしで自分の事業を持って行こうとしていた貧民に対して、定住法が与えた妨害におそらく起因している。事実、健康で勤勉な単身男性なら、大目に見られ、時に証明書なしで居住できる可能性もあろう。だが、妻と家族連れの男性が同様のことを試みても、ほとんどの教区で追い払われることが確かであろうし、しかも、単身男性がのちに結婚したりすれば、彼は、たいてい同じように追い払われることだろう。それゆえ、ある教区における労働力不足は、スコットランドで――そして私が思うに、定住に何の困難もない他の地方（カントリー）すべてにおいて――絶えずそうであるように、他の地域における労働力の著しい過剰によって、救済されるようにはかならずしもなりえない。

そのような地方では、賃金は、大都市の近隣地域や、労働に対する異常におおきな需要があるところでときどき少し上昇する可能性があるとはいえ、それは、そのような場所から遠く隔たるにつれて次第に低下し、最後には、その地方の通常の大きさにまで下落するだろう。とはいえ我々は、イングランドで時々目にするような近隣地域の賃金におけるこのような予想外で、説明不可能な違いに遭遇することなどけっしてないのであって、イングランドでは、他の地方における賃金の大きさを、どこから見ても違ったものに分ける自然の境界――入り江とか高山の尾根――よりも、人為的な教区という境界を越えることのほうが、しばしば貧しい男性にはいっそう困難なものになっているわけである。

59 何ら非行を犯したわけでもないのに、自ら定住しようと選んだ教区から人間を追い払うことは、自然的自由と正義の明白な侵害である。しかしながら、自由を熱望するイングランドの普通の人々は、他のほとんどの地方の普通の人々と同様に、どこに行けばそれがあるのか正しく理解できないまま、一世紀以上にもわたって、救済もなしに、このような抑圧に晒されてきた。だが、深く思考する人もまた、定住法が国民の苦痛の種になっていると苦情を申し立ててきた。しかしそれは、一般的な民衆の怒号――疑問の余地なく乱用された慣行である一般令状〔逮捕や捜査の対象を特定しない令状〕に対する怒号――の対象であったことはなく、一般的な職権乱用を引き起こしにくい類いのものであった。自分の人生の一部が、このような悪意を持って工夫された定住法によって、考えられないほどひどく抑圧されたと感じないような四〇歳に達する貧しい人間など、イングランドにはほとんどいないと、私はあえて言っておきたい。

60 この長い章を閉じるにあたって、私は、以下の点を述べておきたい。今では両方ともまったく用いられなくなったが、古い時代には、王国全体にまたがる一般法によって、さらにそれ以降は、それぞれの地方の治安判事の個別的な命令によって、賃金を定めるのが通例であった。バーン博士によれば、「四〇〇年以上の経験をつうじて、厳密な規制の下に置こうとするすべての試み――その性質上、ごくわずかな制限も不適格だと思われる――が棚上げされる好機を迎えているように見える。というのは、同じ種類の職に従事するすべての人間が、等しい賃金を受け取るべきであるとすれば、競争心（エミュレーション）や努力と創意工夫をめざす余地が、まったくなくなりかねないからである」ということである。

61 しかしながら、議会の個別的立法は、特定の事業や特定の場所における賃金を、今でも時々規制しようと試みている。こうしてジョージ三世治世八年の法律は、ロンドンとその周辺五マイル以内で衣服仕立て業に従事する親方はすべて、社会全体が喪に服す場合を除き、一日に二シリング七ペンス半以上のものを職人に与えた場合、つまり雇われている職人がそれ以上を受け取った場合、重い罰金を科してそれを禁止している。立法府が、親方と配下の職人のあいだの争いを規制しようと試みる時はいつでも、その助言者はつねに親方である。それゆえ、その規制が職人にとって有利なものであれば、それは、つねに適正かつ公平なものであるが、親方にとって有利な場合には、それは時々違ったものになる。こういうわけで、個々別々の事業に従事する親方は、その職人に対して、商品ではなく貨幣で支払うべしと定めた法律は、まったく適正で、しかも公平なのである。それは、親方に対して、何ら真実の困難を課すわけではない。それは、賃金の価値を貨幣で支払うこと――彼らは財貨で支払ったように装うが、かならずしも実際には支払われなかった――を、義務付けただけのものである。

この法律は職人にとって有利なものであるが、ジョージ三世治世八年の法律は、親方に有利なものであった。配下にある職人の賃金を引き下げるために親方が一致団結する場合、ふつう彼らは、違反したら一定の罰金を支払うという条件で、一定の賃金以上のものを支払わないようにするために、私的な約束や協定を取り結ぶ。職人がおなじ種類の逆の協定、つまり、違反したら一定の罰金を支払うという条件で、一定額以下の賃金を受け取らないという協定を取り結んだ場合、その法律は、きわめてひどく彼らを処罰することになっており、もしそれが公平に処理されれば、法律は、親方を同じ方法で取り扱うことになっていた。しかし、ジョージ三世治世八年の法律は、親方が時々そのような協定によって作りだそうと試みる規制の内容を、法律によって強制している。それは、もっとも有能で勤勉な職人を、普通の職人と同じ身分に置くことになりかねないものだという職人の苦情は、明確この上ない根拠にもとづいている。

62　古い時代にはまた、食料と他の商品の価格を両方とも定めることにより、商人やその他取扱業者の利潤を規制するのが慣例であった。法定のパン（アサイズ・オヴ・ブレッド）の重量と価格が、私の知るかぎり、この種の古い慣用の唯一の名残である。排他的な同業組合が存在するところでなら、もっとも大切な生活必需品の価格を規制することは、おそらく適切なことであろう。だが、それが存在しないところでは、競争が、いかなる法による価格決定よりも、ずっとよくそれを規制するだろう。ジョージ二世治世三一年に確立されたパンの法定価格を定めるという方法は、その法律に瑕疵（かし）があった——その実施は市場の書記官の職務に委ねられたが、それは、そこに存在しなかった——ため、スコットランドでは実行に移すことができなかった。この欠陥は、ジョージ三世治世三年になって、ようやく修正された。法定価格が存在しないことは、はっきりわかるほどの不便を引き起こさなかったし、ごくわずかなところでしか施行されなかったその法律は、今では、それとわかるほどの利益をまったく生み出していない。しかしながら、スコットランドの大部分の都市では、排他的特権——きわめて厳格に保護されているわけではない——を主張する、製パン業者の同業組合が存在している。

63 労働と元本のさまざまな用途における、賃金と利潤それぞれのさまざまな大きさの間の比率は、すでに述べてきたように、社会が豊かであるか貧しいか、前進しつつあるか、静止的であるか、それとも衰退しつつある状態にあるかによって、大きく左右されることがないように思われる。たとえば、公共社会の福祉における大変革は、賃金と利潤双方の一般的な大きさに影響するとはいえ、最終的には、異なったすべての職業において、同じように影響するはずである。それゆえ、両者の間の比率は同一のものにとどまり、すくなくともかなりの年月にわたって、そのような大変革によって大幅に変更されることなど、ありえないのである。

第一一章　土地の地代について

1　地代とは、土地の利用に対して支払われる価格のことだと理解されているが、それは当然、借地人が土地の実際の状況に応じて支払うことができる最高の価格になる。借地契約の条件を調整する時、地主は、近隣地域における農業用元本の通常の利潤にくわえ、種子を提供したり、労働者に支払ったり、農作業用家畜その他の道具の購入や、維持に要する元本を減らさないために十分な生産物の分け前を超えるものを、借地人の手許に残さないように努力する。明らかにこれは、借地人が、損失に陥ることなく我慢できる最低限の分け前であって、地主が、彼にそれ以上残そうと思うことはほとんどない。生産物のどの部分であろうと、つまり同じことだが、その価格のどの部分であろうと、この分け前を超える場合には、地主は、自然にそれを彼の土地の地代として自分自身のために留保しようと努めるから、明らかに地代は、借地人が土地の実際の状況に応じて支払いうる最高のものになる。事実、時には地主の気前良さが、もっと頻繁には地主の無知が、この割合をいくらか下回るものを彼に受け取らせることになる。そしてまた時には、ずっとまれなことではあるが、借地人の無知が、それを上回る支払いを納得させるし、近隣地域における農業用元本の通常の利潤より幾分低くても、納得させることになる。しかしながら、それでもなお、この部分は、土地の自然地代――それを入手するために土地が自然に借地に出されるようになる地代――である、と考えることができるだろう。

2 土地の地代は、地主が土地改良のために投下した元本に対する、正当な利潤や利子を超えないことが多い、と考えることもできよう。これは、いくつかの場合には疑問の余地なく、ある程度その通りであろう。というのは、それは、確かに一部にはそのような場合があるといえるほどまれな事態だからである。地主は、未改良の土地に対してさえ地代を要求するから、改良のための経費に対する利子や利潤とみなされるものは、一般的に、本来の地代に対する追加分である。くわえて、このような改良は、かならずしも地主の元本によって遂行されるとは限らず、時には、借地人のそれによってなされる。しかしながら、借地契約の更新が近づくと、地主は普通、改良がすべて彼自身によるものであるかのように、同じ額だけ地代の増額を要求する。

3 時に地主は、人間が改良することなどまったく不可能なものに対して、地代を要求する。ケルプは海草の一種だが、それを焼くと、ガラス、石鹸、さらには他のいくつかの目的に役立つアルカリ塩を生じる。それは、グレートブリテンのいくつかの場所、とくにスコットランドで、一日に二回ある高潮位の時に海中に没する形で存在する岩礁の上でしか育たないから、その生産物が、人間の努力で増えることはけっしてない。しかしながら、その地所がこの種のケルプ海岸で取り巻かれている地主は、彼の穀物畑と同じくらい、それについても地代を要求する。

4 シェトランド諸島の近海は、通常をはるかに超えるほど魚が豊富なところであり、住民の生活手段の大部分を提供している。だが、海の生産物で儲けるためには、彼らは、近隣の土地の上に住居を構えなければならない。地主の地代は、農民が土地で作りだすものに比例するのではなく、土地と海の両方で作りだせるものに比例する。その一部は海の魚で支払われるから、地代がその商品の価格の一部を形成するごく限られた事例のひとつは、そのような地方で見られるのである。

5　それゆえ、土地の利用に対して支払われる代価とみなされる土地の地代は、当然の結果として独占価格である。それは、地主が土地改良のために費やした可能性があるもの、つまり、地主が引き受けうる何らかのことに応じて決まるのではなく、農業者が与えることができるものに応じて決まる。

6　土地の生産物のうち、一般的に市場にもち込むことができるのは、その通常価格が、生産物をそこにもち込むために利用されざるをえなかった元本を、その通常利潤とともに取り戻すために十分たりる部分だけである。もし通常価格がこれを超える場合、その剰余部分は、当然のことながら土地の地代に充てられるだろう。もしそれを超えなければ、その商品は市場にもたらされはするが、地主にはまったく地代を与えられない。その価格を超えるかどうか、これは、それに対する需要次第なのである。

7　土地生産物の一部には、それに対する需要が、つねにそれを市場にもたらすために十分なものよりも高い価格をもたらすようなものがある一方で、このような高い価格をもたらすほど、需要があったりなかったりする類いのものも存在する。前者は、つねに地主に地代をもたらすはずである。後者は、状況の違いに応じて、もたらしたり、もたらさなかったりする可能性がある。

8 したがって、地代は、賃金や利潤とは違った仕方で諸商品の価格構成に入り込むということに、注意しなければならない。賃金と利潤の高低は価格の高低の原因になるが、地代の高低は、その結果なのである。ある特定の商品価格が高かったり低かったりするのは、それを市場にもたらすために、高かったり低かったりする賃金と利潤とが支払われなければならないからである。それが高い地代や低い地代をもたらしたり、まったくもたらさなかったりする理由は、その価格が高いか低いかということ、すなわち、市場にもたらすために必要な賃金と利潤を賄うに足りるものを著しく上回るか、少しだけ上回るか、まったく上回らないかということにある。

9 それゆえ本章は、三つの詳細な考察から成り立つことになる。第一に、土地の生産物のうち、つねにいくらかの地代をもたらす部分についての考察。第二に、時に地代をもたらしたり、もたらさなかったりする部分についての考察。そして第三に、改良のさまざまな時期について、両者を、それぞれ他のものとだけでなく、さらに製造業の商品と比較した場合、二つの異なった種類の原生産物の相対価値に自然に生じる変化の考察、これである。

第一節　つねに地代をもたらす土地の生産物について

1 人間は、あらゆる他の動物と同様に、生存手段に応じて自然に増殖するから、食料には、多かれ少なかれつねに需要がある。食料はつねに、より多いか、または少ない労働量を購買ないし支配することができ、しかも、食料を手にいれるために進んで何かをしようとする人間は、いつでもいる。事実、食料が購買しうる労働量は、もっとも経済的な仕方で管理すれば、労働に時々高賃金が与えられるため、それによって養いうる労働量といつも等しいわけではない。だが、食料は、普通そのような種類の労働が近隣地域で維持されている程度(レート)に応じて、それでもって養いうるだけの労働量を、いつでも購買することができる。

2　ところで土地は、ほぼどのような位置にあっても、食料を市場にもたらすために必要な労働のすべてを、労働が以前維持されてきた仕方のうち、もっとも気前のいい仕方で維持するために十分な量よりも、はるかに多くの食料を生産する。またその剰余は、そのような労働を利用する元本を、その利潤とともに取り戻しても、さらに余りがある。したがって、地主に対する地代として、つねにいくらかのものが残るのである。

3　ノルウェーとスコットランドに位置するもっとも不毛な荒野は、ある種の家畜用の牧草を産出するが、家畜の世話をするために必要な労働のすべてを維持するだけでなく、牛と羊の群れの所有者や農業者の通常の利潤を賄い、さらに地主にわずかな地代をもたらすほど、家畜のミルクと繁殖をつねに十分提供する。その地代は、牧草の優秀さに比例して増加する。同程度の土地がより多くの家畜を養うだけでなく、より狭い範囲に集められる結果、世話をしたり、土地の生産物を集めたりするのに要する労働が、少なくて済むようになる。地主は、二通りの方法——生産物の増加と、それで養われる必要がある労働の削減——で、利益を得るわけである。

4　土地の地代は、生産物が何であろうと、その肥沃度とともに変化するだけでなく、その肥沃度がどうであろうと、その場所次第で変化する。都市近郊にある土地は、地方の遠隔地にある同じ肥沃度の土地よりも、大きな地代をもたらす。前者の土地を耕作するために、後者よりも多くの費用がかかるわけではないが、遠隔地から市場へ生産物を運ぶためには、つねにより多くの費用を要するはずである。それゆえ、より多くの量の労働が、その地域の生産物で維持されなければならず、したがってその剰余、つまり、そこから農業者の利潤と地主の地代の両方が差し引かれることになる剰余が、減少するはずである。だが、地方の遠く離れた場所では、すでに示したように、利潤率は、大都市の近隣地域のそれよりも一般的に高くなる。それゆえ、このように減少した剰余のより小さな分け前が、地主のものになるはずである。

5 立派な道路、運河さらに航行可能な河川は、運送のための費用を低減させることによって、地方の遠隔地を、都市の近隣地域内の土地と同じ程度に近付けることになる。この理由から、それは、あらゆる改良のなかで最大のものなのである。このような改良は、つねに国（カントリー）の最大領域を占める遠隔地方の耕作を助長する。それは、近隣地域内部に位置する地方の独占を挫くから、都市にとって有利なことである。それは、地方の当該地域にとってさえ、有利なことである。改良は、古くからの市場にいくつか競合商品を導入するとはいえ、地方の生産物に多くの新しい市場をひらく。くわえて、独占は優れた経営（グッド・マネジメント）に対する最大の敵であり、立派な経営というものは、自由で普遍的な競争の結果としてのみ実現されるものであって、しかもこの自由で普遍的な競争が、すべての人間に、自分を守るために立派な経営をするように強制するものなのである。

ロンドン近郊のいくつかの地方が、ターンパイク道路（荷馬に通行料を課した有料道路のことで、一八世紀中葉に始まった〕を遠隔地方にまで拡張しないように議会に請願してから、まだ五〇年とは経っていない。彼らの申し立てによれば、このような遠隔地方は、労働が安価であるから、産出する牧草や穀物を、ロンドンの市場で近郊地のそれよりも低い価格で売ることができるだろうし、そうすることによって、近郊の土地の地代を引き下げ、土地の耕作を台無しにすることになるというものであった。しかしながら、都市近郊の地代は上昇し、その時以降、土地の耕作は改善されてきた。

6　並の肥沃度をもつ穀物畑は、同じ広さの最良の放牧地よりも、人間用の食料をずっと多く産出する。その耕作にははるかに多くの労働が欠かせないとはいえ、種子を取り置き、耕作に要する労働をすべて維持したあとに残る剰余は、さらにまた、ずっと大きなものになる。したがって、もし一ポンドの食肉が一ポンドのパンよりもずっと価値がある、などと想定されないかぎり、どこでもこのより大きな剰余はより大きな価値をもつであろうし、それゆえ、農業者の利潤と地主の地代の両方に充てられうるより大きな基金になるであろう。始まったばかりの時期の農業では、あらゆる所でそのようなことが起きたと思われる。

7　しかし、この二つの異なった種類の食料、つまり、パンと食肉との間の相対的な価値は、農業のさまざまな時期において著しく異なっている。未発展な初期段階では、そのころ国土の大部分を占めていた未開の荒れ地は、すべて家畜に委ねられる。パンよりも食肉のほうが多く存在しており、したがって、パンがもっとも激しい競争（コンペティション）を引き起こす食料であって、結果的に、それがもっとも大きな価格をもたらすわけである。ウリョーア〔Ulloa y de la Torre-Guiral, Antonio de. 1716-1795. スペインの軍人・科学者で『南米王国紀行』一七四八年の共著者〕が述べているところによれば、ブエノスアイレスでは、イギリス正貨で二一ペンス半に相当する四レアールは、四〇年から五〇年前には、二百〜三百頭の群れから選ばれた一頭の雄牛の通常価格であった。彼は、パンの価格については何も言っていないが、その理由は、それについて注目すべきことが何もなかったからだろう。そこでの雄牛一頭は、それを捕獲する労働よりもごくわずか費用がかかるだけであった、と彼は言う。だが、多大な労働無しで穀物が栽培されるところなど存在しないし、当時、ヨーロッパからポトシの銀鉱山につうじる直接の手段であるラプラタ川に面した地方で、労働の価格が取り立てて安いことなどありえなかった。耕作が地方の相当広い部分まで広がった時には、それは違ってくる。その時には、食肉よりもパンのほうが多く存在する。競争は方向を変え、こうして食肉の価格が、パンのそれよりも高いものになる。

8 耕作が拡大すると、未改良の荒れ地は、食肉需要を十分に満たすことができなくなる。開拓された土地のより多くの部分が、家畜の育成と肥育のために充当されなければならず、それゆえその価格は、家畜の世話に必要な労働だけでなく、その土地が耕作に充当された場合にもたらされる、地主の地代と農業者の利潤を賄うために十分なものでなければならない。ほとんど開拓の手がくわえられていない荒れ地で飼育された家畜も、同じ市場にもち込まれれば、その重量と品質に応じて、もっともよく改良された土地で飼育されたものと同じ価格で売却される。このような荒れ地の所有者はそこから利益を得るのであって、彼らの土地の地代を、そこで飼育した家畜の価格に応じて引き上げる。スコットランドのハイランドの多くの地方では、カラス麦パンの価格と比べて食肉の価格が、同じくらいか、もっと安価であったのは、遡っても、せいぜい一〇〇年前のことでしかない。合邦〔スコットランドとイングランドの合邦〕は、ハイランドの家畜にイングランドの市場を拓いた。その通常価格は、現在では、今世紀はじめと比べて約三倍になっており、ハイランドの多くの所領の地代は、同じ時期の間に、三倍か四倍になった。グレートブリテンのほとんどの地方では、最高級の食肉一ポンドは、現在では、一般的に最高級の白パン二ポンドを上回る価値を持っているし、豊年には、それは白パン三ポンドか四ポンドの価値を持っている。

9　このような次第で、未改良の放牧地の地代と利潤は、改良が進展するにつれ、改良された土地にある放牧地の地代と利潤によって、さらにまた後者は、穀物耕作地の地代と利潤によって、ある程度まで規制されるようになる。穀物は一年で育つ作物であるが、食肉は育てるのに四年か五年かかる作物である。したがって、一エーカーの土地は、前者の種類の食料にくらべ、後者の種類の食料をずっと少ない量しか生産しないため、量が劣る点は、価格の卓越性で補われなければならない。もし補う分を超えている場合には、より多くの穀物畑が牧草地に転換されることになり、それが補われなければ、牧草地の一部が、ふたたび穀物畑に戻されることになろう。

10　しかしながら、牧草と穀物との、すなわち直接の生産物が家畜の食料である土地と、直接の生産物が人間の食料である土地のもたらす地代と利潤が、それぞれ等しいという事態は、広い国土の多くの部分が改良された土地である場合にのみ生じる、ということが理解されなければならない。特定の地域的な状況下では、それはまったく違っており、牧草の地代と利潤は、穀物がもたらしうるものよりもずっと大きくなる。

11 こうして大都市の近隣地方では、ミルクと馬の飼料に対する需要が、食肉の高価格と一緒になって、穀物の価値に対する自然な比率とでも呼びうるもの以上に、牧草の価値を引き上げるのに貢献することが多い。遠隔の土地がこの地域的利益を共有できないこと、これは明らかなことである。

12 時には特別な状況が、ある地方の人口密度をおおいに高めることがあるため、領土の全体が、大都市の近郊にある土地と同様に、その住民の食料として不可欠な牧草と穀物の両方を十分に産出できないことがあった。それゆえ、彼らの土地は、もっぱら牧草、つまりより嵩がかさみ、遠隔地から容易に運び込めない商品の生産に利用されてきたし、さらに、大部分の国民の食料である穀物は、もっぱら外国から輸入されてきた。現代では、オランダがこの状態にあるし、さらに古代イタリアの相当部分も、ローマ人が隆盛をきわめていた時期、その状態にあったように思われる。

老カトー〔Marcus Porcius Cato, 234B.C.-149B.C. ローマの政治家・著述家で大カトーとも呼ばれる〕が言った、とキケロ〔ここでのスミスの説明は『義務について』に記されている〕が指摘しているのだが、私的所領の経営における第一のことで、しかももっとも利益があがることは、家畜に十分食べさせること、第二は、許容できるほどよく食べさせること、そして第三は、足りない程度に食べさせることであった。犂で耕作すること、彼はこれを利益と有利さの点からして、四番目にあげているにすぎない。土地の耕作は、実際のところ、ローマの近隣地域にあった古代イタリアの一部では、穀物の分配——しばしば無償、あるいはきわめて安価に人々に提供された——によって、ひどく妨害されていたはずである。穀物は征服された国から運ばれたが、そのうちのいくつかは、租税の代わりに、収穫の一〇分の一を提示された価格、一ペックにつきおおよそ六ペンスで、供給するように義務付けられていた。大衆に分配された時の低価格は、ラティウム〔ローマの南東方にあった古代都市国家〕、つまりローマの古い領土から、ローマの市場に運び込むことができる穀物の価格を必然的に引き下げたはずであり、こうして、その地方における土地の耕作を阻害したにちがいない。

13 広々とした土地――そこでの主要な産物は穀物である――においても、しっかり囲い込まれた牧草地の一区画が、その近隣地域におけるどの穀物畑にくらべても、しばしば高い地代をもたらすことがあるだろう。それは、穀物の耕作に利用される家畜を養うために好都合であり、この場合、その高い地代は、家畜を使って耕作される穀物畑のそれから支払われるのと同じ意味で、その土地自体の産出物の価値から支払われる、ということにはならない。もし近隣の土地が完全に囲い込まれた場合には、それは下落することになろう。スコットランドで囲い込まれた土地の現在の高い地代は、囲い込みがまれにしか見られないことの結果であり、それが頻繁に目につくようになるまでは、おそらく持続するだろう。囲い込みの利益は、穀物用よりも牧草用のほうが大きい。それは、家畜を保護する労働を節約するのだが、家畜には、飼育者やその犬によって邪魔されないほうがよく育つ、という面もある。

14 しかし、この種の地域的な利益がまったく存在しないところでは、穀物、あるいは人々の一般的な植物性食料になっている何か別の生産物の地代と利潤が、それを生産するのに適した土地について、牧草地の地代と利潤を規制するはずである。

15 栽培された牧草、すなわち、カブ、ニンジン、キャベツその他の手段の利用は、同一面積の土地で、自然の牧草を用いるよりも多い家畜の飼育を可能にしてきたが、これは、パンの価格よりもおのずと高価であった食肉の価格を、改良が進んだ地方で、ある程度まで低下させるはずだと期待してよいだろう。それゆえ、事態はそうなってきたように見えるし、すくなくともロンドンの市場では、パンの価格と比べた場合の食肉の価格は、現在では、前世紀初めの時期のそれよりも大幅に低下している、と信じるだけの理由がある。

16『皇太子ヘンリーの生涯』の補遺のなかで、バーチ博士〔Thomas Birch, 1704-66. イングランドの牧師で伝記作家〕は、皇太子によって通常支払われた食肉の価格を説明している。そこで述べられていることは、六〇〇ポンドの雄牛の四肢は、通例おおよそ九ポンド一〇シリングかかったこと、すなわち、一〇〇重量ポンド当たり三一シリング八ペンスになることである。皇太子ヘンリーが亡くなったのは一六一二年一一月六日、一九歳の時であった。

17一七六四年の三月に、当時の高い食料価格の原因に関する議会の調査があった。ヴァージニアの商人によって証言されたのだが、同じ目的のための他の証拠にまじって、牛肉ハンドレッド・ウェイト〔元来は一〇〇重量ポンドであったが、地方により一〇〇～一二〇ポンドと異なっていた。イギリスでは一一二ポンド、アメリカでは一〇〇ポンドを指す〕当たり、二四から二五シリングで自分の船に積み込んだのは一七六三年三月のことで、それが当時の通常価格であった、と彼は述べている。それゆえその物価高の年に、彼は同じ重量と品質のものに対して二七シリング支払っていたのである。しかしながら、一七六四年におけるこの高価格は、皇太子ヘンリーが支払っていた通常価格よりも、四シリング八ペンス安価である。しかも、このような遠距離の航海用に塩漬けされるのに適しているのは、最高級の牛肉にかぎられるということに、注意する必要がある。

18 皇太子ヘンリーが支払った価格は、下等と極上部分を含む、牛一頭分全体でみて重量一ポンドあたり三ペンスと五分の四であった。その割合でいけば、小売店における極上部分の販売価格が、重量一ポンド当たり四ペンス半から五ペンス以下でありえたはずはない。

19 一七六四年の議会調査のなかで、良質牛肉の極上部分の価格は、消費者には一ポンド当たり四ペンスか四ペンス四分の一であったこと、下等部分は、一般に七ファージングから二ペンス二分の一とか、二ペンス四分の三で提供されたと証言されており、しかも、彼らが言うには、これは一般的に、三月に通常販売されてきた同じ品質のものよりも半ペニー高価であった。だが、この高価格でさえ、皇太子ヘンリーの時代に支配的であった通常の小売価格と推定できる価格より、なお大幅に安いのである。

20 前世紀初めの一二年間、ウィンザー市場における最高級小麦の平均価格は、九ウィンチェスターブッシェル〔当時のイングランドでは、この一ブッシェルは三五・二四リットルに相当〕の一クォーター当たり、一ポンド一八シリング三ペンス六分の一であった。

21 だが、一七六四年に先立つ一二年の間、その年も含めて、同量の最高級小麦の同市場における平均価格は、二ポンド一シリング九ペンス二分の一であった。

22 したがって、前世紀の最初の一二年間、小麦は、一七六四年も含めてその年以前の一二年間よりも著しく安価であり、食肉は、著しく高価であったと思われる。

23 あらゆる大きな国では、大部分の耕作された土地は、人間の食料か家畜の飼料を産出するために用いられている。このような土地の地代と利潤が、耕作された他のすべての土地の地代と利潤を規制することになる。ある特定の農作物が、より少ない地代と利潤をもたらす場合、その土地は、まもなく穀物か牧草用に転用されるであろうし、また、何か別の農作物がより多くの地代と利潤をもたらす場合には、穀物や牧草の耕作に利用されていた土地の一部が、まもなくその農作物に転用されるであろう。

24 このような農作物は、実際のところ、土地をそれに適したものにするためのより大きな当初の土地改良費と、毎年の耕作費を要するものであるが、穀物や牧草に較べて、一般的には一方により大きな地代を、他方により大きな利潤をもたらすことは明らかである。しかしながら、この優越性が、このような並外れた費用に対する適正な利子や補償を上回る額をもたらしている、と確認されることなど滅多にないだろう。

25 ホップ畑、果物畑や野菜畑では、地主の地代と農業者の利潤は、ともに穀物畑や牧草地のそれを一般的に上回っている。だが、土地をこの状態にするためには、より多くの支出が必要である。したがって、より多くの地代が、当然地主に支払われるようになる。またそれは、より注意深く、巧みな経営も不可避なものにする。したがって、当然より多くの利潤が農業者に支払われるようになる。また収穫高は、すくなくともホップ畑や果物畑の場合、より不安定である。したがってその価格は、あらゆる偶発的な損失を補償するだけでなく、保険の利子（プロフィット・オヴ・インシュアランス）に近いものを与える余裕がなければならない。一般的には貧しく、つねに中程度に留まる園芸農家の境遇は、彼らの大きな創意工夫が過大に補償されないことが普通であるということを、我々に納得させる。彼らの魅力的な技術は、楽しみを求める多くの富裕な人々によって実践されるため、利潤をもとめてそれを実践する人々によってなされる利点がほとんどない。というのは、自然に彼らの最良の顧客になるはずの人々は、もっとも高価な産物をすべて自給するからである。

26 地主がそのような改良から引き出す利益が、そのための当初の支出を十分補償するものよりも大きかった時など、なかったように思われる。古代の農業では、ブドウ園につづいて立派な灌漑設備をもつ菜園が、もっとも価値の高い生産物を産出すると推定できる農園の一画であったように思われる。だが、二〇〇〇年前に農業について書き、アテナイ人によってその技術の父の一人とみなされていたデモクリトス〔Demokritos, c.460B.C.-c.370B.C. ギリシャの哲学者で、多くの科学につうじていた〕は、菜園を囲い込む者は賢く振る舞ったとは言えない、と判断している。彼は、その利潤が、石垣の費用を補償することはあるまいという。さらに、レンガ（太陽の光で焼いたレンガのことだと思われる）は、雨が降ったり、冬の嵐で崩れたりするから、絶えず補修が必要である。コルメッラ〔Columella, 一世紀中ごろのローマの著述家で、園芸や花卉栽培も含めた『農耕論』がある〕は、このようなデモクリトスの判断を伝えた人物だが、それに反論することはせず、キイチゴやイバラの生垣で囲い込むというきわめて節約的な方法を提案しているが、彼が言うには、それは、自らの経験をつうじて、耐久力に富み、侵入不可能なフェンスであると分かったものであった。だが、それはデモクリトスの時代には、一般的に知られていなかったようである。パッラディウス〔Palladius, 四世紀ごろのローマの著述家で、農作暦でもある『農耕論』は中世まで利用された〕はコルメッラの見解を採用しており、ウァッロ〔Marcus Terentius Varro, 116B.C.-27B.C. ローマの政治家・学者で、『農耕論』も著している〕によって、それ以前から推奨されていた。

このような古代の改良家の判断に従えば、菜園の産物は、並外れた耕作と灌漑費用を十分賄うほどではなかった。というのは、それほど陽光が強い地方では、現代と同様に当時でも、菜園のすべての苗床の管理を可能にする水路にかんする専門知識を、当然持っていなければならないと理解されていたように思われるからである。ヨーロッパの大部分の所では、現在でも菜園は、コルメッラによって推奨されたものを凌ぐほど、価値の高い囲い込みであるとは思われていない。グレートブリテンや他の北方地域では、石垣で保護されないかぎり、高級な果物を収穫することはできない。それゆえその価格は、そのような国では、それなしでは栽培不可能な設備を建設して維持する費用を賄えるほど、十分なものでなければならない。多くの場合、菜園の周りを果物用の石垣が囲むわけだが、こうして、それ自体の生産物では滅多に補償できない囲い込みの利益を菜園が享受することになる。

27 ワイン用のブドウ園というものは、適切に植え付けられて完璧に仕上げられれば、農場としてもっとも価値がある部分であるということ、これは、現在のすべてのワイン産地で理解されているように、古代の農業では、疑問の余地を残さない処世訓であったように思われる。だが、新しいワイン用のブドウ園を開設することが有利であったかどうかは、コルメッラの記述からわかるように、古代イタリアの農民のあいだで議論された事柄であった。彼は、好奇心をそそるあらゆる耕作の真の愛好者のように、ワイン用のブドウ園を支持する結論を下し、利益と費用を比較したうえで、それが、もっとも有利な改良であったことを証明しようとする。しかしながら、新しいプロジェクトの利益と費用をこのように比較することは、一般的に、きわめて人を惑わしやすいことであり、しかも、農業の場合がその最たるものである。そのような農園によって実際にもたらされる利益が、あらかじめ予想されていたように大きいことが普通であったとすれば、それをめぐる論争など、生じるはずがない。同じ問題は、現代でもしばしばワイン生産地方で、論争の的になっている。実際、農業にかんする著作家は、集約的な耕作の愛好者であるとともにその推進者でもあるが、彼らは、一般的にコルメッラとともに、ワイン用のブドウ園を支持する傾向があるように見える。フランスにおける新しいブドウ園の開設の阻止をめざす古くからのワイン用ブドウ園所有者の熱い思いは、そのような著者の意見を支持しているし、さらに、経験が必要な人々のなかに、現在、この種類の栽培がその地域では他の所よりもずっと利益を生んでいるという意識が存在していることを示している。

しかしながら、現在ワイン用ブドウの自由な栽培を抑制している法律以上に、この並外れた利益の方が長期間持続しうるはずがないということは、同時に、他の見解があることを示唆しているように思われる。一七三一年に彼らが出してもらった勅令〔国王が枢密院に諮って発する命令〕は、新規のワイン用ブドウ園の開設と、二年間栽培を中断した古いブドウ園の再開を、ともに禁止するというものであった。国王からの特別な許可がない場合には、土地を検査した地方の行政長官から、それ以外のものの栽培が不可能なことを証明する報告があった場合にかぎって、認められるものとされた。この命令の口実は、穀物と牧草の不足、およびワインの極端な過剰にあった。だが、もしこの極端な過剰が真実であったとすれば、勅令などなくても、この種の栽培がもたらす利潤を、穀物や牧草のそれに対する自然な比率以下に引き下げることによって、ワイン用ブドウ園の新規開設が効果的に阻止されたであろう。ワイン用ブドウ園の増加によって引き起こされると予想された穀物不足にかんしていえば、フランスでは、ワイン産地――ブルゴーニュ、ギュイエンヌ、上ラングドック地方のように、その栽培に適している土地――以上に、穀物が丁寧に栽培されているところはない。一種類のものの栽培に雇用されている多数の労働者は、その生産物用に準備がととのった市場を提供することによって、必然的に他の種類の栽培を奨励する。それを支払うことができる人々の数を減少させることは、穀物栽培の奨励策として、もっとも見込みの薄い方法であることは間違いない。それは、製造業を妨害することによって、農業を促進しようとする政策に似ている。

28 したがって、生産物に適した土地に改良するための最初の支出を引き上げたり、毎年の栽培費用を増加させる必要があるこのような生産物の地代と利潤は、しばしば、穀物と牧草地のそれを大きく上回りはするが、しかし、類を見ないほど巨額の支出を補償しきれない場合には、このような普通の穀物の地代と利潤によって、実際に規制されることになる。

29 実際に時々起きることだが、ある特定の生産物に適するようにできる土地の広さが、その有効需要を満たすためには不足することがある。すべての生産物は、それを育てて、市場にもたらすために必要な地代、賃金と利潤のすべてを、それぞれの自然の大きさに従って、つまり、他の耕作された大部分の土地で支払われているそれぞれの割合に従って、十分に支払ってもなお少し余るものを進んで引き渡そうとする人々に、売却することが可能である。改良と栽培の費用をすべて負担した後に残る価格の剰余部分は、この場合、しかもこの場合に限って、穀物や牧草における同じような剰余とは、何ら規則的な比率を持っておらず、ほとんどいかなる程度であれ超過しているのが普通であって、しかも、この超過の大部分が自然に地主の地代になるのである。

30 たとえば、ワインの地代や利潤と、穀物や牧草のそれとの間に、通常で自然な比率が生じるのは、軽くて、砂利や砂が多い土壌ならほとんどどこでも栽培でき、その強みと有益性以外には何ら魅力的なものをもたず、ひたすら上質の普通のワインを生産するようなワイン用ブドウ園についてのみ生じる、ということが理解されなければならない。地方にある普通の土地が競争にもち込まれうるのは、このようなワイン用ブドウ園にかぎられる。というのは、そのような特殊な土壌と競争できるはずがないこと、これが明白だからである。

31 ブドウは、他のいかなる果樹にもまして、土壌の違いに大きく影響される。それは、いかなる耕作や管理も、他の所では匹敵するものをもたらしえない風味を、その土壌から引き出していると想像されている。真実であれ、想像上のものであれ、この風味は、時には狭い地域の大部分にくまなく広まっていたり、時には、広い地域の大部分に広まっていたりすることもあるが、ごく少数のワイン用ブドウ園の産物だけがもっている特徴である。市場にもち込まれるそのようなワインの総量は、有効需要——それを整えて市場にもたらすために必要な地代、利潤および労賃の全体を、通常の相場に従って、つまり普通のワイン用ブドウ園で支払われている相場に従って、進んで支払おうとする人々の需要——を満たすことができない。それゆえ、より高い価格を進んで支払おうとする人々にその総量が売却されなければならず、それは、必然的に、その価格を並のワインの価格以上に引き上げる。その価格差は、そのワインの流行度や稀少性が、購買者間の競争を白熱させる程度にしたがって、大きかったり、小さかったりする。価格上昇のいかんにかかわらず、その大部分が地主の地代になる。というのは、そのようなワイン用ブドウ園は、一般的に、他のほとんどのものに較べてずっと注意深く栽培されているとはいえ、ワインの高価格は、このような注意深い栽培の結果というよりも、むしろ栽培される原因であるように思われるからである。それほど価値の高い生産物の場合、不注意が引き起こす損失はきわめて大きいから、もっとも軽率な人間でさえ、注意せざるをえなくなる。それゆえ、この高い価格の若干部分が、その栽培に費やされた並外れた労働の賃金と、その労働を始動させる莫大な元本の利潤を、十分に支払えることになる。

32 ヨーロッパ諸国が西インド諸島に保有している砂糖植民地は、このような稀少価値の高いワイン用ブドウ園に、なぞらえることができよう。そこでの全生産量は、ヨーロッパの有効需要を満たしていないから、それを育てて市場にもたらすために必要な地代、賃金と利潤のすべてを、他の生産物の場合に一般的に支払われている大きさに従って、十分に賄える以上のものを進んで引き渡そうとする人々に、売却することができるのである。コーチシナ〔現在ベトナムの一部で、旧フランス領であったインドシナ南部地帯〕で最良の白砂糖会社は、その地方の農業のきわめて注意深い観察者であるポワブル氏〔Pierre Poivre, 1719-1786. フランスの使節で、フランス東インド会社の創設にかかわった商人〕が述べているところによれば、*一キンタル〔一一二重量ポンド相当〕当たり三ピアス、イギリスの貨幣で約一三シリング六ペンスでひろく販売しているという。ここでキンタルと呼んでいるものは、一五〇から二〇〇パリ・ポンド、つまり中位でみると一七五パリ・ポンドの重量であり、イギリスのハンドレッド・ウェイト当たりの価格に換算すると、砂糖一〇〇ポンドは正貨約八シリングに相当することになるが、我々の植民地から輸入される赤砂糖や黒砂糖に普通支払われる四分の一にも、また、最上の白砂糖に対して支払われる価格の六分の一にもならない。コーチシナにある耕作地の大部分は、穀物とコメ――多数の人民の食料――の生産に利用されている。穀物、コメ、および砂糖それぞれの価格は、おそらくそこでは、その自然な相場、つまり、耕作地のより大きな部分でさまざまな作物のあいだで自然に生じる相場であって、本源的な改良支出と年々の栽培費用に従って算出しうる相場に近いものを、地主と農業者に補償するものである。

だが、我々の砂糖植民地の場合、砂糖の価格は、ヨーロッパやアメリカのコメや穀物畑の生産物の価格と、そのような釣り合いをまったくもっていない。一般的に言われているのは、砂糖農園主は、ラム酒と糖蜜〔砂糖の生成過程で生じる残留物〕がそこでの栽培費用の全額を支払うはずだから、手にする砂糖はすべて純益のはずだ、ということである。私がそれを明言しないふりをするわけは、もしこれが真実なら、それは、穀物農業者が自らの栽培費用を、もみ殻や藁で支払えば、穀物はすべて純益になるはずだと期待するのと、まるで同じことになるからである。我々がしばしば目にすることは、ロンドンや他の貿易都市の商人団体が、砂糖植民地にある荒れ地を購入し、本国から遠く離れ、このような地方における司法（ジャスティス）の不完全な管理ゆえに収益も不確かなところで、仲買人や代理人を使って、利潤を上げるように改良し、栽培するつもりであるということである。スコットランドやアイルランド、あるいは、北アメリカの穀物栽培地域のもっとも肥沃な土地でも、より厳格な司法の管理をつうじて、より規則的な収益が期待できるとはいえ、同様な方法で、改良したり、耕作したりしようと試みる人間など誰もいないだろう。

＊『哲学者の旅行記』〔本注は第二版で追加。原著の正確なタイトルは *Voyages d'un philosophe, ou observations sur les mœurs et les arts des peuples de l'Afrique, de l'Asie, et de l'Amérique*, 1768〕。

33 ヴァージニアとメリーランドでは、利益がもっと多いという理由から、穀物栽培よりもタバコ栽培のほうが好まれている。タバコは、ヨーロッパの大部分をつうじて、有利に栽培される可能性があるが、ヨーロッパのほぼ大部分では、それは課税の主要対象になっていて、たまたまこの植物が栽培されている地方の農園からもれなく税を徴収することは、税関でそれが輸入された時に課税するよりも、はるかに困難であろうと信じられてきたが、この理由かららして、タバコ栽培は、ヨーロッパの大部分の地方で不条理にも禁止されてきた。これは、必然的にある種の独占を、それが許可されている国に対して与えることになった。そして、ヴァージニアとメリーランドがその最大量を産出するため、いくつか競争相手がいるとはいえ、両者は、この独占の利益をもっぱら共有している。しかしながら、タバコ栽培は、砂糖栽培ほど有利ではないように思われる。グレートブリテンに住む商人の資本（キャピタル）によって、改良されたり耕作されたりしたタバコ農園の話など聞いたことがないし、我が国のタバコ植民地は、我が国の砂糖諸島から到着するのが目につく豊かな植民者を、頻繁に本国に送り出したりしてはいない。

穀物よりもタバコの栽培に対して植民地で与えられているこのような特恵から、タバコに対するヨーロッパの有効需要が完全に満たされていないことが分かるとはいえ、それは、砂糖に対する有効需要に比べれば、ほぼ満たされている状態に近いであろう。だから、現在のタバコ価格は、穀物畑に対して一般的に支払われているそれぞれの大きさに従って、穀物を育てて市場にもたらすために不可欠な地代、賃金および利潤のすべてを、おそらく十分に支払う以上のものではあろうが、それは、現在の砂糖価格ほど大きなものではないはずである。それゆえ、我が国のタバコ農園主は、フランスの古いワイン用ブドウ園の所有者がワインの著しい在庫に抱いているのと同じ懸念を、タバコの大幅な在庫過剰について表明してきたのである。彼らは、植民地議会の立法により、一六歳から六〇歳までの黒人一人につき、六〇〇〇株――推定で、一〇〇〇重量ポンドのタバコを産出する――に、その栽培を抑制してきた。そのような黒人は、この量のタバコに加え、彼らの計算では、四エーカーのトウモロコシ畑を管理できることになっている。その市場が在庫過剰になるのを回避するためにも、彼らは、豊作の年には、時々黒人一人につき一定量のタバコを、オランダ人が香料について施すといわれる同じ方法で、燃やしてしまう（私は、彼が間違った報告を受け取ったのではないかと疑っている）と、ダグラス博士*〔William Douglas, c.1691-1752. スコットランドに生まれ、後にボストンに移住した医師〕は報告している。もしそのような強引な手法が、タバコの現在の価格を維持するために不可欠であるとすれば、穀物のそれを上回るタバコ耕作がもつ大きな利益は、なおいくらかあるとしても、おそらく長期間続くことはあるまい。

＊ダグラス著『概要』第二巻、三七二〜三頁〔本注は第二版で追加。原著の正確なタイトルは *A Summary, Historical and Political, of the First Planting, Progressive Improvements, and Present State of the British Settlements in North America*, 1760〕。

34 人間の食料を産出する耕作地の地代が他の大部分の耕作地の地代を規制するのは、このような方法によってである。いかなる生産物も、より少額の地代を、長期にわたって支払いつづけることはできない。というのは、そのような土地は、まもなく他の生産物の作付けに転換されるからである。だから、もしある特定の生産物が、一般的により多くの地代をもたらしているとすれば、その理由は、それに対する有効需要を満たすためには、その栽培に適した土地が狭すぎる、ということなのである。

35 ヨーロッパでは、穀物は、人間の食料として直接役立つ土地の生産物である。それゆえ、特別な場所を除き、穀物畑の地代が、ヨーロッパの他のあらゆる耕作地の地代を規制するのである。ブリテンは、フランスのワイン用ブドウ園も、イタリアのオリーブ園も、羨ましがる必要はない。特別な場所を除き、このような土地の価値は穀物耕作地の地代によって規制されるのであって、ブリテンの土地の多産性は、この二つの地方のいずれよりも大きく劣っているわけではない。

36 もしある地域で、大衆が好んで普通に口にする植物性の食料が、万一にも、次のような植物——同様か、ほぼ同様に耕作される大部分の普通の土地が、もっとも肥沃な穀物畑が産出するよりも、ずっと多くの量を産出する植物——であるとすれば、地主の地代、つまり、労働を支払い、通常の利潤とともに、農業者の元本（ストック）を取り戻した後で地主のために残る剰余食料の量は、必然的に、ずっと大きなものになろう。当該の地域で、普通に労働が維持されている程度（レート）がどのようなものであろうと、この大きな剰余は、つねにより多くの労働量を維持することができ、したがって結果的に、地主が、より多くの労働量を購買または支配できるようにするであろう。彼の地代の真実の価値、彼の真実の力と権威、すなわち、他の人々の労働が彼に提供しうる生活必需品と便宜品に対する彼の支配は、必然的にはるかに大きくなるだろう。

37 稲田は、もっとも肥沃な穀物畑（コーン・フィールド）〔イングランドの場合は小麦、スコットランドやアイルランドではカラス麦をさすことが多い〕よりも、はるかに多量の食料を生産する。それぞれ三〇から六〇ブッシェルに達する一年に二回の収穫量が、一エーカーの通常の生産高であるといわれている。それゆえ、その耕作にはより多くの労働が必要になるが、そのような労働をすべて維持した後に残る剰余は、ずっと大きくなる。したがって、このような稲作地域（ライス・カントリー）――米が一般的に好まれる国民的植物性食料であって、耕作者が、もっぱらそれで養われている地域――では、地主に帰属するようになる分け前は、麦作地域のそれに比べて、このより大きな剰余のもっと大きな部分になるはずである。カロライナ――他のイギリス植民地と同様に、一般的に、入植者が農業者と地主を兼ねており、結果的に、地代は利潤と一緒にされている――では、彼らの田畑が一年に一回の収穫しかもたらさず、しかも、ヨーロッパの慣習が行きわたっているため、そこでは、国民が一般的に好む植物性食料ではないのに、稲作の方が麦作よりもずっと利益があるとみなされている。

38 良質の稲田は、四季をつうじて湿地であり、一シーズンだけは水を張った湿地になる。それは、麦作、牧草地やワイン用ブドウ園にも、さらにまた、実際のところ、人間にとっておおいに役立つ他のいかなる植物性作物にも適していない。だから、そのようなさまざまな用途に適した土地は、稲作には適さないわけである。それゆえ、稲田の地代は、稲作地域でさえ、他の耕作された土地——稲作にはまったく転用できない土地——の地代を規制できるはずがないのである。

39 ジャガイモ畑で産出される食料は、量の点でみると、稲田で産出されるものに劣るものではなく、小麦畑（フィールド・オヴ・ウイート）で産出されるものを、かなり上回る。一エーカーの土地からとれる一万二〇〇〇重量ポンドのジャガイモは、二〇〇〇重量ポンドの小麦よりも、多量の生産物であるとは言えない。実際、この二種類の植物からそれぞれ取り出すことができる食料や固形栄養分は、ジャガイモが多くの水分を含むため、それぞれの重量にきっちり比例するわけではない。しかしながら、この根茎の重量の半分が水になる——きわめて大きな割引だが——と認めるにしても、一エーカーのジャガイモ畑は、依然として六〇〇〇重量ポンドの固形栄養分を産出するのであって、一エーカーの小麦畑で産出される量の三倍である。一エーカーのジャガイモ畑は、一エーカーの小麦畑よりも少ない費用で耕作できるし、小麦の種蒔きに普通先立つ休耕地の鋤き返しは、つねにジャガイモに施される除草その他の余計な耕作費用の支払いよりも、さらに費用がかかる。

この根茎が、いくつかの地方におけるコメのように、ヨーロッパのあらゆる地域で、国民の間で一般的に好まれる食用野菜になり、小麦や、人間の食料になる他の種類の穀類が現在耕作されている土地と同じ広さに達するようになるとすれば、さらに労働者は、一般的にジャガイモでおなかを満たすから、同面積の耕作地がずっと多数の人間を養うようになるだろうし、その栽培のために利用されるすべての元本を取り戻し、すべての労働者を養った後に残る剰余は、さらに大きなものになるであろう。この剰余のいっそう大きな分け前もまた、地主に属することになろう。人口が増加するだろうし、したがって地代は、現時点のそれを大きく超えて上昇することになろう。

40　ジャガイモに適した土地は、他のほとんどすべての有用植物にも適している。そのような作物が、穀物が現在占めているのと同じ割合の耕作地を占めるようになれば、穀物と同じような仕方で、そのような作物栽培地の地代が、耕作された他の大部分の土地の地代を規制するであろう。

41　ランカシャーのいくつかの地域では、私はそう聞いているが、白パンよりもオートミールのパンのほうが、労働大衆にとってより栄養に富む食料であると主張されているし、同じ見解がスコットランドでも保持されている、としばしば耳にしてきた。しかしながら私は、その真実性については、疑問に思っている。スコットランドでは、普通の国民はオートミールを食べるが、彼らは、イングランドの同じ階級に属している白パンを食べる国民ほど、頑強でも、体格が立派なわけでもない。彼らが後者ほど働くわけでも、健康そうに見えるわけでもない。また、両国の上流階級の人々のあいだに同じような違いがあるわけではないから、経験が示すところは、スコットランドの一般大衆の食料は、おなじ階層に属するイングランドの隣人の食料ほど、人間の健康状態に適しているわけではないように思われる。だが、ジャガイモについては、事情が異なっているように見える。ロンドンの椅子駕籠かき人、荷運び人および石炭荷役、さらに売春で生きるような不幸な婦人、つまり、おそらくイギリスの統治下でもっとも頑強であったり、もっとも美しかったりする人々は、その大部分が、アイルランドで通常ジャガイモを食べている大衆の最下層の出身である、といわれている。その栄養上の優秀さ、すなわち人間の体質の健康状態にとって、それがとくに適していることについて、これ以上決定的な証拠をもっている食料があろうはずがない。

42 一年を通してジャガイモを保存することは困難であり、穀物のように、二年や三年もまとめてそれを貯蔵することは、不可能である。腐敗する前にそれを売却できないという不安が、その栽培を押しとどめるし、おそらくそれが、広大な地方で、パンのようにさまざまな階級すべての人々の植物性主食になるためには、主要な障害になるのである。

第二節　時々地代をもたらしたり、もたらさなかったりする土地の生産物について

1 人間の食料は、つねにいくらかの地代を、かならず地主にもたらす唯一の土地生産物であるように思われる。他の種類の生産物は、さまざまな事情に応じて、時々地代をもたらしたり、もたらさなかったりする可能性がある。

2 食料の次には、衣と住とが、人間の二つの大切な必要物である。

3 土地は、原始的で未開発の状態においては、それが養いうる数よりもはるかに多くの人々

に、衣と住の原料を提供しうる。改良された状態では、時折それは、すくなくとも人々が求め、しかも、喜んでそれに支払おうとするような仕方で、このような素材を供給できる人間の数よりも、はるかに多数の人々を食べさせることができる。したがって前者の場合には、衣や住のための原料はつねに溢れるほど豊富であり、それに応じて、それはしばしば、ほとんどあるいはまったく価値をもたない。後者の場合には、それは、しばしば不足しており、必然的にその価値が高められることになる。前者の場合には、その大部分が無益なものとして打ち捨てられるのであって、こうして利用されるものの価値は、それを利用に適するものにするための労働と経費に等しいだけのものとみなされ、したがって、地主には、まったく地代をもたらしえないのである。後者の場合、それはすべて利用され、したがって、しばしば入手しうるものを上回る需要がある。つねに誰かが、それを市場にもたらすための費用を賄うために要する以上のものを、そのすべての部分に対して、喜んで与えようとしている。それゆえ、その価格は、つねに地主にいくらかの地代をもたらしうることになる。

4　大きな動物の皮は、衣服の本源的な素材であった。それゆえ、食料がもっぱらこのような動物の肉から成り立っている狩猟と牧畜を業とする国民の間では、すべての人々は、食料を自給することによって、自分自身で着ることができる以上の衣服の素材を、自給するのである。外国貿易が存在しない場合には、その大部分は、無価値なものとして放棄されたことであろう。これは、ヨーロッパ人に発見される以前の北アメリカ地方の狩猟民族の間で生じていたような事態であるが、今では、彼らは、余分の毛皮をヨーロッパ人の毛布、火器やブランディと交換して、毛皮を価値があるものにしている。既知の世界の現在の商業状態においては、土地所有が確立されているもっとも野蛮な国民の間でも、この種の外国貿易を行っており、自国の土地で産出しても、国内で加工も消費もできない衣服の素材については、このような豊かな隣国の人々に送り届ける費用を上回るほど、その価格を引き上げるような需要を、より豊かな隣国の人々の間に見出している、と私は信じている。したがって、それは地主にいくらかの地代をもたらす。

ハイランドの家畜の大部分が地元で消費されていた時には、その皮革の輸出が、その地方のもっとも重要な商品であり、したがってそれと交換されたものが、ハイランドの土地の地代に若干のものを追加した。イングランドの羊毛は、古い昔は自国で消費も加工もされえなかったが、当時ずっと豊かで、産業が発展していたフランドル地方に市場を見出しており、したがってその価格が、それを生産した土地の地代として、なにがしかのものをもたらした。当時のイングランドほど、あるいは現在のスコットランドのハイランドほどよく耕作されておらず、しかも、外国貿易をもたない国の場合には、衣服の素材は明らかに過剰であろうから、その大部分は無益なものとして捨てておかれ、いかなる部分も、地主に地代をもたらしえないであろう。

5 住宅の原材料は、衣服のそれほど遠距離を運送できるとはかぎらず、それほどたやすく外国貿易の対象にもならない。それが、産出国に有り余るほど存在する場合、現代の世界の商業状況の下でさえ、地主にとって、まったく価値をもたないということがしばしば生じる。ロンドン近郊にある立派な採石場は、かなり大きな地代をもたらすだろう。スコットランドやウェールズの多くの地方では、それは何ももたらさない。果実をつけない建築用の樹木は、人口稠密で、耕作が進展した地方では大きな価値をもっており、したがってそれを産出する土地は、少なからぬ地代をもたらす。だが、北アメリカの多くの部分では、地主は、所有地にある大木の多くの部分を運び去る人々を、有り難く思っていたことだろう。スコットランドのハイランド地方の一部では、道路と水運が欠如しているため、市場に送ることができる木材の唯一の部分は樹皮である。樹木は、土の上に放置されて腐ることになる。住宅用の原材料が溢れるほど豊富な場合、利用される部分は、それを、用途に適合させるための費用と労働の値打ちしかない。それは、それを求める労をいとわぬ人間になら誰であれ、その利用を許可する寛大な地主には、それは、地代をまったくもたらさない。しかしながら、より豊かな国民の需要は、彼にそれに対する地代を時々受け取れるようにすることがある。ロンドンの街路の舗装は、スコットランド沿岸部の不毛の岩の所有者に、それまでまったくもたらすことがなかった地代の入手を可能にしてきた。ノルウェーとバルト海沿岸部の森は、自国では見つけられなかった市場を、グレートブリテンの多くの所で見出しており、こうして、その所有者にいくらかの地代をもたらしている。

6　国が人口稠密であるのは、その生産物が、衣服と住まいを与えうる人間の数に応じてではなく、それでもって養うことできる人間の数に応じてのことである。食料が供給されさえすれば、必要な衣服と住居を見つけることは簡単である。しかし、このようなものが手許にあっても、食料を得ることが困難である可能性がしばしばある。イギリスの統治下にあるいくつかの地域でさえ、およそ家と呼ばれるものが、わずか一日で、一人の男によって作られるところがある。動物の毛皮というもっとも簡単な種類の衣服でも、それを利用するために仕立てたり支度したりする、さらにある程度の労働が欠かせない。とはいえ、それは大量に求められるわけではない。未開で野蛮な国民の間では、年間総労働の一〇〇分の一、あるいはたった一〇〇分の一くらいで、大部分の人々を満たす程度の衣服と住居を、十分に提供できるだろう。その労働人口の一〇〇分の九九でもってしても、自分自身に十分な食料を確保できないことがしばしばある。

7 しかし、土地の改良と耕作によって、一家族の労働で二家族のための食料が提供できるようになると、その社会の半分の労働で、全員のための食料が十分提供できることになる。それゆえ、残りの半分、つまり、すくなくともその大部分を、食料以外の人間の欲望や好みを満たすために利用できるようになる。衣服や住宅、家具、さらに装身具セット（エキエピッジ）と呼ばれるものが、大部分のこのような欲望や好みの主要な対象である。豊かな人が、貧しい隣人よりも多くの食料を消費するわけではない。質でみればおおいに異なっており、すなわち、それを選び出したり、調理したりするにはより多くの労働と技術が必要であろうが、量でみた場合には、ほとんど違いはないのである。

だが、豊かな人間の広い御殿とすばらしい衣装部屋を、貧しい人間のあばら屋やわずかなボロ着と較べて見よ。そうすれば、衣服、住居および家具についてみられる両者間の違いが、質においても量においても、きわめて大きいことに気付くであろう。食料への欲望は、誰であろうと、胃の容量の小ささという点で限界があるが、建物、衣装、装身具セットおよび家具といった便宜品や装飾品に対する欲望には、限度やはっきりした限界は存在しない。それゆえ、自分自身で消費しうる量を超える食料を意のままにできる人間は、剰余分、つまり同じことだが、剰余分の代価を、いつもこの異なった種類の欲望充足のために交換しようとする。限度をもつ欲望を満たして残るものが、このように、けっして満たされることも、尽きてしまうこともないとしか思われない欲望を満たすために、提供されることになる。貧しい人間は、食料を入手するために、このような豊かな人間の好みを満たそうと、懸命に努力する。すなわち、より確実に食料を入手するために、彼らの仕事の安さと完璧さをめぐって、たがいに競いあうのである。労働者の数は、食料の量の増加、つまり、土地の改良と耕作の進展とともに増加する。さらに、彼らの仕事の性質が、労働の最大限の細分化を許すものであるかぎり、彼らが加工しうる原料の量は、職人の数よりもずっと大きな割合で増加する。これをもとにして、人間の発明が、建築、服飾、装身具セットおよび家具などにおいて利用しうるあらゆる種類の原料に対する需要だけでなく、さらに、地中深く埋蔵されている化石や鉱物、貴金属や宝石に対する需要といったものが、登場することになる。

8　食料は、このようにして地代の本来的な源泉であるだけでなく、後に地代をもたらす土地の生産物の他のすべての部分もまた、その価値の地代部分を、土地の改良と耕作によって食料生産で用いられる労働生産力の改善から、引き出すのである。

9　だが、後に地代をもたらすようになるこのような土地の大部分は、かならずしも、つねにそれをもたらすわけではない。改良され、耕作が進んだ地域でも、そのようなものに対する需要は、労働を支払い、その通常の利潤とともに、それを市場にもたらすために利用しなければならない元本を取り戻すために十分なものを超える、より大きな価格を提供するほどであるとは限らない。その価格がそうなるか、それともそうならないか、これはさまざまな事情に依存している。

10 たとえば、炭鉱が地代をもたらしうるかどうかは、一部は、それが多産であるかどうか、また一部は、どこに位置するか、これ次第で決まる。

11 どのような鉱山であろうと、それが、含有率の高い良鉱と呼ばれるか、それとも含有率の低い貧鉱と呼ばれるかは、一定量の労働によってそこから産出される鉱物の量が、同じ種類の他の大部分の鉱山から、同量の労働で産出されるものよりも多いか、少ないか次第で決まるといって良いだろう。

12 立地条件が良い炭鉱のなかでも、含有率の低い貧鉱であるという理由から、稼働することが不可能になるものがある。その生産物は、費用を弁済しない。それは、利潤も地代も、まったくもたらすことができないのである。

13 生産物のなかには、労働の報酬を支払ったうえで、その通常の利潤と一緒に労働者を働かせるために用いられる元本を取り戻すことが、かろうじて可能になるようなものがある。それは、そのような仕事の事業者にいくらかの利潤をもたらすが、地主に地代をもたらすことはない。それを利益が上がるように動かしうるのは、自分自身がその仕事の事業者であり、それに費やす資本(キャピタル)の通常の利潤を入手するような地主だけである。スコットランドの多くの鉱山は、この方法で稼働されているし、その方法でしか稼働することはできない。地主は、他の誰に対しても、いくらかの地代を支払わずに鉱山業を行うことを許可しないし、また、地代を支払える人間などいるはずがないのである。

14 同じ地域にあって十分に含有率が高くて多産な他の炭鉱が、立地場所を理由に稼働できなくなるはずはない。操業費を支払うのに十分な採掘物の量は、通常の労働量、あるいは、それよりもさらにいっそう少ない労働量で、鉱山から掘り出すことができる。だが、内陸に位置し、住む人も少なく、立派な道路も水上運輸も利用できない地方では、それだけの採掘量を販売することは不可能である。

15　石炭は薪ほど快適な燃料ではないし、健康的という点でも、石炭は劣っていると言われている。それゆえ、消費されている場所における石炭の費用は、一般的には、薪のそれよりもいくらか低いはずである。

16　また木材の価格は、農業の状況次第で、つまり、家畜の価格とおおよそ同じ仕方で、さらにはまったく同一の理由にもとづいて、さまざまに変化する。人間の手が加わっていない農業の初期段階では、あらゆる国の大半は樹木で覆われていて、しかも、当時それは、地主にとってまったく価値のないたんなる邪魔物にすぎず、地主は、伐採したい者なら誰に対しても、喜んでそれを与えたことだろう。農業が進展してくると、森林は、一部は耕作の進展によって切り開かれるし、また一部は、家畜の数が増加した結果として荒廃していく。家畜は、すべてが人間の勤労の獲得物である穀物と同じ比率で増加することはないが、人間の世話と保護をうけて増殖する。つまり人間は、不作の時期に家畜を養えるものを豊作の時期に蓄え、未開の自然が提供する量を超える食料を通年にわたって提供し、家畜の敵を撲滅したり駆除したりすることによって、自然が提供するすべてのものを家畜が自由に享受するように確保してやるのである。多数の家畜の群れは、森林を自由に歩き回れるように許されると、古木を全滅させることはないが、あらゆる若木の生育を妨げるから、一世紀か二世紀もすると、森の全体が消失することになる。

木材の不足は、その後その価格を引き上げる。それが十分な地代をもたらしている場合、地主が、果実をつけない樹木(バーレン・ティンバー)の育成——ここでは、利潤の大きさがしばしば回収に長期間要することを埋め合わせる——以上に有利な、所有地の最良の利用方法を見つけ出せない、と気付くことが時々生じる。これが、現在のグレートブリテンのいくつかの部分、つまり、植林の利潤が、穀物や牧草の利潤に等しいことが知られている所における、実態に近いものであるように思われる。地主が植林から引き出すことができる利益が、どこであれ相当長期にわたって、穀物や牧草がもたらしうる地代を上回ることなどありえないし、耕作が進んだ内陸の地方で、大幅にこの地代に達しないことなど、滅多に起きることではない。実際、改良が進んだ沿岸部では、石炭が燃料として都合よく入手可能であれば、樹木を国内で育てるよりも、耕作が進んでいない外国から、建築用の果実をつけない樹木を持ってくるほうが安くつくことが、時に生じるだろう。エディンバラの新市街の場合、ここ数年の間に建築されたものには、スコットランド産の木材は、おそらく一本も使用されていないだろう。

17 木材価格がどうであろうと、もし石炭で得られる熱の費用と、木材で得られる熱の費用とがほぼ等しければ、当該の地域では、さらにそのような状況の下では、石炭価格が可能なかぎり高くなることは間違いないだろう。イングランドのいくつかの内陸部、特にオックスフォードシャーで生じていることと思われるが、そこでは、普通の人々の燃料でさえ、石炭と木材を混ぜることが一般的であり、それゆえここでは、この二種類の燃料の費用面での違いが著しく大きくなるはずがないのである。

18　石炭は、どの産炭地方でも、このような最高価格よりずっと低価格である。もしそうでなければ、陸路であれ水路であれ、遠距離を運送する費用を負担しうるはずがない。ごくわずかな量しか販売できなかったはずであるから、石炭採掘業者と炭鉱所有者は、高い価格で少量を販売することよりも、最低価格をいくらか上回る価格で多量を販売したほうが、はるかに彼らの利益になることに気付く。しかも、もっとも良質で高く多産な炭鉱は、近隣地域にある他のすべての炭鉱の石炭価格を規制する。採炭事業の所有者と経営者は、ともに近くのすべての炭鉱より少し安く販売することによって、前者はより多くの地代を、後者はより多くの利潤をえられることに気付くのである。彼らが、同一の価格をどうにか受け入れられるはずはなく、しかもそれがつねに低下し、ときには、地主の地代と事業者の利潤をほとんど取り去ってしまうことさえ生じるとしても、近隣の人々は、まもなく、それと同一の価格で販売せざるをえなくなる。一部の採炭事業は完全に放棄され、また他の一部は、まったく地代をもたらしえず、こうして炭鉱所有者だけしか稼働できなくなる。

19　石炭をかなり長期にわたって販売しうる最低の価格とは、あらゆる他の商品と同様に、それを市場にもたらすために利用されざるをえない元本を、その利潤とともに、どうにか取り戻すことができるような価格のことである。地主に地代をもたらしえず、地主自身が採掘するか、または放り出しておかざるをえないような炭鉱では、一般的に、石炭価格はほぼこの価格に近くなるはずである。

20　地代は、石炭がそれをもたらしている所でさえ、価格への関与という点で見ると、他の大部分の土地の原生産物のそれよりも、一般的に石炭のほうが小さい。地表に広がる地所の地代は、総生産物の三分の一と想定されるものに達することが普通であり、しかもそれは、時々おきる収穫量の変化とは関係しない一定の地代であることが一般的である。炭鉱の場合、総生産物の五分の一というのはきわめて大きな地代であり、一〇分の一というのが普通の地代であるが、決まった地代というものはほとんどなく、時々おきる産出高の変化に依存している。炭鉱間の産出高の違いはきわめて大きく、地代三〇年分での譲渡が、土地財産の所有権に対する並の価格であると判断されている地方で、地代一〇年分での譲渡は、炭鉱の譲渡に対する価格としては、おおいに満足できるものとみなされているほどである。

21 所有者にとって炭鉱が持っている価値は、その多産性とかわらないほど、場所に大きく依存していることが多い。金属鉱山の価値は、多産性に対してより大きく、場所に対しては、より小さくしか依存しない。卑金属の場合、さらに貴金属の場合には一段とそうであるが、それが原鉱から取り出されてしまえばおおいに価値をもつため、一般にきわめて長距離の内陸運送や水上運送の費用を負担できるほどである。その市場は、鉱山の近隣地方に限定されず、全世界にまで拡大する。日本の銅は、ヨーロッパで取り引きされる商品になっているし、スペインの鉄は、チリとペルーで取り引きされている。ペルーの銀は、ヨーロッパだけでなく、ヨーロッパ経由で中国にも運ばれている。

22 ウェストモーランドやシュロプシャーにおける石炭価格が、ニューカッスルにおけるその価格に影響を及ぼす可能性はほとんどなく、リヨンにおける石炭価格に影響を及ぼすことなどまずありえない。それほど遠距離にある炭鉱の生産物が、たがいに競争相手になれるはずがない。だが、もっとも遠距離に位置する金属鉱山の生産物は、しばしば競争相手でありうるし、実際のところ、一般的にそうなっている。それゆえ、卑金属、さらに貴金属の場合にはなおさらのこと、世界でもっとも含有率が高くて多産な鉱山における価格が、必然的に世界中のあらゆる鉱山における生産物の価格に、多少なりとも必然的に影響を及ぼすはずである。日本における銅の価格は、ヨーロッパの銅鉱山におけるその価格に、一定の影響を及ぼすにちがいない。ペルーにおける銀の価格、つまり、そこで銀が購買する他財あるいは労働の量は、ヨーロッパの銀鉱山だけでなく、中国の銀鉱山における銀価格にある程度影響するはずである。ペルーで鉱山が発見されて以降、ヨーロッパの銀鉱山の大部分が放棄されることになった。銀の価値がそれほど大きく低下したため、その生産は、もはやその稼働費用を賄えない、つまり、その操業において消費される食料、衣服、住居その他の必需品を、利潤とともに取り戻すことができなかったわけである。ポトシ銀鉱山の発見以降、これはまた、キューバやサントドミンゴ、さらにペルーの古くからの銀鉱山についても、当てはまることである。

23 あらゆる鉱山におけるすべての金属の価格は、それゆえ、世界中で実際に採掘されているもっとも優良な鉱山における価格によって、ある程度規制されているから、大部分の鉱山では、操業費を賄う以上のことをなしうることはごくまれで、地主に著しく高い地代をもたらすことなど、まず生じえない。したがって、大部分の鉱山では、地代が卑金属の価格において占める割合はごく小さく、貴金属の価格においては、さらに小さなものになるように思われる。両金属の価格の大部分は、労働と利潤になってしまうのである。

24 世界でもっとも含有率が高く多産であると知られているコーンウォールの錫鉱山における

平均の地代は、総生産物の六分の一であるとみなすことができる、コーンウォール鉱山議会の副監督〔鉱山議会の全体を管轄する監督は、コーンウォール公、つまり皇太子によって指名された〕のボーレイス牧師〔William Borlase, 1696-1772. スミスはBorlaceと綴っているが、オックスフォード大学でMAを取得し、コーンウォールのラジャンで牧師職を続ける傍ら、鉱物や化石を中心に自然史の研究をつづけ、一七五八年に『コーンウォールの自然史』を出版〕によって、報告されている。彼の言によれば、一部の鉱山はそれ以上を、また一部のものは、それ以下しかもたらさないらしい。総生産物の六分の一というのは、スコットランドにあるいくつかのきわめて含有率が高くて多産な鉛鉱山の地代でもある。

25 フレジエ〔Amédée François Frézier, 1682-1773. フランスの軍人、探検家、生物学者で一七一七年に『南海への航海』を著す〕とウリョーアが述べていることだが、ペルーの銀鉱山では、しばしば所有者が事業者から無理に引き出す承諾事項は、地主に通常の粉砕場使用料または粉砕の代価を支払って、事業所で鉱石を粉砕する予定である、ということ以外に求められるものはないという。事実、一七三六年まで、スペイン国王の課税は規定純度の銀の五分の一に達しており、それ以降、それがペルーの大部分の銀鉱山――世界で知られてきた最高の含有量をほこる銀鉱山――の実際の地代であると理解されてきた。もし課税がまったくなかったら、この五分の一は、おのずと地主のものになっていただろうし、さらに、この租税を支払えなかったという理由で当時操業できなかった多くの鉱山が、操業されつづけた可能性がある。錫に対するコーンウォール公の課税は、五パーセント以上、つまりその価値の二〇分の一に達したと推測されている。だから、彼の取り分がどうであれ、もし錫が非課税であったら、この分もまた、自然に鉱山所有者のものになっただろう。しかし、六分の一に二〇分の一を加えるなら、コーンウォールの錫鉱山すべての平均の地代は、ペルーのすべての銀鉱山の平均の地代に対して一三対一二であったことがわかるだろう。

だが、ペルーの銀鉱山は、今やこの低い地代でさえ支払うことができず、銀に対する課税は、一七三六年に、五分の一から一〇分の一に引き下げられた。銀に対するこのような課税でさえ、錫に対する二〇分の一の課税よりも、密輸入に対して大きな誘惑を提供するし、密輸入は、嵩の大きな商品よりも、貴金属におけるほうがずっと容易である。したがってスペイン王に対する課税の支払い状況はきわめ悪く、コーンウォール公に対するそれはきわめて良好だといわれている。したがって地代は、もっとも含有率が高い多産な錫鉱山の場合、世界でもっとも含有率が高くて多産な銀鉱山における銀価格のそれと比べて、錫の価格のより大きな部分を占めている可能性が強い。このように、さまざまに異なる鉱山の操業に利用された元本を、その通常の利潤とともに取り戻した後に鉱山所有者に残る剰余部分は、貴金属よりも卑金属のほうが、より大きくなるように思われる。

26　くわえて、ペルーにおける銀鉱山の操業者の利潤は、一般的に、きわめて大きいわけではない。もっとも名声が高く、事情によく通じた同じ著者が教えているのは、誰であろうと、ペルーで新鉱山を稼働させようと試みたりすれば、その人物は、間違いなく破産して破滅する運命にあり、それゆえ、すべての人から避けられたり、敬遠されたりするということである。鉱山業は、そこでも当地と同じ観点から、宝くじ――一部の人々の偉大さが、多くの投機家に、彼らの富をそのような見込みのないプロジェクトに投じるようにと誘うとはいえ、賞金が、空くじを埋め合わせることなどない宝くじ――のようなものだ、と理解されているように思われる。

27 しかしながら、統治者が、収入のかなりの部分を銀鉱山の生産物から引き出しているため、ペルーの法律は、新銀山の発見と操業に対して、可能なかぎりの奨励を与えている。新鉱山を発見する者は誰でも、鉱脈の方向であると推定される方向に従って、距離にして二四六フィート、幅についてはその半分までを測り取る権利を与えられる。彼は、鉱山のこの部分の所有者になり、地主の恩義に対する支払い（アクノリッジメント）などすることなく、それを操業することができる。コーンウォール公の利益は、古来の王族領（ダッチィ）〔コーンウォール公とランカスター公の所領がもっとも古い二つの王族領〕で、ほぼ同じ種類の規制を引き起こしてきた。放棄され、囲われていない土地で錫鉱山を発見したものは誰でも、一定の区域について境界線――工区の設定と呼ばれた――を引いてよかった。下品な成り上がり者が鉱山の実際の所有者になるわけで、自分自身で操業しようと、土地の所有者の同意なしに、それを他の誰かに賃貸ししようとかまわなかったが、しかし、それを稼働する際には、地主からの恩義に対する支払いとして、わずかな額を差しださなければならなかった。両方の法令において、私有財産という神聖な権利は、公共の収入という推定上の利益のために犠牲にされている。

28 ペルーでも、新規の金鉱山の発見と操業に対する同種の奨励が与えられており、金の場合、国王の課税は、規定純度を満たす金属の二〇分の一にしかならない。以前それは、五分の一であり、後には銀の場合と同様に一〇分の一になったが、その事業は、この二つの課税のうちの低いほうでさえ、負担できなかったように思われる。しかしながら、同じ著者フレジエとウリョーアの指摘するところでは、銀で財を築いてきた人物を見つけるのがまれなことだとするなら、金で財を築いた人物を見つけるのはもっと稀有なことになるらしい。この全体の二〇分の一というのが、チリとペルーにある大部分の金山で支払われている地代の全額のようである。

　また金は、銀よりもさらにずっと密輸入されやすいものだが、その理由は、嵩のわりには金属価値がとびぬけて高いことと、自然がそれを産出する独特な方法にある。銀が純粋な形で見つかることはほとんどなく、他の金属と同様に、何か他の物体と一緒に鉱石化していることが一般的であり、そこから、出費を賄えるほどの量を分離するためには、著しく労力を要する退屈な作業に頼るほかにない。だが、この作業は、その目的のために建設された作業場のなかだけでしかうまく遂行できず、それゆえ、国王の官吏による検査の目に晒されやすい。これとは逆に、金は、ほとんどの場合、純粋な形で見つかる。時には、ある程度の大きさの断片として見つかることもあるし、ごく小さくて分別不可能な粒子の状態で、砂や土、その他の塊と混じっている場合には、少量の水銀を持ってさえいれば、誰でも個人の家で遂行可能なごく短時間の簡単な方法で、他のものから分離することが可能である。それゆえ、国王の課税が、銀に対して不十分にしか支払われなければ、金に対して支払われるものはもっと劣悪になりがちであって、地代は、銀のそれに比べてさえ、金の価格に占める割合がさらに小さくなるはずである。

29 貴金属が販売されうる最低の価格、すなわち、かなりの期間にわたってそれと交換されうる他財の最小量は、あらゆる他の財貨の最低の通常価格を決めるのと同じ原理によって、規制されている。一般に利用される必要がある元本、すなわち食料、衣服、住居など、貴金属を鉱山から市場へもたらすために世間並みに消費される必要があるものが、それを決定する。それは、すくなくとも、その元本を、通常の利潤とともに取り戻すために十分なものでなければならない。

30 しかし、貴金属の最高価格は、かならずしも、それ自体の実際の稀少性や豊富さ以外の何かによって、定められているわけではないように思われる。それは、石炭価格が、木材価格によって規制されるのと同じ仕方で、それを超えればもはや稀少性が価格を引き上げたりしないような何か別の商品の価格によって、規制されているわけではないのである。金の稀少性をある程度増加させよ、そうすれば、そのごく小さな粒でさえ、ダイヤモンドよりずっと貴重なものになるし、より多量の他の商品と交換できるようになるだろう。

31 このような貴金属に対する需要は、一部はその有用性から、また一部はその美しさから生じる。鉄を除外して考えれば、貴金属は、おそらく他のあらゆる金属よりも有用性が高い。それは、錆びたり腐ったりしにくいし、清潔さを保ちやすく、したがって食卓および食堂用の器具は、しばしばその理由から貴金属で作られたものが好まれることになる。銀の湯沸かし器は、鉛、銅あるいは錫でできたものよりずっと清潔であって、この同じ性質が、銀よりも、金の湯沸かし器をさらに優れたものにするであろう。しかし、その主要な価値はその美しさに由来しており、貴金属を衣装や家具の装飾用としてとくに適したものにするのは、この美しさなのである。どのような顔料や染料を用いても、あれほど光り輝く華麗な色は出せない。貴金属の美しさがもつ価値は、その稀少性によっておおいに高められるのである。

大部分の豊かな人々の間では、豊かであることの主要な楽しみは、その豊かさを誇示することにあり、このような彼ら以外の誰も所有しえない富の決定的な証拠を保有していると思われる時ほど、彼らの眼からみれば、それがより完璧な富になる。彼らの眼からみると、ある程度有用だったり、美しかったりするものの価値は、その稀少性、つまり、その相当量を収集するために要する多量の労働によって、しかも、彼ら以外の誰もそれを支払いえない多量の労働によって、著しく高められる。豊かな人々が、より高い代価を払って喜んで買おうとするのはこのようなモノであって、有用性や美しさの点ではるかに上回っていても、ずっとありふれたモノはあまり好まれない。このような有用性、美しさや稀少性が、貴金属の高価格――どこでもそれは、より大きな量の他の財と交換されるということ――の本来的な根拠である。このような価値は、その鋳貨への採用に先立つものであるだけでなく、それとは独立したものであって、それを、鋳貨として利用しうるものにした特徴なのである。しかしながら、そのような利用は、新しい需要を呼び起こしたり、他の用途に利用可能な量を減少させたりすることによって、それ以降、貴金属の価値を維持したり、上昇させたりするのに役立った可能性がある。

32 宝石に対する需要は、余すところなく、その美しさから生じる。それは装飾品以外の用途をもっておらず、その美しさがもつ長所は、その稀少性、つまり、鉱山からそれを獲得する困難さと費用によって、著しく高められる。したがってほとんどの場合、賃金と利潤がその高価格のほぼ全体を占めることになる。地代は、ごく小さな分け前しか受け取らず、まったくないこともしばしばあり、もっとも含有率が高く、多産な鉱山がそれなりの地代をもたらすだけである。宝石商のタヴェルニエ〔Jean-Baptiste Tavernier, 1605-1689. パリに生まれ、インドとの通商を開き、航海誌を著した商人〕がゴルコンダやヴィジアプール〔ともに、一六世紀インドにあった王国〕を訪れた時、彼が耳にした情報は、その国の統治者――自分自身の利益のために鉱山を操業させた統治者――は、最大かつ最良の宝石を産出する鉱山を除き、そのすべてを閉鎖するように命じたということであった。その他の鉱山は、所有者にとって、操業する価値がなかったように思われる。

33 貴金属と宝石の価格は、世界中いたるところで、世界でもっとも含有率が高く、多産な鉱山における価格によってともに規制されており、したがって、それぞれの鉱山がその所有者にもたらしうる地代は、絶対的なというよりも相対的な多産性といってよいものに、すなわち、同じ種類の他の諸鉱山を上回る優越の程度に比例している。かりに、ヨーロッパの鉱山よりずっと優れているポトシ鉱山よりも、さらに優秀な鉱山が発見されたとすれば、銀の価値は著しく下落し、ポトシの鉱山でさえ操業する価値を失うことになろう。スペイン領西インド諸島が発見されるまで、ヨーロッパのもっとも含有率が高くて多産な銀鉱山は、ペルーにあるもっとも多産な鉱山が現在そうしているように、相当な地代をその所有者にもたらしていたであろう。銀の量は著しく少なかったが、それは等しい量の他の財貨と交換されていたはずであって、したがって、その分け前によって鉱山所有者は、労働であれ商品であれ、等しい量を購買または支配できていたであろう。生産物と地代の両方の価値、すなわち、銀鉱山が社会と所有者の両方にもたらす真実の収入は、同一であった可能性がある。

34 貴金属であれ宝石であれ、もっともその含有率が高くて多産な鉱山は、世界の富にほとんど何も追加することができなかった。その価値がもっぱらその稀少性から生じる生産物は、必然的に、その豊富さによって価値が下がることになる。一揃いの貴金属製の食器、衣装や家具のとるにたりない装飾品などは、以前よりも少ない量の労働、つまり、より少ない量の商品によって購買できたはずであり、したがってここにこそ、世界が貴金属の豊富さから引き出しうる唯一の利益があるということになろう。

35　地表にある土地については、事情が異なる。地表の土地の生産物と地代の価値は、ともに、土地それ自体の絶対的な肥沃度に比例するものであって、けっして相対的な肥沃度に応じて決まるわけではない。一定量の食料、衣服および住宅の原材料を産出する土地は、つねに一定数の人々に食料、衣服や住宅を与えることができる。だから、地主に対する分け前の大きさがどうであろうと、それは、つねにこのような人々の労働に対する相応の支配、つまり、その労働が地主に提供しうる商品に対する相応の支配を、地主に与えるであろう。もっともやせた土地の価値が、もっとも肥沃な土地が隣にあることによって、引き下げられることはない。逆であって、一般的に、それは引き上げられる。肥沃な土地によって養われているきわめて多数の人々が、やせた土地の生産物の多くのものに対する市場を提供しているわけだが、このような生産物は、その生産物が自分自身を養うことができるような人々の間では、けっして市場を見出しえなかった物なのである。

36　食料を生産する土地の肥沃度を向上させるものはすべて、改良が施された土地の価値を増加させるだけでなく、その生産物に対する新規需要をつくりだして、他の多くの土地の価値も同様に増加させる。食料が豊富であること、つまり、土地改良の結果として、多くの人々が自分自身で消費できる量を超えて自由に処分できる食料が豊富にあることが、服飾、住宅、家具および手回り品セットという、他のあらゆる便宜品や装飾品に加え、貴金属と宝石の両方に対する需要の最大の原因になる。食料は、世界の富の主要な部分を構成するだけでなく、他の多くの種類の富にその価値の主要な部分を与えるのは、食料の豊富さなのである。

キューバとサントドミンゴの貧しい住民は、スペイン人に初めて発見された時、わずかな金を、装飾品として髪や衣装の他の部分に着ける習慣をもっていた。普通以上に美しい何かとして、小さなメノウに我々が価値を見出すように、彼らも、それを同じように眺めていただけでなく、かろうじて採集する価値をもちはするが、それを欲しがる人物の申し出を断るほどの価値はもっていない、と理解していたように思われる。彼らは、新しい客人に対して、何かとても価値のある贈り物をしたと考えたようには見えぬまま、最初に求められた時に、それを手渡した。彼らは、金を入手したいというスペイン人の強い熱望に驚いたし、また、きわめて大きな食料の余剰――彼らのあいだでは、つねに不足していた――を自由に処分できる多くの人間が、このごく少量の光り輝くつまらないもののために、家族全員を数年間養うのに十分なものを喜んで与えてきた国がどこかにあり得るなど、思いもつかなかったのである。彼らがこのことを理解できるようになっていたなら、スペイン人の熱情が、彼らを驚かせたりすることは、なかったであろう。

第三節　つねに地代をもたらしたり、時々もたらしたり、時にはもたらさなかったりする部類の生産物それぞれの価値間の比率の変動について

1　改良と耕作の進展の結果ますます食料が豊富になることは、必然的に、食料ではない土地生産物、つまり、役に立ったり、装飾にもちいたりできる土地生産物のすべての部分に対する需要を増加させるはずである。改良が全面的に進展していくと、このような二種類の異なった生産物の相対的な価値は、したがって、ただひとつの変動しかありえないと推測できるであろう。時に地代をもたらしたり、もたらさなかったりする類いの土地生産物の価値は、つねにいくらか地代をもたらす土地生産物の価値に較べ、不断に上昇するはずである。技術と産業が前進するにつれ、衣服と住居のための原材料、地上の有用な化石や鉱物、貴金属や宝石がますます多量に需要されるようになるはずであって、次第にますます多量の食料と交換される、言い換えると、次第にますます高価になるはずである。したがって、ほとんどの場合、このような生産物の大部分について生じてきたことはこれであって、もし特別な出来事が、需要におけるよりもさらに大きな比率で、そのような一部の生産物の供給を数度にわたって増加させることが生じなければ、あらゆる場合に、すべての土地生産物に生じたであろう事柄なのである。

2　たとえば、加工しやすい石材採石場の価値は、特にそれが近隣地域で唯一のものであった

場合、その周辺地域の改良と人口の増加とともに、必然的に増加する。だが、銀鉱山の価値は、そこから一〇〇〇マイル以内に別の鉱山が存在しなかったとしても、かならずしもそれが位置する地域の改良とともに増加するわけではない。加工しやすい石材採石場の生産物に対する市場が、その近辺数マイル以上に広がることは滅多にありえず、それに対する需要は、一般的にその狭い地域の改良と人口に比例しているはずである。だが、銀鉱山の生産物に対する市場は、知られている世界のすべてに広がっている可能性がある。それゆえ、一般的に、世界が改良と人口の点で前進しつつある状態にないかぎり、銀に対する需要は、鉱山の近隣に位置する広範な地方の改良があったとしても、それによってすこしも増加しない可能性をもっている。たとえ世界が全体として改良の途を歩みつつあるとしてもなお、改良の過程で、従来知られていたどの鉱山よりも含有率が高くて多産な新銀鉱山が発見されれば、銀に対する需要は必然的に増加するだろうが、その供給がずっと大きな比率で増加するだろうから、その金属の真実価格は次第に低下することになろう。すなわちその絶対量、たとえば、その重量一ポンドの金属が、次第により少量の労働量を購買または支配する、言い換えると、労働者の生活物資の主要部分である穀物のますます少量と交換されるようになる、ということである。

3　銀に対する大きな市場は、世界のうちでも商業的で文明化した地方である。

4　もし、改良の一般的な進展が、銀市場における需要を増加させる一方で、銀の供給が同時に同じ比率で増加しなければ、銀の価値は、穀物の価値との比率でみれば、次第に上昇することになろう。銀の絶対量は、ますます多くの量の穀物と交換されるわけで、言い換えると、穀物の平均貨幣価格が次第にますます安価になるのである。
5 逆に、もし偶然の出来事によって、供給が長期間その需要を大きく上回って増加すれば、銀は、次第にますます安価になるであろう。すなわち換言すれば、穀物の平均貨幣価格は、あらゆる改良の進展にもかかわらず、次第にますます高価になるであろう。
6 だが他方で、もし銀の供給が、それに対する需要とほぼ同一の比率で増加するようであれば、銀は、ほぼ同一量の穀物を購買しつづけるか、あるいは、それと交換されつづけることになり、したがって穀物の貨幣価格は、あらゆる改良の進展にもかかわれず、ほとんど同一であり続けることになろう。
7 改良が進展するなかで生じうる出来事としては、以上の三つで、可能な組み合わせのすべてを尽くしていると思われる。だから、現在に先立つ四世紀が経過するなかで、フランスとグレートブリテンの両国で生じたことから判断してよいとすれば、この三通りの異なった組み合わせのどれかが、しかも、私がここで書き留めたのとほぼ同じ順番で、ヨーロッパの市場で発生したように思われる。

過去四世紀が経過するなかで生じた銀価値の変動にかんする余論

第一期

1 一三五〇年に、さらにはもう少し前の時期も含め、イングランドにおける一クォーターあたりの小麦の平均価格は、タワー衡〔ロンドン塔保管の標準ポンドに由来する名称で、一五二六年のトロイ・ポンド採用以前の法定ポンドであり、一一と四分の一トロイ・オンス相当〕で四オンスの銀、現在の貨幣でいえば、約二〇シリングに等しいものよりも低い、と評価されてはいなかったように思われる。この価格から次第に低下しつづけ、現在の貨幣でいえば約一〇シリングに等しい二オンスの銀、つまり一六世紀初頭に評価されていたと思われる価格にまで低下し、一五七〇年ごろまで、この価格で評価されつづけたと思われる。

2　一三五〇年、つまりエドワード三世治世二五年に、労働者規制法（スタチュート・オヴ・レイバラーズ）と呼ばれている法律が立法された。その前文で、雇い主に対して自分たちの賃金を引き上げようと努める徒弟の横柄さについて、おおいに不満が述べたてられている。それゆえそれは、あらゆる奉公人と労働者は、将来にわたって、国王の治世二〇年と、それに先立つ四年間に受け取る習慣になっていた同一の賃金と仕着せ（リヴェリー）（この時代の仕着せは、たんに衣服だけでなく、食料も意味していた）で満足すべきであり、またこの理由により、彼らが受け取る仕着せと小麦は、どこでも一ブッシェル当たり一〇ペンスよりも高いと見積もられてはならず、さらに、小麦で渡すか貨幣で渡すかは、いつでも雇い主の選択権に属するべし、と定めているのである。

一ブッシェルにつき一〇ペンスは、それゆえ、エドワード三世治世二五年に、彼らの通常の仕着せと引き換えに、奉公人にそれを受け入れざるをえなくするような特別な制定法が必要であったから、小麦価格としてきわめて手頃であるとみなされていたし、しかもそれは、十年前、つまり同じ国王治世一六年に、その制定法が言及している時期に適正な価格であると判断されていたものである。だが、エドワード三世治世一六年に、一〇ペンスは、タワー衡で約半オンスの銀を含んでおり、現在の貨幣で半クラウンにほぼ等しかった。タワー衡で四オンスの銀は、それゆえ、当時の貨幣で六シリング八ペンスに、そして、現在の貨幣では ほぼ二〇シリングに等しいが、八ブッシェルで一クォーターになる小麦価格としては、手頃なものと考えられていたにちがいない。

3　この制定法は、異例な高価さや安価さという理由から、歴史家その他の著作家によって記録されることが一般的であった特別な年の価格――それゆえ、その価格から、通常価格であったものについては、いかなる判断も下すことが困難な価格――よりも、この時代に、通常の穀物価格とみなされていたものについて、間違いなく立派な証拠になる。くわえて、一四世紀の初めごろ、さらに、それよりも少し前の時期に、小麦の普通価格は、一クォーターにつき銀四オンス以下ではなかったし、それ以外の穀物の価格もそれと釣り合っていた、と信じるにたりる別の理由もある。

4　一三〇九年に、カンタベリーの聖オーガスティン修道院長次長であるラルフ・ドゥ・ボーンが、自らの叙任日に祝宴を催し、それについて、ウィリアム・ソーンが食事の明細表だけでなく、多くの項目の価格も書きとめていた。その宴会で消費されたのは、第一に、五三クォーターの小麦に、一九ポンドつまり一クォーターあたり七シリング二ペンス、現代の貨幣でいえば、おおよそ二一シリング六ペンスに等しい出費。第二に、五八クォーターの麦芽に一七ポンド一〇シリング、つまり、一クォーターあたり六シリング、現代の貨幣で一八シリングに等しい出費。第三に、二〇クォーターのオート麦に四ポンド、つまり、一クォーターあたり四シリング、現代の貨幣で、おおよそ一二シリングに等しい出費であった。麦芽とオート麦の価格は、この場合、小麦価格に対する通常の比率よりも高いように思われる。

5 このような価格は、それが異常に高価であるとか、安価であるとかいう理由で記録されたものではなく、盛大さで名の通っていた祝宴で消費された大量の穀物に対して、実際に支払われた価格として偶然記載されたものである。

6 一二六二年、つまりヘンリー三世治世五一年に、「パンとエールに関する法律（アサイズ・オヴ・ブレッド・アンド・エール）」と呼ばれていた古来の制定法――前文で国王が述べているように、以前イングランドの王であった彼の先祖の時代につくられたもの――が回復された。それゆえ、その法律は、すくなくとも彼の祖父ヘンリー二世の時代にさかのぼるほど古く、ノルマンの征服〔一〇六六年〕くらい昔のことである可能性がある。それは、小麦の価格が、たまたまいくらの価格であったかに従って、当時の貨幣で、小麦一クォーター当たり一シリングから二〇シリングの範囲で、パンの価格を規制するものであった。

だがこの王の制定法は、中位の価格からのあらゆる逸脱、つまり、中位以下の価格に対しても中位以上の価格に対すると同様に、等しく配慮すると一般に思われている。それゆえ、タワー衡で六オンスの銀を含む一〇シリング――現在の貨幣で約三〇シリングに等しい――は、この想定の下では、この制定法が最初に法令化された時の一クォーターの小麦の中位価格である、と考えられていたにちがいなく、同じ状態がヘンリー三世治世五一年に持続していたはずである。それゆえ我々は、中位価格とは、この制定法がパンの価格を規制する最高値の三分の一、つまり、タワー衡で四オンスの銀を含む当時の貨幣で六シリング八ペンスを下回らない、と想定しても大きな間違いになるはずがないのである。

7 それゆえ、このようなさまざまな事実から、一四世紀半ばごろ、さらには、それ以前のかなりの期間、小麦一クォーターの平均あるいは通常価格は、タワー衡で四オンスの銀より低かったと想定することはできないと、いくつかの証拠から結論できるように思われる。

8 ほぼ一四世紀の中ごろから一六世紀初期にかけて、適正であり、妥当とみなされていた小麦の通常または平均の価格は、次第に、この価格の約半分にまで低下していったように思われる。すなわち、最後には、現在の貨幣では約一〇シリングに等しい、タワー衡で二オンスの銀にまで下落した。小麦は、一五七〇年ごろまで、この価格で評価されつづけた。

9 一五一二年に作成された第五代ノーサンバーランド伯ヘンリーの家政帳には、二種類の異なった小麦の評価が記されている。そのひとつでは、一クォーター当たり六シリング八ペンスで計算されており、別のものでは、わずか五シリング八ペンスとされている。一五一二年には、六シリング八ペンスは、タワー衡でわずか二オンスの銀しか含んでおらず、それは、現代の貨幣でおおよそ一〇シリングに等しいものであった。

10 エドワード三世治世二五年からエリザベスの治世のはじめまで、つまり二〇〇年以上のあいだ、六シリング八ペンスというのが、通常であり適切と呼ばれていたもの、すなわち、小麦の通常かつ平均価格であるとみなされつづけたことが、いくつかの異なった制定法からうかがえる。しかしながら、同じ名目額に含まれる銀の量は、鋳貨に加えられたいくつかの変更の結果、この期間中、絶え間なく低下しつづけた。とはいえ、銀の価値の増加は、同一の名目額に含まれている銀の量の減少を、その分だけ埋め合わせていると見えるため、立法府は、この状況に注目する価値があるとは考えなかった。

11 こうして一四三六年に、小麦は、その価格が六シリング八ペンスまで低下した時には、免許なしで輸出することができるという法律が作られた。そして一四六三年には、小麦の価格が一クォーター当たり六シリング八ペンスを上回らないかぎり、小麦は輸入されてはならない、という法律が定められた。立法府が思い描いていたのは、その価格がそれほど低かった時には、輸出するのに何の不都合もありえないが、それがより高騰した場合には、輸入を許可する方が賢明である、ということであった。それゆえ、六シリング八ペンス――現代の貨幣一三シリング四ペンスと同量の銀（エドワード三世の時代に、同じ名目額に含まれていたものよりも三分の一少ない）をおおよそ含んでいる――が、当時では、通常の適正な小麦価格と呼ばれていたものになる、と理解されていたのである。

12 一五五四年、つまり、フィリップとメアリー治世初年および二年の法律によって、さらに、一五五八年、つまり、エリザベス治世一年の法律によって、一クォーター当たりの小麦価格が六シリング八ペンスを超えた時はいつでも、同様の方法で小麦の輸出が禁止されたが、当時の六シリング八ペンスは、現在の同じ名目額が含むものに比べると、せいぜい二ペンスの価値の銀しか余計に含んでいなかった。だが、まもなくわかってきたことは、小麦の輸出を、価格がそれほど低下するまで抑制することは、実際には、その全面的な禁止に等しいということである。それゆえ、一五六二年、つまりエリザベス治世五年の法律によって、一クォーター当たりの価格が一〇シリング――現在の対応する名目額が含んでいるのとおおよそ同じ量の銀を含む――を超えない時にはいつでも、いくつかの港から小麦を輸出することが許された。それゆえ、この価格は、小麦の穏当で適正な価格と呼ばれているものである、と当時みなされていた。それは、一五一二年のノーサンバーランド伯の家政帳の見積額と、ほぼ一致している。

13 フランスにおける穀物の平均価格は、まったく同様に、一五世紀末から一六世紀初めにかけて、先立つ二世紀にくらべてずっと低かったということ、これはデュプレ・ド・サンモール氏〔Nicolas-François Dupré de Saint-Maur, 1695-1774. フランスの経済学者、統計家〕と、穀物政策にかんする『試論』の格調高い著者〔Claude-Jacques Herbert, 1700-1758. エルベールはフランスの農業経済学者〕の両者によって、観察されてきた。同じ期間に、その価格は、ヨーロッパの大部分をつうじて、多分まったく同様に低落したのである。

14 穀物の価値とくらべた銀の価値におけるこのような上昇は、以下のどれかに、おおかた起因するものであった可能性がある。つまり、改良と耕作が進展した結果、銀に対する需要が増えたのに、そのあいだ、供給が同一に留まっていたこと。あるいは、需要は従来と変わらなかったが、その供給が次第に減少しつづけただけであったこと、つまり、世界の発見済みの鉱山の大部分がほとんど枯渇したため、結果的に採掘費用が著しく上昇したこと。あるいは、この二つの事情が、それぞれ部分的に関与していたということ、これである。一五世紀の終わりから一六世紀の初めごろ、ヨーロッパの大部分は、かなり前の時代のものより、ずっと安定した形の統治に近づきつつあった。安全が増したことは、おのずと勤労と改良とを増大させたであろうし、したがって、あらゆる他の贅沢品や装飾品に加えて、貴金属に対する需要が、豊かさの増大とともに自然に増えたことであろう。年々の生産物のいっそうの増加は、それを流通させるために、より多くの量の鋳貨を必要としたであろう。こうして、ますます多数の金持ちが、ますます大量の銀製の食器や装飾品を求めるようになった。当時、ヨーロッパの市場に銀を供給していた鉱山の大部分は相当程度枯渇しており、したがって、採掘費がますますかさみつつあったと推測することも、同様に自然なことである。銀鉱山の多くのものは、ローマの時代から採掘されてきたものであった。

15 しかしながら、古い時代の商品の値段について書いてきた人々の多くの見解は、ノルマンの征服、あるいは、おそらくユリウス・カエサル〔Gaius Julius Caesar, 100B.C.～44B.C. ローマの将軍〕による侵略から、アメリカの鉱山の発見の時まで、銀の価値は持続的に減少しつづけた、というものであった。彼らがこのような見解にたどりついた理由は、一部は、穀物と、その他の部類の土地の原生産物の両方の価格に対して行った観察に由来しているし、また一部は、どんな国でも、銀の量は富の増大とともに増加するわけだから、その価値は、その量が増えるにつれて低下する、という通俗的な見解（ポピュラー・ノーション）に由来しているように思われる。

16 彼らによる穀物価格の観察では、三つの異なった事情が、彼らを誤りに導くことが多かったように思われる。

17 第一に、古い時代には、ほとんどすべての地代は現物で、つまり、一定量の穀物、家畜、家禽などで支払われた。しかしながら、地主が地代として、現物での年々の支払いか、その代わりに一定額の貨幣か、そのどちらかを好きなように要求できると契約に明記することが、時々発生した。現物での支払いが、このような方法で一定額の貨幣に代えられる場合の価格は、スコットランドでは転換価格と呼ばれている。実物をとるか価格をとるかという選択権は、つねに地主の手中にあるから、小作人の安全のためには、転換価格が、上記のものの平均の市場価格を上回らず、下回ることが必要である。したがって、多くの場所では、この価格の半分を大きく上回ることはない。スコットランドの大部分で、今もなおこの習慣が家禽について、さらに所によっては、家畜についても続いている。もし公示価格（パブリック・フィアーズ）〔もともと財務府長官によって定められ、後に州裁判所の裁判官に委ねられた租税の数量と価格の換算レートであったが、次第に穀物や農産物における通常の商取引についても適用され始めた〕という制度がそれを終わらせなかったなら、おそらくそれは、穀物についてもまた発生しつづけた可能性があっただろう。これには、地方の裁判所の判断に従って、あらゆる種類のさまざまな穀物の平均価格を毎年評価するものと、さまざまな地方における実際の市場価格に従って、それぞれすべて品質ごとに毎年評価するものとがあった。この制度は、穀物地代への転換——と彼らは呼んだが——が、固定した価格でよりも、公開で価格決定される価格が、毎年落ち着くはずのものでなされたため、小作人には十分な安全性を、地主には、さらに大きな便宜を与えるものであった。

だが、古い時代の穀物価格を収集していた著作家は、スコットランドで転換価格と呼ばれていたものを、しばしば実際の市場価格と取り違えたように思われる。フリートウッド〔William Fleetwood, 1656-1723. イーリーの主教で、金銀貨幣や物価の歴史にかんする著書を出版〕は、ある時、この間違いを犯したことを認めている。しかしながら、彼は著書を特別な目的を持って著したため、この転換価格を一五回書き写して初めて、これを承認することが当然だと理解したのである。その価格は、小麦一クォーター当たり八シリングである。この額は、一四二三年——彼が転写を始めた最初の年——時点で、現在の貨幣で、一六シリングと同量の銀を含んでいた。だが、一五六二年——彼が転写を終えた年——には、それは、現在同一の名目額が含んでいる量を下まわるものしか含んでいなかった。

18 第二に、古い時代のパンとエールに関する法律のうちのいくつかのものが、時々怠惰な筆耕によって転写されるさいのずさんな方法によって、さらに、時には立法府によってまとめられた文章のせいで、誤りに導かれてきた。

19 古い時代のパンとエールの価格規制法令は、小麦と大麦の価格がもっとも低い時に、パンとエールの価格がいくらであるべきかを決定することからいつも着手され、このような二種類の穀物が、この最低価格以上に次第に上がっていくにしたがって、パンとエールの価格がどれだけであるべきか、これを、順次決定するという手順であったように思われる。だが、このような法令の筆耕は、しばしば最初の三つか四つと最低の価格にかんするかぎりの規制を書き留めれば十分である、と考えていたように思われる。つまり、この方法で彼ら自身の労働を節約し、それ以上高いすべての価格において遵守されるべき比率を示すには、それで十分であると判断したように、私は想像するのである。

20 こうして、ヘンリー三世治世五一年のパンとエールに関する法律では、パンの価格は、さまざまな小麦価格——当時の貨幣で、一クォーター当たり一シリングから二〇シリングに至るまで——に従って規制された。しかし、ラフヘッド氏〔Owen Ruffhead, c.1723-1769. 法律家〕の法令集に先立つ、さまざまなすべての法令集の版が依拠した写本のなかで、価格一二シリングを超えるこの規制を、筆耕はまったく転記しなかった。それゆえ、幾人かの著作家が、この誤った転写に誤って導かれた結果、中位価格、つまり一クォーター当たり六シリング——現在の貨幣で約一八シリングに等しい——が、当時通常ないし平均の小麦価格であった、と結論したのもごく自然なことである。

21 ほぼ同じ時期に立法化された、刑罰椅子や晒し台にかんする法律のなかでは、大麦の価格が一クォーター当たり二シリングから四シリングまで、六ペンス上昇するごとに、エールの価格が規制されている。しかしながら、四シリングというのは、当時、しばしば大麦が上昇していた可能性をもつ最高価格とは考えられておらず、だから、このような価格は、高かろうと低かろうと、他のすべてのものの価格において観察されるべき比率の例示として与えられているにすぎなかったということを、我々は、その法令の最後の文言「et sic deinceps crescetur vel diminuetur per sex denarios」から推量できる。その表現は相当ぞんざいなものだが、意味するところは十分に明瞭であって、「大麦の価格が六ペンス上昇したり下落したりするに応じて、エールの価格は、このように引き上げられたり、引き下げられたりするべき」である。この法令の文章構成においては、他の法律の転写における筆耕と同様に、立法府自体が怠慢であったように思われる。

22 昔のスコットランドの法律書である Regiam Majestatem の古い写本のなかに、パンとエールに関する法律があるが、そこでは、パンの価格は、小麦の異なる価格——イングランドの一クォーターの約半分に等しい、スコットランドの一ボウル当たり、一〇ペンスから三シリングになる——すべてに応じて、規定されている。このパンとエールに関する法律が立法されたと考えられる時代、スコットランドの三シリングは、現在の貨幣で約九シリングの正貨に等しかった。このことからラディマン氏〔Thomas Ruddiman, 1674-1757. 印刷業者、古典学者で法曹図書館司書〕は、以下のように結論したように思われる。[*] 三シリングというのは、この時代に小麦に付けられた最高価格であり、一〇ペンス、一シリング、あるいはせいぜい二シリングが通常価格であったと。しかしながら、写本をよく調べてみれば、このような価格は、すべて小麦とパンのそれぞれの価格のあいだに認められるべき比率の例示として、記録されたにすぎないことが明らかである。その法令の最後の文言は、「reliqua judicabis secundum praescripta habendo respectum ad pretium bladi」、つまり、「残余の場合については、上に記されたものに従って、穀物価格を考慮した上で判断するべきである」とある。

＊彼の手になるアンダーソン〔James Anderson, 1662-1728. 歴史家、古物収集者〕の Diplomata Scotiae への前書きを見よ〔一七三九年出版の本書のタイトルはきわめて長く、通例最初の部分、Selectus diplomatum & amp; numismatum Scotiae thesaurus と略記されることが多い。本注は第二版で追加〕。

23　第三に、彼らはまた、きわめて古い時代に時々販売されたきわめて低い価格によって誤りに導かれたし、さらに、当時の小麦の最低価格が後の時代よりもずっと低かったので、その通常価格もまた著しく低かった、と想像したように思われる。しかしながら、彼らは、この古い時代に、その最高価格は十分に高く、その最低価格は、後の時代に知られてきたどれよりも低いことに、気付いたようである。そういうわけで、一二七〇年について、フリートウッドは、小麦一クォーター当たりの価格を二通り示している。一方は、当時の貨幣で四ポンド一六シリング、現代の貨幣で一四ポンド八シリングに等しく、他方は、六ポンド八シリング、現在の貨幣で一九ポンド四シリングに等しいものである。一五世紀末や一六世紀初頭には、このような途方もない数値に近い価格を見つけることはできない。どんな時でも変動しうるとはいえ、穀物の価格は、このような騒然として無秩序な社会——ここでは、あらゆる商業と通信の途絶によって、一部の地方における潤沢な物資が、他所のモノ不足を救えなくなる——で、もっとも大きく変動する。

おおよそ一二世紀中葉から一五世紀末にかけて統治したプランタジネット朝のもとで、イングランドを覆った無秩序状態においては、ある地域に物資が潤沢でありえても、それほど離れていない他の場所は、気候をめぐる偶然な出来事とか、近隣の領主による襲撃によって、収穫した作物が破棄され、飢饉の惨事そのものによって苦しめられたりした可能性がある。だが、敵対的な領主の土地がその間に挟まれていたりすると、一方が他方に最低限の援助を与えることさえ、不可能になるだろう。一五世紀後半と一六世紀の全体をつうじて、イングランドを統治したチューダー朝の強力な統治の下では、公共の安全を敢然と妨害するほど十分な力をもつ封建領主はいなかった。

24　読者は、本章の最後に、フリートウッドによって集められた、一二〇二年から一五九七年までの両年を含むすべての小麦価格について、現代の貨幣に換算し、時間の順序に従ってまとめ、それぞれを一二年分、七つにまとめた図表を見ることだろう（本書(上)三九三〜四〇一頁）。区分けしたそれぞれの表の末尾に、読者はそこに含まれる一二年間の平均価格を確認できるだろう。それだけの長期間のうち、フリートウッドが集めることができた価格は八〇年分だけだったから、最後の一二年分を作り上げるには四年が欠落している。それゆえ私は、イートンカレッジの会計書から、一五九八年、一五九九年、一六〇〇年および一六〇一年の価格を追加した。それが、私が行った唯一の追加である。読者が理解するであろうことは、一三世紀初めから、一六世紀半ばを過ぎるころまで、一二年分のそれぞれの平均価格が次第に低下していったこと、および、一六世紀末にかけて、それがふたたび上昇し始めるということである。

実際、フリートウッドが集めることができた価格は、主として、並外れた高値と安値のゆえに注目に値する価格であったようであり、それゆえ、そこから、何かはっきりとした結論を引き出すことができるという気持ちにはならない。しかしながら、それが、いささかとはいえ何かを証明しているとすれば、私が苦労して説明しようとしてきたことを裏付けているということである。だが、フリートウッド自身は、他の大部分の著作家と同様に、この期間の全体をつうじて、銀の価値はその豊富さが増加した結果、持続的に低下したと信じていたように思われる。彼自身が収集した穀物価格が、この見解と一致しないのは間違いない。穀物価格は、デュプレ・ド・サンモール氏のそれと、さらに、私が説明しようと努力してきたものと、完全に一致している。主教フリートウッドとデュプレ・ド・サンモール氏は、最大の勤勉さと厳密さをもって、古い時代のモノの価格を収集したように思われる。二人の見解があれほど大きく違っているというのに、すくなくとも穀物価格に関するかぎり、彼らが集めた事実がなぜそれほど正確に一致しているのか、いささか不思議なのである。

しかしながら、もっとも判断力に富む著作家が、きわめて古い時代における銀の高い価値に言及したのは、穀物の低価格というよりもむしろ、他の部類の土地の原生産物における低価格からである。一種の製造品であるといわれてきた穀物は、この未開の時代には、比較の上では、他の大部分の商品よりもずっと高価であった。もちろん私が思うに、たとえばそれは、家畜、家禽、あらゆる狩猟の獲物などという非製造品の大部分のものよりも、という意味ではあるが。このような貧困と野蛮が支配していた時代に、このような品物が穀物よりも釣り合い的にずっと安価であったことは、紛れもない事実である。だが、この廉価は銀の価値が高かったことの結果ではなく、このような商品の価値が低かったことの結果である。その当時、銀がより多くの労働量を購買または代表していたであろうという理由からではなく、そのような商品は、より豊かで改良が進んだ時代にくらべて、ずっと少ない労働量を購買または代表していたであろうという理由から、そう言えるわけである。

銀は、スペイン領アメリカでは、ヨーロッパのそれよりも、つまりそれが生産される国では、陸路と海路で長距離運ぶための費用と保険をかけて運び込まれる国よりも、間違いなくより安価であるはずである。しかしながら、ウリョーアが指摘していることだが、正貨二一ペンス半が、ブエノスアイレスで、三〇〇～四〇〇頭の群れから選び抜かれた一頭の雄牛の価格であったのは、それほど昔のことではなかった。バイロン氏〔John Byron, 1723-1786. 海軍士官、チリ沖で難破し、帰国後体験を出版〕の指摘によれば、正貨で一六シリングというのが、チリの首都での立派な馬の価格であった。もともと土地が肥沃であるが、その大部分がまったく未耕作に留まる地方では、家畜、家禽、あらゆる種類の狩猟動物といったものは、きわめて少量の労働で獲得できるから、ごくわずかな労働しか購買または支配しないだろう。そのようなものに対して支払われる低い貨幣価格は、当該地方における銀の真実価値がきわめて高い証拠ではなく、そのような商品の真実価値がきわめて低い証拠である。

26 けっして忘れてはならないことは、労働が、銀や他のあらゆる商品の価値の真実の尺度なのであって、他の特定の商品あるいは一組の商品はまったくそうではない、ということである。

27 ほとんど未開拓の、ごく少数の人間しか住んでいない地方では、家畜、家禽、あるいは狩猟の獲物などは、自生的な自然の生産物であり、それゆえ自然は、住民が必要とする消費の量をはるかに上回る量を生産することが多い。そのような状態のもとでは、一般に供給が需要を上回る。それゆえ、社会の状態が異なり、改良の段階が異なっている場合、そのような有用物は、おおいに異なった労働量を表すし、おおいに異なった労働量と等しいであろう。

28 社会がどのような状態にあろうと、また改良の段階がどうであれ、穀物は、人間の勤勉（インダストリー）の結果である。だが、あらゆる種類の勤勉の平均的な成果は、その平均的な消費量に、つまり、その平均的な供給量は、その平均的な消費量と、つねに多少なりとも正確に適合している。くわえて、改良の段階がどのようなものであろうと、等量の穀物を同一の土壌と気候のもとで生産するためには、平均的にみれば、ほぼ等しい労働（レイバー）の量、つまり同じことだが、ほぼ等しい量の犠牲（プライス）を必要とするだろう。すなわち、耕作が進展しつつある状態のもとで持続的に上昇する労働の生産力は、農業における主要な道具である家畜の価格が持続的に上昇することにより、多かれ少なかれ打ち消されてしまうからである。したがって、以上すべての理由から、等しい量の穀物は、どのような社会状態のもとであれ、どのような改良の段階においてであれ、他のあらゆる種類の土地の原生産物の等量よりも、よりいっそう近似的に等しい量の労働を代表しているであろうと、つまり、それといっそう近似的に等価値であろうと、安んじて言うことができよう。それゆえ穀物は、すでに述べておいたように、富と改良の段階がどれほど異なっていようと、他のあらゆる商品または一組の商品よりも、つねにより正確な価値の尺度なのである。したがって、このような異なった段階のすべてにおいて、我々が銀の真実価値をよりよく判断できるのは、それを、他の何らかの商品あるいは一組の商品と較べることよりも、それを、穀物と較べることによってなのである。

29 くわえて、穀物、あるいは大衆のあいだに一般的に広まり、好まれている植物性食料である他の何かが、あらゆる文明化した国で、労働者の食料などの生活物資の主要部分を構成している。農業が広まった結果、あらゆる国の土地は、動物性食料よりもはるかに大量の植物性食料を生産し、こうしてどこでも労働者は、もっとも廉価で、もっとも豊富な滋味溢れる食料を主食に生活する。もっとも繁栄している国、つまり労働がもっとも高く報われている国を除いて、食肉は、労働者の生活物資のごくわずかな部分しか占めておらず、家禽は、そのうちのさらに小さな部分になり、狩猟の獲物ともなれば、ほとんど占めるところがない。フランスでは、さらに、フランスに較べれば労働がいくらかよく報われているスコットランドでさえ、祭日や他の特別な行事の時以外に、労働貧民が食肉を口にすることはきわめてまれである。したがって、労働の貨幣価格は、食肉や他のあらゆる土地の原生産物の平均貨幣価格よりも、労働者の生活物資である穀物の平均貨幣価格に、はるかに大きく依存していることになる。したがって、金と銀の真実価値、つまり、それが購買または支配しうる労働量は、食肉や土地の他のあらゆる原生産物の量よりも、むしろ、金と銀が購買または支配しうる穀物の量に、はるかに大きく依存しているのである。

30 しかしながら、穀物や他の商品の価格にかんするこのような概観は、多くの賢明な著作家が、通俗的な観念——銀の量は、あらゆる国で富の増加とともに自然に増加するから、その価値は、その量の増加とともに減少するという観念——によって同時に影響されなかったなら、彼らを誤りに導くことはなかったであろう。しかしながら、この観念はまったく根拠がない、と思われる。

31 貴金属の量は、どのような国でも、以下の二つの異なった理由のいずれかによって、増加しうるであろう。すなわち、第一に、貴金属を産出する鉱山の含有率の高さと多産性の上昇からであり、第二に、人々の富の増加、つまりその年々の労働の生産物の増加からである。この原因のうち、第一のものが貴金属の価値低下と必然的に結びつくことは間違いないが、第二のものは、そうではない。

32 より含有率が高くて多産な鉱山が発見され、より多くの量の貴金属が市場にもたらされた場合、しかもその時、貴金属と交換されるはずの生活必需品と便宜品の量が、以前と同じものに留まっているならば、同一量の貴金属は、以前よりも少量の商品と交換されるはずである。それゆえ、どのような国であれ、貴金属の量の増加が、鉱山の含有率の高さと多産性の向上から生じるかぎり、それは、貴金属価値における一定の低下と必然的に結びついている。

33 これとは逆に、ある国の富が増加すると、すなわち、その国の労働の年々の生産物が次第にますます増加すると、より多くの量の鋳貨が、より多くの量の商品を流通させるために必要になるだけでなく、人々は、貴金属を買う余裕があるため、すなわち、貴金属と引き換えに与えるより多くの商品を持っているため、自然に、ますます多量の貴金属製の食器を購入するであろう。鋳貨の量は必要性があるから増加するが、貴金属製の食器は、虚栄心と見栄から増加するものであり、また同じ理由から、純度の高い金や銀の彫像、絵画やその他すべての贅沢品や珍奇な物の量も、おそらく人々のあいだで増加するであろう。だが、彫像制作者や絵描き職人の報酬が、貧窮と不景気な時代よりも、富と繁栄の時代のほうがより低くなったりしないように、金と銀もまた、そのような時代により安く支払われることは多分ないだろう。

34　金と銀の価格は、より含有率が高くて、多産な鉱山の偶然の発見がそれを引き下げたりしなければ、あらゆる国の富とともに高くなるものであり、したがってまた、鉱山の状態がどのようなものであろうと、おのずとその価格は、貧しい国よりも、豊かな国においていつでもより高価になる。金と銀は、他のあらゆる商品と同様に、それに対して与えられる価格がもっとも高い市場をおのずと探し求めるものであり、一般的に、すべてのものにその最高価格が付与されるのは、それをもっともよく提供できる国においてのことである。忘れてはいけないことは、あらゆるものに対して支払われる本源的な価格は労働だということ、つまり、労働が等しくよく報いられている国では、労働の貨幣価格は、労働者の食料などの生活物資の貨幣価格と釣り合いがとれているだろうということである。だが、金と銀は、貧しい国よりも豊かな国において、すなわち、とるに足りぬほどしか食料などの生活物資が供給されていない国よりも、それが豊富に供給されている国のほうが、おのずとより多量の生活物資と交換される。二つの国が遠く隔たっている場合、交換される生活物資の量の違いは、きわめて大きくなりうる。というのは、貴金属は、安く支払われる市場から高く支払われる市場へと自然に飛び去ってしまうものだが、それでもやはり、二つの国で貴金属の価格をほぼ同一水準にするほど十分な量を運ぶのは、困難であろうからである。もし国と国との距離が近ければ、その違いはずっと小さいだろうし、時には、はっきりとわからないほどでありえよう。というのは、この場合には、その輸送が容易であろうからである。中国は、ヨーロッパのどの部分よりもずっと豊かな国であり、したがって、中国における食料などの生活物資の価格とヨーロッパにおけるそれとのあいだの相違は、きわめて大きい。

中国における米は、ヨーロッパのどの地方の小麦よりずっと安価である。イングランドはスコットランドよりもずっと豊かな国だが、この二つの国における穀物の貨幣価格の違いははるかに小さく、わずかにそれとわかる程度である。量あるいは量目に応じてということであれば、スコットランド産の穀物は、一般にイングランド産のそれよりもずっと安価であるように見えるが、その質に応じてということであれば、スコットランド産のほうが確かに幾分高価である。スコットランドは、ほとんど毎年イングランドから大量の供給をうけているが、一般的にあらゆる商品は、それがもち出される国よりも、もち込まれる国におけるほうが、幾分高価なはずである。それゆえイングランド産の穀物は、イングランドよりもスコットランドにおけるほうがより高価であるはずだが、しかしその品質、つまり、それを原料に用いた篩にかけた粉やひき割り粉の量と滋養分に応じてみた場合には、イングランド産の穀物が、それと競争して市場にもたらされるスコットランド産の穀物よりも、スコットランドでより高く売られることなど、一般的にあるはずがないのである。

35　中国とヨーロッパにおける労働の貨幣価格のあいだの違いは、生活必需品の貨幣価格のあいだの違いよりも、さらにいっそう大きい。なぜなら、ヨーロッパのより多くの部分は改善しつつある状態にあるのに、中国は停滞しているように思われ、労働の真実の報酬は、中国よりもヨーロッパのほうがいっそう高いからである。労働の真実の報酬がずっと低いため、イングランドよりも、スコットランドのほうが労働の貨幣価格が低い。すなわちスコットランドは、より大きな富に向かって発展しつつあるとはいえ、イングランドに較べると、ずっとゆっくり発展しているわけである。スコットランドからの移民が頻繁にあり、イングランドからのそれが珍しいということが、労働に対する需要が、二国のあいだで著しく異なっていることを十分に立証している〔「スコットランドから」ここまで第二版で追加〕。異なった国における労働の真実の報酬のあいだの比率は、それぞれの国の現実の富裕や貧困によってではなく、それぞれの国が発展しつつあるか、停滞しているか、衰退しつつあるかという状態によって、おのずと規制されるということを忘れてはならない。

36　金と銀は、もっとも豊かな国民のあいだでおのずと最高の価値をもつのであり、したがって、もっとも貧しい国民のあいだでは、おのずと最低の価値をもつことになる。野蛮で、もっとも貧しい国民のあいだでは、金と銀はほとんど価値をもたない。

37　穀物は、大都市では、地方の遠く離れた所よりもいつでも高価である。しかしながら、これは、銀が真に安価であることの結果ではなく、穀物が真に高価であることの結果である。大都市に銀を運ぶために必要な労働は、地方の遠隔地にそれを運ぶよりも少なくてすむわけではないが、穀物を運ぼうとすれば、著しく多量の労働が必要である。

38 オランダや貴族制共和国（テリトリー）ジェノヴァのように飛びぬけて豊かで商業的ないくつかの国では、穀物は、大都市でそれが高価であるのと同じ理由にもとづいて、高価である。そのような地域は、住民を養うために十分な量を産出しない。そのような国が豊かであるのは、職人や製造業者の勤勉や熟練という点、すなわち、労働を促進したり短縮したりすることができるあらゆる種類の機械、海運業、さらにまた、あらゆる他の運送や商業の手段という側面においてである。だが、二つの国は穀物という点では劣っており、穀物は遠くはなれた地方から運ばれる必要があるから、穀物の価格にくわえて、遠い地方から運ぶ運賃も支払わなければならない。銀をアムステルダムに運ぶほうが、ダンツィヒに運ぶよりも少ない労働で済むということはないが、穀物を運ぶとなると、はるかに多くの労働が必要になる。銀の真実の費用は、両地域でほぼ等しいはずであるが、穀物のそれには、きわめて大きな違いがあるはずである。

オランダ、あるいは貴族制共和国ジェノヴァのいずれであれ、そこの住民数を所与とした上で、その真実の富裕を減少させてみよ。そうすれば小麦の価格は、原因としてであろうと結果としてであろうと、この衰退にかならず付随する銀の量の減少とともに低下するのではなく、飢饉時の価格にまで高騰するだろう。必需品が欠乏している時、我々は、あらゆる贅沢品を手放さなければならぬのであって、贅沢品の価値は、豊かさと繁栄の時代に上昇し、それゆえそれは、貧困と窮乏の時代に低下するものである。必需品については異なる。その真実の価格、すなわち、それが購買または支配しうる労働の量は、貧困と困窮の時代に増加し、富裕と繁栄の時代に減少する。そうして富裕と繁栄の時代というのは、つねに著しくモノが豊富な時代のことにほかならず、そうでなければ、富裕と繁栄の時代など、そもそも存在しないことになろう。穀物は必需品であり、銀は贅沢品でしかないのである。

39　それゆえ、貴金属の量における増加がどれほどあったとしても、この増加は、一四世紀半ばから一六世紀半ばにまでの時期に、富と改良の増進から生じたものであったから、イギリスであれ、ヨーロッパの他の地方であれ、それが、貴金属の価値を低下させるような傾向をもちうるはずはなかった。それゆえ、古い時代におけるさまざまなものの価格を収集した人々にとって、銀価値の減少を、この時期の穀物や他の商品の価格に対する観察から結論として引き出す理由がなかったのなら、富と改良の増進を想定した上で、貴金属の価値が減少することを結論として引き出す理由など、輪をかけてなかったはずなのである。

第二期

1　だが、この第一期における銀の価値の推移にかんして、識者の見解がいかに多様であったにせよ、第二期におけるそれについては、意見は一致している。

2　ほぼ一五七〇年から一六四〇年にいたる約七〇年の間に、銀の価値と穀物の価値との間の比率における変動は、まったく反対の推移をたどった。銀は、その真実価値そのものが低下した。つまり銀は、以前よりもより少量の労働と交換されていたのである。したがって、穀物の名目価格は上昇し、普通一クォーター当たり二オンスの銀、つまり、現在の貨幣価値では約一〇シリングで売られていたものが、一クォーター当たり六から八オンスの銀、つまり、現在の貨幣価値では、三〇から四〇シリングで販売されるようになった。

3 アメリカの豊かな鉱山の発見が、穀物の価格に比べた場合の銀の価値における、このような低下の唯一の原因であったように思われる。したがってそれは、すべての人によって同じ方法で説明されており、その事実についても、その原因についても、議論などまったくなかった。ヨーロッパの大部分の地域は、この時期に、組織的な労働と改良の点で前進しつつあり、したがって、結果的に銀に対する需要が増加しつつあったはずである。だが、その供給の増加は、需要のそれをあまりにも大きく超過していたため、その金属の価値低下が相当大きかったように思われる。アメリカの鉱山の発見は、ポトシの鉱山でさえ、すでに二〇年以上前に発見されていたというのに、一五七〇年以降まで、イングランドでは、物価にハッキリとわかるほど影響を及ぼさなかったということが、観察されるはずである。

4 一五九五年から一六二〇年まで、両年を含めて、ウィンザー市場における最高級の小麦九ブッシェル・一クォーター〔通例一クォーターは八ブッシェルであるが、所により九ブッシェルであった〕当たりの平均価格は、イートンカレッジの会計書によれば、二ポンド一シリング六ペンス一三分の九であった。この額から、端数を無視し、さらに九分の一つまり四シリング七ペンス三分の一を差し引くと、八ブッシェル・一クォーター当たりの価格は、一ポンド一六シリング一〇ペンス三分の二であったことになる。そしてこの額から、同様に端数を無視し、九分の一つまり四シリング一ペニー九分の一を、最高級の小麦と中級の小麦価格の差として控除すると、中級小麦の価格は、約一ポンド一二シリング八ペンス九分の八、つまり銀で約六オンス三分の一であったことが見えてくる。

5 一六二一年から一六三六年まで、両年を含めて、同じ度量衡を用いた同じ市場での最高級小麦の価格は、同じ会計書から二ポンド一〇シリングであったことがわかるし、そこから前回と同じ控除をすると、中級小麦の八ブッシェル・一クォーター当たりの平均価格は、一ポンド一九シリング六ペンス、つまり、銀で約七オンス三分の二であったことが見えてくる。

第三期

1 一六三〇年から一六四〇年のあいだに、つまりほぼ一六三六年ごろ、アメリカの鉱山の発見が、銀の価値を低下させるという点で持っていた役割は終わったように思われ、したがってその金属の価値は、穀物のそれと比べて、それ以後、当時よりも低くなったことはけっしてなかったように思われる。それは、今世紀の経過とともに、幾分か上昇したと思われるのであって、おそらく、前世紀末よりも少し前から上昇し始めていたのであろう。

2 一六三七年から一七〇〇年まで、両年を含め、前世紀ののこり六四年間のことだが、最高級小麦九ブッシェル・一クォーター当たりのウィンザー市場での平均価格は、同じ会計簿から、二ポンド一一シリング三分の一ペニー、つまり、先立つ一六年間の平均価格よりもわずか一シリング三分の一ペニー高いだけである。だが、この六四年が経過するなかで、気候の変動がもたらすものよりも、ずっとひどい穀物不足をもたらしたに違いない二つの出来事が生じており、したがってそれが、銀の価値におけるそれ以上の減少など想定しなくても、このきわめて些細な価格の上昇を、余すところなく十分に説明するだろう。

3 このような出来事の最初のものが内乱（シヴィル・ウォー）〔一六四二年から一六五二年、ピューリタン革命といわれることもある」であって、それは、耕作を阻害し、商業を中断させることによって、事情が違えば気候の変動が引き起こすものに較べ、穀物価格を大幅に引き上げたに違いない。それは、多かれ少なかれ王国のさまざまな市場のすべてで、なかでも特に、もっとも遠い所から供給される必要があったロンドン近郊の市場で、これと同じ効果をもったはずである。こうして、一六四八年には、ウィンザー市場における最高級小麦の価格は九ブッシェル・一クォーター当たり四ポンド五シリング、一六四九年には四ポンドであったことが、同じ会計簿からわかる。この二年間に二ポンド一〇シリング（一六三七年より前の一六年分の平均価格）を超えた分は、三ポンド五シリングであり、それを、前世紀ののこり六四年間に割り振ると、それだけで、その時に生じたと思われるわずかな価格上昇をほぼ説明してしまうだろう。しかしながら、これは最高の価格であるとはいえ、内乱によって引き起こされたと思われる高価格の唯一のものでは、けっしてなかった。

4 第二の出来事は穀物輸出に対する助成金で、一六八八年に承認された。その助成金は、耕作を奨励することにより、長い年月が経過するうちに、助成金がなければ当地で生じたはずのものに較べ、穀物をさらに豊富にし、結果的に、自国の市場におけるその価格の著しい安価をもたらす可能性がある、と多くの人々によって考えられてきた。助成金がいつでもどの程度このような結果をもたらしうるかについては、今から検討することにするが、差し当たりここでは、一六八八年から一七〇〇年のあいだ、そのような効果を生み出す時間的余裕がなかったことだけを指摘にしておこう。このような短い期間では、それがもたらす唯一の効果は、毎年の余剰生産物の輸出を奨励することだけでなく、さらに、それによってある年の豊作が、別の年の不作を埋め合わせることを妨げるため、国内市場における穀物価格を上昇させることであったにちがいない。一六九三年から一六九九年――両年を含めて――にかけて、イングランドを覆っていたモノ不足は、主として天候不順によるもの――しかも、この理由からして、ヨーロッパのかなりの部分まで広がっていた――であったとはいえ、それは、助成金によってある程度まで高められたはずである。こうして一六九九年には、それ以上の穀物の輸出が九ヵ月にわたって禁止されたのである。

5 同じ期間が経過するなかで起きた第三の出来事があったが、それは穀物不足はおろか、一般的にそれに対して支払われた実際の銀量のいかなる増加も引き起こしたはずはないが、必然的に、その名目額におけるいくらかの増加を引き起こしたはずのものである。この出来事とは、削り取りと摩耗による銀貨の著しい品位低下である。この悪行は、チャールズ二世の統治下で発生し、一六九五年まで継続的に増えつづけたが、ラウンズ氏〔William Lowndes, 1652-1724. 名誉革命後に活躍した財務官僚〕から学べるように、その当時、流通していた銀貨は、その標準価値を平均して二五パーセント近く下回っていた。だが、あらゆる商品の市場価格を構成する名目額は、それに含まれるべき標準銀の量によってよりも、実際それに含まれている銀の量――経験によってわかることだが――によって、必然的に規制される。それゆえ、鋳貨が削り取りや摩耗によって、その標準価値に近いものよりもずっと品位が落ちている場合には、この名目額が必然的に高くなるのである。

6 今世紀の経過をつうじて、銀貨が、現在よりもさらに標準重量を下回っていたことはなかった。だが、ひどく摩滅していたといっても、銀貨は、それと交換される金貨の価値によって、その価値が高く維持されてきた。というのは、最近の改鋳まで〔一七七四年のこと〕金貨もまたかなり摩滅していたとはいえ、銀にくらべれば、はるかに良い状態にあったからである。一六九五年には逆であって、銀貨の価値は、金貨によって下支えされていなかった。当時一ギニーは、摩損した銀貨三〇シリングと交換されていた。最近の金の改鋳まで、銀地金の価格が一オンスにつき五シリング七ペンスより高かったことはきわめてまれであって、この価格は、鋳造価格よりも、わずか五ペンス高いだけである。だが、一六九五年には、銀地金の通常価格は、一オンス当たり六シリング五ペンスであり、* これは、鋳造価格を一五ペンス上回っていた。したがって、最近の金貨の改鋳まで、銀貨、つまり金貨と銀貨を一緒に考えた場合の鋳貨は、銀地金とくらべた場合、その標準価値を八パーセント以上下回っていたとは考えられていなかった。一六九五年には逆であって、標準価値を二五パーセントほど下回るとみなされていた。

だが、今世紀はじめの時期、すなわちウィリアム王時代の大改鋳直後の時期には、流通している銀貨の大部分は、現在のそれにくらべて、標準重量にずっと近かったはずである。また今世紀をとおして、耕作を阻害したり、国内取引を妨げたりする可能性をもつ内乱のような大きな社会的苦難はまったくなかった。だから、今世紀の大部分をつうじて施行されてきた助成金が、穀物価格を、実際の耕作の状態に即して生じたであろうものよりも、つねにある程度高く引き上げたはずではあるが、しかし、助成金は、それでもなお、今世紀をつうじて、普通そのせいだと指摘される好ましい効果、つまり、耕作を進展させ、結果的に国内市場における穀物の量を増加させるという意味で、好ましい結果を生み出すのに十分な時間的余裕があったから、のちに説明と吟味をくわえる予定である体系の原理にもとづいて、それは、一面では穀物商品の価格を引き下げるようにある程度役立つとともに、他面では、それを引き上げるのにも役立ったとみなすことができよう。それは、多くの人々によって、もっと多くの貢献をしたと信じられてきた。

こうして今世紀のはじめの六四年間に、ウィンザー市場における最高級小麦九ブッシェル・一クォーターの平均価格は、イートンカレッジの会計簿によれば二ポンド六ペンスと三二分の一九であって、それは、前世紀ののこり六四年間の平均小麦価格よりも約一〇シリング六ペンス、つまり、前世紀ののこりの六四年間の価格よりも二五パーセント以上低かった。そしてこれは、アメリカの含有率の高い鉱山の発見が、その影響を十分に発揮し尽くしたと想定しうる一六三六年に先立つ一六年間の平均価格よりも九シリング六ペンス低く、アメリカの鉱山の発見が、その影響を発揮し尽くすに至らなかった時期に属すると考えられる一六二〇年以前の二六年間の平均価格よりも、約一シリング低いのである。この計算にしたがえば、今世紀最初の六四年間の中級小麦の平均価格は、八ブッシェル・一クォーター当たり三二シリングであったことがわかってくる。

＊ラウンズ著『銀貨に関する試論』六八頁〔この脚注は第二版で加えられた。本書の正確なタイトルは *A report containing an essay for the amendment of the silver coins*. 1695〕。

7　したがって、今世紀の経過をつうじて、銀の価値は、穀物のそれとくらべると幾分か上昇してきたように見えるし、しかもこの上昇は、おそらく前世紀末よりもさらにある程度以前の時期に、はじまっていたようである。

8　一六八七年、最高級小麦九ブッシェル・一クォーター当たりの価格は、ウィンザー市場で一ポンド五シリング二ペンスであり、一五九五年以降、もっとも低い価格であった。

9　一六八八年に、この種の事柄に対する博識で著名なグレゴリー・キング氏は、栽培者にとってまずまず良作であった年の小麦の平均価格は、一ブッシェル当たり三シリング六ペンス、つまり、一クォーター当たり二八シリングであった、と推定した。私の理解では、栽培者価格（グロウアズ・プライス）というのは、時に契約価格と呼ばれるもの、つまり農業者が、卸売業者に一定量の穀物を、一定の年数引き渡すように契約する時の価格と等しいものである。この種の契約は、販売する時の費用と手間を農業者に節約してやるため、契約価格は、平均の市場価格であると推定されるものよりも一般的に安価になる。キング氏は、当時一クォーター当たり二八シリングが、まずまず豊作の年の通常の契約価格である、と判断した。最近の例外的にひどい天候不順によって引き起こされたモノ不足までなら、それが、普通の年すべてにおける通常の契約価格だったと、確信している。

10　一六八八年に、穀物の輸出に対する議会の助成金が認められた。当時の立法府で、現在よりもっと高い比率を占めていた地方の紳士は、穀物の貨幣価格は下落しつつある、と感じていた。助成金は、チャールズ一世と二世の時代に付けられることが多かった高価格まで、穀物価格を人為的に高めるための急場の手段であった。それゆえ、小麦が一クォーター当たり四八シリングという高い価格になるまで、それは実施されることになっていたが、この価格は、キング氏がまずまず豊作の時期にみられる栽培者価格であると評価したものよりも、二〇シリング、つまり七分の五だけ高価である。もしこの計算が、あまねく獲得してきた名声の片鱗に値する立派なものだとすれば、一クォーター当たり四八シリングというのは、助成金のような方策がなければ、例外的な不作の年を別として、当時まったく期待できなかった価格であったことになる。だが、ウィリアム王の政府は、当時まだ完全に安定してはいなかった。地方の紳士に対して何かを断るような状態にはなく、まさにこの時期に政府は、年々の土地税の最初の創設を彼らに要請していたのである。

11　それゆえ、穀物とくらべた場合の銀の価値は、前世紀の終わりごろよりも少し前に上昇していたことがほぼ確かであり、しかもそれは、今世紀の大部分をつうじて上昇しつづけたように思われるのだが、これは、助成金がなければ、実際の耕作状態のなかで顕在化したであろう上昇を妨げ、助成金のもつ必然的な作用を目立たぬようにしたにもかかわらず、生じたことなのである。

12　助成金は、豊作の年には、通常以上の輸出を引き起こすことによって、その年に輸出されなかったら生じたであろう価格以上に、必然的に穀物価格を上昇させる。もっとも豊作の年でさえ、穀物価格を高く保つことによって耕作を奨励することが、この制度の公然たる目的であった。

13　実際のところ、著しい不作の年には、一般に助成金は停止されてきた。しかし、多くの不作の年の穀物価格に対してさえ、それは、ある程度影響してきたはずである。豊作の年に引き起こされる通常以上の輸出によって、ある年の豊作が、他の年の不作を補うことをしばしば妨げたにちがいない。

14 それゆえ、豊作の年においても不作の年においても、助成金は、穀物の価格を、実際の耕作の状態のもとで自然にもたらされるような価格以上に上昇させる。したがって、今世紀はじめの六四年間の穀物の平均価格が、前世紀ののこりの六四年間のそれよりも低かったとすれば、耕作の状態が同一なら、この助成金の作用がなければ、穀物価格はさらにいっそう低かったはずなのである。

15 しかし、助成金がなければ、耕作の状態は同一ではなかっただろう、といえる可能性がある。この制度が、その国の農業に対して及ぼした影響がどのようなものでありうるか、これについては後に、さまざまな助成金を個別的に取り上げて論じる際に、説明するよう努めることにしよう。ここでは、穀物の価値と比べた場合の銀の価値におけるこのような上昇が、イングランドに特有なものではなかったことを、述べておくだけに留めておきたい。同じ時期にかけて、しかも、ほぼ同じ比率でもってフランスで生じたことが、三人のきわめて誠実で、勤勉で、入念な穀物価格の収集家、デュプレ・ド・サンモール氏、ムサンス氏および穀物政策にかんする『試論』の著者によって観察されてきた。だがフランスでは、一七六四年まで、穀物の輸出は法律によって禁止されていた。だから、この禁止にもかかわらず、ひとつの国で起きたほとんど同じ価格の低落が、輸出に対して与えられた並外れた奨励のおかげで、他の国でも生じたと想像するのは、いささか困難なのである。

16 おそらく、より適切なことは、穀物の平均貨幣価格におけるこの変化は、穀物の実際の平均価値において生じた下落の結果というよりも、むしろ、ヨーロッパ市場における銀の真実価値(リアル・ヴァリュー)におけるある程度持続的な上昇の結果である、と理解することであろう。すでに述べてきたように、穀物は、遠く隔たった時代については、銀や、おそらく他のあらゆる商品よりも正確な価値の尺度である。アメリカにおける豊かな鉱山の発見以降、穀物は、その以前の貨幣価格より三倍か四倍上昇したが、およそこの変化は、穀物の真実価値における上昇ではなく、銀の真実価値における低下に原因があるとされてきた。それゆえ、今世紀はじめの六四年間に、穀物の平均貨幣価格は、前世紀の大部分のあいだ保っていた平均価格よりも幾分下落したとすれば、我々は同じ考え方に従って、この変化を、穀物の真実価値における下落にではなく、ヨーロッパ市場における銀の真実価値における若干の上昇が、原因であるとしなくてはなるまい。

17　ここ一〇年、あるいは一二年間にみられた穀物の高価格は、実際に銀の真実価値はヨーロッパの市場でその後も下落しつづけているのではないか、という疑念を引き起こしてきた。しかしながら、この穀物の高価格は、明らかに例外的にひどい天候不順の結果であり、それゆえ、永久的なものとしてではなく、一時的で、時たま起きる出来事とみなされるべきだと思われる。最近の一〇年から一二年間の気候は、ヨーロッパの大部分で好ましいものではなかったし、さらにポーランドの混乱が、穀物価格が高い年に、通常その市場から供給を受けていたすべての地方で、食糧難を著しく強めた。長く続いた天候不順は、ごく普通の出来事ではないにしても、けっして類を見ない出来事ではない。だから、以前の時代における穀物価格の歴史を精力的に調査した人物なら誰であれ、同じ種類の他のいろいろな事例を集め損なうことはないだろう。

くわえて、一〇年にわたるはなはだしい凶作年は、一〇年にわたる並外れた豊作年より以上に驚くべきことではない。一七四一年から一七五〇年までの両年を含む穀物の低価格が、最近の八年から一〇年間におけるその高価格と好対照であることは明らかであろう。一七四一年から一七五〇年に至る最高級の小麦九ブッシェル・一クォーター当たりのウィンザー市場における平均価格は、イートンカレッジの会計簿から明らかなように、一ポンド一三シリング九ペンス五分の四でしかなく、これは、今世紀はじめの六四年間の平均価格よりも六シリング三ペンス近く安価である。中級小麦八ブッシェル・一クォーター当たりの平均価格は、この会計簿によれば、ここ一〇年間わずか一ポンド六シリング八ペンスであったことがわかる。

18 しかしながら、一七四一年から一七五〇年にかけて、助成金は、穀物価格が国内市場で自然にそうなっていたような低価格に下落することを、妨げていたはずである。税関の帳簿からわかるように、この一〇年間に輸出されたあらゆる種類の穀物量は、すくなくとも八〇二万九一五六クォーター一ブッシェルに達した。この総量に対して支払われた助成金は、一五一万四九六二ポンド一七シリング四ペンス二分の一であった。したがって一七四九年に、当時の首相であったペラム氏〔Henry Pelham, 1694-1754. 一七四三〜五四年首相〕は、先立つ三年間のあいだに、きわめて驚くべき額が穀物の輸出に対する助成金として支払われてきた、と述べた。彼は、このような発言をする十分な理由をもっており、だから次の年には、輪をかけてもっともな理由をもっていたといって良い。わずかその一年間で支払われた助成金は、三二万四一七六ポンド一〇シリング六ペンスを下らない額に達した。* この強制された輪出が、それがなければ自国の市場で実現したはずの穀物価格にくらべ、いかに高くそれを引き上げたか、述べる必要もなかろう。

＊『穀物貿易に関する小論』を見よ〔省略された著者とフルタイトルは以下の通り。Charles Smith, 1713-1777. *Three Tracts on the Corn Trade and Corn Laws*, 1766. チャールズ・スミスは穀物商人で、後に著述業〕。

19 本章に付けられた勘定書の末尾に、読者は、他とは区別された一〇年間の特別な勘定を見いだすだろう。先立つ一〇年分の個々の勘定をそこに記しておいたが、それは、その世紀のはじめの六四年間全体の平均を、それほど大きくというわけではないが、なお下回っていることがわかるだろう。しかしながら、一七四〇年は、例外的な凶作年であった。一七五〇年に先立つ二〇年は、一七七〇年に先立つ二〇年ときわめて好対照であるといえよう。一年か二年の高価格の年が間に入るとはいえ、前者が、その世紀の総平均よりも相当程度下回っているように、後者は、一年か二年の低価格の年が間に入るとはいえ、たとえば一七五九年のそれを、相当上回っているからである。もし前者が、後者がそれを上回っていたように、全体の平均を大きく下回っていなかったとすれば、おそらく我々は、それを助成金のせいにしなくてはなるまい。その変化は明らかに突然のものであるから、銀価値における何らかの変化――これはつねに緩慢で漸次的である――の結果とは考えにくい。突然の結果を説明できるのは突然作用しうる原因、つまり気候の偶然の変動しかない。

20 実際のところ、今世紀をつうじて、グレートブリテンにおける労働の貨幣価格は上昇してきた。しかしこれは、ヨーロッパ市場における銀の価値の低下というよりも、むしろ、グレートブリテンにおける全般的な繁栄に起因する労働需要の増加の結果であると思われる。それほど繁栄しているとはけっしていえないフランスでは、労働の貨幣価格は、穀物の平均貨幣価格とともに、前世紀半ばから漸次的に低落したことが報告されている。前世紀においても今世紀においても、フランスにおける普通の労働の一日当たりの賃金は、四ウィンチェスターブッシェルよりもわずかに多い量目である一セティエ当たりの小麦の平均価格の約二〇分の一にほぼ固定化していた、といわれている。すでに指摘したように、グレートブリテンにおける労働の真実の報酬、すなわち、労働者に与えられる生活必需品と便宜品の実際の量は、今世紀のうちにおおいに増加してきた。その貨幣価格における上昇は、ヨーロッパ市場全体における銀価値の低下にではなく、グレートブリテンという特定の市場で、とりわけ好都合なこの国の事情に起因する労働の実質価格（リアル・プライス）の上昇の結果であったと思われる。

21 アメリカの最初の発見からしばらくの間、銀は以前の価格、つまり以前の価格をそう大きく下回らない価格で売られつづけた。鉱山業の利潤はしばらくの間きわめて大きく、したがって、その自然率よりも大幅に高かった。だが、その金属をヨーロッパに輸入した人々は、まもなく、この高価格で年々の輸入総量を処分することはできない、ということを理解した。銀は、次第にますます少量の財と交換された。その価格は次第に少しずつ低下し、最後にはその自然価格、つまり、それを鉱山から市場へもたらすために支払う必要がある労働の賃金、元本の利潤および土地の地代を、それぞれの自然率にしたがって、なんとか支払える価格にまで低下した。

ペルーの大部分の鉱山では、全生産物の一〇分の一に達するスペイン王の税金が、すでに見たように、土地の地代のすべてを蚕食（さんしょく）し尽くしている。この税は、もともと二分の一であったが、まもなく三分の一に下がり、その後五分の一、そして、とうとう今もつづいている率である一〇分の一に下がった。ペルーの大部分の鉱山では、これが鉱山業者の元本を、その普通の利潤とともに補填したあとに残るすべてである、と思われる。そうしてこの利潤は、昔はきわめて高かったが、今では、その仕事を継続するのが精一杯であるほど低い率に下がっていることが、あまねく認められているように思われる。

22 スペイン王の税金は、一五〇四年、すなわちポトシ鉱山発見の年である一五四五年よりも四一年前に、登録された銀の五分の一に相当する量に引き下げられた。* 九〇年経過する間に、つまり一六三六年以前に、アメリカ全土でもっとも含有率が高くて多産なこのような鉱山は、完全な結果を生じさせるのに十分な時間の経過を済ませており、スペイン王にこの税を支払い続けながら、ヨーロッパ市場における銀の価値を、低下しうる最低限まで引き下げることになった。九〇年という年月は、独占が存在しない場合、いかなる商品であれその自然価格に、すなわち、特別の税を支払いながら相当長期にわたって販売し続けることができる最低の価格に、引き下げるのに十分な時間である。

＊ソロルザーノ、第二巻〔Juan de Solórzano Pereira, 1575-1655. *De Indiarum iure et gubernatore*. 1629-1630. ソロルザーノはリマで判事を務めたスペインの法律家。本注は第二版で追加〕。

23 ヨーロッパ市場における銀の価格は、おそらくもっと下落した可能性があるし、したがって、銀に対する税金を、一七三六年のように一〇分の一にではなく、金に対するそれと同じ二〇分の一に引き下げるか、あるいは、現在採掘中のアメリカの鉱山での事業を放棄するか、このいずれかを不可避の事態にした可能性があった。銀に対する漸次的な需要の増加、つまり、アメリカの銀山の生産物に対する市場の漸次的な拡大が、おそらく上述の事態の発生を妨げてきた原因であり、こうしてそれは、ヨーロッパ市場における銀の価値を高く保ってきただけでなく、おそらく、前世紀半ばごろの価値よりも幾分高く引き上げたのである。

24 アメリカの最初の発見以降、そこにある銀鉱山の生産物に対する市場は、次第にますます大きなものになって行った。

25 第一に、ヨーロッパの市場は、次第にますます広がっていった。アメリカ発見後、ヨーロッパの大部分はおおいに改善されてきた。イングランド、オランダ、フランスおよびドイツ、さらにスウェーデン、デンマークおよびロシアも、残らず農業と製造業の両方でかなり前進した。イタリアが後退してしまったようには見えない。イタリアの衰退は、ペルー征服よりも前のことである。その時から、わずかではあるが、むしろ回復したように思われる。実際のところ、スペインとポルトガルは、後退してしまったように思われる。しかしながら、ポルトガルは、ヨーロッパではごくわずかな部分しか占めていないし、スペインの衰退は、おそらく広く想像されているほどはなはだしいものではない。一六世紀初めには、スペインは、その時以降大幅に改善されてきたフランスと比べてさえ、きわめて貧しい国であった。両国を頻繁に旅した皇帝カール五世〔Karl V, 1500-58. スペイン王としてカルロス一世、神聖ローマ皇帝としてカール五世〕のよく知られた所見は、フランスでは何もかも豊富だが、スペインではすべてが不足している、であった。ヨーロッパにおける農業と製造業の生産物の増加は、必然的にそれを流通させるための銀貨の漸次的な増加を要したはずだし、さらに、豊かな人々の数の増加は、彼らが所有する銀製の食器や他の装飾品の量における、同様な増加を求めたはずである。

26　第二に、アメリカは、それ自体がアメリカの鉱山の生産物に対する新市場であり、そこにおける農業、産業および人口の増加は、ヨーロッパのもっとも繁栄した国のどれよりも急速であったから、その需要は、さらにずっと急速に増加したはずである。イングランドの植民地はまったくの新市場であって、一部は鋳貨、また一部は銀食器のために、以前はいかなる需要も存在しなかった大きな大陸のいたる所で、銀の持続的な供給増を必要とした。スペインとポルトガルの大部分の植民地もまた、まったくの新市場である。ニュー・グラナダ、ユカタン半島、パラグアイおよびブラジルは、ヨーロッパの人々に発見されるまで、工芸も農業ももたない最初期の文化に属する国民が暮らしていた。両方とも、今ではかなりの程度のものがそのすべての所に導入されている。メキシコとペルーでさえ、ともに、まったくの新市場であると考えることはできないが、以前の状態に比べて、大幅に拡大された市場であることは間違いない。古代におけるこのような国の輝かしい状態にかんして刊行されてきたあらゆる驚くべき話の後で、ある程度冷静な判断力をもって、その最初の発見と征服の歴史を読む人なら誰であれ、そのような住民は、工芸、農業および商業の分野で、現在のウクライナのタタール人よりもはるかに立ち遅れていたことを、はっきりと理解するだろう。

二つの国のうちでは、より文明化された国民であるペルーの住民でさえ、金や銀を装飾品として利用していたとはいえ、いかなる種類の鋳貨ももたなかった。彼らの交易は、すべて物々交換で遂行されており、したがって、彼らのあいだにはほとんど分業が存在しなかった。土地を耕す人々は、自分自身の家を建てること、自分自身の家財道具、衣服、靴、および農業用具の製作をおこなわなければならなかった。彼らのなかにいたごく少数の職人は、ことごとく統治者、貴族および僧侶によって養われており、おそらくその使用人か奴隷であった。あらゆる古代メキシコやペルーの工芸は、ただひとつの製造品さえ、ヨーロッパに提供されていなかった。スペインの軍隊――五〇〇人を超えたことはほとんどなく、その数の半分になることも多かった――は、いたる所で食料の確保に大きな困難を見出した。行く先々で引き起こしたといわれる飢饉は、同時に、きわめて人口が多くて立派に耕作されていると記されていた国でもまた、このような人口の多さと高度な耕作についての話は、そのほとんどが想像上のものであることを、余すところなく証明している。

スペインの植民地は、イングランドのそれと比べ、農業、改良や人口について、多くの点であまり好意的でない統治のもとに服している。しかしながら、それは、このようなすべての地方で、ヨーロッパのどの国よりもずっと急速に発展しつつある。肥沃な土地と恵まれた気候にあって、土地が広大にあって安価であること、これは、あらゆる新植民地に共通する状況であるが、市民統治における多くの欠陥を埋め合わせるきわめて大きな利点であるように思われる。一七一三年にペルーを訪れたフレジエは、リマを、二万五〇〇〇人から二万八〇〇〇人の住民を抱える都市と描いている。同じ地方に一七四〇年から一七四六年にかけて住んでいたウリョーアは、そこに五万人以上が住んでいたと記している。チリやペルーの他のいくつかの主要都市の人口の多さにかんする彼らの説明の違いはほぼ同一であり、また、双方の申し分のない情報を疑問視する理由はないように見えるから、それは、イングランド植民地の大きな人口にほとんど劣らない増加を示すものである。それゆえ、アメリカは、そこにある銀鉱山の生産物に対する新市場であり、そこでは、それに対する需要は、ヨーロッパのもっとも繁栄している国よりも、さらに急速に増加しているはずである。

27　第三に、東インドは、アメリカの銀鉱山の生産物のもうひとつ別の市場であり、このような鉱山の最初の発見時から、ますます多くの量の銀を絶え間なく引きよせてきた。その時以降、アメリカと東インド間の直接貿易――アカプルコの船を使って遂行された――は、持続的に増加しており、しかも、ヨーロッパ経由の間接的な取引がさらに大きな比率で増加してきた。一六世紀のあいだ、ポルトガル人が、東インドとの規則的な貿易を遂行する唯一のヨーロッパの国民であった。その世紀の終わりごろ、オランダ人がこの独占を侵食し始め、数年のうちに、インドにある彼らの主要な定住地から彼らを追い出した。前世紀の大部分をつうじて、この二つの国民が、東インド貿易のもっとも重要な部分を二分するようになり、オランダ人の貿易は、減少したポルトガル人のそれに比べ、さらに大きな比率で増加しつづけた。イングランド人とフランス人は、前世紀にインドといくらか貿易をおこなったが、それが大きく増加したのは、今世紀になってからである。スウェーデン人とデンマーク人の東インド貿易は、今世紀になって始められた。ロシア人でさえ、シベリアやタタール経由で陸路北京にいたる一種の隊商を組み、今では、中国と定期的に交易している。

このようなすべての国民による東インド貿易は、先の戦争がほぼ全滅させたフランス人のそれを別とすれば、ほとんど持続的に増加してきた。ヨーロッパにおける東インド製品の消費量の増加は、そのすべての国民に雇用の漸次的増加をもたらすほど、きわめて大きかったように思われる。たとえば茶葉(ティー)は、前世紀半ばまで、ヨーロッパではほとんど利用されなかった薬であった。現在では、イングランドの東インド会社によって、各国の人々の使用に供するために年々輸入される茶葉の価値は、年間一五〇万ポンド以上に達している。しかも、これでは不十分で、さらに大きな量が、オランダの港やスウェーデンのイエーテボリから、さらには、フランスの沿岸部――フランス東インド会社が繁栄していたかぎり――からも、我が国に密輸入されている。中国製陶磁器、モルッカ諸島の胡椒、ベンガルの反物、さらに他の数えきれない製品の消費が、ほとんど同じ比率で増加した。それゆえ、東インド貿易に利用されるヨーロッパのすべての船舶の総積載量は、前世紀のどこをとっても、それに従事する船舶を最近削減するまでのイングランド東インド会社のそれを、おそらく大きく超えるものではなかっただろう。

28 だが、東インド諸島では、とりわけ中国とインドスタン〔ヒマラヤ山脈とデカン高原に挟まれたインダス・ガンジス川流域のこと〕では、最初にヨーロッパ人がこのような地方と貿易を開始した時、貴金属の価値は、ヨーロッパにおけるそれよりもずっと高かったし、それは今なお続いている。米作地域では、一般的に一年に二回、時には三回の収穫があるが、どの収穫をとっても、一般的な穀物の収穫高よりずっと多く、食料の豊富さは、同じ広さのどの穀物産地をもはるかに上回っているはずである。またそこでは、自分自身で消費可能な量を超える処分可能な食料の大量の余剰をもつ富者は、他人の労働のさらに大きな量を購入する手段を所有している。したがって、中国やインドスタンの大貴族の使用人は、誰の話を聞いても、ヨーロッパのもっとも豊かな臣下のそれに比べて、はるかに数が多く、立派である。彼らが意のままに処分できるおなじ食料の大量の剰余は、自然が提供するにしても、きわめて少量の並外れて珍しいすべての生産物――富者の競争の最大の対象である貴金属と宝石――を求めて、そのより大きな量を引き渡すことを可能にするのである。

それゆえ、インドの市場に供給した鉱山は、ヨーロッパの市場に供給した鉱山と同じほど豊かであったが、そのような商品は、自然にヨーロッパよりもインドでより多くの量の食料と交換されたのである。だが、インドの市場に貴金属を供給した鉱山は、ヨーロッパの市場に供給した鉱山よりも潤沢さにおいて数段劣っていたが、宝石を供給した鉱山は、数段まさっていたように思われる。したがって、貴金属は、インドではおのずとより多量の宝石と交換され、ヨーロッパにおけるよりも、さらに大量の食料と交換されたのである。贅沢品のなかでも最高のものであるダイヤモンドの貨幣価格は幾分低く、すべての必需品の筆頭である食料の貨幣価格は、ヨーロッパよりもインドのほうが、大幅に低かっただろう。

だが、労働の実質価格（リアル・プライス）、すなわち、労働者に与えられる生活必需品の実際（リアル・クオンティティ）の量は、すでに述べてきたように、インドの二大市場である中国とインドスタンの両方において、ヨーロッパの大部分におけるものよりも低い。そこでは、労働者の賃金が食料のより少ない量を購買するだろうし、また、食料の貨幣価格は、インドのほうがヨーロッパよりも安価であるから、労働の貨幣価格は、インドでは二重の理由——それが購入することになるより少量の食料と、その食料の価格が低いという二つの理由——で、ヨーロッパよりもはるかに低いのである。

　だが、等しい技術と組織的な労働（アート・アンド・インダストリー）を有する国のあいだでは、大部分の製造品の貨幣価格は、労働の貨幣価格と一定の割合を保っているだろう。しかも、製造業における技術と組織的な労働という点では、中国とインドスタンが劣っているとしても、ヨーロッパのどこよりも大幅に劣っているとは思われない。それゆえ、大部分の製造品の貨幣価格は、ヨーロッパのどの部分よりも、このような大帝国のほうが当然ずっと安価になる。またヨーロッパの大部分では、陸運費用が、ほとんどの製造品の真実価格と名目価格の両方を、大幅に高める。それは、まず原料をもたらすために、最後には完成した製造品を市場に運ぶために、より多くの労働、つまりより多くの貨幣を費やさせる。中国やインドスタンでは、広大で多様な内陸水運が、この労働の、結果的にこの貨幣の大部分を節約させ、こうすることによって、大部分の製造品の真実価格と名目価格の両方を一段と引き下げるのである。

　貴金属は、以上すべての理由からヨーロッパからインドへ運べば、つねに飛び抜けて有利な商品であったし、今なおそうである。インドでより有利な価格をもたらしそうな商品、つまり、ヨーロッパで費用として支出する労働と商品の量に較べて、そこでより多くの量の労働と商品を購買または支配できるような商品など、ほとんどない。くわえて、銀をそこに運ぶほうが、金を運ぶよりずっと有利である。というのは、中国では、そしてまた、インドというもうひとつの市場の大部分では、純銀と純金のあいだの比価は、一〇対一、あるいは最大一二対一にすぎないのに、ヨーロッパでは、一四ないし一五対一に等しい。中国では、そしてまた、インドというもうひとつの市場の大部分では、一〇ないし最大一二オンスの銀が一オンスの金を購入するだろうが、ヨーロッパでは、そのために一四オンスから一五オンスが必要になる。それゆえ、インドに向けて航海する大部分のヨーロッパの船の積み荷のなかでは、銀が、一般的にもっとも利用価値がある品物のひとつであった。それは、マニラに航海するアカプルコ船では、もっとも貴重な物品であった。新大陸の銀は、このように、旧大陸の両極の間でなされる取引の主要商品のひとつであるように思われるし、したがって、世界の遠くはなれた地域がたがいに結びつけられるのは、大部分、それを用いてのことなのである。

29　それほど大きく拡大した市場に供給するためには、鉱山から年々もたらされる銀の量は、繁栄しつつあるすべての国が必要とする銀貨と銀食器の両方に対する持続的な増加分を十分に賄うだけでなく、その金属を使用するすべての国で生じる持続的な銀の摩滅と消費分をも補塡するものでなければならない。

30　鋳貨の場合には削り取りによる、また食器の場合には摩滅と研磨の両方による、貴金属の持続的な消費はきわめて顕著なことであり、これほど広範に使用されるようになった商品の場合、それだけで、きわめて多量の供給が毎年必要になるだろう。特定の製造業におけるこのような金属の消費は、全体的にみれば、おそらくこのような持続的な消費を上回ることはなかろうが、しかし、いっそう目立つだけでなく、はるかに急速なものである。バーミンガムの製造業だけで、金箔やメッキに年々使用される金と銀の量、つまり、それによって二度と元の姿に戻れなくされる量は、正貨五万ポンド以上に上るといわれている。我々はその事実から、バーミンガムのものと同じ種類の製造業や、レース、刺しゅう、金や銀の織物、本や家具その他の金箔など、世界のあらゆる異なった所における年々の消費量がいかに莫大なものであるか、ある程度理解することができるだろう。またその相当な量が、このような金属を海と陸の両方を経由してある場所から他の場所へと輸送する際に、年々失われるはずである。くわえて、アジアにおける大部分の国の統治下では、地中に財宝を隠すというほとんど普遍的な習慣――その知識は、その隠蔽を行った人物の死去とともに消滅することが多い――が、さらに大きな量の損失を、引き起こすにちがいない。

31 カディスとリスボンで輸入された金と銀の量（船舶証明書付きで来たものだけでなく、密輸されたと推定されるものも含めて）は、もっとも信頼できる噂によれば、正貨で年間約六〇〇万ポンドに達する。

32 メゲンス氏〔スミスは Meggens と綴っているが、Nicholas Magens, 1697-1764. ドイツ生まれの商人で、*The Universal Merchant*, 1753 の著者〕によれば、[*]スペインへの年々の貴金属輸入を、六年間の、すなわち一七四八年から一七五三年――両年を含む――平均で、ポルトガルへのそれを、七年間の、すなわち一七四七年から一七五三年――両年を含む――平均でみると、銀では一一〇万一一〇七重量ポンド、金では四万九九四〇重量ポンドに達している。その銀は、一トロイ・ポンド当たり六二シリングとすれば、正貨三四一万三四三一ポンド一〇シリングになる。その金は、一トロイ・ポンド当たり四四ギニー半とすれば、正貨二三三万三四四六ポンド一四シリングになる。両方あわせると、正貨で五七四万六八七八ポンド四シリングになる。船舶証明書付きで輸入された分の勘定は、まさに彼が断言する通りである。彼は、船舶証明書に従って、金と銀の個別的な積み出し地と、それぞれが提供する両金属の個別的な量にかんする詳細を、我々に提示している。さらに彼は、密輸されたと推定できる両金属の量についても考慮している。この賢明な商人の大変な経験が、彼の見解に少なからぬ重みをもたせているのである。

＊『全世界の商人』へのあとがき一五および一六頁。このあとがきは、一七五六年――本書刊行の三年後――に初めて印刷されたが、第二版は出版されていない。それゆえ、このあとがきはごくかぎられた本でしか見ることができない。それは、本文におけるいくつかの誤りを修正したものである〔本注は第二版で追加〕。

33『ヨーロッパの人々が二つのインドで樹立したものに関する哲学的で政治的な歴史』〔Guillaume-Thomas François Raynal, 1713-1796. レーナルはグリムやディドロの影響を受けたフランスの文筆家で重商主義を批判した〕における雄弁で、時々、よく事情に通じていた著者によれば、スペインに年々輸入された船舶証明書付きの金と銀の一一年間――一七五四年から一七六四年までで、両年を含む――の平均は、一〇レアール＝一ピアストル換算で、一三九八万四一八五ピアストル五分の三〔四分の三が正しい〕に達した。しかしながら、密輸された可能性があるものを考慮に入れると、年々の総輸入は一七〇〇万ピアストルで、一ピアストル＝四シリング六ペンスで換算して、正貨三八二万五〇〇〇ポンドと等しい額に達した可能性がある、と彼は推定している。また彼は、金と銀をもたらす個々の原産地や、船舶証明書に従って、それぞれが提供する金属の種類別の量について、その詳細を述べている。さらに彼が告げていることは、もし我々が、年々ブラジルからリスボンへ輸入される金の量を、ポルトガル王へ支払われる税額――標準金属の五分の一であると思われる――で判断すべきであるとすれば、一八〇〇万クルゼイド、つまり四五〇〇万フランス・リーヴル、正貨で約二〇〇万ポンドに等しい、と評価できるだろう。しかしながら、密輸された可能性がある分を考慮すると、この額に、さらに八分の一、つまり正貨で二五万ポンドをそれに追加してよいのであって、結果的に総額は正貨で二二五万ポンドになる、と彼は言う。それゆえこの説明によれば、スペインとポルトガル両国に年々輸入される貴金属の全体は、正貨で約六〇七万五〇〇〇ポンドに達すると見ても間違いないだろう。

34 その他いくつかのおおいに信頼できる説明――手稿ではあるが――は、この年々の総輸入額が、平均で正貨約六〇〇万ポンドになり、時にはそれを少し超えたり、少し下回ったりするとしている点で、意見が一致していると私は確信している。

35 カディスやリスボンへ年々輸入される貴金属は、実際、アメリカの鉱山の年々の総生産物に等しいわけではない。一部は、毎年アカプルコ船でマニラに送られるし、また一部は、スペイン植民地が他のヨーロッパの国の植民地と行う密貿易に用いられるうえ、さらに、その国に残る部分があることも、間違いない。くわえて、アメリカの鉱山は、けっして世界で唯一の金山や銀山というわけではない。とはいえ、それは飛びぬけて立派な豊かな鉱山である。現在知られている他のすべての鉱山の生産物は、アメリカの鉱山に比べると、劣悪なものだということが認められており、そして、アメリカの鉱山の生産物が年々カディスとリスボンに輸入されていることも、同様に認められている。

だが、バーミンガムの消費量――一年で五万ポンドの割合――だけで、年間六〇〇万ポンドに達する輸入の一二〇分の一に等しいのである。したがって、このような貴金属を利用する世界のすべての国における金と銀の年々の総消費量は、おそらく、年々の総生産量にほぼ等しい可能性がある。その残余が、繁栄しているすべての国で増え続ける需要を満たすために供給すべき十分な量を、超えることはあるまい。それは、この需要を満たすにはとうてい足りないため、このような貴金属のヨーロッパ市場における価格を、幾分か上昇させるほどである可能性がある。

36 年々鉱山から市場に運び込まれる真鍮と鉄の量は、金や銀のそれとは比較にならないほど多い。しかし、だからといって我々は、このような卑金属が需要を上回って増加しやすく、ますます安価になりやすいとは考えない。貴金属はそうなりやすいと、なぜ我々は考えなければならないのであろうか。卑金属は、実際いっそう硬くはあるが、はるかに過度の使用に供されるものであり、その価値がより低いものであるために、その保存については、あまり注意が払われない。しかし、貴金属は、失なわれたりすり減らされたり、きわめて多くの方法で消費されたりしがちであるのとまったく同様に、かならずしも不滅であるわけではない。

37 あらゆる金属の価格は、ゆっくりと漸次的に変化しやすいものではあるが、大部分の部類の土地の原生産物の価格にくらべて、年々の変化はずっと小さいし、貴金属の価格は、卑金属のそれにくらべて、急激な変化に晒される機会がはるかに少ない。その金属のもつ耐久性が、この異例なほどの価格安定性の基礎である。前年度市場に運び込まれた穀物は、その大部分が、今年度末よりもはるか以前に消費されるであろう。だが、二〇〇ないし三〇〇年以前に鉱山からもたらされた鉄の一部が使用されつづけていることがありうるし、二〇〇〇ないし三〇〇〇年前に鉱山からもたらされた金の一部についても、おそらくそうであろう。それぞれの年度に、世界の消費を満たす必要があるそれぞれ異なった量の穀物は、つねに、それぞれ異なった年度ごとの生産高に、おおよそ釣り合っているのが通例であろう。だが、二つのそれぞれ異なった年度に使用される異なった量の鉄の間の比率が、この二つの年度の鉄鉱山の生産高における偶然の違いによって影響をうけることは、ほとんどあるまい。だから、金の量の間における比率もまた、金の生産高における同様な相違から影響をうけるということは、さらに少ないであろう。したがって、大部分の金属鉱山の生産高は、おそらく大部分の穀物畑の生産高以上に年々変動するとはいえ、前者の種類に属する商品の価格に対する影響は、後者の種類に属する商品のそれに対する影響と同一ではないのである。

金と銀、それぞれの価値の間の比率における変動

1 アメリカにおける鉱山の発見まで、ヨーロッパのさまざまな貨幣鋳造所で、純金と純銀の価値は、一対一〇および一対一二という比率のあいだで調整されていた。つまり、一オンスの純金は、純銀一〇オンスから一二オンスの価値がある、と推定されていた。前世紀の中ごろに、一対一四から一対一五の比率に調整されるようになった。つまり、純金一オンスは、純銀一四オンス～一五オンスの価値をもつ、と推定されたのである。金は、その名目的な価値、つまり、それに対して与えられる銀の量でみて高くなった。両金属とも、その真実価

値、つまりそれぞれが購買しうる労働の量でみると低下したが、銀は金よりもさらに低下した。アメリカで発見された金鉱山も銀鉱山も、従来知られていたすべてのものよりもはるかに含有率が高く多産であったが、比率としてみれば、銀山のそれが、金山のそれをさらに上回っていたと思われる。

2　ヨーロッパからインドに年々運ばれた膨大な量の銀は、イングランドのいくつかの定住地で、金との比率で見た銀の価値を、次第に下落させた。カルカッタ〔現在のコルカタ〕の貨幣鋳造所では、ヨーロッパと同様に、純金一オンスは、純銀一五オンスの価値であったと思われる。それが、ベンガルの市場でもつ価値に対して過大に評価されたのは、おそらく貨幣鋳造所においてのことである。中国では、金の銀に対する価値は、相変わらず一対一〇、あるいは一対一二〔第二版での追加〕のままである。日本では、それは一対八であると言われている。

3　年々ヨーロッパに輸入される金と銀の量のあいだの比率は、メゲンス氏の計算によれば、おおむね一対二二である。すなわちそこでは、金一オンスに対して、銀が二二オンスをわずかに上回るほど輸入される。年々東インドに送られる膨大な量の銀は、一対一四あるいは一五の比率で、つまりそれぞれの価値に比例して、ヨーロッパに留まる両金属の量を減少させる、というのが彼の推定である。二つの価値のあいだの比率は、それぞれの量のあいだの比率とかならず等しいはずであり、したがってそれは、この膨大な銀の輸出がなかったなら、一対二二と同じくらいであっただろう、と彼は考えていたように思われる。

4　だが、二つの商品それぞれの価値間の通常の比率は、市場に普通存在しているそれぞれの量の間のそれと、かならずしも同一ではない。一〇ギニーに換算される牛の価格は、三シリング六ペンスに換算される羊の価格の約六〇倍である。しかし、だからといってこの事実から、市場には一頭の牛に対して六〇頭の小羊がいる、と推論するのは馬鹿げたことであろう。したがってまた、普通一オンスの金が一四から一五オンスの銀を購買するだろうから、市場には普通一オンスの金に対し一四〜一五オンスの銀だけしか存在しない、と考えるのもまったく馬鹿げたことになろう。

5 市場に通常存在する銀の量は、一定量の金の価値が、等量の銀の価値に対してもつ比率に較べて、市場に通常存在する金の量よりもはるかに大きな比率をしめるということは、大いにありうることである。市場にもち込まれる安価な商品の総量は、普通より高価な商品の総量よりも多いだけでなく、価値としても、もっと大きい。年々市場にもち込まれるパンの総量は、食肉の総量よりも多いだけでなく、価値としても大きく、食肉の総量は、家禽の総量よりも多く、したがってまた、家禽の総量は野鳥の総量よりも多いのである。安価な商品の購買者数は、高価な商品に対するそれよりもずっと多いから、はるかに多量であるばかりか、一般的により大きな価値が処分されうる。したがって、より高価な商品の一定量の価値が、より安価な商品の等量の価値に対してもつ比率に比べると、安価な商品の総量は、より高価な商品の総量に対して、もっと大きな比率をしめるのが普通のはずである。我々が貴金属をたがいに比較すれば、銀が安く、金が高価な商品である。それゆえ我々は、市場には、つねに金よりも銀のほうが、量だけでなく、価値でみてもより多く存在する、と期待するのが自然であるに決まっている。両金属をごくわずかしかもたない人物に、所有する銀の食器を金の食器と比べさせよ。そうすれば、その人物は、前者の量ばかりかその価値もまた、後者のそれを大きく凌駕していることが、おそらく分かるだろう。くわえて、多くの人々は、金の食器をまったく持っていなくても大量の銀を保有しているし、金を持っている人の場合でも、一般的には、時計のケース、かぎタバコ入れ、小さな装身具の類いという、総額で見て大きな価値には滅多にならないモノに限られるのである。

イギリスの鋳貨では、実際、含まれる金の価値がはるかに勝っているが、すべての国の鋳貨ではそれほどでもない。いくつかの国の鋳貨では、二つの金属の価値はほぼ等しい。イングランドと合邦以前のスコットランドの鋳貨では、金は、貨幣鋳造所の勘定にうかがえるように、いくらか勝ってはいたとはいえ、*それは、ごくわずかでしかなかった。多くの国の鋳貨では、銀が勝っている。フランスでは、最大の額は一般に銀で支払われ、したがって、そこでは、ポケットに入れて持ち歩くために必要な分を上回る金を手に入れるのは難しい。しかしながら、金製食器を上回る銀製食器の優れた価値――すべての国で生じる――は、銀貨を上回る金貨の優越性――いくつかの国にかぎって生じる――を、補って余りあるだろう。

*アンダーソン著 Diplomata & c. Scotiae へのラディマンの前書きを見よ〔本注は第二版で追加〕。

6　もっとも、言葉の一つの意味でなら、銀は、金よりもつねにずっと安価であったし、したがって、おそらく将来もつねに安価であろうが、別の意味でいえば、現在のスペイン市場のもとでは、金は、銀よりも幾分安価であると言うことができよう。そもそも商品が高価であるとか安価であるとか言いうるのは、たんにその通常価格の絶対的な大小によるだけでなく、それを市場にもたらしうるために必要な最低の価格を、かなり長期間にわたって上回るか下回るか、これにもよるだろう。この最低の価格とは、商品を市場にもたらすために利用されなければならない元本を、並の利潤とともに、なんとか取り戻すような価格のことである。それは、地主には何ももたらさない価格であって、その価格では、地代はまったくその構成要素になっておらず、それはすべて賃金と利潤に帰着する。

だが、現在のスペイン市場の状態においては、金が、銀よりもこの最低価格にある程度近いのは確かである。金に対するスペイン王の税金は、標準金属のわずか二〇分の一、つまり、五パーセントであるのにたいし、銀に対する税は、その一〇分の一、つまり一〇パーセント〔初版ではそれぞれ五分の一、二〇パーセント〕である。すでにみてきたように、スペイン領アメリカの大部分の金鉱山と銀鉱山の地代はすべてこの税金であって、金に対する地代のほうが、銀に対するそれよりももっと少なくしか支払われていない。金鉱山の経営者の利潤もまた、彼らはごくまれにしか富を築きえないのだから、一般的には、銀鉱山の企業者のそれよりも、さらにずっと控えめなものであるにちがいない。したがって、スペインの金は、より少ない地代と利潤しかもたらさないものであるため、スペイン市場では、それは一般的に、スペインの銀よりも、市場にもたらしうる最低の価格にある程度近いはずなのである。すべての経費を計算すると、金の全量は、スペイン市場では、銀の全量ほど有利に処分できない、と思われていた。実際、ブラジルの金に対するポルトガル王の税は、メキシコとペルーの銀に対するスペイン王の昔の税と同じものであり、標準金属の五分の一相当であった。それゆえ、ヨーロッパの市場全体にとって、アメリカ産の金全体が、アメリカ産の銀全体よりも、もたらしうる最低の価格に近い価格でそこに到着したかどうかは、確かではない可能性があろう〔本パラグラフにおける「スペイン」は第二版から、初版はすべて「ヨーロッパ」であった〕。

7　ダイヤモンドと他の宝石の価格は、おそらく今でも、金の価格以上に、市場にもたらすことができる最低の価格に近いだろう。

8　銀に対する税は、銀がたんなる贅沢品であり、とるに足りぬものであるがゆえに、課税対象として最適であるばかりか、税収入としてきわめて重要なものになっているから、支払いが可能であるかぎり、およそそれが放棄されることなどありえないだろうが、しかし、同じくそれが支払えないということ、つまり、一七三六年に五分の一から一〇分の一にその引き下げを余儀なくさせた支払いの不可能性は、金に対する税の二〇分の一への引き下げを余儀なくさせたのと同様の仕方で、いつかそれを、さらに引き下げざるをえなくするだろう〔訳注一〕。他のすべての鉱山と同様に、スペイン領アメリカの銀山は、採掘作業を継続するためにますます深く掘り下げる必要が生じており、それゆえ、この深さでの排水や新鮮な空気を届けるのに要する費用が著しくかさむという理由から、次第に、ますます採掘費用がかさむようになってきていることは、このような鉱山を調査した人なら誰もが認めていることである。

9　このような原因、それは、銀の稀少性が高まったということと同じことだが（なぜなら、およそ商品は、その一定量を収集することがより困難になり、より経費がかかるようになるにつれて稀少性が増した、と言えるからである）、将来それは、以下の出来事のいずれかを引き起こすはずである。経費の増加は、第一に、その金属価格における比例的な上昇によって完全に埋め合わされるか、第二に、銀に対する税の比例的な引き下げによって完全に埋め合わされるか、あるいは第三に、一部は前者によって、一部は後者によってというふうに、この二つの方法の両方によって埋め合わされなければならない。最後の第三の事象の可能性がもっとも高い。金に対する税の大幅な引き下げにもかかわらず、金の価格が、銀のそれよりも比率としては上昇したように、銀に対する税の同様な引き下げにもかかわらず、銀の価格は、比率としては、労働や諸商品のそれよりも上昇した可能性がある。

10 しかしながら、税のそのような連続的な引き下げは、ヨーロッパ市場における銀価値の上昇を完全に阻止することは不可能であろうが、多少とはいえ、確実に遅れさせるはずである。そのような引き下げの結果、以前の税を支払えなかったがゆえに従来操業できなかった多くの鉱山が採掘可能になるであろうし、こうして、年々市場にもたらされる銀の量がつねに幾分か増加するはずであり、したがって、一定量の銀の価値は、税が引き下げられなかった場合のそれよりも、その分だけある程度低くなるはずである。一七三六年の税の引き下げの結果、ヨーロッパ市場における銀の価値は、現代の価値が引き下げ以前のそれよりも低くない可能性があるとはいえ、スペイン王室が旧来の税を強要しつづけた場合に実現するような価値に比べると、おそらく、すくなくとも一〇パーセントは低いものであろう〔このパラグラフは第二版以降挿入された〕。

11 以上、私が主張してきた事実と議論、すなわち、この引き下げにもかかわらず、銀の価値は今世紀の経過をつうじて、ヨーロッパ市場で幾分上昇し始めたということを私は信じたいのであって、より適切にいえば、そのように推測するし、そう思いたいのである。というのは、この主張に対して私がまとめうる最善のものでさえ、おそらく、かろうじて信念の名に値するものに留まるからである。〔訳注二〕事実その上昇は、たとえあったとしても〔第二版で挿入〕、今までのところごく小さなものであったから、のこらず説明した後でも、おそらく多くの人々にとっては、この事態が生じているかどうかだけでなく、逆の事態が生じていないかどうか、すなわち、ヨーロッパ市場で銀の価値が依然として低下し続けていないかについて、まったく定かではないと思われるであろう。

12　しかしながら、金と銀の年々の輸入量が推測上どれほどのものであれ、このような金属の年々の消費量と、その年々の輸入量が等しくなる一定の時期がかならずあるはずである。その消費量は、量の増加とともに増加するし、あるいは、むしろさらに大きな比率で増加するはずである。量が増加するにつれて、価値は低下する。使用されればされるほど、ますます注目を集めなくなるのであって、こうしてその消費量は、結果的に量よりもさらに大きな比率で増加する。したがって、一定の期間がすぎると、このような金属の年々の消費量は、その輸入量が持続的に増加しなければ、このようにして、その年々の輸入量に等しくなるはずであるが、これは、現時点の事実であるとは思われない。

13　もし、年々の消費量が年々の輸入量に等しくなった時、年々の輸入量が漸次的に減少するはずだとすれば、年々の消費量は、しばらくのあいだ、年々の輸入量を超過する可能性がある。このような金属の量は漸次的に少しずつ減少し、こうして、このような金属の価値は、年々の輸入量がふたたび安定的なものになり、年々の消費量が、ゆっくりと気付かないうちに年々の輸入量が維持しうる量と一致するまで、漸次的に少しずつ上昇するであろう〔パラグラフ12と13は、第二版の増補および第三版で挿入〕。

〔訳注一〕このパラグラフの初め、「銀に対する」からここまでは、第二版以降のものであって、初版では、二つのパラグラフにまたがって、次のように主張されていた。「スペイン王が銀に対する税を放棄することがあるにしても、その理由から、銀の価格が、ヨーロッパ市場で即座に低下することはないだろう。ヨーロッパへもち込まれる量が従来と同一であるかぎり、それは、同じ価格で売られつづけるだろう。この変更の最初にして即座の効果は、鉱山業の利潤を増加させることであり、鉱山の企業者は、いまや国王に支払ってきたすべてのものを手にいれるだろう。このような大きな利潤は、やがて、さらに多くの人々を新鉱山の採掘を開始するように惹きつけるであろう。この税を払えないという理由で、現在のところ採掘されない多くの鉱山が採掘され、こうして、市場にもたらされる銀の量は、数年のうちに、おそらくその価格を現在の水準よりも約五分の一低下させるほど、おおいに増加させられるだろう。この銀の価値における減少は、鉱山業の利潤を、ふたたび現在の率に近いものに引き下げることになろう。

収入として重要であるばかりか、最適な課税対象に課せられているこの税のいかなる部分も、それが支払いうるものであるかぎり、およそ放棄されることなど、実際ありえないだろう。しかし、それを支払えないということは、金に対する税の引き下げを余儀なくさせたのと同じ仕方で、いずれその引き下げを、余儀なくするであろう」(WN. First ed. Vol.1. 268-269)

〔訳注二〕このパラグラフの初め、「以上私が」からここまでは、第二版以降のものである。初版では「この三つの事象のうちの最初のものが、すでに発生し始めていること、すなわち、銀は、今世紀が経過するなかで、ヨーロッパ市場でその価値を幾分上昇し始めてきたということ、以上に申し立てられてきたこのような事実と議論を、私は信じたい気持ちになる」(WN. First ed. Vol.1. 269-270) であった。

銀の価値が依然として減少し続けているのではないか、という疑念の根拠

1 ヨーロッパの富の増大、および、貴金属の量は富の増加とともに自然に増えるから、その量が増加するにつれて、その価値は減少するという通俗的な観念が、おそらく多くの人々に、貴金属の価値は今もなおヨーロッパ市場で下落し続けている、と信じさせることになった可能性があるだけでなく、さらに、今もかなり多くの土地の原生産物の価格が依然として少しずつ上昇しているということが、この見解への人々の確信を、いっそう強めている可能性もある。

2 貴金属の量における増加というものは、どんな国でも、富の増加によって生じるものであるが、それは、けっしてその価値を減少させる傾向をもつわけではないということ、これは、私がすでに証明しようと試みてきたことである。金と銀が自然に豊かな国に行くことが多いのは、あらゆる種類の贅沢品や珍しいものが、そこへ行くことが多いのと同じ理由からである。要するに、その価格が、そこでは貧しい国におけるよりも安いからではなく、もっと高価であるから、すなわち、そのような財につけられるより高い価格がそのような財を引き寄せるのは、価格が上回っているからであり、この優位性が途絶えた途端に、それは必然的にそこに行くのを止めるのである。

3 もし穀物や他の野菜を、ほとんどが人間の勤労によって栽培されるという理由で除外すれば、あらゆる種類の原生産物、家畜、家禽、あらゆる種類の狩の獲物、地中からの有用な化石や鉱物等々は、社会が、富と改良の点で発展するにつれて自然にますます高価になるとい

うこと、これは、私がこれまで明らかにしようと努力してきたことである。したがって、そのような商品は、以前よりも多くの量の銀と交換されるようになるとはいえ、そのことから当然もたらされる結果は、銀が、実際により安くなってくるということ、つまり、以前よりも少量の労働を購買するだろうということではなく、そのような商品が実際により高価になったということ、すなわち、以前よりも多くの労働を購入するだろう、ということである。そのような名目価格の上昇は、銀価値の低下の結果ではなく、そのようなもの自体の真実価格が上昇した結果なのである。

改良の進展が三種の異なった土地の原生産物の真実価格に及ぼすさまざまな影響

1　このようなさまざまな種類の原生産物は、三つの種類に分けることができよう。第一のものは、増やすことが、どうみても人間の勤勉の力が及ぶところではない類いのものを含んでいる。第二のものは、需要に比例して増やすことができる類いのものである。第三のものは、勤勉がもつ効力の点で限界があるか、不確実な類いのものである。富と改良が進展するにつれ、第一のものの真実価格は途方もなく上昇する可能性があり、一定の限度に制限されているとは思われない。第二のものの真実価格は、大幅に上昇する可能性をもつとはいえ、しかしながら、かなりの期間超え続けることができない一定の限度を持っている。第三のものの真実価格は、改良の進展とともに上昇するのがその自然な傾向であるとはいえ、なおそれは、改良の程度が同一である場合には、この種の原生産物を増やすことにおいて、さまざまな偶然の出来事が、人間の勤勉（エフォーツ・オヴ・ヒューマン・インダストリー）に特有な努力を大なり小なり首尾よく成功させるのに応じて、時に下落したり、同一に留まったり、多少とも上昇したりするものである。

第一の種類

1　改良の進展とともに価格が上昇する第一の種類の原生産物は、それを増産することなど、どうみても人間の勤勉の力が及ぶところではない種類のものである。それは、自然が一定量しか生産せず、しかも、きわめて腐食しやすい性質から成り立っており、多くのさまざまな季節の生産物を一緒に貯め込むことは不可能である。たとえば、数が少なくて珍しい鳥や魚、多くのさまざまな種類の獲物、ほとんどすべての野禽、特に、あらゆる種類の渡り鳥、その他の多くのものがこれである。改良にともなって富と贅沢が増加し、それにあわせて、このような財に対する需要が同様に増加した場合には、人間の勤勉に特有な努力が、このような需要の増加に先立つ実態をはるかに超えるほど供給を増やすことなど、およそ不可能であろう。それゆえ、そのような商品の数量は、同等か、ほぼ同等にとどまるが、他方、それを購入しようとする競争が持続的に高まるから、そのような商品の価格は、飛び切りの高さに上昇する可能性があり、一定の限度に制限されるとは思われない。たとえヤマシギが、一羽二〇ギニーで売られるほど高級になってきたとしても、人間の勤勉に特有な努力が、現状を大きく超えるほど市場にもたらされる個体数を増やすことなど、できるはずがない。ローマが壮大であった時代に、ローマ人によって珍しい鳥や魚に支払われた高価格は、このような仕方で容易に説明がつくだろう。このような高価格は、当時における銀の低い価値の結果ではなく、人間の勤勉が好きな時に増やすことができない、珍しいモノや珍奇なモノがもつ高い価値の結果なのである。

銀の真実価値は、共和政体が崩壊する前後の一定期間、現在のヨーロッパの大部分の所と比べると、ローマではいっそう高かった。三セステルティウス——正貨約六ペンスに等しい——というのが、十分の一税（タイス）である一モディウス、つまり一ペックのシチリア産小麦に対して共和政体が支払った価格であった。しかしながら、このレートで彼らの小麦を引き渡す義務は、シチリアの農民に対する税だと考えられていたから、おそらくこの価格は、平均の市場価格よりも低かっただろう。それゆえ、ローマ人が、十分の一税の小麦に等しい以上の穀物を取り寄せる必要が生じた場合、彼らは協定により、余分の量に対して一ペック当たり四セステルティウス、つまり、正貨で八ペンスのレートで支払わなければならなかった。だから、これは、おそらく手頃で理にかなった、すなわち、当時の通常ないし平均の契約価格——これは、一クォーター当たり約二一シリングに等しい——であるとみなされていた。一クォーター当たり二八シリングは、最近の不作の年以前なら、イングランド産小麦の通常の契約価格だったし、品質の点ではシチリア産のものより劣っており、ヨーロッパの市場では、一般により安く売られている。それゆえ、古代ローマの時代には、銀の価値は、現代のそれに対して三対四の逆比例に等しかったにちがいなく、すなわち、銀三オンスは、現代なら四オンスの銀が購買するのと同量の労働や商品を、購買していたことだろう。

それゆえ、我々がプリニウスの『自然誌』を読めば、セイヤヌス〔Lucius Aelius Sejanus, 31没。近衛兵司令官〕は、白いサヨナキドリ一羽を、皇后アグリッピナ〔Julia Agrippina, 15～59. 皇帝ネロの母〕のために贈り物として買ったが、その価格は六〇〇〇セステルティウス、*つまり、我々の現在の貨幣で約五〇ポンドに等しいこと、さらに、アシニウス・ケレルはボラ科の魚ヒメジを八〇〇〇セステルティウス、**つまり、我々の現代の貨幣で約六六ポンド一三シリング四ペンスに等しいもので購入したことが理解できるだろう。このような価格の法外さは、どれだけ我々の度肝を抜くものであろうと、それにもかかわらず、実際にそうであったものよりも、約三分の一低かったように思われる。そのようなモノの真実価格、つまり、それと引き換えに渡される労働と食料などの生活物資の量は、現在我々に示されることが多い名目価格よりも、約三分の一だけ多かった。セイヤヌスは、サヨナキドリと引き換えに、現代なら六六ポンド一三シリング四ペンスが購買するものと等量の労働や生活物資の処分権を与え、そして、アシニウス・ケレルは、ボラ科の魚ヒメジと引き換えに、現代なら八八ポンド一七シリング九ペンス三分の一が購買するものと等量の労働や生活物資の処分権を、渡したことになる。このような法外ともいえる高価格を引き起こしたのは、銀の豊富さというよりも、むしろ労働や生活物資の豊富さであって、ローマ人は、彼ら自身が利用するために必要な量以上にその処分権を持っていた。彼らが自由に処分できた銀の量は、同量の労働や生活物資の処分権が現在その持ち手に引き渡すものに比べて、相当少なかったのである。

＊『自然誌』第一〇編第二九章〔本注は第二版で追加〕。
＊＊『自然誌』第九編第一七章〔本注は第二版で追加〕。

第二の種類

1　改良の進展とともに価格が上昇する原生産物の第二の種類は、それに対する需要に応じて、人間の勤勉が増加させることができるものである。それは、以下のような有用な植物や動物、すなわち、耕作の進んでいない国では、自然が気前よく豊富に産出してくれるため、ほとんどあるいはまったく無価値であるが、耕作が進展すると、それゆえ、何かもっと利益を生むような生産物に場所をあけわたさざるをえないものである。改良の進展がつづく長期間にまたがり、このようなモノの量は一貫して減少しつづけるが、同時に、それに対する需要は一貫して増加しつづける。したがってその真実価値、つまり、それが購買ないし支配する労働の真実の量は次第に増大し、それは、最終的には十分に高くなるため、もっとも肥沃でもっともよく耕作された土地で、人間の組織的な労働が栽培できる他のすべての生産物と等しいほど、利益の上がる生産物になる。一旦その高さまで達すると、それよりさらに高くはなりえない。もしそうなれば、より多くの土地とより多くの組織的な労働が、まもなく生産物の量を増加させるために利用されるだろう。

2　たとえば、家畜の価格が上昇して、家畜用の飼料を栽培するために土地を耕作することが、人間用の食料を栽培するために耕作することと同じほど有利になると、家畜の価格は、それ以上上昇することができなくなる。もしそうなったら、まもなくより多くの穀物畑が牧草地に転換されるだろう。耕作の拡大は、自然の牧草地の量を減少させ、労働や耕作もせずに国土が自然に産出する食肉の量を減少させるし、また、穀物を保有しているか、あるいは同じことだが、穀物と引き換えに与える代価を保有している人間の数を増加させるため、食肉に対する需要を増加させる。それゆえ、食肉の価格、したがって結果的に家畜の価格が次第に上昇すれば、もっとも肥沃で、よく耕作された土地で家畜用の飼料を栽培することが、穀物を栽培する場合と同じように有利になってくるだろう。だが、家畜の価格をこの高さまで引き上げるほど耕作の拡大が可能になってくるのは、改良の進展の過程ではいつも遅れてくるはずであり、その国が、ともかく前進しつつあるなら、この高さに達するまで、家畜の価格が持続的に上昇するはずである。おそらくヨーロッパの一部では、家畜の価格がまだこの高さに達していない所があるだろう。

スコットランドでは、合邦以前にこの高さに達していた所はどこにもなかった。スコットランドの家畜がつねにスコットランドの市場に限定されていたら、家畜に食べさせる以外の目的には適さない土地が、それ以外の目的に利用できるものに比べて著しく広大な国であるために、家畜に食べさせるために土地を耕作することが有利になるほど家畜価格が上昇することなど、おそらくまず不可能であっただろう。すでに考察してきたように、イングランドの場合、家畜価格はロンドンの近郊で前世紀の初めごろにはこの高さに達していたと思われるが、遠隔地方の大部分までそれが到達するのは、多分かなり後のことであって、おそらくいくつかの地方では、今でも滅多にその価格に到達していない可能性がある。しかしながら、このような原生産物の第二の種類を構成するすべてのさまざまな物質のうち、おそらく家畜は、改良が進展していくなかで最初にこの価格に到達するのである。

3　実際のところ、家畜の価格がこの高さに到達するまでは、もっとも高度な耕作が可能な土地についてさえ、その大部分がのこらず耕作される傾向をもっている、などと言えることは滅多にないように思われる。都市から遠く離れているために、そこから肥料を運べないすべての農場、すなわち、あらゆる広大な地方の土地の大部分では、よく耕作された土地の面積は、農場それ自体がつくりだす肥料の量に比例しているはずであって、これはまた、農場で維持されている家畜の在庫量に比例しているはずである。土地に対する施肥は、そこで家畜を放牧するか、あるいは畜舎で家畜を肥育し、そこからその糞を搬入することによってである。だが、家畜の価格が、耕作された土地の地代と利潤とを支払うために十分なものでなければ、農業者は、そこで家畜を放牧することはできないし、まして、畜舎でそれを肥育することはさらに困難である。

家畜を畜舎で飼育できるのは、改良されて耕作された土地の生産物を利用してのことだが、その理由は、荒れ地や未改良の土地で、まばらに散らばった生産物を集めるためにはあまりにも多くの労働が必要で、費用もかかりすぎることにある。それゆえ、家畜の価格が、その土地の生産物を償うほど十分に高くなければ、家畜が、改良されて耕作された土地で飼育することができるようになった時、かなりの量の労働を追加して集め、畜舎のなかにそれを運び込む必要性を考慮すると、その価格は、その土地の生産物を支払うためには、さらに輪をかけて不足することになろう。それゆえ、このような環境の下では、耕作のために必要な数以上の家畜を、利潤をあげながら畜舎で飼うことはできない。

だが、耕作用の家畜では、耕作しうるすべての土地を、常時よい状態に保つために必要な肥料を十分に提供することができない。農場全体にとって家畜が提供するもので足りなければば、当然のことながらそれは、もっとも有利または好都合に用いることができる土地——もっとも肥沃で、おそらく農家の近辺にある土地——のために、取っておかれるだろう。それゆえ、このような土地はいつも良い状態に維持され、耕作に適したものに保たれるだろう。残りの土地、つまり、土地のより大きな部分は荒れるがままに放置され、さ迷い歩いて、半ば飢えた家畜を、ごく少数生かしておくのにかろうじて足りる貧弱な牧草を生産することさえ、まれなことになろう。そのような農場は、それを完全に耕作するために必要なものに比べると、放たれる家畜の数が大幅に足りないのだが、そこでの実際の生産物との比率で見れば、あまりにも放牧数が多すぎるのである。しかしながら、この無駄にされている土地の一部は、六年か七年間続けてこのようなお粗末な仕方で放牧された後、わずかな穀物、あるいは、低品質のカラス麦とか粗末な穀物を産出しさえすれば、鋤き返される可能性があるだろうし、その後、土地が完全に疲弊し尽くせば、以前のように、ふたたび休耕して放牧される必要があり、さらに別の土地が鋤き返され、順次同じ仕方で使いつくされ、休耕されることになるだろう。

したがってそれは、合邦以前の時期、スコットランドの低地地方のいたる所で、一般的な経営方式だったのである。いつも十分に施肥され、良い状態に維持されていた土地が、農場全体の三分の一〜四分の一を超えていたことは滅多になく、時には、その五分の一〜六分の一にも達しなかった。残りは施肥されたことなどなかったが、それにもかかわらず、その一部は、順番がきたら定期的に耕作されたり、使いつくされたりしていた。このような経営方式の下では、立派に耕作される余地があるスコットランドの土地の一部でさえ、生産可能な量と比較した場合、明らかにごくわずかな生産物しか産出できなかった。

しかし、いかにこの方式が不利であるように見えようと、合邦以前には、家畜の低価格がそれをほとんど不可避にしていたように思われる。もし、家畜価格の大幅な上昇にもかかわらず、その地方のかなりの部分でそれがなお支配的であり続けたとすれば、無教育と古い習慣への執着が、多くの所でその原因であったことは疑いないことであるが、大部分の所では、事物の自然な進路（ナチュラル・コース・オヴ・ティングズ）が、より良い方法の即時かつ迅速な確立と反対側に置いた不可避の障害物のためであった。すなわち、第一に、小作人の貧しさ、つまり、借りた土地をもっと完全に耕作するために十分な数の家畜を手に入れる時間をもてなかったことであり、同じ価格の上昇は、より多くの頭数の維持を彼らにとって有利にしただろうが、彼らが家畜を手に入れることを、さらに困難にした。第二に、このより多くの家畜——彼らが、それを入手できたと前提したうえで——を適切に維持するために、彼らの借地を良い状態に仕上げるには、まだ時間が足りなかったこと、これである。

家畜頭数の増加と土地の改良は、手を取り合って進むべき二つの事柄であり、どこであろうと、一方が他方を大きく追い抜くことはできない。家畜数がいくらか増加しないことには、土地の改良はほとんど不可能であるが、相当な土地の改良が実現していなければ——そうでなければ、土地は家畜を維持できないから——、家畜数をまったく増やすことができない。より良い方式の確立と対立するこのような自然の成り行きとして生じる障害物は、長期にわたる節約と勤勉によってしか除去することができず、だから、古い方式——ゆっくりと消え去りつつある——が、その地方のさまざまな部分のすべてで完全に廃止されるまでには、おそらく半世紀か一世紀以上が経過するにちがいない。しかしながら、イングランドとの合邦からスコットランドが引き出したすべての利益のうち、家畜価格におけるこの上昇が、おそらく最大のものである。それはハイランドにあるすべての地所の価値を高めただけでなく、おそらく、低地地方の改良の主要な原因であった。

4　すべての新植民地における膨大な荒れ地は、長年にわたって、家畜を飼うこと以外の目的に利用できなかったが、何はともあれ、おおいに安価であることは、おおいに豊かであることの必然的な結果であるから、植民地をまもなく著しく豊かにする。アメリカにあるヨーロッパ植民地の家畜は、そもそもすべてヨーロッパから運び込まれたものだが、まもなくそこで大繁殖し、ほとんど価値をもたなくなったため、馬でさえ、いかなる所有者も、それに権利をとなえることに価値があると思わないほど野生化し、森の中で走り回るままに放置されることになった。そのような植民地が、耕作地の産物で家畜を飼って利益を上げるようになるまでには、最初の植民地建設から長期間が経過するはずである。それゆえ、同じ原因、つまり肥料の不足、耕作に利用される家畜の群れと、耕作されることになっている土地とが釣り合っていないこと、これが、スコットランドの多くの地方でなお採用されつづけているものと多少似た点がある農業の方式を、そこに導入しているように思われる。スウェーデン人旅行者であるカルム氏〔Pehr Kalm, 1716-1779. スウェーデンの自然史家、経済学者〕は、したがって、北アメリカのいくつかのイングランド植民地における農業――彼は一七四九年に見たのだが――を説明する際に、農業のさまざまな分野のすべてにおいて、あれほど高い技術をもつイングランド人の特徴を見出すことができなかった、と認めている。彼らは、ほとんど自分自身の穀物畑に施肥しないし、土地の一区画が収穫をつづけたために疲弊してしまったら、他の新しい土地の別区画を切り開いて耕し、それが疲弊したら、三番目の土地に移動する、と彼は述べている。彼らの家畜は、森や他の未開拓の土地を自由に歩き回ることを許されているが、そこでは、花を咲かせるため、つまり、その種子をばら撒くための時間の余裕を与える間もなく、春の早すぎる時期に草を食み、すでに一年草をほとんどすべて根絶やしにしてしまうために、家畜は半ば飢餓状態にある。* 一年草は、北アメリカのその地域では最良の天然の牧草であったと思われるし、ヨーロッパ人がそこに最初に定住した時、びっしりと植え付け、三フィートから四フィートの丈まで育てるのが、彼らの習慣であった。彼が執筆した時期に、昔なら、一頭の乳牛を養うことができなかった土地の一区画は、四頭を養っていたし、当時の乳牛一頭が供給できる四倍の量の牛乳を、それぞれの牛が供給していた、と彼は確信をもって述べている。彼の見解によれば、牧草地の貧弱さが、飼育する家畜の劣化を引き起こしており、それは、世代を追って明らかに悪化しているという。多分それは、三〇年か四〇年前に、スコットランドのいたる所でよく見られた類いの発育不良種に似ていなくもなかったが、現代これは、低地地方のほとんどの所で、品種の変更——この方法も、所によっては利用されたが——よりもむしろ、家畜に十分食べさせる、という方法によって著しく改善されている。

＊カルムの『旅行記』第一巻三四三および三四四頁〔*Travels into North America*, translated by John R. Forster. 1770-1771. 本注は第二版で追加〕。

5 それゆえ、改良が進展する過程で、家畜の価格が、それを飼育するために土地を耕作することが利益になるほど上昇するには時間がかかるとはいえ、それでもなお、この第二の種類の原生産物を構成するすべてのさまざまな部分のうち、家畜は、この価格に到達するおそらく最初のものである。というのは、その価格で売れるまでは、その程度の完全さに近づくほど――ヨーロッパの多くの地方で到達されている――までさえ、改良が実現されるのは不可能だと思われるからである。

6 この価格に到達する原生産物の最初のものが家畜であるように、鹿肉は、おそらく、その最後の部類であろう。グレートブリテンにおける鹿肉価格は、いかにそれが法外なものに見えようと、鹿の飼育を体験した人なら誰でもよく知っているように、鹿の飼育場の費用を賄うほど十分な高さに達していない。もしそうでないとすれば、鹿の飼育は、ローマ人のあいだで、テゥルディ〔ツグミ類〕と呼ばれた小型の鳥を飼育するのと同じ仕方で、まもなく一般的な飼育の問題になってくるだろう。ウァッロとコルメッラは、それはもっとも儲かる事だと、確信を持って述べている。ズアオホオジロ――やせこけて飛来してくる渡り鳥――の肥育は、フランスの一部の地域で、そのように行われているという。もし鹿肉が流行りつづけ、グレートブリテンの富と贅沢が、過去しばらくの間そうであったように増加するとすれば、その価格は、現在のものよりさらに高騰する可能性があるだろう。

7 改良が進展する過程では、家畜のように不可欠なものの価格をその高さにもたらす時期と、鹿肉のような贅沢なものの価格をその高さにもたらす時期との間には、きわめて長い隔たりがあって、その経過の中で、その他の多数の原生産物は、さまざまな事情にもとづいて、あるものは早く、そしてあるものは遅れて、次第にそれぞれの最高価格にたどり着くわけである。

8　そういうわけで、どのような農場でも、納屋や家畜小屋の廃物が一定数の家禽を養うであろう。それは、そうしなければ消えてしまうものによって養われているのだから、たんなる節約装置（セイヴ・オール）にすぎない。それは、農業者に何らかの費用を負担させることはほとんどないから、きわめて低い価格で売ることができる。彼が得るものは、そのほとんどが利益であり、しかもその価格が、この数の家禽の飼育を断念させるほど低い、などということは滅多にない。だが、不十分にしか耕作されておらず、したがってまた人口が希薄な国では、このように費用をかけずに飼育される家禽は、需要を残らず供給するのに十分であることが、しばしばある。したがって事物のこの状態の下では、それは、しばしば食肉、つまり他のあらゆる動物性食料と同じほど安価である。しかし、農場がこのように費用をかけずに産出する家禽の量は、そこで育てられた食肉総量のうち、つねにそのごく一部でしかないはずであり、それゆえ富と贅沢の時代には、ほぼ等しい利点をもつかぎり、つねに珍しいものが、ありふれたものよりも選好されるのである。

それゆえ、改良と耕作の結果として富と贅沢が増大してくるにつれ、家禽の価格は次第に食肉のそれ以上に上昇し、最後には、それを飼育するために土地を耕作しても、なお利益があがる高さにまで達する。この高さまで達したら、それ以上高くなりえない。もしそうなれば、まもなくより多くの土地が、この目的のために転用されるであろう。フランスのいくつかの地域では、家禽の飼育は、田舎の経済ではきわめて重要な事項であり、この目的のために農業者が相当量のトウモロコシ（インディアン・コーン）とそばを栽培する気になるほど、十分利益があると考えられている。そこでは、庭で四〇〇羽のニワトリを飼育している中程度の農業者が、時々見かけられる。イングランドでは、家禽の飼育は、まだそれほど重要な事柄だとみなされることがまれなように思われる。しかしながら、イングランドは、フランスからかなりの供給量を受け取っているから、それは、フランスよりもイングランドのほうがより高価であることは確かである。

改良が進展する途上では、あらゆる特別な種類の動物性食料がもっとも高価になる時期は、その動物を飼育するために土地を耕作することが、一般的な慣行になる直前であるのが自然であるはずである。この慣行が一般的になるまでの間、その稀少性が、必然的にその価格を高めるにちがいない。それが一般化した後は、新しい飼育法が普通に目に留まるようになり、農業者は、同じ広さの土地で、その特定の種類の動物性食料をずっと多量に飼育できるようになる。その豊富さは、農業者にそれを安く売らざるをえなくするばかりか、このような改良の結果、彼はそれをより安く販売できるようになるし、もしそれができなかったら、その豊富さは長続きしなかっただろう。クローヴァー〔家畜の飼料となるツメクサの総称〕、カブ、ニンジン、キャベツなどの導入が、ロンドンの市場における食肉の一般的な価格を、前世紀の初めごろの価格よりも幾分か引き下げるのに役立ったのは、おそらくこのような方法によるものであった。

9 排泄物のあいだから自分の食べ物を見つけたり、すべての他の有用動物によって拒否された多くのものをガツガツと貪り食ったりする豚は、家禽同様に、もともと節約装置として飼われたものである。このように、ごくわずかな費用とか、まったく費用をかけずに育てることができる動物の数が、それに対する需要を十分にまかなえるかぎり、この種の食肉は、他のどれよりもずっと低い価格で市場に提供される。だが、需要が、このやり方で供給可能な量を超えて増加し、他の家畜の飼育や肥育向けと同じ方法で、豚を飼育して肥育するという目的で飼料を栽培せざるをえなくなった時には、必然的にその価格が上昇し、その国の自然やその農業の状態が、たまたま豚の飼育を他の家畜の飼育よりも高くつくものにするか、安くつくものにするかに応じて、他の食肉の価格に比べて、比例的に高くなったり低くなったりするようになる。ビュフォン氏〔Georges Louis Leclerc, Comte de Buffon, 1707-1788. フランスの自然史家〕によれば、フランスでは、豚肉の価格は牛肉のそれとほぼ等しいという。グレートブリテンのほとんどの所では、現在それは、幾分より高価である。

豚や家禽の価格が、ともにグレートブリテンで大幅に上昇した理由として、小屋住み農や他の小土地占有者数の減少が指摘されることが多かった。この出来事は、ヨーロッパのいたる所で改良と優れた耕作の直接の前兆であったが、これは同時に、このようなモノの価格を、そうでなかった場合に比べて、幾分早期かつ急速に上昇させるのに役立った可能性がある。極貧の家族が、しばしば費用もかけずに猫や犬を飼うことができるように、極貧の土地占有者でも、ないに等しい費用で、少数の家禽、あるいは一頭の雌豚と少数の子豚を養えるのが普通である。食卓の上のわずかなくず肉や内臓（オーファル）、乳清〔チーズの搾りかす〕、脱脂乳、バターミルク〔クリームからバターを抜き去った残り〕が、このような動物の餌の一部になるし、動物は、誰にもそれとわかるほど害を与えることなく、近くの畑で、残りの餌を探し出すのである。それゆえ、このような小土地占有者の数が減少することにより、このように、ごくわずか、あるいはまったく費用をかけずに産出されるこの種の食料の量は、間違いなく著しく減少してきたはずであるし、しかもその価格は、そうでない場合には上昇していたであろうものに比べ、結果的に早期かつ急速に上昇したにちがいない。しかしながら、改良が進展する過程では、それは、遅かれ早かれ上昇しうる最高の高さまで、すなわち、労働と給餌するための土地耕作の経費を、他の耕作された大部分の土地に支払われるものと同様に十分支払えるような価格にまで、いずれにしても上昇するはずである。

11　バター・チーズ製造という仕事は、豚や家禽の飼育のように、もともと節約装置として遂行されるものである。農場で養われる家畜は、かならず自身の子供を育てたり――だから、特定の季節に最大量の乳を出す――、農民の家族が消費する必要がある量以上の乳を産出する。だが、土地のすべての生産物のうち、乳はおそらくもっとも腐敗しやすいものである。暖かい季節に搾乳量がもっとも増えるが、それが二四時間以上もつことは、ほとんどない。農業者は、無塩バターを作って、その一部を一週間保存し、それを塩バターにして一年間、チーズにして数年間、そのより多くの部分を貯蔵するのである。このようなものの一部は、自分自身の家族で使用するために取りおかれる。残りは、獲得しうる最高の価格を見つけるために市場に出されるから、彼自身の家族で利用する以上の量を、そこへ運ぶ気持ちを削いでしまうほど安価になることは、まずありえない。実際、もしそれがきわめて安価であれば、彼は、生産したバターやチーズを、きわめてぞんざいかつ不潔なやり方で処理しがちになるし、その目的のために、専用の部屋や建物を用意することに価値があるなどとは、おそらく滅多に考えず、自宅の台所の煙、汚物や不衛生の只中で――三〇年か四〇年前のスコットランドにおけるほとんどすべてのバター・チーズ製造農民の実態と同様に、さらに、彼らの多数が、今でも留まっている状態と同様に――仕事が遂行されるままに放置するだろう。食肉の価格を上昇させる同じ原因、つまり需要の増加と、ほとんど、あるいはまったく費用をかけずに飼育できる量の減少――地方が改良された結果――とは、同じ方法で、バター・チーズ製造所の生産物価格を上昇させるわけであるが、その価格は、当然のことながら、食肉の価格すなわち家畜の飼育費用と関連している。価格の上昇が、より多くの労働、世話、および清潔さの代金を賄うのである。

バター・チーズ製造が農業者の注目に値するようになると、その生産物の品質も、次第に改善される。その価格が最終的にそれほど高くなったため、もっとも肥沃でよく耕作された土地の一部を、もっぱらバター・チーズ製造目的で家畜を飼育するために利用することが、価値のあることになってくる。そしてそれは、一旦この高さまで到達すると、それ以上さらに高くなるはずはない。もしそうなれば、より多くの土地が、まもなくこの目的のために転用されるだろう。イングランドの大部分の所ですでにこの頂点に達しているようであり、多くの肥沃な土地がこの方法で普通に利用されている。ごく少数の重要な都市の近隣を除けば、スコットランドでは、どこもまだこの頂点に達していないようであり、普通の農業者がバター・チーズ製造だけのために、多くの肥沃な土地を家畜用の飼料栽培に頻繁に利用しているのを見かけることは、滅多にない。近年その価格が著しく上昇したとはいえ、その生産物の価格は、そのような土地利用を許容するには、おそらくまだ低すぎる。実際、イングランドのバター・チーズ製品と比べた場合の品質の低さは、価格の低さと、完全に見合ったものである。だが、この品質の低さは、おそらく、価格の低さの原因というよりも、むしろその結果である。品質がはるかに良かったとしても、その地方の現状の下では、市場にもち込まれているものの大部分がもっと良い値段で処分されるはずはない、と私は理解している。現在の価格では、ずっと良い品質を生じさせるために必要な土地と労働の費用を支払えないことが、ほぼ確実だからである。価格がずっと高いにもかかわらず、イングランドの大部分のところでは、バター・チーズ製造が、穀物栽培あるいは家畜の肥育という農業の二大目的を上回るほど、有利な土地利用であるとは考えられていない。それゆえ、スコットランドの大部分をつうじて、それはまだ、それほど有利であるはずがないのである。

12　いかなる国の土地も、人間の努力によって大地の上で栽培せざるをえないあらゆる生産物の価格が、完全な改良と耕作の経費を支払いうるほどの高さに達するまで、完全に耕作されたとか、改良されたなどといえないことは明らかである。これを達成するためには、個々の生産物の価格が十分に高いこと、すなわち、第一に、他の耕作された大部分の土地の地代を規制している肥沃な穀産地の地代を支払えること、第二に、肥沃な穀産地で通常支払われるものと同じほど、十分に労働と農業者の経費を、言い換えれば、農業者が利用した元本に対する通常の利潤とともに取り戻せるほど、十分に高くなければならない。個々の特定の生産物価格におけるこのような上昇が、その栽培に用いられる土地の改良と耕作に先行する必要があるのは、明らかである。利得があらゆる改良の目的であって、損失がその必然的な結果であるようなものが、改良の名に値するはずはない。これに反して、損失とは、その価格が経費の回収をけっしてもたらしえない産出物のために、土地を改良した必然的な結果であるにちがいない。もっとも確かなことではあるが、かりに、地方の完全な改良と耕作が、すべての公共の利益のうちで最大のものであるとすれば、このようなあらゆる異なった原生産物の価格上昇は、公共の災難とみなされるのではなく、あらゆる公共の利益のなかでは最大のものの不可避的な前ぶれであり、随伴物である、とみなされなければならない。

13　このような異なった原生産物すべての通常ないし貨幣価格における上昇もまた、銀の価値における低下ではなく、原生産物の真実価格が上昇した結果なのである。このようなモノは、以前に比べて、より多くの量の銀に値するようになっただけでなく、より多くの労働と食料などの生活物資に値するようになった。銀は、より多くの量の労働と生活物資を必要とするため、大西洋のこちら側に持ってくると、より多くの量を体現するか、あるいは、それと等しいものになるのである。

第三の種類

1　改良の進展につれてその価格が自然に上昇する第三で、最後の種類の土地の原生産物とは、その量を増加するにあたって、人間の努力がもつ効力に限界があったり、不確実であったりするもののことである。それゆえ、この種類の原生産物の真実価格は、改良の進展につれて自然に上昇する傾向があるとはいえ、なお、さまざまな不意の出来事が、人間の勤勉に特有な努力がその量を増加させたりさせなかったりするのに応じて、ときには下落する可能性さえあるが、ときには、改良の時期が大きく異なっても同一のものに留まることもあるし、さらに、ときには同じ期間に、多少とも上昇する可能性をもっている。

2　原生産物のなかには、自然が、他の種類の原生産物の随伴物に仕立てたようないくつかの原生産物があり、その結果、どの地方でも供給可能なモノの量が、必然的にもうひとつのモノの量によって制約されるという事態が生じることになる。たとえば、どの地方であれ供給可能な、羊毛や鞣していない皮の量は、必然的に、そこで飼われている大小の家畜の数によって制約される。その地方の改良の状態、さらにまた当該地方の農業の性質が、必然的にこの数を決めることになる。

3　改良が進展する過程で、次第に食肉の価格を引き上げる同じ原因が、羊毛や鞣していない皮の価格に対して同じ影響を与え、おおよそ同じ比率で、その価格を引き上げるはずだと考えることができよう。もし、改良が始まったばかりの時期に、羊毛や鞣していない皮と同じ種類に属す商品に対する市場が、食肉に対する市場のように狭い領域内に限定されていれば、間違いなくそうなるだろう。だが、それぞれの市場の広さは、一般的に、著しく異なったものである。

4　食肉に対する市場は、ほとんどすべての所で、それを産出する地方にかぎられている。アイルランド、さらに実際にイギリス領アメリカの一部でも、塩漬けの貯蔵品の状態でかなりの取引が遂行されているが、しかし、そのような国は、商業世界でそのようにする、つまり、産出する相当な部分を他の国に輸出するごく限られた国のひとつでしかない、と私は確信している。

5 羊毛や鞣していない皮に対する市場は、これとは逆に、改良が始まったばかりの時期に、それを産出する国に限定されることはきわめてまれであった。羊毛の場合は、何の準備もなしに、鞣していない皮の場合にはごくわずかの準備で、ごく簡単に遠隔地に輸送できるうえ、それは多くの製造業の原料であるため、それを生産する国の産業が作りだせなかったような需要を、他の国の産業が作りだす可能性をもつからである。

6 耕作が進んでおらず、それゆえ人口もまばらな国では、改良と人口の点でずっと進んでいる国――そこには、食肉に対するより大きな需要が存在する――に比べて、つねに羊毛や鞣していない皮の価格が、一頭まるごとの価格の大部分を占めている。ヒューム氏〔David Hume, 1711-1776. イギリスの哲学者、経済・社会思想家。スミスと親しく、多大な影響を与えた〕の考察によれば、サクソン人の時代、一頭分の羊毛は、羊全体の価値の五分の二と評価されており、これは、現在の評価上の比率を大きく上回っていた。スペインの一部の地方では、私は確かに聞いたのだが、羊は、しばしば羊毛と脂肪をとるだけの目的で殺されるらしい。胴体は、地面の上で腐るまま放置されたり、猛獣や猛禽によって、食い尽くされたりすることが多い。スペインでさえこのようなことが時々起きるというのであれば、チリやブエノスアイレス、さらには、スペイン領アメリカの他の多くの地方の場合には、角をもつ家畜が、鞣していない皮と獣脂をとるだけの目的で、ほとんど恒常的に殺されることなど、絶え間なく起きているだろう。これはまたイスパニョーラ島でも、海賊によって繰り返し襲撃されている間、さらに、定住と改良およびフランス人の開拓地（今ではその島の西半分のほとんどすべての沿岸部の周囲にまで広がっている）の人口増加が、沿岸部の東側だけでなく、その地方の内陸と山岳部の全体を保有し続けているスペイン人の家畜にいくらか価値をもたらすようになる時まで、ほとんど絶えることなく生じていたことである。

7　改良と人口増加が進むにつれ、家畜まるごとの価格は必然的に上昇するが、胴体の価格は、羊毛や鞣していない皮の価格からよりも、むしろこの上昇によって受ける影響のほうが大きい。胴体のための市場は、社会の初期状態ではつねにそれを産出する地方に限定されているから、その国の改良と人口に比例して、必然的に増大するはずである。だが、羊毛と鞣していない皮の市場は、野蛮な国の場合でも、しばしば商業世界の全体に拡がっているから、同じ比率で拡大することは滅多にない。商業世界全体の状態が、ある特定の国の改良によっておおいに影響をうけるなどということは滅多にあることではなく、したがって、そのような商品に対する市場は、そのような改良がなされた後でも、それ以前とほとんど変わらないものに留まる可能性がある。

しかしながら、事物の自然な進路においては、全体としてみれば、それは改良の結果、ある程度拡大されるはずである。とりわけ、このような商品を原料に用いる製造業が、その国でともかくも盛んになった場合には、その市場は、たとえ著しく拡大されるわけではないにしても、すくなくとも以前に比べれば、はるかに生産地の近くに引き寄せられるだろう。こうして、このような原料の価格は、すくなくとも遠く離れた国まで運ぶのに通常かかっていた費用の分だけ、上昇する可能性がある。したがってそれは、食肉のそれと同じ比率で上昇することはないとしても、自然に幾分か上昇するはずであり、下落するはずがないことは確かである。

8 しかしながら、イングランドでは、毛織物製造が繁栄しているにもかかわらず、イングランド産羊毛の価格は、エドワード三世の時代から著しく下落している。この君主が統治している間（一四世紀中葉、つまり一三三九年ごろ）、一トッド、つまり二八重量ポンドのイングランド産羊毛の普通ないし適正価格とみなされたものは、当時の貨幣で一〇シリング――一オンスあたり二〇ペンス、タワー衡で六オンスの銀、現代の貨幣で約三〇シリング相当の銀を含む――以下ではなかったことを示す多くの信頼できる記録が存在する。*現在では、一トッドあたり二一シリングが、きわめて高級なイングランド産羊毛の満足しうる価格だと、みなすことができよう。それゆえ、エドワード三世の時代には、羊毛の貨幣価格は、現代の貨幣価格に対して、一〇対七であったことになる。

その真実価格の優越性は、さらに大きなものであった。一クォーター当たり六シリング八ペンスのレートで計算すると、一〇シリングは、そのような昔なら、小麦一二ブッシェルの価格に相当する。一クォーター当たり二八シリングのレートで計算すると、二一シリングは、現在ではわずか六ブッシェルの価格でしかない。その昔と現代の真実価格のあいだの比率は、それゆえ、一二対六、つまり、二対一に等しい。このような昔には、一トッドの羊毛は、現在それが購買するであろう食料などの生活物資の二倍の量を、そして、かりに労働の真実の報酬が二つの時期で同一であったとするなら、結果的に、二倍の量の労働を購買していたことになる。

* スミス〔John Smith, c.1700-? 羊毛産業の研究に打ち込んだ教区牧師〕の『羊毛回顧録』〔Chronicon

rusticum-commerciale, or, Memoirs of Wool〕第一巻第五章、第六章、第七章、および第二巻第一七六章を参照。

9　この羊毛の真実及び名目価値の両方における下落が、事物の自然な進路の結果として生じたはずはない。したがってそれは、以下のような暴力とごまかしがもたらしたものであった。第一に、イングランドからの羊毛輸出を絶対的に禁止したこと、第二に、それをスペインから〔初版と二版では、すべての他の国から〕無関税での輸入を許可したこと、第三に、そのアイルランドからの輸出は、イングランド以外の国に対するものを禁止したこと、これである。このような規制の結果、イングランド産羊毛に対する市場は、イングランドの改良の結果として、幾分なりとも拡大することはなく、自国の市場に限定されつづけたのであって、そこでは、他のいくつかの国〔初版と二版では、すべての国〕の羊毛が、それと競合することを許され、アイルランドの羊毛がそれと競合するように強いられた。アイルランドの毛織物製造業者もまた、正義と公正な取引と両立するかぎりで完全に水を差されたため、アイルランド人は、彼ら自身の羊毛のごく一部しか自国で加工仕上げができず、それゆえ、彼らに許された唯一の市場であるグレートブリテンに、その大部分を送るほかなかった。

10　鞣していない皮の価格にかんする古い時代の信頼にたりる記録は、まったく見つけることができなかった。羊毛は、国王に対する特別徴収税（サブシディ）として支払われるのが普通であり、だから、当時の羊毛の通常価格は、すくなくともある程度まで、その特別徴収税のなかに表れる評価額によって突きとめられる。だが、これは鞣していない皮については、真実でないように思われる。しかしながら、フリートウッドは、オックスフォードのバーセスター小修道院長と、その修道会士との間で一四二五年になされた談話から、特別な儀式の日の鞣していない皮の価格を、すくなくとも明言された通りに我々に提示している。すなわち、雄牛の鞣していない皮五枚で一二シリング、雌牛の鞣していない皮五枚で七シリング三ペンス、二歳の羊の皮三六枚で九シリング、子牛の皮一六枚で二シリング。一四二五年時点の一二シリングは、現在の貨幣で二四シリングにほぼ等しい銀を含んでいた。それゆえ、この会話のなかでは、一枚の雄牛の鞣していない皮は、我々の現代の貨幣で、四シリング五分の四に等しい量の銀と評価されていたことになる。その名目価格は、現在のそれよりも著しく低かった。だが、一クォーター当たり六シリング八ペンスのレートなら、一二シリングは、この時代には一四ブッシェル五分の四の小麦を購買していただろうし、それは、一ブッシェル当たり三シリング六ペンスのレートなら、現在の貨幣で、五一シリング四ペンスという値段になる。それゆえ、雄牛の鞣していない皮一枚は、現在の一〇シリング三ペンスが購入するのと同じ量の穀物を、その当時購入していたわけである。

このような古い時代、家畜が冬の大部分をつうじて半分飢え死にしかけていたことを思えば、牛のサイズがきわめて大きかったと想像することはとてもできない。常衡で一六ポンドに相当する、四ストーンの重さをもつ雄牛の鞣していない皮一枚は、現代でも粗悪なものとはみなされないが、このような古い時代なら、おそらくきわめて立派なものと考えられただろう。だが、一ストーン当たり半クラウンは、現在（一七七三年二月）の通常価格であると私は理解しているが、このような昔の雄牛の鞣していない皮であれば、今ならわずか一〇シリングの値段しかつかないだろう。それゆえ、その名目価格は、現代では昔のそれよりも上昇しているとはいえ、その真実価格、つまり、それが購買または支配しうる食料などの生活物資の実際の量でみれば、むしろ、幾分か下落しているのである。上の説明のなかで述べたように、雌牛の鞣していない皮の価格は、雄牛の鞣していない皮のそれと、ほぼ釣り合いが取れている。羊皮の価格は、それよりも著しく高い。それは、おそらく羊毛と一緒に販売されたのである。これとは逆に、子牛の鞣していない皮は、それよりも著しく低い。家畜の価格がきわめて低い地方では、つまり、群れを飼うために育てる予定のない子牛は、二〇年か三〇年まえのスコットランドの実状であったように、きわめて幼い時期に屠畜されるのが一般的である。それは、子牛の価格では賄えなかったであろう牛乳を節約する。それゆえ、子牛の鞣していない皮は、一般的にほとんど役に立たないことになる。

11　鞣していない皮の価格は、数年前のそれと比べ、現在は大幅に下がっているが、おそらくその理由は、アザラシの皮に対する関税の撤廃、および、期限を限ったものではあるが、アイルランドや植民地からの鞣していない皮の関税無しでの輸入を、一七六九年に許可したことにある。今世紀全体の平均でみると、そのような皮の真実価格は、古い時代におけるそれよりも幾分高かった。商品の性質は、羊毛のように、遠隔地からの輸送に完璧に適しているわけではない。それは保存によってもっと傷む。塩漬けの皮は、生皮よりも劣ると考えられているから、より安い価格を付けられる。この事情は、それを加工製造せず、輸出を余儀なくされる国で生産される鞣していない皮の価格を低下させ、さらに、それを加工製造する国で産出される鞣していない皮の価格を、相対的に引き上げる傾向を必然的にもっているはずである。それは、未発展な国では皮の価格を低下させ、改良がすすみ、製造業をもつ国では、その価格を引き上げるという傾向をもつはずである。それゆえ、古い時代には、それを低下させ、現代では、それを引き上げるという傾向をもっていたにちがいない。

　くわえて、我が国の皮鞣し工は、国家(コモンウエルス)の安全は国民の特定の製造業の繁栄に依存している、と国のお偉方(ウイズダム・オヴ・ザ・ネイション)を説得する点で、我が国の織物製造業者ほど完全な成功を収めてきたわけではない。したがって彼らは、厚遇されたというにはほど遠かった。実際、鞣していない皮の輸出は禁止されており、迷惑な行為であると宣告されたが、外国からのその輸入には関税が課せられており、しかもこの関税は、アイルランドと植民地からのものについては(五年間だけという期限つきで)免除されていたとはいえ、しかしアイルランドは、鞣していない皮の余剰分、つまり自国で加工製造されない分の販売については、グレートブリテンの市場に限定されてはいなかった。普通の家畜の鞣していない皮は、ここ数年の間に、植民地が母国だけにしか送ることができない列挙商品のなかに編入されたが、アイルランドの商業は、この場合でも、グレートブリテンの製造業を支援するという目的から、今まで抑圧されたことがなかったのである。

12 羊毛や鞣していない皮(ロー・ハイド)の価格を、自然にそうなるようなものよりも引き下げる傾向をもつすべての規制は、改良され耕作が進んだ国では、食肉の価格を引き上げる傾向をもっている。改良され耕作された土地で飼育された大小の家畜の価格は、ともに、改良され耕作された土地から地主が期待する地代と、農業者が当然期待してよい利潤とを支払うために十分なものでなければならない。もしそうでなければ、彼らは、まもなく家畜の飼育を止めるだろう。それゆえ、羊毛と鞣していない皮によって支払われない価格のどの部分も、その胴体で、支払われざるをえない。前者に対して支払われる分が少なければ少ないほど、後者に対して、より多く支払われなければならない。この価格が、どのような仕方で動物のさまざまな部分のあいだに分けられることになるか、これは、そのすべてが彼らに支払われるのであれば、地主や農業者にはどっちでもよいことである。それゆえ、改良され、耕作された国では、消費者としての利益でみれば、地主や農業者は、食料品の価格の上昇によって影響される可能性があるとはいえ、地主や農業者としての利益が、そのような規制によって大きな影響を受けるはずはないのである。

しかしながら、土地の大部分が、家畜の飼育以外の目的に利用できず、羊毛と鞣していない皮が、そのような家畜の価値の主要部分を構成する未改良で耕作も進んでいない国では、事情はまったく違ったものになるだろう。この場合、地主や農業者としての利益は、そのような規制によって大いに影響されるが、消費者としての利益はほとんど影響を受けないだろう。羊毛と鞣していない皮の価格下落が、胴体の価格を引き上げることはあるまい。というのは、その国の大部分の土地は、家畜の飼育以外の目的には利用できないのに、同じ頭数が養われ続けるからである。依然として、同量の食肉が市場に出てくるだろう。それに対する需要は、以前より大きくはあるまい。それゆえ、その価格は以前と同一であろう。家畜全体の価値が下落し、それとともに、家畜が主要な生産物であるすべての土地、すなわち、その国の大部分の土地の地代と利潤も下落するだろう。羊毛輸出の永続的な禁止——一般的に、しかし、まったく間違ってエドワード三世のせいにされた——は、当時のその国の状況下では、考えつくかぎりもっとも破壊的な規制であった。それは、王国の大部分の土地の実際の価値を引き下げただけでなく、もっとも重要な種類の小型家畜の価格を引き下げることによって、その後に続く改良を大幅に遅らせることになった。

13 スコットランドの羊毛は、イングランドとの合邦の結果、価格が相当大幅に下落し、合邦によってヨーロッパの大きな市場から排除され、グレートブリテンという小さな市場に閉じ込められることになった。スコットランド南部地方の大部分の土地――もっぱら羊を育てる地方――の価値は、食肉価格の上昇が、羊毛価格の下落を完全に埋め合わせなかったら、この出来事によって甚大な影響をこうむったことだろう。

14 羊毛や鞣していない皮の量を増加させるという場合、それが、組織的な労働が発揮される国の生産物に大きく依存しているかぎり、人間の勤勉に特有な効力に限度があるように、量の増加が他国の生産物に大きく依存しているかぎり、人間の勤勉に特有な効力は、その将来が不確定である。そのような依存は、彼らが生産する量というよりも、彼らが製造加工しないものの量に対するものであり、したがって、この種の土地の原生産物の輸出に対して課すことが適切であると判断されたり、されなかったりしうる制限に対する依存なのである。このような事情は、国内産業とはまったく無関係であるため、必然的に、その勤勉に特有な効力に、大なり小なりの不確かさをもたらすことになる。それゆえ、この種類の土地の原生産物を増産するにあたって、人間の勤勉に特有な効力は、たんに限度をもつだけでなく、不確実性ももっている。

15 他のきわめて重要な種類の原生産物の増産についていえば、市場にもたらされる魚の量は、また同様に一定の限度があるし、しかも不確実である。それは、国の地勢上の位置——さまざまな地方が海から近いか遠いか、河川や湖の数——や、このような海や湖や河川が、この種の原生産物について豊富であるか不毛であるかによって、制限されている。人口が増加するにつれ、すなわち、その国の土地と労働の年々の生産物がますます増加してくるにつれ、魚の購買者がますます増加してくるのであって、したがって、このような購買者はまた、それを買うためのますます多くの量と種類の他の生産物、つまり同じことだが、ますます多くの量と種類の他の生産物から成り立つ、代価（プライス）を持っていることになる。だが一般的には、狭くて限定された市場に供給するために必要な労働を大きく上回る多量の労働を利用することなく、著しく拡大した市場に供給することなど、不可能であろう。わずか一〇〇〇トンの魚を求めていたのに、一万トンのそれを年々求めるようになった市場が、従来それを十分に供給してきた労働量の一〇倍以上の労働を利用せずに、十分に供給されることなど滅多にありえないことである。一般的に、魚をより遠くで探し、より大きな船と、ずっと費用のかかるあらゆる種類の機械類の利用が不可欠になる。したがって、この商品の真実価格は、改良の進展につれて自然に上昇する。それゆえ、あらゆる国で多かれ少なかれそのようになされてきた、と私は信じるわけである。

16　だが、日々の漁獲が上首尾であるかどうかは、きわめて不確実なことであるにもかかわらず、なお、その国の地勢的な立地条件を前提すると、一定量の魚を市場にもたらすにあたっての一般的な産業の効率性は、通年あるいは数年をまとめてみれば、十分に確実なものであるし、実際にそうであると考えても間違いではないだろう。しかしながら、それは、国の富や産業の状態に依存しているというよりも、国の地勢的な立地条件により多く依存しているように、この理由から、多くの異なった国で、改良の時期がきわめて異なっていてもそれは同一でありうるし、同じ時期でも、同様に著しく異なったものになる可能性があることになる。つまり、日々の漁獲と改良の状態との関連性は不確実なものであって、私がここで主張している不確実性とは、このような種類のものである。

17 地下から掘り出されるさまざまな鉱物や金属――特に、より貴重なもの――などの量の増加にかんして、人間の勤勉に特有な効力は限界をもっていないとはいえ、しかし、概していえば不確実であるように思われる。

18 あらゆる国で見出されることになる貴金属の量は、たとえば、その国の鉱山が豊鉱であるかとか、貧鉱であるかという類いの場所的立地条件にはまったく制限されない。このような金属は、鉱山をまったくもたない国でも豊富にあることが多い。特定の国における貴金属の量は、すべて、以下の二つの異なった事情に依存しているように思われる。それは第一に、その国がもつ購買力、その国の産業の状態、その国の土地と労働の年々の生産物に依存しているのであって、その結果次第で、金や銀のような贅沢品を、自国の鉱山または他国の鉱山からもたらしたり、購入したりする際に、より多くの労働や食料などの生活物資を費やしたり、より少ない量を費やしたりすることが可能になる。そして第二に、たまたま特定の時期に、商業世界にこのような貴金属を供給している鉱山が高含有率の多産な豊鉱であるか貧鉱であるか、これに依存している。鉱山からもっとも遠い国におけるこのような金属の量は、小さな体積でありながら、価値が大きいこのような金属の輸送が容易で低費用であるため、この鉱山が、豊鉱であるか、貧鉱であるかに大なり小なり影響されるはずである。中国とインドスタンにおける貴金属の量は、アメリカの鉱山の豊富さによって、多かれ少なかれ影響されてきたにちがいない。

19　ある特定の国における貴金属の量が、この二つの事情のうちの前者（購買する力）に依存しているかぎり、貴金属の真実価格は、あらゆる他の奢侈品や贅沢品のそれと同様に、その国の富と改良とともに上昇し、国の貧しさと低い改良状態とともに、下落する傾向をもっている。大量の労働と食料などの生活物資を残しておける国は、それをわずかしか残しておけない国よりも、このような貴金属のいかなる量であれ、より大きな量の労働と生活物資を犠牲にして、購入することができるのである。

20　ある特定の国における貴金属の量が、この二つの事情のうちの後者（たまたま商業世界に供給している貴金属の鉱山が豊鉱であるか、貧鉱であるか）に依存しているかぎり、貴金属が購入または交換する労働と食料などの生活物資の実際の量、つまり、その真実価格は、間違いなく、そのような鉱山の多産性に多少とも比例して下落し、その貧鉱の程度に応じて上昇するであろう。

21　しかしながら、特定の時期にたまたま商業世界に供給している貴金属の鉱山が、豊鉱であるか貧鉱であるかは、明らかに、特定の国の産業の状態と何の関係ももたない事情である。それは、一般に、全世界の産業状態とさえ、必然的な関係をもっているとは思われない。実際、技芸と商業が、次第に地球のますます広い部分に伝播していくと、いっそう広い地表まで拡張していく新鉱山の探索は、狭い境界内にとじ込められていた時よりも、成功する機会がある程度高まっていく可能性がある。しかしながら、旧鉱山は次第に掘り尽くされてくるが、新鉱山の発見は著しく不確実な事柄であり、人間の技術や努力で確実にできるようなものではない。兆候は、すべて疑わしいものだと認められており、新鉱山の実際の発見と採掘の成功だけしか、その価値の現実性、つまり、それが現実に存在することさえ、確定することができないほどである。鉱山の探査においては、人間の勤勉というものは、成功の見込みに対しても、失敗する見込みに対しても、ともにはっきりした限度をもたないように思われる。一〜二世紀が経過する間に、従来知られていたどの鉱山よりも多産な鉱山が発見される可能性があるし、したがってまた、当時もっとも多産な鉱山として知られていたものが、アメリカの鉱山の発見以前に操業されていたどの鉱山よりも、もっと貧鉱であるかもしれないということも、まさに同じ程度でありえることなのである。

この二つの出来事のどっちが偶然生じる可能性があるか、これは、世界の真の富と繁栄にとって、つまり、人類の土地と労働の年々の生産物がもつ真実の価値にとって、まったく重要なことではない。その名目価値、つまり、それによってこの年々の生産物が表現されたり、代表されたりする金と銀の量は、間違いなくおおいに異なったものであろうが、その真実価値、つまり、それが購入または支配しうる労働の実際の量は、正確に同一のものであろう。名目価値における一シリングは、現在の一ペニーが代表しているものよりも多い労働を代表しない可能性があるし、真実の価値でみた一ペニーは、現在の一シリングが代表しているものと同じ量の労働を代表する可能性がある。だが、前者の場合、ポケットの中に一シリング持っている人物は、現在一ペニーを持っている人物よりも金持ち（リッチ）ではないだろうし、後者の場合、一ペニーを持っている人物は、現在一シリングを持っている人物とちょうど同じくらい金持ちであるだろう。金銀製の食器が安価で豊富にあることが、前者の出来事から世界が引き出しうる唯一の利益であろうし、このようなつまらない贅沢品が高価で稀少であることが、後者の出来事から世界がこうむりうる唯一の不都合であろう。

銀価値の変動にかんする余論の結論

1 古い時代におけるさまざまなモノの貨幣価格を収集してきた著作家の大部分は、穀物と一般的な財の低い貨幣価格、つまり言い換えると、金と銀の高い価値は、このような貴金属が稀少であることだけでなく、それが発生した時期における国の貧しさと未開状態の証拠である、と考えていたように思われる。このような見解は、国の富は豊富さにあると主張し、したがって、国の貧しさを金と銀の不足にあると主張する政治経済学（システム・オヴ・ポリティカルエコノミー）の体系――本書第四編で、長大な紙幅を費やして説明と検討を試みる予定の体系――と結びついたものである。差し当たりここでは、貴金属の価値が高いことが、それが生じた時期に特定の国が貧困と未開状態にあることの証拠になるはずがない、ということを述べるだけに留めておきたい。それが証明することは、たまたまその時期に商業世界に供給していた鉱山が貧鉱で、産出高が少なかったということにすぎない。貧国は、より多く買うことができないから、富国（リッチ・カントリー）よりも、金や銀に対してより高い価格を支払うことがほとんどできない。それゆえ、貴金属の価値は、富国よりも貧国のほうが高くなることはほとんどない。ヨーロッパのどの国よりもずっと富国である中国では、貴金属の価値は、ヨーロッパのどの国よりもずっと高い。実際、ヨーロッパの富が、アメリカの鉱山の発見以降著しく増加してきたため、金と銀の価値は次第に低下してきた。しかしながら、この貴金属価値の低落は、ヨーロッパにおける真実の富――土地と労働の年々の生産物――の増加にもとづくものではなく、以前知られていたどの鉱山よりもずっと含有率が高くて、多産な鉱山の偶然の発見に起因するものであった。ヨーロッパにおける金と銀の量の増加と、製造業や農業の拡大は、ほとんど同じ時期に発生したとはいえ、なお、異なった原因から生じたものであって、たがいに自然な結びつきなどほとんどもたない二つの出来事なのである。前者は、英知も政策も何ら貢献しなかったばかりか、貢献するはずもないまったくの偶然から発生したものである。後者は、封建体制の崩壊から、つまり、勤労(インダストリー)が求める唯一の奨励である、自分自身の労働の成果を享受させるまずまずの安全を、それに対して与える統治の確立にもとづいて発生したものである。封建制度が依然として維持されつづけているポーランドは、今日でもアメリカ発見以前の時期と同様に、貧しい。しかしポーランドでも、穀物の貨幣価格は上昇したし、貴金属の真実価値は、他のヨーロッパの国と同様に低下してきている。したがって、貴金属の数量は、そこでも他の国と同様に、つまり、その土地と労働の年々の生産物とほぼ同じ比率で増加したはずである。

とはいえ、このような貴金属の量における増加は、その国の年々の生産物を増加させたようには見えないのであって、その国の製造業や農業を改良することも、その国の住民の境遇を改善することもなかった。鉱山を所有しているスペインとポルトガルは、おそらく、ポーランドに次いで、ヨーロッパでもっとも貧しい二つの国である。しかしながら、貴金属の価値は、スペインやポルトガルでは、ヨーロッパの他の国におけるよりも低いにちがいない。というのは、貴金属は、この二つの国からヨーロッパの他のすべての国へと、運賃と保険だけでなく、貴金属の輸出が禁止されるか関税を課せられるかするため、密輸による経費までしょい込んだ上で、流入するからである。それゆえ、この二つの国における貴金属の量は、土地と労働の年々の生産物のわりには、他のいかなるヨーロッパの国に比べて、もっと多いはずである。しかしながら、この二つの国は、ヨーロッパの大部分の国よりもさらに貧しい。封建制度は、スペインとポルトガルではすでに廃止されてきたとはいえ、それは、もっと立派な制度によって受け継がれたわけではないのである。

2 それゆえ、金と銀の低い価値が、それが生じている国の富と繁栄状態の証拠にならないように、金と金の高い価値、つまり、商品一般あるいは特に穀物の貨幣価格が低いことが、その国の貧困と未開さの証拠になることも、けっしてないのである。

3 だが、商品一般とか、とりわけ穀物の低い貨幣価格が、その時代の貧しさや未開さの証拠になることはないにしても、たとえば、家畜、家禽、あらゆる狩猟の獲物といった、いくつかの特定の種類の商品の貨幣価格が穀物のそれに比して低いことは、貧しさや未発展のもっとも決定的な証拠になる。それは明らかに以下の二点、つまり、第一に、そのような商品が穀物に比べて著しく豊富に存在しており、したがって結果的に、そのような商品によって利用されている土地の割合が、穀物によって利用されているものにくらべて著しく大きいということ、第二に、穀物畑に比べた場合のこのような土地の価値が低く、したがって結果的に、その国の土地のさらに大きな部分が耕作されずに未改良の状態にあること、これを示している。それが明らかに例証していることは、その国の元本と人口が、その領土の広さにふさわしい割合——文明化された国で、普通にみられる割合——を保っていないこと、したがって、社会はその時、その国ではまだ初期段階にあったということである。

商品一般、あるいは特に穀物の貨幣価格の高低から我々が推論できることは、その時たま商業世界に金や銀を供給していた鉱山が、優良であるか劣等であるかであって、その国が豊かであるか、貧しいかではないということだけである。しかし、ある種類の商品が、他の種類の商品と比べてその貨幣価格が高いか低いかということから、我々は、その国が豊かか貧しいか、その国の土地の大部分が改良されているか未改良であるか、したがって、多少とも文明化された状態にあるか、多少とも未開の状態にあるか、これを、ほとんど間違いなく高い確率で推論できる。

4 銀価値の低下から全体として生じる商品の貨幣価格の上昇は、あらゆる種類の商品に等しく影響するのであって、銀が以前持っていた価値を、三分の一、四分の一、五分の一と減らせば、それに応じて、商品の価格は、一般的に三分の一、四分の一、五分の一だけ上昇することになろう。だが、今まで、じつに多くの論考と議論の対象になってきた食料の価格上昇は、あらゆる種類の食料に、等しい変化をもたらすわけではない。

今世紀の経過における平均をとれば、穀物の価格はいくつかの他の種類の食料の価格ほど大きく上昇しなかったという事実は、この上昇を、銀価値の下落によって説明する人によってさえ認められている。それゆえ、このような他の種類の食料の価格における上昇は、すべて銀価値の下落に起因する、といえるはずがない。何か別の原因を考慮に入れなければならないのであって、すでに上で特定してきた原因が、銀価値の推定上の下落に頼らなくても、穀物価格に比例して、実際に価格が上昇したこのような特定の種類の食料の価格上昇を、おそらく十分に説明するであろう。

5　穀物価格それ自体についてみると、今世紀はじめの六四年間、および、最近のこれ以上ないほど悪かった気候の時期以前には、前世紀ののこり六四年間の価格よりも、それは幾分低かった。この事実は、ウィンザー市場の記録だけでなく、スコットランドのさまざまな地域すべてにおける公示価格（パブリック・フィアーズ）、および、ムサンス氏やデュプレ・ド・サンモール氏による多大な勤勉と厳密さをもって収集されたフランスにおけるいくつかの異なった市場の記録によって、確かめられている。このような証拠は、そもそも確認することがきわめて困難な事柄において十分期待できるものよりも、さらに完璧なものである。

6　ここ最近の一〇年ないし一二年間における穀物の高価格については、銀価値の低落を推定しなくても、きわめて不順な天候によって十分に説明可能である。

7　したがって、銀は依然として価値が低下しつつあるという見解は、穀物の価格にもとづくものであれ、その他の食料品の価格にもとづくものであれ、なんら正確な観察に立脚したものではないと思われる。

8　等量の銀は、ここで指摘した評価に従ったとしても、前世紀の一時期に購入していた何種類かの食料の量にくらべ、現在はるかに少量しか購入できないではないか、とおそらくいうことができよう。だから、この変化が、このような商品の価値の上昇によるものか、それとも、銀の価値の低下によるものであるかを確定することは、空虚で役に立たない区別、つまり、それをもって市場に出かけてゆくための一定量の銀、あるいは一定の貨幣で支払われる固定収入だけを持っている人にとって、何の役にも立たない区別をするだけのことになろう。私は、この区別を知っていることが、その人により安く物を買えるようにするだろう、などとほのめかすつもりがないことは確かである。しかしながらそれは、だからといって、まったく無益だというわけでもないだろう。

9 国が繁栄状態にあることの簡易な証拠を与えることは、国民にとって、いくらか役立つ可能性がある。もし、同じ種類の食料の価格上昇が、銀の価値の下落に余すところなく起因するものであれば、それは、アメリカの鉱山の多産性だけしか推量できない事情のせいである。国の真実の豊かさ、つまり、その土地と労働の年々の生産物は、この事情にもかかわらず、ポルトガルやポーランドのように次第に低下するか、あるいは、ヨーロッパの残りの大部分の国のように次第に向上して行く可能性がある。だが、ある種の食料価格におけるこの上昇が、それを生産する土地の真実価値の上昇、つまり、その肥沃度の増大に起因するか、あるいは、より広範な改良と優れた耕作の結果、土地が穀物を生産するために適するようにされたことに起因しているのであれば、その国の順調で前進しつつある状態をもっともわかりやすい方法で指し示す事情に起因していることになる。土地は、あらゆる広大な国の最大かつ最重要で、もっとも耐久性がある富である。富のうちでもっとも大きく、最重要で、しかももっとも耐久性がある部分の価値が増大しつつあることの証拠として、それほど決定的なものをもっていることは、間違いなくある程度役に立つことでありうるし、すくなくとも、国民に一定の満足を与えられる可能性もある。

10 それはまた、その国の一部の下層の使用人の金銭的報酬を調節するさいに、国民にとって、ある程度役立つ可能性がある。もし、いくつかの種類の食料価格における上昇が銀の価値低下に起因しているとすれば、彼らの金銭的報酬は、従来それが法外に大きくなかったという前提のもと、この下落の程度に比例して、増加されるべきであることは間違いない。もし増やされなければ、彼らの真実の報酬は、明らかにその分だけ減少するであろう。だが、もし食料価格の上昇が、そのような食料を産出する土地の肥沃度の改良の結果生じる土地の価値の上昇に起因しているとすれば、どの程度の比率で金銭的報酬を増加するべきであるか、あるいはまた、およそ増加すべきかどうか、これは、判断するのに手腕を要する微妙な問題になる。改良と耕作の進展は、穀物価格との割合でみたすべての種類の動物性食料（アニマル・フード）の価格を必ず多少とも上昇させるから、必然的に、他のすべての種類の植物性食料（ベジタブル・フード）の価格を低下させることになる、と私は信じている。それが動物性食料の価格を引き上げる理由は、土地を穀物生産に適したものにしてしまうと、動物性食料を産出する土地の大部分が、穀物耕作地と同じ地代と利潤を地主と農業者に与えなければならなくなるからである。それが植物性食料の価格を低下させる理由は、土地の肥沃度を向上させることによって、その産出量を増加させるからである。

農業の改良はまた、より狭い土地で穀物ほど多くの労働を要せず、ずっと安価に市場にも ち込まれる多くの種類の植物性食料を導入する。たとえば、ジャガイモとトウモロコシ、つまりインディアン・コーンと呼ばれているものは、ヨーロッパの農業、すなわち、ヨーロッパ自身が商業と航海の大拡張から受け取った、おそらくもっとも重要な二つの改良である。

くわえて、多くの種類の植物性食料は、農業が未発展な段階にある時には、家庭菜園に限定されていて、鋤でしか栽培されていなかったのに、改良が進んだ段階になると、たとえば、カブ、ニンジン、キャベツ等々が普通の畑に導入されて、犂で栽培されるようになる。したがって、もし改良が進展する過程で、前者の種類の食料の真実価格が必然的に上昇し、後者の種類が同じく必然的に下落するとすれば、前者の上昇が後者の下落によってどの程度埋め合わされる可能性があるか判断することは、もっと困難で、微妙な問題になってくるだろう。

食肉の真実価格が一旦その最高値まで（おそらく豚肉を除き、すべての種類の食肉について、イングランドの大部分で一世紀以上前に達していたと思われる）上昇すると、それ以降、他のいかなる種類の動物性食料の価格上昇が生じたとしても、それが、下層に属する人々の境遇に大きな影響を与えるはずがない。貧しい人々の境遇は、イングランドの大部分をつうじて、ジャガイモの価格の下落によって救済されるはずだから、明らかに、家禽、魚、カモなどの野鳥、鹿肉の価格上昇によって、ひどく苦しめられるはずがないのである。

11 現在当面している不作の渦中で、貧しい人々を穀物の高価格が苦しめているのは間違いない。だが、平年並みの豊作の時期、つまり、穀物が通常ないし平均価格である時期なら、いかなる他の種類の土地の原生産物価格の自然な上昇も、貧しい人に大きな影響を及ぼすはずはない。おそらく彼らは、塩、石鹸、皮革、ロウソク、モルト、ビール、エール等々のような、いくつかの製造品の価格において生じる課税による人為的上昇によって、もっと被害を受けるだろう。

改良の進展が製造品の真実価格に及ぼす効果

1　しかしながら、改良の自然な効果は、ほとんどすべての製造品の真実価格を、次第に低下させることにある。製造業の技能の真実価格は、おそらく、製造品のすべてにおいて例外なく低下する。より良い機械、敏捷さの増加、より適切な労働の分割と配置、これは、すべて改良がもつ当然の効果であって、以前よりずっと少ない量の労働が、特定の仕事を遂行するために求められるようになる。したがって、社会が繁栄している状態になった結果、労働の真実価格はきわめて大幅に上昇するはずではあるが、それでもなお、労働量における著しい減少が、その価格において生じる可能性がある最大の上昇を償って余りあることが、むしろ一般的であろう。

2　土地の原生産物の真実価格における不可避な上昇が、事業を遂行するにあたって、改良が実現しうるすべての利益を相殺し尽くしてしまうような製造業も、実際、ごく少数ではあるが存在する。大工や建具屋の仕事、ありふれた種類の陳列棚製作などの分野では、土地の改良が進んだ結果生じる材木価格の不可避の上昇が、最良の機械、最高の腕前、および、これ以上ないほど適切な仕事の分割と配置から引き出すことができるすべての利益を、相殺し尽くしてしまうだろう。

3　だが、未加工原材料の真実価格がまったく上昇しないか、著しく上昇しないような場合にはすべて、製造業の製品の真実価格は大幅に低下する。

4　前世紀、および、今世紀の経過をつうじて、このような価格の下落は、卑金属を原料にもちいる製造業でもっとも顕著であった。前世紀の中ごろに、二〇ポンドで購入できたものよりも立派な時計の装置は、今では、おそらく二〇シリングで手に入れることができよう。刃物屋や錠前屋の製品、卑金属で作られたすべての玩具、および、バーミンガムとかシェフィールド産という名前で広く知られているこのようなすべての商品で、同じ期間に、時計製品におけるほど全体的に大きくなかったとはいえ、価格のきわめて大幅な下落があった。しかしながら、それは、多くの場合二倍あるいは三倍の価格でも同じ品質の製品を生産することができない、と認めている大部分のヨーロッパの職人を驚かせるには十分なものであった。分業がさらに展開可能な製造業、すなわち、採用されている機械がさらに大幅な多様性をもつ改良を受け入れるような製造業は、卑金属を原料に用いる製造業以外に、おそらく存在しないだろう。

5 服地製造業では、同一の期間内に、それほど目立った価格の低下はなかった。最高級の服地の価格は、これとは逆に、ここ二五年から三〇年の間に、その品質におおむね比例して上昇してきたと確信しているが、その原因は、スペイン産の羊毛が大部分を占める原料価格の著しい上昇である、と言われてきた。原料の大部分がイングランドの羊毛であるヨークシャー産服地の価格は、今世紀の経過中に、その品質のわりには、かなり下落したと実際に言われている。しかしながら、品質とは、おおいに議論の余地がある事柄であって、私は、この種の情報はすべて当てにならないものだと考えている。服地製造業の場合、分業の程度は一世紀前とほとんど同一であり、利用されている機械も、著しく違ったものではない。しかしながら、両方において、いくつかの小さな改善はあったようで、それが、価格のある程度の低下を引き起こした可能性がある。

6 だが、もし我々が、このような現代の製造品の価格を、はるか昔の時代、つまり、おそらく労働がずっとわずかしか細分化されておらず、したがって現在に比べると、利用される機械もずっと不完全なものであった一五世紀末ごろの実態と比較すれば、そのような価格の低下は、まったく明白で否定し難いものに見えてくるだろう。

7 一四八七年、つまり、ヘンリー七世治世四年に、「緋色で糸染めされた最高級の布、または、最高級に仕上げられた糸染めの別の布を、広幅一ヤードにつき一六シリング以上で小売りする者には、そのように売り捌いた一ヤードにつき、四〇シリングの罰金を課す」と定められた。それゆえ、現在の貨幣で、二四シリングにほぼ等しい量の銀を含んでいた一六シリングは、その当時、最高級の布地一ヤードの不当な価格であるとは考えられておらず、しかも、これは贅沢取締法であるから、おそらく、そのような布は、さらにいくらか高い値段で日常的に販売されていたことだろう。現代では、一ギニーが最高の価格だと考えてよいだろう。それゆえ、たとえ布地の品質が、想定上等しいとしても、しかも、現在の品質の方がずっと優れているのはほぼ間違いないと想定したとしてもなお、最高級の布地の貨幣価格は、一五世紀末からかなり下落してきたように見える。しかし、その真実価格はもっと大幅に下落している。六シリング八ペンスは、当時も、そしてずっと後になっても、小麦一クォーターの平均価格と考えられていた。それゆえ、一六シリングは、小麦二クォーターと三ブッシェル強の価格であった。現代の小麦一クォーターを二八シリングと見積もるなら、上級の布一ヤードの真実価格は、その当時、現代の価格で、すくなくとも三ポンド六シリング六ペンスに等しかったはずである。それを購入した人は、その金額が、現在購買するものに等しい量の労働と食料などの生活物資に対する支配力(コマンド)を、手放す必要があった。

8　粗製造品の真実価格の下落は、相当なものではあったとはいえ、高級な製造品のそれほど大幅なものではなかった。

9　一四六三年、つまりエドワード四世治世三年に、「農業の使用人、並の労働者、市や自治都市の外に居住する職人の奉公人は、広幅一ヤード当たり二シリング以上の布地を、衣類として利用したり身に着けたりしてはならない」と定められた。エドワード四世治世三年における二シリングは、現在の価値で、四シリングとおおむね等しい量の銀を含んでいた。だが、現在一ヤード当たり四シリングで売られているヨークシャー産の布地は、きわめて貧しい階級に属する並の使用人が着用するために当時仕立てられたものに比べ、おそらく、飛びぬけた高級品である。それゆえ、彼らが着用する衣類の貨幣価格は、品質のわりには、このような昔の時期の価格に比べ、現在のほうが、幾分か安価である可能性がある。その真実価格は、間違いなく大幅に安価である。一ブッシェルの小麦のおおむね適正な価格といわれたものは、当時一〇ペンスだと考えられていた。それゆえ、二シリングは、二ブッシェルと二ペックほどの小麦の価格であったが、それを、現在の一ブッシェル当たり三シリング六ペンスで換算すると、八シリング九ペンスの価値があったことになる。貧しい使用人は、この布地一ヤードのために、現在八シリング九ペンスが購買するものと等しい量の食料などの生活物資を購入する力を、手放さなければならなかった。これもまた、貧者の贅沢や浪費を抑制しようとする贅沢取締法なのである。それゆえ、一般的に、彼らの衣類はずっと値の張るものであったことになる。

10　同じ法律によって、同じ階級に属する人々は、価格が一組あたり一四ペンス以上する――現在の貨幣で、約二八ペンスに等しい――ストッキングの着用を禁止された。だが、一四ペンスというのは、当時にあっては、一ブッシェルと二ペック相当の小麦の価格であり、それは、現在の一ブッシェル当たり三シリング六ペンスで換算すると、五シリング三ペンスの値段になる。我々は、現在、これはもっとも貧しく、最も格が低い使用人向けの一組のストッキングとしては、きわめて高価格だと考えるはずである。しかしながら、当時使用人は、それに対して、この価格に実際等しいものを支払う必要があったのである。

11　エドワード四世の時代、ストッキングを編み上げる技術は、おそらくヨーロッパではどこでも知られていなかっただろう。下肢を包む円筒部は普通の布地で作られており、それが、靴下の価格が高くなる原因のひとつであった可能性がある。イングランドでストッキングを最初に着用したのは、エリザベス女王であったと言われる。彼女は、それをスペイン大使から贈り物として受け取ったのである。

12　並および高級な毛織物製造に使用される機械は、現代のそれと比べると、古い時代には、ともに著しく不完全なものであった。その数も重要性も、確かめることさえ難しい多くの小さな改良に加え、三つのきわめて重要な改良を、それ以降受け入れてきた。三つの重要な改良とは、以下の通りである。第一に、紡ぎ車を、紡錘と紡錘に取り換えたことで、これは、同じ量の労働で二倍以上の作業をこなした。第二に、梳毛糸や紡毛糸の巻き取りを、もっと大きな比率で促進したり短縮したり、撚糸が織り機に送られる前に、縦糸と横糸を適切に配列したりするいくつかのきわめて巧妙な機械の利用であり、この作業は、このような機械が発明されるまで、きわめて退屈で、面倒な仕事であったにちがいないものである。第三に、布を水の中で踏みつける代わりに、それに厚みをもたせるための縮絨機の利用。イングランドでは、早くても一六世紀初めまで、いかなる種類の風車や水車で動く機械も知られておらず、私が知るかぎり、これは、アルプス以北のヨーロッパでも同様であった。そのような機械は、もう少し早い時期に、イタリアに導入されたものである。

13 このような事情を考慮に入れると、なぜ並および高級な製造品の真実価格が、古い時代には、現在のそれよりもはるかに高かったかという理由が、おそらくある程度まではあるが、わかってくると言えよう。それを市場にもたらすためには、はるかに多量の労働が必要なのである。それゆえ、そのようなモノが市場にもち込まれた場合には、より多量の労働の代償を、購入したり、それと交換したりしたはずなのである。

14 粗末な製造業は、古い時代のイングランドでは、工芸と製造業が初期段階にある国で日常的にみられるのと、おそらく同じ方法で遂行されていただろう。多分それは家内工業であり、そこでは、作業の異なった部分が、あらゆる家族のさまざまな構成員全員によって時々遂行され、しかも、他にすることがない時だけ彼らの仕事になるものであって、自分自身の生計の大部分を、そこから引き出す主要な業務にしている者は誰もいなかった。このような方法で実現される製品は、すでに説明したように、労働者の生計の主要、または唯一の源泉になっているものよりも、いつもずっと安い値段で市場に出てくるものである。

高級な製品は、これとは反対に、このような古い時代には、イングランドではなくフランドルの豊かで商業的な地方で製造されていたのであって、おそらく当時も、現代と同じ方法で、彼らの生計の全部または主要な部分を、そこから引き出す人々によって遂行されていただろう。くわえて、それは外国製品であったから、いくらかの関税——トン税や重量税という古来の関税——を、国王に払っていたはずである。この関税は、実際には、おそらく著しく重いものではなかっただろう。当時のヨーロッパの政策は、高い関税で外国製品の輸入を抑制することにではなく、できるだけ安い値段で、高貴な人物に彼らが欲しがる便宜品や贅沢品——彼らの国の産業が提供できなかったもの——を、商人が供給できるようにする目的から、むしろそれを奨励することにあった。

15　このような事情の考察は、粗末な製造品の真実価格は、このような古い時代に、高級な製造品のそれに比べて、現在よりもずっと低かったのはなぜか、という理由をある程度まで我々に説明するだろう。

本章の結論

1　このはなはだ長い章を終えるにあたって、社会環境におけるあらゆる改良は、直接であれ間接であれ、土地の真実の地代を高めるということ、すなわち、地主の真実の富、つまり労働や他の人々の労働の生産物を購入する地主の力を増加させる傾向をもつ、ということを述べておきたい。

2　改良と耕作の進展は、土地の真実の地代を直接増加させる傾向がある。地主に対する生産物の分け前は、生産物の増加とともに必然的に増加する。

3 土地の原生産物のうちの地代部分の実質価格における上昇は、最初のうちは、進展した改良と耕作の結果であるが、後には、改良と耕作がいっそう拡大していく原因になるのであって、たとえば、家畜の価格上昇は、土地の地代を直接引き上げもするが、引き上げる割合をいっそう拡大する傾向をもっている。地主の分け前の真実価値、つまり、他人の労働に対する彼の真実の支配力は、生産物の真実価値とともに増加するだけでなく、全生産物に対する彼の分け前の割合も、それとともに増加する。地主の生産物は、その実質価格が上昇したからといって、それを手に入れるために以前より多くの労働が必要になるわけではない。それゆえ、そのより小さな割合で、労働を雇用する元本を、通常の利潤とともに取り戻すのに十分であろう。結果的に、そのより大きな割合が地主に属するはずである。

4 製造品の実質価格を直接引き下げる傾向をもつ労働生産力におけるこのような改良は、すべて、土地の真実の地代を間接的に増加させる傾向を持っている。地主は、土地の原生産物のうち、彼自身の消費を超える部分、つまり同じことになるが、その部分の代価を製造業の生産物と交換する。製造業の生産物の実質価格を引き下げるものはすべて、土地の原生産物の実質価格を引き上げる。それによって、土地の原生産物の同じ量が、製造業の生産物のより大きな量と等価になるために、地主は、自分が必要とするさらに大きな量の便宜品、装飾品や贅沢品を購入できるようになる。

5 社会の真実の富におけるあらゆる増加、すなわち、社会のなかで利用されている有用労働の量におけるあらゆる増加は、土地の実質的な地代を間接的に増加させる傾向がある。増加した労働の一定部分は、自然に土地に向かう。ますます多くの人間と家畜が土地の耕作に利用され、生産物は、それを養うために利用される元本の増加とともに増加するから、地代は生産物の増加とともに増加することになる。

6　反対の事情、すなわち耕作と改良の軽視、あらゆる種類の土地の原生産物の実質価格の下落、製造業における技術と組織的な労働の衰退に由来する製造品の実質価格の上昇、社会の真実の富の衰微、このすべては、逆に、土地の実質的な地代を低落させ、地主の真実の富を減少させ、他人の労働や労働の生産物に対する地主の購買力を、減少させる傾向がある。

7　あらゆる国の土地と労働の年々の生産物の全体、すなわち同じことになるが、その年々の生産物の価格全体は、すでに述べてきたように、自然に三つの部分、すなわち、土地の地代、労働の賃金および元本の利潤とに分かれ、したがってまた三つの異なった階級（オーダー）の人々、つまり、地代によって生活する人々、賃金によって生きる人々および利潤によって生活する人々に対する収入になる。あらゆる文明化した社会の主要かつ根源的で、さらに、構成要素でもある三つの階級がこれであって、他のあらゆる階級の人々の収入は、究極的にはそこから引き出されるのである。

8　この三大階級のうちの最初の階級の利益は、いま指摘したことから明らかなように、社会の一般的利益と密接かつ不可分に結びついている。地主の利益を促進したり妨害したりするものはすべて、社会の一般的利益を促進したり妨害したりする。国家（パブリック）が商業の規制や政策について検討する場合、自分自身が属する階級の利益を促進しようという見込みを抱いている土地所有者は、すくなくとも、彼らが自分自身の利益についておおよその知識を持っているかぎり、それを、誤った方向に導いたりするはずがない。実際には、彼らはこの程度の知識を欠いていることがあまりにも多すぎる。三つの階級のうち、彼らは収入を得るために労働も世話もする必要がなく、自分自身の構想や企画とは無関係に、あたかもそれが自然に入ってくる、とでも言えるような唯一の階級なのである。そのような怠惰さは、彼らの境遇が裕福で安全なものであることの自然な結果ではあるが、いかなる国家的規制についても無知であるだけでなく、その結果を予見したり、理解したりするために不可欠な精神の集中さえできないことが、あまりにも多い。

9　第二の階級、つまり、賃金によって生活する人々の利益は、地主階級の利益と同様に、密接に社会の利益と結びついている。労働者の賃金は、すでに指摘したように、労働に対する需要が持続的に増え続けている時、つまり、雇用されている数が毎年著しく増加している時ほど、高いことはない。この社会の真実の富が同じ状態を保つようになってくると、まもなく労働者の賃金は、なんとか家族を養うだけなら可能な程度に——労働者という集団を持続させる程度——まで低下する。社会が衰退する時、労働者の賃金はこれ以下にさえ低下する。所有者階級は、多分、労働者以上に社会の繁栄から多くの利益を獲得するが、その衰退によって、残酷なまでに痛めつけられるのは、労働者階級をおいて他にない。だが、労働者の利益は、社会の利益と緊密に結びついているとはいえ、労働者は、その利益を認識することも、それと、彼自身の利益との関連性を理解することもできない。彼がおかれた状況は、必要な情報を受け取るために十分な時間を残さないし、身に付けた教育と習慣は、たとえ彼が十分に情報をえていたとしても、一般的に彼の判断を不適格なものにするような類いのものである。それゆえ、立法府における公の議論では、彼自身のためではなく、雇い主の個別的な目的のために、雇い主によって労働者の怒号が駆り立てられ、そそのかされ、支持させられたりしている特殊な場合を除き、労働者の意見が聞き届けられたり注目されたりすることは、ほとんどない。

10 彼の雇用者が、利潤によって生活する第三の階級である。利潤のために利用されるのが元本であり、それが、あらゆる社会の有用な労働の大部分を始動させる。元本の利用者の構想と企画が、ほとんどすべての重要な労働の働きを規制したり、導いたりするし、そして利潤が、このような構想や企画のすべてがめざす目的である。だが、利潤の大きさは、地代や賃金のように、社会の繁栄とともに上昇し、その衰退とともに下落するわけではない。逆であって、それは豊かな国では自然に低く、貧しい国では高いのであって、もっとも急速に破滅しつつある国で、いつももっとも高い。それゆえ、この第三の階級の利益は、社会の一般的な利益に対して、他の二つの階級のそれと同様の関連性をもっているわけではない。この階級のなかでは、商人と支配的な製造業者（マスター・マニュファクチャー）が、最大の資本（キャピタル）を普通に利用しているし、さらに、その豊かさによって、割合としてはもっとも大きな公の配慮（パブリック・コンシダレーション）を、一般的に引き寄せている二つの上流階層である。彼らは、その生涯を通じて構想と企画に没頭するため、大部分の地方にすむ紳士よりも、理解の点ではるかに正確であることが多い。しかしながら、彼らの思考は、社会の利益（インテレスト・オヴ・ザ・ソサエティ）というよりも、一般的に彼ら自身の個別的な事業分野の利益について発揮されるから、彼らの判断は、最大の公平さをもって（あらゆる場合にそうであったわけではなかった）下された時でさえ、この二つの目的のうち、社会の利益よりも、個別的な事業分野の利益に、ずっと大きく依存させられることになった。彼らが地方の紳士を上回っているのは、国民の利益（インテレスト・オヴ・ザ・パブリック）についてというよりも、むしろ、地方の紳士が自分自身の利益について持っている以上に、彼ら自身の利益について、いっそう十分な知識を確保している点にある。彼らが頻繁に地方の紳士の寛大さにつけ込んだうえで、国民の利益とは、彼らの利益のことであって地方の紳士の利益のことではないという、きわめて単純ではあるが、率直な確信にもとづいて、地方の紳士に、自分自身の利益と国民の利益を放棄するように説得してきたのは、彼らがもつこの卓越した知識なのである。

しかしながら、個々の分野の職業や製造業に従事している仲買業者（ディーラー）の利益は、いつも国民の利益とある点で異なっているし、真反対であることさえある。市場を広げて競争を狭めることは、いつでも仲買業者の利益である。市場を拡大することは、しばしば国民の利益に十分に合致する可能性があるが、競争を狭めることは、つねにそれに反するはずであって、同じ国の他の市民に、彼ら自身の利益をめざす不条理な租税を課し、自分たちの利益を、自然にそうなる水準以上に引き上げるのに役立つだけである。この階級から発せられる新しい法律や通商規制の提案は、つねに最大の警戒心をもって聞かれるべきものであり、だから、たんに最大限周到であるだけでなく、もっとも疑い深い眼差しをもってなされる長時間の慎重な調査が済むまで、けっして採用されてはならないものである。それは、自分自身の利益が、けっして正確に国民の利益と同一ではなく、国民を欺いたり、抑圧さえしたりすることに一般的な関心を抱き、多くの場合、国民を欺いたり、抑圧したりしてきた階級の人々に由来するものなのである。

〔1202～1601年の小麦価格〕〔数ヵ所の転記ミスや計算違いが指摘されているが、微細でもあり、訂正していない〕

12ヵ年の年数	各年の小麦1クォーターの価格			同年のさまざまな価格の平均			現在の価格に換算した各年の平均価格		
	£. (ポンド)	s. (シリング)	d. (ペンス)	£.	s.	d.	£.	s.	d.
1202	—	12	—	—	—	—	1	16	—
1205	— — —	12 13 15	— 4 —	—	13	5	2	—	3
1223	—	12	—	—	—	—	1	16	—
1237	—	3	4	—	—	—	—	10	—
1243	—	2	—	—	—	—	—	6	—
1244	—	2	—	—	—	—	—	6	—
1246	—	16	—	—	—	—	2	8	—
1247	—	13	4	—	—	—	2	—	—
1257	1	4	—	—	—	—	3	12	—
1258	1 — —	— 15 16	— — —	—	17	—	2	11	—
1270	4 6	16 8	— —	5	12	—	16	16	—
1286	— —	2 16	8 —	—	9	4	1	8	—
						合　計	35	9	3
						平均価格	2	19	1¼

12ヵ年の年数	各年の小麦1クォーターの価格			同年のさまざまな価格の平均			現在の価格に換算した各年の平均価格		
	£. （ポンド）	s. （シリング）	d. （ペンス）	£.	s.	d.	£.	s.	d.
1287	—	3	4	—	—	—	—	10	—
1288	—	—	8	—	3	−¼	—	9	−¾
	—	1	—						
	—	1	4						
	—	1	6						
	—	1	8						
	—	2	—						
	—	3	4						
	—	9	4						
1289	—	12	—	—	10	1 2/4	1	10	4 2/4
	—	6	—						
	—	2	—						
	—	10	8						
	1	—	—						
1290	—	16	—	—	—	—	2	8	—
1294	—	16	—	—	—	—	2	8	—
1302	—	4	—	—	—	—	—	12	—
1309	—	7	2	—	—	—	1	1	6
1315	1	—	—	—	—	—	3	—	—
1316	1	—	—	1	10	6	4	11	6
	1	10	—						
	1	12	—						
	2	—	—						
1317	2	4	—	1	19	6	5	18	6
	—	14	—						
	2	13	—						
	4	—	—						
	—	6	8						
1336	—	2	—	—	—	—	—	6	—
1338	—	3	4	—	—	—	—	10	—
						合計	23	4	11¼
						平均価格	1	18	8

12ヵ年の年数	各年の小麦1クォーターの価格			同年のさまざまな価格の平均			現在の価格に換算した各年の平均価格		
	£.(ポンド)	s.(シリング)	d.(ペンス)	£.	s.	d.	£.	s.	d.
1339	—	9	—	—	—	—	1	7	—
1349	—	2	—	—	—	—	—	5	2
1359	1	6	8	—	—	—	3	2	2
1361	—	2	—	—	—	—	—	4	8
1363	—	15	—	—	—	—	1	15	—
1369	{1 1	— 4	— —}	1	2	—	2	9	4
1379	—	4	—	—	—	—	—	9	4
1387	—	2	—	—	—	—	—	4	8
1390	{— — —	13 14 16	4 — —}	—	14	5	1	13	7
1401	—	16	—	—	—	—	1	17	4
1407	{— —	4 3	4¾ 4	—	3	10	—	8	11
1416	—	16	—	—	—	—	1	12	—
						合計	15	9	4
						平均価格	1	5	9⅓

12ヵ年	各年の小麦1クォーターの価格			同年のさまざまな価格の平均			現在の価格に換算した各年の平均価格		
	£.(ポンド)	s.(シリング)	d.(ペンス)	£.	s.	d.	£.	s.	d.
1423	—	8	—	—	—	—	—	16	—
1425	—	4	—	—	—	—	—	8	—
1434	1	6	8	—	—	—	2	13	4
1435	—	5	4	—	—	—	—	10	8
1439	{1 1	— 6	— 8}	1	3	4	2	6	8
1440	1	4	—	—	—	—	2	8	—
1444	{— —	4 4	4 —}	—	4	2	—	8	4
1445	—	4	6	—	—	—	—	9	—
1447	—	8	—	—	—	—	—	16	—
1448	—	6	8	—	—	—	—	13	4
1449	—	5	—	—	—	—	—	10	—
1451	—	8	—	—	—	—	—	16	—
						合計	12	15	4
						平均価格	1	1	3½

12ヵ年の年数	各年の小麦1クォーターの価格			同年のさまざまな価格の平均			現在の価格に換算した各年の平均価格		
	£.（ポンド）	s.（シリング）	d.（ペンス）	£.	s.	d.	£.	s.	d.
1453	—	5	4	—	—	—	—	10	8
1455	—	1	2	—	—	—	—	2	4
1457	—	7	8	—	—	—	—	15	4
1459	—	5	—	—	—	—	—	10	—
1460	—	8	—	—	—	—	—	16	—
1463	—	2	—	—	1	10	—	3	8
	—	1	8						
1464	—	6	8	—	—	—	—	10	—
1486	1	4	—	—	—	—	1	17	—
1491	—	14	8	—	—	—	1	2	—
1494	—	4	—	—	—	—	—	6	—
1495	—	3	4	—	—	—	—	5	—
1497	1	—	—	—	—	—	1	11	—
						合計	8	9	—
						平均価格	—	14	1

12ヵ年の年数	各年の小麦1クォーターの価格			同年のさまざまな価格の平均			現在の価格に換算した各年の平均価格		
	£.（ポンド）	s.（シリング）	d.（ペンス）	£.	s.	d.	£.	s.	d.
1499	—	4	—	—	—	—	—	6	—
1504	—	5	8	—	—	—	—	8	6
1521	1	—	—	—	—	—	1	10	—
1551	—	8	—	—	—	—	—	2	—
1553	—	8	—	—	—	—	—	8	—
1554	—	8	—	—	—	—	—	8	—
1555	—	8	—	—	—	—	—	8	—
1556	—	8	—	—	—	—	—	8	—
1557	—	4	—	—	17	$8\frac{1}{2}$	—	17	$8\frac{1}{2}$
	—	5	—						
	—	8	—						
	2	13	4						
1558	—	8	—	—	—	—	—	8	—
1559	—	8	—	—	—	—	—	8	—
1560	—	8	—	—	—	—	—	8	—
						合計	6	0	$2\frac{1}{2}$
						平均価格	—	10	$0\frac{5}{12}$

12ヵ年の年数	各年の小麦1クォーターの価格			同年のさまざまな価格の平均			現在の価格に換算した各年の平均価格		
	£.（ポンド）	s.（シリング）	d.（ペンス）	£.	s.	d.	£.	s.	d.
1561	—	8	—	—	—	—	—	8	—
1562	—	8	—	—	—	—	—	8	—
1574	{ 2 1	16 4	— — }	2	—	—	2	—	—
1587	3	4	—	—	—	—	3	4	—
1594	2	16	—	—	—	—	2	16	—
1595	2	13	—	—	—	—	2	13	—
1596	4	—	—	—	—	—	4	—	—
1597	{ 5 4	4 —	— — }	4	12	—	4	12	—
1598	2	16	8	—	—	—	2	16	8
1599	1	19	2	—	—	—	1	19	2
1600	1	17	8	—	—	—	1	17	8
1601	1	14	10	—	—	—	1	14	10
						合　計	28	9	4
						平均価格	2	7	5⅓

ウィンザー市場における小麦価格、1595 〜 1764。

レイディ・デイ（春季支払い日３月 25 日）と聖ミカエル祭（秋季支払い日９月 29 日）におけるクォーター（９ブッシェル）あたりの最高価格であるが、各年の価格はこの２つの市場日における最高価格の中位数

年	£.（ポンド）	s.（シリング）	d.（ペンス）
1621, —	1	10	4
1622, —	2	18	8
1623, —	2	12	0
1624, —	2	8	0
1625, —	2	12	0
1626, —	2	9	4
1627, —	1	16	0
1628, —	1	8	0
1629, —	2	2	0
1630, —	2	15	8
1631, —	3	8	0
1632, —	2	13	4
1633, —	2	18	0
1634, —	2	16	0
1635, —	2	16	0
1636, —	2	16	8
16)	40	0	0
	2	10	0

年	£.	s.	d.
1595, —	2	0	0
1596, —	2	8	0
1597, —	3	9	6
1598, —	2	16	8
1599, —	1	19	2
1600, —	1	17	8
1601, —	1	14	10
1602, —	1	9	4
1603, —	1	15	4
1604, —	1	10	8
1605, —	1	15	10
1606, —	1	13	0
1607, —	1	16	8
1608, —	2	16	8
1609, —	2	10	0
1610, —	1	15	10
1611, —	1	18	8
1612, —	2	2	4
1613, —	2	8	8
1614, —	2	1	8½
1615, —	1	18	8
1616, —	2	0	4
1617, —	2	8	8
1618, —	2	6	8
1619, —	1	15	4
1620, —	1	10	4
26)	54	0	6½
	2	1	6 9⁄13

年		小麦1クォーター当たり £.	s.	d.
1637,	—	2	13	0
1638,	—	2	17	4
1639,	—	2	4	10
1640,	—	2	4	8
1641,	—	2	8	0
1642,	記録無し。1646年はフリートウッド主教より追補	0	0	0
1643,		0	0	0
1644,		0	0	0
1645,		0	0	0
1646,	—	2	8	0
1647,	—	3	13	8
1648,	—	4	5	0
1649,	—	4	0	0
1650,	—	3	16	8
1651,	—	3	13	4
1652,	—	2	9	6
1653,	—	1	15	6
1654,	—	1	6	0
1655,	—	1	13	4
1656,	—	2	3	0
1657,	—	2	6	8
1658,	—	3	5	0
1659,	—	3	6	0
1660,	—	2	16	6
1661,	—	3	10	0
1662,	—	3	14	0
1663,	—	2	17	0
1664,	—	2	0	6
1665,	—	2	9	4
1666,	—	1	16	0
1667,	—	1	16	0
1668,	—	2	0	0
1669,	—	2	4	4
1670,	—	2	1	8
左欄へ繰り越す		79	14	10

年		小麦1クォーター当たり £.(ポンド)	s.(シリング)	d.(ペンス)
右欄より		79	14	10
1671,	—	2	2	0
1672,	—	2	1	0
1673,	—	2	6	8
1674,	—	3	8	8
1675,	—	3	4	8
1676,	—	1	18	0
1677,	—	2	2	0
1678,	—	2	19	0
1679,	—	3	0	0
1680,	—	2	5	0
1681,	—	2	6	8
1682,	—	2	4	0
1683,	—	2	0	0
1684,	—	2	4	0
1685,	—	2	6	8
1686,	—	1	14	0
1687,	—	1	5	2
1688,	—	2	6	0
1689,	—	1	10	0
1690,	—	1	14	8
1691,	—	1	14	0
1692,	—	2	6	8
1693,	—	3	7	8
1694,	—	3	4	0
1695,	—	2	13	0
1696,	—	3	11	0
1697,	—	3	0	0
1698,	—	3	8	4
1699,	—	3	4	0
1700,	—	2	0	0
	60)	153	1	8
		2	11	0⅓

小麦1クォーター当たり

年		£.	s.	d.
1701,	—	1	17	8
1702,	—	1	9	6
1703,	—	1	16	0
1704,	—	2	6	6
1705,	—	1	10	0
1706,	—	1	6	0
1707,	—	1	8	6
1708,	—	2	1	6
1709,	—	3	18	6
1710,	—	3	18	0
1711,	—	2	14	0
1712,	—	2	6	4
1713,	—	2	11	0
1714,	—	2	10	4
1715,	—	2	3	0
1716,	—	2	8	0
1717,	—	2	5	8
1718,	—	1	18	10
1719,	—	1	15	0
1720,	—	1	17	0
1721,	—	1	17	6
1722,	—	1	16	0
1723,	—	1	14	8
1724,	—	1	17	0
1725,	—	2	8	6
1726,	—	2	6	0
1727,	—	2	2	0
1728,	—	2	14	6
1729,	—	2	6	10
1730,	—	1	16	6
1731,	—	1	12	10
1732,	—	1	6	8
1733,	—	1	8	4
左欄へ繰り越す		69	8	8

小麦1クォーター当たり

年		£.(ポンド)	s.(シリング)	d.(ペンス)
右欄より		69	8	8
1734,	—	1	18	10
1735,	—	2	3	0
1736,	—	2	0	4
1737,	—	1	18	0
1738,	—	1	15	6
1739,	—	1	18	6
1740,	—	2	10	8
1741,	—	2	6	8
1742,	—	1	14	0
1743,	—	1	4	10
1744,	—	1	4	10
1745,	—	1	7	6
1746,	—	1	19	0
1747,	—	1	14	10
1748,	—	1	17	0
1749,	—	1	17	0
1750,	—	1	12	6
1751,	—	1	18	6
1752,	—	2	1	10
1753,	—	2	4	8
1754,	—	1	14	8
1755,	—	1	13	10
1756,	—	2	5	3
1757,	—	3	0	0
1758,	—	2	10	0
1759,	—	1	19	10
1760,	—	1	16	6
1761,	—	1	10	3
1762,	—	1	19	0
1763,	—	2	0	9
1764,	—	2	6	9
	64)	126	13	6
		2	0	$6\frac{19}{32}$

年	小麦1クォーター当たり £.（ポンド）	s.（シリング）	d.（ペンス）
1741, —	2	6	8
1742, —	1	14	0
1743, —	1	4	10
1744, —	1	4	10
1745, —	1	7	6
1746, —	1	19	0
1747, —	1	14	10
1748, —	1	17	0
1749, —	1	17	0
1750, —	1	12	6
10)	16	18	2
	1	13	9⅘

年	小麦1クォーター当たり £.	s.	d.
1731, —	1	12	10
1732, —	1	6	8
1733, —	1	8	4
1734, —	1	18	10
1735, —	2	3	0
1736, —	2	0	4
1737, —	1	18	0
1738, —	1	15	6
1739, —	1	18	6
1740, —	2	10	8
10)	18	12	8
	1	17	3⅕

第二編　元本の性質、蓄積および利用について

序論

1 社会が初期未開の状態、つまり、分業が存在せず、交換がほとんど行われず、誰もが自分自身で何でも供給するような状態にある時、社会の商取引を遂行するために、あらかじめ何らかの元本が蓄積されたり、取っておかれたりする必要性はまったくない。時折生じる不足は、誰でも、自分自身の努力で補充しようと心がける。空腹であったら、人間は、狩りをするために森に行くし、上着がすり減っていれば、最初に殺した大型動物の毛皮で体を覆うし、あばら屋が崩れかけてきたら、可能なかぎり、その近くにある木や剝ぎ取った芝土(ターフ)で、それを修理するからである。

2 だが、一旦分業が完全に導入されると、自分自身の労働の生産物は、時折必要になる物のうち、ごくわずかしか供給できなくなる。必要物のうちのはるかに大きな部分が、他人の労働の生産物によって供給され、彼はそれを生産物で、つまり同じことだが、彼自身の労働の生産物を代価にして購入するようになる。だがこの購入は、彼自身の労働の生産物が完成されるだけでなく、売れる時まで実行することはできない。それゆえ、さまざまな種類の財の在庫(ストック)が、自分自身を養い、さらに彼の仕事の原料と道具を、すくなくともこのような出来事の両方が成し遂げられる時まで供給できるように、どこかで、十分な量が取っておかれる必要がある。織布工は、彼の織物を仕上げるだけでなく、それを販売するまで、あらかじめどこか——彼自身が所有するか、他の誰かが所有するかを問わず——に、彼を養い、彼に原料と作業用の道具を提供するのに十分な元本の在庫が取っておかれないかぎり、彼の特殊な仕事に没頭することができない。このような蓄積は、明らかに、彼の労働をそのような特殊な仕事に集中することに、先立っているはずである。

3　事物の性質からして、元本の蓄積が分業に先立つように、労働は、元本があらかじめ蓄積されるのに応じて、ますます再分割されることが可能になる。同数の人々が仕上げうる原材料の量は、労働がますます細分化されてくるにつれて、ずっと大きな比率で増加するし、そして、労働者一人当たりの作業は、さらに大きな程度でますます単純なものに還元されるから、さまざまな種類の新しい機械が、このような作業を促進したり短縮したりするために発明されてくる。それゆえ、同数の労働者に恒常的な雇用を与える手段として分業が進展してくると、同量の食料在庫、さらに、事物の状態が初期段階にある時に必要であった原材料や道具よりも、ずっと多量の在庫があらかじめ蓄積されている必要がある。だが、あらゆる事業分野で、労働者の数は、分野内の分業とともに一般的に増加するが、より正確にいえば、労働者がこのような方法で自分たちを分類したり、再分割したりできるようになるのは、労働者数の増加によってなのである。

4　労働の生産力におけるこのような大きな向上を実現するために、元本の蓄積があらかじめ必要であるのと同様に、その蓄積が自然にこの向上を導くのである。自分のもつ元本を労働の維持に用いる人間は、必然的に、可能なかぎり多量の製品を生産するような方法でそれを利用しようと切望する。それゆえ彼は、雇っている労働者のあいだで業務の最適な配分を行い、発明または購入することができる最良の機械を、彼らに提供しようと努力する。この二側面における彼の能力は、一般的に、彼が保有する元本の量と、それで雇用できる労働者の数に比例している。組織的な労働（インダストリー）の数量は、それゆえ、どのような国でも、それを雇用する元本の増加とともに増加するだけでなく、元本が増加した結果、同量の組織的な労働がさらに多量の製品を生産することになるのである。

5 およそこのようなことが、元本の増加が、組織的な労働とその生産力に対して及ぼす影響の一般的なものである。

6 第二編では、元本の性質と、それがさまざまな種類の資本（キャピタル）として蓄積される結果、および、このような資本がさまざまに利用される結果とを、説明するように努める。本編は、五章構成である。第一章では、個人のものであれ、大きな社会のものであれ、元本が自然に分かれていくさまざまな部分や部門とはどのようなものか、これを説明するように試みる。第二章では、社会の一般的な元本のうち、特定の一分野としてみた場合の貨幣の性質と機能について、説明を試みる。資本として蓄積される元本は、その所有者である人物によって利用されるか、誰か他の人物に、貸し付けられるかするだろう。第三章と第四章では、それが、このような状況の両方において、どのように機能するかを検討した。最後の第五章では、資本のさまざまな利用によって直接生み出される組織的な労働の全国的な量、および、土地と労働の年々の生産物の量、この二つの量に対するさまざまな影響を取り扱っている。

第一章　元本の区分について

1　一人の人間が所有している元本が、自分自身を数日ないし数週間養うのに十分な量を超えなければ、彼が、それから何らかの収入を引き出そうと考えることはほとんどない。彼は、可能なかぎり少しずつそれを消費し、自分自身の労働によって、それが完全に消費されてしまう以前に、それを取り戻すことができるようなものを獲得しようと努力する。この場合、彼の収入は、彼の労働だけから引き出される。これが、あらゆる国の大部分の労働貧民の状態である。

2　だが、彼が、数ヵ月とか数年間自分を養っていくのに十分な元本を所有している場合、この収入が入ってき始めるまで、自分自身を養うために直接消費する十分な量を留保した上で、彼は、自然にその大部分から収入を引き出そうと努力する。それゆえ、彼のすべての元本は、二つの部分に区分けされる。自分にこのような収入をもたらすようになると期待する部分は、彼の資本と呼ばれる。残りは、彼の直接の消費分を供給する部分であり、したがって、そこに含まれるのは、第一に、全部の元本のうちそもそも直接消費する目的のために留保された部分、さらに第二に、どのような源泉から引き出されようと、次第に入ってくるような彼の収入、そしてまた第三に、先立つ数年のあいだに購入され、まだ消費され尽くしていないようなもの――たとえば、衣類や家具などか――、このようなものから構成される。

このような三つのモノのうち一つ、二つあるいは全部が、人間が自分自身の直接の消費用に、一般的に取りのけておく在庫を構成する。

3 資本が、その利用者に収入ないし利潤をもたらすように利用される仕方には、二つの異なった方法がある。

4 それは第一に、栽培したり、製造したり、購買したり、利潤とともに再度販売するために利用される可能性がある。このような方法で利用される資本は、それが、彼の所有に留まっていたり、同じ形態をとり続けたりするかぎり、その利用者に収入や利潤をもたらすことはない。商人が保有する財貨は、彼が、それを貨幣と引き換えに販売するまでは、収入や利潤をまったくもたらさないし、貨幣は、それがふたたび商品と交換されるまで、彼には、ほとんど何ももたらさない。彼の資本は、絶えず彼から一定の形態で離れていき、別の形態で戻ってくるのであって、それが彼に利潤をもたらしうるのは、そのような流通、つまり継続的な交換という手段によってだけである。それゆえ、そのような資本は、流動資本と呼ばれるのが、もっとも適切であろう。

5 第二に、それは土地の改良、有用な機械や仕事道具の購入、あるいは、持ち主を変えたり何も流通させたりせずに、収入や利潤を生み出すような事柄に利用される可能性がある。それゆえ、そのような資本は、固定資本と呼ばれるのがもっとも適切であろう。

6 職業が異なると、利用される固定資本と流動資本のあいだの比率はさまざまに異なったものにならざるをえない。

7 たとえば、商人の資本は、すべてが流動資本である。彼は、所有する店舗や倉庫が機械や仕事道具とみなされないかぎり、そのようなものは不要である。

8　あらゆる親方職人や製造業者の資本の一部は、その仕事の道具に固定されなければならない。しかしながら、この部分は、ある場合にはきわめて小さく、他の場合にはきわめて大きくなる。仕立屋の親方は、縫い針の束以外には、仕事道具を必要としない。靴製造の親方のそれは、きわめて小さなものとはいえ、もう少しだけ高くつく。織屋の資本は、靴製造のそれをはるかに上回る。しかしながら、このようなあらゆる親方職人の資本の大部分は、労働者の賃金や、彼らの原材料の代価の状態で流通させられ、製品の代価によって利潤とともに取り戻される。

9　他の仕事では、ずっと大きな固定資本が必要である。たとえば、大規模な製鉄工場では、鉱石を溶かすための高炉、加熱炉、切断機(スリット・ミル)などが、きわめて巨額の費用をかけなければ建設できない仕事の道具である。石炭業やあらゆる種類の鉱山業の場合、排水その他の目的のために不可欠な機械は、しばしば、もっと多くの費用がかかるものである。

10　農業の道具として利用されている農業者の資本部分は固定資本であるが、労働に従事する使用人の賃金と維持に用いられる資本部分は、流動資本である。農業者が利潤を獲得するのは、前者を、自分の所有物として維持すること、および、後者を手放すことによってである。労働に従事する家畜の代価や価値は、農業の道具のそれと同じ仕方で、固定資本である。そしてその維持費は、労働する使用人のそれと同じ仕方で、流動資本である。農業者は、働く家畜を保有することと、その維持費を手放すことによって、利潤を獲得する。働かせるためではなく、販売するために買い入れられたり肥育されたりする家畜の代価や維持費は、流動資本である。農業者は、家畜を手放すことによって、利潤を獲得する。羊や牛を飼育する地方で働かせたり販売したりするためではなく、羊毛、牛乳、および繁殖によって利潤を獲得する目的で購入される羊や牛の群れは、固定資本である。利潤は、それを維持することによって獲得される。その維持費は流動資本である。利潤は、それを手放すことによって獲得され、飼育費は、それ自体の利潤と家畜全体の価格——羊毛、牛乳、および繁殖の価格——に対する利潤とともに、戻ってくる。種子の全価値もまた、まさしく固定資本である。それは、畑と貯蔵庫のあいだを行ったり来たりするとはいえ、けっして所有者を変えず、したがって、流動しないことは確かである。農業者は、その販売によってではなく、繁殖によって利潤を獲得する。

11 あらゆる国や社会の総元本（ジェネラル・ストック）は、居住者や構成員すべての在庫と同様であって、したがって、自然に同じ三つの部分——それぞれが、別個の機能と任務をもっている——に分かれる。

12 その一番目は、直接消費するために留保される部分であり、その特徴は、それが何ら収入や利潤をもたらさないというところにある。それは、食料、衣類、家庭用品など、それぞれの消費者によって購入されたが、完全に消費され尽くしていない在庫から構成される。ある国で、ある時期に存在する居住専用家屋の元本全体もまた、この第一の種類の一部である。ある家屋内に配置されているような在庫品は、それが所有者の住居であるとすれば、その瞬間から資本として機能すること、つまりその所有者に収入をもたらすことを止める。住居それ自体は、その住人の収入には何も貢献せず、だから、それが彼にとっておおいに有用であることは間違いないとしても、それは、彼の衣類や家具が彼にとって有用ではあるが、しかし、彼の支出の一部であって彼の収入ではないのと同じことなのである。かりに、それが賃貸料目的で借家人に賃貸されるとすれば、家そのものは何も生み出せないから、借家人は、労働、元本あるいは土地のどれかから彼が引き出す他の何らかの収入から、つねに賃貸料を支払わなければならない。それゆえ、家屋というものは、その所有者に収入をもたらし、それによって、彼にとっては資本として機能して役に立つ可能性をもつとはいえ、社会に何かをもたらしうるわけでも、社会にとって、資本として機能して役立ちうるわけでもなく、それゆえ、国民集団全体の収入が、それによって、これっぽっちも増加されるはずがないのである。仮面舞踏会が広く行きわたっている国では、仮面舞踏会用の衣装を一晩貸し出すことが、商売になる。室内装飾業者は、しばしば家具を月単位、あるいは年単位で貸し出す。葬儀屋は告別式用の調度品を、日単位、あるいは週単位で貸し出す。多くの人々は家具付きで家を貸し出し、家の使用だけでなく、家具の使用についても賃貸料を入手する。

しかしながら、そのような事柄から得られる収入は、究極的には、つねに何か他の収入源から引き出されるはずである。個人のものであれ、社会のものであれ、直接の消費に備えて取りおかれた元本全体のうち、家の中に配置されたものは、もっとも長時間かけて消費される。衣類の在庫は、数年間もちこたえる可能性があるし、家具の在庫は半世紀か一世紀もつだろうが、家屋の在庫は、上手に建築され、適切に手入れされれば、数世紀もちこたえる可能性がある。しかしながら、このようなものが消費されつくす期間はかなり長くはあるが、衣類や家庭用家具のように、直接消費するために留保された在庫であることは、依然として事実なのである。

13 社会の総在庫が分かれていく三つの部分の二番目は、固定資本であり、その特徴は、流通したり所有者を変えたりせずに、収入や利潤をもたらすところにある。それは、主として以下の四項目から構成される。

14 第一は、労働を促進したり短縮したりする、仕事の有用な機械や道具のすべて。

15 第二は、それを賃貸に出す所有者にとってだけでなく、それを占有して、その賃貸料を支払う人が収入を確保するための手段に用いる、利益を生む建物、たとえば店舗、倉庫、仕事場、必要な畜舎や穀倉などを備えた農場内の建物のすべてから成り立つ。このようなものは、たんなる居住用家屋とは著しく異なったものである。それは事業用の道具の類いであって、それと同じ観点から理解されてよいだろう。

16 第三は、土地の改良であって、開墾、排水、囲い込み、施肥、さらには土地を耕作と栽培のために最適な状態に戻すという点で、利益が上がるように整備されるものである。改良された農場は、労働を促進したり、短縮したりする有用な機械のそれと同じものであると見なされるのがもっとも正しいであろうし、それを手段として、等量の流動資本が、その所有者にさらに大きな収入をもたらすことを可能にする。改良された農場は、土地耕作に利用される農業者の資本のうち、もっとも利益を生むように用いられても修理を必要としないことが多いから、そのような機械と同様に有益であるし、そのどれにも劣らないほど耐久性に富むものなのである。

17 第四は、社会のすべての住民や構成員が習得している有用な能力である。そのような力量の獲得は、教育、研究あるいは徒弟奉公を続けるあいだずっと習得者を養うことによって、つねに文字通り費用を要することだが、言ってみればそれは、人間のなかに固定化し、実現された資本である。このような力量は、それを保持する人間の財産の一部となるように、それは同様に、彼が属する社会の財産の一部になる。労働者がもつ上達した器用さは、同様の観点から、労働を促進したり、短縮したりする機械や仕事道具と考えることが可能であろうし、しかもそれは、一定の費用を要するとはいえ、利潤とともにその支出を取り戻すのである。

18 社会の総元本（ジェネラル・ストック）が、自然に分かれていく三つの部分の三番目であり、その最後のものは、流動資本であって、その特徴は、流通すること、つまり、所有者を変えることによってしか収入をもたらさないことにある。それは、同様に四つの部分で構成される。

19 第一に、他の三つのすべてが、本来の消費者へ販売され、分配される際の手段である貨幣。

20 第二に、肉屋、牧畜業者、農業者、穀物商、醸造業者などが保有している食料の在庫であって、その販売から、彼らが利潤を引き出そうと期待しているもの。

21 第三に、まったく未加工であるか、あるいは、多少加工された衣類、家具、および家屋であって、それは、このような三つの種類のどれかにはまだ仕上げられていないが、しかし、農業生産者、製造業者、織物商や反物商、材木商、大工や指物師、レンガ職人などの手許に留め置かれているものである。

22 第四に、そしてこれが最後だが、仕上げられて完成された製品ではあるが、しかし、まだ商人や製造業者の手許にあり、まだ、本来の消費者に売却されたり、分配されたりしていないもの。たとえば、鍛冶屋、建具屋、金細工商、宝石商、陶磁器商などの店舗で、我々が既製品として見かける完成品がこれである。流動資本は、このような仕方で、食料、原材料、それぞれの販売業者の手許にあるあらゆる種類の完成品、さらには、最終的に製品を使う人々、つまり、それを消費する人々に販売し、分配するために必要な貨幣から成り立っている。

23 以上四つのうちの三つ、つまり、食料、原材料および完成品は、期間に長短の違いこそあれ、毎年定期的に流動資本から引き上げられ、固定資本または直接消費されるために、取りのけておかれる在庫として送り出される。

24 あらゆる固定資本は、もともと流動資本から引き出されるうえ、つねに、それによって支えられている必要がある。あらゆる有用な機械や仕事道具は、もともと流動資本から引き出されるものであって、機械や道具を作る原材料、および、それを作る労働者の生計を提供するのは、流動資本である。機械や道具はまた、絶えず修理して維持するために、同じ種類の資本を必要とする。

25 いかなる固定資本も、流動資本によることなく、収入をもたらすことはできない。もっとも有用な機械や仕事道具は、利用する原材料と、機械や道具を利用する労働者の生計を提供する流動資本がなければ、何も生産しないだろう。土地は、どれほど改良されても、耕作して、その生産物を集める労働者を維持する流動資本がなければ、何の収入ももたらさないだろう。

26　直接消費するために取りのけておくことができる元本の維持と増加、これが固定資本と流動資本双方の唯一の目的であり、用途である。人々に食べさせ、着させ、住まわせるのはこの元本の在庫である。人々が豊かであるか貧しいかは、この二つの資本が、直接消費されるために留保される在庫に割くことができる生活用品の豊富さや乏しさ次第で決まる。

27　社会の総元本の他の二部門に繰り込まれるために、そこから持続的に引き出される流動資本部分はそれに応じて大きくなるが、それは次に、流動資本の継続的な供給を求めるはずであり、それがなければ、流動資本はやがて消えてしまうだろう。このような供給は三つの源泉、つまり土地、鉱山および漁業の生産物から、主として引き出される。このようなものが、食料と原材料の持続的な供給を可能にし、その一部がのちに完成品に仕上げられ、それによって、不断に流動資本から引き出された食料、原材料および完成品が取り戻される。また鉱山から引き出されるものは、その一部が貨幣を構成する部分を維持し、増加させるために必要なものである。というのは、商取引が通常通りに経過している場合、この部分は、他の三つと同様に、社会の総元本の他の二つの部門に繰り込まれるため、かならずしも流動資本から引き抜かれないが、しかしそれは、他のすべてのものと同様に、最終的には摩滅損耗したり、時にはまた、紛失されたり外国に送られたりするはずであり、それゆえ、間違いなくはるかに少量ではあるが、持続的な供給が必要であることは確かである。

28　土地、鉱山および漁場は、労働を投下して世話をするためには、すべて固定資本と流動資本の両方が必要であり、そしてその生産物が、社会のなかで、利潤とともにこの二つの資本だけでなく、残るすべてのものを取り戻す。こうして農業者は、前年に製造業者が消費した食料などの生活物資と使いつくした原材料を毎年取り戻し、そして製造業者は、農業者が同じ期間に消耗したり使い減らしたりした完成品を取り戻すわけである。これは年々この二つの階級の間でなされる実物の交換であるが、とはいえ、前者の土地の原生産物と後者の加工された製品が、直接物々交換されることはほとんどない。というのは、農業者が生産した穀物や家畜、亜麻や羊毛を、彼が必要とする衣類、家具や仕事の道具を購入しようと選びだす人物と、まったく同一の人物に販売することなど、まず生じないからである。それゆえ彼は、土地の原生産物を、貨幣――彼が、必要な製造品を手に入れられるところならどこでも、それで購入できる貨幣――を入手するために、売却する。土地は、すくなくとも部分的には、漁場や鉱山を世話している資本を取り戻しさえする。魚を、海や湖水から選り集めるのは土地の生産物であるし、鉱物を地下深くから抽出するのは、地表の生産物だからである。

29 土地、鉱山および漁場の生産物は、その自然の豊饒度（ファテリティ）が等しければ、それぞれに利用される資本の量や適切な利用に見合ったものになる。資本の量が等しく、しかも同様にうまく利用されていれば、それは、それぞれの自然な豊饒性に見合ったものになる。

30 我慢できる程度の安全が確保されているすべての国では、普通の理解力を持っている人なら誰でも、現在の快楽であろうと、将来の利益であろうと、意のままに手に入れることができる元本なら何でも利用しようと心がけるだろう。もしそれが、現在の快楽の確保に利用されれば、それは、即座に消費するために取っておかれた蓄え（ストック）である。もしそれが、将来の利益を入手するために利用されれば、彼の手許に留まろうと、出て行こうと、誰でもこの利益を確保するはずである。前者においては、それは固定資本であり、後者においては、それは流動資本である。耐えられる程度の安全が確保されている所で、自分が支配しているすべての蓄えを、自分自身のものであろうと他の人々から借り入れたものであろうと、この三つの方法のどれかで利用しないような人は、完全に無分別な人間であるにちがいない。

31 事実、住民がいつも支配者の暴力を恐れている国では、いつも彼らが晒されていると考えるこのような災難に脅かされており、どこか安全な場所に一緒に運べるように、つねに手許に置いておくため、国民は、しばしば蓄えのかなり多くの部分を地中に埋めたり、隠したりする。これは、トルコ、インドスタンではごく普通の慣行であると言われているし、私自身、これは、アジアのほとんどの統治では一般的なことだと信じている。それは、我々の先祖のあいだでも、封建的統治の暴力が支配している時期には一般的な慣行であったように思われる。この時代、埋蔵物は、ヨーロッパの偉大な君主の収入として、けっして恥ずべきものではなかった。それは、地中に隠されていて発見された財宝のようなものであり、特定の個人は、それに対して誰も権利を立証できなかった。このような時代には、これはきわめて重要な対象であるとみなされたため、それに対する権利が、国王の特許状に記された明確な条項によって土地所有者に譲渡されていないかぎり、その発見者にも土地の所有者にも属さず、つねに国王に属するとみなされていた。それは、金鉱山や銀鉱山と同じ根拠に立っていて、特許状のなかに特別な条項がなければ、土地の全般的な授権内容に含まれていない――鉛、銅、錫および石炭は、重要性においてはるかに小さかったから、含まれていたが――と、理解されていたのである。

第二章　社会の総元本の特定部門としてみた場合の貨幣について、すなわち国民的資本を維持する経費について

1 第一編で明らかにしてきたことは、大部分の商品の価格は三つの部分に分解すること、すなわち、すべて商品を生産して市場にもたらすために利用されたものではあるが、ひとつは労働者の賃金を、もうひとつは利潤を、そして最後のものは、土地の地代を支払うということ。実際、その価格が三つのうちの二つの部分——労働の賃金と元本の利潤——だけから成り立つ商品も、いくつかあること。さらに、ひとつだけ、つまり労働の賃金だけで成り立つ商品はほとんどないが、地代にも賃金にも充てられない部分は、すべて誰かの利潤になるから、あらゆる商品の価格は、必然的にこの三つの部分のどれかひとつ、あるいは、そのすべてに分解するということ、これである。

2 以上詳しく述べてきたように、これが、あらゆる特定の商品を個別的に取り上げた場合の事実であるから、それは、あらゆる国の土地と労働の年間総生産物を合成的に取り上げた場合でも、同じことになるはずである。一国の年間生産物の総価格ないし交換可能な価値の全体は、同様に、おのずと三つの部分に分解し、労働の賃金、元本の利潤あるいは土地の地代のどれかとして、その国のさまざまな住民の間に分けられるはずである。

3 だが、すべての国の土地と労働の年々の生産物の全価値が、このように、その国のさまざまな住民の間に分解して、その収入になるにしても、我々が、個人の地所の地代について総

地代と純地代を区別するように、大きな国の住民全体の収入についても、同様の区別をすることができよう。

4 個人の地所の総地代とは、農業者によって支払われるすべてのものを含み、純地代とは、管理や修理、および他のすべての必要な経費を控除した後に、地主が自由にできる残余であり、言い換えると、彼の地所に損害を与えることなく、直接消費するために留保する在庫に繰り入れたり、食卓、装身具セット、住宅や家具の装飾品、彼の個人的な楽しみや娯楽につぎ込むことができる部分のことである。地主の真実の富は、その総地代にではなく、その純地代に比例している。

5 大国の住民全体の総収入は、その土地と労働の年間の総生産を意味している。すなわち、純収入とは、第一に固定資本、第二に流動資本を維持する費用を控除した後に残る彼らの自由になる部分であり、彼らの資本を毀損することなく、直接消費するために彼らの蓄えに繰り入れうるものや、彼らの食料費、便宜品および娯楽につぎ込みうる部分である。彼らの真実の富もまた、その総収入にではなく、その純収入に比例しているのである。

6 固定資本の維持に充てられる総費用が、その社会の純収入から控除されなければならないのは、明らかなことである。有用な機械や仕事道具、役に立つ建物などを維持するために不可欠な原材料も、このような原材料を、適切な形式に作り上げるために不可欠な労働生産物も、社会の純収入のいかなる部分もけっして構成しない。原材料を加工するために雇用されている労働者が、受け取る賃金の全価値を、直接消費用の蓄えに取りのけておく可能性があるため、その労働の価格は、実際に、純収入の一部になる可能性がある。だが、原材料加工以外の種類の労働者の場合には、その労働の価格と生産物はこのような蓄え、つまり労賃は労働者の蓄えに、生産物は、このような労働者の労働によって増やされる食料、便宜品や娯楽品の蓄えになる。

7 固定資本の目的は、労働生産力を向上させること、つまり、同じ数の労働者が、より多くの量の仕事を遂行できるようにすることにある。必要な建物、フェンス、排水施設、交通手段などが、すべて申し分なく良い状態にある農場の場合、同じ数の労働者と労役家畜が、同じ広さで同程度に肥沃な土地ではあるが、同水準の便利な設備をもたない農場よりも、ずっと多くの生産物を産出するだろう。製造業の場合、最良の機械装置の援助があれば、同数の労働者が、より不完全な仕事道具を用いる場合よりもはるかに多量の財を完成させるだろう。種類を問わず、固定資本に適切に支出された経費は、つねに大きな利潤とともに回収されるし、そのような改良に欠かせない支援の経費に比べ、著しく大きな価値をもつ生産物を年々増加させる。しかしながら、この支援は、当該の生産物の一定部分をさらに必要とする。一定量の原材料と一定数の労働者の労働、これは、両方とも食料、衣類や住居、つまり、社会の食料などの生活物資や便宜品を増加させるために直接利用されなければならない部分だが、それがこうして、他の仕事——実際おおいに有利であるが、なお以前のものとは異なっている仕事——に、方向転換させられるのである。

機械技術（メカニックス）におけるそのようなすべての改良、つまり、同数の労働者が、以前使っていたものよりも安価で単純な機械を用いて同じ量の仕事を遂行できるようにする改良は、どのような社会にとっても、つねに有利だとみなされている。一定量の原材料、および、以前もっと高価な機械装置を維持するために雇用されていた一定数の労働者の労働は、導入以降、その機械装置その他を、もっぱら効率性の点で役にたつ仕事の量を増やすために、割り振られるようになる。所有する機械装置の維持に年間一〇〇〇ポンドを用いる大規模な製造業の企業者は、もし彼が、この費用を五〇〇ポンドに減らすことができれば、当然残りの五〇〇ポンドを、追加の労働者によって仕上げさせるために、追加の原材料の購入に用いるのが自然であろう。それゆえ、所有する機械装置がもっぱら効率性の点で役に立っている仕事の量が、自然に増加することになり、それとともに、社会がその仕事から引き出すことができるすべての利益と便宜も、増加することになる。

8　大きな国で固定資本を維持する費用は、私人の所領における修繕費のそれと比較するのが至って適切であろう。修繕のための支出は、しばしば所領の生産物を維持し、こうして結果的に、地主の総地代と純地代の両方を維持するために不可欠なものになる可能性がある。しかしながら、もっと適切な管理によって、生産物の減少などまったく引き起こさずにそのような支出を減らすことができれば、総地代は、すくなくとも以前と同一に留まり、純地代が必然的に増加するであろう。

9　しかし、固定資本を維持する費用は、すべてこのように社会の純収入から除外される必要があるとはいえ、それは、流動資本を維持する費用と同じことではない。この後者の資本を構成する四つの部分、つまり、貨幣、食料、原材料及び完成品のうち、あとの三つは、すでに考察したように、定期的に流動資本から引き出され、社会の固定資本に、あるいは、直接消費されるために留保される元本に組み入れられる。このような消費財のうち、前者を維持するために用いられない部分がどれだけあろうと、それは、すべて後者にあてられ、社会の純収入の一部になる。それゆえ、流動資本のうち、この三つの部分の維持は、固定資本の維持に必要なものを除き、社会の純収入から、年々の生産物の一部たりとも引き出すことはないのである。

10 社会の流動資本は、この点で、個人の流動資本とは異なっている。個人の流動資本は、自分自身の純収入を形作るものから完全に排除されているし、純収入は、残らず彼自身の利潤であるはずである。だが、あらゆる個人の流動資本は、彼自身が属している社会の流動資本の一部を構成するにもかかわらず、それが、同様に彼らの純収入の一部になることがまったく許されないのは、そのような理由にもとづくわけではない。商人の店舗にあるすべての財は、けっして商人が直接消費するために取りおく元本に組み入れられてはならないのだが、他の基金(ファンド)から収入を引き出す他の人々が、自分の資本も他人の資本も減らすことなく、その利潤とともに財の価値を定期的に取り戻す可能性がある。

11 それゆえ貨幣は、社会の流動資本のうち、その維持が、社会の純収入における何らかの減少を引き起こしうる唯一の部分である。

12 固定資本、および貨幣を構成している流動資本部分は、それが社会の収入に影響を及ぼすかぎりで、たがいに著しい類似点を持っている。

13 第一に、機械や仕事道具といったものは、一定の費用、つまり、最初にそれを設置し、のちにそれを維持する費用を要するものであるから、この二つの支出は総収入の一部ではあっても社会の純収入からの控除になるように、すべての国で流通している貨幣の在庫は、一定の費用、つまり最初にそれを集め、のちにそれを維持する費用を要するものであるから、この二つの支出は、ともに社会の総収入の一部ではあっても、同じ仕方で、社会の純収入からの控除である。きわめて価値が高い素材である金と銀、つまりきわめて特殊な労働の一定量は、直接消費用に取りおかれる元本――食料、便宜品および個人の気晴らし――を増加させるかわりに、偉大ではあるが、きわめて高くつく取引の道具――社会のすべての個人が食料、便宜品および気晴らしを、それを用いて、それぞれの分け前に応じて自分自身に定期的に配分してもらう道具――を維持するために、用いられる。

14　第二に、個人や社会の固定資本を構成する機械や仕事道具といったものが、総収入や純収入の一部を形作らないように、貨幣――社会の収入全体が、それを用いて定期的に社会のさまざまな構成員に配分される――は、その収入のどの部分にもならない。流通の大車輪は、それを手段に用いて流通させられる財とは、まったく異なっている。社会の収入は、余すところなくこのような財にあるのであって、それを流通させる車輪にあるわけではない。どのような社会であれ、その総収入と純収入を計算する場合、いつでも我々は、貨幣と財の年々の流通総額から、一ファージングたりとも収入の構成部分になりえない貨幣の総価値を、差し引かなければならない。

15　この命題を、疑わしく自己矛盾したものにしてしまうのは、言語の曖昧さだけである。正確に説明して理解すれば、それはほとんど自明のことなのである。

16　我々が貨幣の特定の額について口にする場合、我々は、それを構成する金属硬貨だけを意味している時もあるし、それと交換に獲得できる財とか、その所有があらわす購買力に対する関係のようなものを、意味の中に含めている時もある。そういうわけで、イングランドの流通貨幣は一八〇〇万ポンドであったと我々が言う場合、我々が思っていることは、金属鋳貨の額――著作家の誰かが計算したり、その国で流通していると想像されたりしている額――を表現しようとしているにすぎない。だが、一人の人間が、一年に五〇あるいは一〇〇ポンドに値すると我々がいう場合、我々は通例、当人に対して一年間に支払われる鋳貨の額だけでなく、彼が年間購入または消費できる財の価値をも表現しようとしている。我々が通例確定したいと思っているのは、彼の生活の仕方はどうであるかとか、どうであるべきかということ、すなわち、彼が適合性を持って楽しむことができる生活必需品と便宜品の量と質なのである。

17　我々が、ある特定の貨幣額で、たんにそれを構成している金属鋳貨の額を表現するだけでなく、それと交換に獲得できる財にかんする曖昧な言及も意味の中に含める場合、この時それが象徴している豊かさや収入は、同じ言葉で、このように装われた曖昧な二つの意味（ヴァリュー）のうちの一方だけに、つまり、前者に対してよりも、後者に対してより正確に、貨幣に対してよりも、貨幣の価値に対して、より正確に等しいことになる。

18　こうして、もしある人物の週当たりの年金（ペンション）が一ギニー〔二一シリング相当〕であるなら、彼はそれで、一週間かけて一定量の食料、便宜品および娯楽を購入できるだろう。この量が大きいか小さいかに比例して、彼の真実の豊かさ、彼の一週当たりの真実の収入が決まる。彼の一週間の収入は、一ギニーと、それでもって購入できるものの両方に等しいのではなく、このような二つの等しい価値（ヴァリュー）のいずれか一方だけと等しい、つまり、前者に対してよりも、後者に対してより正確に、一ギニーに対してよりも一ギニーの価値に対して、等しいことは明らかである。

19 そのような人物に対する年金が、金ではなく一ギニーに対する手形で毎週支払われるとすれば、彼の収入は、間違いなく紙切にあるというよりも、それで彼が入手できるものにあるというほうが、間違いないであろう。一ギニーは、近隣地域のすべての小売商人宛に振り出された必需品と便宜品の一定量に対する請求書であると考えることができるだろう。それが支払われる人物の収入は、金貨にあるというよりも、彼がそれで入手できるもの、つまり、彼がそれで交換できるものにあるというほうが適切である。もしそれが何物にも交換できなければ、破産者の手形同様、それはまったく役に立たない紙切れ以上の価値をもたなくなるだろう。

20 さまざまな住民全員の週間あるいは年間の収入は、同じ手段でありうるし、さらに、実際しばしば貨幣で支払われるにしても、しかしながら、彼らの実際の豊かさ、彼らの週間や年間の実際の収入全体は、彼ら全員がこの貨幣で購入できる消費財の量に応じて、つねに大きかったり小さかったりするはずである。一括してとらえた場合の住民全体の収入は、明らかに、貨幣と消費しうる財の両方に等しいわけではなく、二つの価値のいずれか一方だけに、したがってより正確には、貨幣というよりも消費しうる財に等しいのである。

21 それゆえ我々は、人間の収入を、年間に支払われる金属鋳貨を用いて表現することが多いとはいえ、こうなる理由は、このような鋳貨の総額が、彼のもつ購買力の程度、つまり彼が年々消費することができる財の価値を左右するからである。やはり我々は、彼の収入は、このように購買または消費する力にあると考えるのであって、それを伝える鋳貨にあるとは考えないのである。

22　だが、もしこれが個人にかんしてさえ十分明瞭なことであるなら、それは、社会についてはさらに明瞭なことであろう。個人に対して年々支払われる金属鋳貨の総額は、正確に彼の収入に等しいことが多く、したがってこの理由から、その価値を、最短かつ最良に表現したものである。だが、社会で流通する金属鋳貨の総額が、その構成員すべての収入に等しいはずはない。週払いの年金としてある人物に今日支払う同じギニー貨が、他の人物に、明日支払われるかもしれず、三番目の人物に、明後日支払われる可能性があるから、いかなる国であれ、年々流通する金属鋳貨の総額は、それでもって年々支払われる年金貨幣の総額よりも、つねに著しく小さいはずである。だが、購買力、つまり、継続的に支払われるような年金貨幣（マネー・ペンション）の全体で継続的に獲得しうる財は、このような年金の価値といつでも正確に同一であるはずだし、それは同様に、支払いを受けるさまざまな人間の収入であるはずである。それゆえ、そのような人々の収入は、その総額が、その価値に比べて著しく小さいこのような金属鋳貨にあるはずはなく、購買力に、つまり、鋳貨が手から手に流通する時に、それでもって継続的に購入できる財にあるのである。

23　それゆえ、流通の大車輪であり、商業の偉大な道具である貨幣は、他のすべての仕事道具と同様に、資本の一部であり、しかも、きわめて価値のある一部を形成するとはいえ、それが属している社会の収入を形成する一部には、ならないわけである。つまり、その構成要素ないのである。

24 最後に第三に、固定資本を形作る機械や仕事道具といったものは、流動資本の一部である貨幣と、この点でとてもよく似ている。すなわち、このような機械――労働の生産力を減少させない機械――の組み立てと維持費の節約が、社会の純収入の増進であるように、流動資本の一部である貨幣を集めたり、維持したりする費用におけるあらゆる節約は、まさしく同じ種類の増進なのである。

25 十分明らかであり、また一部はすでに解明したことだが、固定資本の維持費における節約がどのような仕方でなされようと、それは、社会の純収入を増進させる。あらゆる事業の企業者がもつすべての資本は、かならず固定資本と流動資本に分割される。彼の全資本は同一に留まるが、より小さいものが一方であれば、大きいものは必然的に他方であるはずである。原材料と労働の賃金を提供し、事業を起動させるのは流動資本である。それゆえ、固定資本の維持費におけるあらゆる節約――労働の生産力を引き下げない節約――は、事業を起動させる基金を増加させ、結果的に、土地と労働の年々の生産物、つまり、あらゆる社会の実質的な収入を増加させるにちがいない。

26 金銀鋳貨の代わりに紙幣で代替することは、きわめて高価な商業の道具を、ずっと低費用で済み、時に同様に便利なもので置き換えることである。流通は、整備についても維持についても、旧来のものより費用が安い新しい車輪で継続されるようになる。だが、どのような仕方でこの操作が遂行されるかということ、また、どのような仕方でそれが社会の総収入や純収入を増やす傾向をもつのかということ、これは、必ずしも明瞭というわけではなく、それゆえ、もう少し立ち入って解明する必要があろう。

27 紙幣には、いくつかの異なった種類があるが、銀行や銀行家の流通手形はもっともよく知られているものであるから、ここでの論題としては、最適なものだと思われる。

28 どこか特定の国の国民が、ある特定の銀行家の将来性、高潔さおよび思慮深さにかんして、いつでも彼に提示されるような約束手形に、要求あり次第いつでも彼がただちに支払いに応じると信じられるほど信頼している場合、このような手形は、いつでもそれと引き換えに金銀貨幣を入手できるという信頼にもとづいて、金銀貨幣と同等に流通するようになってくる。

29 ある銀行家が、その顧客に対して、彼自身の約束手形を総計一〇万ポンドの範囲で貸し付ける、と想定しよう。このような手形は、すべて貨幣としての目的に役立つから、彼の債務者は、あたかも彼が同じ額の貨幣を貸し付けた時と同じ利子を、銀行家に支払うだろう。銀行家の儲けの源泉は、この利子である。このような手形の一部は、支払いのために継続的に銀行家の手許に戻ってくるとはいえ、そのうちの一部は、数ヵ月あるいは数年間よどみなく流通し続ける。それゆえ、一般的に、彼は一〇万ポンドまでの範囲で手形を流通に委ねていても、随時の兌換要求に応じるための準備金は、金銀鋳貨二万ポンドで十分である可能性がしばしばある。それゆえ、この操作によって、二万ポンドの金銀貨幣は、その操作がない場合に一〇万ポンドが遂行できたであろう役割をすべて遂行するのである。銀行家の約束手形という手段によって、同じ価値の金銀貨幣を用いた場合と同様に同じ交換がなされるだろうし、一〇万ポンドの価値まで、同量の消費財が流通した上で、実際の消費者に配分されるだろう。それゆえ、八万ポンドの金貨と銀貨が、このような仕方で、国の流通から節約されることが可能になる。だから、もし同じ種類の別個の操作が、多くの異なった銀行や銀行家によって同時に実施されたとすれば、すべての流通は、そうでなければ必要になったであろう金や銀の五分の一だけで、このように遂行されたはずである。

30 たとえば、どこか特定の国の流通貨幣の全量が、ある特定の時に、正貨一〇〇万ポンド――その時に、国民の土地と労働の年々の生産物の全体を流通させるのに、十分な額――であると想定しよう。さらに、それからある程度の時間を経たのち、さまざまな銀行と銀行家が、持参人払いの約束手形を、それぞれ別個の金庫に、不定期的な支払い請求に応じるための二〇万ポンドを確保したうえで、一〇〇万ポンドの範囲まで発行したと想定しよう。したがって、流通界には、金貨と銀貨で八〇万ポンドと銀行券で一〇〇万ポンド、つまり、一八〇万ポンドの紙幣と貨幣が同時に留まっていることになる。だが、その国の土地と労働の年々の生産物は、以前それを流通させて実際の消費者に配分するために、一〇〇万ポンドしか必要でなかったし、しかも、年々の生産物が、このような銀行業の操作によって即座に増加されるはずもない。それゆえ、そのような操作の後も、生産物の流通には、一〇〇万ポンドで十分であろう。売買されることになる財は、正確に以前と同一であるから、同額の貨幣が、十分に財を売買するであろう。流通の水路は、こう表現して良いとすれば、正確に以前と同一なのである。その水路を満たすためには、一〇〇万ポンドで十分だというのが我々の想定である。

それゆえ、この額を超えてそこに注ぎ込まれるものは何であれ、そこに流入することはできず、溢れるはずである。そこに、一八〇万ポンドが注ぎ込まれる。それゆえ、八〇万ポンドは溢れるはずであって、その額は、その国の流通界が利用しうるものを上回っている。だが、この額は、自国では利用できないが、遊ばせたままにしておくには余りにも貴重なものである。それゆえ、それは、自国では見出せない有利な仕事を見つけるために、外国に送られるだろう。だが、紙幣は海外に行くことができない。というのは、それを発行した銀行から遠く、しかも、その支払いを法律で強制できる国から遠く離れているため、紙幣は、一般的な取引では受け取られないからである。それゆえ、金貨と銀貨は、八〇万ポンドに達するまで海外に送られ、自国の流通の水路は、以前それを満たしていたこのような鋳貨一〇〇万ポンドではなく、一〇〇万ポンドの紙幣で満たされたままであろう。

31 だが、それほど大量の金や銀がこのように海外に送られるとはいえ、それは、無償で外国に送られるとか、その所有者が、外国にそれを贈与するなどと想像してはならない。彼らは、どこか別の外国か、あるいは、自分自身の国で消費されるものを供給するために、金や銀を外国の何らかの財と交換するだろう。

32 もし彼らがそれを、外国で、それ以外の国で消費されるものを供給するために購入する事業——中継貿易と呼ばれるもの——に用いたとすれば、彼らが獲得する利潤は、母国の純収入への追加になるだろう。それは、新規の事業を遂行するために創設された新しい基金のようなものである。すなわち、今や国内の事業は紙幣で取り引きされており、獲得された金や銀が、この新しい事業用の基金に転換されるからである。

33 もし彼らが、それを国内消費用に外国財の購入に用いたとすれば、彼らは第一に、何も生産しない怠惰な人々によって消費されがちな財、たとえば、外国産のワイン、外国産の絹などを購入する可能性があるし、第二に、彼らが年々消費する価値を、利潤とともに再生産する勤勉な国民を維持し、さらに追加して雇うために、原材料、道具及び食料の元本を追加して購入する可能性もあるだろう。

34 第一の方法で用いられる限り、それは浪費癖をあおり、生産を増やしたり、このような支出を支えるための永続的な基金を作ったりすることなく、支出と消費を増やすから、どこから見ても、その社会には有害なものである。

35 第二の方法で用いられる限り、それは産業を活性化する。それは、社会の消費を増加させるとはいえ、消費する人々が年々消費する価値のすべてを、利潤とともに再生産するから、社会の消費を支えるための恒久的な基金になる。社会の総収入、つまり、土地と労働の年々の生産物は、このような労働者の労働が取り組んでいる原材料に付加するすべての価値の分だけ増やされる。だから、社会の純収入は、仕事の道具や器具を維持するために必要なものを控除した後、付加した価値の残りの分だけ増加することになる。

36 このような銀行取引の操作によって、外国に出て行くことを余儀なくされ、国内消費向けの外国の財を購入するために用いられる金と銀の大部分は、この第二の種類の財の購入に用いられるし、また用いられるはずだということは、たんなる可能性の問題ではなく、ほとんど不可避のことだと思われる。特定の人々は、その収入がまったく増加しないのに、時にはその支出をきわめて多量に増加させるが、確実なことは、どの階級や階層に属する人間も永遠にそうすることはできないということである。というのは、注意深さという言い古された行動指針は、あらゆる個人の行動を常時支配しているわけではないが、指針自体は、すべての階級や階層に属する大多数の人々の行動に、いつも影響を及ぼすからである。

だが、怠惰な人々――階級あるいは階層としてみた場合――の収入は、このような銀行の操作によって、びた一文増えるはずがない。それゆえ、彼らのうちごく少数の人々の支出は、可能性としても実際にも時々それによって増加するとはいえ、彼らの支出全体が、銀行の操作によって大幅に増加するはずはないのである。それゆえ、外国製品に対する怠惰な人々の需要は、従来と同一か、ほとんど同一であるから、このような銀行の操作によって外国に出るように余儀なくされ、自国で消費される外国製品の購入に用いられるごく少量の貨幣は、彼ら自身が利用するこのような財の購入に用いられる傾向がある。その大部分は、怠惰の維持ではなく、自然に、組織的な労働の雇用に向かうことになろう。

37 社会の流動資本が利用可能な組織的な労働の量を計算する場合、いつも我々が注目しなければならないのは、そのうちの食料、原材料、完成品からなる部分だけであり、他の部分、つまり貨幣からなるもうひとつ別の部分は、たんにこの三部分を流通させるのに役立つだけであるから、つねに差し引かれなければならないということである。組織的な労働を起動させるためには、取り扱うべき原材料、労働する際の道具、仕事がなされるための賃金や報酬という三点を欠くことができない。貨幣は、取り組むべき原材料でも、働く時の道具でもない。だから、労働者の賃金は、普通貨幣で支払われるとはいえ、彼の真実の収入は、他のすべての人のそれと同様に、貨幣にあるのではなく、貨幣の価値にあるのであって、金属鋳貨にではなく、それと引き換えに彼が入手できるものにあるのである。

38 およそ資本が雇用できる組織的な労働の量は、明らかに、資本が仕事の性質に適合的な原材料、道具、および生計費を提供できる、労働者の数に等しいはずである。貨幣は、労働者の生計費はもちろん、原材料と仕事道具を購入するために不可欠であろう。だが、すべての資本が雇用しうる組織的な労働の量は、購入をおこなう貨幣にも、貨幣で購入される原材料、道具及び扶養手段とも等しくないのは確かであって、この二つの価値のどちらかとだけ、つまり、前者というよりも後者と、より正確に等しいのである。

39 紙幣が金銀貨幣の代わりに置き換えられると、すべての流動資本が供給できる原材料、道具及び扶養手段の量は、それを購入するのに利用されてきた金や銀の総量だけ、増加する可能性がある。流通と分配の大車輪の総価値が、それによって、流通させられて分配される財貨に追加される。その作用は、ある程度ではあるが、製造技術が改善した結果、古い機械装置を解体し、その価格と新しいものの差額を流動資本――彼が、そこから労働者に原材料と賃金を供給する基金――に追加する、大規模な生産活動に従事する企業者のそれによく似ている。

40 ある国の流通貨幣が、それを手段として流通する年々の生産物の総価値に対して、どの程度の比率を占めているか、これを決定するのはおそらく不可能である。さまざまな著作家による計算では、それは、総価値の五分の一、一〇分の一、二〇分の一、さらには三〇分の一だとされてきた。だが、流通している貨幣が、年々の生産物の総価値に対してもつ比率がどれほど小さなものであろうと、その生産物の一部だけ、しかも、しばしばごく小さな部分だけが組織的な労働の維持のために取っておかれるから、それはつねに、取っておかれる部分に対して、少なからぬ比率を保っているはずである。それゆえ、紙幣への代替によって、流通のために必要な金と銀が、以前の量のおそらく五分の一に減少し、残りの五分の四の大部分を限度とする価値が、組織的な労働の維持のために取りおかれる基金に追加されれば、それは、組織的な労働の量に対する相当大きな追加になり、結果的に、土地と労働の年々の生産物の価値に対する同様の追加になるはずである。

41　この種類の操作は、ここ二五年から三〇年の間に、スコットランドのほとんどすべての重要な町で、さらにはいくつかの地方の村においても、新規の銀行会社（バンキング・カンパニー）が設立された結果、実行され始めたものである。その結果は、上述したところと完全に一致している。この地域の取引は、このようなさまざまな銀行会社の紙幣を用いてほとんどすべて遂行されており、あらゆる種類の購買や支払いが、一般的にそれで行われている。銀貨は、二〇シリングの銀行券の両替を除いて、たまにしか見かけないし、金貨に至ってはもっとまれである。だが、このようなさまざまな会社のすべてが非の打ちどころがなかったわけではないし、したがってそれを規制するために議会の立法が求められたが、それにもかかわらず、大衆が銀行の取引から多大な利益を引き出してきたことは明白である。

私が聞いたところでは、グラスゴー市の商取引は、当地にそのような銀行が最初に設立されてから約一五年間で倍増したことは確かだし、さらに、スコットランドの商取引は、公開会社である二つの銀行——そのひとつが、一六九五年に議会の立法で設立されたバンク・オヴ・スコットランドと呼ばれるもの、もうひとつが、一七二七年に国王の特許状によって設立されたロイヤル・バンクと呼ばれるもの――がエディンバラで初めて設立された後、四倍以上に増えたということである。スコットランド全体におけるものであれ、特にグラスゴー市におけるものであれ、通商がかくも短期間のうちにこれほど大きな率で実際に増加したかどうか、私には断定することができない。二つのいずれかが、このような割合で増加したとしても、この原因がもつ作用だけで説明するには、余りにも大きな結果のように見える。もっとも、スコットランドの交易や産業が、この期間に大幅に拡大してきたこと、さらに、銀行がこの拡大にずいぶんと貢献してきたこと、これには疑問の余地がない。

42 一七〇七年の合邦以前にスコットランドで流通し、さらに、その直後に鋳造しなおすためにスコットランドの銀行にもち込まれた銀貨の価値は、正貨で総計四一万一一一七ポンド一〇シリング九ペンスに上った。金貨については報告書を入手できないが、スコットランドの鋳造所の古い報告書から、年々鋳造された金の価値は、銀のそれを幾分上回っていたことがわかってくる。*この時には、払い戻しに対する不信感から、手持ちの銀貨をスコットランドの銀行にもち込まなかった人々も多数いたし、さらに、回収されなかったイングランドの鋳貨も存在していた。それゆえ、合邦以前のスコットランドで流通していた金貨と銀貨の総価値は、正貨で一〇〇万ポンド以下であった、と見積もることはできない。それは、スコットランドの総通貨量であるように思われる。というのは、当時、競争相手が存在しなかったスコットランド銀行の銀行券が相当量あったとはいえ、それは全体で見れば、ごく小さな部分にすぎなかったと思われるからである。現在では、スコットランドの通貨総量を二〇〇万ポンド以下だと推定することはできないが、そのうち、金貨や銀貨で成り立つ部分は、五〇万ポンド未満である可能性がきわめて高い。だが、スコットランドで流通する金貨や銀貨が、この期間にそれほど大きく減少したにもかかわらず、その実質的な富と繁栄は少しも落ち込んだように見えず、むしろ、スコットランドの農業、製造業及び交易、つまりその土地と労働の年々の生産物は、はっきりと増加してきている。

＊アンダーソン著 Diplomata & c. Scotiae へのラディマンの前書きを見よ。

43 大部分の銀行や銀行家が、彼らの約束手形〔鋳貨との兌換を約束した持参人払いの手形で、銀行券のこと〕を発行するのは、もっぱら為替手形の割引、つまり、満期日以前にそれを担保に貸し付けることによってである。貸付額がどれだけであろうと、彼らはつねに、手形が満期日を迎えるまでの合法的な利子を、予め差し引く。期日が到来した為替手形の支払いが、利子という紛れもない利潤とともに、以前貸し付けた価値を、銀行に返済する。手形を割り引いてもらう商人に貸し付ける銀行家は、金貨や銀貨ではなく、彼自身の約束手形を貸し付けるのだが、銀行家には、一般的に流通する自分の約束手形の総額——彼の経験を通じて理解している——だけ、余分に割り引くことができる、という利点がある。それによって銀行家は、その分大きくなった総計額に対する利子という、紛れのない利益を上げることができるのである。

44 スコットランドの商業は、現在のところきわめて盛んだとは言えないが、最初の二つの銀行会社が創設された時期には、さらにもっと小さなものに留まっており、したがって、この二つの銀行会社が、事業を為替手形の割引に限定していたら、両銀行は、ごくわずかな取引しか営めなかったことだろう。それゆえ、約束手形発行に代わる別の方法を考案したのである。彼らがキャッシュ・アカウントと呼ぶもの、すなわち、確実な信用と十分な土地財産をもつ二名の人間を保証人に確保できる人物に、限度額まで（たとえば、二〇〇〇とか三〇〇〇ポンド）信用を供与し、供与額の範囲内であれば、貸し付けられた貨幣はすべて、請求がありしだい、合法的な利子と一緒に返済しなければならない、という口座の承諾がそれである。このような種類の信用は、世界中どこでも銀行や銀行家によって一般的に承認されている、と私は信じている。だが、スコットランドの銀行会社が払い戻しを受ける際の緩い条件は、私が知る限り、それ独自のものであって、このような銀行の膨大な取引と、そこから国民が受け取ってきた利益の両方の、おそらく主要な原因であった。

45　このような銀行のどこかでこの種の預金を保有し、それにもとづいて、たとえば一〇〇〇ポンドを借りる人なら誰でも、全額を、その都度二〇ポンド三〇ポンドずつ返済することが可能であって、銀行は、貸付額に対する利子のうちの相当部分を、このような少額の返済が払い込まれるたびに、全額が返済される日までこのように差し引いていくことになる。それゆえ、すべての商人、および、ほとんどすべての実業家は、銀行にこの種のキャッシュ・アカウントを保有しておくことが便利だと気付き、そのために、すべての支払いにおいてその銀行券を快く受け取り、何らかの影響力をもっているすべての人々に、同じことをする気にさせることによって、このような銀行取引の促進にかかわっていたことになる。銀行は、顧客がお金を求めてきた時には、一般的に、それを銀行の約束手形で彼らに貸し付ける。これでもって、商人は製造業者に財貨の支払いをし、製造業者は原材料と食料に、農業者は地主に地代を支払い、地主は商人に、彼らが供給する便宜品や贅沢品に対して払い戻し、商人はふたたびそれを、彼らが保有するキャッシュ・アカウントで差引勘定したり、借入した可能性があるものと入れ替えるために、銀行に返済したりするから、こうして、国のほとんどすべての貨幣取引が銀行の手形を用いて処理される。それで、このような銀行の取引が巨額になるわけである。

46　このようなキャッシュ・アカウントという手段を用いれば、商人は誰でも、無分別に陥ることなく、それを利用せずに可能なものよりも大きな取引を遂行できることになる。一人がエディンバラに、もう一人がロンドンにいる二人の商人がいて、両方とも同じ分野の取引で同額の元本を用い、エディンバラの商人は、無分別になることなく、より大きな取引を継続でき、ロンドンの商人よりも、多数の人々に雇用を与えているとしよう。ロンドンの商人は、商人が信用にもとづいて購入する財貨にかんして、継続的に彼を襲ってくる支払い請求にこたえるために、自分自身の金庫であれ、銀行家の金庫――銀行家は、まったく利子を支払わない――であれ、いつも、かなりの貨幣を手許に保有しておく必要がある。これにあてる通常額を五〇〇ポンドだと想定しよう。商人の倉庫にある財の価値は、彼が、そのような額を利用しないまま保有しておく必要がなかった場合に比べ、つねに五〇〇ポンドだけ少なくなるであろう。一年に一回、手持ちの在庫すべてを、あるいは、手持ち在庫すべての価値に等しい財を売却するのが、通例だと想定しよう。それほど多額の利用されていない貨幣の保持を余儀なくされているため、商人は、そうでない場合に比べ、一年に五〇〇ポンドの価値だけ少ない財貨しか、販売できなくなるはずである。彼の年々の利潤は、五〇〇ポンドの価値に相当するより多くの財を売却して稼ぐことができる額だけ少ないはずであり、財貨を販売用に準備するために雇用する人数も、五〇〇ポンド多い元本で雇用できる人数分だけ、少ないはずである。

他方、エディンバラの商人は、そのように時折生じる支払請求に応えるための手元貨幣など、保有していない。実際に請求された時には、彼は、銀行にあるキャッシュ・アカウントでそれを支払い、彼の財貨が時々売れて入ってくる貨幣や紙幣で、借入金を漸次返済する。それゆえ、同じ元本でもって、無分別になることなく、彼は、ロンドンの商人よりも多量の財貨をつねに倉庫に維持し、こうすることによって、彼自身より大きな利潤を手に入れるばかりか、このような財を市場向けに準備する勤勉ないっそう多くの人々に、持続的な雇用を提供できるのである。それゆえ、この国が、この貿易から引き出す利益が膨大になるわけである。

47　為替手形を割り引くという利便は、スコットランド商人のキャッシュ・アカウントと同等の便宜を、実際にイングランドの商人に与えていると考えられるかもしれない。だが、忘れてはいけないことは、スコットランド商人は、彼らの為替手形をイングランド商人と同じほど容易に割り引いてもらえるうえ、さらに、キャッシュ・アカウントという追加の便宜を有するという点である。

48　いかなる国であれ、容易に流通できるあらゆる種類の紙幣の全体は、それが取って代わる、つまりそこに紙幣が存在しなかった場合に、そこで流通したであろう（その商取引は同一である、と想定したうえで）金貨や銀貨の価値を、けっして超えることはできない。たとえば、もし二〇シリングの銀行券が、スコットランドで流通する最低額の紙幣であるとすれば、そこで容易に流通する通貨の総額は、金貨と銀貨の総額――国内で日常的に遂行される二〇シリング、あるいはそれ以上の対価の年々の交易を処理するために必要な総額――を超えることはできない。いかなる時であれ、流通紙幣がこの総額を超えると、超過分は外国に送ることも、国内で流通のために用いられることもできないため、即座に、金貨や銀貨と交換するために銀行の手許に戻ってくるはずである。

多くの人々は、国内で彼らの事業を処理するために必要な量以上の紙幣が存在すると即座に理解し、しかも、それを外国に送ることは不可能であるから、それが即座に銀行から支払われるように求めるだろう。この余計な紙幣が金貨や銀貨に兌換されれば、それを外国に送ることにより、その利用法を容易に見つけることもできようが、それが紙の形に留まっている間、彼らは、まったく利用法を見つけることができない。それゆえ即座に、この余分な紙幣の全額に達するまで銀行で取り付けが起きることになるし、銀行が、支払いの困難や躊躇いをかなりの程度見せたりすると、それによって引き起こされる不安が、必然的に取り付けを増加させることになるだろう。

49 あらゆる商いの分野で共通する経費である借家、使用人や事務員、その他の会計係などの費用のほかに、銀行に特有な経費として、主として二つの項目がある。第一に、発行済みの銀行券の所有者から時折くる請求に応えるため、利子をとれない巨額の貨幣を金庫の中につねに保管しておく費用。そして第二に、時折生じるそのような請求に応じることによって空になる金庫を、できるだけ早急に補充するための費用。

50 国内流通のために用いることができるよりも多量の紙券を発行し、その過剰分が、支払いを求めて継続的に手許に戻ってくる銀行会社は、流通におけるこの過大な増加に歩調を合わせるだけでなく、銀行券が発行量の過剰に見合う分よりもずっと早く彼らの手許に戻ってくるため、それを大きく上回る比率で、金庫の中に保有する金貨や銀貨の量を、増加させていかざるをえなくなる。それゆえ、そのような銀行は、このように無理やり増やされた取引に見合う分だけでなく、さらに大きな比率で、第一項目に属する経費を増加させなければならないことになる。

51 そのような銀行の金庫は、できるだけ一杯に満たされていなければならず、銀行の取引がより合理的な限度内にとどめられていた場合よりも、ずっと急速に空になるはずであるから、それを再度満たすために、猛烈なだけでなく、ずっと持続的で中断なく経費のかかる努力が必要になるはずである。このように、絶え間なくその金庫から取り出される鋳貨もまた、その国の流通に利用されるはずがない。この鋳貨は、その国の流通に利用されうる量を超えている紙券の代わりになるものであり、それゆえ、そこで流通に利用されうる量を超えていることになる。だが、その鋳貨は遊ばせておくことを許されないだろうから、自国では見つけられない有利な利用法を見つけ出すために、何らかの形で外国に送られるはずである。だから、金と銀のこのような持続的な輸出は、きわめて急速に空になる金庫を、再度満たすための新しい金貨や銀貨を探し出す困難を増幅させることにより、必然的に、銀行の支出をさらにいっそう増やすはずである。それゆえ、そのような銀行は、取引がこのように不可避的に増加するのに応じて、第二項目の支出を、第一項目のそれよりもさらに増加させなければならないのである。

52 国の流通が容易に吸収し、利用される個々の銀行の紙券全体が正確に四万ポンドであり、さらに、時折の請求に応じるために、銀行は、つねに金貨と銀貨を一万ポンドその金庫に保持しておかなければならない、と想定しよう。銀行が四万四〇〇〇ポンド流通させようと試みても、流通が容易に吸収し、利用可能なものを超える四〇〇〇ポンドは、発行後、まもなくほとんど残らず戻ってくるだろう。それゆえ、時折の請求に応えるために、この銀行は、いつもその金庫に一万一〇〇〇ポンドだけでなく、一万四〇〇〇ポンド保持しておくように余儀なくされる。こうして、四〇〇〇ポンドの過剰流通分の利子からは何も得られず、しかも、金庫にもち込まれるや否や、そこからすぐにたえまなく出ていく四〇〇〇ポンドの金貨や銀貨を、継続的に集める経費のすべてが無駄になるだろう。

53 個々の銀行会社が残らず自分自身の利益を理解し、それに注意していれば、流通が紙の貨幣で溢れてしまったりするはずがない。だが、個々の銀行会社がすべて自分自身の個別的な利益をつねに理解し、注意しているわけではないから、流通はしばしば紙の貨幣で溢れてしまうのである。

54 また大量の銀行券を発行する——過剰分は、金貨や銀貨と交換されるために継続的に戻ってくる——ことにより、イングランド銀行は、長年にわたって一年に八〇万ポンドから一〇〇万ポンドまで、つまり、平均で八五万ポンドまで、継続的な金の鋳造を余儀なくされた。

この巨額に上る鋳造のため、イングランド銀行は（数年前に金貨が陥っていた、摩耗し削り取られた状態のために）金の地金を、一オンスにつき四ポンドという高価格で頻繁に購入しなければならず、それは、すぐ後で一オンスにつき三ポンド一七シリング一〇ペンス半の貨幣に鋳造され、このような仕方で、二・五から三パーセントの損失を、それほど巨額の鋳造によって出すことになった。それゆえ、イングランド銀行は貨幣鋳造料を支払わなかったが、つまり、政府がきちんと鋳造料を支払ったとはいえ、このような政府の気前の良さが、その銀行の経費負担を完全に防いだわけではなかった。

55 同じ種類の過剰が存在した結果、スコットランドのすべての銀行は、自分たちのために貨幣を集める代理人をロンドンで恒常的に雇わざるをえなくなったが、その経費が、一・五あるいは二パーセント以下であることはごくまれであった。この貨幣は四輪馬車で地方に送られ、四分の三パーセント、つまり、一〇〇ポンドにつき一五シリングという追加の費用で、運送人によって保険が掛けられた。このような代理人は、雇い主の金庫が空になり次第、早急にその金庫をいつでも補充できたわけではなかった。そのような事態に陥った銀行がとった方便は、彼らが必要とした額までの為替手形を、ロンドンの取引先宛に振り出すことであった。このような取引先が、後に、この金額を利子や手数料と一緒に支払うために手形を振り出すと、発行済みの過剰な銀行券の流通がすぐに引き起こす困難のゆえに、この為替手形を、ロンドンの同じ取引先または異なる取引先に、第二の為替手形一組を振り出すことによってしか完済できないような銀行が、時々現われた。だから、同一額あるいはむしろ同一額になるような手形が、このような仕方で、時には二回り・三回り以上の旅をしたため、債務者である銀行は、累積した総額に対する利子と手数料をつねに支払う必要が生じた。呆れるほどの無分別という点では、けっして目立つほどではなかったスコットランドの銀行でさえ、時々この破滅的な便宜に頼らざるをえなかったのである。

56 イングランド銀行やスコットランドの銀行によって、国内流通に利用される量を超えて発行された紙券と交換に支払われた金貨は、同様に、国内流通に利用できるものを超えていたため、鋳貨の形態で外国に送られたり、溶解されて地金の形態で外国に送られたり、さらにまた、溶解されたうえで、一オンスにつき四ポンドという高価格でイングランド銀行に売却されたりすることが、時々生じた。すべての鋳貨の中から注意深く選り抜かれ、外国に送られたり、溶解されたりするのは、もっぱら最新で、もっとも重い最良の鋳貨であった。国内では、しかも、鋳貨の姿をとどめている間、このような重たい鋳貨も、軽い鋳貨と価値においてまったく同一である。だが、それは外国では、あるいは国内でも、溶解されて地金になれば、より大きな価値をもった。年々の鋳造額が膨大であったにもかかわらず、イングランド銀行は、毎年、前年通りに同様の鋳貨不足が生じること、さらに、年々銀行から発行される良質で新しい鋳貨が膨大な量であるにもかかわらず、鋳貨の状態は、少しずつ改善されるどころか年々悪くなるということを知って、仰天した。銀行は毎年、前年に鋳造したのと同量に近い金を鋳造する必要に迫られていることを理解したし、継続的な摩耗と削り取りの結果、金地金の価格が継続的に上昇するため、この膨大な年々の鋳造費用が、毎年次第に大きくなることも理解した。

注意されるべき点は、イングランド銀行は、自分自身の金庫に鋳貨を供給することにより、じつにさまざまな方法でこのような金庫から絶え間なく流出する鋳貨の王国全体への供給を、間接的に余儀なくされていたという点にある。それゆえ、スコットランドとイングランドの紙幣の両方における、このような過剰な流通を支えるためにどれだけ多くの貨幣が求められようと、この過剰な流通が、王国で不可欠な鋳貨の不足をどれだけ引き起こそうと、イングランド銀行はそれを供給せざるをえなかった。スコットランドの銀行が、自分自身の無分別と不注意のゆえに、そのすべてを支払うために多大な犠牲を払ったことは、間違いない。他方でイングランド銀行も、自分自身の無分別だけでなく、スコットランドのほとんどすべての銀行の桁違いに大きな無分別に対して、多大な犠牲を払ったのである。

57　連合王国の二つの地方における大胆な発起業者（プロジェクター）の過剰な取引が、このような紙幣の過剰流通のそもそもの原因であった。

58　銀行が、あらゆる種類の商人や企業者に節度をもって貸し付けることができるのは、当人が取り引きする資本の全額どころか、そのような資本の重要な一部でさえないのであって、当人によって利用されず、時折の請求に応えるための手許現金として保持せざるをえない部分に限られていた。銀行が貸し付ける紙の貨幣が、この価値を超過することがなければ、紙幣がまったく存在しない国でかならず流通する金貨や銀貨の価値を、それが超過したりするはずがない。それは、その国の流通が容易に吸収し利用しうる量を、けっして超過することができないのである。

59　銀行が、真実（リアル）の債権者により、真実の債務者に対して振り出された真正の為替手形（リアル・ビル・オヴ・イクスチェンジ）を割り引いて商人に貸し付けた場合、そして、それが満期を迎えるや否や、真実の債務者によって実際に支払われる場合、それは、さもなければ利用せず、余儀なく手許に――時折の要請に応えるための手許準備金の状態で――保有する価値の一部を、銀行が商人に貸し付けただけのことになる。満期を迎えた時の手形の支払いが、貸し付けておいた価値を、利子とともに銀行に返済することになる。取引がそのような顧客に限定されている限り、銀行の金庫は、貯水池に類似している。つまり、いつも小川が流れ出てはいるが、いつも別の小川が流れ込んでいるため、流出量と完全に見合っており、結果的に、それ以上の世話や注意をしなくても、その貯水池はつねに等しいか、あるいは、ほとんど等しいといえるほど満水の状態を保つからである。そのような銀行の金庫を、ふたたび一杯にするために必要な経費は、ほとんど、あるいはまったく掛からないはずである。

60 過剰取引に陥っていない商人は、割り引いてもらう手形を持っていない場合でさえ、しばしば一定額の手許現金を保有しておく必要に迫られる可能性がある。そのような場合に銀行が、手形の割引だけでなく、スコットランドの銀行の緩やかな条件にもとづいて、キャッシュ・アカウントで同様の貸付を客に対して行い、財貨が売れ、貨幣が時折入ってきたら、その都度少しずつ返済する旨を承諾した場合、顧客は元本の一部を自分で利用せず、時折の請求に応じるための手許現金として保持しておく必要性から、完全に解放される。そのような請求が、実際に彼のもとに舞い込んできても、彼はキャッシュ・アカウントでそれに十分応じることができる。しかしながら、そのような顧客と取り引きする銀行は、比較的短い期間（たとえば、四、五、六あるいは八ヵ月間）に顧客から受け取る通例の返済額が、銀行が通例彼らに貸し付ける額と完全に等しいかどうか、これを最大限の注意を払って観察する必要がある。そのような短い期間に、一定の顧客からの返済額がほぼいつでも貸付額と完全に等しければ、そのような顧客との取引を安全に継続することができよう。

この場合、銀行の金庫から持続的に流れ出る水流がきわめて大きくても、そこに流れ込む水流も、すくなくとも同様に大きいはずであるから、結果的に、それ以上の世話や注意を払わなくても、銀行の金庫はつねに等しいか、おおよそ等しい程度に一杯になることが多いから、それをふたたび一杯にするために追加の経費が必要になることは滅多にない。これとは逆に、ある特定の顧客からの返済額が、貸し付けた額を大幅に下回ることが通例であれば、すくなくとも、そのような顧客がこのような仕方で銀行と取り引きし続けるかぎり、そのような顧客との取引の継続が安全であるはずはない。この場合、その金庫から持続的に流れ出る水流は、必然的に、持続的に流入するものよりもずっと大きく、したがって、それが何らかの大々的で持続的な経費のかかる努力によって補塡されないかぎり、銀行の金庫はまもなく完全に空っぽになるはずである。

61　したがって、長い間スコットランドの銀行会社は、すべての顧客に対し頻繁かつ定期的な返済をきわめて注意深く要求してきたし、さらに、保有する富と信用がどのようなものであれ、銀行と頻繁で定期的な取引と呼ばれる関係をもたない人物とは、用心して取り引きしなかった。金庫を補充するという大きな経費のほとんどすべてを節約できることに加え、このような注意によって、銀行はかなり大きな別の二つの利益を確保した。

62　第一に、銀行はこのように注意することにより、自分自身の帳簿が提供するもの以外の兆候を探し出さなくても、顧客が活況にあるか不況にあるかに関するおおよその判断――顧客は、自分自身の状況が活況であるか不況であるかにしたがって、まず間違いなく、銀行に対する返済が規則的になったり、不規則になったりする——を、行えるようになった。所有する貨幣を、おおよそ半ダースか一ダースの債務者に貸し出す個人は、彼自身またはその代理人によって、貸出先の経営や状況を常時詳しく観察し、調査することができるだろう。だが、おそらく五〇〇人に上るさまざまな人に貨幣を貸し付け、しかも、その注意がいつもひどく異った種類の対象に向けられる銀行会社は、大部分の債務者の経営や状況について、手許の帳簿がもたらすことを上回る定期的な情報を手にすることは不可能である。すべての顧客から、頻繁かつ定期的な返済を求めるに際して、スコットランドの銀行会社は、おそらくこの利点を念頭に置いていただろう。

63 第二に、銀行は、このように注意することにより、その国の流通が容易に吸収し、利用できる量以上の紙幣を発行する可能性から、身を守ることができた。銀行が、それ相当の期間、特定の顧客の返済が、ほとんどいつでも貸付額と完全に等しいということを観察できれば、顧客に貸し付けた紙幣が、そうでなければ時折の請求に応えるために顧客自身が保持しておく必要がある金貨や銀貨の量を、いつもけっして超えないことが確認できるだろうし、だからまた結果的に、銀行が顧客の資力によって流通させた紙幣は、紙幣が発行されなかった場合に国内で流通したであろう金貨と銀貨の量を、いつでもけっして超過することがないということも確認できることだろう。顧客の返済の頻度、規則性や総額が十分に示していることは、銀行の貸付額が、そうでなければ顧客が時折の請求に応えるため、利用せずに手許現金の形態で自ら保持せざるをえなくなる資本部分——つまり、それ以外の資本をつねに利用するためのもの——を超えなかった、ということなのである。

紙幣であれ鋳貨であれ、ある程度の期間内に、貨幣の姿であらゆる取引業者の手に絶えず戻ってくるのは、資本のこの部分だけである。銀行の貸付額が、資本のこの部分を一般的に超過すれば、ある程度の期間内に、顧客の通常の返済額がその通常の貸付額と等しくなるはずはない。顧客の取引を通じて銀行の金庫へ絶えず流入する流れが、顧客の同じ取引を通じて絶えず流出する流れと等しかったはずはない。銀行券での貸付が、そのような貸付がなされなかった場合に顧客が時折の請求に応じるために自分で保持しておく必要がある金貨と銀貨の量を超えてしまう結果、紙幣が存在しなかった場合に、その国で流通したであろう（商取引は同一である、という想定のもとで）金貨と銀貨の総量をまもなく超えてしまう可能性があり、結果的に、その国の流通が容易に吸収し利用できる量を超過することになるから、この紙幣の超過分が、金貨と銀貨に即刻交換されるため銀行に戻ってくることになるだろう。この第二の利点は、等しく現実的であるとはいえ、スコットランドのさまざまな銀行会社のすべてで、おそらく、第一の利点ほど十分に理解されていなかった。

64 手形を割り引いてもらう便宜によるものであれ、キャッシュ・アカウントの便宜によるものであれ、どの国でも、信用貸しに値する取引業者が、時折の請求に応じるために、彼らの資本の一部を、利用されない手許現金として自分で保持しておく必要性から免じられているとしても、銀行自身の利益と安全性から、それ以上支援し続けられなくなった銀行や銀行業者から、これ以上の援助を期待できないのはもっともなことである。銀行は、つねに自分自身の利益のために、事業に用いる流動資本の全部あるいは大部分でさえ、取引業者に貸し付けることはできない。というのは、その資本は、貨幣の形で彼のもとに絶えず戻ってくるし、同じ形で手許から出ていくとはいえ、全部が戻ってくるのは、全部が出て行った時から時間的にかなり隔たっており、したがって、銀行の都合に合致する適度な期間内に、事業者の返済額が銀行の貸付額と等しくなりうるはずがないからである。

銀行が事業者にその固定資本の相当部分を貸し付けることなど、まずほとんど不可能である。つまり、固定資本とは、鉄の鍛造工場を例にとれば、その企業者が鍛造所、溶解所、仕事場や保管庫、労働者用宿舎などを建設するために必要なものであり、鉱山の企業者の場合には、立坑を掘り下げ、排水用の機械装置を組み立て、坑道や鉱車道を建設するために用いる資本であり、土地の改良を試みる企業者であれば、雑草の除去、灌漑、囲い込み、および荒廃し耕作されていない土地の施肥や鋤き起こし、畜舎や穀倉などが付属している農場内の住宅の建設に利用する資本のことだからである。固定資本の循環（リターン）は、ほとんどの場合、流動資本のそれよりもはるかに緩やかであり、したがって、そのような支出は、最大限の注意深さと判断力にもとづいて準備された場合でも、多くの年月を経た後でしか企業者の手許に戻ってこないことが多く、銀行の便宜に適合するには余りにも長期すぎるのである。

おおいに繁栄している取引業者や企業者が、彼らの事業（プロジェクト）のかなり多くの部分を、借り入れた貨幣で遂行していることは間違いない。しかしながら、そのような事業の債権者を公平に評価するなら、この場合、その資本は、このような債権者の資本を十分に保証しているはずだ、と言うことができよう。つまり、たとえ事業の成功が発起人の期待に遠く及ばないような場合でさえ、その債権者が何らかの損失をこうむることなど、まず引き起こすことはないはずである。このような用心をした場合でもまた、数年という期間が経過するまで返済されないという意味で借用する貨幣は、銀行から借り入れられるべきではなく、自らそれを資本として利用する手数をかけずに、所有する貨幣の利子で生活しようと目論むような私人から、つまり、その理由から、保有する資本を数年間預けられそうな、十分信頼に値する人々に進んで貸し付けようとする人々から、債務証書（ボンド）または抵当証書（モージッジ）で借り入れるべきである。実際、印紙や債務証書や抵当証書を振り出すための弁護士報酬という経費をかけずに貨幣を貸付けたり、スコットランドの銀行会社の緩やかな条件に従った返済を承諾したりする銀行は、間違いなく、そのような取引業者や企業者にとって、きわめて使いやすい貸し手であろう。だが、そのような銀行にとって、そのような取引業者や企業者こそ、もっとも都合の悪い借り手であることは間違いない。

65　スコットランドのさまざまな銀行会社によって発行された紙幣が、その国の流通が容易に吸収し、利用できるものと完全に等しく、あるいは、むしろ完全に等しいものを幾分超えてしまってから、すでに二五年以上経過している。それゆえ、このような銀行は、ずっと昔からスコットランドの取引業者や企業者に、できるかぎりの援助――銀行や銀行業者が、つねに彼ら自身の利益のために、与えることができる援助――を与えてきたことになる。銀行は、それ以上のことさえ行ってきた。彼らは、わずかではあるが貸しすぎたし、だから損失、つまり、すくなくともこの個別的な取引におけるごくわずかな貸しすぎの結果、かならず生じる利益の減少を自ら招くことになった。このような取引業者や企業者は、銀行や銀行家からこれほど多くの援助を受けておきながら、もっと多くの援助を欲しがった。貸付を求められる可能性がある額までなら、数百枚の印刷用紙の代金以外には何の経費もかけずに、銀行はいくらでも貸付を増やせると考えたように思われる。取引業者や企業者は、その国の取引の拡張――貸付拡大の意味は、間違いなく、自分自身の資本、あるいは債務証書や抵当証書という通常の手段で私人から借り入れた結果保有するようになった預金によって実行できるものを超える彼ら自身のプロジェクトの拡張――に比例して貸付を増加させていないように思われたこのような銀行の重役の偏狭な見解と臆病な精神に対して、不満を申し立てた。銀行は、礼儀上貸し付けなければならないし、彼らが取引の元本にしたいと思っている資本をすべて提供すべきである、と彼らは考えていたように思われる。

しかしながら、銀行の意見は違っていたから、銀行が貸付の拡大を拒絶した場合、断られた取引業者の一部は、はるかに費用は高くつくが、銀行貸付の最大限の拡大がなしうるほど効果的に、当分のあいだ彼らの目的に役立つ便法に訴えた。この便法が、手形の振出と再振出（リドローイング）という周知の窮余の一策、つまり、破産の瀬戸際に立つ不運な取引業者が、時々頼みにしたやりくりである。この方法で貨幣を調達する慣行は、イングランドでは長い間知られており、先の戦争が経過する間に、つまり、取引の高利潤が過剰取引の大きな誘惑を提供した時に、きわめて大規模に継続されたと言われている。それは、イングランドからスコットランドへもち込まれたが、まもなくそれは、この国のおおいに限定的な商業とすこぶる平凡な資本のわりには、イングランドでそうあったものをはるかに上回る程度で、実行されるようになった。

66 振出と再振出はすべての実業家にきわめてよく知られているから、それについて説明することなど必要ない、と思われる可能性がある。だが本書は、実業家ではない多くの人々の手にわたる可能性があるし、この慣行が銀行取引に与える影響は、実業家自身の場合でさえ、おそらく理解されていないのが一般的であるから、可能な限り明瞭に、それを説明することにしよう。

67 商慣習法（カスタム・オヴ・マーチャント）は、ヨーロッパの洗練されていない法律が、契約の履行を商人に強制しなかった時期に確立し、過去二世紀が経過する中で、ヨーロッパのすべての国の法律に採用されたものだが、為替手形に並外れた特権を与えたため、特に発行日から二〜三ヵ月という短期間に為替手形が支払われる場合には、貨幣は、他のすべての債務よりもむしろ、為替手形にもとづいてずっと容易に貸し付けられることになった。為替手形が満期日を迎えた時、提示され次第引受人がすぐに支払わなかったら、彼は、その瞬間から破産者になる。その為替手形は支払いを拒絶され、振出人のところに返却されるが、もし彼が即刻それに支払いをしなかったら、彼もまた同様に破産することになる。引受人に対してそれを支払うように提示する人物の手許に届く前に、その手形が、他の幾人かの手を経由していた場合、つまり、貨幣であれ財貨であれ、手形の内容をたがいに連続的に貸し付け、さらに、それぞれの人が、順次その内容を受け取ったことを表示するため、全員が順次それに裏書した――手形の裏面に彼らの名前を書き込んだ――場合には、すべての裏書人は、手形の所有者に対してこの内容を順次支払う義務を負うようになり、したがって、もし引受人が支払えなかったら、すべての裏書人もまたその瞬間から破産することになる。その為替手形の振出人、引受人、および裏書人の全員が、信用に疑問がある人物であるはずではあるが、それでもなお、支払い日まで短期間であることは、手形保有者にある程度の安心感をもたらす。彼ら全員が破産に陥る可能性が少なからずあるとはいえ、彼ら全員がそれほど短期間に破産するとすれば、それは偶然である。その家屋は壊れそうだ、だから長期間もちこたえることはあるまい、と一人の疲れた旅行者が独り言をいう。しかし、それが今晩倒壊するかどうかは偶然のことだから、私は、思い切って今夜その中で寝てみようと。

68　エディンバラの取引業者Aが、ロンドンの取引業者B宛に、二ヵ月後の支払い日をもつ為替手形を振り出す、と想定しよう。だが実際には、ロンドンのBは、エディンバラのAに対して何も借りていないのに、支払期限が到来する前に、利子と手数料を一緒に含めた同額を、同様に、発行日から二ヵ月後に支払うという別の為替手形をエディンバラのA宛に再振出するという条件で、Aの為替手形を引き受ける旨、彼は同意している。したがってBは、最初の二ヵ月という満期を迎える前に、エディンバラのA宛にこの為替手形を再振出するが、ふたたびAは、次の二ヵ月という満期が到来する前に、同じく二ヵ月後の満期日をもつ、二番目の為替手形をロンドンのB宛に振り出し、さらに、三番目の手形の二ヵ月後の満期日が到来する前に、ロンドンのBはエディンバラのA宛に、発行後二ヵ月払いの別の為替手形を再振出するわけである。

この慣行は、時には数ヵ月に留まらず全部で数年間続くこともあり、為替手形は、以前発行されたすべての為替手形の累積した利子や手数料と一緒に、つねにエディンバラのA宛に戻ってきた。その利子は一年に五パーセントであり、手数料は一回の振出につき最低〇・五パーセントかかった。この手数料は、一年に六回以上繰り返されたから、この便法を用いて

Aがどれだけ貨幣を調達したとしても、それは、一年に八パーセント、たまたま手数料が上昇したり、以前の手形の利子と手数料に対して複利の利子を支払わざるをえなくなったりした場合には、それを大幅に超過する費用の負担を必然的に彼にもたらしたはずである。この慣行は、循環（サーキュレーション）による資金調達と呼ばれている。

69　大部分の商業的事業における元本（ストック）の通常の利潤が、六～一〇パーセントと想定される国では、それは、その収益が、事業を継続し続けるためにこのように借り入れられた貨幣の膨大な経費を払い戻すだけでなく、さらに、企業者に十分な剰余利潤をもたらすこともできる、きわめて幸運な投機であったに違いない。しかしながら、多くの巨大で包括的なプロジェクトが、このような莫大な経費をかけて調達されるものの他に、数年間それを支援する他の基金をまったくもたずに遂行されてきた。彼らの黄金の夢の中では、そのようなプロジェクトは、このような巨額の利潤にかんするもっとも明瞭な展望を秘めていた。しかしながら、彼らが目覚めた時に、つまり、彼らのプロジェクトの終わり、あるいは、彼らがもはやそれを継続できなくなった時に、大変幸運なことに巨額の利潤を獲得することなど、ほとんどなかったと私は信じている。*

*本文の中で説明した方法は、このような冒険家が、時々循環を用いて資金調達するもっとも一般的で、費用がかかるものだというわけではない。頻繁に起きたことは、エディンバラにいるAが、ロンドンにいるBに、最初の手形が満期日を迎える数日前に、三ヵ月後に満期日を迎える二番目の手形をロンドンにいる同じB宛に振り出し、それで、最初の手形を支払えるようにした、ということである。この為替手形は、彼自身の指図人

に支払うものであったから、Aはエディンバラでそれを額面で売却し、その内容でBの指図人に一覧払いされるロンドン宛の為替手形を購入し、その手形を郵便で当人宛に送付した。先の戦争の終わりごろ、エディンバラとロンドンの間の為替は、しばしばエディンバラに三パーセント不利であることが多く、したがって、このような一覧払いの手形は、しばしばAに、そのプレミアムの分だけ費用がかかるものであったはずである。その結果、この取引は一年にすくなくとも四回繰り返されたし、繰り返されるたびに、すくなくとも〇・五パーセントの手数料が上乗せされたため、その時期に、それはAにとってすくなくとも一年に一四パーセントの費用になったはずである。普段であれば、Aは最初の為替手形が満期を迎える数日前に、Bが支払い約束を果たせるようにするため、二ヵ月後の日付をもつ二番目の手形を振り出すのだが、それはB宛ではなく、たとえばロンドンのCという第三の人物宛であった。この別の手形は、Bの指図人に支払われるものとされており、Bは、Cによって引き受けられ次第、それをロンドンの銀行家に割り引いてもらい、こうしてAは、満期日の数日前に、同様に二ヵ月後の日付をもつ三番目の手形を、時には彼の最初の遠隔取引先（コレスポンデンス）であるB宛に、また時には第四、第五の人物、たとえばDやE宛に振り出して、Cが二番目の手形の支払い約束を果たせるようにした。この三番目の為替手形は、Cの指図人に支払われるようにされていたが、Cは、それを引き受けるとすぐに、同じ方法で、それをロンドンの銀行家に割り引いてもらったのである。そのような操作は、年にすくなくとも六回繰り返され、繰り返されるたびに、すくなくとも〇・五パーセントの手数料がそれぞれ上乗せされたため、法定利子である五パーセントと一緒にすると、この方法の資金調達は、本文で説明したのと同じ仕方で計算すれば、Aは、八パーセント以上の費用を負担しなければならなかったはずである。しかしながら、エディンバラとロンドン間の手形取立（イクスチェンジ）手数料を節約できたから、それは、この脚注前半で言及したものよりも費用が安くついたが、当時、ひとつ以上の商会にロンドンで信用を確立しておくことが必要であったため、そのような多くの冒険家が簡単に確保できる利点ではなかった〔この脚注は第二版で追加された〕。

70　エディンバラのAが、ロンドンのB宛に振り出した為替手形を、満期日を迎える二ヵ月前に、Aが、エディンバラのどこかの銀行や銀行家のところで定期的に割り引いてもらい、ロンドンのBがエディンバラのA宛に再振出した手形を、Bは、イングランド銀行かロンドンの誰かほかの銀行家に割り引いてもらうのである。そのように循環する為替手形にもとづいて貸し付けられたものはすべて、エディンバラでは、スコットランドの銀行券で貸し付けられ、ロンドンでは、イングランド銀行で割り引かれた場合、その銀行券で貸し付けられたのである。この紙幣が貸し付けられる基礎であった為替手形は、満期日の到来とともにすべて順番に返済されたとはいえ、一番目の手形に対して実際に貸し付けられた価値は、けっして、それを貸し付けた銀行に実際に返ってきたわけではない。というのは、それぞれの手形が満期を迎える前に、まもなく支払われることになっている手形よりも幾分大きな額面の別の手形がいつも振り出されるから、まもなく満期を迎える手形の支払いのためには、この別の手形の割引が、本質的に不可避だからである。それゆえ、このような支払いは、まったくの虚構であった。このような為替手形の循環という手段を用いて、一旦銀行の金庫から出てくるようにされた流れは、実際に金庫に入ってくる何らかの流れによって取り戻されることなど、けっしてなかったのである。

71　このような為替手形の循環にもとづいて発行された紙幣は、多くの場合、農業、商業、製造業といった、途方もなく大きくて広範なプロジェクトを遂行するために定められた基金の全額に達し、こうして、もし紙幣がなければ、投機的企業者が時折の請求に応じるために、利用することなく手許現金として保持しておく必要があった部分だけに留まるものではなかった。この紙幣の大部分は、結果的に、紙幣がなかった場合にこの国で流通していたであろう金貨や銀貨の価値を上回っていた。それゆえそれは、この国の流通が容易に吸収し、利用することができたものを超えており、この理由からして、金貨や銀貨と交換されるために即座に銀行に戻ってきたから、銀行は、可能な限り金貨や銀貨を見つけなければならなかったのである。このような投機的な企業者が、このような銀行からまさに人為的に引き出そうと企んだのは資本であって、銀行は、たんに理解や意図的な同意を与えることもせず、しばらくの間、実際にはそれを貸し付けていたのではないかという薄い疑念さえ、おそらく抱きもしなかったことだろう。

72 たがいに継続的に手形を振り出したり、再振出をしたりしている二人の人物が、彼らの為替手形をいつも同じ銀行家のところで割り引けば、銀行家は、即座に彼らが何に携わっているか理解し、彼らが自分自身の資本ではなく、銀行家が彼らに貸し出した資本で取り引きしていることを、明確に知ることになろう。だが、このように発見することは、次のような場合には、けっして容易ではない。つまり、彼らが自分たちの為替手形を、ある時にはある銀行家のところで、またある時には別の銀行家のところで割り引いてもらい、しかも、同じ二人の人物が頻繁な振出と再振出をたがいに行わず、投機的企業者——この方法で資金調達して、たがいに助け合うことが彼らの利益だと理解している人物——からなる一連の大循環に時々頼ったりすると、結果的に、この理由から、真正の為替手形と架空の為替手形——真実の債権者と真実の債務者によって振り出された手形と、それを割り引く銀行以外には真実の債権者は厳密な意味で存在せず、その貨幣を利用した投機的企業者以外に、真実の債務者など存在しない手形――との違いは、かぎりなく見分けにくいものになる。たとえ銀行家がこれを発見したとしても、時々それはすでに手遅れになっている可能性があり、自分自身が、そのような投機的企業者の為替手形をきわめて大量に割り引いているため、それ以上の割引を拒否すれば、必然的に彼が投機的企業者をことごとく破産に追い込むことになり、このように彼らを破滅されることによって、おそらく彼自身も破滅することになる、ということを了解することだろう。

それゆえ、このきわめて危機的な状況の中で、銀行家は、自分自身の利益と安全のために、しばらく継続せざるをえないことを理解するが、しかし、徐々に手を引くように努力するし、さらにこの理由からして、彼自身が、可能な限り早くその循環から抜け出すことが可能になるように、このような投機的企業者が、他の銀行家あるいは他の貨幣調達方法に徐々に頼らざるをえないようにするため、割引くことに日々ますます強く異議を唱えるようになる。したがって、イングランド銀行、つまりロンドンの主要な銀行、さらにはより慎重なスコットランドの銀行でさえ、一定の時が経過した後、つまり、そのすべてがすでに度を越してしまった時に、割引に対して唱え始めた異議は、このような投機的企業者を驚かせたばかりか、これ以上ないほど激怒させた。この銀行の慎重で必要な自己抑制が直接のきっかけになったことは間違いないが、投機的企業者の難儀を、彼ら自身は国の難儀であると呼んだだけでなく、さらに、国の難儀は、国を美しくし、改善し、豊かにするために尽くしている人々の勇気ある事業に対して、寛大な援助を十分に与えない銀行の無知、臆病さや不当な行為にことごとく由来している、と主張した。銀行の義務は、できるだけ長期間、しかも、投機的企業者が借りたいと望むだけ大量に貸しつけることだ、と彼らは考えていたように思われる。しかしながら、銀行は、このような人に――銀行は、すでに多すぎるほど巨額の貸付を行っていた――このような方法での信用の追加供与を拒否することにより、彼ら自身の信用と、その国の国民全体の信用を救うことができる唯一の方法を理解したのである。

73 このような喧騒と災難の真只中で、スコットランドでは、国難を救済するというはっきりした目的のために、新しい銀行が設立された。その構想は気前が良いものであったが、その執行は無謀なものであって、救済するつもりであった災難の性質と原因は、おそらく、よく理解されていなかった。この銀行は、キャッシュ・アカウントの承諾に加えて、手形の割引という点でも、他の既存の銀行のどれよりもはるかに寛大であった。手形割引についていえば、真正手形と循環し続ける手形（サーキュレーティング・ビル）の区別はほとんどせず、すべてのものを、一様に割り引いたように思われる。この銀行が公言した基本方針は、何かもっともな担保があれば、たとえば土地の改良のように回収がきわめて遅く、しかも、遠い将来のことであるような改良に利用される予定の資本を、すべて貸し付けるというものであった。そのような改良を促進することは、その設立を導いた公共精神に溢れた主要な目的であった、とさえ言われている。気前よくキャッシュ・アカウントを承諾し、為替手形を割り引くことにより、自らの銀行券を大量に発行したことは間違いない。だがこの銀行券の大部分は、この国の流通が容易に吸収し、利用できるものを超えていたから、発行され次第、金貨や銀貨と交換してもらうために、銀行めざして舞い戻ってきた。銀行の金庫はけっして十分に満たされなかった。この銀行に申し込まれた資本は、二回の異なった応募で一六万ポンドに達したが、そのうち払い込まれたのは、八〇パーセントにすぎなかった。この全体は、数回の分割払いで払い込めばよかった。所有者の大部分は、最初の分割払い分を支払うと、この銀行でキャッシュ・アカウントを開設し、また、銀行自体の所有者〔出資者・応募者のこと〕を、他のすべての人を遇する場合と同じ寛大さで扱えばよいと考えていた経営者は、多くの所有者に対して、次回以降の分割払い分として支払われるすべての部分を、このキャッシュ・アカウントで借り入れることを許諾した。それゆえ、このような支払金は、別の金庫から取り出したものを、もうひとつの金庫に移しただけのものなのである。

　だが、たとえこの銀行の金庫が十分に満たされていたことがあったとしても、銀行券の過剰な流通は、ロンドン宛に振り出された破滅的な手形以外の方策では、回復できないほど急速に銀行の金庫を空っぽにするはずであったから、為替手形が満期を迎えると、同じ場所宛に振り出された別の手形で、利子と手数料とともに、それを支払うことになったのである。その金庫は、それほどわずかしか満たされていなかったため、営業開始後数ヵ月のうちに、このような方便に追い込まれたといわれている。この銀行の所有者の所領は、数百万ポンドの価値があり、銀行の原保証証書（オリジナル・ボンド）や保証契約（コントラクト）に署名することによって、銀行のすべての債務に応じるための実質的な抵当になっていた。それほど大きな抵当が必然的に銀行に与えた巨額の信用によって、経営が鷹揚すぎたにもかかわらず、二年以上にわたって事業を続けることができたのである。

　それが停止を余儀なくされた時、流通界には、約二〇万ポンドの銀行券が残っていた。発行され次第絶えず銀行に戻ってきていたが、このような銀行券の流通を支えるために、ロンドン宛の為替手形振出という慣行を継続しつづけ、それは、数においても価値においても次第に増加し続け、銀行が行き詰まった時には六〇万ポンド以上に達するほどであった。それゆえ、この銀行は、たかだか二年をわずかに超える期間のうちに、さまざまな人々に対して五パーセントの利子で、八〇万ポンド以上を貸し付けたことになる。銀行が、銀行券の形で流通させた二〇万ポンドに対して、この五パーセントは、おそらく管理費用以外に何も控除しなくてよい正味の利得と考えることができよう。だが、そのために、銀行がロンドン宛の為替手形を継続的に振り出していた六〇万ポンド以上に対して、利子と手数料として八パーセント以上を支払っており、したがって結果的に、その取引全体の四分の三以上に対して、三パーセント以上の損を出していたことになる。

74　この銀行が行った操作は、それを計画して主導した個々の人々によって意図されていた事柄とは、正反対の結果を生み出したように思われる。その国のあちこちで当時遂行されていた血気盛んな事業を、まさにその通りだと考えたため、彼らは支援しようとしたように思われるし、同時にまた、あらゆる銀行業務に没入することにより、他のすべてのスコットランドの銀行——とくに、為替手形の割引に引っ込み思案である点が憤慨を引き起こしていた、エディンバラで設立された銀行——に、取って代わろうとしたように思われる。この銀行が、このような投機的企業者に一時的な救済を施し、それがなかった場合よりも二年ほど長く、彼らのプロジェクトを継続可能にしたことは確かである。だが、そうすることで彼らが可能にしたのは、さらに大きな債務の深手を負わせることだけであり、だから破綻を迎えた時、投機的企業者とその債権者の両方に、はるかに重い債務が降りかかることになった。それゆえこの銀行の業務は、実際には救済どころか、長期的には、このような投機的企業者が自ら招き、この国にもたらした苦難を増大することになった。彼らの大部分が実際よりも二年早く停止を余儀なくされていたら、企業者自身にとっても、彼らの債権者や国にとっても、はるかに痛みが少なかっただろう。

しかしながら、この銀行が、このような投機的企業者に与えた一時的な救済は、スコットランドの他の銀行に対する、真実かつ永久的な救済であることを証明した。このような他の銀行が、割引にきわめて慎重になった為替手形の循環に携わるすべて取引業者は、諸手を挙げて受け入れてくれたこの新しい銀行に頼ったからである。このような他の銀行は、それゆえ、あの破滅的な悪循環からきわめて容易に脱出することが可能になったのであって、それ以外の方法では、相当の損失と、おそらく一定程度の悪評を招くことなく、そこから脱出することはできなかったであろう。

75　それゆえ、長期的にみると、この銀行が行った操作は、救済するつもりであったこの国の真実の苦痛の種を増やし、しかも、それが取って代わるつもりであったこのような競争相手を、大きな困難に陥ることから完全に救済したことになる。

76　この銀行の創設時点で一部の人々が抱いていた見解は、その金庫が、どれだけ早く空っぽになりうるとしても、自らの銀行券を貸し付けた人々の保証証書（セキュリティーズ）にもとづいて貨幣を調達すれば、容易に回復できるだろう、というものであった。私の信じるところでは、彼らは、まもなく経験によって、この貨幣調達法は、彼らの抱く目的に応えるには余りにも時間がかかりすぎるということ、さらに、もともと一杯というにはほど遠いうえ、きわめて急速に空っぽになった金庫は、ロンドン宛の為替手形を振り出し、手形が満期日を迎えたら、同じ場所宛に振り出された、累積した利子と手数料を含めた別の為替手形でそれを支払うという、破滅的な便法を用いる以外に補充することができないということ、これを確信させられたのである。

だが彼らは、この方法で望むまま手短に貨幣を調達することができたとはいえ、なお、利益を上げる代わりに、そのような操作をする度に損失をこうむらざるをえなかったから、長期的な結果としては、おそらく、為替手形の振出と再振出というもっと費用のかかる慣行によるほど急速ではなかったにしても、商業に従事する会社としては、自ら破滅するほかなかった。さらに、彼らは銀行券の利子によって何も得ることはできなかったが、その理由は、その国の流通が吸収して利用しうるものを超えていたため、発行され次第、まもなく金貨や銀貨と交換されるために銀行に戻ってきたうえ、その支払いのために、銀行自身が継続的に貨幣を借り入れざるをえなかったことにある。逆に、この借入、つまり貸し付ける貨幣を所有している人々を探し出すために取次人を雇用し、そのような人々と交渉し、適切な保証証書や保証契約書を発行したりする費用のすべては、銀行自身の肩に降りかからざるをえなかったから、銀行の差引残高上の損失は大きく、明白なものであった。銀行の金庫をこのような方法で補充するというプロジェクトは、水が絶えず流出しつづける一方で、そこに継続的に流入する水流をもたない貯水池の所有者でありながら、しかし、その貯水池に水を運んで補充するために、バケツを持って数マイル離れた井戸に通う多くの人間を雇用して、貯水池をいつも変わることなく一杯に保っておこうと企てる人物のプロジェクトに、たとえることができよう。

77 だが、このような操作は、商取引会社としての銀行にとって、実行可能であるだけでなく、利益であることがわかったとしても、やはり、国はそこから何の利益も引き出すことはできず、むしろ逆に、それによってきわめて重大な損失をこうむるはずである。この操作は、貸し付けられる貨幣の量を少しも増加させることはできない。それは、この銀行を、国全体に対する一種の一般的な貸付会社に格上げすることができただけである。借り入れたい人物は、自分の貨幣を貸し付ける私人（プライベート・パーソン）に申し込む代わりに、この銀行に申し込んだはずである。だが、おそらく五〇〇人ものさまざまな人々――その大部分の人々について、銀行の経営者はほとんど知識をもち合わせない――に貨幣を貸し付ける銀行というものは、自分の貨幣を、知り合いの数人の間に、つまり、その穏やかでつましい振る舞いを信頼する十分な理由を持っていると思う人物に貸し付ける私人に比べて、より慎重に貸付先を選択するようには思われない。そのような銀行の債務者――そのような人々の振る舞いについては、すでにいくらか説明しておいた――は、その大部分が、あらゆる援助を与えられたとしても、おそらくけっしてやり遂げることができず、たとえやり遂げたとしても、実際に費やした支出を償還することはなく、彼らに雇用されたものと等しい量の労働を維持できる基金をもたらすこともない途方もない事業に貨幣を費やす荒唐無稽な投機的企業者、すなわち、循環する為替手形の振出人と再振出人であることが多い。

私人の穏やかでつましい債務者は、これとは逆に、借り入れた貨幣を、彼らの資本に釣り合う理にかなった事業に、すなわち、壮大で信じ難いほどすばらしいものであることは滅多にないが、もっと中身が充実していて利益があり、それに対して支出されたものをすべて大きな利潤とともに払い戻し、それに雇用されたものよりも、ずっと多量の労働を維持することができる基金をもたらすような事業に利用することの方が、はるかに多いだろう。それゆえ、国の資本を少しも増やさないような取引の成功は、資本の大部分を、慎重で有益な事業から、無分別で利益のない事業へ移動させるだけのことになろう。

78 スコットランドの産業は、利用に供する貨幣不足のために活気がなくなっているというのが、著名なロー氏〔John Law, 1671-1729. スコットランド出身で、フランスで活躍し、紙幣乱発の結果、破産した銀行家〕の持論である。国内のすべての土地の価値総額まで紙幣を発行できる特殊な種類の銀行――彼が思い浮かべたものと思われる――を設立して、この貨幣不足を取り除く、というのが彼の提案であった。彼が最初にこのプロジェクトを提案した時、スコットランド議会は、その採用が妥当であるとは考えなかった。それは後に、いくらか修正されたうえで、当時フランスの摂政であったオルレアン公〔Philippe d'Orléans, 1674-1723. フランスの軍人、政治家〕によって採用された。紙幣をほとんど限度一杯まで増発することは可能であるという着想が、ミシシッピー計画と呼ばれ、おそらく世界で誰も見たことがない銀行貸付と株式取引の両方から成り立つ、これ以上ないほど無茶なプロジェクトの真実の基礎であった。この計画に含まれるさまざまな操作は、デュヴェルネイ氏〔Joseph Pâris Duverney, 1684-1770. フランスの金融家〕がデュト氏〔Nicolas Dutot, 1684-1741. フランスのエコノミスト〕の商業と金融財政にかんする政治的考察の検討において、きわめて深くはっきりと、きちんと整理した上でさらに明瞭に説明しているので、これにかんする説明は省略することにしよう。その基礎を提供している原理は、ロー氏が、最初に彼のプロジェクトを提案した時に、スコットランドで彼が出版した貨幣と貿易にかんする論考の中で、彼自身によって説明されている。本書や他の著作で、同じ原理にもとづいて説明された見事ではあるが空想的な発案は、今なお多くの人々に感銘を与え続けているし、部分的ではあれ、おそらくスコットランドや他の場所で、最近苦情を申し立てられた過大な銀行取引の一因になったようである。

79 イングランド銀行は、ヨーロッパ最大の流通の銀行（バンク・オヴ・サーキュレーション）〔実質的には発券銀行と同じ〕である。それは議会の立法によって、一六九四年七月二七日付の国璽特許状によって法人化された。当時それは、政府に総計一二〇万ポンドを、一〇万ポンドの年金型公債（アニュイティ）——九万六〇〇〇ポンドは年に八パーセントの利子として、四〇〇〇ポンドについては管理費用として——と引き換えに、貸し付けた。これほど高率の利子で借り入れざるをえなかった時期、名誉革命によって設立された新政府の信用は、きわめて低かったにちがいないと信じてよいだろう。

80 一六九七年に、この銀行は一〇〇万一一七一ポンド一〇シリング増資し、資本金を増加させる許可を得た。それゆえ、その総資本額は、この時二二〇万一一七一ポンド一〇シリングになった。この増資は、公信用を支えるためであったといわれる。一六九六年に、割符（タリー）〔政府に対する貸付の証拠として財務府が発行した受領書〕は、四〇、五〇さらには六〇パーセント割り引かれていたし、銀行券のそれは二〇パーセントであった。[*] この時期に進行中であった銀貨大改鋳の間、イングランド銀行は、発行済み銀行券の支払い停止が適切だと判断したが、これは、必然的に銀行券への不信感を招くことになった。

＊ジェイムズ・ポストルスウェイト〔James Postlethwayt, 1711-1761. 財政・人口論の著作をもつ大蔵官僚〕『公収入の歴史』三〇一頁〔本書の正確なタイトルは *The history of the public revenue, from the revolution in 1688, to Christmas 1753; with an appendix completing the same to Christmas 1758*〕。

81 アン女王治世七年法律第七号に従って、イングランド銀行は、財務府に総額四〇万ポンドを貸し付け、九万六〇〇〇ポンドの利子と管理費用四〇〇〇ポンドの年金型公債にもとづいて前貸しされた貸付総額は、あわせて一六〇万ポンドになった。それゆえ、一七〇八年に六パーセントの利子で、つまりこの時期に、普通の合法的な市場利子率で借り入れることができたのだから、政府の信用度は、私人のそれと同じくらい良かったわけである。同じ法律に従って、イングランド銀行は、総計一七七万五〇二七ポンド一七シリング一〇ペンス半に上る大蔵省証券(イクスチエッカー・ビル)を六パーセントの利子で引き受け、それと同時に、銀行の資本を倍増するために出資を募る許可を得た。それゆえ、一七〇八年には、この銀行の資本金は四四〇万二三四三ポンドに達し、さらに政府への貸付は、総額三三七万五〇二七ポンド一七シリング一〇ペンス半になったのである。

82 一七〇九年には、一五パーセントの払い込み請求によって払い込まれて資本に繰り込まれた額が、六五万六二〇四ポンド一シリング九ペンス、一七一〇年には、さらに別の一〇パーセントの払い込み請求で、五〇万一四四八ポンド一二シリング一一ペンスが資本に繰り込まれた。それゆえ、この二回の払い込み請求によって、イングランド銀行の資本金は、五五五万九九九五ポンド一四シリング八ペンスになった。

83 大蔵省証券の引き受けを行った。それゆえ、この時期、政府に対して五三七万五〇二七ポンド一七シリング一〇ペンス貸し付けていたことになる〔パラグラフ冒頭からここまでは第三版で加筆された〕。ジョージ一世治世八年法律第二一号に従って、銀行は、南海会社の株式を総額四〇〇万ポンド購入し、一七二二年には、この株式購入を可能にするために受け入れた株式応募の結果、その資本金は三四〇万ポンド増加した。それゆえ、この時期にイングランド銀行は、政府に九三七万五〇二七ポンド一七シリング一〇ペンス半貸し付けており、そしてその資本金は、わずか八九五万九九九五ポンド一四シリング八ペンスでしかなかった。銀行が国民（パブリック）に貸し付け、それに対して利子を受けとる総額が、はじめてその資本元本、すなわちそれに対して銀行株所有者に配当を支払う総額をはじめて超え始めたのは、すなわち言い換えると、イングランド銀行が、株主に帰属する資本（ディヴァイデッド・キャピタル）を超える、株主に帰属しない資本（アン・ディヴァイデッド・キャピタル）をもち始めたのは、この時のことである。それは、その時以降、同じ種類の株主に帰属しない資本を保持し続けた。イングランド銀行は、一七四六年のさまざまな時期に、政府に対して一一六八万六八〇〇ポンド貸し付け、そして、さまざまな払い込み請求と応募によって株主に帰属する資本は一〇七八万ポンドにまで引き上げられた。この二つの総額は、それ以降同じ状態が続いた。ジョージ三世治世四年法律第二五号に従って、イングランド銀行は、設立勅許状更新のために、一一万ポンドを、政府に無利子、無償還で支払うことに同意した。それゆえ、この金額は、他の二つの総額のどちらも増加させることはなかった。

84 イングランド銀行の配当は、さまざまな時期に国民に貸し付けた貨幣が受け取る利子の率が変化することや、さらには他の事情の変化とともに、変化した。このような利子率は、次第に八パーセントから三パーセントへと低下していった。しばらくの間、この銀行の配当は五・五パーセントであった。

85 イングランド銀行の安定は、イギリス政府の安定と同じことである。その債権者がなんらかの損失をこうむる可能性があるとすれば、それは、その銀行が国民に対して貸し付けたすべてが失われた後のことのはずである。イングランドでは、他のいかなる銀行会社も議会の立法にもとづいて設立されうるはずがないし、六人以上の社員から構成されうるはずもない。イングランド銀行は、たんに普通の銀行としてだけでなく、国家の偉大なエンジンとして振る舞う。それは、国家(パブリック)の債権者に当然支払うべき年金(アニュイティ)型公債の大部分を受け払いしたり、大蔵省証券を流通させたり、さらには、数年後まで払い込みが完了しないことが多い土地税やモルト税の年額を、政府に貸し付けたりする。このようなさまざまな操作のなかで、取締役の落ち度ではなく、国家に対する義務から、時々、流通界に紙の貨幣を過剰に供給するように余儀なくされる可能性がある。それは、同様に商人の為替手形を割り引いたり、さまざまな機会に、イングランドだけでなく、ハンブルクやオランダの主要な商会の信用を支えたりしてきた。ある事例を挙げると、一七六三年にこの目的で、一週間約一六〇万ポンド――その大部分が地金であった――を貸し付けたといわれている。しかしながら、その額の大きさや期間の短さについて、保証するつもりはない。この巨大な会社は、この時期、六ペンスの白銅貨で支払う必要性を訴える羽目に陥っていた。

86 銀行のもっとも賢明な操作が、国の産業を拡大させることができるのは、国の資本を増加させることによってではなく、大部分の資本を、そうでない場合よりもずっと活発で、生産的にすることによってである。取引業者が利用しないまま、時折の必要に応えるための現金として、手許に保持しつづけることを余儀なくされる資本の一部は、そっくりそのまま不活発な元本（デッド・ストック）であり、それは、この状態にとどまり続けるかぎり、彼にとっても彼の国にとっても、何も生み出さない。銀行業の賢明な操作は、この不活発な元本を活発で生産的な元本に、つまり、取り組むべき原料、作業用の道具、および、それを求めて働く食料や生活物資、つまり、彼自身と彼の国の両方に何かをもたらす元本に転換することである。すべての国で流通し、それを手段として、その国の土地と労働の生産物が本来の消費者に年々流通して配分される金貨と銀貨は、取引業者の手許現金と同じ仕方で、すべてが不活発な元本である。それは、その国の資本のきわめて貴重な部分であるが、国にとっては何も生み出さない。銀行業の賢明な操作は、この大部分の金貨や銀貨を紙幣で代用することによって、その国の不活発な元本の大部分を、活発で生産的な元本に、つまり、国にとって何かを生産する元本に転換することになる。

すべての国で流通している金貨や銀貨は、幹線道路（ハイウェー）——地方のあらゆる牧草や穀物を流通させて市場にもたらすが、それ自体としては一山の牧草や穀物さえ生産しない幹線道路——になぞらえるのが適切であろう。銀行業の賢明な操作は、かなり荒っぽい比喩を用いて言わせてもらえば、空中を通り抜ける一種の馬車道であって、それは、あたかも幹線道路が通る多くの地方を、立派な牧草地と穀物畑に転換し、こうして国は、土地と労働の年々の生産物を相当多量に増やせるようになるのである。しかしながら、国の通商と産業は、間違いなく増大させることが可能だとはいえ、そのような状態にある場合、それは言ってみればダイダロスの翼〔ギリシャ神話の優れた職人が作ったロウの翼だが、太陽に近づきすぎて溶けてしまった〕に支えられているから、金や銀でできた堅い地面の上を旅行する時ほど、完全に安全であるはずがないということを認識しておく必要がある。通商と産業は、この紙幣管理者の未熟さが原因となってこうむる災難に加え、このような管理者の賢明さや技能をもってしても守れない、他のいくつかの災難に陥る余地をもっている。

87 たとえば、敵が首都を占領し、結果的に、紙幣の信用を支えていた金銀財宝を奪うというような不運な戦争は、流通がすべて紙幣で遂行されている国では、その大部分が金貨や銀貨で遂行されている国よりも、はるかに大きな混乱を引き起こすだろう。通常の商取引手段はその価値を失い、物々交換か信用によるものを除き、交換されることはないだろう。すべての税は、普通なら紙幣で支払われているため、君主は彼の軍隊に支払ったり、弾薬庫に供給したりするための資力をもたないだろうから、国の状態は、その流通の大部分が金貨や銀貨で構成されている場合に比べ、著しく回復困難なものになるだろう。領土をいつでももっとも容易に防衛可能な状態で確保したがる君主というものは、この理由からして、発行銀行そのものを破滅させる紙幣の過剰発行だけでなく、国の大部分の流通を、それで満たすことを可能にするような紙幣の増加さえ、用心するのが当然なのである。

88 あらゆる国の流通は、二つの分野、つまり、取引業者間の流通と、取引業者と消費者の間の流通、この二つの異なった分野に分かれていると考えてよい。紙幣であれ鋳貨であれ、同数の貨幣は、時には一方の流通を、また時には別の流通で利用される可能性があるとはいえ、しかしなお、両者はともに絶え間なく同時に流通しているため、それを遂行し続けるためには、紙幣であれ鋳貨であれ、それぞれ一定量の貨幣の在庫が必要である。さまざまな取引業者の間で流通する財貨の価値が、取引業者と消費者の間で流通する財貨の価値を超えることはありえない。取引業者によって購入されるものはすべて、究極的には、消費者に販売されるはずのものだからである。取引業者の間の流通は、卸売業者によって遂行されるように、一回の取引ごとにかなり大きな金額になるのが一般的である。これとは逆に、取引業者と消費者との間の流通は、小売業者によって遂行されるのが一般的であるから、きわめて小さな金額で済むことが多く、一シリング、時には半ペニーでさえ十分であることが多い。だが、額が小さなものは、額が大きなものよりもずっと速く流通する。一シリングは一ギニーよりも、半ペニーは一シリングよりも、ずっと頻繁に持ち手をかえる。それゆえ、すべての消費者の年々の購入は、すくなくとも、すべての取引業者のそれと価値においては等しいが、消費者のそれは、はるかに少量の貨幣で取り引きされるのが一般的であり、同じ貨幣片がずっと急速に流通することによって、取引業者間よりも、前者の部類におけるはるかに頻繁な購買の手段として役立っている。

89　紙幣は、異なる取引業者間の流通に大幅に限定されるか、同様に、取引業者と消費者間の流通の大部分に、おのずと拡大するように規制される可能性がある。ロンドンのように、一〇ポンド以下の銀行券が流通しないところでは、紙幣は、おのずとほとんど取引業者間の流通に留まることになる。一〇ポンドの銀行券が消費者の手許に入ってくると、彼は、五シリングの価値をもつ商品を購入するのに好都合な最初の店舗で、それをくずさざるをえなくなるのが一般的であり、こうしてそれは、消費者が、その貨幣の四〇分の一も使い切らないうちに、取引業者の手許に戻ってくることが多い。スコットランドのように、銀行券が、二〇シリングという小額で発行されるところでは、紙幣は、取引業者と消費者の間の流通のかなりの部分を占めるほど広がっていく。一〇シリングや五シリングの銀行券流通を終わらせた立法が議会でなされるまで、それは、取引業者と消費者の間の流通のかなり大きな部分を占めていた。北アメリカの通貨の場合、一般的に紙幣は、一シリングのような小額で発行され、その流通のほとんど全部を満たしていた。ヨークシャーの一部の紙幣は、六ペンスというきわめて小額のものさえ発行されていた。

90 そのようなきわめて小額の銀行券発行が許可され、一般的に実施されているところでは、誰でも銀行家になれるだけでなく、なるように奨励されていることになる。その約束手形の額面が五ポンドであるとか、二〇シリングであったりする人物は、すべての人によってその受け取りを拒否されるであろうが、もしそれが、六ペンスのような小額のために発行される場合には、何の疑念も抱かれずに受け取ってもらえるだろう。だが、そのような物乞いのような銀行が陥りやすい頻繁な破産は、きわめて由々しい不便を引き起こしかねないし、時には、そのような銀行券を支払いに受け取った多くの貧しい人々に、きわめて大きな災難をもたらす可能性があろう。

91 連合王国のどこであろうと、おそらく、五ポンド以下の小額銀行券は発行しなかったほうが良かっただろう。その場合紙幣は、王国のどこにおいても、現在のロンドン――ここでは、一〇ポンド以下の銀行券は発行されていない――でほとんどそうなっているように、おそらくさまざまな取引業者間の流通に留まるだろう。五ポンドというのは、王国のほとんどの所で、おそらく、財貨の量としては同程度のものしか購買しないが、ロンドンのおびただしい消費支出の中でみた一〇ポンドと同程度に重んじられており、しかも、一度に使い切ることなどほとんどない金額だからである。

92 ロンドンがそうであるように、紙幣がおおむね取引業者間の流通に限定されている所では、つねに大量の金貨や銀貨が存在するということが、注意されなければならない。スコットランド、さらに、北アメリカがもっとそうであるように、紙幣が取引業者と消費者間の流通のかなりの部分を占めるほど普及すると、それは国内からほとんどすべての金貨や銀貨を駆逐し、内国商業のほとんどすべての通常の取引が、このような紙幣によって遂行されるようになる。一〇シリングと五シリング銀行券の発行抑制は、スコットランドにおける金貨や銀貨の不足を幾分か緩和するだろうし、二〇シリング銀行券の発行抑制は、おそらくそれをもっと緩和するであろう。アメリカでは、各州の紙券通貨（ペイパー・カレンシー）の一部が抑制されたため、このような鋳貨が、ずっと豊富になってきたと言われている。くわえて、鋳貨はこのような通貨が制定されるまでは、もっと豊富にあったと言われている。

93 紙幣は、ほとんど取引業者間の流通に限定されるべきであるとはいえ、それでもなお、銀行や銀行業者は、国の産業と通商に対して、流通のほとんど全体を紙幣が占めている時の実績と、ほぼ同程度の援助を与えられる可能性がある。時折の請求に応えるために、取引業者がやむをえず保持している手許現金は、ほとんどが、彼と彼の購入先である他の取引業者との間の流通に予定されたものである。彼には、彼の顧客であり、手許現金を奪うのではなく持ってくる消費者と彼自身の間の流通用に、手許現金を保持しておく理由がない。それゆえ、取引業者間の流通にほとんど限定されるような額以外の発行は、まったく容認されないとはいえ、しかしなお、一部は真実の為替手形の割引、また一部はキャッシュ・アカウントでの貸付によって、銀行と銀行業者は、元本のかなりの部分を、時折の請求に応えるために利用することなく手許現金で保持し続ける必要性から、このような取引業者の大部分を解放することが依然として可能であろう。銀行や銀行業者は、あらゆる種類の事業者に対して適切に提供できる最大の援助を、さらに提供することができるだろう。

94 民間の人々が、銀行業者の約束手形で支払いを受け取ること、つまり、額が大きかろうと小さかろうと、彼らが自らそれを受け取りたいと思っている時に、その受け取りを制止すること、あるいは、すべての隣人が、銀行の約束手形を受け取ろうと望んでいるというのに、銀行家によるそのような銀行券の発行を制止すること、これは、自然的自由（ナチュラル・リバティ）の明白な侵害――法のあるべき任務は、その侵害ではなく、その支援にある――であると、言うことができるだろう。そのような規制は、間違いなく、ある意味で自然的自由の侵害である。だが、このような少数の個人の自然的自由の行使は、社会全体の安全を脅かす可能性がある場合には、あらゆる政府――もっとも自由な政府だけでなく、もっとも専制的な政府も含む――の法律によって抑制されているし、また、抑制されなければならない。火事が広がるのを防ぐために防火壁を建設する義務は、自然的自由の侵害であるが、ここで提案している銀行取引の規制と、まさに同じ性質のものである。

95 銀行券から構成される紙幣は、確かな信用をもつ人々によって発行され、請求があり次第無条件で支払われ、実際に提示され次第、即座にいつでも容易に支払われるものであり、それと引き換えにいつでも金貨や銀貨を入手できるから、それは、あらゆる点で金貨や銀貨と価値において等しい。そのような紙幣で売買されるものは何であれ、金貨や銀貨と交換に入手できるであろうものと、必然的に同じ価格で、安く売買されるはずである。

96 紙幣の増加は、その量が増加すると、結果的に通貨全体の価値を減少させるから、必然的に商品の貨幣価格を上昇させる、と言われてきた。だが、通貨から取り除かれる金貨や銀貨の量は、つねに、それに追加される紙幣の量に等しいから、紙幣は、かならずしも通貨の総量を増加させるわけではない。前世紀の初めから現代まで、スコットランドの食料は、一七五九年における価格よりもけっして安くなかったが、一〇シリングや五シリング銀行券が流通していたため、現在よりも多量の紙幣が国内に存在していた。スコットランドの食料価格とイングランドのそれとの間の比率は、現在も、スコットランドで銀行業が著しく増加する以前の時期と変わりがない。イングランドには大量の紙幣があり、フランスにはごくわずかしか存在しなかったとはいえ、穀物は、ほとんどの時点で、フランスと同様に、イングランドでも十分に安かった。一七五一年と一七五二年――ヒュームが『政治論集』を刊行した年――に、さらにまた、スコットランドにおける紙幣大増発の直後に、食料価格のそれとわかるほどの上昇はあったが、おそらくそれは天候不順によるものであって、紙幣の増発によるものではなかっただろう。

97 紙幣が、以下のような約束手形であった場合、つまり、その即座の支払いが、どこから見てもそれを発行した人々の善意に依存するか、あるいは、銀行券の保有者が、かならずしもそれを支払わせる力をもたないか、さらに、一定の年数――その間、まったく利子をもたらさない――が経過した後でなければ、支払い請求ができないというような場合なら、事態は、実際にまったく異なったものになるだろう。このような紙幣は、即座の支払いを確保する困難や不確実性が大きいと見込まれるか否かに従って、あるいは、支払い請求が可能になる時期がどの程度先になるかに従って、金貨や銀貨の価値に比べて、大なり小なり下落することになるだろう。

98 数年前、スコットランドのさまざまな銀行会社は、それぞれの銀行券に、彼らが選択条項と呼ぶものを挿入する慣行を開始したが、それによれば、彼らが銀行券の持参人に約束する支払いとは、提示あり次第即座に支払うか、あるいは、取締役の選択権にしたがって、提示後六ヵ月に、この間の合法的な利子を含めて支払うという内容であった。このような銀行のうち、一部の銀行の取締役はこの選択権を実際に利用したし、時には、相当数の銀行券を金貨や銀貨と交換するように求めた人々に対し、そのような請求を行う者は、要求したものの一部だけで満足しないかぎり、その条項を活用することになる、と脅した。このような銀行会社の約束手形は、その当時、スコットランドの通貨のほとんどすべてを占めていたから、この支払いの不確実性は、必然的にその価値を金貨や銀貨の価値以下に引き下げることになった。このような悪習が続いていた（とくに一七六二年、一七六三年および一七六四年に広まった）あいだ、ロンドンとカーライル間の為替は額面通りであったが、ロンドンとダムフリースの間のそれは、ダムフリースはカーライルから三〇マイルとは離れていないというのに、時々四パーセントだけダムフリースに不利であった。だが、カーライルでは為替手形は金貨や銀貨で支払われていたのに、ダムフリースでの支払いはスコットランドの銀行券でなされており、したがって、このような銀行券を、金貨や銀貨と交換してもらう不確実性が、その価値を、鋳貨の価値よりも四パーセントだけ低めたことになる。一〇シリングと五シリングの銀行券を差し止めた議会の同じ立法は、この選択条項を同様に差し止め、こうして、イングランドとスコットランドの間の為替相場を、その自然なレート、つまり、通商と送金の推移が偶然作りだす比率に回復することになった。

99 ヨークシャーの紙幣の場合、六ペンスという小さな額を支払ってもらうためには、紙幣の保有者が、それを発行した人に一ギニーに対する釣り銭を持参しなければならないという条件次第であることが時々あり、この条件は、そのような銀行券の保有者が満たすのがきわめて困難なことが多く、したがってそれは、この通貨を金貨や銀貨の価値以下に引き下げたはずである。議会の立法は、したがって、そのような条項はすべて違法であると布告しただけでなく、さらに、二〇シリングの価値以下の持参人払いの約束手形を、スコットランドと同じ方法で、すべて差し止めることになった。

100 北アメリカの紙券通貨は、要求あり次第持参人に支払うという銀行券ではなく、政府紙幣であり、発行後数年経過しなければ、その支払いを請求できないものであって、しかも、植民地政府は、この紙幣の保有者にはまったく利子を支払わなかったが、額面通りの全価値を支払う場合には、それは法貨であると宣言し、実際にそのようにしたものである。だが、植民地の債務証書が完全に適格であると認めるにしても、たとえば、発行してから一五年後に支払われる一〇〇ポンドは、利子が六パーセントである国では、四〇ポンドを少し上回る手許現金の価値になる。それゆえ、実際に手許現金で全額支払われた一〇〇ポンドの債務に対する完全な返済として、債権者に、これを受け取るように強制することは、自由（フリー）であると主張するいかなる他の国の政府でも、おそらく試みたことがほとんどない極端な不正義であった。これは、誠実で率直なダグラス博士がそうだったと断言していることだが、そもそも債権者を騙すための債務者の詐欺的なたくらみであった、という明白な証拠がある。事実ペンシルヴェニアの政府は、一七二二年に紙幣を初めて発行する際、植民地紙幣と引き換えに販売した時の財貨の価格と、金貨や銀貨と引き換えに販売した時の財貨の価格との間に差をつけたすべての人物に罰金を課すという立法――同様に専制的な規制であるが、それが擁護するつもりであったことに比べると、効き目は著しく劣っていた――により、発行した紙幣に対して、金貨や銀貨と同等の価値を付与したように装った。

実定法（ポジティヴ・ロー）は、一ギニーに対する法貨を一シリングと定めることができる可能性をもつが、その理由は、それが、法貨で弁済を行った債務者の債務を消滅させるように、裁判所に指図できるからである。だが、いかなる実定法も、財を売却しようとする人物、さらには、自分自身の望み通りに、勝手に売却したりしなかったりする人物に、一シリングを、財貨の代金としての一ギニーの等価物として受け取るように強制することはできない。この種のあらゆる規制にもかかわらず、正貨一〇〇ポンドは、グレートブリテンと取り引きする過程で、いくつかの植民地では一三〇ポンドと、他の植民地では一一〇〇ポンドもの額に達する通貨と等しい価値をもつとみなされることが時々あったが、このような価値における相違は、さまざまな植民地で発行された紙幣の量の相違、さらに、最終的な返済および正貨との兌換時期の隔たりや不確実性から、発生したものである。

101 それゆえ、いかなる紙幣も今後植民地では発行されてはならず、紙幣は、支払いにおける法貨であってはならないと宣言した議会の立法は、不当にも植民地でおおいに苦情を申し立てられたが、公正という点では、これを上回る法律など存在しえないことになる。

102 紙幣の発行については、ペンシルヴェニアは、他の植民地よりもつねにより慎重であった。したがってその紙幣は、その植民地でそれが最初に発行されるまでに、そこで流通していた金貨や銀貨の価値以下に低下することはなかった、と言われている。それが発行される以前、植民地はその鋳貨の呼称単位を引き上げており、植民地議会（アッセンブリー）の立法によって、正貨五シリングを、植民地では六シリング三ペンス、後には、六シリング八ペンスとして通用させると規定した。それゆえ、植民地通貨一ポンドは、その通貨が金貨や銀貨であったとしても、正貨一ポンドの価値よりも三〇パーセント以上低かったし、その通貨が紙幣に転換された時、その価値が、三〇パーセント以上大きく低下することはほとんどなかった。鋳貨の呼称単位を引き上げるための口実は、このような金属の等しい量を、母国におけるよりも植民地でより大きな額で通用させることにより、金と銀の輸出を妨げようというものであった。しかし、判明したことは、母国からきたあらゆる財貨の価格が、植民地鋳貨の呼称単位の引き上げ分と正確に比例して上昇し、結果的に、植民地の金と銀が、相変わらず急速に輸出されたということである。

103 それぞれの植民地の紙幣は、その地域の租税支払いのためなら、発行時の額面価値で受け入れられていたため、このような用途から、必然的に追加的な価値、つまり、現実的にも予想の上でも、その最終的な返済や正貨との兌換の時期から遠く離れているがゆえに生じたような価値を上回るものを引き出した。この追加的な価値は、発行された紙幣の量が、それを発行した特定の植民地の租税支払いに利用可能なものを上回るか下回るか次第で、大きくなったり小さくなったりした。すべての植民地で、それは租税支払いに利用可能な量を、大きく上回っていた。

104 自らが課す租税の一部を、一定の種類の紙幣で支払うべしと法律化するような君主は、そうすることにより、その最終的な返済と正貨への兌換の時期が君主の意思にすべて依存しているとはいえ、この紙幣に、一定の価値を付与することができるであろう。この紙券を発行する銀行が、この方法でつねに発券量を容易に利用可能なもの以下に保つように注意しさえすれば、それに対する需要はプレミアムをもたらすほどに、つまり、それが発行された時の金銀通貨の量をいく分上回って売却できるようにする可能性があるだろう。一部の人々は、この方法で、アムステルダム銀行の打ち歩（アジオ）と呼ばれているもの、すなわち、流通貨幣を上回る銀行貨幣の優越性を説明するが、彼らが認めているように、この銀行貨幣は、所有者の意思でその銀行からもち出すことはできない。外国の為替手形の大部分は、銀行貨幣で、すなわち、その銀行の帳簿上の移転によって支払われなければならず、そして、その銀行の取締役は、彼らの申し立てによれば、銀行券の総量を、この利用が、それに対する請求を引き起こさないような水準に保つようにいつも注意を払っているという。彼らの言うところでは、銀行券がプレミアム付きで譲渡されたり、その国の同じ名目額の金銀通貨を四パーセントから五パーセント上回る打ち歩が付いたりするのは、この理由ゆえのことらしい。しかしながら、後にわかってくる〔詳しい説明はIV. iii. a.-b. にある〕ように、アムステルダム銀行にかんするこの説明は、途方もなく空想的なものである。

105　金銀鋳貨の価値以下に下落する紙幣というものは、そのことによって、このような貴金属の価値を引き下げること、つまり、同量の貴金属をあらゆる他の財貨のより少ない量と交換させるようにすることはない。金貨や銀貨の価値と、他のすべての種類の財の価値との間の比率は、いつでも、特定の国で流通可能な特定の紙幣の性質や量次第で決まるのではなく、商業世界という巨大市場に、このような貴金属を偶然特定の時期に提供する鉱山が、多産な豊鉱であるか、貧鉱であるか次第で決まる。それは、一定量の金や銀を市場にもたらすために必要な労働の量と、あらゆる他の財の一定量を市場にもたらすために必要な労働の量との間の比率に、依存して決まるのである。

106　もし銀行が、通貨として機能する一定金額以下の銀行券や、持参人払いの銀行券の発行を制限されるとか、そのような銀行券を、提示あり次第無条件に支払うという義務に服するようにされたりすれば、銀行の取引は、国民（パブリック）に対する安全を保ちながら、それ以外のすべての点で、完全な自由に委ねることができるだろう。連合王国の二つの部分〔イングランドとスコットランドのこと〕における銀行会社の最近の増加は、多くの人々によって警鐘が鳴らされてきたものだが、それは、国民の安全性を向上させるものであって、低下させるようなものではない。それがすべての銀行会社に求めていることは、業務内容にもっと油断なく気を配り、さらに、手許現金に見合う比率を超えるほど通貨の量を増やさないようにして、多くの競争相手と張り合うなかで、つねに簡単に陥ってしまうような不当な操作から自分自身を守る、ということである。それは、あらゆる個別銀行の通貨（サーキュレーション）を狭い範囲に抑制するため、通貨として機能するそれぞれの銀行券の数量を減少させる。通貨の全体を、ずっと多くの部分に分割することによって、あるひとつの銀行の倒産、すなわち、事態が推移するとともに時々かならず発生する事故は、国民にとって重大なものにはならなくなる。このような自由競争はまた、そうしなければ競争相手が顧客を奪ってしまうはずだから、すべての銀行は、顧客との取引においてずっと寛大にならざるをえなくなる。一般に、ある取引分野や分業が国民にとって有利であれば、競争が自由でさらに一般的になればなるほど、それは、国民にとってつねにもっと有利なものになるだろう。

第三章　資本の蓄積、すなわち生産的労働と不生産的労働について

1 労働のなかには、費やされた対象の価値を増加させるものもあるが、そのような効果をもたない別の種類の労働も存在する。前者は、価値を生産するがゆえに、生産的労働、後者は、不生産的労働*と呼ぶことができるだろう。要するに、製造に携わる職人（マニュファクチャラー）の労働は、一般的に彼が仕事で取り組む原材料の価値を、彼自身の食料などの生活物資の価値と彼の雇い主の利潤の価値だけ、増加させる。これとは逆に、家事使用人（メニアル・サーヴァント）の労働は、いかなる価値も増加させない。製造に携わる職人は、雇い主から彼の賃金を前払いしてもらうとはいえ、実際には、彼は、雇い主に費用を負担させていないのであって、一般にこのような賃金の価値は、労働が費やされた対象の価値が高められた状態で、利潤とともに回復されることになる。だが、家事使用人の食料などの生活物資は、けっして回復されることがない。

人間は多数の製造に携わる職人を雇用することによって豊かになるし、数多くの家事使用人を養うことによって貧しくなる。しかしながら、後者の部類の労働は、それ自体価値をもっているし、前者のそれと同様に、報酬を受けるに値するものである。だが、製造に携わる職人の労働は、特定の対象物や販売用の商品のなかに定着し、実現するし、その労働が終わって以後、すくなくとも、しばらくの間消失することがない。それは、あたかも一定量の労働が、必要な場合には、別の機会に利用されるために蓄えられ、しまい込まれたものなので

ある。その対象物、つまり同じことだが、その対象物の価格は、必要な場合には、そもそもそれを生産した労働に匹敵する量の労働を後で起動させることができる。これとは逆に、家事使用人の労働は、何か特定の対象物や販売可能な商品のなかに定着し、実現することはない。彼の尽力（サーヴィス）は、まさに遂行された途端に消滅するのが一般的であり、後で、それと交換に等量のサーヴィスを獲得できるような痕跡や価値を、背後に残すことはほとんどないのである。

＊おおいに博識で、創意溢れるフランスの幾人かの著作家は、この言葉を違った意味で用いてきた。第四編の最後の章で、そのような意味は、的確さに欠けていることを、示すように努めたい。

2　社会の中で、もっとも身分が高い集団に属する一部の労働は、家事使用人の労働と同様に、価値の点でみて不生産的であり、労働が遂行された後も存続し、後でそれと交換に等量の労働を入手できるような、何か特定の対象物や販売可能な商品のなかに定着したり実現したりするわけではない。たとえば統治者は、彼のもとで司法と戦争をつかさどる役人や陸海軍の全員とともに、不生産的労働者である。彼らは公共の奉仕者（サーヴァント）であり、他の人々の勤労（インダストリー）による年々の生産物の一部によって維持されている。彼らの尽力は、いかに名誉があり、有益で、おおいに必要なものであろうと、後に、等しい量の尽力をそれと交換に獲得できるようなものは、何も生み出さない。今年の彼らの労働の成果である保護、安全および共和国の防衛が、次の年のための保護、安全および防衛を購入するわけではない。

一部はもっとも荘重かつ重要で、一部はもっとも軽薄な職業ではあるが、聖職者、法律家、医者、あらゆる分野の文筆家、さらに俳優、道化師、音楽家、オペラ歌手、オペラ舞踊家などという人々も同じ階級に分類されなければならない。このうち、もっとも地位が低い人々の労働も一定の価値をもっており、あらゆる他の種類の労働の価値を規制する原理とまったく同じものによって規制されているし、くわえて、もっとも身分が高く、しかも有益な人々の労働は、後で等しい量の労働を購買したり、入手したりすることができるようなものをまったく生産しない。俳優の劇的な朗読、弁士の大演説、音楽家の楽曲と同様に、すべてこのような人々の仕事は、それが生み出された途端に消失する。

3　生産的労働者と不生産的労働者だけでなく、まったく労働しない人々も、すべて等しく、その国の土地と労働の年々の生産物によって維持されている。この生産物は、どれほど大きかろうと、無限ではありえず、一定の限界を持っているはずである。それゆえ、どの年をとっても、そのより小さな部分またはより大きな部分が不生産的な人手（ハンズ）の維持に用いられるのに応じて、前の場合にはより多くの部分が、そして後の場合には、より少ない部分が生産的な人手のために残されるだろうし、こうして、地球の自生的な産出物を別とすれば、年々のすべての生産物は生産的労働の成果であるため、次の年の生産高は、それに応じて大きかったり小さかったりするだろう。

4　どの国であれ、その土地と労働の年間総生産物が、究極的にその住民の消費を賄い、彼らに収入を得させるように割り振られているのは間違いないが、しかしなお、それが最初に大地から、あるいは、生産的労働者の手から生じる時、それはおのずと自然に二つの部分に分かれる。そのうちの一方は、しかも最大であることが多いのだが、まず資本を取り戻すこと、つまり、資本から引き出された食料、原材料及び完成品を更新するように割り振られており、もうひとつの部分は、所有元本の利潤として、この資本の所有者に対する収入、あるいは、所有する土地の地代として、別の人物に対する収入を構成することになっている。こうして、土地の生産物のうち、一部は、農業者の資本を取り戻し、他の部分が、彼の利潤と地主の地代を支払うのであって、それゆえ土地の生産物は、農業者の資本の所有者に対しては、所有元本の利潤として、さらに、別の人物にはその土地の地代として、両者の収入になるわけである。規模の大きな製造業の生産物は、同様に、一部が――つねに最大であるが――その事業に携わる企業者の資本を取り戻し、他の部分が彼の利潤を支払うのであって、それゆえその生産物が、この資本の所有者に対する収入になる。

5　いかなる国であれ、その土地の年々の生産物のうち、資本を置き換える部分が、生産的な人手以外の人間を養うために直接利用されることはけっしてない。それが支払うのは、生産的労働の賃金だけである。利潤としてであれ、地代としてであれ、収入を構成するように直接割り振られている部分は、生産的な人手であれ不生産的な人手であれ、区別なく維持することができるだろう。

6　所有元本のどの部分であろうと、それを資本として利用する人間は、つねにそれが利潤とともに手許に戻ってくるはずだ、と期待している。それゆえ、彼はそれを生産的な人手の維持に限定して利用するのであって、彼にとって資本としての機能を遂行した後、それは、生産的な人手に対する収入になるのである。元本のどの部分であれ、それをあらゆる種類の不生産的な人手の維持に利用する時、その部分は、利用された瞬間に彼の資本から引き出され、直接消費するために留保される元本に繰り入れられることになる。

7　不生産的労働者やまったく労働しない人々の維持は、すべて収入によるものであって、第一に、もともと誰か特定の人物の収入――土地の地代として、あるいは元本の利潤として――を形作ることになっている年々の生産物の一部か、あるいは第二に、もともとは、資本を取り戻したり、生産的労働者を維持したりするために限って割り振られているが、しかし、それが彼らの手に入ってきた時、彼らが必要とする食料などの生活物資を上回る部分はすべて、生産的な人手であれ、不生産的な人手であれ、区別なく維持するために利用できる部分、この二つの部分によってなされる。したがって、大地主や富裕な商人だけでなく、普通の職人でさえ、もしその賃金がかなりのものであれば、家事使用人を維持することができようし、さらに、時々演劇や人形芝居に行って、不生産的労働者の一座の維持費を一部分担したり、いくらか税金を払って、実際おおいに尊敬に値するばかりか有益でもあるが、同様に、不生産的な他の一団の人々を維持する手伝いをしたりすることができるだろう。

しかしながら、そもそも資本を取り戻すことになっている年々の生産物のいかなる部分も、それが生産的労働の必要な量のすべてを起動させた後か、あるいは、それが利用されていたのと同じ方法で、すべてを起動させられるまでは、不生産的な人手の維持に振り向けることができない。職人は、遂行した仕事によって彼の賃金を稼いだ後でなければ、賃金の一部をこのような仕方で用いることはできない。それに該当する部分は、一般的に小さなものでしかない。それは彼の余分な収入に限られていて、生産的労働者が滅多に手にすることがないすばらしい収入に相当する。しかしながら、一般に彼らはその一部を入手しているから、税の支払いについては、その数の多さが、ある程度まで収める金額の小ささを補うことが可能になる。土地の地代と元本の利潤は、それゆえ、どこであろうと、不生産的な人手がその生活物資を引き出す主要な源泉なのである。一般的に所有者が最大限残しておかなければならない収入は、この二種類である。両方とも、生産的な人手であれ不生産的な人手であれ、区別することなく維持することができる。しかしながら、彼らは、後者に一定の偏愛を抱いているように思われる。一般的に大貴族の支出は、勤勉な人々よりも怠惰な人々を養う。豊かな商人は、その資本で勤勉な人々を維持するだけであるとはいえ、それでも彼の支出によって、すなわち、彼の収入を使うことによって、大貴族とまったく同じ種類の人々を、世間並みに養うのである。

8 それゆえ、生産的な人手と不生産的な人手の間の比率は、どの国でも、年々の生産物のうち、大地または生産的労働者の手から生じた途端に、資本を取り戻すために割り振られている部分と、地代や利潤のような収入を構成するようになる部分との間の比率に、おおむね依存しているのである。この比率は、豊かな国では、貧しい国におけるそれと大きく異なっている。

9 要するに、現在ヨーロッパの富裕な国では、土地の生産物のうちの大きな部分――しばしば最大部分を占める――が、豊かで独立した農業者の資本を取り戻すために、それ以外の部分が彼の利潤と地主の地代のために、それぞれ割り振られている。だが古い時代、つまり、封建的統治が支配的であった時期には、耕作に用いられた資本を取り戻すためには生産物のごくわずかな部分で十分であった。一般的に資本の中身は、未耕地に自生する産物でほとんど養われていた哀れな家畜であり、したがってそれは、土地の自生的な生産物の一部であると理解されていた可能性がある。またそれは一般的に地主のものに属しており、彼から土地の占有者に貸し与えられたものであった。生産物の残りはすべて、彼の土地に対する地代としてであろうと、このわずかな資本に対する利潤としてであろうと、当然のことながらまた、地主のものであった。土地の占有者は一般的に農奴であって、彼の身体と所有物は、同様に地主の所有物であった。農奴でない土地の占有者は、任意不動産権者（テナント・アット・ウィル）〔借地の継続は、地主の専一的な決定に服するという条件の定期借地〕であって、彼らが支払った地代は、名目的に免役地代（クイット・レント）を上回ることがなかったとはいえ、実際には土地の総生産物に等しかった。彼らの領主はいつでも、平和な時期には彼らの労働を、戦時には奉仕を要求することができた。彼らは領主の館から遠く離れた場所に住んでいたが、そこで生活する従僕のように、等しく領主に頼っていた。だが、土地の全生産物は間違いなく領主に属しており、彼は、土地が養うすべての人々の労働と奉仕を意のままにできた。

ヨーロッパの現状においては、領主の取り分が三分の一を超えることは滅多になく、時には土地の全生産物の四分の一以下である。しかしながら、国土の改良されたすべての部分における土地の地代は、このような古い時代以降、三倍にも四倍にもなっていたから、この年々の生産物の三分の一とか四分の一というのは、以前の総量に比べて、三倍から四倍大きくなっていると思われる。改良が進展するにつれ、地代は、改良の程度と比例して増加するが、土地の生産物との割合でみると減少するのである。

10 現代のヨーロッパの富裕な国では、交易や製造業で巨額の資本が利用されている。大昔の状況下では、活発であった小規模な交易や、遂行されていた質素でありふれた少数の製造業は、ごくわずかな資本しか必要としなかった。しかしながら、このような事業は、きわめて大きな利潤を生み出したはずである。利子率はどこでも一〇パーセント以下ではないから、その利潤はこの高い利子を提供するのに十分であったはずである。現在、ヨーロッパの改良が進んだ地方における利子率は、どこも六パーセントを超えておらず、もっとも改良が進んだいくつかの所では、四とか三、さらには二パーセントという低さである。住民の収入のうち、元本の利潤から引き出される部分は、貧しい国よりも、豊かな国のほうがいつでもはるかに大きいが、その理由は、元本に対する比率でみた利潤は、一般的にずっと少なくても、その元本がずっと大きいことにある。

11 それゆえ、年々の生産物のうち、土地から、あるいは生産的労働者の手から生じるや否や、資本を取り戻すように割り当てられている部分は、貧しい国よりも、豊かな国のほうがはるかに大きくなるだけでなく、地代としてであれ利潤としてであれ、直接に収入を構成するように割り当てられる部分に対し、ずっと大きな比率を占める。生産的労働を維持するために割り当てられる基金（ファンド）は、貧しい国よりも、豊かな国のほうがはるかに大きいだけでなく、生産的な人手でも不生産的な人手でも維持するために利用できるとはいえ、一般的に不生産的な人手を好むような基金に対して、ずっと大きな比率を占めるのである。

12 このようなさまざまな基金の間の比率が、すべての国で、勤勉か怠惰かにかんする住人の一般的な特徴を必然的に決定する。現代では、二～三世紀前よりも、勤労を維持するために割り当てられる元本が、怠惰の維持に利用されがちな基金よりもずっと大きな比率を占めているから、我々は、先祖よりもはるかに勤勉である。我々の祖先が怠惰であったのは、勤労に対する十分な奨励が欠如していたためである。諺にあるように、無駄に働くよりも、無駄に遊ぶほうが気分が良い。低い身分の人々が、資本の利用によってもっぱら維持されている商業的でモノ作りが盛んな都市では、多くのイングランドやオランダの都市がそうであるように、彼らは一般的に勤勉で、穏やかで、したがって繁栄している。君主と廷臣の永続的とか時折の滞在によって主として支えられている都市では、そして、低い身分の人々が、もっぱら収入の支出によって維持される都市では、ローマ、ヴェルサイユ、シャンパーニュあるはフォンテーヌブローのように、人々は、一般的に怠惰で、放縦で、したがって貧しいのである。ルーアンとボルドーを除外すれば、フランスの高等法院が置かれた都市にはほとんど商取引や産業が存在しておらず、したがって低い身分の人々は、もっぱら裁判所の構成員と、裁判で彼らの面前で主張するためにやってくる人々の支出によって維持されているため、一般的に怠惰で貧乏である。ルーアンとボルドーにおける盛大な商取引は、まったく地理的条件の結果であるように思われる。ルーアンは、海外あるいはフランス沿岸地域から、大消費都市であるパリへ運び込まれるありとあらゆる種類の財貨の集散拠点である。同様にボルドーは、世界でもっとも栄えているワイン産地のひとつであり、もっとも輸出に適した、つまり、外国の好みにもっとも適したワインを産出するように思われるガロンヌ川とそこへ流れ込む川の両岸で産出される、ワインの集散拠点である。そのような利点は、それがもたらす大きな仕事によって、大量の資本を必然的に引き寄せるのであって、この二つの都市の産業の根拠は、この資本の利用なのである。

フランスにおけるその他の高等法院所在都市では、そこだけの消費を賄うために必要なものを超える資本、つまり、そこで利用可能な最低限の資本に等しい程度の資本しか利用されていない。同じことは、パリ、マドリッドおよびウィーンについても指摘できるだろう。この三つの都市のなかでは、パリが飛びぬけて勤勉さにあふれているが、しかし、パリそれ自体は、パリで地歩を固めた製造業全体の主要な市場であり、そこで続けられているすべての取引がもっぱら目指しているのは、パリ自体の消費である。ロンドン、リスボンおよびコペンハーゲンは、君主と廷臣の普段の居住地であると同時に、交易都市、つまりそれ自体の消費用だけでなく、他の都市や国の消費用に交易していると考えられる、ヨーロッパにおけるおそらく三つの数少ない都市である。三都市すべての立地条件は、この上なく有利なものであり、それぞれの都市を、遠隔地の消費用に割り当てられた大部分の財貨の集散拠点に、自然に適するものにしている。巨大な収入が支出される都市では、その都市の消費を満たす以外の目的で資本を有利に利用することは、下層階級に属する人々が、そのような資本の利用から引き出すものしか生活費を得るすべをもっていない都市での利用よりも、おそらくもっと困難なことであろう。収入が消費されることによって維持されている大部分の人々の怠惰は、資本の利用によって維持されるほかにない人々の勤勉さを帳消しにし、そこでの資本の利用を、他の場所よりも不利なものにしてしまう。

合邦以前、エディンバラには、ほとんど商取引や産業は存在しなかった。スコットランド議会がそこで開催されなくなった時、つまり、そこが主要な貴族や上流階級の人々にとって不可欠な居住地でなくなった時、それはある程度まで商取引と産業の都市になった。しかしながら、そこはなお、スコットランドにおける主要な裁判所、関税庁や消費税庁の所在地である。それゆえ相当な収入が、今なおそこで支出され続けている。商取引と産業の面では、そこは、住民がもっぱら資本の利用によって維持されているグラスゴーよりも、ずっと劣勢である。大きな村の住民が、製造業においてかなりの進歩を遂げた後で、大領主が住居をその近隣地域に定めた結果として怠惰になり、貧しくなるということは、時々観察されることである。

13 それゆえ、資本と収入の間の比率は、どこでも、勤勉と怠惰の間の比率を規制するように思われる。資本が優勢であるところでは勤勉が広まり、収入が優勢であるところでは、怠惰が広まる。それゆえ、資本が増加したり減少したりするたびに、自然に組織的な労働（インダストリー）の真実の量、つまり生産的な人手の数が、増加したり減少したりする傾向があり、結果的に、その国の土地と労働の年々の生産物の交換価値、つまり、その住民すべての真実の富と収入を増加させたり、減少させたりすることになるのである。

14 資本は節約（パーシモニー）によって増加し、放蕩と不適切な管理（ミスコンダクト）によって減少する。

15 人間は、自分自身の収入から貯蓄したものをすべて自分自身の資本に加え、それを、さらに多くの生産的人手を維持するために、自ら利用するか、利子すなわち利潤の分け前を求めて、それを貸し付けるかして、他の人が、それを利用できるようにする。個人の資本が、彼の年々の収入、あるいは年々の利益から貯蓄したものによってしか増加しえないように、社会の資本――社会を構成するすべての個人の資本と同一である――も、まったく同じ方法でしか、増加できるはずがない。

16 資本を増加させる直接の原因は、組織的な労働の増加ではなく、節約である。もっとはっきり言うなら、組織的な労働（インダストリー）が提供するのは、節約によって蓄積される対象物なのである。だが、組織的な労働が何を獲得しようと、節約が貯蓄し、貯め込まなければ、資本はけっして大きくならないだろう。

17 節約は、生産的な人手を維持するために割り当てられる基金を増加させることにより、労働を費やして、それを対象物の価値に付け加えるような人手の数を、増加させる傾向がある。したがってそれは、その国の土地と労働の年々の生産物の交換価値を増加させる傾向をもつわけである。それは、組織的な労働の追加量を起動させるのであって、それが、年々の生産物に追加的な価値を付与するのである。

18 年々貯蓄されるものは、年々支出されるものと同様に定期的に消費され、しかも、おおよそ同時にではあるとはいえ、異なった一群の人々によって消費される。金持ちが年々支出する収入の一部は、ほとんどの場合、彼らの消費の見返りに何もあとに残さない怠惰な客や家事使用人によって消費される。彼が年々貯蓄する部分は、利潤のためにただちに資本として利用されるから、同様の方法でほぼ同時に消費されるが、しかし、それは異なった一群の人々、つまり、年々の消費分の価値を利潤とともに再生産する労働者、製造業者、職人によって消費される。金持ちの収入が、貨幣で彼に支払われると想定しよう。彼がそのすべてを支出するとすれば、それでもって購入可能な食料、衣服、および住居といったものが、前者、つまり金持ちが属する一群の人々の間に分配されることになろう。その一部を貯蓄することにより、その部分が、彼自身か、または誰か他の人々によって、利潤のために資本として即座に利用されるから、それでもって購入される食料、衣服および住居は、必然的に後者、つまり労働者の一群のために取っておかれるだろう。消費高は同一であるが、消費者が異なるのである。

19　倹約に励む人間が年々貯蓄するものによって、彼は、たんに生産的な人手の追加分に、その年とか次の年の食料などの生活物資を与えるだけでなく、また公的な労役場（パブリック・ワークハウス）〔救貧法にもとづいて設立された失業者向けの作業所〕の設立者のように、将来にわたってずっと等しい数だけ維持するための永久基金と言えるものを、創設することになる。事実、この種の基金の永続的な割り当てと仕向け先は、かならずしも実定法とか、なんらかの信託収益権（トラスト・ライト）、あるいは死手譲渡証書（ディード・オヴ・モートメイン）〔修道院など死滅することがない法人への譲渡許可証〕によって、保護されているわけではない。しかしながら、それは、きわめて強力な原動力（プリンシプル）、つまりその分け前ならすべていつでも受け取るという、万人がもつ単純かつ明白な私欲（インテレスト）によって、つねに守られている。したがって、そのいかなる部分も、それを本来の仕向け先から逸らせてしまう人物に対する明白な損失を引き起こすことなく、生産的な人手以外の人間を維持するために、後で利用されたりするはずがないのである。

20　浪費家は、次のようにしてその価値を低める。つまり、その支出を自分自身の所得の範囲内に収めずに、自分自身の資本を蚕食する。浪費家は、敬虔な財団の収入を世俗的な目的のために逸らせてしまう人物同様に、彼の祖先の倹約が、いわば、組織的な労働者を維持するために捧げたこのような基金で、怠け者の賃金を支払うのである。生産的労働が利用するように割り当てられている基金を減少させることによって、浪費家は必然的に、それが彼に任せられている限り、労働が費やされる対象物に価値を追加するような労働の量を減少させ、こうして結果的に、国全体の土地と労働の年々の生産物の価値、つまり、その住民の真実の富と収入を減少させる。かりに誰かの放蕩が、他人の節倹によって埋め合わされるにしても、浪費家の所業は、勤勉な人間のパンで怠け者を食べさせることによって自分自身を一文無しにするだけでなく、彼の国をも貧しくする傾向をもっている。

21 浪費家の支出はすべて国内産のものにあてられ、外国産の財は含まれないはずではあるが、社会の生産的な基金に及ぼす影響は、それでもなお同じことだろう。毎年、生産的な人手を維持すべき一定量の食料と衣料が、不生産的な人手を維持するために利用されるだろう。それゆえ、そうでなければ、その国の土地と労働の年々の生産物の対価（ヴァリュー）になっただろうものの一定の減少が、やはり、毎年生じることになろう。

22 この支出は、実際にそう言ってよいのだが、外国製品に対してなされるわけでも、金や銀の輸出を引き起こすわけでもないから、従来と変わることなく同量の貨幣が国内に留まるだろう。だが、このように不生産的な人手によって消費される量の食料や衣料が、生産的な人手に割り当てられていたとすれば、彼らは、利潤とともに、自分たちの消費量の価値を残らず再生産していただろう。この場合、かわることなく同量の貨幣が国内に留まるであろうし、それに加えて、等しい価値をもつ消費財の再生産がなされることだろう。ひとつの価値どころか、二つの価値が存在していただろう。

23 くわえて、年々の生産物の価値が減少するような国ではどこであれ、同量の貨幣は長期に留まり続けることはできない。貨幣の唯一の用途は、消費財を流通させることである。それを手段に用いて、食料、原材料や完成品が売り買いされ、それぞれが本来の消費者に配分される。それゆえ、どのような国でも、年々利用されうる貨幣の量は、国内で年々流通する消費財の価値によって決定されるはずである。消費財は、その国自体の土地と労働の直接の生産物や、その生産物の一部で購入されたものから成り立っているはずである。それゆえ、その価値は、当該の生産物の価値が減少するにつれて減少し、また、それとともに、消費財の流通に用いることができる貨幣量も、減少するはずである。

だが、この生産物が年々減少することによって、国内流通から年々投げ出される貨幣は、遊休したままでいることを許されないだろう。誰であれ貨幣を所有している人の私欲は、それが利用されるように求める。だが、国内では利用されようがなければ、あらゆる法律や禁止令にもかかわらず、外国に送られ、そして国内でかなり用いられる可能性がある消費財を購入するために、利用されるだろう。その貨幣の年々の輸出は、しばらくの間このような方法で続けられ、その国自身の年々の生産物の価値を上回るなにかを、国の年々の消費に追加することになろう。国が繁栄している時期に、その年々の生産物から節約されて金と銀を購入するために用いられたものは、ごく短期間なら、逆境にある消費を支えるために貢献するだろう。金や銀の輸出は、この場合、その衰退の結果であって、その原因ではないから、ごくわずかな間なら、その衰退がもたらす窮状を軽減することさえ可能であろう。

24 これとは逆に、貨幣量は、どの国でも年々の生産物の価値が増加するとともに、自然に増加するはずである。社会の内部で流通する消費財の価値は年々大きくなっているから、それを流通させるために、より多量の貨幣が必要になるだろう。それゆえ、増加した生産物の一部は、残りの部分を流通させるために不可欠な、追加分の金や銀を手に入れられさえすれば、どこでもそれを購入するために自然に用いられるだろう。この場合、このような金属の増加は国民の繁栄の結果であって、その原因ではない。金や銀は、どこでも同じような方法で購入される。食料、医療及び住居、労働や元本が貴金属を鉱山から市場へもたらす際に用いられる人々すべての収入や生活費は、イングランドだけでなく、ペルーでも、彼らに支払われた代価である。この代価を支払わなければならない国は、このような金属の必要量を長期間持たずにいることは決してないだろうから、必要としない量を長期間保有する国など、けっして存在しないだろう。

25 それゆえ、明白な道理が告げることは、国の真実の富と収入は、土地と労働の年々の生産物の価値から成り立つと我々が想像しようと、あるいは、通俗的な先入観が想定するように、国内で流通する貴金属の量から成り立つと想像しようと、いずれの見地から眺めても、浪費家はすべて国民の敵であり、節約する人間はすべて国民の恩人である、ということだと思われるのである。

26 不適切な管理の結果は、浪費癖のそれと同じことが多い。農業、鉱山業、漁業、商取引あるいは製造業における軽率で不成功に終わったすべてのプロジェクトは、同様の方法で、生産的労働を維持するために割り当てられた基金を、減少させる傾向がある。そのようなすべてのプロジェクトでは、資本は、生産的な人手によって消費されるだけであるとはいえ、利用される際の軽率な方法のせいで、消費したものを完全に再生産しないから、そうでない場合なら社会の生産的な基金であったであろうものを、つねに、幾分か削減するはずである。

27 実際、大国の状況が、個人の浪費癖や不適切な管理によって、大きな影響をこうむるなどということなどほとんど生じるはずがなく、一部の人間の浪費癖や不注意は、つねに他の人々の倹約と当を得た振る舞いによって、補われて余りある。

28 浪費癖についていえば、支出するように促す原動力は、現在の喜びを求める激情（パッション）であり、それは時には猛烈で、抑制することがきわめて困難なものだが、一般的には瞬間的なものであって、時折にしか生じない。だが、ため込むように促す原動力は、我々の境遇を改善しようという願望であって、一般的に穏やかで冷静なものではあるが、生まれた時から我々に備わっており、死ぬまで我々から離れない。どのような人間であれ、生まれてから死ぬまでの全期間何らかの種類の変更や改善を望むことがないというほど、自分自身の境遇に完全かつ余すところなく満足している、などということはまずないだろう。

　財産の増加は、大部分の人間が、自分自身の状況を改善するための手段として目指すところであり、希望するものである。それはもっともありふれていて、もっとも明白な手段であって、自分自身の財産を殖やすもっとも確実な方法は、定期的なものであれ、年々のものであれ、あるいは、臨時の機会に恵まれたものであれ、獲得したものの一部を貯め、蓄積することなのである。それゆえ、支出の原動力は、時にはほとんどすべての人間に広く一般的に存在しているし、一部の人間がほとんど何時でもそれに支配されているとはいえ、それでもなお、生涯をつうじた平均をとれば、大部分の人間において、倹約という原動力は、たんに支配的であるどころか、まさに著しく支配的であるように思われる。

29 不適切な管理についていえば、賢明で成功した事業の数は、どこでも軽率で不成功の事業よりもずっと多い。結局、頻繁な破産をめぐる我々の不平、つまり、この不運に見舞われる不幸な人物は、商取引、さらには、他のあらゆる種類の事業に従事する人々全体のうちでは、ごく小さな一部——多分、千に一つを超えない程度——でしかないのである。おそらく破産は、罪のない人間に生じうる最大で、もっとも屈辱的な災難であろう。それゆえ、大部分の人間は、それを避けるため、十分に注意深いのである。実際には、絞首台を避けない者がいるように、それを避けない人間もいる。

30 大国が、個人の浪費や不適切な管理によって貧しくなることはけっしてないが、公的な浪費や不適切な管理によって、そうなることは時々ある。全体の収入、つまりほとんどすべての公的な収入は、大部分の国で、不生産的な人手を維持することに利用されている。多数の壮麗な宮殿、壮大な教会施設、大艦隊や軍隊に加わっている人々、平時には何も生産せず、戦時に、あるいは戦争が続いている間でさえ、維持費を埋め合わせられるものなど何も獲得しない人々が、それに該当する。そのような人々は、自分自身何も生産しないのだから、すべて他の人間の労働生産物によって維持されている。それゆえ、不必要な数まで増加すれば、ある特定の年に、次の年にそれを再生産しなくてはならない生産的労働者を養うために十分な量を残さないほど、その年の生産物の大きな部分を消費し尽くす可能性がある。

それゆえ、次の年の生産高は、前年のそれよりも少ないであろうし、もし同じ乱脈が継続するようになれば、三年目にあたる年の生産高は、二年目の年のそれよりもさらに少なくなるであろう。国民の余分な収入の一部だけで維持されるほかにないこのような不生産的な人手が、国民の収入全体のうち、これほど大きな部分を消費する可能性があるだけでなく、それによって、これほど多くの人々に、彼らの資本——生産的労働を維持するために割り当てられる基金——が不可避的に蚕食されるという事態を引き起こすため、すべての個人の倹約や善行では、この猛烈で強制的な蚕食によって引き起こされる浪費と生産高の低落を、埋め合わせられない可能性が発生するわけである。

31　しかし、経験から判断するかぎり、このような倹約と適切な管理は、私人の放蕩や未熟な経営だけでなく、政府による公的な乱費も十分に補うように思われる。すべての人間が、自分自身の境遇を改善しようとする、一様で、絶え間なく、しかも妨げられようのない努力、つまり、そこから私的な富裕だけでなく、公共的で国民的な富裕が本源的に引きだされる原動力というものは、政府の乱費と管理における最大の誤りの両方が存在するにもかかわらず、改善へと向かう事物の自然な進路を維持するために、十分強力であることが普通である。動物がもっている未知の原動力のように、それは、たんに病気だけでなく、医者の間違った処方があってもなお、しばしば体の健康と活力を回復させるのである。

32　あらゆる国が、土地と労働の年々の生産物の価値を増加させる可能性は、その国の生産的労働者の数を増加させるか、今までに雇用されていた労働者の生産力を増加させるか、これ以外の方法ではありえない。生産的労働者の数は、資本の増加、すなわち、労働者を維持するために割り当てられる基金の増加がもたらす結果として以外に、大きな増加などありえないことは明らかである。同数の労働者の生産力が増大しうるのは、労働を促進し、短縮するような機械や道具に何らかの改良が加えられるか、より適切な分業や雇用の配分がなされた結果としてだけである。いずれの場合も、追加の資本がほとんどいつでも不可欠になる。いかなる事業の企業者であろうと、雇用している職人により良い機械を提供したり、彼らのあいだの仕事の配分をより適切にしたりできるのは、資本の追加という手段だけである。遂行される事業が多数の部分から構成されている場合、すべての人間を、恒常的にあるところで従事させ続けるためには、すべての労働者に時々異なる業務分野で仕事をさせる場合よりも、ずっと大きな資本が必要になる。それゆえ、国の状態を異なった二つの時期について比較し、土地と労働の年々の生産物が前の期間よりも後の期間が明らかに大きいこと、国土がよりよく耕作されていて、製造業の数も増え、以前より繁栄していて商取引がずっと拡大していることがわかれば、その国の資本が、この二つの時期の間に増加したに違いないこと、つまり、他の部分における私人の不適切な管理や、政府による公的な乱費によって取り去られてきたものを上回るほど、もっと多くの資本が一部の人々の善行によって追加されたはずであることを、確信して良いことになる。

だがこれが、まったく平穏で平和愛好的な時代におけるほとんどすべての国の実情であったこと、さらに、もっとも慎重で倹約に励む統治を享受してこなかった国民についてさえ当てはまるということ、これを我々は理解しておく必要がある。事実、それにかんする正しい判断を下すためには、かなり隔たった時期のそれぞれについて、その国の状態を比較しなければならない。進歩はきわめて漸次的なものであるから、期間が近い場合、改良は不明瞭であるばかりか、一定の産業分野や国の一定の地域の衰退――おおいに繁栄している中でも、一般的に国中で時々発生する事態――を根拠に、国全体の豊かさや産業が衰弱しつつあるのではないかという疑念が、しばしば生じるからである。

33 たとえば、イングランドにおける土地と労働の年々の生産物が、一世紀少し前、つまり、チャールズ二世の王政復古期のそれに比べて著しく増加していることは間違いない。現在、これを疑う人物などほとんどいないと信じているが、しかしこの時期には、どの五年間をとっても、その間に数冊の著書やパンフレット——国民に一定の影響力を確保するほどの力量をもって執筆され、国民の富が急速に衰退しつつあること、国の人口が減少し、農業が軽視され、製造業は衰えつつあり、商取引が放置されている、と例証したように装った著作——が、一つも刊行されずに経過したことなど、ほとんどなかった。このような刊行物が、すべて党派的なパンフレット、つまり嘘と金銭ずくの卑劣な所産であったというわけではない。その多くは、きわめて実直で聡明な人々——信じることだけしか書かず、自分が信じるという理由以外の理由で書いたりしない人々——によって執筆されたものであった。

34 また、イングランドの土地と労働の年々の生産物は、王政復古の時期や、それよりも約一〇〇年前のエリザベス女王即位期にそうであったと推定しうるものよりも、間違いなく著しく大きかった。また、この時期イングランドは、約一世紀前、つまりヨーク家とランカスター家の間の紛争が終わりに近づいた時期に較べて、改良がおおいに進んだと信じてよいきわめて多くの根拠がある。当時でさえ、おそらく、ノルマンの征服期よりも良い状況にあっただろうし、そしてノルマンの征服期には、サクソン七王国〔紀元七～八世紀ごろ〕の混乱が続いていた時期よりも、良い状況にあった。このような初期でさえ、ユリウス・カエサルの征服期に比べれば、ずっと改良された国であったことは間違いなく、当時その住民は、北アメリカの未開人とほとんど同じ状態であった。

35 しかしながら、このような時期には、それぞれ多くの公私にわたる乱費、多くの大規模で無用な大戦争、生産的な人手の維持から不生産的な人手の維持へという年々の生産物の大規模な誤用があったばかりか、時には、内紛の混乱状態の中で、富の自然な蓄積を遅らせる──間違いなく遅らせたが──だけでなく、この国を、この時期の終わりには、その初めよりも貧しい状態に放置したと想像しうるほど、元本の絶対的な浪費と破壊もあったのである。要するに、王政復古以降の期間を通して、もっとも幸福でもっとも幸運な時期に、どれだけ多くの混乱と不幸が、それが原因になったと推定できる貧困化や国の全体的な破滅を──あらかじめ確かめられたとして──引き起こしてきたことであろうか？　ロンドンの大火とペスト〔一六六五から六六年〕、二回の対オランダ戦争〔一六五二～五四年、一六六四～六七年〕、名誉革命の混乱、アイルランドにおける戦争、一六八八年、一七〇二年、一七四二年、一七五六年に起きた巨額の戦費を要した対フランス戦争、さらには、一七一五年と一七四五年の二度にわたる反乱〔ジャコバイトの反乱〕。四回の対フランス戦争の過程で、国家は、戦争が引き起こした他の莫大な年々の支出を上回る一億四五〇〇万ポンド超の債務契約を締結したわけであるから、全体を二億ポンド未満であると見積もることなど、できるはずがない。国の土地と労働の年々の生産物のこれほど大きな部分が、革命以降、さまざまな機会に膨大な数の不生産的な人手の維持に用いられてきたのである。

だがこのような戦争が、これほど巨額な資本に、このような特定の目標を与えなかったなら、自然にその大部分は、その労働が利潤とともに彼らが消費した全価値をすべて取り戻す生産的な人手を維持するために利用されたことであろう。国の土地と労働の年々の生産物の価値は、毎年、それによってかなり増やされたであろうし、また毎年の増加は、翌年に生産される価値を、さらにいっそう増やしたことであろう。より多くの住宅が建設され、より多くの土地が改良され、以前改良された土地はさらによく耕作されたであろうし、より多くの製造業が創設され、以前に創設された製造業がさらに拡張されたことであろう。だから、今日までに国の真実の富と収入がどの高さまで伸長していた可能性があったかなど、多分、想像することさえ簡単なことではないだろう。

36　だが、政府の乱費は、富と改良に向けたイングランドの自然な進歩を間違いなく遅らせたはずではあるが、それを停止させることはできなかった。土地と労働の年々の生産物は、王政復古や革命期よりも、現在のほうが間違いなくはるかに大きい。それゆえ、この土地を耕作し、さらに、この労働を維持するために年々用いられる資本は、同様にはるかに大きいはずである。この資本は、政府による過酷な課税のまっただ中で、民間部門の節約と個人の善行によって、つまり、自分自身の境遇を改善するための普遍的で、持続的で中断されることのない努力によって、黙々と時間をかけて蓄積されたものである。先立つ時代のほとんどをつうじて、富裕と改善に向けたイングランドの進歩を維持してきただけでなく、将来にわたってずっとそうであって欲しいと望まれるのは、法の保護をうけて、自由に、もっとも有利な仕方で能力を発揮することが許されている、この努力である。

とはいえ、イングランドは、今まで飛び抜けて倹約に励む政府に恵まれてきたことはないし、同様に、その国民を特徴づける美徳が、倹約であったこともない。それゆえ、君主や大臣が私人である国民の営みを見守ったり、贅沢禁止法とか、外国製の贅沢品の輸入を禁止することによって、国民の支出を抑制しようと申し立てたりすることは、まったくのお門違いであり、僭越きわまりないことである。君主や大臣こそ、つねにしかも例外なく社会における最大の浪費家である。彼らに自分自身の支出を監視させてみよ。そうすれば、彼らは、民間人の支出を安心して私人自身に任せることができるだろう。もし君主や大臣自身の乱費が国を滅ぼさなければ、その臣民の乱費がそうすることなど、けっしてないだろう。

37 倹約が社会全体（パブリック）の資本を増加させ、浪費癖がそれを減少させるように、自分自身の支出がその収入とちょうど等しく、蓄積することも蚕食することもない人々の品行は、社会全体（パブリック）の資本を増加させることもなければ、減少させることもない。しかしながら、いくつかの支出様式は、他のものに較べ、国民の富裕の増大によりいっそう貢献すると思われる。

38 個人の収入は、即座に消費されるモノ（ティングズ）――したがって、一日の支出が別の日の消費を軽減したり援助したりできないモノ――か、あるいは、はるかに耐久性があるモノ――それゆえ蓄積可能で、毎日の消費が、彼の選択にしたがって、後日の支出を軽減したり支援したり、さらにその効果を高めたりするモノ――に支出される可能性がある。たとえば財産家は、彼の収入を溢れんばかりの豪華な食事に、さらに、きわめて多数の家事使用人、さらにはまた、大勢の犬や馬を維持するために支出するかもしれない。あるいは、質素な食事とごく少数の従者で満足して、収入の大部分を、彼の住居や田舎の邸宅を飾り立てるのに、つまり、実用的ないし装飾的な建物や家具、書物や彫像や絵画の収集に注ぎ込んだりするかもしれないし、もっと軽薄なモノ、つまり宝石、安物の飾り、さまざまな種類の装身具、あるいはまた、数年前に死去した偉大な君主のお気に入りの大臣のように、あらゆるものの中でもっともくだらないことだが、大きな衣装部屋に高級な衣服をため込むことに、その収入を注ぎ込むこともできるだろう。

同じくらいの金持ちが二人いて、一方は前者のやり方で、他方はそれとは反対のやり方でそれぞれの収入を支出する場合、その支出がもっぱら耐久性に富む商品である人物の偉大さは、日々の支出が、次の日の支出がもつ効果を補ったり高めたりするのに貢献するために持続的に増加するだろうが、これとは逆に、もう一人の人物の偉大さは、一定期間が経った後でも、最初の時期からまったく拡大していないだろう。前者はまた、その期間の終わりには、二人のうちではより豊かな人間であろう。彼は、いろいろな種類の財の在庫を保有しており、それはかかった費用全部ほどの価値はもたないにしても、つねに、一定の価値をもっているだろう。後者の支出の名残や痕跡は、何も残っていないだろうし、そして一〇年とか二〇年続いた乱費の結果は、あたかもそれが存在しなかったかのように、完全に無に帰していることだろう。

39 個人の富裕にとって、前者の支出様式が、後者のそれよりもずっと有利であるように、それは国（ネイション）の富裕にとっても同様である。金持ちの住宅、家具や衣服は、短期間のうちに、下層や中流に属する人々の日常の必要を満たすものになる。このような人々は、上流階級がそれに飽きてきた時にそれを購入できるから、すべての人々の一般的な部屋がこのように漸次整ったものに改良されるのは、このような支出の様式が、資産家の間に広く行きわたった時のことである。久しい以前から豊かであった国では、申し分なく立派で、無傷の住宅と家具を所有している下層階級の人々をよく見かけるが、住宅も家具も、けっして彼らが使用するために建設されたり、作られたりしたはずがないものである。以前、シーモア家〔サマセット侯爵とハフォード侯爵の名字〕の邸宅であったものは、今では、バース街道に面した宿屋になっている。グレートブリテンのジェイムズ一世の新婚ベッドは、君主が、君主に対して行うのにふさわしい贈り物として、王妃がデンマークから持参したものだが、数年前にダンファームリンの居酒屋の装飾品になった。長い間停滞していたか、幾分崩壊しかけていた古い都市では、現在の住民用として建設されたはずの家屋など、目にとめる機会はほとんどあるまい。また、このような都市の住宅に足を踏み入れたら、古びた家具とはいえ、今でもまだ十分立派に使用できる逸品を数多く見つけるだろうが、彼らのために作られたものは、ほとんど目にすることができないだろう。

　壮麗な宮殿、壮大な邸宅、書籍や彫像や絵画その他の骨董品などの一大コレクションというものは、多くの場合、近隣地域だけでなく、彼らが属する国全体の看板であり、名誉である。ヴェルサイユはフランスの、ストウとウィルトン〔ともに貴族の大邸宅がある〕はイングランドの看板であり、名誉である。イタリアは、保有するこの種のおびただしい数の建造物——そのようなものを作り出した富は衰退しているし、そのようなものを設計した才能も、おそらく同じ仕事がなくなったため、消滅してしまったように思われる——によって、いまでも崇敬の的であり続けている。

40 また支出は、耐久財に注ぎ込まれた場合、たんに蓄積にとってだけでなく、節約にとっても利益を与えるものである。たとえある人物が、その支出で超過してしまったとしても、彼は大衆の非難に晒されることもなく、容易に修正することができよう。使用人の数を大幅に削減すること、食事を途轍もなく贅沢なものからおおいに節約したものに改めること、装身具一式を一旦ととのえた後で捨てることなどは、隣人の目を逃れることができない変化であって、従来の悪行を、いくらか認識したことを匂わせる事柄である。それゆえ、昔このような種類の支出に深入りしすぎて、金を気ままに使うほどの不運に見舞われた人物は、破滅か破産によって強いられるまで、後に修正する勇気をもつことなどほとんどなかったわけである。かりに一人の人物が、いつのことであれ、建物、家具、書籍や絵画に対して過大な支出を行っていたとしても、彼の振る舞いの変更から、無分別など推論できるはずはないだろう。このようなことは、以前の支出によって、もうそれ以上の支出が不必要になりがちな事柄であるから、早めにやめる人の場合、彼は、自分の資産を超えてしまったからではなく、自分自身の気まぐれを充足してしまったために、そうしたように見えるからである。

41　くわえて、耐久財に注がれる支出は、もっとも気前の良い歓待に用いられるよりも、一般的に、ずっと多くの人々に生活費を与える。時々大宴会で供される重量二〇〇ポンド、ないし三〇〇ポンド相当の食料のうち、おそらく半分は掃きだめに投げ込まれるのであって、いつも、じつに多くのものが浪費され、粗末にされている。だが、この催しにおける支出が、石工、大工、室内装飾業者、機械工などを働かせるために用いられたとすれば、同じ価値をもつ食料の量が、さらに多くの数の人々――一ペニーでとか、一ポンドの重さでそれを購入する人々――の間に分配され、そのうちの一オンスさえ、失われたり、投げ捨てられたりすることはあるまい。くわえて、前者の方法であれば、この支出は生産的な人手を維持するが、後者の方法であれば、不生産的な人手を養うことになる。それゆえ、前者の方法なら、国の土地と労働の年々の生産物の交換価値を増加させるし、後者の方法なら、増加させることはないのである。

42 しかしながら、このすべてから、前者の種類の支出はつねに後者のそれよりもいっそう物惜しみしない寛大な精神を示している、と主張していると理解しないように、お願いしたい。資産家が、その収入をもっぱら歓待用に支出する場合、彼は、その大部分を友人や同席者と分け合うが、それを、耐久財のようなものの購入に充てる場合には、多くの場合、そのすべてを自分自身のために支出し、誰に対しても、等価値のモノがなければ何も与えない。それゆえ、耐久財の購入にあてられる支出は、特に、衣装や家具の些細な飾り、宝石、小間物、安ピカものというつまらない対象に向けられた場合、たんに軽薄な気質だけでなく、卑しく利己的な気質を示すことが多い。私が言いたいことのすべては、耐久財に対する支出は、つねに価値のある財貨の蓄積をいくらか引き起こすように、それは個人の倹約にとってより好都合であるから、結果的に、国民（パブリック）の資本の増加にとっても好都合であること、しかもそれは、不生産的な人手よりもむしろ生産的な人手を維持するから、大宴会に対する支出よりも社会全体の富裕の進展にとっていっそう貢献する、ということに尽きる。

第四章　利子付きで貸し付けられる元本について

1　利子付きで貸し付けられる元本(ストック)は、貸主には、つねに資本(キャピタル)であるとみなされている。貸主の期待は、満期になれば、それは返還されるはずだし、その間、借主がその利用に対する一定の年賃料(アニュアル・レント)を彼に支払うはずである、という点にある。借主は、それを資本として、あるいは、直接消費するために留保する元本として利用する可能性をもっている。それを資本として用いれば、彼は、その価値を利潤とともに再生産する生産的労働の維持に利用することになる。この場合、借主は、他の収入源を譲渡したり蚕食したりすることなく、資本の返済と利子の支払いを、ともに行うことができる。もし借主が、それを直接消費するために留保する元本として利用する場合には、彼は、放蕩者の役割を演じ、勤勉な人間を支えるために割り当てられていたものを、怠惰な人々の維持に浪費することになろう。この場合、彼は、所有物や土地の地代といった他の収入源を譲渡したり蚕食したりすることなく、資本を返済することも、利子を支払うこともできないであろう。

2　利子付きで貸し付けられる元本は、時々間違いなくこの両方に利用されるが、しかし、前者のほうが後者よりもはるかに頻繁である。消費するために借り入れる人は、すぐに破滅するだろうし、彼に貸し付ける人は、一般に、自分自身の馬鹿さ加減を悔いる必要が生じるだろう。それゆえ、そのような目的のために借り入れたり貸し付けたりすることは、まったくの高利貸は別として、いかなる場合でも両方の利益に反するものであるから、人々が、前者や後者の両方を実行することが時々生じるのは間違いないが、それでもやはり、人間というものは、ことごとく私欲というものをもつという点を考慮すれば、我々が時々想像するほど、そのようなことを頻繁に起こすはずがない、と断言することができるだろう。普通の慎重さをもつ金持ちに、彼がもつ元本の多くの部分を貸し付けているのは、この二種類の人々のどちらであるか、さらに、どのような人々がそれを有利に利用するかとか、それを無駄に支出するだろうと彼が考えているか、これを尋ねてみよ。そうすれば、そのような質問をするだけで、貴方は笑い飛ばされるだろう。それゆえ、世界でもっとも倹約的だと定評がある人々には含まれない借主の間でさえ、倹約的で勤勉な人々の数は、金遣いが荒くて何もしない人々の数を、かなり上回っているのである。

3 おおいに利益を上げるように利用すると期待されることもなく、元本が普通に貸し付けられる唯一の人々は、不動産を担保に借り入れる地方の紳士である。彼らでさえ、たんに支出するために借り入れることは滅多にない。彼らが借り入れるものは、借りる前にすでに支出済みであることが普通である。一般的に、彼らは店主や取引業者から信用で貸し付けられたものを大量に消費してきたため、借金を支払うためには利子付きで借り入れなければならないと気付くことになる。借り入れられた資本は、店主と取引業者の資本を取り戻すが、それは、地方の紳士が、彼らの所領から上がる地代で返済できなかったものである。それは、厳密にいえば、支出するために借り入れられるものではなく、以前支出された資本を、返済するためなのである。

4　利付き貸付のほとんどは、紙幣または金・銀貨、つまり貨幣で行われる。だが、借主が実際に欲しているもの、そして、貸主が実際に彼に提供するものは、貨幣ではなく貨幣の価値、つまり、それでもって購入できる商品である。彼が、直接消費するための元本としてそれを欲したのであれば、その元本に組み込まれることができるのは、そのような商品だけである。もし彼が、組織的な労働を利用するための資本として、それを欲するのであれば、勤勉な人々がその仕事を遂行するために必要な道具、原材料および生活費を供給できるのは、そのような商品からだけである。貸付という手段によって、言ってみれば、貸主は、借主にその国の土地と労働の年々の生産物の一定部分に対する権利、つまり、借主の望み通りに利用する権利を譲渡するわけである。

5　それゆえ、元本の量、すなわち、一般的にそれが表現されているように、どの国であれ利子付きで貸付可能な貨幣の量は、紙幣であれ鋳貨であれ、国内でなされたさまざまな貸付の手段として任務を遂行する貨幣の価値によって規制されるのではなく、それが大地から、あるいは、生産的労働者の手仕事から出て来るや否や、たんに資本を取り戻すだけでなく、所有者が、自分自身で利用する困難を引き受けようとしない資本をも取り戻すために割り当てられる年々の生産物の当該部分の価値によって、規制されるのである。そのような資本は、通常、貨幣で貸し付けられて返済されるため、それは、利殖家階級（マニード・インテレスト）と呼ばれるものを形成する。それは、土地所有者の利害だけでなく、商業や製造業の利害——両者の場合、所有者自身が自分自身の資本を利用する——とも、明確に異なっている。しかしながら、利殖家階級の中でさえ、貨幣は、言ってみれば、その所有者が自分自身で利用することを望まない資本を、自分の手から、他人の手へ移転する譲渡証書にすぎない。このような資本は、同じ貨幣片が、多くの異なった購買のためと同様に、連続的に多数の異なった貸付に使えるため、資本譲渡の手段として機能している貨幣の総額に較べ、比率はともかく、より大きい可能性がある。

たとえば、AがWに一〇〇〇ポンド貸し付け、Wは、それでもって即座に、Bから一〇〇〇ポンドの価値をもつ商品を購入するとしよう。自分自身で貨幣を持っておく必要がないBは、同じ貨幣片をXに貸し付け、それでもってXは、即座にCから別の一〇〇〇ポンドの価値をもつ商品を購入する。Cは、同じ方法と同じ理由から、Yに貨幣片を貸し付け、Yもまた、それでもってDから商品を購入する。鋳貨であろうと紙幣であろうと、このような方法で同じ貨幣片が数日経過するうちに、三つの異なった貸付と、三つの異なった購入の手段として機能しており、そのそれぞれは、価値としてみると、このような貨幣片の総額に等しいのである。A、B、Cという三人の金持ちの利殖家（マニード・マン）が、三人の借主W、X、Yに譲渡したものは、商品を購買する力である。この力に、貸付の価値と用途の両方があるわけである。三人の金持ちの利殖家によって貸し付けられた元本は、それでもって購入できる商品価値に等しいから、そのような購買の手段であった貨幣のそれよりも、三倍の大きさになる。しかしながら、異なる債務者によって購入された商品は、支払期日になれば、鋳貨であれ紙幣であれ、等しい価値を利潤とともに返済するように利用されているから、このような貸付は、すべて完全に十分な支払いが保証されている可能性がある。おまけに、同一の貨幣片が、このようにその価値の三倍、あるいは同じ理由から、三〇倍までさまざまな貸付の手段として役立ちうるように、同一の貨幣片は、同じ仕方で、返済手段として連続的に役立つ可能性を持っているのである。

6 利子付きで貸し付けられた資本は、このような仕方で、貸し手から借り手に対する年々の生産物の相当部分の譲渡であること、つまり、返済にあたって借り手は、貸付が継続している期間、利子と呼ばれる小さな部分を年々貸主に譲渡すること、さらに、その期間の終わりに、当初彼に譲渡されたものと等しいと考えることができる部分を譲渡——返済と呼ばれる——する、という条件のもとになされた譲渡であると考えることができよう。鋳貨であろうと紙幣であろうと、少額の利子部分と多額の元本部分の両方について、貨幣は、一般的に譲渡の証書として機能しているとはいえ、それ自体は、それによって譲渡されるものとはまったく異なったものである。

7 大地から、あるいは、生産的労働者の手仕事から出て来るや否や、資本を取り戻すように予定されている部分が、年々の生産物に占める割合が増加するのに比例して、利殖家階級と呼ばれるものがどの国でも自然に一緒に増加する。このような特殊な資本——その所有者が、自分自身でそれを用いる面倒を回避し、そこから収入を引き出そうと望む資本——の増加は、資本の一般的な増加に自然に随伴するものである。つまり、言い換えるなら、元本が増えるにつれて、利子付きで貸し付けられる元本の量は、次第にますます大きくなるのである。

8 利子付きで貸し付けられる元本の量が増加するにつれて、利子、すなわち、その元本を利用するために支払わなければならない代価は必然的に低下するが、その理由は、モノの量が増えると、その市場価格を一般的に低下させるという一般的な原因だけでなく、この特殊な場合に特有な別の原因にも、もとづいている。いかなる国でも、資本が増加すると、それを用いて獲得できる利潤は減少する。新しい資本を国内で有利に利用する方法を見つけ出すことが、次第にますます難しくなる。結果的に、異なった資本、つまり他の所有者が従事している仕事を手に入れようと努力する所有者の間で、競争を引き起こす。だが、ほとんどの場合、彼が、他の所有者をこの仕事から押し退けようと望むなら、もっと適正な条件で取り引きするという手段に頼るほかにない。彼は、自分が取り扱うものをいくらか安く販売する必要があるだけでなく、それを販売できるようにするために、時にはまたそれをより高く購入する必要がある。生産的労働に対する需要は、その維持に向けられる基金を増加させることをつうじて、毎日少しずつ大きくなる。労働者は容易に仕事を見つけるが、しかし、資本の所有者は、雇うべき労働者の確保が困難だとわかるだろう。資本所有者間の競争は、労働の賃金を上昇させ、元本の利潤を減少させる。だが、資本の利用をつうじて入手可能な利潤が、このような仕方で、いわば二つの目標のゆえに減少する場合には、資本を利用するために支払いうる代価つまり利子率は、必然的にそれとともに下落するはずである。

9　ロック氏、ロー氏さらにモンテスキュー氏は、他の多くの著述家と同様に、金貨や銀貨の量の増加——スペイン領西インド諸島の発見の結果——は、ヨーロッパの大部分を通じて利子率を低下させた真実の原因であった、と推測したように思われる。彼らが言うには、このような金属は、それ自体の価値が減少してきたため、そのようなもののどの特定部分の利用もまた、より低い価値をもつようになるから、結果的に、それに支払われる代価の価値も下がったことになる。一見する限り、きわめてもっともらしく思われるこの見解は、ヒューム氏によって完全に批判されてきたから、それについて、これ以上触れる必要はおそらくないだろう。しかしながら、以下のきわめて短くて平明な議論は、このような紳士を間違った方向に導いたと思われる誤った議論を、もっと明確に説明する一助になるだろう。

10 スペイン領西インド諸島が発見されるまでの時期、一〇パーセントというのは、ヨーロッパの大部分で普通の利子率であったと思われる。その時以降、さまざまな国で六、五、四さらには三パーセントに低下してきた。すべての国で、銀の価値が、正確に利子率と同じ比率で低下したと想定しよう。さらに、たとえば、利子率が一〇パーセントから五パーセントに低下した国では、同量の銀は、今や以前それが購入できた量の商品のちょうど半分しか購入できないと想定しよう。この想定は、私が考えるに、どんな所でも真理に合致していると思われはしないだろうが、しかしそれは、我々が検討しようとしている見解にとってもっとも好都合なものであり、しかも、この仮定に立っても、銀価値の低下が利子率を低める傾向をいささかとはいえもち得た、という主張はまったく受け入れ難いのである。

もしこのような国で、現在の一〇〇ポンドの価値が、当時の五〇ポンドを超えない程度の価値であるとすれば、現在の一〇ポンドは、当時の五ポンドを超えない価値になるはずである。資本の価値を引き下げる原因が何であろうと、同じ原因は、必然的に利子の価値を、しかも同じ比率で引き下げるはずである。資本の価値と利子の価値との間の比率は、利子率がけっして変更されなかったとしても、同一のものに留まっていたはずである。これとは逆に、利子率を変更すれば、この二つの間の比率はかならず変更される。もし現在の一〇〇ポンドが、当時の五〇ポンドを超えない程度の価値であるとすれば、現在の五ポンドは、当時の二ポンド一〇シリングを超えない程度の価値に相当するはずである。それゆえ、利子率を、たとえば一〇パーセントから五パーセントに引き下げることにより、以前の価値の半分に等しいと推定される資本の利用に対して、以前の利子の価値のわずか四分の一に等しい、利子を支払うことになる。

11 銀の量におけるいかなる増加も、それを手段にして流通する商品の量が同一に留まっている限り、その金属の価値を引き下げること以外の効果をもつはずがない。あらゆる種類の商品の名目価値は大きくなるであろうが、その真実価値は、以前とまったく同一であろう。商品は、より多くの数の銀貨と交換されるだろうが、商品が支配できる労働の量、すなわち、商品が維持し、利用できる人々の数は、厳密に同一であろう。その国の資本の量は同一であろうが、しかし、資本の等しい部分を、ある人から他の人に移転するためには、より多くの数の銀貨が必要とされる可能性がある。譲渡の証書は、多言を弄する事務弁護士の譲渡証書と同様にいっそう扱いにくいだろうが、譲渡されるモノは、厳密に以前と同じものであろうし、生み出すことができるのは同一の効果だけである。生産的労働を維持するための基金は同一であるから、それに対する需要も同一であろう。それゆえ、その価格や賃金は、名目的には大きくても、実際には同一であろう。賃金は、より多くの数の銀貨で支払われるだろうが、それは、同一量の商品しか購入できないだろう。元本の利潤は、名目的にも実質的にも同一であろう。労働の賃金は、労働者に支払われる銀の量によって計算されるのが、普通である。それゆえ、それが増加した場合、以前とすこしも変わらないことが時にありうるにもかかわらず、労働者の賃金は増加したように見えるのである。

だが、元本の利潤は、支払われた銀貨の数で計算されるわけではなく、このような貨幣が、利用された総資本に対してもつ比率によって、計算される。こうして、ある特定の国で、週に五シリングが普通の労働賃金であり、一〇パーセントが元本の普通の利潤であると言われるわけである。だが、その国の総資本は、以前とまったく同一だから、利潤が割り振られるさまざまな個人の資本間の競争も、同様にまったく同一であろう。彼らはすべて、まったく同じ利点や欠点を抱えて営業するだろう。それゆえ、資本と利潤の間の一般的な比率は同一であり、貨幣の利用に対して一般的に与えられうるものは、当然のことながら、それを利用して一般的に達成されうるものによって規制されるから、結果的に、貨幣の普通の利子も同一である。

12　これとは逆に、国の内部で年々流通する商品の量におけるいかなる増加も、それを流通させる貨幣の量が同一のものに留まる限り、貨幣の価値を増加させること以外に、他の多くの重要な結果を生み出すであろう。国の資本は、名目的に同一である可能性があるとはいえ、実質的に、増加することになろう。それは同量の貨幣で表現され続ける可能性があるが、しかし、より多くの労働量を支配するだろう。それが維持し、利用することができる生産的労働の量は増加するだろうから、結果的に、そのような労働に対する需要も、増加するだろう。生産的労働の賃金は、需要とともに自然に上昇するだろうが、それにもかかわらず、下落するように見える可能性がある。その賃金は、より少量の貨幣で支払われる可能性があるが、しかし、その少量の貨幣が、より大きな量の貨幣が以前購買していた財の量を上回る量の財を、購買する可能性がある。元本の利潤は、実質的にも外見的にも減少するだろう。国の総資本は増加しているから、それを構成するさまざまな資本間の競争は、それとともに、自然に激化してくるだろう。このような特定の資本の所有者は、それぞれの資本が利用している労働の生産物のうち、より小さな部分で満足することを余儀なくされよう。貨幣の価値、すなわち特定の貨幣額が購買しうる財の量がおおいに増加したとしても、貨幣の利子は、つねに元本の利潤と歩調を合わせているから、このような仕方で、いっそう低下するだろう。

13 いくつかの国では、貨幣の利子は法律によって禁止されてきた。だが、どこでも貨幣の利用によってなにがしかの儲けがえられるから、どこでも、その利用に対してなにがしかのものが支払われるに決まっている。この規制は、経験からして、それを防止するよりもむしろ、高利貸という悪行を増加させてきたことがわかっている。すなわち債務者は、利用した貨幣に対してだけでなく、貸付利子の徴収に対する償いを認めることによって、債権者が被りかねないリスクに対しても、支払う必要に迫られたわけである。彼は、もしそう言ってよければ、高利貸に課される罰金から彼の債権者を救済するという保障を、せざるをえなかったのである。

14 利子が容認されている国では、高利貸の搾取を防止する目的で、処罰されることなく徴収しうる最高利率を、法律が一般的に定めている。この利率は、つねに最低の市場価格、つまり、もっとも確実な担保を提供できる人々による貨幣の利用に対して、一般的に支払われる価格を幾分か上回っている必要がある。もしこの法定利子率が、最低の市場利子率以下に定められた場合には、このような固定化の効果は、利子の全面的禁止の効果とほとんど同一であるにちがいない。債権者は、その利用に値するとはとても言えないものに彼の貨幣を貸し付けようとはしないから、債務者は、その利用の全額を引き受けることによって、債権者が支払い義務を負うリスクに対して、彼に支払う必要がある。もしそれが、正確に最低の市場価格に固定されたら、それは、国の法律を尊重する正直な人物のせいで、まさに、最良の担保を提供できないすべての人々の信用を崩壊させ、法外な高利貸に頼らざるをえないようにするだろう。グレートブリテンのような国——政府に対して貨幣が三パーセントで貸し付けられ、民間人には、十分な担保にもとづいて、四パーセントおよび四・五パーセントで貸し付けられている国——では、現在の法定利子率五パーセントは、多分、どこにも劣らず適切なものであろう。

15 注意しなければならないことは、法定利子率というものは、最低の市場利子率以上であるべきだとはいえ、それを、余りにも大きく上回るべきではないということである。たとえば、グレートブリテンにおける法定利子率が、八パーセントとか一〇パーセントという高さに定められれば、貸付可能な貨幣の大部分は、浪費家や投機的企業者（プロジェクター）——このような高い利子の支払いをいとわない、数すくない人物——に貸し付けられることになろう。それを利用して、儲けられそうなものの一部を超えない範囲で貨幣の利用を放棄する分別のある人々は、危険を冒してそのような人々の競争に加わったりしないだろう。国の資本の大きな部分が、こうして、利益をもたらして有利に利用しそうな人手から遠ざけられ、もっとも浪費して、消滅させかねない人々の手中に投げ込まれることになるだろう。これとは反対に、法定利子率が、最低の市場利子率をごくわずかに上回るだけのものに定められているところでは、浪費家や投機的企業者よりも、分別のある人々のほうが、借り手として一般的に好まれるだろう。貨幣を貸し付ける人は、前者から思いきって取り立てるほど多くの利子に近いものを後者から獲得するし、しかも彼の貨幣は、前者の部類の人々の手中よりも、後者の部類の人々の手中にあるほうが、ずっと安全である。国の資本の大きな部分は、こうして、有利に利用される度合いがもっとも高い人々の手中に、投入されるわけである。

16 いかなる法律も、通常の利子率を、立法時における通常の最低市場利子率以下に引き下げることはできない。フランスの国王が、通常の利子率を、五パーセントから四パーセントに引き下げようと試みた一七六六年の勅令にもかかわらず、その法律は、さまざまな手段をもちいてくぐり抜けられ、フランスでは、貨幣は五パーセントで貸し付けられ続けた。

17 土地の通常の市場価格は、どこでも、通常の市場利子率にもとづいて決まるということに、注意されたい。自分自身でそれを利用する手間をかけずに、そこから収入を引き出そうと望んでいる資本の所有者は、それでもって、土地を購入するべきか、あるいは、利子付きでそれを貸し付けるべきか、じっくり考慮する。土地のずば抜けた安全性は、ほとんどどこでも、この種の財産に付きものの他のいくつかの利点と一緒になって、利子付きで自分の貨幣を貸し付けることによって得られるものよりも、一般的にそのような資本の所有者を、土地からの少ない収入で満足する気持ちにさせるだろう。このような利点は、収入の一定の違いを十分に埋め合わせるが、しかし、埋め合わせるのは一定の違いでしかないから、土地の地代が貨幣の利子に遠く及ばないようになれば、誰も土地を買わないだろうし、こうして土地の通常価格はまもなく低下することになろう。これとは逆に、もしその利点が、その違いを保証する以上のものであれば、誰もが土地を購入し、こうして土地の通常価格は、まもなくまた上昇することになろう。利子率が一〇パーセントの時には、土地は、普通一〇年とか一二年の地代相当額（イヤーズ・パーチャス）で売却された。利子率が、六、五、あるいは四パーセントに下落するにつれ、土地の価格は、二〇年、二五年、さらに三〇年の地代相当額に上昇する。市場利子率は、フランスではイングランドよりも高いから、土地の一般的な価格は低い。イングランドでは、土地は、一般に三〇年の地代相当額で売られるが、フランスでは、それは二〇年の地代相当額で売られる。

第五章　資本のさまざまな利用について

1　たとえあらゆる資本が生産的労働だけを維持するために割り当てられるとしても、しかし、等量の資本が起動させることができる労働の量は、そのような利用が、国の土地と労働の年々の生産物に追加する価値と同様に、資本の用途の多様性に応じて著しく異なっている。

2　資本は、四つの異なった方法で利用できるだろう。すなわち第一に、社会で使用して消費するために、年々求められる土地の原生産物の確保に用いられるか、第二に、その原生産物を、直接使用したり消費したりするために整えたり、製造したりするのに用いられるか、第三に、原生産物であれ製造品であれ、それが大量にある所からそれが足りない所へと輸送するために用いられるか、第四に、そのようなものの特定部分を、そのようなものを欲しがる人々の時折の需要に配分するために用いられるか、このいずれかである。第一の方法で利用されるのは、土地の改良や耕作、鉱山業や漁業を担う資本であり、第二の方法では、あらゆる親方製造業者の資本、第三の方法では、あらゆる卸売商人の資本、第四の方法では、あらゆる小売商人の資本がこれに相当する。この四通りに分類されないような方法で利用される資本など、想像することが難しい。

3　このような資本利用の四つの方法は、それぞれ他の三つが存在して広がって行くために、つまり、社会の一般的な便宜のために本質的に不可欠なものである。

4　資本が、土地の原生産物を一定程度潤沢に提供するために利用されないかぎり、製造業も他のいかなる種類の商業も、存在しえない。

5　使用や消費に適するようになるまでに大がかりな準備が必要な、原生産物の相当部分を加工製造するために資本が用いられなければ、その原生産物に対する需要が存在するはずがないから、それは、けっして生産されないことになろう。つまり、もしそれが、自生的に産出される場合には、それは交換において価値をもたず、したがって、社会の富にはなにも付け加えることができないだろう。

6　原生産物であれ製造業の製品であれ、それに恵まれた地域から、欠乏している地域へと輸送するために資本が用いられなかったら、両者とも、近隣地域での消費に必要な量を超えて生産されることなど、あるはずがない。商人の資本は、ある地方の剰余生産物を、他の地方のそれと交換し、こうして産業を奨励し、両地方の喜びのもとを増大させる。

7　原生産物であれ製造品であれ、その一定部分が、それを欲しがる人々の時折の需要に適するように、小分けされた一包みに分けて配分するために資本が用いられなければ、それを欲する人々はすべて、当面必要な量をはるかに超える量を、購入せざるをえなくなるだろう。たとえば、肉屋のような職業が存在していなかったとすると、誰もが、一度に牛や羊を一頭丸ごと購入せざるをえなくなるだろう。これは、金持ちにとって一般的に不便なことであろうから、貧乏人にとっては、途轍もなく不便なことだろう。もし貧しい労働者が、一ヵ月分とか半年分の食料の購入を余儀なくされれば、彼の仕事道具とか、彼の店の設備備品などのために、資本として利用することによって収入をもたらす元本（ストック）の大部分は、直接消費に投下するために取り置かれた在庫(ストック)――それは、彼にはまったく収入をもたらさない――に投下する他に、なすすべがなくなるだろう。そのような人にとって、彼の食料などの生活物資を、日々あるいは必要な時にいつでも購入できることほど、都合の良いことがあるはずがない。彼は、そうすることによって、所有する元本のほとんどすべてを、資本として利用できるようになる。こうして彼は、仕事により大きな価値を与えることが可能になり、しかも、彼がこのような方法で稼ぐ利潤は、小売商人の利潤が商品に課す追加の価格を相殺する以上のものになる。商店主や取引業者に反対する数人の政治好きな著述家が抱いている偏見は、まったく根拠がない。彼らに課税するとか、その数を制限するという必要はまったくないのだから、彼らがたがいに傷つけあうことはありうるとはいえ、彼らが社会全体を傷つけるほど増殖することなど、あるはずがない。たとえば、ある特定の都市で販売可能な食料の量は、その都市とその近隣地域の需要によって、制限されている。それゆえ、食料の商いに利用しうる資本が、当該量を購買するために十分なものを超えるはずがない。もしこの資本が、二人の異なった食料品店主の間で分割されていれば、それが一方の手だけに握られている場合よりも、両者の競争が、両者に対してより安く販売させる傾向をもつだろうし、もしそれが、二〇人の間で分割されていれば、彼らの間の競争がまさにその分だけ激化し、販売価格を引き上げるために共同で結託する機会は、その分だけ減少するであろう。彼らの間の競争は、おそらく一部を破滅させる可能性があるが、この面倒を見ることが関係団体の任務であるから、彼らの自由裁量に委ねておいても問題は生じないだろう。それは、消費者や生産者のいずれにも損害を与えるはずはないし、逆に、すべての取引が一人とか二人によって独占されているような場合に比べ、小売商人に対して、より安く売り、より高く仕入れるようにさせる傾向をもっているにちがいない。おそらく彼らの一部は、時々立場の弱い消費者に不必要なものを購入させるために、わなにかける可能性がある。しかしながら、この罪は、社会全体の注目を引き付けるには余りにも小さな重要さしかもたないし、商人の数を制限することによって、かならず防げるというものでもないだろう。もっとも疑わしい例を挙げるなら、一般的に普通の人々の間に酔払いの気質を生じさせるのは、居酒屋の数の多さではなく、別の原因から生じる気質が、必然的に多数の居酒屋に仕事を与えるのである。

8　所有する資本を、この四つの方法のどれかに用いている人々は、彼ら自身、生産的労働者である。彼らの労働は、適切に管理されれば、それが費やされたモノや、販売可能な商品のなかにおのずと定着して実現し、一般的には、最低でもその価格に彼ら自身の維持と消費に相当する価値をつけ加える。農業者、製造業者、商人および小売業者の利潤は、最初の二者が生産し、後の二者が購入して、売却した財の価格から引き出される。しかし、等額の資本は、この四つの方法のどれで用いられるか次第で、おおいに異なった量の生産的労働を直接起動させるから、労働者が属する社会の土地と労働の年々の生産物の価値を、おおいに異なった比率で増加させることになるだろう。

9　小売店主の資本は、彼の商品仕入れ先である商人の資本を、その利潤とともに取り戻し、それによって、彼がその事業を続けられるようにする。小売店主自身は、彼の資本が直接利用する唯一の生産的労働者なのである。彼の利潤が、その資本の利用が社会の土地と労働の年々の生産物に付け加える価値のすべてである。

10 卸売商人の資本は、取り扱い対象である原生産物と、製造品の仕入れ先である農業者と製造業者の資本を、その資本の利潤とともに取り戻し、それによって、彼らがそれぞれの事業を継続できるようにする。卸売商人は、もっぱらこの尽力によって、社会の生産的労働者を維持することに、さらに、その年々の生産物の価値を増加させることに、間接的に貢献するのである。また卸売商人の資本は、仕入れた商品を、ある場所から別の場所へ輸送する船員や運送人を雇用し、そのような商品の価格を、彼の利潤だけでなく彼らの賃金も含めた価値だけ増大させる。これが、卸売商人の資本が直接起動させる生産的労働のすべてであって、それが、年々の生産物に直接付け加える価値のすべてである。このような二側面で発揮される働きが、小売商人の資本の働きを大きく上回る点である。

11 親方製造業者の資本の一部は、彼の事業の道具において固定資本として利用され、その仕入れ先である一部の他の職人の固定資本を、利潤とともに取り戻す。彼の流動資本の一部は、原材料の購入に利用され、仕入れ先である農業者や鉱山業者の資本を、彼らの利潤とともに取り戻す。だが、その大部分は、一年を通じてであろうと、ずっと短い期間であろうと、つねに彼が雇っているさまざまな労働者の間に配られている。それは、このような原材料の価値を労働者の賃金分だけ増大させるし、さらにその事業で用いられた賃金、原材料および仕事道具からなる元本全体に対する、親方の利潤分だけ増大させる。それゆえ、それは、さらに多くの量の生産的労働を直接起動させ、こうして、社会の土地と労働の年々の生産物に、いかなる卸売商人の手許にある等額の資本よりも、一段と大きな価値を付け加えるのである。

12 等額の資本であっても、農業者の資本ほど、大量の生産的労働を起動させるものはない。労働に従事する使用人だけでなく、労働に従事する家畜もまた、生産的労働者である。農業ではまた、自然も人間と一緒に労働するのであって、自然の労働は、まったく費用がかからないが、その生産物は、もっとも高くつく職工の生産物と同様に、自然の価値をもっている。農業のもっとも重要な作用は、人間にとってもっとも利益が上がる植物の生産を増やすことよりもむしろ、自然がもっている多産性を、利益があがるように管理しようと企てることにある。野バラやキイチゴに覆われた原野が、もっともよく耕作されたブドウ畑や穀物畑と同様に、多量の野菜を生産することも頻繁にありうるだろう。

植物を植えて耕作することは、自然の活力に溢れる多産性を活性化するよりも、むしろ、それを規制することがほとんどであり、しかも、すべての労働を注いだとしてもなお、その仕事の大部分は、つねに自然によってなされるために残される。それゆえ、農業で利用される労働者と労働用の役畜（レイバーリング・キャトル）は、製造業に従事する職工のように、彼ら自身の消費や、彼らを雇用する資本と等しい価値を、資本の所有者の利潤とともに再生産するだけでなく、ずっと大きな価値を再生産する。それは、農業者の資本と利潤のほかに、定期的に、地主の地代も再生産する。このような地代は、自然がもつこのような能力——その利用権を、地主が農業者に貸し付ける——が生産したものと、判断することも可能であろう。それは、このような能力の程度次第で、あるいは言い換えると、その土地のそもそもの肥沃さとか、改良された肥沃さと推定されているもの次第で、大きくなったり小さくなったりする。人間の仕事とみなしうるあらゆるものを控除したり、埋め合わせたりした後に残るものは、自然のなせる業である。それが四分の一より小さいことは滅多になく、総生産物の三分の一を超えることが多い。

製造業に従事する等量の生産的労働は、そのどれをとっても、それほど大きな再生産を引き起こすことなど、およそ不可能である。製造業では自然は何もせず、人間がすべてを行うから、再生産は、つねにそれを引き起こす行為者の人数に比例するはずである。それゆえ、農業に利用される資本は、製造業に利用されるいかなる等額の資本よりも、より多くの量の生産的労働を起動させるだけでなく、さらに、それが利用する生産的労働の量に応じて、国の土地と労働の年々の生産物、つまりその住民の真実の富と収入に、はるかに大きな価値を付け加える。資本が利用されうるすべての方法のうち、それは、社会にとってとびぬけてもっとも有利なのである。

13 どの社会であれ、農業や小売業で用いられている資本は、つねにその社会内部に存在していなければならない。その利用は、ぴったりの地点、すなわち農場や小売商の店先に、ほとんど限定されてしまう。これにはいくつか例外があるとはいえ、そのような資本は、一般にその社会に居住する構成員に属しているはずである。

14 これに対し、卸売商人の資本は、固定した所在地や不可避な場所をもたず、安く購入できたり、高く売ったりすることができるかどうかで、あちこち移動する可能性がある。

15 製造業者の資本は、間違いなくその製造業が遂行されている場所になければならないが、どこで操業されるかは、かならずしも決まっていない。それは、原材料が産出される場所からだけでなく、完成された製造品が消費される場所から相当離れていることもしばしばありうる。リヨンは、その製造業の原材料を提供する場所から、さらには、製造品を消費するところからもきわめて隔たったところにある。シチリアの上流階級は、自国が生産する原材料を用いて、他の国で作られた絹織物を着用している。スペイン産羊毛の一部は、グレートブリテンで加工製造され、その布地の一部は、後にスペインに送り返されている。

16 所有する資本で社会の余剰生産物を輸出する商人が、自国民であるか外国人であるかは、ほとんど重要なことではない。かりに彼が外国人であれば、その国の生産的労働者の数が、彼が自国民であった場合よりも必然的に一人だけ減り、さらに、彼らの年々の生産物の価値が、その一人の人物の利潤の分だけ減少するだけのことである。彼が雇用する船員や運送人は、あたかも、生まれつきそうであったかのように、雇い主の国か、彼らの母国か、あるいはどこか第三国かに、深く考えることもなく、依然として属している可能性がある。外国人の資本は、母国で需要があるようなモノと交換することによって、彼らの余剰生産物に、自国産のそれと等しい価値を与える。それは、余剰を生産した人の資本を効果的に取り戻すし、また、効果的に彼がその事業を継続できるようにするのであって、生産的労働を維持し、自分自身が属する社会の年々の生産物の価値を増加させること、これが、卸売業者の主要な貢献なのである。

17 製造業者の資本が国内に存在するべきであるということは、より重要な意味をもっている。それは、必然的により多くの量の生産的労働を起動させ、しかも、社会の土地と労働の年々の生産物に、より大きな価値を付け加える。しかしながら、それは、たとえ国内に存在しない場合でも、その国にとってきわめて有益でありうる。バルト海沿岸から年々輸入される亜麻や麻を製品に仕上げるイギリスの製造業者の資本は、それを生産する国にとって、間違いなくおおいに役立っている。このような原材料は、そのような国の余剰生産物の一部であって、そこで需要がある何かと年々交換されないかぎり、まったく価値をもたず、まもなく生産されなくなるものである。それを輸出する商人は、それを生産する人々の資本を取り戻させ、それによって、彼らがその生産を継続するように奨励し、そしてイギリスの製造業者が、このような商人の資本を取り戻させるのである。

18 特定の国は、特定の個人と同じ仕方で、そのすべての土地を改良したり、耕作したり、国で産出する原生産物のすべてを直接利用したり、消費したりするために加工製造したり、さらには、原生産物や製造品の余剰を、遠隔の地方――そこでなら、母国で需要がある何かとそれを交換できる――に運搬するために十分な資本を、確保していない可能性がある。グレートブリテンの多くの異なった地方の住民は、彼らの土地のすべてを、改良し、耕作するための十分な資本をもっていない。スコットランド南部地方の羊毛の大部分は、それを地元で加工製造する資本が不足しているため、ひどい悪路をたどる長い内陸輸送を経て、ヨークシャーで加工製造されている。グレートブリテンには多くの小さな加工製造都市があるが、その住民は、彼ら自身の事業の生産物を、それに対する需要と消費量が存在する遠く離れた市場に運ぶための十分な資本をもっていない。たとえ、彼らの間に商人がいくらかいるにしても、当然のことながら彼らは、どこか大きな商業都市に住む富裕な商人の代理人にすぎないのである。

19　いかなる国であれ、資本が、このような三つの目的のすべてにとって不十分な場合、そのより大きな割合が農業に利用されるのに比例して、国内で起動される生産的労働の量が大きくなるし、その利用が、社会の土地と労働の年々の生産物に付け加える価値もまた、同様に大きくなるだろう。農業の次は、製造業に用いられる資本が最大量の生産的労働を起動させ、年々の生産物に、最大の価値を追加する。輸出貿易に用いられる資本は、この三つのうちでは、一番効果が小さい。

20　実際、このような三つの目的のすべてを満たすのに十分な資本をもたない国は、自然に定まるような富裕の程度に達していないのである。しかしながら、時期尚早な段階で、しかも不十分な資本でこの三つの目的のすべてを達成しようと試みることが、個人にとっても、社会にとっても同様に、十分な資本を獲得する最短の道でないことは間違いない。国の構成員すべての資本は、個人のそれとまったく同様に、その限界をもっており、ある程度までしか目的を達成できない。国の構成員すべての資本は、個人のそれとまったく同様に、全員の収入から節約したものをすべて絶えず蓄積し、それに付加して、増加するだけである。それゆえ、それがもっとも急速に増加しやすいのは、その国のすべての住民に最大の収入をもたらすような方法で利用され、こうして、最大の貯蓄を行うことができる時のことである。国の住民全体の収入は、かならず、その土地と労働の年々の生産物の価値に比例する。

21　我が国のアメリカ植民地が富と偉大さに向けて急速に発展している主要な原因は、そこにあるほとんどすべての資本が、今日まで農業に利用されてきたことにあった。そこでは、農業の発展にかならず随伴している家族的で粗末な手工業――どの家庭でも、女性と子供の仕事である——を除き、製造業は存在していなかった。アメリカの輸出と沿岸交易の大部分は、グレートブリテンに住む商人の資本で遂行されている。いくつかの地方、とくに、ヴァージニアやメリーランドで商品が小売りされる際の基地になっている商店や倉庫でさえ、その多くは、母国に住んでいる商人のものであるから、居住する一員ではない人々の資本によって遂行されている地域社会の小売業のきわめてまれな事例のひとつを提供している。結託（コンビネーション）によるものであれ、何らかの不当な力の行使によるものであれ、アメリカの人々が、ヨーロッパの製造業からの輸入を止めようとすれば、さらにまた、同郷人に類似商品を製造できるような独占を付与することによって、彼らの資本の相当部分をこのような利用に転用するとすれば、アメリカの人々は、彼らの年々の生産物の価値のいっそうの増加を加速するどころか遅らせるだろうし、真実の富と偉大さに向かう彼らの国の進歩を、促進するどころか妨害することになろう。このことは、彼らが同じ仕方で、彼らの輸出取引の全体を、自分たちで独占しようと試みた場合には、なおのこと真実になるだろう。

22　実際、中国、古代エジプトおよび古代インドの国家における富と耕作に関する驚異的な説明を我々が信用でもしないかぎり、人間の繁栄の進行が、この三つの目的のすべてに対する十分な資本を獲得可能にするほど、どこか偉大な国で長期間継続したことなどほとんどなかったように思われる。どの説明に従っても、かつて世界に存在したもっとも豊かな国であるこの三つの国でさえ、農業と製造業における卓越性の点でもっぱら名声を博している。この三国は、外国貿易で目立っていたようには思われない。古代エジプト人は、海に対して迷信的な嫌悪感を抱いていたし、その迷信は、インド人の間に広まっていたものとほぼ同種のものであり、中国人は外国商業（フォーリン・コマース）にはまったく秀でていなかった。この三国すべての剰余生産物の大部分は、それぞれの国で需要があった何か別のもの――しばしば金と銀――を与える外国人によって、それと交換に、いつも輸出されていたように思われる。

23 このようにして、どの国においても、同額の資本は、より大きかったり小さかったりする量の生産的労働を起動させるから、それが農業、製造業及び卸売業に利用される際のさまざまな比率にしたがって、その国の土地と労働の年々の生産物に対して、より大きかったり小さかったりする価値を付加するだろう。その違いもまた、そのどの部分であれ利用される卸売業の種類の違いに応じて、きわめて大きくなる。

24 あらゆる卸売業、つまり、再販売するために大規模に購入する事業のすべては、三つの異なった種類にまとめることができよう。国内取引（ホーム・トレイド）、消費のための外国貿易（フォーリン・トレイド）、および中継貿易である。国内取引は、その国の産業の生産物を、同じ国のある地域で購入し、他の地域で販売することに携わっている。それは、内陸取引と沿岸取引の両方を含んでいる。消費のための外国貿易は、国内消費のための海外商品の購入に携わっている。中継貿易は、海外の国々との商取引を行ったり、ある国の余剰生産物を他の国に輸送したりすることに、携わっている。

25 国内生産物を、国のある地域で購入して別の地域で販売するために用いる資本は、一般的に、そのような操作のたびごとに、その国の農業と製造業で利用されてきた二つの別個の資本を取り戻し、それによって、そのような仕事を継続できるようにする。それが、その商人の居住地から一定の価値をもつ商品を送り出す場合、一般的にそれはすくなくとも同じ価値をもつ別の商品を、代わりにもち帰る。その両方が国内産業の生産物である場合、それは、必然的にそのような操作のたびごとに、生産的労働の維持に利用されてきた二つの別個の資本を取り戻し、それによって、生産的労働を維持し続けられるようにする。スコットランドの製造品をロンドンに送り、イングランドの穀物と製造品をエディンバラにもち帰る資本は、必然的に、そのような操作のたびごとに、ともに、グレートブリテンの農業や製造業で利用されてきたイギリス人（ブリティッシュ）の二つの資本を取り戻すのである。

26国内消費向けに外国の商品を購買するのに用いられる資本は、この購買が、国内産業の生産物でなされる場合には、このような操作のたびごとに、二つの異なる資本を取り戻すが、そのうちの一つは国内産業の維持に用いられるだけである。イギリス製品をポルトガルに送り、ポルトガルの製品をグレートブリテンにもち帰る資本は、このような操作のたびごとに、イギリス人の資本を取り戻すだけである。残りはポルトガル人の資本なのである。それゆえ、消費のための外国貿易の循環は、国内取引の収益と同程度に迅速であるはずだとはいえ、それに用いられた資本は、その国の産業や生産的労働にとっては、半分の奨励しか与えないであろう。

27だが、消費のための外国貿易の循環（リターンズ）が国内取引のそれほど迅速であることは、きわめてまれである。国内取引の循環は、一般的に年の終わりを迎える前までに行われるし、同じ年に三回ないし四回になることも時々ある。消費のための外国貿易の循環は、年の終わりを迎える前までに行われることは滅多になく、しかも、時には二年とか三年後まで行われないことがある。それゆえ、国内取引に用いられる資本というものは、消費のための外国貿易に用いられる資本――一回の循環をもたらす――よりも勝っていて、時には一二回の操作、つまり一二回送り出したり循環したりするだろう。それゆえ、かりに両者の資本が等しければ、前者、つまり国内取引に用いられる資本は、後者のそれに較べて、二四倍余計に国内産業を奨励し、支援することになろう。

28 国内消費のための外国商品は、自国産業の生産物の代わりに、何か別の他の外国商品によって購買できることが時々ある。しかしながら、この後者は国内産業の生産物、または、それでもって購入された何らかの商品で、直接購入されなければならない。というのは、戦争とか占領下にある時を除けば、外国商品を獲得できるのは、直接であれ、二つないしそれ以上の別の交換の後であれ、自国で生産された何かとの交換による以外にありえないからである。それゆえ、このような消費財の迂回的な貿易取引に用いられる資本の効果（イフェクト）は、二つあるいは三つの別個の外国貿易の循環に依拠せざるをえないので、最終的な循環がさらにもっと遅くなりがちであるという点を除き、どこから見ても、同じ種類のもっとも直接的な取引に用いられる資本の効果と、同一である。

もし、リガ〔ラトビアの首都〕の亜麻と麻が、イギリスの製造品で購入されたヴァージニアのタバコでもって購買されるとすれば、商人は、ほぼ等しい量のイギリスの製造品の購入用に彼の同じ資本を利用できるようになるまで、二つの別個の外国貿易の循環を待たなくてはなるまい。もしヴァージニアのタバコが、イギリスの製造品によってではなく、イギリスの製造品によって購入されたジャマイカの砂糖やラム酒で購買されたとすると、彼は三つの循環を待つ必要があることになる。もしこの二つないし三つの別個の外国貿易が、たまたま二人ないし三人の別個の商人によって遂行されている——二番目の商人が、一番目の商人によって輸入された商品を購入し、それを再度輸出するために、三番目の商人が、二番目の商人によって輸入されたものを購買する——とすれば、この場合それぞれの商人は、実際、自分自身の資本の循環をより急速に受け取るだろうが、その取引に利用されたすべての資本の最終的な循環は、以前とまったく変わらず、ゆっくりしたものであろう。一人から三人の商人に属するそのような迂回的な貿易に利用されるすべての資本は、個々の商人にとっては違ってくる可能性があるとはいえ、その国にとっては何の違いももたらさない。一定の価値をもつイギリスの製造品を一定量の亜麻や麻と交換するためには、その製造品と亜麻や麻とが、それぞれ直接交換される場合に必要になるものよりも三倍も大きな資本が、両方の場合に利用される必要がある。それゆえ、このような消費財の迂回的な貿易に利用されるすべての資本は、同じ種類の財貨の直接的な取引に用いられる同額の資本に較べ、その国の生産的労働を奨励したり、支えたりする程度が一般的に小さくなるであろう。

29 国内消費用の外国の財貨の購入に用いられる外国の商品が何であろうと、取引の性質の点でも、それが遂行される国の生産的労働に与えることができる奨励や支援の点でも、本質的な違いが生じるはずがない。もしそれが、たとえば、ブラジルの金で、あるいはペルーの銀で購入されたとすれば、この金や銀は、ヴァージニアのタバコと同様に、その国の産業の生産物、あるいは、その国で生産された他の何かで購入された、何らかの財のどれかで購買されていたはずである。それゆえ、国の生産的労働にかんするかぎり、金や銀をもちいて遂行される消費財の外国貿易は、消費財のあらゆる他の似たような迂回的な貿易がもつすべての利点と不都合をもっており、その国の生産的労働の支持に直接用いられる資本の回収を、当然早めたり遅らせたりするだろう。それは、いかなる同程度の他の迂回的外国貿易にも勝る、ひとつの利点ですらあるように思われる。

このような金属のある場所から別の場所への運送は、それ自体の嵩が小さくてきわめて価値が高いため、等しい価値をもついかなる他の外国商品に較べても、ずっと安くつく。運送費が大幅に安く、保険料も大幅に高くないし、くわえて、運送中に破損する可能性は、どの商品よりも小さい。それゆえ、いかなる他の外国商品を介在させるよりも、金や銀を介在させれば、国内産業生産物のよりすくない量で、しばしば等量の外国商品を購入できる可能性があるだろう。その国の需要は、しばしばこのような仕方で、ほかの方法よりいっそうもれなく、しかも、よりすくない経費で供給できる可能性がある。この種の取引が遂行されている国から、このような金属が持続的に輸出されることよって、他の何らかの方法で、その取引がその国を貧困化させる傾向があるかどうか、後に〔第四編のこと〕くわしく検討する機会をもつことにしよう。

30　どの国であれ、中継貿易（キャリング・トレイド）で利用されている資本の一部は、どこか外国の生産的労働を支えるために、その特定の国の生産的労働を支えることからほとんど手を引いてしまう。それは操業するたびに二つの別個の資本を取り戻す可能性があるが、しかし両方とも、その特定の国に属するものではない。ポーランドの穀物をポルトガルに運び、ポルトガルの果物とワインをポーランドにもち帰るオランダ商人の資本は、そのような操業のたびごとに二つの資本を取り戻すが、いずれも、オランダの生産的労働を支えるために用いられたわけでなく、一方はポーランドのそれを、他方はポルトガルのそれを支えるために、用いられたのである。利潤は定期的にオランダにもたらされるだけで、必然的に、この取引がその国の年々の土地と労働の生産物に対して行う追加のすべてである。実際、特定の国の中継貿易が当該国の船と船員で遂行されると、運送費の支払いをする取引に用いられた資本の一部は、当該国の一定数の生産的労働者に割り当てられて、それを始動させる。中継貿易で相当なシェアーを占めてきたほとんどすべての国は、事実、このような仕方で、その事業を遂行してきたのである。その事業それ自体、つまりそのような国の人々は他国に対する運送人（キャリアー）であるから、多分それが名前の由来なのであろう。

しかしながら、運搬人であるということは、その事業の性質にとって、本質的なこととは思われない。たとえば、一人のオランダの商人が、ポーランドとポルトガルの間の貿易を処理するため、オランダの船舶ではなく、イギリスの船舶を用いて、一方の余剰生産物の一部を、他方に運送することに自分の資本を用いているとしよう。彼が実際にそうするのは、特別な場合に属すると想像しても構わない。中継貿易が、たとえばグレートブリテンのような防衛と安全が船員と船舶の総数に依存している国にとって、特に好都合だと信じられたのは、この理由からである。しかしながら、消費財の外国貿易であろうと、さらには、国内取引であろうと、中継貿易にも利用できるような沿岸用船舶で遂行されていれば、同額の資本は、両方とも多くの船員や船舶を雇用する可能性がある。個々の資本が利用できる船員と船舶の数は、取引の性質にではなく、一部は価値と較べた場合の商品の嵩に、また一部は、運送予定の港と港の間の距離に――二つの事情のうちでは主として前者に――依存して決まる。たとえば、ニューカッスルからロンドンへの石炭交易は、二つの港の距離はそれほど遠くないのに、イングランドの中継貿易全体よりも多くの船舶を利用している。それゆえ、いかなる国の資本であれ、並外れた奨励によって、自然にそこに向かったであろうものを上回る大きな部分を中継貿易へ無理に押し込むことは、かならずしも、その国の船舶トン数を必然的に増加させることにはならないだろう。

31　それゆえ、すべての国で国内取引に用いられている資本は、一般的に、その国におけるより多くの生産的労働に奨励と生活の糧を与え、さらに、消費財の外国貿易に用いられている同額の資本以上に、その国の年々の生産物の価値を増加させるから、この後者、つまり国内取引に用いられる資本は、以上指摘した二つの点で、中継貿易に利用される同額の資本よりもはるかに優れているのである。力が富に依存している限り、富、つまりあらゆる国の力は、その年々の生産物の価値、すなわち、あらゆる税が究極的にそこから支払われるほかない基金に、つねに比例しているはずである。だが、あらゆる国の政治経済学（ポリティカル・エコノミー）〔一八世紀では、国の物質的な富の増加をめざす資源管理の知識や技法の意味で用いられた〕の偉大な目的は、その国の富と力を増加させることにある。それゆえそれは、国内取引以上に消費財の外国貿易を、他の二つのもの以上に中継貿易を、それぞれ優先したり、特別な奨励を与えたりするべきではない。それは、自ら自発的にそこに向かって自然に流入するもの以上に、国の資本のさらに大きな部分を、この二つの水路のどれかに向かわせたり、誘ったりすべきではないのである。

32　しかしながら、このようにさまざまに異なる分野の取引は、事物の成り行き（コース・オヴ・ティングズ）が、制約や不当な力の行使も受けることなく自然にそれを導入するのであれば、それぞれが利点をもつばかりか、必要でもあり不可避なものでもある。

33 何か特定分野の産業の生産物が、その国の需要を超えている場合、余剰は海外に送られ、母国で需要がある何かと交換される必要がある。そのような輸出がなければ、その国の生産的労働の一部が停止し、その後、その国の年々の生産物の価値が減少するはずである。グレートブリテンの土地と労働は、普通、母国の市場が求める需要を上回る穀物、羊毛、および金属製品を産出する。それゆえ、その余剰部分が海外に送られ、母国で需要がある何かと交換される必要がある。この余剰が、それを生産する労働と経費を補うために十分な価値を獲得できるのは、このような輸出という方法以外にない。海岸の近隣地域やあらゆる航行可能な河川の両岸が産業にとって好都合な立地条件である理由は、その地方でより大きな需要がある他の何かのために、そのような余剰生産物の輸出と交換が容易になる、ということにほかならない。

34 このように国内産業の余剰生産物で購入される外国製品が、自国の市場における需要を超過した場合、その余剰部分は、再度海外に送られ、自国でもっと需要される何かと交換される必要がある。大樽で九万六〇〇〇個ほどに達するタバコは、イギリス産業の余剰生産物の一部でもって、ヴァージニアとメリーランドで年々購入されている。だが、グレートブリテンにおける需要は、おそらく一万四〇〇〇樽以上を求めるものではないだろう。それゆえ、もし残りの八万二〇〇〇樽が外国に送られ、自国で、より多く需要のある何かと交換されなければ、タバコの輸入は即刻停止されなければならず、そしてそのために、年々タバコ八万二〇〇〇樽の購入に充てられる財貨を用意するために現在用いられている、グレートブリテンの関係住民すべての生産的労働も停止されなければならないだろう。グレートブリテンの土地と労働の年々の生産物の一部であるこのような商品は、自国ではまったく市場がなく、海外にもっていた市場を奪われているため、生産そのものを止める必要がある。それゆえ、消費財のもっとも迂回的な外国貿易は、場合によっては、国の生産的労働とその年々の生産物の価値を支えるために不可欠な、もっとも直接的な外国貿易と同様なものである可能性がある。

35　いかなる国の資本元本であれ、そのすべてが消費財の供給に、つまり、当該国の生産的労働を支えるために用いることができなくなるほど増加した場合、その余剰部分は、自然に中継貿易へと排出され、そして、他の国に対して同じ任務を遂行するために利用されるだろう。中継貿易は、巨大な国民的富の自然な結果であり、兆候であるが、しかしそれは、その自然な原因であるとは思われない。特別な奨励でもってそれを援助する傾向をもっていた政治家は、結果や兆候を原因と取り違えたように思われる。土地の広さと住民数のわりにはヨーロッパでもっとも豊かな国であるオランダは、したがって、ヨーロッパの中継貿易では最大の占有率を保持している。多分、ヨーロッパで二番目に豊かな国であるイングランドは、同様に、中継貿易で相当な占有率を保持していると信じられているが、イングランドの中継貿易と通例みなされているものは、おそらく多くの場合、消費財の迂回的な外国貿易にすぎないことがわかるであろう。東インドや西インド諸島、およびアメリカの商品をヨーロッパのさまざまな市場に運ぶ取引の大部分は、そのようなものである。このような商品は、直接イギリス産業の生産物か、あるいは、その生産物で購入済みの他の何かで購入されるのが一般的であり、そして、この一連の取引の最終的な収益が、一般的に、グレートブリテン内で使用されたり、消費されたりするのである。地中海のさまざまな港の間でイギリスの船舶で遂行される取引、さらに、インドのさまざまな港の間でイギリス商人によって遂行される同種の取引が、おそらく、グレートブリテンの中継貿易を形づくる主要分野であることは間違いない。

36 国内取引と、そこで用いられる資本の量は、必然的に、それぞれの地域の生産物を相互に交換する機会をもつ、国内の遠く離れたすべての地域の余剰生産物の価値によって制限される。消費財の外国貿易の量は、国全体の余剰生産物と、それでもって購入されうるものの価値によって制限される。中継貿易のそれは、世界中の異なる国すべての余剰生産物の価値によって制限される。それゆえ、その可能な程度は、ほかの二つのものの量と比較するとある意味で無限であって、最大の資本を吸収することができるのである。

37 資本の所有者が、農業、製造業や特定の部門に属する卸売業や、小売業のどこで資本を用いるかを決める唯一の動機は、自分自身の私的な利潤にかんする配慮である。資本がさまざまな方法のどの分野で用いられるかに従って、それによって起動される生産的労働の量における違いとか、その社会の土地と労働の年々の生産物に追加される価値の違いというものは、彼の思考にはまったく入っていない。それゆえ、あらゆる利用方法のうち、農業がもっとも有利で、栄光に満ちた将来への最短距離が耕作と改良である国では、個人の資本は、自然に社会全体にとってもっとも有利な方法で利用されるだろう。だが、農業の利潤は、ヨーロッパのどの国でも、それ以外の利用方法がもたらす利潤を上回っているようには思われない。投機的企業者は、ヨーロッパの各地で、ここ数年来、土地の耕作と改良によって達成される利潤にかんする、最も格調高い収支計算で実際に大衆を欺いてきた。そのような計算の細部にまで立ち入らなくても、きわめて控えめな観察だけで、彼らが導き出した結果が誤っているはずだと、我々に確信させることができよう。商業や製造業であれば、しばしばごくわずかな資本で、時には無一文からわずか一生涯のあいだに獲得されてきた途方もない富を、我々は毎日目にしている。同期間に、同じくらいの資本から、農業でそれほどの富が獲得された事例など、ヨーロッパでは、今世紀をつうじて生じたことはなかった。

　しかしながら、ヨーロッパのすべての大国では、多くの立派な土地がまだ耕作されずに残っており、さらに、耕作されている土地の大部分も、潜在的に可能な程度まで改良された状態からはほど遠い。それゆえ農業は、ほとんどどこでも、従来それに用いられてきたものよりも、ずっと大きな資本を引き受けることができるのである。ヨーロッパの政策における一体どのような事情が、地方で遂行されているそれをはるかに上回る有利な立場を、都市で遂行されているさまざまな職業（トレイド）に与えてきたが故に、しばしば私人が、彼らの資本を近隣地域のもっとも肥沃な畑の改良や耕作にではなく、アジアやアメリカとのもっとも遠隔な中継貿易に用いることの方が、よりいっそう自分たちの利益になると理解するようになってしまったのか、続く二つの編で十分詳細に説明することにしたい。

第三編　さまざまな国民における富裕の進展の相違について

第一章　富裕の自然的進歩について

1 あらゆる文明社会の大きな商業取引は、都市の住民と地方の住民との間で遂行される。それは、直接であれ、貨幣が仲介するものであれ、あるいはまた、貨幣の代理をする何らかの紙券であれ、原生産物と製造品との交換である。地方が都市に生活手段や製造業の原料を供給する。都市は、地方の住民に製造業の製品の一部を送り返すことにより、この供給に対する支払いをする。都市――そこで食料などの生活物資の再生産など、することも、できるはずもない――は、そのすべての富と食料などの生活物資を地方から得ている、と言っても厳密な意味で正しいだろう。しかしながら、こう言えるからといって、都市の利益が、地方の損失であると想像してはならない。両者の利益は、相互的かつ互恵的であるから、ここでの分業は、他のすべての場合と同様に、それぞれさらに細分化されているさまざまな職業に従事している、さまざまな人々の全員にとって有利なのである。

地方の住民は、自分たちでそれを作り上げようとしたら、用いざるをえなかったはずの労働量よりもずっと少ない量の労働の産物でもって、大量の製造品を都市から購入する。都市は、地方の余剰生産物――耕作者の維持に要するものを上回るもの――のための市場を提供しているから、地方の住民が、それを彼らの間で需要がある何かと交換するのは、ここなのである。都市住民の数と収入が大きくなるにつれ、地方の住民のために提供する市場がいっそう拡大し、市場が拡大すればするほど、それは、ますます多くの住民にとって、つねにさらに有利なことになる。都市から一マイル以内の範囲で育つ穀物は、都市では、二〇マイル離れたところから来る穀物と同じ価格で販売される。だが後者の価格は、一般的に、それを育てて市場にもってくるための費用を支払うだけでなく、農業者に対する通常の農業利潤をも与えるものでなければならない。それゆえ、都市の近隣に位置する地方の所有経営者と耕作者は、彼らが販売する代価において、遠隔の地域からもち込まれる同じ生産物の運送費の全額を、通常の農業利潤を上回る分だけ得するし、おまけに、彼らが購入するものの価格についても、その運送費の全額を節約できる。かなり大きな都市の近隣地域にある土地の耕作を、そこからある程度離れたところにある土地の耕作と較べてみよ。そうすれば、地方がどれだけ都市の商業から恩恵を受けているかを容易に確認できるだろう。貿易収支にかんして広められてきたあらゆる不条理な見解のなかには、地方が都市との交易によって損失をこうむるとか、都市は、それを維持している地方との交易によって損失をこうむっている、などという誤った主張はまったく含まれていなかった。

2　食料などの生活物資は、物の道理からして便宜や贅沢に優先するものであるから、前者を手に入れる組織的な労働は、後者に役立つそれにかならず優先するはずである。それゆえ、生活物質を供給する地方の耕作と改良は、必然的に、便宜や贅沢の手段しか提供しない都市の生産物に優先するはずである。地方の余剰生産物、つまり、耕作者の維持に要するものを上回る分だけが都市の食料などの生活物資になるのであって、したがってそれは、この剰余生産物の増加に従ってしか増えようがない。実際のところ、都市は、かならずしもその生活物資のすべてを近隣地方から、あるいは、都市がその一部に含まれる領土内から引き出しているわけではなく、遠く離れた国から引き出している可能性がある。そしてこれが、一般規則に対する例外になるというわけではないが、さまざまな時代と国で、富裕の進歩における際立った変異を生じさせてきたのである。

3 個々の国すべてではないにしても、一般的に必要性によって課される事物の秩序というものは、どの特定の国であれ、人間がもっている自然な性向によって活性化される。もし、人間の制度がこのような自然な性向を妨害しなかったら、都市は、すくなくとも、その領土の全体が完全に耕作されて改良される時まで、どこであれ、それが存在する領土の改良と耕作が維持しうるものを超えて増加することなどできなかったはずである。利潤が等しいか、あるいはおおよそ等しければ、ほとんどの人間は、手許にある資本を製造業や外国貿易よりもむしろ、土地の改良と耕作に利用することを選ぶだろう。自分の資本を土地に利用する人は、貿易業者に較べて、資本を自分自身の視野と指揮のもとにおき、その運命も偶発事故に大きく影響されることはないが、これに対して、貿易業者の場合には、風や波だけでなく、遠く離れた国にいる人物――その特徴や境遇をもれなく知ることなどほとんど不可能な人物――に信用貸しすることにより、人間の愚かさや不正義というもっと不確定な要素に、資本を委ねなければならない。

これとは逆に、所有する土地の改良に固定される地主の資本は、人間社会の営みという性質が許容する限度まで、十分に保証されているように思われる。田園（カントリー）の美しさに加え、田園生活の喜び、それが約束する心の平安、さらには、人間特有（ヒューマン・ロー）の行動原則がもつ不正義がそれを邪魔しない所では、それが実際にもたらす独立心というものが、多かれ少なかれすべての人々を惹きつける魅力をもっているし、大地を耕すことが人間の本源的な目的的行為（オリジナル・デスティネーション）であるように、どの生存段階にあろうと、人間は、この最初期の営みに対する好みを保持しているように思われる。

4　何らかの職人の助力がなければ、実際には、土地の耕作を実行することはできないし、そうでなければ、著しく不便であり、しかも絶えず邪魔が入るだろう。鍛冶屋、大工、車大工、鋤作り職人、石工、レンガ職人、皮鞣し職人、靴職人や仕立屋は、その活動のきっかけが、農業者によって作られる人々であることが多い。そのような職人はまた、時折、相互の助力を必要とする立場にあるため、その居住地域が、農業者のそれと違ってかならずしも明確な地点に縛られていないから、彼らは、自然にたがいに近い所に定住し、こうして小さな町や村を作りだすのである。肉屋、醸造人やパン屋がまもなく彼らに加わり、彼らの時々の必要物を供給するために欠かせない多くの他の職人や小売人と一緒になって、町をさらに増大させるのに貢献する。都市の住人と地方の住人は、相互にそれぞれの奉仕者（サーヴァント）である。都市は、地方の住人が、彼らの原生産物を製造業の生産物と交換するためにしばしば足を運ぶ、絶え間のない市であり、市場なのである。都市の住民に仕事の原材料と生存の手段を供給するのは、このような商取引である。彼らが地方の住民に販売する完成品の量が、必然的に、彼らが購入する原材料と食料の量を規制することになる。それゆえ、彼らの仕事も食料などの生活物資も、完成品に対する地方からの需要の増加と釣り合っていなければ、増加することはできず、しかも、この需要は、改良と耕作の拡大に応じてしか増加することができないものである。それゆえ、人間の制度が事物の自然な進路を攪乱（かくらん）しなかったなら、いかなる政治社会（ポリティカル・ソサエティ）でも、発展する富と町の増加は、領土や国の改良と耕作の結果であっただろうし、さらには、それに応じたものになったことだろう。

5　未耕作の土地を、まだ手頃な条件で入手できる我が国の北アメリカ植民地では、どの町においても、遠隔地で販売するための製造業が未だに設立されたことがない。近隣地方に供給する自分自身の事業を遂行するために必要な元本を、少し超えるほど職人が獲得した場合、北アメリカでは、彼は、それを用いて遠隔地で販売するための製造業を設立しようとは試みず、それを、未耕作地を購入して改良することに用いる。彼は職人から農園主（プランター）なるわけだから、その国が職人に提供できる大きな賃金も、安価な食料などの生活物資も、彼自身のためよりもむしろ他の人々のために働くようにと、彼を誘惑することができないのである。彼は、職人は顧客の使用人――つまり、そこから彼の生活の糧を引き出す使用人――であるが、自分自身の土地を耕作する入植者――つまり自分が必要とする食料などの生活物資を自分の家族労働から引き出す農園主――は、純粋に一人の主人（マスター）であり、世界のすべてから独立している、と感じているわけである。

6　これとは逆に、未耕作の土地が残っていないとか、緩やかな条件で入手できる土地がないような国では、近隣地方で確保できる時折の仕事に利用可能なものを超える元本を獲得した職人なら誰でも、もっと遠隔地で販売するための操業に備えようと努めるだろう。鍛冶屋は、何らかの種類の金属工具を、織布工は、何らかの種類の麻ないし羊毛の工場を設立する。このような異なる製造業は、時が経つにつれて、次第に細分化して行き、それによって、きわめて多様な方法で改良と洗練を重ねるが、これは容易に想像できることであるから、したがって、ここでこれ以上詳しく説明する必要はあるまい。

7 資本の利用を模索していく際に、製造業は、等しいかほぼ等しい利潤であれば、農業が自然（ナチユラリー）に製造業よりも好まれるのと同じ理由から、当然（ナチユラリー）のことながら外国貿易よりも好まれる。地主や農業者の資本が、製造業者の資本よりもずっと安全であるように、製造業者の資本はいつでも彼の監視と指揮のもとにあるため、対外的な商人のそれよりもずっと安全である。実際、どのような社会のどの時期であろうと、原生産物と製造品の両方における余剰部分、つまり、自国では需要がない剰余は、自国でかなりの需要を見出せる何かと交換されるために海外に送られざるをえない。だが、この余剰生産物を外国に運ぶ資本が、外国の資本であるか自国の資本であるか、これは、ごくわずかな重要性しかもたないことである。もし社会が、そのすべての土地を耕作し、さらに、その原生産物のすべてを完璧な方法で加工製造できるほど十分な資本を獲得していないとしても、そのすべての元本は、もっと有用な目的に利用されるために、その社会の原生産物が外国の資本によって輸出されることになれば、さらに大きな利益さえあるだろう。古代エジプトの富、中国やインドスタンの富は、その輸出貿易の大部分が外国人によって遂行されていたとはいえ、ひとつの国が、きわめて高い程度の富裕を達成できる可能性を十分に例証している。我が国の北アメリカ植民地や西インド植民地の発展は、自分自身に属さない資本が、その余剰生産物の輸出に用いられてこなかったら、急速さの点で、著しく劣るものになっていただろう。

8 それゆえ、事物の自然な進路に従えば、あらゆる成長しつつある社会の資本の大部分は、まず農業に、そのあとで製造業に、そして最後に、外国貿易へと導かれるのである。このような事物の序次はあまりにも自然なことであるから、一定の領土を有するすべての社会ではいつでもある程度まで観察されてきたことだ、と私は信じている。その土地の一部は、かなりの規模の町が出来上がるまでに耕作済みであるはずだし、しかも、自分たちが外国貿易に従事しているとはっきり自覚できるまでには、ある程度粗末な種類の製造業に属する産業が、このような町で遂行されているはずである。

9 だが、このような事物の自然な進路は、すべての社会である程度まで生じたはずだとはいえ、現代ヨーロッパのすべての国では、それは、多くの点で完全に逆転されてきた。いくつかの都市における外国商業が、ことごとくより高級な製造業、つまり、遠隔地での販売にのみ適する製造業を導入したため、製造業と外国商業が一緒になって、農業の主要な改良を生み出してきたのである。そもそもの統治がもっていた生来の特質によって導入され、そのような統治が大幅に改められた後も残存した風習や習慣が、必然的に、このような不自然で反動的な序次を、ヨーロッパの国々に押し付けたのである。

第二章　ローマ帝国崩壊後のヨーロッパにおける古代的状態における農業の阻害について

1 ゲルマンとスキタイの民族がローマ帝国の西部属州を侵略した時、そのような大変革に続く混乱はきわめて大きく、数世紀にわたって続いた。野蛮な民族が古来の住民に対して実行した略奪と暴力が、都市と地方の間の通商を遮断した。都市は荒廃し、地方は耕作されずに放置され、ローマ帝国のもとで、相当程度の富裕を享受していたヨーロッパ西部の属州は、貧困と野蛮の最低状態に沈み込んだ。このような混乱が継続している間、当該民族の族長や主要な指導者は、このような地方の土地の大部分を自分自身のものとして獲得し、横領した。そのような土地の大部分は未耕作であったが、所有者がいない土地など、耕作されているか未耕作であるかを問わず、まったく残らなかった。土地のすべてが収奪され、その大部分はごく少数の大所有者のものになったのである。

2 耕作されていない土地の最初の独占は、はなはだしくはあったが、一時的な不幸であった。まもなくそれは、再度分割され、相続や譲渡によって小さな部分へ分割されていった。長子相続権（プライモジェニチャー）という法が、相続によって土地が分割されることを妨げ、限嗣（エンテイル）不動産相続の導入が、譲渡による土地の小区画への分割を阻止した。

3 もし土地が、動産のように、たんに生存と楽しみのための手段であると判断されたなら、相続という自然法（ナチュラル・ロー・オヴ・サクセッション）が、それを動産のように、家族の子供全員に——子供全員の生存と楽しみが、父親にとって等しく貴重なものだと前提したうえで——配分したことだろう。それゆえ、この相続という自然法（ナチュラル・ロー）がローマ市民の間で行われたのであって、我々が、動産の分配で行うのとまったく同様に、彼らは、年長と年少、男性と女性との間で、土地の相続における区別は何も設けなかった。だが土地が、たんなる生存のための手段としてではなく、権力と保護の手段として理解され始めると、それは分割されずに一人に伝えられるほうが良いと考えられた。このような無秩序な時代にあっては、あらゆる大領主は一種の小君主であった。彼の借地人が、彼の臣民であった。大領主は彼らの裁判官であり、平時なら、ある意味で彼らの法律制定者であり、戦時ならその指揮官であった。彼は、自分の裁量で頻繁に隣人に対して、時には、自分の支配者に対して戦争を仕掛けた。それゆえ、土地不動産権（ランデッド・エステート）の安全、つまりその所有者がその上で居住する人々に与えることができる保護は、その大きさに依存していた。それを分割することは、それを破滅させることであるから、そのすべての部分が、隣人の侵入によって圧迫されたり飲み込まれたりせざるをえなかった。

それゆえ、長子相続という法規則が登場してきたのは、瞬時のうちにというわけではなく、実際には、時間の経過の中でのことであり、君主国の法の中にそれが一般的に登場したのと同じ理由から、かならずしも当初の法制度（インスティテューション）のままではなく、土地不動産権が継承される間においてのことであった。君主国の権力、つまり結果的にその安全が、土地の分割によって弱体化する可能性をなくすためには、子供のうちの一人にすべてを世襲させるほかになかった。子供のうちの誰にそれほど重要な優先権が与えられるべきか、これは、人間的な長所などという疑わしい区別にではなく、議論の余地なく確かめられる、わかりやすく明瞭な違いにもとづいて決定される必要がある。同じ家族の子供の間では、疑いを差し挟みようがない違いは、性別と、年齢の違いだけである。どこでも、男性は女性よりも好まれるから、他のすべてのことが等しければ、どこでも、年長者が年少者よりも高い地位を占める。このことからして、ここに長子相続という権利、つまり、直系相続と呼ばれる権利の起源があるわけである。

4　法律というものは、最初にそのきっかけを与え、それだけがその法律に合理性を付与しえた当初の状況がもはや存在しなくなっても、長い間、強制力を保つことがしばしばある。現在のヨーロッパの状態においては、わずか一エーカーの土地所有者も、一〇万エーカーの土地所有者と同様に、その土地所有は完全に保証されている。しかしながら、長子相続権は今なお守られるべきものであり続けており、しかも、あらゆる制度のように、それは家柄の卓越性という自尊心を維持するのに最適であって、なお何世紀ももちこたえる気配がある。それを除けば、子供のうちの一人を裕福にするために、残る子供全員を物乞いにする権利ほど、大家族の真の利益に反することがあるはずがない。

5　限嗣不動産相続は、長子相続法の自然な帰結である。それは明白な直系相続——長子相続法が、最初の着想を与えた——を保つために、さらには、本来の所領のいかなる部分も、贈与であれ、遺贈や譲渡——代々の土地所有者の愚行とか不運によって——であれ、予期された系統から外れて実行されることを阻止するために導入された。これは、ローマ市民にはまったく知られていなかった。幾人かのフランスの法律家は、現在の制度を、このような古代の制度の用語と体裁に仕立て上げるのが適切だと考えたが、ローマ市民の補充指定（サブスティテューション）や信託遺贈（ファイデイアイカメスリ）は、限嗣不動産相続とまったく類似点をもっていない。

6 大きな土地財産が一種の公国であるような場合なら、限嗣不動産相続は不合理なものではあるまい。いくつかの君主国の基本法と呼ばれているもののように、それは、一人の気まぐれや浪費によって、きわめて多くの人々の安全が危険に晒されることを、阻止する可能性が頻繁にあろう。だが、ヨーロッパの現状では、つまり、小さな所領だけでなく大きな所領も、その安全性をそれぞれの国の法律から引き出している場合には、これを上回る文字通りの不合理はありえない。限嗣不動産相続権は、あらゆる臆説のうちではもっともばかげたもの、つまり人類の代々つづく世代は、それぞれ地球に対して、つまり、地球が持っているすべてのものに対する平等な権利を持っていないのであって、現世代の所有権は、多分五〇〇年も前に死んだ人々の思いつきに従って拘束され、制限されなくてはならないという臆説に立脚したものなのである。

しかしながら、限嗣不動産相続権は、ヨーロッパの大部分をつうじて、特に、高貴な生まれであることが市民的名誉や軍事的名誉を享受するための必要条件になっている国で、今なお守られている。限嗣不動産相続権は、高貴な人々がもつ国の高位官職や爵位への排他的特権を維持するために不可欠であると理解されているから、同胞市民の残りの人々には手が届かない一つの不当な利益を強奪した階級は、彼らの貧窮がそれを滑稽なものにしないように、彼ら自身もうひとつ別の不当な利益を強奪すべきである、というのは理にかなっていると考えられていることになる。事実、イングランドのコモンロー〔大雑把にいえば判例法、不文法のこと〕は、永久拘束（パーペチユイテイ）〔一定期間を超える財産権の譲渡禁止のこと〕を受け付けないと言われており、したがって限嗣不動産相続権は、他のすべてのヨーロッパの君主国よりもずっと限定されているとはいえ、イングランドでさえ、それが完全に存在しないわけではない。スコットランドでは、国土全体の五分の一、おそらく三分の一以上が、現在でも厳格な限嗣不動産相続権のもとにあると推定されている。

7 未耕作地の広大な領域は、このような方法で、特定の家系によって独占されただけでなく、後に再度分割される可能性も可能なかぎり永久に排除された。しかしながら、偉大な所有者が偉大な改良家である、ということは滅多にない。このような野蛮な制度を生み出した無秩序な時代のなかで、大所有者は、自分自身の領土の防衛、つまり、彼の裁判権と支配力を隣人の領土にまで拡張することに全力で携わっていた。彼には、土地の耕作や改良に精を出す暇な時間などなかった。法と秩序の確立が、彼にこのような暇な時間をもたらした時、彼は、しばしばそのような気持をもっておらず、ほとんどつねに必要な能力にも欠けていた。彼の家と高位の人物に特有な支出が、自分自身の収入に等しかったり、それを上回っていたりした――頻繁に上回っていた――場合、彼には、このような方法で用いる元本がなかった。もし、彼がエコノミストつまり家事管理人であったら、彼の古くからの所領を改良することよりも、新規の所領を購入するために、彼の年々の貯蓄を利用することのほうが、たいていずっと有利であると了解したことだろう。

あらゆる他の商業的なプロジェクトと同様に、土地を改良して利潤をあげるためには、小さな節約と、小さな利益に対する几帳面な留意が欠かせないが、大金持ちに生まれついた人間が、たとえ生まれつき節約的であるにしても、その能力を持っていることはきわめてまれである。そのような人物の境遇は、自然に彼をして、彼がもつ必要がほとんどない利潤に対してよりもむしろ、彼の嗜好を満足させる装身具に対して、自然に目を向ける気にさせる。彼の衣装、彼の装身具セット、彼の邸宅や家具といったもののもつ優美さが、自分自身の嗜好から、慣習的に切望してきた対象である。このような習慣が自然につくり上げる心的傾向が、土地の改良について考え始めた時にも、彼につきまとう。彼は、自身の邸宅の近隣にある多分四〇〇か五〇〇エーカーの土地を、改良後の土地の価値がもつ一〇倍の経費をかけて飾り立てるから、もし彼が、同じ方法で所領の全体を改良することになっていて、しかも、それ以外のことをほとんど愛好しなければ、その一〇分の一も完成させないうちに彼は破産に瀕することになろう。連合王国を構成する二つの地域には、封建的無秩序の時期以降、途切れることなく同一の家系内で継続してきた、いくつかの巨大な私有地がまだ残っている。このような私有地の現状を、彼らの近隣地域にある小さな土地所有者の財産と較べてみよ。そうすれば、そのような広大な財産を改良することがどれほど好ましくないことであるか、他に何も議論しなくても明瞭にわかるだろう。

8　そのような大土地所有者による改良がほとんど期待できないとなると、彼らによって占拠された土地の所有者による改良など、さらに望めないことだろう。大昔のヨーロッパの状況では、土地の占有者(オキュパイアー)は、すべて任意不動産権者(テナント・アット・ウィル)であった。彼らはすべて、あるいは、ほとんどすべて奴隷であったが、その隷属性は、古代のギリシャ人やローマ人の間で知られているもの、あるいは、さらに我が国の西インド植民地で知られているものにくらべてさえ、より寛容な性質のものであった。彼らは、主人にというよりも、より直接的には、土地に属すると考えられていた。それゆえ彼らは、土地と一緒に売られることはできても、別々に売り払われる、というわけにはいかなかった。彼らは、主人の同意がある場合には結婚可能であったし、その後、別の人物にそれぞれ夫と妻を売り払うことによって、主人が、その結婚を取り消すことはできなかった。もし主人が、彼らに障害を与えるほど暴力をふるったり、殺したりしたら、一般的に取るに足りないものでしかなかったが、一定の処罰を受けることになっていた。

しかしながら、彼ら、つまり任意不動産権者は、財産を取得することはできなかった。彼らが取得したものは、彼らの主人のために取得されたものであって、主人は、好きな時にそれを彼らから取り上げることができた。そのような奴隷を使って遂行されたいかなる耕作や改良も、当然のことながら、主人によって遂行されたものであった。その費用を支払うのは、主人であった。種子、家畜、農業の道具は、すべて主人のものであった。それは彼のためのものだった。そのような奴隷が取得できたのは、彼らの日々の食料などの生活物資だけであった。それゆえこの場合、自分自身の土地を占有し、彼のものである農奴（ボンドマン）を使ってそれを耕作したのは、当然のことながら、土地所有者自身であったのである。このような種類の奴隷は、まだロシア、ポーランド、ハンガリー、ボヘミア、モラヴィア、さらにはドイツの他の地方に存在している。それが次第に完全に廃止されていったのは、ヨーロッパの西と南西部の地域に限られていた。

9　だが、大土地所有者に大きな改良などほとんど期待できなければ、彼らが奴隷を働き手として使用した場合には、なおさらまったく期待がもてないだろう。すべての時代と国民の経験が明らかにしていることは、奴隷によってなされる仕事は、たんに彼らの維持費だけしか経費がかからないように見えても、結局すべてのうちでもっとも高くつくということだ、と私は信じている。財産取得が許されない人間は、可能な限り多量に食べ、できるだけ少なく労働すること以外に、何の関心ももつはずがない。自分自身の食料などの生活物資を購入するために十分なものを超える成果が何であれ、それを奴隷から搾り取ることができるのは、もっぱら暴力だけであって、奴隷自身の利益によってではない。古代イタリアで、いかに穀物の耕作がひどく衰退したか、奴隷の管理下に落ちた時にそれが主人にとっていかに利益のないものになったか、これは、プリニウスとコルメッラの両者によって注目されていたことである。アリストテレスの時代、穀物耕作は古代ギリシャにおけるよりもずっと良い状態にあったわけではない。プラトンの法律篇〔プラトン『対話篇』に含まれる〕に記述されている理想の共和国について語る中で、五〇〇〇人の怠惰な人々（国防のために必要だと想定された兵士の人数）を、彼らの妻や使用人と一緒に養うためには、バビロニアの平原のような無限の広さと肥沃な領土が必要だろう、とアリストテレスは述べている。

10 人間の自尊心は自分自身を誇示したくてたまらないようにするし、また、自分自身の劣等性を受け入れて、へりくだるように余儀なくされることほど、屈辱を感じさせることはない。それゆえ、法律がそれを許し、仕事の性質が、それをできるようにするところではどこであれ、一般に人間は、自由人よりも奴隷による奉仕をいっそう好むだろう。砂糖やタバコの栽培は、奴隷耕作の経費を賄うことができる。穀物栽培は、現代ではそれを賄えないと思われる。主要な作物が穀物であるイングランド植民地では、仕事のほとんど大部分が自由人によって行われる。ペンシルヴェニアのクエーカー教徒が、所有するすべての黒人奴隷に自由を与えるとした最近の決定は、奴隷の数が膨大であるはずがないことを我々に確信させるだろう。もし、黒人奴隷が彼らの財産の相当部分を占めていたとすれば、そのような決定が合意に達するはずがない。

　これとは逆に、我が国の砂糖植民地では、すべての仕事が奴隷によって行われているし、タバコ植民地では、その大部分が彼らによって遂行されている。砂糖農園の利潤は、我が国の西インド植民地ではどこでも、ヨーロッパやアメリカで名前を知られている他のすべての栽培よりも、一般的にずっと大きい。だから、タバコ農園の利潤は、砂糖農園のそれに較べると劣りはするが、すでに考察したように、穀物のそれよりも並外れて高い。両方とも、奴隷による耕作の費用を賄いうるが、砂糖のほうが、タバコよりもさらに良い利潤をもたらすことができる。したがって黒人の数は、白人の数との割合でみると、タバコ植民地よりも、砂糖植民地のほうがずっと大きいのである。

11　大昔の奴隷耕作者の後を継いだのは、現在のフランスで、分益小作人（メテイエ）という名前で知られている種類の農民である。彼らは、ラテン語では、コロニ・パルティアリ〔Coloni Partiari 農場共同参与者の意味〕と呼ばれている。それは、イングランドでは長期にわたって用いられてこなかったから、現在その英語名がどうなっているか、私は知らない。土地所有者が、彼らに種子、家畜および農機具、要するに農場の耕作に必要な元本のすべてを提供する。生産物は、元本を維持するために必要であると判断されたもの――農民が立ち退かされたり、追い出されたりした時に、所有者に返還される部分――を取り置いた後で、所有者と農民の間で平等に分割された。

12 そのような借地人によって占有されている土地は、当然のことながら、奴隷に占有されている土地と同様に、所有者の経費で耕作されている。しかしながら、両者の間には、ひとつのまさに本質的な相違が存在する。そのような借地人は、自由民であれば財産を取得できるし、土地の生産物の一定部分を所有することも可能であるから、自分自身の分け前ができるだけ大きくなるためは、全生産物が可能なかぎり大きくあるべきだということに、率直な関心をいだく。これとは逆に、自分の食料などの生活物資だけしか取得できない奴隷は、土地が自分たちの食料などの生活物資をごくわずかに上回るものしか生産しないようにして、自分自身が楽になるように配慮する。おそらくこうなった理由は、部分的にはこのような利益に、また一部は、つねに大領主を警戒していた国王が、彼らの農奴に次第に大領主の権威に疑念を抱かせるように促したひそかな不法侵入であっただろうが、それは、すくなくとも、この種の隷属をまったく不都合なものにしてしまうほどであったため、次第にヨーロッパの大部分をつうじて、農奴制にもとづく土地保有（テニュア・イン・ヴィラネッジ）を消滅させて行ったように思われる。

しかしながら、これほど重要な大変革が成し遂げられた時期や方法は、近代史上もっとも不明瞭な論点のひとつである。ローマ教会は、その点で偉大な功績があると主張しており、一二世紀という早い時期に、アレクサンデル三世〔Alexander III. ローマ教皇在位一一五九〜一一八一〕が、奴隷の一般的な解放のための大勅書を布告したことは確かである。しかしながら、それは信者に厳密な恭順が求められた法律というより、宗教的な訓戒であったように思われる。奴隷制度は、上に言及した二つの利害関係者の共同の働き――一方では所有者と、他方では国王のそれと——によって、漸次的に廃止されるまで、それ以降数世紀間ほとんど普遍的に行われ続けた。解放され、同時に土地を占有し続けることを許された農奴は、自分自身まったく元本をもたなかったから、地主が彼に貸し付ける元本を手段に用いて、土地を耕作するほかになく、それゆえそれは、フランス人が分益小作人（メテイエ）と呼ぶものであり続ける他になかったのである。

13　しかしながら、この後者の種類の耕作者にとってさえ、土地がさらに改良されていく過程で、彼が、生産物の自分の分け前から節約できる可能性をもつわずかな元本の一部を投下することは、何も準備しなかった領主が、その土地で生産されたものの半分を入手することになっていたため、まったく自分の利益にはなりえなかった。十分の一税（タイス）〔教会・聖職者に納める税〕——生産物のわずか一〇分の一であったが——は、改良にとってきわめて大きな障害だと理解できる。それゆえ、二分の一にも達する一種の税は、改良にとって、大きな障害であったにちがいない。所有者によって提供される元本を用いて、土地が産出しうる最大量を生産するようにすることが、分益小作人の利益になる可能性があるとはいえ、しかし、彼自身の元本を、地主のそれと混ぜ合わせることが、小作人の利益になるはずはなかった。王国全体の六分の五が、この種の耕作者によって、今なお占有されていると言われているフランスでは、土地所有者は、彼らの分益小作人があらゆる機会をとらえて、借りた家畜を、耕作にではなく、運搬のために用いていると苦情を述べているが、その理由は、後者、つまり運搬に用いた場合、彼らは利潤のすべてを自分自身のものにするのに対し、前者、つまり耕作の場合には、それを地主と分け合うからである。この種の借地農（テナント）は、今でもスコットランドのいくつかの地方に存在している。彼らはスティールバウ借地農〔直訳すれば鉄の農業用元本だが、家畜も含み、契約終了時には完全に元の状態に戻す必要があった〕と呼ばれている。このような昔からのイングランドの借地農は、財務裁判所首席裁判官ギルバート〔Jeffrey Gilbert, 1674-1726.〕やブラックストーン博士〔William Blackstone, 1723-1780. イギリスを代表する法学者で『イングランド法注解』の著者〕によって、正確に表現すれば、農業者というよりもむしろ地主の農場管理者であったと言及されたものが、多分同じ種類のものであっただろう。

14 きわめて徐々にではあったが、この種類の借地農に続いたのが、自分自身の元本で土地を耕して地主に一定の地代を支払う、いわゆる固有の農業者（ファーマー）である。このような農業者が、一定年数の借地権をもっている場合、借地権が期限を迎える前に、彼らが大きな利益とともに、投資分を取り戻す見込みが時々期待できるため、時に彼らは、自分の資本の一部を、農場のいっそうの改良に注ぎ込むことが自分の利益になる、と理解する可能性があった。しかしながら、そのような農業者による占有でさえ、長い間著しく不安定であったし、ヨーロッパの多くの所では、今なおそうである。占有は、イングランドの場合なら、借地期限が終了する前に、新規の購入者による馴れ合い不動産回復訴訟（コモン・リカヴァリー）という仮装訴訟〔紛争の解決というより、事実問題の確定を求める訴訟〕によって、借地権を合法的に消滅させることが可能であった。かりに、彼らが領主の暴力によって不法に追い出された場合でも、救済を確保するための訴訟は、著しく法的拘束力に欠けるものであった。それは、かならずしも彼らに土地の占有を回復するものではなかったし、実際の損失額にはけっして達しない損害賠償金をもたらしただけであった。

ヨーロッパの国のうちでは、独立自営農(ヨーマンリー)がもっとも敬意を払われていたイングランドでさえ、ヘンリー七世治世一四年ごろになって初めて、不動産占有回復訴訟(イジェクション)という訴権が考案されたのだが、それによれば、借地農は、損害だけでなく占有も回復され、しかも、彼の賠償請求権は、一回の巡回裁判による曖昧な判決によって、かならずしも終結させられなくなった。この訴訟は、きわめて効果の高い救済であることがわかったので、現代的な訴訟手続きでは、地主が土地の占有訴訟を起こす必要がある場合、彼は、地主としての彼に厳密に属している訴権、つまり、権利令状(リッツ・オヴ・ライト)とか不動産回復令状(リッツ・オヴ・エントリー)を利用することは滅多になく、彼の小作人の名義で、不動産占有回復令状を用いて訴訟している。その結果、借地人の安全は、イングランドでは地主のそれと変わらなくなった。くわえてイングランドでは、一年に四〇シリングの価値をもつ終身借地権が自由土地保有者(フリー・ホールダー)と呼ばれ、借地権者は、議会議員を選挙する資格を与えられている。独立自営農の大部分が、この種の自由土地保有権をもっているため、これが彼らに与える政治的な理由から、その階級全体が、彼らの地主に敬意を払うようになる。借地権をもたない土地に建物を建てたり、その名誉にかけて、地主というものはこのような重要な改良に付け込んだりしないと確信している借地農など、イングランド以外のヨーロッパには、まったく存在しない、と私は信じている。独立自営農にとってこれほど好都合な法律と慣習は、同時期に併用され、おおいに自慢されたすべての商業規制よりも、おそらく、現在のイングランドの偉大さに、はるかに大きく貢献してきたのである。

15 あらゆる種類の相続人に対してもっとも長期の借地権を守る法律は、私が知るかぎり、グレートブリテンに固有なものである。それがスコットランドに導入されたのは、早くても一四四九年、ジェイムズ二世の法律によるものである。しかしながら、その有益な影響は、限嗣不動産相続――限嗣不動産相続継承者は、一般的に長期間の、しばしば一年以上の借地契約の遂行を抑制されていた――によって、大幅に妨げられた。この点で、のちの議会制定法は、そのような束縛を幾分緩和したが、なおそれは厳格に過ぎるものであった。くわえて、スコットランドでは、定期不動産借地権は、議会の選挙権を与えるものではなかったから、この点で、独立自営農は、イングランドほど地主にとって敬意を払うべき人物ではなかった。

16 ヨーロッパの他の所では、それが、借地農を相続人と購入者の両方から守るために都合が良いとわかってからも、保証された期間はなおきわめて短期間に、たとえばフランスでは、借地の開始から九年間に制限されていた。実際、その国では、それは後に二七年に延長されたが、借地農にもっとも重要な改良を実行するように促すには、なお短すぎる期間であった。ヨーロッパではどこでも、大昔から、土地所有者が立法者であった。それゆえ、土地にかかわる法律は、すべて所有者の利益と思われるものを想定して作られていた。彼らが思い描いたことは、どの先祖から譲渡された借地権であろうと、長期間にわたり、所有地からのすべての価値の享受を妨げるものであってはならないというのが、土地所有者の利益だということであった。強欲と不正義は、いつも先見の明に欠けており、だから彼らは、この規制がどれだけ改良を阻止し、そうすることによって、長期的に地主の真の利益を損なうはずだということを予見しなかったのである。

17 農業者はまた、地代の支払いのほかに、大昔から、地主に対するじつに多くの賦役——借地契約の中に明示されたり、厳密な規則で規制されたりしていることはまれで、荘園や貴族の風習にもとづく賦役——を遂行しなければならなかった、と信じられている。それゆえ、このような賦役は、まず間違いなく専断的なものであり、借地農にははなはだ迷惑なものであった。スコットランドでは、借地契約で厳密に取り決められていないすべての賦役の廃止が、たかだか数年が経過するうちに、その国の独立自営農の境遇を改善する方向に大きく舵を切ることになった。

18 独立自営農に義務として課せられていた公的賦役は、私的な賦役に劣らず専断的なものであった。幹線道路の建設と維持、どこでもなお残存していると思われる地役権というものは、国ごとに程度はさまざまに異なるが、けっして一つに限られなかった。国王の軍隊、種類を問わず国王家の人々やその役人が国内のどこかを通過する場合、独立自営農は、彼らに、馬、輸送手段、および食料を、徴発官によって定められた価格で提供する義務があった。グレートブリテンは、徴発権（パーヴェイアンス）という圧政が完全に廃止された〔最終的な廃止は一六六〇年のこと〕ヨーロッパで唯一の君主国である、と私は確信している。それは、フランスやドイツではまだ存続している。

19 彼らが免れることのできない公の租税は、賦役と同様に不規則で過酷なものであった。大昔の領主は、彼らの君主に対するいかなる金銭的支援もけっして承諾しようとしなかったが、彼らがタリッジと呼ぶものを、配下の小作人に課すことは簡単に容認したとはいえ、これが最終的に、どれだけ彼ら自身の収入に大きく影響するはずであるかを予見する知識など、まったく持っていなかった。今でもフランスに存在するタイユは、この大昔のタリッジの事例として役立つであろう〔タイユについての詳しい説明はV. ii. g. 5-9. を参照のこと〕。それは農業者の推定上の利潤――彼が農場で所有している元本にもとづいて、彼らが推定する利潤――に対するひとつの租税である。それゆえ、できるだけ小さなものしかもたないように見せること、だから結果的に、農場の耕作にはできるだけすくなく、さらにその改良には、まったく元本を利用していないように見せることが、農業者の利益なのである。

フランスの農業者の手にいくらか元本が蓄積されるようになるのが望ましいとすれば、タイユは、土地に用いられる元本の蓄積をほとんど禁止するに等しいものである。くわえて、この租税は、それを余儀なくされるすべての人の面目を失わせ、紳士の地位だけでなく、都市住民のそれよりも低めると思われていたし、しかも、他人の土地を借りる人は誰であろうと、それを免れようがないのである。紳士も、さらに元本を保有する都市市民でさえ、このような社会的地位の降格を甘受しようとはしないだろう。それゆえ、この租税は、土地の上に蓄えられて、その改良(インプルーブメント)に利用される元本の妨げになるだけでなく、他の元本をそこからことごとく駆逐する。大昔の十分の一税(テンス)とか、一五分の一税は、昔はイングランドでごく普通であったとはいえ、土地に悪影響を及ぼすかぎりにおいて、タイユと同じ性質をもつ租税であったように思われる。

20 このようなあらゆる妨害物の下では、土地の占有者による改良など、ほとんど期待すべくもなかった。この階級に属する人々は、法が与え得る限りの自由と安全をもっていても、いつも、巨大な障害物の下で土地を改良せざるをえないのである。所有者と較べた場合の農業者は、自分自身の資金で取り引きする商人と異なって、借り入れた資金で取り引きする商人に相当する。二つの元本は、両方とも土地の価値を高めることができるが、農業者の元本は、等しく立派に管理された場合でも、借入に対する利子に費やされる利潤の割合が大きいため、所有者のそれよりも、ずっとゆっくりと増大するに違いない。同様にして、農業者によって耕作される土地は、等しく立派に管理された場合でも、所有者によって耕作される土地よりも、地代に使い果たされる生産物の割合が大きいために、ずっとゆっくりその価値が高められるはずであるが、しかし地代は、農業者が土地所有者であった場合には、土地をさらに改良するために利用できる可能性があろう。

くわえて、農業者の地位は、事の性質からして、土地所有者よりも下位にある。ヨーロッパの大部分をつうじて、独立自営農は、上層の商人や機械工よりもさらに下の階級の人々であるとみなされているし、ヨーロッパのすべての所で、大商人や親方製造業者よりも劣った階級であるとみなされている。それゆえ、相当な元本を所有する人物が、社会的に劣る地位に加わるために上の階級から退くなどということは、まず生じるはずがない。

それゆえ、ヨーロッパの現状においてさえ、他の職業から農業経営という方法で土地の利用価値の向上に参加する元本など、ほとんど存在しないのである。おそらくグレートブリテンはほかのどの国よりも進んでいるだろうが、しかしここでさえ、いくつかの所で農業経営に利用されている大きな元本は、多分、あらゆる他の元本のうち、一般的にもっとも緩慢にしか獲得されない事業である農業によって、獲得されてきたものである。しかしながら、小規模の土地所有者に次いで、豊かで大規模な農業者が、どの国でも主要な土地の改良家である。そのような人々は、他のいかなるヨーロッパの君主国よりも、おそらくイングランドにより多く存在している。オランダやスイスのベルン州の共和政府の下では、農業者はイングランドのそれに劣るものではない、と言われている。

21 大昔のヨーロッパの政策は、このすべてに加えて、土地の耕作と改良――所有者によるものであろうと、農民によるものであろうと――にとって、以下の二つの点で、きわめて不都合なものであった。第一に、きわめて普遍的な規制であったと思われるが、特別な許可をうけずに穀物を輸出することを全般的に禁止することによって、第二に、たんに穀物だけでなく、農場の産物の他のほとんどすべての部分まで網羅する形でその国内取引に課した抑制策によって、すなわち、買占人、仲買人、先買人を取り締まるばかげた法律、さらに、定期市や市場がもつ特権によってであった。外国産穀物の輸入に対して与えられたある種の奨励に加え、穀物輸出の禁止が、どのような仕方で古代イタリア――ヨーロッパのなかでは、自然からしてもっとも豊饒な国であり、その当時、世界最大の帝国の中枢であった――の土地耕作を阻害したか、これは、すでに確かめたところである〔I. xi. b. 12. を参照のこと〕。そのような商品の国内取引に対する抑制が、全般的な輸出禁止と一緒になった場合、肥沃度において劣り、地勢的にいっそう不利な国における土地耕作をどれほど阻害したはずであるか、これは、おそらく想像することさえ容易ではなかろう。

第三章　ローマ帝国崩壊後における市(シティー)と町の勃興と発展について

1　市(シティー)と町の住民は、ローマ帝国崩壊後、地方の住民よりも優遇されていたわけではない。彼らは、実際、ギリシャやイタリアの古代の共和国における最初の住民とは、きわめて異なった階級の人々から成り立っていた。後者に属する人々は、主として土地所有者から構成されていて、国民の領地は、もともと彼らの間で配分されたものであったから、彼らは彼らの自宅をたがいに近いところに建て、共同で防衛するには、その周りを壁で囲むと好都合であることを理解していた。これとは逆に、ローマ帝国崩壊後、土地所有者は、自分自身の所領にある防衛力を強化した城のなかで、彼ら自身の借地人や従者に囲まれて居住することが、一般的であったように思われる。町に居住していたのは、主として小売商人や機械工であるが、彼らは、この時代には、奴隷であるか、奴隷に限りなく近いものであったように思われる。大昔の特許状によって、ヨーロッパのいくつかの主要な町の住民に与えられたことが確認されている特権は、このような権利が付与される以前に彼らがおかれていた状態を、余すところなく示している。

彼らの領主の同意なしに自分自身の娘を嫁がせることが可能であること、彼らが死去した時には、彼らの領主ではなく、彼らの子供が親の財産を相続すべきであること、さらには、彼らが所有する動産を遺言によって処分できること、これを、特権として承認された人々は、このような権利が付与されるまで、田舎の土地の占有者である農奴と同一であるか、あるいはほとんどそれに近い状態にあったにちがいない。

2 彼らは、実際、きわめて貧しく、粗末な一群の人々であり、現在の呼び売り人や行商人のように、彼らの財産を携えてあちこちへ、市場から市場へと旅してまわっていたように思われる。当時ヨーロッパのさまざまな国のすべてにおいて、現在のアジアのいくつかのタタール人政府と同じ方法で、特定の領地を通過する時とか、特定の橋を渡る時、彼らの商品をあちこちの市場に運び込む時、さらには市場で販売するために露店や売り台を設置する時に、旅人の身体と財産に対して課税するのが、通例であった。このようなさまざまな租税は、イングランドでは、通行料（パシッジ）、橋通行税（パンテッジ）、屋台設置料（スタレッジ）という名前で知られていた。時には国王が、時には大領主が、つまり、それを課す権威を保持すると時に応じてみなされた人物が、特定の商人、つまり彼ら自身の直属地内で生活する商人に対して、個別的にそのような租税を一般に免除すると承認することがあった。そのような商人は、他の点では、奴隷状態ないしほとんどそれに近い状態にあったが、この理由から自由商人（フリー・トレイダー）と呼ばれていた。

その代わりに、彼らは毎年一種の人頭税（ポール・タックス）を、保護者に支払うのが通例であった。この時代にあって、価値のある対価なしに保護が与えられることはきわめてまれであったから、多分この税は、他の租税を免除することにより保護者が失うものに対する補償である、と理解されていた可能性がある。当初、このような人頭税とこのような租税免除は、ともにまったく個人的なものであって、特定の個人に対し、彼らが生きている間、または、保護者が慈悲深く望む間に限って影響していたように思われる。ドゥームズデー・ブック〔ウィリアム征服王の命で一一世紀末に作成されたイングランドの土地調査記録〕の時から刊行されてきた、いくつかのイングランドの町にかんするきわめて不完全な記録の中には、特定の町の住民が国王や他の大領主に対して、それぞれがこの種の保護に対して支払った租税にかんするものや、このようなすべての租税に限定した一般的な説明に言及されたものが、時々見られる。*

＊ブラディ〔Robert Brady, c.1627-1700. 歴史家、医者〕の都市と自治都市をめぐる歴史的な著書〔*An Historical Treatise of Cities, and burghs or boroughs.* 1690〕の三頁などを見よ〔本脚注は第二版で挿入された〕。

3　だが、町の住民の境遇が、もともとどれほど奴隷状態にあったとしても、彼らが、田舎の土地占有者よりもずっと早く自由と独立にたどり着いたことは、明白である。あらゆる特定の町におけるそのような人頭税から生じる国王の収入部分は、年単位の任期が続く間、時に応じて、地方の長官やその他の人々に対して、個人から確実に徴収する税金（レント）と引き換えに、一括上納金（ファーム）という形式でその徴収が請負に出されることが一般的であった。都市の住民自体は、彼ら自身の町から発生する、この種の収入をまとめて上納することを承認されるほど、十分な信頼を獲得していたことが多く、税金（レント）の全体に対して、共同的にも個別的にも、責任をもつようになってきた。* このような一括上納という方法で徴税を請負に出すことは、ヨーロッパのさまざまな国のすべての支配者にとって、日常的な節約手段（マナー）としてまったく好ましいものであったと私は信じているし、彼らは、このような国王直属地の住民に、直属地全体の徴税を請負に出すことが多く、住民は、共同的にも個別的にも、すべての税金に対して責任をもつようになったが、その見返りに、彼らの自身の方法でそれを徴収することや、それを、彼ら自身の地方行政官（ベイリフ）の手を経由して、国王の財務府（イクスチェッカー）に払い込むことを許可され、こうして、国王の役人の傲慢さ——当時もっとも重要だとみなされていた状況——から、完全に解放されたのである。

＊マドックス〔Thomas Madox, 1666-1727. 古物収集家、歴史家〕, *Firma Burgi*, 一八頁および *History of the Exchequer*, 第一〇章第五節二二三頁。初版を参照のこと〔本脚注は第二版で挿入された〕。

4 当初、町の一括上納金は、他の徴税請負人に対するのと同じ方法で、おそらくその住民に対して、在任中に限って請負に出されていただろう。しかしながら、時間が経過するうちに、納付金（フィー）という形式——すなわち、後になってけっして増やされないことが確実な税金として、ずっと確保するという形式——で、それを彼らに与えるという慣行が、一般的になってきたように思われる。こうしてその支払いが恒久的になると、それがなされた返礼として、免除特権もまた自然に恒久的になってきた。それゆえ、このような免除特権は、個人に充てたものであることを止め、その時以降は、個人としての個人に属するものとは考えられず、特定の都市の市民（バージャー）に属すると考えられるようになり、こういうわけで、それが、自由市民とか自由商人と呼ばれてきたのと同じ理由から、その町が自由都市（フリー・バラ）と呼ばれた。

5 このような認可と並んで、先に言及した重要な特権、つまり自分の娘を嫁がせることができるとか、自分の子供が自分を相続するものとするとか、自分の動産を遺言で処分することができるなどといった特権が、認可が与えられた都市市民に対して、一般的に授けられた。そのような特権が、個人としての特定の市民に対して、取引の自由と一緒に以前から普通与えられていたかどうか、私には確かでない。それにかんする直接の証拠をまったく挙げることはできないが、彼らがそうであった可能性がないわけではないと、私は考えている。だが、これがどうであったにしても、農奴と奴隷の主要な属性が、このように彼らから取り除かれていったから、すくなくとも彼らは、我々が人格的自由（フリーダム）という言葉で現在その意味を表現している自由（フリー）に、実際になったのである。

6　そしてまた、これがすべてではない。同時にそれは、一般的に自治団体（コモナリティー）や地方自治体（コーポレーション）に格上げされて、彼ら自身の行政官や町議会をもつ特権、町の自治を遂行するための条例を制定すること、その住民全員に見張りや門番を義務付けて、一種の軍事訓練を受けるように強制すること、すなわち、大昔から了解されているように、昼夜を問わず、あらゆる攻撃や奇襲から防御壁を見張ったり防御したりすること、このような特権をもつようになった。イングランドでは、彼らはハンドレッド裁判所（ハンドレッド・コート）〔住民集会での裁判〕や陪審審理（カントリー・コート）〔地方住民による審理〕への起訴を一般に免除されていたし、彼らの間で生じてくるすべての訴えは、国王の訴訟（プリー・オヴ・ザ・クラウン）〔国王が利害関心をもつ訴訟で、主として刑事訴訟や財政にかかわる訴訟〕を除き、彼ら自身の行政官（マジストレイト）の決定に委ねられた。他の国では、より大きくて広範な管轄権が、しばしば行政官に授けられていた。*

＊ Madox, *Firma Burgi* を参照。また、フリードリヒ二世〔Friedrich II. 神聖ローマ皇帝在位一二二〇～一二五〇〕とシュワーベン家の彼の後継者の下で起きた驚くべき出来事については、プフェッフェル〔Christian F. Pfeffel von Kriegelstein, 1726-1807, *Nouvel Abrégé chronologique de l'histoire et du droit public de l'Allemagne*. 1777 のことと思われる〕を参照〔この脚注は第二版で追加〕。

7 税収入の一括上納が認められたような町には、そこに住む市民に支払いを余儀なくさせるため、おそらく何らかの種類の強制力を伴う管轄権を与えることが、不可欠だったようである。このように治安が乱れた時代にあっては、この種の審判（ジャスティス）を他の裁判所に求めるように彼らに委ねることは、著しく面倒なことであった可能性がある。だが、ヨーロッパのさまざまな国のすべての君主が、このような仕方で、自分自身で経費も世話も負担せず、他のいかなるものにもまして、事物の自然な進路によって改良されやすかった分野に属する彼らの収入を、けっして増額されることのない決まった税金（レント・サーテン）と交換したということ、しかも、それに加えて、このような仕方で、一種の独立した共和国を、彼ら自身の直轄地の中心に自発的に設立したはずだということ、これは、驚くべきことのように思われるにちがいない。

8 これを理解するためには、このような時代、おそらくヨーロッパのどの国の君主も、自分自身の領地の全体を隅々まで、その弱小な臣下の地域を大領主の迫害から守ることは不可能であった、ということが思い出される必要がある。その法律が保護できない人々や、十分自衛できるほど強くない人々は、大領主の誰かに保護を依頼し、それを手に入れるために彼の奴隷か家臣になるか、あるいは、それぞれ共同の防護を求めて相互防衛同盟に参加する他に、なすすべがなかった。都市や町の住民は、単独の個人としてみた場合には自衛する力を持っていなかったが、その隣人との相互防衛同盟に参加すれば、軽蔑などできるはずがないほどの抵抗が可能になった。領主は、都市の住民を見くだしていて、彼らを異なった階級に属するだけでなく、自分たちとはほとんど異なった人種である解放奴隷の一部であるとみなしていた。都市住民の富が、彼らの妬みと憤りを引き起こさないことなどけっしてなく、彼らは、あらゆる機会をとらえて、情け容赦なく都市住民の富を略奪した。都市住民は、当然、領主を憎み恐れた。国王もまた、領主を憎み恐れたし、おそらく見くだしていたとはいえ、都市住民を憎んだり、恐れたりする理由はなかった。

それゆえ、相互の利益が、都市市民に国王を支持させ、領主に逆らう市民を国王に支援させることになったのである。彼らは、それぞれ敵の敵であり、可能なかぎりこのような敵から安全にして独立させることが、国王の利益であった。都市の住民に、彼ら自身の行政官を置くこと、彼ら自身が自治を行うために条例を定める特権、つまり、自分自身を防衛するために壁を作ったり、すべての都市住民に、一種の軍事訓練を受けさせたりするといった特権を認めることにより、領主がもつ安全と独立の手段すべて――それを授けるのが、国王の権限であった――を、都市住民に与えた。この種の多少とも正規の統治の確立なしに、住民にある程度確かな手順や順序正しいやり方に従って振る舞うように強制する権威が存在することなく、自発的な相互防衛同盟が、永久的な安全を与えることや、国王に相当な支援を与えられるようにすることなど、できるはずがない。手数料にかんして、都市住民に一括上納金を承諾することによって、国王は友人として、もしそう言ってよければ、彼の協力者として確保したいと願っていた人々のために、そのような都市が請け負って一括上納する税金を引き上げたり、それを、他の上納請負人に付与したりするのではないかという、それ以降ずっと彼らにのしかかる警戒心や疑念をもたらし得るすべての根拠を、取り除いてやったことになる。

9 国内の封建貴族（バロン）と最悪の仲にあって生活していた君主は、したがって、この種の特権を国内の都市に授けるという点で、もっとも寛大であったように思われる。たとえば、イングランドのジョン国王〔John Lackland 在位一一九九～一二一六。失地王のあだ名をもつマグナ・カルタの署名者〕は、国内の都市に対するもっとも気前の良い恩人であったようである。* フランスのフィリップ一世〔Philippe I. 在位一〇六〇～一一〇八〕は、封建貴族に対する権威をことごとく失った。神父ダニエル〔Gabriel Daniel, 1649-1728. *Histoire de France, depuis l'établissement de la monarchie françoise dans les Gaules*, 1720-1725〕によれば、彼の治世の末期に、後に肥満王ルイ〔Louis VI. 在位一一〇八～三七〕の名前で知られることになる彼の息子のルイが、大貴族の横暴を抑制するもっとも適切な手段について、国王直属地の司教に助言を仰いだ。彼らからの助言は、二つの異なった提案を含んでいた。ひとつは、国王直属地にある際立った都市のすべてに、行政官と町議会を設置することにより、司法の新体制を創設することであった。もうひとつは、このような町の住民を、彼らの行政官の指揮の下、当を得た場合には国王を支援するために、町から外に進撃する新しい民兵を編制することであった。フランスの故事研究家によれば、フランスの都市で、行政官や議会の制度化が始まるのは、この時代からのことであるという。ドイツの自由都市の大部分がその特権を最初に授けられ、有名なハンザ同盟が初めて強力になったのは、シュワーベン家の君主による統治がうまくいかなかった間のことであった。**

*マドックスを参照〔この脚注は第二版で追加〕。

**プフェッフェルを参照〔この脚注は第二版で追加〕。

10　この時期、都市の民兵は、地方のそれに劣るものではなかったようだし、しかも、緊急事態ではずっと容易に招集できたから、それは、近隣の領主との紛争において利点をもつことが多かった。イタリアやスイスのような国では、中心地からの距離が離れているとか、国土自体が自然の要塞であること、さらにその他の理由から、君主はその権威のすべてを失うことになり、都市が一般的に独立の共和国になって、その近隣地域の貴族をことごとく打ち負かし、地方にある彼らの城を解体し、他の平和愛好的な住民のように、都市に居住することを余儀なくさせた。これが、他のいくつかのスイスにある都市と同様、ベルン共和国の手短な歴史である。歴史が幾分異なる都市であるという理由でヴェネツィアを除外すれば、それが、一二世紀末から一六世紀初頭にかけて、あれだけ多くの数生まれて滅んだ、イタリアの重要な共和国すべての歴史なのである。

11　しばしばきわめて低くはあっても、全体的にみて、君主の権威が破壊されたことがないフランスやイングランドのような国では、都市というものが、完全に独立に至る機会はなかった。しかしながら、都市が著しく強大になってきたため、君主は、先に指摘した町に対する一括上納金（ファーム・レント）という税を除けば、市民の同意なしには、まったく課税することができなかった。結果的に、都市は、王国の特権階級が構成する総会（ジェネラル・アッセンブリー・オヴ・ステーツ）に代表者を送るように求められ、聖職者や貴族とともに、緊急の場合には、その場で、国王に対する臨時の支援を承認することに加わるようになったのである。国王の権力にとって、一般的にあまりにも好都合なものであったから、時に都市の代表者は、このような総会で、大領主の権威に対する均衡勢力として、国王に用いられていたように思われる。このことから推して、ヨーロッパのすべての大君主国の特権階級が構成する総会における都市選出議員の起源は、ここにあったことになる。

12　秩序と信頼できる統治、それとともに、個人の自由と安全は、地方に住む土地占有者があらゆる種類の暴力に晒されていた時代に、このような方法で都市で確立された。だが、この無防備な体制の中では、より多く獲得することは、彼らの抑圧者の不正義をそそのかすだけだから、人間は自然に、おのずと必要な生活物資だけで満足してしまう。これとは逆に、自分自身の努力の成果を享受することが保証されている場合、彼らは自然に、自分自身の境遇を改善するために、つまり、生活必需品だけでなく、生活の便宜品や優雅さをも獲得するために一生懸命努力する。それゆえ、不可欠な食料などの生活物資を超える何かを得ようとする組織的な労働が、地方の土地占有者によって日常的に遂行され始めるよりも相当以前に、都市で確立された。農奴制にもとづく隷属によって抑圧された貧しい耕作者の手許に、たとえごくわずかでも元本が蓄積されると、彼は、最大の注意を払って当然それを主人から隠して——そうでもしなければ、主人のものになってしまう——できるだけ早く、都市へ逃げ込む機会をとらえたことだろう。その当時の法律は、都市の住民にきわめて寛大で、地方の住民に対する領主の権威を削減することに専心していたから、もし田舎の住民が一年間領主の追跡から逃れることができたら、その後、自由になることができたほどである。それゆえ、田舎の住民のうち、勤勉な人々の手に蓄積された元本はすべて、それを獲得した人間にとって安心できる唯一の聖域であるという理由から、都市に避難したのである。

13　都市の住民が、つねに食料などの生活物資、および、彼らの組織的な労働の原材料や手段の全体を究極的に田舎から引き出すほかないというのは、真実である。だが、海岸とか航行可能な河川の岸近くに位置するような大都市は、それを、かならずしも近隣の地方から引き出すように限定されるわけではない。彼らの供給地はずっと広範なものであって、彼ら自身の産業の製造品との交換や、遠く離れた国の間の輸送人としての任務を遂行したり、一方の産物を、他方のそれと交換したりすることによって、世界のもっともかけ離れたところからでも生活物資や原材料を選り集めることができるだろう。都市は、このようにして、大きな富と壮麗さにまで上り詰めることが可能であったが、その近隣の地方だけでなく、都市と取り引きするすべての国は、貧しく粗末なままであった。おそらくこのような国はすべて、それぞれ個別的にとらえた場合には、食料などの生活物資にしても仕事にしても、限られた一部だけしか提供できなかったが、しかし、そのすべてが一緒にまとまった場合には、大量の生活物資と大量の仕事の両方を、大都市に提供することができたのである。しかしながら、当時の狭い範囲の通商圏の内部には、いくつかの豊かで勤勉な国も存在した。存続したかぎりでのギリシャの帝国とか、アッバース朝統治下〔八世紀中ごろから一三世紀〕のサラセン帝国が、それに該当する。トルコ人に征服されるまでのエジプトもまたそうであったし、バーバリ海岸〔モロッコからチュニジアに至るアフリカの地中海沿岸地域〕の一部、および、ムーア人に統治されていたスペインの大部分の地方がそうであった。

14 イタリアの都市は、商業によって際立った程度の富裕にまで高められたヨーロッパ最初の国であるように思われる。イタリアは、当時の世界では、改良が進んで洗練(シヴィライズド)された地域の中心に位置していた。十字軍もまた、元本の膨大な浪費と、巻き込まれた住民の破滅のせいで、ヨーロッパの大部分の発展を必然的に遅らせたはずではあるが、いくつかのイタリア都市の発展にはきわめて好都合であった。聖地の征服を目指して、あらゆる地域から進軍してきた巨大な軍隊は、ヴェネツィア、ジェノヴァおよびピサの海運業――時々、かの地に兵士を輸送し、常時、彼らに対する糧食の供給に従事した――に、並外れた奨励を与えることになった。彼らは、もしそう言ってよければ、軍隊の糧食部であって、かつてヨーロッパの国々で生じたもっとも破壊的な狂乱が、このような共和国の富裕の源泉になったのである。

15 交易都市の住民は、より豊かな国の改善された製造品や高価な贅沢品を輸入することによって、大土地所有者の虚栄心に対して格好の糧をもたらし、大土地所有者は、自分の土地が産出する大量の原生産物で、熱狂的にそれを購入した。したがって、この当時ヨーロッパの大部分の商業は、地元産の未加工な生産物を、より洗練された国の製造品と交換することから、もっぱら成り立っていたのである。こうして、イングランドの羊毛は、フランスのワインと、さらにはフランドル〔現在のベルギー西部を中心に、隣接のオランダ西部とフランスの一部を含む地域〕の高級織物と交換されるのが通例であったし、ポーランドの穀物も同じ方法で、今日フランスのワインやブランディ、さらには、フランスやイタリアの絹織物やビロード布と交換されている。

16 より精巧で著しく改善された製造品に対する好みは、このような方法で、そのような事業が行われていない国に、外国貿易をつうじて導入された。だが、このような好みがかなり大きな需要を引き起こすほど一般化すると、商人が、輸送費を節約するために、自分自身の国に同じ種類の製造業を確立しようと努力したのは、当然のことであった。ここに、ローマ帝国崩壊後にヨーロッパ西部で確立されたと思われる、遠隔地での販売をめざす製造業の起源がある。

17 注意されるべきことは、いかなる大国といえども、そこで遂行されている何らかの製造業無しでは存在しえなかったということであり、そして、製造業をもたない国について言及される際には、その製造業はずっと精巧でおおいに改良されたものか、遠隔地販売に適しているような製造業のことであると理解されなければならない、ということである。すべての大国では、ほとんど大部分の人民の衣服や家具調度類は、両方とも、その国自身の産業の生産物である。このことは、製造業をまったくもたないと普通に言われるような貧国の場合、それで満ち溢れていると言われる富国におけるよりも、はるかに一般的な事態でさえある。後者、つまり富国の場合、一般的に目につくのは、下層階級に属する大衆の衣服や家具調度類は、両方とも前者、つまり貧国に較べ、外国製品の占める比率がずっと高いという点である。

18 遠隔地販売に向いている製造品は、二つの異なったやり方で、さまざまな国に導入されてきたように思われる。

19 それは時々、上に言及したような方法で、言ってみれば、特定の商人や企業者がもつ元本の熱烈な運用によって導入されたが、彼らは、同じ種類の外国の製造業を模倣してそれを設立した。それゆえ、そのような製造業は外国商業の子孫であり、一三世紀の間にルッカ〔イタリア北西部〕で繁栄した〔初版では「ヴェネツィアに導入された」であった〕絹織物、ビロード布、錦織といった大昔の製造業がそうであったと思われる。それは、マキアヴェッリのいう、英雄の一人カストルッチオ・カストラカーニ〔Castruccio Castracani, 1281-1328. ローマ教皇に破門された傭兵隊長〕の暴政により、その時以降放逐された。一三一〇年には、九〇〇家族がルッカから追放されたが、そのうちの三一家族がヴェネツィアに避難し、絹織物製造業をそこに導入しようと申し出た。*彼らの提案は受け入れられ、多くの特権が彼らに授与され、三〇〇人の職工を使って、その製造業を開始した。〔「それは、マキァヴェッリ」からここまで、第二版で追加〕大昔フランドルで栄えた精巧な織物の製造業も、そのようなものであったと思われ、それは、エリザベス女王の統治下の初めごろにイングランドに導入されたが、さらに、リヨンやスピタルフィールズ〔ロンドン東部〕における現在の絹織物業も、同様の事例であった。

このようにして導入された製造業は外国の製造業の模倣であるため、一般的に外国の原料を使って仕事をしている。ヴェネツィアの製造業が最初に設立された時、原料はすべてシチリアとレヴァントから運ばれていた。ルッカのもっと古くからの製造業は、同様に、外国の原料で遂行されていた。桑の木の栽培とカイコの飼育は、一六世紀以前には、イタリア北部では一般的でなかったように思われる。このような技術は、フランスではシャルル九世（在位一五六〇～七四）の治世まで導入されなかった。〔訳注〕フランドルの製造業は、主としてスペイン産とイングランド産の羊毛で遂行されていた。スペイン産の羊毛は、イングランドの最初の毛織物工場ではなく、遠隔地販売に適した最初の毛織物工場の原料に用いられた。現代では、リヨンの製造業の原料の半分以上が外国産の絹糸であるが、それが最初に設立された時には、全部またはほとんど全部が外国産の絹糸であった。スピタルフィールズの製造業が用いる原料がイングランド産のものであったことは、これまでないようである。ごく少数の人々の目論見やプロジェクトによって一般的に導入されるような製造業の本拠地は、彼らの利益、判断あるいは気まぐれが、たまたまどのように決めるか次第で、ときには臨海都市に建設されることもあるし、また内陸都市に建設されることもある。

＊ Sandi, Istoria Civile de Vinezia, Part 2. vol.I. page 247, and 256 を参照〔正確な書名は *Principi di Storia Civile della Republica de Venezia.*〕。

〔訳注〕「ヴェネツィアの製造業」以下は第二版で修正された部分であり、初版では、「ヴェネツィアの製造業は繁栄したが、ロンバルディアにはまったく桑の木は存在しておらず、当然カイコもいなかった。製造業者は原材料をシチリアとレヴァントから運んだし、当の製造業自体が、ギリシャ帝国の中で遂行されていたものの模倣であった。桑の木がロンバルディアに最初に植えられたのは一六世紀はじめのことで、ミラノ公ロドヴィコ・スフォルツァによる奨励の結果であった」と記述されていた。

20 またある時は、もっとも貧しい未開の国でも、つねに遂行されているはずの家内工業や粗雑な製造業が漸次洗練されることによって、遠隔地販売用の製造業が自然に、しかも、あたかも自発的であるかのように発展することがある。そのような製造業は、一般的にその国で産出される原料を用いて操業しており、実際に海岸から、また時にはあらゆる水運から、著しくとまではいかないにしても、相当離れたところに位置する内陸部で最初に洗練され、改良されることが頻繁にあったように思われる。そもそも肥沃で、耕作も容易であった内陸地方は、耕作者を維持するために必要なものを上回る食料の大きな剰余を産出するが、内陸輸送の費用や水上運送の不便さのゆえに、この余剰を、外国に送るのはしばしば困難である可能性がある。豊富さは、それゆえ、食料を安価にして、きわめて多数の労働者を近隣地域で居住するように奨励するし、労働者は労働者で、彼らの労働が他の場所よりもそこで、より多くの生活必需品と便宜品を確保できることに気付く。彼らは、近隣の土地が産出する製造業の原料を加工し、完成品を、つまり同じことだがその代価(プライス)を、より多くの原材料や食料と交換する。彼らは、船着き場まで、あるいは、どこか遠く離れた市場にそれを輸送する費用を節約することにより、原生産物の剰余部分に新しい価値を付与し、さらに、土地耕作者には、それと交換に、彼らが以前入手できていたよりも緩やかな条件で、彼らにとって有益で快適なものを提供するわけである。耕作者は、彼らの生産物に対してより高い価格を確保し、しかも、彼らが必要とする他の便宜品を、より安価に購入できる。こうして彼らは、土地のいっそうの改良と立派な耕作によって、この余剰の増加を奨励するだけでなく、可能にするのであって、だから、土地の多産性が製造業を生み出したように、製造業の進歩が土地に反作用して、土地の多産性をさらに増進させることになる。

製造業はまず近隣地方に、その後、その製品を改良して洗練するにつれ、より遠方の市場に供給するようになる。というのは、原生産物や粗末な製造品も多額の陸送経費には容易に耐えられないが、洗練されて改良された製造業は、容易にそれを負担できるからである。小さな嵩でありがなら、それは、しばしば大量の原生産物の価格と等しくなる。たとえば、わずか八〇ポンドの重量しかない高級織物一反は、重量八〇ポンドの羊毛だけでなく、時には、さまざまな労働者とその直接の雇い主の生計費として、重量数千ポンドの穀物の代価を、要素としてその中に含んでいる。そのままの形で外国に運ぶには困難がある穀物は、このような方法で、完璧な製造品の形で実際に輸出され、世界のもっとも遠隔の地方まで容易に運ぶことができるだろう。

このような方法は、自然に、あたかも自発的であるかのように発展してきたものであって、リーズ、ハリファックス、シェフィールド、バーミンガムおよびウルヴァーハンプトンの製造業がそうである。このような製造業は、農業の子孫である。その拡大と改良は、ヨーロッパの近代史上、外国商業の子孫であったものに較べて一般的に遅れていた。イングランドは、スペイン産の羊毛を用いた高級織物製造でよく知られていたが、それは、先に指摘した場所で現在繁栄している製造業が海外で販売する能力を確立するよりも、一世紀以上前のことである。このような、後者に属する製造業の拡大と発展は、農業、つまり外国貿易の最上にして最大の結果としての農業の拡大と改良、および、外国貿易によって直接導入された製造業の拡大と改良の結果としてでなければ生じえたはずがないのであって、今から、それを説明することにしよう。

第四章　都市の商業はどのように地方の改良に貢献したか

1　商業的で、製造業も存在する都市（タウン）の増大と豊かさは、それが所属する地方（カントリー）の改良と耕作に、三つの異なる方法で貢献した。

2　第一に、地方の原生産物に対して、広大で便利な市場を提供することにより、都市は、地方の耕作といっそうの改良を奨励した。この利益は、それが位置している地方に限られることなく、都市が、何らかの取引を行うすべての地方にまで、多少なりとも拡大した。そのすべてに対して、都市は、地方の原生産物や製造品の一部に対する市場を提供し、結果的に、あらゆるところの組織的な労働と改善に、一定の奨励を行ったのである。しかしながら、都市自体が属している地方は、その近隣地域であるがゆえに、必然的に、この市場から最大の利益を引き出した。近隣地域の生産物は輸送費の負担が一段と低いから、取引業者は、栽培者にもっと高い価格を支払うことが可能になったにもかかわらず、より遠方の地方の産物よりも安い価格で、それを消費者に提供できたからである。

3　第二に、都市の住民によって獲得された富は、大部分が未耕作であることが多かった売却予定の土地の購入に用いられた。商人は、おしなべて地方の紳士になることを切望していたから、彼らが購入すれば、一般的に、彼らこそもっとも優れた改良家なのである。商人というものは、いつも、彼の貨幣をもっぱら利益の見込みがあるプロジェクトに用いるが、他方、たんなる地方の紳士というものは、いつも、それをもっぱら支出することに用いる。前者は、自分の貨幣が手許から出て行って、利潤と一緒に返ってくるように気を配るが、後者は、一旦それを手放せば、それ以上どうなるか、眺めようと思うことなどほとんどない。このような習慣（ハビット）の違いが、自然にあらゆる職務における、それぞれの気質や習性に影響を及ぼすのである。

おしなべて商人というものは、大胆な企業者であり、地方の紳士というものは、臆病な企業者である。前者は、支出に比例して土地の価値が高まるという有望な見通しをもっている時には、自分の土地の改良に、一時に巨額の資本を注ぎ込むのを恐れない。後者は、何らかの資本（キャピタル）を持っている——いつもそうとは限らないが——としても、このような方法で、大胆にそれを利用することはごくまれである。いささかではあれ、彼が改良するにしても、一般的にそれは資本によってではなく、自分の年々の収入から節約可能なもので、そうするのである。まだ改良されていない地方に位置する商業都市で生活する幸運に恵まれた人なら誰でも、たんなる田舎の紳士に較べて、このような方法で行う商人の活動が、いかに活気に満ちていたかを頻繁に観察したにちがいない。くわえて、商業的な業務が、自然に商人に身につけさせていく整理、節約や注意力にかんする習慣が、いかなる改良のプロジェクトであろうと、利潤と成功をもたらすように遂行するうえで、さらに適切な人物に仕立て上げるのである。

4　最後だが第三に、商業と製造業は、秩序や善政を、そしてそれとともに、以前は隣人との絶え間ない戦争と、領主に対する隷属的依存状態の下で生活していた地方住民の間に、個人の自由（リバティ）と安全を次第に導入して行った。これは、ほとんど注目されてこなかったとはいえ、そのすべての影響のうちで、飛びぬけて重要な点である。私が知るかぎり、今までこの点に着目した著作家はヒューム氏だけであった。

5 外国商業もいかなる種類の製造業ももたない国では、耕作者を維持するために必要なものを超える自分の土地生産物の大部分と交換可能なものがない大土地所有者は、自宅で、田舎風の歓待ぶりを示すことにより、すべてを消費する。たとえ、この剰余生産物が、一〇〇人とか一〇〇〇人の人間を維持するために十分であっても、一〇〇人とか一〇〇〇人の人間を維持すること以外の方法で、それを利用することは不可能である。それゆえ、彼は、いつでも大勢の従者や家事使用人に囲まれて暮らすわけだが、彼らは、養ってもらうお返しに、与えるべき等価物を何も持っておらず、完全に彼の気前の良さによって食べさせてもらっているため、支払いを受けている君主に服従しなければならない兵士と同じ理由から、大土地所有者に服従する必要がある。ヨーロッパで商業や製造業が拡大する以前、国王から小領主に至るまでの金持ちと権力者の歓待ぶりは、現在我々が容易に心に描けるような事柄を、すべて超越していた。

ウェストミンスターホールは、赤顔王ウィリアム〔William II. 在位一〇八七～一一〇〇〕の食堂であり、彼の客人の応援にとって広すぎるということは、多分滅多になかったであろう。椅子につくことができない騎士や郷士が晩餐に与るために床に座った時、身にまとった立派な衣装を汚したりしないように、広間の床の上に、旬の真新しい干し草やイグサを敷き詰めたことは、トーマス・ベケット〔Thomas Becket, 1120?-1170. 王権に対立しつつ教会の権威向上に尽くし、最後にカテドラル内で暗殺されたカンタベリー大司教〕が身につけた偉大さの一端だと評価されている。偉大なウォリック伯爵〔Richard Neville, 1428-1471. バラ戦争で活躍した〕は、彼が所有するさまざまな邸宅で毎日三万人を歓待したと言われているが、この数字は誇張である可能性があるにしても、しかしながら、そのような誇張を許すほど、きわめて壮大なものであったはずである。ほとんど同じ種類の歓待は、スコットランドの多くのさまざまなところで、かなり最近まで遂行されていた。それは、商業や製造業をごくわずかしか知らないすべての国民の間で、ごくありふれたものであったように思われる。ポーコック博士〔Richard Pococke, 1704-1765. イギリスの旅行家〕の言によれば、アラビアの首長が、自分の家畜を売りに来た町の通りで食事をし、ありふれた物乞いさえ含む通行人のすべてを一緒に座らせ、宴会に参加するように招いたのを見物した、ということである。

6　土地の占有者は、あらゆる点でその従者と同様に、大土地所有者に隷属していた。彼らのうち、農奴の状態になかった人々でさえ、任意不動産権者（テナント・アット・ウィル）、つまり、どこから見ても、土地が彼らにもたらす食料などの生活物資に相当しない地代を支払う人々であった。一クラウン、半クラウン、羊一頭、子羊一頭というのが、数年前スコットランドのハイランドで一家族を維持する土地に対する普通の地代であった。場所によっては今日でもそうであるし、現在の貨幣が、他の場所よりもそこでより多くの財貨を購買するわけでもないだろう。大きな所領の剰余生産物が、所領内部で消費されるほかない国では、もしそれを消費する人々が、大土地所有者の従者や奉公人のように彼に従属している人々であるとすれば、その一部が、彼の邸宅から離れたところで消費されるほうが、大土地所有者にとってより好都合であることが多いだろう。それによって彼は、大きすぎる一門とか家族がもたらす逼迫から、救済される。免除地代（クイット・レント）〔賦役を免除された自由保有者や謄本保有者が支払う地代〕をほとんど上回らないものと引き換えに、家族を維持するのに十分な土地を占有する任意不動産権者は、あらゆる使用人や従者と同様に、土地所有者に従属しており、ほとんど無条件で、彼に従って行動しなければならない。自分の邸宅で、使用人と従者を養うような土地所有者は、同様に、小作人を小作人自身の家で養っていることになる。両者の食料などの生活物資は、ともに土地所有者の気前の良さから引き出されており、それが継続するかどうかは、彼の情け深い意向次第で決まるのである。

7　昔の貴族（バロン）の権力は、大土地所有者が、そのような事物の状態のなかで、必然的に彼らの小作人や従者に対してもつ権威にもとづいていた。必然的に彼らは、自分の所領に住むすべての人に対して、平時には裁判官、戦時には指揮官になった。彼らは、それぞれ自分の領地内では、すべての住民の総力を誰かの不正義に敵対させることができたから、それぞれの領地で秩序と法の執行を維持することができたのである。十分な権威をもってこれを実施できる人間は、他に誰もいなかった。とくに国王には、なんの権威もなかった。このような古い時代には、彼は、自らの領土内の最大の土地所有者以上のものではなく、共通の敵に対して共同で防衛するために、それ以外の大土地所有者が一定の敬意を払う人物であった。すべての住民が武装して、たがいに抵抗することに慣れている大土地所有者の地所内で、少額の債務返済を履行させるためには、国王の権威自体をもって対処したとしても、内乱を鎮圧するのとほぼ同じくらいの努力を国王に費やさせることになったであろう。それゆえ国王は、国の大部分について、司法の管理をその管理能力がある人々に一任し、また同じ理由から、国の軍隊の指揮権を、軍隊が従う人々に託すことを余儀なくされたのである。

8　このような土地にかんする裁判権が、封建法に起源をもっていると想像することは、間違いである。民事や刑事の最高の裁判権だけでなく、軍隊の招集、貨幣の鋳造や自国民を統治するための条例を定める法的権限もまた、ヨーロッパで、封建法という名前さえ知られるようになる数世紀前に、地域の大土地所有者によって、自由所有地（アローディアリー）として〔封建的枠組みに組み込まれる以前の完全私有のこと〕保有されていた権利の全体であった。イングランドでサクソン領主が保有していた権威と裁判権は、ノルマンの征服前も、その後のノルマン領主のそれと同様に大きかったように思われる。だが封建法は、征服の後くらいに、イングランドの一般的な法律になっていたとは思われない。もっとも広範な権威と裁判権が、フランスの自由所有地の大貴族によって、その国に封建法が導入されるずっと以前から保持されていたということは、疑問の余地なく認められた事実に属する事柄である。その権威とこのような裁判権は、すべて先に指摘した所有権と慣習（マナーズ）のあり方から、必然的に生じたものである。

フランスやイングランドの君主国の中世以前の時期までさかのぼらなくても、そのような結果は、いつでもそのような原因から生じていたにちがいないという多くの証拠を、ずっと後の時代において見出すことができるだろう。スコットランドのロッホバーの紳士であるロッヒールのキャメロン氏〔Donald Cameron of Lochiel, c.1700-1748. スコットランドのキャメロン一族の族長を引き継ぎ、ロッヒールの名前で知られ、一七四五年のジャコバイトの反乱に一族を率いて参戦した〕は、法的な権限は何も保有せず、当時、管轄地長官（ロード・オヴ・レガリティ）と呼ばれていた地位でも、直属受封者（テナント・イン・チーフ）でさえもなく、アーガイル公爵のたんなる一家臣であって、治安判事でさえもなかったにもかかわらず、彼の一族の人々に対して、最高の刑法上の裁判権を行使していた時から、まだ三〇年と経っていない。聞くところによれば、彼は裁判上の正式な手続きを踏むことはなかったが、きわめて公平に裁判権を行使したということであり、当時、その国の当該地方の状態が、社会の平和のために、彼にこの権威を引き受けるように要請したということは、ありえないことではない。この紳士は、その地代がけっして年間五〇〇ポンドを超えることがなかったが、一七四五年には、彼自身の部族八〇〇人を、彼とともに反乱へと歩を進めさせたのである。

9　封建法の導入は、自由所有地の大領主がもつ権威の拡大どころか、それを緩和する試みとみなすことができるだろう。それは、国王を頂点に、零細な土地所有者に至るまで、一連の長い奉仕と義務を伴う整然とした従属関係を確立した。土地所有者が未成年の間、彼の所有地の管理とともに、その地代が直接の上位者の手中に握られ、したがって結果的に、あらゆる大土地所有者の所有は、保護のもとにある未成年の養育と教育を託された国王の手中に握られたし、さらに国王は、保護者として彼がもつ権限から、被後見人の婚姻を——それが彼の身分にふさわしくないやり方でない、という条件付きで——取り決める権利を有するとみなされた。

だがこの制度は、必然的に国王の権威を強化し、大土地所有者のそれを弱める傾向があったとはいえ、混乱の発生源である所有権や慣習のあり方を十分に変更できなかったから、国の住民の間に秩序と善政を確立するには十分なものでありえなかった。統治の支配力は以前と変わることなく、盟主が弱すぎて下位の構成員が強すぎるという状態が依然として継続しており、下位の構成員が強大すぎるということが、盟主の弱さの原因であった。封建的従属が確立した後でも、国王は以前と同様に、大貴族の暴力を抑制することはできなかった。大貴族は、彼らの意思にしたがって、たがいにほとんど絶え間なく戦争をし続けたし、国王とも頻繁に戦ったから、結果的に広々とした土地は、依然として暴力、略奪および無秩序の場所であり続けたのである。

10 だが、封建制度という暴力のすべてをもってしてもなしえなかったことを、外国商業と製造業の静かで気付かないほどの働きが、ゆっくりと成し遂げた。この二つは、大土地所有者に、彼らの土地の余剰生産物のすべてと交換可能な何か――それを、彼ら自身が借地人や使用人と分け合うことなく消費することができた何か――を、徐々に提供することになった。すべてを自分のために、したがって他人には何もやらぬ、これが、世界のどの時代でも人間を支配する者の卑しい格言であったように思われる。

それゆえ、手にする地代の全価値を自分自身で消費する方法を見出すことができるやいなや、大地主は、ほかの誰かとそれを分け合うという習性を失ってしまった。おそらく、一組のダイヤモンドのバックル、あるいは似たような軽薄で無用なものを、維持費――つまり同じことだが、一〇〇〇人を一年間養う代価――とともに、それが彼らにもたらすことができた影響力と権威のすべてと、交換したのである。しかしながら、ずっと昔からの支出方法なら、大地主はすくなくとも一〇〇〇人の人々と分け合う必要があったのに、バックルは全部彼自身のものであって、ほかの誰かと共有できるようなものではなかった。選択されるものを決める目利きの立場からすれば、この違いは申し分なく決定的なものであった。こうして、すべての虚栄心のうち、もっとも子供じみていて、卑しく、強欲なものを満たすために、彼らは自分自身の権力と権威のすべてを売り渡したのである。

11 外国貿易だけでなく、精巧な製造業も何ひとつ存在しない国では、年収一万ポンドの人物は、多分一〇〇〇家族――必然的に全員もれなく彼の支配下にある――を維持する以外の方法で、いつか別の年に、自分の収入を都合よく用いることは不可能である。ヨーロッパの現状では、年収一万ポンドの人物は、直接二〇人を養ったり、指揮する価値もない仕着せを着用した従僕一〇人以上を支配できる体制を整えたりせずに、彼の収入のすべてを支出することができるし、そうすることが一般的である。多分に間接的にではあるが、彼は、大昔の支出方法によって遂行しうる人数に較べて、同じほど多いか、もっと多くの人々を維持するだろう。というのは、彼が自分の収入のすべてと交換する高価な生産物の量はきわめて小さくても、それを収集して整えることに従事する労働者の数は、必然的に、きわめて大きくなっているはずだからである。そのような生産物のとてつもない高額さは、一般的にそれに従事する労働者の賃金と、彼らの直接の雇用主すべての利潤から生じる。その代価を支払うことにより、彼は間接的にこのすべての賃金と利潤を支払い、こうして間接的に、すべての労働者とその雇用主を維持することに貢献するのである。しかしながら、一般的に彼の寄与度は、それぞれ年々の生活費全体のきわめて小さな比率――ごく少数については一〇分の一、多数については一〇〇分の一、さらに、なかには一〇〇〇分の一や一万分の一でさえある――でしかない。それゆえ、彼が労働者や雇用主全員を維持するのに貢献するといっても、一般的に、彼らはすべて彼がいなくても全員が維持されうるため、彼らはすべて、多少なりとも彼から独立しているのである。

12 大土地所有者が、自分自身の地代を小作人や従者の維持に費やす場合、彼らは、それぞれ自分の小作人と従者のすべてを、丸ごと維持することになる。だが、彼らが地代を取引業者や職人の維持に費やす場合、全員を一括してみれば、おそらく彼らは、以前と同じほど多数か、あるいは、田舎風の歓待にともなう浪費のゆえに、以前よりもずっと多くの人々を維持することになろう。しかしながら、個別的にみると、彼らは、それぞれ膨大な数に上る個人のうちの一人を維持するにあたり、きわめて小さな割合だけしか寄与しないことが多い。それぞれの取引業者や職人が自らの生計費を引き出すのは、たった一人の顧客からではなく、一〇〇人とか一〇〇〇人に達するさまざまな顧客からである。したがって、ある程度顧客のすべてから恩義を受けているとはいえ、彼は、そのうちの誰か一人に全面的に依存しているわけではない。

13 大土地所有者の個人的な支出が、このような方法で次第に増加してくると、彼らが抱える従者の数を漸次減少させせないわけには行かなくなり、最終的に彼らは、完全に解雇されてしまった。同じ原因は、大地主が抱える小作人のうちの不必要な部分を、次第に解雇するように導いた。農場（ファーム）は拡大され、土地の占有者は、人口が減少したという苦情にもかかわらず、当時の耕作と改良の不完全な状態にしたがって、それを耕作するために必要な数にまで減少した。必要のない扶養人口を減らすことにより、さらには農業者から、農場がもつ最大限の価値を引き出すことにより、より大きな剰余、つまり同じことになるが、より大きな剰余の代価が土地所有者のために確保されたが、それについては、自分自身が身に着けて消費する方法を、残りの人に対して以前していたのと同じ方法で、商人と製造業者が、まもなく彼に提供した。同じ原因は引き続き作用し続けたから、彼は、所有する土地が、実際の改良の状態において産出可能なもの以上に、地代を引き上げたくて仕方がなかった。彼の小作人がこれに同意しうるのは、土地のいっそうの改良のために注ぎ込まなければならないものを、利潤とともに取り戻すために必要な期間は占有が保障されなければならない、という条件が承認される場合だけであった。領主の法外な虚栄心が、彼に喜んでこの条件を受け入れさせたのであって、ここに、長期借地契約の起源を見出すことができる。

14 土地の対価を残らず支払う任意不動産権者でさえ、完全に領主に依存していたわけではない。彼らがたがいに受け取る金銭的な利益は互恵的で平等であり、したがって、そのような小作人が、土地所有者への奉仕に従事して、自分の生命や財産を危険に晒すことはないだろう。だが、小作人が、年限の長い不動産借地権を保持している場合には、彼は完全に独立しているのであって、領主は、小作人に対して、借地契約のなかで明確に取り決められていたり、国のコモンローや既知の法律によって小作人に課せられたりしたものを超える奉仕は、ごく些細なことであっても、期待するわけにはいかなかった。

15 小作人が、このような仕方で独立してきただけでなく、従者もまた解雇されてくると、もはや大土地所有者は、原則に従った司法の遂行を妨げたり、国の平和を乱したりすることができなくなった。生まれつきの家督相続権を売ったのは、空腹と窮状に喘いで、一杯のポタージュのためにそれを売ったエサウ〔聖書に登場する、親譲りの相続権を売却した人物〕とは違って、豊かさがもたらす享楽的な生活のなかで、人間の真剣な気晴らしというよりも、子供の遊び道具に向いているような装身具やつまらないもののためであったから、彼らは、都市の裕福な市民や取引業者と同程度に、重要な人物ではなくなった。規則通りの統治（レギュラー・ガヴァンメント）が都市と同様に地方でも確立されたのは、都市におけると同様に、地方においても規則通りの統治の実施を妨害するほど十分な権力をもつ者がいなくなったからである。

16 当面の主題とはおそらく関係がないとはいえ、しかし、ここでどうしても言及しておきたいことは、多くの世代にわたって、ひき続いて父から子へと保有された相当大きな所領といったものは、商業的な国ではきわめて珍しいということである。これとは逆に、たとえば、ウェールズとかスコットランドのハイランドのように、ほとんど商業が存在しない国では、それはきわめて一般的である。アラビア人の歴史は、ことごとく系譜で埋め尽くされているように見え、したがって、いくつかのヨーロッパ言語に翻訳されたタタールのカーンによって書かれた歴史は、それ以外のものをほとんど含んでいないが、これは、大昔からの家系が、このような国民の間でごくありふれたものである証拠なのである。

金持ちの人間が、抱えられるだけ多くの人々を維持すること以外にその収入を支出しようがない国では、彼は無一文になりそうになく、余裕がある以上の人々を維持しようと試みるほど、彼の思いやりが熱烈であることは滅多にないと思われる。だが、彼が自分自身の身体に収入の最大部分を費やすことができる場合には、彼の虚栄心にも、自分自身の身体に対する愛情にも何の限度も存在しないことが多いから、彼の支出には何の限度もないことが多い。それゆえ、商業が盛んな国では、富の浪費を防ぐため、もっとも強い規制があるにもかかわらず、富が同じ家系に長期間残留し続けることは、きわめてまれである。これとは反対に、つましい国民（シンプル・ネイションズ）の間では、たとえば、タタールやアラブのような牧羊者から構成される国民の間では、法律による規制もないのに、彼らの財産は消費可能という特徴をもつため、必然的にそのような規制をすべてあり得ないものにしてしまう。

17 社会全体の幸福にとって最大の重要性をもつ革命は、このようにして、公共の役に立とうなどという意図などまったくもたなかった二組の異なった階級によって、実現されることになった。もっとも子供じみた虚栄心を満たすことが、大土地所有者の唯一の動機であった。商人と職人は、それほど馬鹿げてはいなかったが、彼ら自身の利益になるという見込みだけで、すなわち、一ペニーでも獲得できるならどこででも稼ぐ、という行商人（ペドラー）の行動規範にしたがって活動したにすぎない。前者における愚かさと、後者における勤勉さが、静かに実現しつつあった偉大な革命にかんするかぎり、両者とも、その知識も予見ももち合わせてはいなかったのである。

18 ヨーロッパの大部分をつうじて、都市の商業と製造業が地方の改良と耕作の結果ではなく、その原因と誘因であったというのは、このような次第なのである。

19 しかしながら、この序次は、事物の自然な進路とは逆であるから、必然的に遅々たるもので、しかも不確実なものである。その富が、ほとんどすべて商業と製造業に依存しているようなヨーロッパ諸国のゆるやかな発展を、富のほとんどが農業の上に築かれている北アメリカ植民地の急速な進歩と較べてみよ。ヨーロッパの大部分の所では、ここ五〇〇年弱の間に、その住民の数が倍増するとは予想されていない。我が国のいくつかの北アメリカ植民地では、それは、二〇年か二五年の間に倍増すると考えられている。

ヨーロッパでは、長子相続という法律や、さまざまな種類の永久拘束（パーペチュイティ）などが大所領の分割を妨げているし、またそれによって、小土地所有者の増加を阻止している。しかしながら、狭い土地の隅々まで知悉（ちしつ）し、所有地とくに小土地財産が自然に生じさせる心的傾向のすべてをもってそれを眺め、それゆえ、その耕作だけでなく、それをより魅力的にすることに喜びを抱く小土地所有者は、そのすべてが一般的にもっとも勤勉で、もっとも聡明で、もっとも成功する改良家である。くわえて、同じ規制が多くの土地を市場から排除し続けるため、売却される土地よりも、購入しようとする資本のほうがいつも多く、結果的に売却される土地は、いつでも独占価格で売られることになる。地代が購入金額の利子を賄うことはけっしてなく、くわえて、補修や臨時の経費――それに対する貨幣の利子は免れない――の負担もあった。土地の購入は、ヨーロッパではどこでも、少額の資本にとってもっとも利益が少ない仕事である。実際、とびぬけた安全性のため、穏やかな境遇にある人物は、事業から引退すると、時には、彼のささやかな資本を土地に注ぎ込むように選択するだろう。専門職にある人物――その収入は別の事業から引き出されている――も、同じ方法で、彼の貯蓄を保全したがることが多い。

　だが、貿易とか他の専門職に打ち込む代わりに、二〇〇〇とか三〇〇〇ポンドの資本を、小区画の土地の購入と耕作に用いようとする若者は、実際、おおいに幸福に、しかも、一人独立して生きようと期待することはできるが、しかし、違った方法で彼の元本を利用すれば、他の人々と同様に獲得するチャンスをもてたかもしれない巨万の富とか、大いなる名声のすべてを望むことについては、永久に別れを告げる必要がある。このような人もまた、土地所有者であることにあこがれるはずがないとはいえ、農業者であることを蔑むことが多いであろう。それゆえ、市場にもち込まれる土地が小区画であることと、もち込まれる土地が高価であることが、事情が違えば、きわめて多数の資本がその方向に向けられるであろう土地の耕作と改良に用いられることを、妨げるわけである。

これとは逆に、北アメリカでは、入植するためには、五〇ポンドか六〇ポンドあれば十分であることが、しばしば知られている。未耕作地の購入と改良は、そこでは、最大の資本と同様に、最小の資本のもっとも利益のある利用法であり、その国で獲得可能なあらゆる富と名声に通じる最短の道である。実際、そのような土地は北アメリカではほとんど無償か、自然の生産物の価値よりもずっと安い価格で手に入れることができる〔開墾のために伐採される木材や木材などの焼却灰を売却すれば、土地代金の回収が可能なほどであった〕のであって、これは、ヨーロッパ、あるいは、実際にあらゆる土地が長期にわたって私有財産であった国では、およそありえないことである。しかしながら、多数の家族を残して土地所有者が死亡した場合に、土地財産が子供全員の間で等しく分割されるとすれば、一般的に、地所は売却されることになろう。それほど大量の土地が市場にもち込まれれば、もはや、それを独占価格で販売することは不可能である。土地がもたらす豊富な地代（フリー・レント）は、購入資金の利子を賄うほどになるから、したがって少額の資本でも、他のあらゆる方法と同様に利益が上がるものとして、土地の購入に利用できるであろう。

20　イングランドは、その土壌がもともと肥沃であるため、国土全体の広さのわりに、その沿岸部が広大であって、そこを通じて流れる河川の多くが航行可能であり、国土のもっとも内陸部にあるいくつかの場所に、水運の便宜をもたらしているから、本来、ヨーロッパのすべての大国同様に、外国貿易、遠隔地向けの製造業、及びこのようなものが引き起こすあらゆる種類の改良の本拠地として、おそらく適していたであろう。また、エリザベスの治世が始まったころから、イングランドの立法府は、商業と製造業の利益に対して特別に留意したのであって、実際、オランダ自体を含めたとしても、全体として、法律がこの種の産業にさらに好意的であるような国は、ヨーロッパには存在しなかった。したがって商業と製造業は、この期間をつうじて持続的に発展し続けた。地方の耕作と改良も、間違いなく、また漸次的に発展し続けたが、しかし、それはゆっくりと、しかも商業や製造業のより急速な発展にかなり遅れて、後に続くものであったように思われる。地方の大部分は、おそらく、エリザベスの治世以前に耕作されていたはずであるが、そのかなり広い部分は未耕作のままとどまっていたし、きわめて広大な部分における耕作も、可能であろうほどの水準には、とうてい達していなかった。

しかしながら、イングランドの法律は、たんに商業の保護をつうじる間接的なものだけでなく、いくつかの直接的な奨励をつうじて、農業を奨励している。農産物が不作の時期を除き、穀物の輸出は自由であるばかりか、助成金（バウンティ）によって奨励されている。まずまず豊作の時期には、外国産穀物の輸入には禁止に等しい額の関税が負荷される。生きた家畜の輸入は、アイルランドからのものを除き、つねに禁止されており、そこからの輸入が許可されたのも、ごく最近のことでしかない。それゆえ、土地を耕作する人々は、二種類の最大かつもっとも重要な土地生産物、つまりパンと食肉について、彼らの同国人に対する独占権を持っているのである。このような奨励策は、私が後に証明しようと努力するように、おそらく、根本的にはまったくの幻想であるとはいえ、すくなくとも農業を促進しようとする立法府の立派な意図を十分に示している。

だが、あらゆる事柄よりもはるかに重要なことは、イングランドの独立自営農は、法律がなしうる限りの安全性、独立性、および社会的名声を与えられているということである。それゆえ、長子相続が行われ、十分の一税（タイス）を支払い、法律の精神に反しているとはいえ、場合によっては財産権の永久拘束が認められている国であって、イングランド以上に農業に奨励を与えるような国は、どこにもないのである。しかしながら、それにもかかわらず、これがイングランドの農業の現状なのである。その法律が、商業の発展から間接的に生じるもの以外に、何ら直接の奨励を農業に与えなかったとすれば、さらに、独立自営農を他のヨーロッパのほとんどの国と同じ状態に放置したとすれば、それはどうなっていたであろうか？エリザベスの治世が始まってから、すでに二〇〇年以上――人間の幸運が、通例つづく期間としては長い――が経過しているのである。

21 フランスは、イングランドが商業的な国として目立ってくるよりほぼ一世紀前に、外国貿易のかなりの割合を占めていたように思われる。当時の考え方に従えば、シャルル八世のナポリ遠征以前に、フランスの海運力は相当なものであった。しかしながら、フランスの耕作と改良は、全体としてみると、イングランドのそれよりも劣っていた。フランスの法律は、農業に同じ直接の奨励を、まったく与えなかったのである。

22 スペインとポルトガルが行うヨーロッパの他の地域に対する外国貿易は、もっぱら外国の船舶によって遂行されるとはいえ、おおいに突出している。それぞれの植民地に対する外国貿易は、このような植民地の大きな富と範囲のゆえに自国の船で遂行され、しかも、ずっと大規模である。だが、遠隔地販売用の大規模な製造業は、スペインにもポルトガルにも導入されたことがなく、両国の大部分は、今なお未耕作に留まっている。ポルトガルの外国貿易は、イタリアを除き、ヨーロッパのどの大国のそれよりも、もっと古い歴史を持っている。

23 イタリアは、遠隔地販売用の製造業と外国貿易を手段にして、あらゆる地域で耕作と改良を行ったように見える唯一の大国である。グイチャルディーニ〔Francesco Guicciardini, 1483-1540. フィレンツェ出身の歴史家・政治家〕によれば、シャルル八世のイタリア侵略以前、イタリアは、もっとも山が多くて不毛な地域でも、もっとも平坦で肥沃な地域に劣らず耕作されていた。その国の地勢上の利点と、当時そこに存在していたきわめて多数の独立国家が、おそらく、このような全面的な耕作にすくなからず貢献していたのであろう。もっとも慎重で控えめな近代の歴史家によるこのような一般的な記述にもかかわらず、当時のイタリアが、現在のイングランドをしのぐほど耕作が進んでいなかった、ということもありえないわけではない。

24 しかしながら、商業や製造業によって獲得された資本は、どの国にとっても、その一部がその国土の耕作と改良に固定されて実現されるまでは、すべて成り行き任せで、不確実な所有物である。まさに言い得て妙であるが、商人というものは、かならずしもある特定の国の市民ではないのである。彼にとっては、彼が自分自身の事業をどの場所で経営するかは、ほとんどすべてどうでも良いことであって、ごく些細な反感でも、彼の資本を移動させ、それとともに、それが支えている事業のすべてを、ある国から他の国へ移動させかねないだろう。建物であれ、土地の永続的な改良であれ、それが、あたかもその国の全体を覆うように広がってしまうまでは、その資本のどの部分も、ある特定の国に属しているということはできない。ハンザ同盟を構成した大部分の都市が保有していたといわれる巨大な富の痕跡は、一三世紀とか一四世紀の不明瞭な歴史の中を除けば、どこにも残っていない。その一部がどこに位置していたか、あるいは、そのうちのどれかに与えられたラテン語名が、ヨーロッパのどの都市に属するかさえ、不確かなのである。

だが、一五世紀の終わりごろから一六世紀の初めごろにあったイタリアの不幸〔一四九四年シャルル八世のイタリア侵攻から、一五二七年カール五世率いる神聖ローマ皇帝軍によるローマ略奪にいたる、外国軍の侵入に由来する災難のこと〕は、ロンバルディアやトスカナ地方の都市における商業や製造業を著しく減少させはしたが、この二つの地域は、今なお、ヨーロッパにおけるもっとも人口稠密で、もっともよく耕作されたところであり続けている。フランドルの内乱(シヴィル・ウオー)〔一五六七年以降のスペインによるカトリック強制・プロテスタント弾圧にたいする反乱〕、およびそれを引き継いだスペインの統治は、アントワープ、ゲントおよびブルージュの大商業を追い払ってしまった。だが、フランドルは、今なおヨーロッパではもっとも豊かで、もっともよく耕作され、もっとも人口稠密な土地のひとつであり続けている。戦争と統治がもつ通常の大変革は、もっぱら商業から生じるような富の源泉を簡単に干上がらせてしまう。農業における切れ目のない改良から生じる富は、はるかに耐久性があり、一世紀や二世紀のあいだ続く、交戦的で野蛮な国の略奪によって引き起こされるこのようなさらに暴力的な激動――ローマ帝国崩壊の前後に、ヨーロッパ西部のさまざまな国や地域で生じたような激動――による以外に、破壊されるはずがないものなのである。

第四編　政治経済学の体系について

序論

1 政治経済学（ポリティカル・エコノミー）は、政治家や立法者の科学（サイエンス）の一分野として考えた場合には、二つの明確な目的がある。第一に、国民に十分な収入や食料などの生活物資を提供すること、つまり、より適切にいえば、国民が自分自身で、そのような収入や食料などの生活物資を入手できるようにすることであり、第二に、十分な公共サーヴィスを提供するための収入を、国家（ステート）ないし共和国（コモンウェルス）にもたらすことである。それが提案することは、国民と統治者の両方を豊かにすることなのである。

2 さまざまな時代と国における富裕のさまざまな進歩は、国民を富ませることについて、二つの異なった政治経済学の体系を生み出してきた。ひとつは重商主義の体系、もうひとつは、農業の体系と呼ぶことができよう。私は、この両者を可能なかぎり完全かつ明瞭に説明しようと試みるから、まず、重商主義の体系から始めるべきであろう。それは現代的な体系であって、我が国でも我々の時代でも、もっともよく理解されているものである。

第一章　商業、つまり重商主義の体系（マーカンタイル・システム）の原動力（プリンシプル）について

1 富は貨幣であるとか、金や銀であるというのは、交換の手段および価値の尺度としての貨幣の二重の機能から自然に発生する通俗的な観念（ポピュラー・ノーション）である。それが交換の手段である結果、我々は、それを持っていれば、他のいかなる商品によるよりも、我々が必要とする何か別のものをより容易に入手することができる。重要なことは、貨幣を手に入れることだ、と我々はいつでも理解している。それを入手すれば、次の購入を行うのに何も困難はなくなる。それが価値の尺度であるため、我々は、他のすべての商品の価値を、それと交換される貨幣の量によって判断する。我々は、金持ちの人間を莫大な貨幣額に相当すると言うし、貧乏人のことを、ほとんどいくらにもならないと言う。つましい人間、あるいは金持ちになりたいと熱望する人間は、お金に惚れていると言われるし、不注意で気前が良かったり、金遣いが荒かったりする人間は、お金に無頓着だと言われる。金持ちになるとは、お金を稼ぐことであり、したがって、富と貨幣は、要するに普通の言い方をすれば、あらゆる点で同義であると考えられているのである。

2 豊かな国とは、金持ちの人間と同じ仕方で、貨幣がたくさんある国のことだと考えられているし、どの国であれ、金や銀を蓄積することは、国を富ませるもっとも手短な方法だと信じられている。アメリカ発見後しばらくの間、スペイン人が未知の海岸に到着した時に発す

る最初の質問は、その近隣地域に金や銀がいくらか存在していないか、であった。受け取った情報にもとづいて、彼らはそこが植民に値するかどうか、すなわち、征服するに値するかどうかを判断したのである。フランスの王が、ジンギスカンの息子の一人に大使として差し向けた修道士プラノ・カルピーニ〔スミスはPlano Carpinoと綴っているが、英語表記ではJohn of Plano Carpini, 1182-1252. もっとも、彼はローマ教皇インノケンティウス四世により派遣されたから、スミスの記憶違い〕によれば、タタール人が、頻繁に彼に尋ねたことは、フランスの王国には大量の羊や牛がいるかどうか、これであったという。彼らの発する質問は、スペイン人のそれと同じ動機にもとづいていた。彼らが知りたかったことは、その国が征服に値するほど十分に豊かであるかどうかであった。一般的に、貨幣の利用を知らないタタール人のあいだでは、他のすべての羊飼いから成り立つ国民の間と同様に、家畜が交換の手段であり、価値の尺度なのである。それゆえ、スペイン人に従えばそれが金や銀であるのと同様に、彼らに従えば富は家畜なのである。両者のうちでは、タタール人のほうが、おそらく、事の真実にもっとも近かった。

3　ロック氏は、貨幣とそれ以外の可動財（ムーヴァブル・グッズ）の間の違いに着目する。彼が言うところでは、あらゆる他の可動財は、その本質が消費可能であることにあるため、おおいに頼りがいのある富であることなどありえないのであって、ある年それが大量に存在する国は、輸出でもしないかぎり、それ自体が無駄にされ浪費されるだけで、次の年には、その著しい欠乏に見舞われる可能性がある。これとは逆に、貨幣は確固とした頼みの綱であって、人の手から手へと動き回りはするが、しかし、国の外に出ていくのを阻止できさえすれば、まず、浪費されたり消費されたりされにくいものである。それゆえ、彼の言によれば、金と銀は、国民がもつ可動の富としては、もっとも堅実で実際に価値がある部分であり、その理由からして、このような金属を増加させることが、その国民の政治経済学の大目的である、と彼は考えるのである。

4　ある国が、世界の他の国から完全に隔離されることが可能な場合、その国で、貨幣がどれだけ多く流通しようと、ほとんど流通していまいと、それは何ら重要なことではないと認める人々もいる。国内にある貨幣を用いて流通する消費財は、ただたんに、より多数の貨幣片より少ないそれによって交換されるだけであって、その国の実質的な豊かさや貧しさも、このような消費財の量が多いか少ないかに大部分依存している、と彼らは認めているのである。だが、彼らの考えでは、独立国と結びつきをもっている国や、対外戦争を遂行し、遠く離れた国で艦隊や軍隊を維持せざるをえない国の場合には、事態は違ってくる。これが遂行されうるためには、彼らに支払うために、海外に貨幣を送金せざるをえず、しかも、自国に大量に保有していないかぎり、国が海外に多量の貨幣を送れるはずがない、と彼らはいう。それゆえ、そのような国はすべて、必要な時が来れば、それによって海外戦争を継続するための資金を保有できるように、平時に、金や銀を蓄積するように努力しなければならないのである。

5　このような通俗的な観念のために、ヨーロッパのさまざまな国はすべて、ほとんど成果が上がらないにもかかわらず、自国内に金や銀をため込む方法を、可能なかぎり残らず検討した。ヨーロッパにこのような貴金属を供給する主要鉱山の所有者であったスペインとポルトガルは、極刑をともなう処罰によって、その輸出を禁止するか、その輸出にきわめて重い関税がかかるようにした。これと似たような禁止は、ヨーロッパの他のほとんどすべての国で、大昔から政策の一部を構成してきたように思われる。それは、我々が、もっともありそうにないと予想するようなところ、つまり、古いスコットランドの議会制定法の中でさえ見ることができるのであって、それは、重い処罰を課すことによって、王国から外への金や銀の持ち出しを禁止するものであった。似たような政策は、昔からフランスやイングランドでも行われていた。

6 このような国が商業的になった時、多くの場合商人は、このような禁止が途轍もなく不都合なことを理解した。しばしば彼らは、自国に輸入しようとするものであれ、どこか他の外国に運ぼうとするものであれ、彼らが欲する外国の商品を、他のいかなる商品よりも、金や銀でずっと有利に購入することができた。それゆえ、このような禁止は貿易にとって有害である、と彼らは異議を申し立てたのである。

7 まず彼らは、外国の商品を購入するための金や銀の輸出は、かならずしも、王国内でこのような金属の量を減少させるわけではない、と言って説得した。それとは逆に、外国商品の消費が、それによって国内で増加せず、このような商品が外国に再輸出され、しかも、そこで大きな利益を上げて販売できれば、それを購入するために最初に外国に送られた金や銀よりも、ずっと多量の富をもち帰ることが可能であるから、それは、しばしば貴金属の量を増やすことができるだろう。マン氏〔Thomas Mun, 1571-1641. 東インド会社の理事を務め、外国貿易の利益を力説した〕は、このような外国貿易の有効性を、農業における播種期と収穫期になぞらえる。「彼が多くの立派な穀物を大地にまき散らしている時、播種期における農民の行為だけしか見なければ、我々は、彼が農民というよりも、ばか者だとみなすだろう。だが、彼の労働が、彼の努力の最後にくる収穫期のものであることに注目すれば、彼の行為の価値と、有り余るほどの増収に気付くだろう」と、彼は言うのである。

8　次に彼らは、このような禁止によって金や銀の輸出を阻止することは不可能であって、それは、その価値に対して体積が小さいため、いとも簡単に外国に密輸できるからだ、と説得した。すなわち、このような輸出は、彼らが貿易収支と呼ぶものを適切に監視しておきさえすれば、阻止することができる。国が輸入するよりも大きな価値を輸出し、それに起因する外国への貸し残高が清算される――それは、必然的に金や銀で支払われる――場合には、それは、王国に存在するこのような金属の量を増加させる。だが、国が輸出するよりも大きな価値を輸入し、外国への借り残高が清算される――それは、必然的に同様に金や銀で支払われる必要がある――場合には、それは、自国内の貴金属を減少させる。この場合には、このような金属の輸出を阻止することは、それをより危険なものにすることにより、もっと費用が高くつくようにする以外には、何もできない。それによって、為替相場は、支払残高を抱えている国にとって、そうでなかった場合に較べてもっと不利なものになるが、その理由は、外国宛の為替手形を購入する商人は、それを売る銀行家に対して、自然に発生するリスク、つまり外国に貨幣を送る困難と費用だけでなく、金や銀の輸出の禁止から生じる異常なリスクも支払わざるをえなくなるからである。だが、どの国にとっても、為替相場が自国にとって不利になればなるほど、貿易収支は必然的に自国に対して不利になる、つまり支払残高が貸しになっている国の貨幣と比べて、必然的に、その国の貨幣価値はその分だけ下落しているわけである。

たとえば、イングランドとオランダの間の為替相場が、五パーセントだけイングランドに不利であるとすると、オランダで銀一〇〇オンスと交換される為替手形をイングランドで購入するには、一〇五オンスの銀が必要になるだろう。それゆえ、イングランドにおける一〇五オンスの銀は、オランダでは一〇〇オンスの銀の価値しかもたないことになり、それに応じた量のオランダの商品しか購入できないだろうが、オランダにおける一〇〇オンスの銀は、これとは逆に、イングランドでは一〇五オンスの銀の価値があるだろうし、それに応じた量のイングランドの商品を購入できるだろう。こうして、オランダに販売されたイングランドの商品は、為替相場の差額分だけ安価に販売され、イングランドに売られたオランダの商品は、為替相場の差額分だけ高価に売られるだろうから、前者の場合には、その分だけ少なくしかオランダの貨幣をイングランドに引き付けられないだろうし、後者の場合には、この差額の分だけイングランドの貨幣をより多くオランダに引き付けることになろう。それゆえ、貿易収支は、必然的にその分だけイングランドに不利であって、より多量の金と銀の未払い分が、オランダに輸出されなければならなくなるだろう。

9　このような主張は、部分的には堅実であり、部分的には詭弁的なものでもある。彼らは、貿易における金や銀の輸出は、しばしば国にとって有利でありえると主張しているかぎりで、じつに堅実である。彼らはまた、私人が、それを輸出することに何らかの利益を見出している場合には、いかなる禁止もその輸出を阻止することはできない、と主張している点でも堅実である。だが、彼らの主張が詭弁的であったのは、他の何らかの有用な商品の量を維持したり、増加させるためよりもむしろ、このような金属を維持したり、増加させたりするために、政府がより多く配慮する必要があると仮定している点であって、そのような配慮がなくても、貿易の自由が、そのような商品を適切な量だけ供給し損なうはずはないのである。さらにまた、彼らは、外国為替の高価格が、必然的に、彼らが言う不利な貿易収支を増加させたり、より多くの量の金や銀の輸出を引き起こしたりすると主張した点で、おそらく詭弁的であった。

実際、為替が高いことは、外国で貨幣を支払わなければならない商人にとって、著しく不利であった。彼らは、取引銀行が彼らに対して承諾したそのような国宛の為替に、その分だけ高い価格を支払う。だが、貴金属の輸出禁止が引き起こすリスクが、銀行家に特別な経費を多少発生させかねないとはいえ、それは、必然的にその国からより多量の貨幣を流出させることにはならないだろう。このような経費は、そこからの貨幣の密輸出という形で、一般的にすべて当該国内で準備されるのであって、六ペンス鋳貨一枚でさえ、振り出された手形の正確な額面を超えて輸出されることは、まずありえないだろう。また為替が高いことは、商人がこの高い為替相場での支払いをできるだけ小さくするために、彼らの輸出を、輸入とできるだけ釣り合ったものにしようと、自然に努力する気にならせるだろう。くわえて、為替が高いことは、外国商品の価格を引き上げるから、必然的に一種の税金として機能し、それによって、その消費を減少させるはずである〔「くわえて」と「外国商品の価格を」からここまで、第二版で挿入〕。それゆえそれは、彼らが呼ぶところの不利な貿易収支、および、その結果としての金と銀の輸出とを増加させるどころか、減少させる傾向があるだろう。

10 彼らの議論はこのようなものであったが、しかし、このような主張が、呼びかけの対象であった人々を納得させたのである。それは、商人によって、議会、枢密院、貴族や地方の紳士に対して、つまり、貿易というものを理解していると想定されていた人々によって、自分自身その問題について何も知らないと気付いていた人々に対して、発信された。外国貿易が国を富ませるということ、これは、貴族や地方の紳士だけでなく、商人に対しても経験が同様に身をもって示していたとはいえ、しかし、なぜかとか、どのような方法でということになると、誰も熟知していなかった。

商人は、それがどのような方法で自分自身を富ませるかは、完全に理解していた。それを知ることが、彼らの務めであった。だが、それがどのように国を富ませるかを知ることは、彼らの務めには、まったく含まれていなかった。このような主題が彼らの考慮対象になるのは、彼らの国に、外国貿易にかんする法律の変更を申し入れる必要がある時だけである。その時には、外国貿易の有益な効果と、このような効果が当時効力をもっていた法律によって、どのような方法で妨げられていたか、これについて、何か言わなければならなくなる。重要な事柄を決定することになっていた裁判官にとって、事態のもっとも満足がいく説明であると思われたのは、外国貿易は国に貨幣をもたらすが、問題の法律は、それがない場合ほど大量に貨幣をもたらすことを阻止している、と告げられた時であった。それゆえ、このような主張が、望み通りの効果を生み出したのである。

金や銀の輸出禁止は、フランスやイングランドでは、それぞれの国の鋳貨に限定されていた。外国の鋳貨と地金の輸出は自由だとされていた。オランダおよび他のいくつかの場所では、この自由は、その国の鋳貨にさえ拡張された。政府の注意は、金や銀の輸出に対する用心から、このような金属の増減を引き起こす唯一の原因としての、貿易収支の監視へ向けられるようになった。ひとつの無益な気配りから、もっと複雑で、はるかに厄介で、まさに同じくらい無益な別の気配りに向けられたのである。マンの書物のタイトル、『外国貿易において蓄えられたイングランドの富』〔スミスの記憶違いであろうが、正しくは『外国貿易によって蓄えられたイングランドの富』である〕は、イングランドだけでなく、他のすべての商業的な国の政治経済学における基本的な処世法（マキシム）になった。すべての中でもっとも重要な内陸取引や国内取引、つまり、等しい額の資本が最大の収入をもたらし、しかも、その国の人々に最大の雇用を作りだす取引は、外国貿易を補足するものでしかない、と理解された。それは、国内に貨幣をもたらすわけでも、もち出すわけでもないと言われたのである。それゆえ、およそ国の繁栄や衰退が、外国貿易の状態に間接的に影響する可能性があるということだけは別として、国内取引を手段にして、国が豊かになったり貧しくなったりすることなど、あるはずがなかったわけである。

11　自国内に鉱山をもたない国は、自国内にブドウ畑をもたない国が外国からワインを手に入れなければならないのと同じ方法で、金や銀を、外国から手に入れなければならない。しかしながら、政府の注意が、一方に対してよりも、他方に対してより多く向けられる必要があるとは思われない。ワインを購入する資金をもっている国は、必要とするワインをいつでも手に入れるだろうから、金や銀を購入する手段をもっている国が、このような金属の不足に陥ることはないだろう。そのようなものは、他のすべての商品と同様に一定の代価（プライス）で購入でき、そして、そのような商品が他のすべての商品の代価であるように、他のすべての商品もまた、このような金属の代価なのである。我々はまったく安心して、貿易の自由は、政府の監視などまったくなくても、我々が必要とする時に、いつでもワインを我々に供給するだろうと確信しており、だから我々は、同様に安心して、我々の商品を流通させることであれ、他の用途であれ、それは、我々が購入したり利用したりすることができる金や銀のすべてを、つねに我々に提供するだろうと確信して良いのである。

12 人間の生産的な努力（ヒューマン・インダストリー）が、購入したり生産したりすることができるすべての商品の量は、どの国でも有効需要（イフェクチュアル・デマンド）にしたがって、つまり、その商品を用意して市場にもたらすために支払わなければならない地代、労働、利潤のすべてを自発的に支払う人々の需要にしたがって、おのずと自然に調節される。だが、この有効需要に従って、より容易に、あるいは、より正確に調節される商品は金や銀以外に存在しない。というのは、このような金属は体積が小さくて、しかも大きな価値を持っているため、他のいかなる商品も、ある場所から他の場所へ、つまり、その価格が安い所から高い所へ、それが有り余っている所からこの有効需要を満たしていない所へ、それ以上容易に運ぶことなど不可能だからである。たとえば、イングランドで、金の追加量に有効需要が存在しているとすると、小型の定期船でリスボンから、あるいはそれを入手できる所ならどこからでも、金五〇トン〔一トンはイギリスの常衡で二二〇四ポンド、一〇一六キログラム相当〕——一ギニー貨にして五〇〇〇万枚以上に鋳造可能な量——を持ってくることができる。だが、価値が同じ穀物に対する有効需要があった場合、それを輸入するためには、一トンあたり五ギニーとして、一〇〇万トンの船舶、つまり一隻一〇〇〇トンの船で一〇〇〇隻を要するだろう。イングランド海軍をもってしても十分ではなかろう。

13 どの国でも、輸入される金と銀の量が有効需要を超えている場合には、いくら政府が監視しても、その輸出を阻止することはできない。スペインとポルトガルの血生臭い法律のすべてをもってしても、その金や銀を、自国にとどめ置くことは不可能である。ペルーとブラジルからの持続的な輸入は、両国の有効需要を超過しており、そこでのこのような金属の価格を、近隣の国に比べて低下させている。これとは逆に、もし、ある特定の国で貴金属の量が有効需要を満たしておらず、結果的に、その価格を近隣の国よりも引き上げている場合には、政府はそれを輸入するために何の配慮もする必要がないだろう。かりに、そのような輸入を阻止しようと気を配ったとしても、その達成は不可能であろう。

スパルタ人が、その購入手段を手に入れた時、このような金属は、リクルゴス〔紀元前九世紀ごろ、スパルタの国制を定めたという伝説上の人物〕の法律が、ラケダイモン〔古代スパルタのこと〕への流入を阻止しようとした税関の門を、ことごとく突破した。関税という血生臭い法律のすべてをもってしても、オランダとゴーテンブルグ〔スウェーデン王国のヨーテボリのことで、英語表記はGothenburg〕の東インド会社の紅茶の輸入を阻止することは、それが、イギリスの東インド会社の紅茶よりも安価であるため、不可能なことである。しかしながら、一重量ポンドの紅茶は、それに対して通常支払われる銀一六シリング――その最高価格のひとつ――の体積の約一〇〇倍であり、同じ価格の金の体積の二〇〇〇倍以上あるため、結果的にその密輸は、まさに多くの場合にはるかに困難である。

14 こうなる理由の一部は、金や銀が豊富に存在するところから、不足しているところへ容易に輸送できること、つまり、このような金属の価格は、市場がたまたま在庫で溢れたり、逼迫したりする時に、その場所の移動が体積の大きさゆえに妨げられる他の大部分の商品の価格ほど、絶えず上下動しないことに起因する。実際、このような金属の価格は、ほとんど変動を免れているというわけではないが、それがこうむりやすい変動は、一般的にゆるやかで、漸次的で、一様なものである。たとえばヨーロッパでは、おおいに事実無根ではあるが、今世紀と前世紀が経過するなかで、スペイン領西インドからの持続的な輸入のせいで、貴金属の価値は、漸次的ではあるが一貫して低下してきたと信じられてきたようである。金や銀の価格における突然の変化、つまり、他のすべての商品の貨幣価格を、一時にそれとわかるほど顕著に上げたり下げたりする突然の変化を引き起こすためには、アメリカの発見によってもたらされたような、商業における革命が必要である。

15 このすべてにもかかわらず、それを購入する手段を持っている国で、金や銀がいつか不十分になったとしても、金や銀の役割を代理する方策なら、他のほとんどすべての商品のそれに較べてはるかに多数存在する。製造業の原材料が不足すれば、組織的な労働は停止せざるをえない。食料などの生活物資が不足すれば、人々が飢えるはずである。だが、貨幣が不足しても、きわめて不便であるとはいえ、物々交換がその役割を提供するだろう。信用にもとづく売買、および、さまざまな取引業者が、彼らの信用を月に一回とか、年に一回相殺し合うことが、最低限の不便で済む方策を与えるだろう。適正に管理された紙幣であれば、たんに不便をともなわないだけでなく、場合によってはいくらか利点をもつ方策を与えることになるだろう。それゆえ、どうみても、国内にある貨幣量の保存や増加を監視するために向けられた時ほど、政府の注意が意味もなく用いられたことはなかった。

16 しかしながら、貨幣不足以上にありふれた苦情は存在しない。貨幣は、ワインと同様に、それを購入する手段や、それを借りるための信用をもたない人にとっては、いつも不足しているはずである。どちらかを所有している人が、必要な貨幣や、ワインの不足に見舞われることは滅多にないだろう。しかしながら、この貨幣不足という不平は、先見の明を欠く道楽者に限られているわけではない。時にそれは、商業都市の全体と、その近隣地方にまで広がっている。その通常の原因は、過剰取引である。分別のある人でも、そのプロジェクトが所有する資本に釣り合っていなければ、その支出が、その収入に釣り合っていない浪費家と同様に、貨幣を買ったり、それを借り入れたりする信用を、もたなくなるように思われる。彼らのプロジェクトが利益をもたらすようになる以前に、彼らの元本が尽きてしまい、彼らの信用も、それと一緒になくなってしまう。彼らは、資金を借りられそうならどこでも走り回るが、手許に貸せる金はない、とすべての人から宣告される。

　このような、貨幣不足であるという一般的な不平でさえ、通常の枚数の金貨や銀貨が国内を流通していないことを、かならずしも証明しているわけではなく、このような貨幣片を欲しがる人々は、むしろそれと交換に与えるものを何も持っていないことを、証明しているのである。貿易の利潤が、たまたま通常のものよりも大きければ、規模の大小を問わず、過剰取引が取引業者の間で共通する過ちになってくる。彼らは、かならずしも通常の量を超える貨幣を海外に送るわけではないが、しかし彼らは、国内外で並外れた量の財貨を信用で購入し、支払い請求が来る前に儲けを確保しようという希望を抱いて、それを、遠く離れた市場に送るのである。儲ける前に支払い請求がきた時、それでもって貨幣を買うことができるか、借り入れのために確実な担保として与えられるものを、彼らは何も手許に保有していない。貨幣不足という一般的な不平を引き起こすのは、およそ金や銀の不足などではなく、そのような人々が借り入れる際に直面する困難であり、彼らの債権者が、支払いを受け取る際に直面する困難なのである。

17 富は貨幣に、すなわち金や銀にあるのではなく、貨幣が購入するものにあるのであって、購入のためにのみ価値をもつのだということを証明するために真剣に精を出すことは、あまりにも馬鹿げたことであろう。貨幣はいつでも間違いなく国民の資本の一部であるが、しかし、すでに明らかにしたように、一般的にそれはごく小さな一部を、しかも、つねにそのもっとも利益のすくない部分を構成するだけである。

18 財を貨幣で買うことが、貨幣を財で買うことよりも、一般的にずっと容易であると商人が理解する理由は、富とは、本質的に財よりもむしろ貨幣であるからではなく、貨幣が商業におけるよく知られた確立済みの道具であるために、つまり、あらゆるものが容易に貨幣と交換に与えられはするが、いつでもそれと同じ容易さで、あらゆる財と交換に貨幣を入手できるとは限らないからである。くわえて、大部分の財は貨幣よりもはるかに腐食し易く、したがって手許に置き続けたりすると、しばしばずっと大きな損失をこうむるだろう。また商人の場合、彼の財貨が手許にある間、財の代価をその金庫に保有している時よりも、彼が応じられないような貨幣の請求に対して支払わなければならぬことが、頻繁に生じやすい。このすべてに加え、商人の利潤は、より直接的には、購買からよりも販売から生じるから、彼はまったくこの理由から、彼の貨幣を財に換えることよりも、彼の財を貨幣に換えることを、一般的にずっと強く熱望するのである。だが、財貨を豊富に彼の倉庫に保有する個々の商人は、時にそれを期限内に売却できずに破滅する可能性があるが、国民や国が、同じ災難によって差し押さえを受けることはない。商人の資本全体が、貨幣を購入するために用いられる腐敗しやすい財貨から成り立っていることは少なくない。だが、その近隣地域から金や銀を購入するために振り向けることができるのは、一国の土地と労働の年々の生産物のごく小さな部分に限られる。はるかに大きな部分は、自国民の間で流通し、消費されるのであって、外国に送られる余剰部分でさえ、その大部分は、一般的に、他の外国商品を購入するために用意されたものである。それゆえ、金や銀は、それを購入する目的で用意された財貨と交換して入手することができなくても、国民が破滅することはないだろう。

実際、国民がいくらかの損失と不都合をこうむり、貨幣の代替物を提供するために不可欠な類いのいくつかの便法を押し付けられる可能性はある。しかしながら、ほとんど同一に近いすぐに使い切れる資本（コンシューマブル・キャピタル）が、土地と労働の年々の生産物を維持することに用いられるのであるから、年々の生産物は通常と同一であるか、ほとんどそれに近いものであろう。そして財貨は、かならずしも、貨幣が財貨を引きつけるほど容易に貨幣を引きつけるわけではないが、長期的には、貨幣が財貨を引きつけるよりも、はるかに必然的に貨幣を引きつける。財貨は貨幣を購入すること以外の他の多くの目的に役立ちうるが、貨幣は、財貨を購入すること以外の目的には役立ちえない。それゆえ、貨幣はかならず財貨を追いかけるわけだが、財貨は、かならずしもつねに貨幣の後を追いかけるわけではない。購入する人間は、かならずしも再び販売するつもりではなく、しばしば購入した財貨を用いたり消費したりするが、販売する人間は、つねに再び購入するつもりなのである。前者は、しばしばすべてを完了させる可能性をもっているが、後者が、それ自体の任務の半分以上を完了したことになるはずはない。人間が貨幣を欲しがるのは、それ自体のためではなく、貨幣で購入できるもののためなのである。

19　消費することが可能な財はやがて消滅するが、金や銀は、はるかに耐久性がある性質をもっているから、このように継続的な輸出に向けられなければ、年数を重ねて蓄積され、国の真実の富を信じられないほど増加させる可能性があると言われている。それゆえ、どの国にとっても、それほど永続的な商品を、それほど消滅しやすい商品と交換する貿易以上に不利益なものはない、と申し立てられてきたわけである。しかしながら、我々は、イングランドの金属製品とフランスのワインを交換する貿易取引が不利益なものだとは考えないが、それでもなお、金属製品はおおいに耐久性がある商品であるから、このような継続的な輸出に向けられなかったら、年月を重ねて蓄積され、その国の台所用品を信じられないほど増加させる可能性があろう。だが、ただちに心に浮かぶことは、どの国であれそのような台所用品の数は、それに対する使用量によって必然的に規制されているということであり、そこで日常的に消費される食料を調理するために求められる以上の鍋釜類を所有することは馬鹿げているし、さらに、かりに食料の量が増加した場合には、増加した食料の一部が耐久財の購入に用いられるか、それを製造するのが本職である職人を追加して維持するために用いられるため、それとともに台所用品の数がただちに増加することになるだろう。

同様に、即座に思いつくにちがいないことは、以下の点である。金と銀の量は、どの国でもこのような金属が用いられる使用量によって規制されているということ、つまり、その用途は鋳貨として商品を流通させること、さらに、金銀製の食器として家具調度類の一種を提供するから、あらゆる国で、鋳貨の量はそれによって流通させられる商品の価値によって規制されること。商品の価値が増加すれば、その一部は即座に、それを流通させるために必要な鋳貨の追加分を購入するために、それを持っている国なら、どの外国にでも送ることができるだろうということ。金銀製の食器の数量は、その種類の壮麗さに身を任せることを選択する私的な家族の数と富によって規制されるということ、つまり、そのような家族数と富の増加、およびこの増加した富の一部は、まず間違いなく追加の金銀製の食器を――どこでそれが見つけられようと――購入することに用いられるということ。必要とされない量の金や銀を国内に引き寄せたり、保有したりして国の富を増加させようとする試みは、私的な家族に、必要とされない数の台所用品の保有を押し付けることによって、家族の喜びを増加させようとする試みと同じほど馬鹿げていること、これである。このような台所用品を購入する経費が、家族の食料の量や上質さを、増加させるどころか減少させるように、必要とされない量の金や銀を購入する経費は、どの国でも、人々を維持し雇用し、食べさせ、着せ、さらに住まわせる富を、同様に、必然的に減少させるはずである。

金と銀は、鋳貨の形態であろうと金銀製の食器の形態であろうと、台所の備品と同程度に道具である、ということが想起されるべきである。そのようなものの利用量を増加させ、それを手段に用いて流通に付され、管理され、整えられる消費可能な財貨の量を増加させれば、間違いなくその量を増やすことができようが、しかし、例外的な手段を用いてその量を増加させようと試みたとしても、間違いなく利用を減らすうえ、このような金属の場合、その利用が求めるもの以上になるはずがない量さえ、減少させることになろう。もしそれが、この量を超えて蓄積されたら、その運輸はきわめて容易で、しかも、それを遊ばせ、利用しないままにしておくことに伴う損失はきわめて大きいから、どのような法律をもってしても、即座になされる国外へのその搬出を防ぐことなど、できるはずがなかろう。

20 国が海外での戦争を遂行できるようにし、遠く離れた国で艦隊や軍隊を維持するためであれば、かならずしも金や銀を蓄積する必要はない。艦隊や軍隊を維持するのは、金や銀ではなく、消費財である。遠く離れた国で消費財を購入するために必要な手段を、自国の内国産業の年々の生産物から、つまり、自国の土地、労働および消費可能な元本から生じる年々の収入から受け取る国民は、当地における対外戦争を持続することができるのである。

21 国民は、三つの異なった方法――第一に、国民が蓄積した金や銀の一部を、第二に、年々の製造品の一部を、あるいは最後に、年々の原生産物の一部を外国に送るという方法――によって、遠く離れた国にいる軍隊の俸給用の財貨や食料などの生活物資を購入できるだろう。

22 国内に蓄積され、間違いなく貯えられたと考えて良い金や銀は、三つの部分――第一に、流通している貨幣、第二に、私的な家族が保有する金銀製の食器、そして最後に、長い年月にわたる節約によって集められ、君主の金庫のなかに蓄えられる可能性がある貨幣——に分類できるだろう。

23 国内で流通している貨幣から多くの部分を節約できることは、そこに余分なものが多量に存在することなどまずありえないため、ほとんど生じ得ない。どのような国であれ、国内で年々売買される財貨の価値は、個々の消費者にそれを手渡して配分するために、一定量の貨幣を必要とするのであって、それ以上の仕事を貨幣に与えるはずはない。流通の水路は、それを満たすのに十分な額を必然的におのずと引き込むのであって、けっして、それ以上を受け入れることはない。しかしながら、国外で戦争が発生すると、一般的に、いくらかのものがこの水路から引き出される。国外で維持されている人々がきわめて多数にのぼるため、国内で維持される人数は減少する。より少量の財貨が国内で流通するから、それを流通させるために必要な貨幣は減少する。異常な量の何らかの種類の紙の貨幣——たとえば、財務省証券、海軍手形、イングランドの銀行券など——が、一般的にそのような場合に発行され、流通する金や銀の代わりに供給されれば、大量の金銀鋳貨を海外に送ることができるようになる。しかしながら、このすべてをもってしても、莫大な支出と、数年にわたる海外の戦争を維持するためには、ごくわずかな資金しか提供することができないだろう。

24 私的な家庭にある金銀製の食器を溶解することは、どのような場合でも、一段と微々たる方便であると理解されてきた。先の戦争が始まった時、フランスは、上流階級の損失を補うほどには、この方便から多くの利益を引き出さなかった。

25 君主が蓄えた貨幣は、昔の時代なら、より大きくてより長続きする財源である。現代では、プロイセンの国王を別とすれば、金庫に財宝をためることは、ヨーロッパの君主の政策に含まれていないように思われる。

26 歴史に記録が残る戦争のうちでもっとも費用がかかった今世紀における海外の戦争を維持した基金は、流通している貨幣、私的な家族の金銀製の食器、あるいは君主の金庫に貯えられた財宝のどれかを輸出することには、ほとんど頼らなかったように思われる。最近の対フランス戦争におけるグレートブリテンの経費は、たんに七五〇〇万ポンドの新規発行債だけでなく、地租一ポンド当たり二シリングの追徴、さらに、減債基金（シンキング・ファンド）から年々借り入れられたものを含め、九〇〇〇万ポンド以上に達した。この経費の三分の二以上は、ドイツ、ポルトガル、アメリカで、地中海の港、東インドや西インド諸島という遠隔地域に注ぎ込まれた。イングランドの国王は、金庫に財宝をため込んではいなかった。並外れた多量の金銀製の食器が溶解されたという話も、耳にしたことがない。国内で流通する金貨や銀貨が、一八〇〇万ポンド以上であると推定されたこともない。しかしながら、最近の金貨の改鋳以後、それはかなりの程度低く見積もられてきたと信じられている。それゆえ、私が見聞きしたと記憶しているもののうち、〔「私が見聞き」からここまで、初版では「ホースリー氏の」であった〕もっとも誇張された計算にしたがい、それは、金貨と銀貨を合計して三〇〇〇万ポンドである、と想定することにしよう。我が国の資金を使って戦争が遂行されたとすれば、この計算に従ったとしても、六年か七年の間に、その全体は、すくなくとも二度送金され、戻ってきたはずである。こう想定すべきだとすれば、事態の詳細について誰も知らないまま、我が国の貨幣の全体が、二度そこから出て行って、それほど短い期間で別の時期に二回戻ってきたはずであるから、政府による貨幣の貯蔵の監視がいかに不必要なことであるかを証明する、何よりも決定的な論拠を提供することになるだろう。

しかしながら、この期間のどこをとっても、流通の水路が、通常以上に水位が下がっているようにはけっして見えなかった。それを支払うための資力をもつ人物で、貨幣に不足をきたした者はほとんどいなかった。実際、外国貿易の利潤は戦争の期間全体をつうじて、すくなくとも、特に戦争の終わりごろには、平時のそれを上回っていた。これがグレートブリテンのすべての港における過剰取引をいつものように発生させ、しかもこれが、つねに過剰取引に続く貨幣不足をめぐるいつもながらの不平を再度引き起こした。多くの人々がそれを欲しがったが、彼らは、それを買うための資力も、それを借り入れるための信用ももたない人々であって、債務者が借り入れは困難だと感じたために、債権者が支払いを受けるのは困難だと感じたのである。しかしながら、金や銀は、それと引き換えに与える価値をもつ人々によって、それぞれの価値の代価として、普通に入手できたのである。

27　それゆえ、先の戦争の莫大な経費は、金貨や銀貨の輸出によってではなく、主として何らかのイギリス製財貨の輸出によって、支払われたに違いない。政府、あるいはそのもとで活動する人々が、外国のどこかに送金するために商人と契約する場合、彼が為替手形を引き受けていた外国の代理店に、金貨や銀貨よりも、むしろ商品を輸出することによって支払おうとするのが自然であろう。グレートブリテンの商品がその国で需要を見出せない場合には、当該国宛の為替手形を購入できるどこか別の国に、彼は商品を送るだろう。商品の輸送は、うまく需要（マーケット）に一致した時にはつねに結果としてかなりの利潤を生じるが、金貨や銀貨の輸送が、いくらかの利潤を、結果として生じることはごくまれである。このような金属が海外の商品を購入するために外国に送られる場合、商人の利潤は購入からではなく、返送品の販売から発生する。だが、金貨や銀貨が、たんに債務を支払うために外国に送られる場合、彼は返送品を手に入れず、結果的に利潤も入手しない。それゆえ、彼は、金貨や銀貨の輸出によってではなく、むしろ財貨の輸出によって、彼の対外債務を支払うための方法を見つけ出すため、発明の才を発揮するのである。最近の戦争が継続する間、輸出された膨大な量のイギリス製品は、何の返送品をもたらさなかったが、『国民の現状』の著者〔William Knox, 1732-1810. ノックスは政府の官吏で政治パンフレット『国民の現状』を一七六八年に刊行〕によって、それなりに注目されている。

28 あらゆる商業大国には、先に言及した三種類の金や銀に加え、外国貿易を目的として、交互に輸入されたり輸出されたりする大量の金銀地金(ビュリオン)が存在する。この金や銀の地金は、国内鋳貨がそれぞれの国で流通するのと同じ仕方で、さまざまな商業国の間を流通するから、巨大な商業共和国(マーカンタイル・リパブリック)の貨幣であるとみなされて良いだろう。国内鋳貨の移動と方向は、それぞれ特定の国の領域内で流通する財貨によって定められるが、商業共和国の貨幣は、異なった国の間を流通する財貨によって定められる。両者ともに、交換を容易にするために利用されるが、前者は同じ国の異なった個人間の交換であり、後者は、異なった国民の異なった個人間の交換である。この巨大な商業共和国の貨幣の一部は、最近の戦争を遂行するのに利用された可能性があるし、おそらく利用されたことだろう。全面的な戦争の場合には、完全な平時にそれが通常たどるものとは異なった運動と方向が貨幣に伝えられる、と考えるのが自然であって、戦場の周辺でより多く流通するはずだし、その場所や近隣地域において、さまざまな軍隊の俸給用の財貨や食料を購入するために、より多く用いられるはずである。だが、このような商業共和国の貨幣のどの部分であれ、グレートブリテンがこのような方法で年々利用できるとしても、それは、イギリスの財貨か、それで購入された他の財貨によって年々購入される必要があるから、なおさらこのことが、我々が戦争を継続できるようにする究極的な資力としての財貨、つまり、我が国の土地と労働の年々の生産物について留意させることになる。それほど大きな支出は、膨大な年々の生産物で賄われたにちがいないと想定するのは、じつに自然なことである。たとえば、一七六一年の支出は、一九〇〇万ポンド以上に達した。いかなる蓄積も、これほど大きな年間の浪費を支えることはできなかったはずである。金や銀の年間産出量は、それを支えられるほど大きくない。スペインとポルトガル両国から年々輸入される金と銀の全体は、もっとも信頼できる記録によれば、正貨で六〇〇万ポンドを通常大きく超えることはなく、最近の戦争の数年間で見ると、四ヵ月分の支出さえ賄うことができなかっただろう。

29　当地で何か――軍隊の現物支給の給料や食料、あるいはそれを購入する際に利用される商業共和国の貨幣の一部――を購買するために、遠く離れた国に運ぶのにもっとも適した財貨は、小さな体積に大きな価値を含んでいて、それゆえ、小さな経費で遠距離運ぶことが可能な、より精密で改良された製造品であると思われる。そのような製造品の剰余を年々大量に生産し、それを通常外国に輸出している産業を有する国であれば、相当な量の金や銀を輸出することなく、あるいは、輸出するほどの量もっていない場合でさえ、多年にわたって、膨大な経費を要する対外戦争を遂行することができる。自国の製造業の年々の剰余のかなりの部分は、実際この場合、自国へは利潤を何ももち帰ることなく輸出されなければならないが、とはいえ商人は、軍隊の現物支給の俸給と食料をそこで購入するために、商人が外国宛に振り出した手形を政府が購入するため、利潤を入手して帰ることになる。

しかしながら、この剰余の一部は、さらに利潤を入手して帰り続ける可能性がある。戦争が続く間、製造業者は業界に対する二重の需要を確保するだろう。つまり、第一に、軍隊の現物支給の給料と食料のために外国宛に振り出した為替手形を支払うため、外国に送る財貨を準備すること、第二に、国内で通常消費されてきたありふれた返送品を購入するために必要なものを準備すること、これを求められるであろう。それゆえ、もっとも破壊的な対外戦争の真最中にあって、しばしば大部分の製造業は著しく繁栄する可能性があり、だから逆に、平和の回復とともに、それは落ち込む可能性をもっている。製造業は、母国が破滅する真最中に繁栄し、国が隆盛へ回復するとともに、衰退しはじめる可能性がある。先の戦争の間、さらに平和を回復してしばらくの間、イギリス製造業の多くの異なった分野が示したさまざまな状態が、まさにここで説明したことの実例として役立つであろう。

30 莫大な経費や長期間を要する対外戦争が、土地の原生産物の輸出によって都合よく遂行されることなど、およそ不可能である。軍隊の現物支給の給料や食料を購入できるほどの量に達する原生産物を運ぶための費用は、あまりにも膨大な額になるだろう。本国の住民の生活物資として十分な量を超えるほど多量の原生産物を生産する国は、ほとんどない。それゆえ、それを大量に海外に送ることは、国民が必要とする食料などの生活物資の一部を、海外に送ることになるだろう。製造品の輸出の場合は、事情が異なる。製造業において雇用されている人々の維持は国内で続けられるから、彼らの仕事の剰余部分しか輸出されない。昔のイングランドの君主が、中断することなく、長期の対外戦争を継続しえなかった点については、ヒューム氏がしばしば言及した〔ヒューム著『イングランド史』のこと〕ところである。その当時、イングランド人は、土地の原生産物――国内消費から節約可能なものは、たいして大きくなかった――か、少数のありふれた種類の製造品――土地の原生産物と同様に、この輸送には費用がかかりすぎた――を除き、イングランドの軍隊の現物支給の給料や食料を、外国で購入する手段をもっていなかった。このような能力不足は、貨幣の欠乏からではなく、より精密で、一段と改良された製造品がなかったことから生じたのである。販売や購買は、現在と同様に、その当時イングランドでは貨幣を用いて取り引きされていた。流通通貨の量は、当時普通に取り引きされていた売買の数と価値額（ヴァリュー）に対して、現在取り引きされているものが保っているのと同じ比率を保っていたはずだし、あるいはむしろ、当時はまだ、金貨や銀貨がする仕事の大部分にこのところ従事している紙券が存在しなかったから、より大きな比率を保っていたはずである。

商業や製造業がほとんど知られていない国民の間では、非常事態が生じた場合、後に説明するさまざまな理由から、統治者が、その臣下から相当の支援を引き出せることなど滅多にない。それゆえそのような国では、一般的に統治者は、そのような緊急事態に備える唯一の手段として、財宝をため込もうと努力する。このような必要性とは別に、彼はそのような状況の中で、貯めこむためには不可欠な、倹約するという気持ちを自然にもつようになる。そのような洗練されていない状態では、統治者の支出でさえ、王宮の華麗な衣装を身に着けて楽しむ虚栄心によって導かれることなく、彼に従う土地占有者に対する恵み深さや、その従僕に対する厚遇のために用いられる。だが、恵み深さや厚遇が度を過ぎてしまうということは滅多にないが、虚栄心は、ほとんどいつもそうなってしまう。したがって、タタールの首長は、ことごとく財宝を持っている。ウクライナのコサック人の首長であり、カール一二世〔Karl XII. スウェーデン王、在位一六九七～一七一八〕の有名な盟友であるメゼッパの財宝は、莫大なものであったと言われている。フランスのメロヴィング王朝の君主は、すべて財宝を所有していた。彼らがさまざまな子供たちの間に王国を分割した時、彼らは財宝も分割した。サクソン人の君主、および、ノルマン征服後の最初の国王は、同様に財宝を貯め込んだように思われる。あらゆる新しい統治における最初の英雄的行為は、継承権を確かなものにするためのもっとも本質的な手段として、一般的に先の国王の財宝を奪取することであった。

改良が進んだ商業的な国の統治者は、非常事態が生じた時に、臣下から特別な支援を引き出すことが一般的に可能であるため、同様に、財宝をため込むという必要性に縛られているわけではない。彼らもまた、そのような気持ちはほとんど持っていない。おそらく必要があってのことであろうが、彼らは、自然に時代の様式（モード）に従うから、彼らの支出は、彼らが支配している他の大土地所有者すべての支出を導いているのと同じ、贅沢な虚栄心によって左右されるようになる。彼らの宮廷のわずかばかりの壮麗さが、日々もっと光り輝くようになり、こうしてその支出は、たんに貯めこむことを阻止するだけでなく、しばしばもっと不可避な支出のために、取って置かれた基金を蚕食するようになる。デルキリダス〔スミスの記憶違いで、アンティオコスが正しい〕がペルシャの宮廷について言ったこと、つまり、いかにも光り輝きはするが、ほとんど力強さに欠けていて、しかも使用人は多数で、兵士はごく少数でしかなかったという、彼がそこで目にしたことは、幾人かのヨーロッパの君主のそれについても当てはまる可能性がある。

31　金と銀の輸入は、国民が外国貿易から引き出す主要な利益ではないし、単独の利益としても、ごく小さなものである。外国貿易がどの地域との間で遂行されようと、すべての当事国は、そこから明らかに二つの利益を引き出す。それは、土地と労働の生産物のうち、国内ではまったく需要がない余剰部分を運び出し、そこで需要のある何か別のものを、その代わりにもち帰ってくる。それは、国民が必要とするモノの一部を満たして、国民の快楽を増加させる何か別のモノと交換することによって、国民がもつ大量の過剰部分に価値を付与するのである。その方法によって、国内市場の狭さが、特定部門の職業や製造業における分業の完全な遂行を妨げることがなくなる。外国貿易は、そのような労働の生産物のうち、国内消費を超えている可能性があるどの部分についても、それに対するはるかに広範な市場を開くことによって、国民の生産力を向上させ、その年々の生産物を最大限度まで増加させ、それをつうじて社会の真実の収入と富を増加させるように、国民を励ますのである。外国貿易は、遂行されているすべてのさまざまな国に対して、このようなきわめて重要で有益な活動を担い続けている。

すべての国が外国貿易から大きな利益を引き出すとはいえ、商人は必要とされるものの供給に頻繁に従事し、他のいかなる国よりも、自国の大量の過剰分を運び出すから、一般的に商人が居住している国の利益が最大になる。必要とされる可能性がある金や銀を、鉱山をもたない国に輸入することが、外国商業の任務の一部であることは間違いない。しかしながら、そのうちではもっとも重要さが劣る部分である。たんにこれを目的として外国貿易を遂行する国は、一世紀かけても、一隻の船さえ派遣する機会をもてなかったはずである。

32 アメリカの発見がヨーロッパを豊かにしたのは、金や銀の輸入によるわけではない。アメリカの鉱山の多産性によって、このような金属がより安価になってきたのである。一式の金銀製の食器は、今では、一五世紀に支払っていた穀物の三分の一、つまり、労働の三分の一ほどの値段で購入することができる。年々等しい量の労働や商品を支払うことによって、その当時購入可能であった量の約三倍の金銀製の食器を、ヨーロッパは年々購入することができる。だが商品は、以前その通常価格であったものの三分の一で販売されるようになると、それを以前購入した人が、従来の量の三倍購入できるだけでなく、それは、ずっと多数——おそらく以前の数の一〇倍とか、二〇倍以上——の購買者の水準にまで、引き下げられるだろう。それゆえ、現在のヨーロッパには、アメリカにおける鉱山の発見などなされず、改良が現在の状態にあったとしてもなお、以前そこにあった量の金銀製の食器の三倍どころか、二〇倍から三〇倍以上も存在する可能性があろう。ヨーロッパが、間違いなくきわめて小さかったとはいえ、実際に便宜を享受したことは間違いない。

金や銀が安価であることは、このような金属がもつ貨幣的用途としての資格要件を以前よりも引き下げる。同一の購入を実行するために、我々はより多くの量の金貨や銀貨を背負い込まなければならず、以前なら四ペンス銀貨で済ませていたのに、ポケットに一シリング入れて、もち歩かなければならなくなる。もっとも価値がないのは、この不便なのか、それとも反対の便宜なのか、これを判断するのは至難である。前者も後者も、ともにヨーロッパの状況に、きわめて本質的な変化をもたらすことはできなかった。

しかしながら、アメリカの発見は、間違いなくもっとも本質的な変化をもたらした。あらゆるヨーロッパの商品に新しい無尽蔵の市場を拓くことによって、それは新しい分業と技術の改良に対する誘因を与えたが、それは、大昔の狭い範囲の商業においては、その生産物のより大きな部分を集めて運ぶための市場が欠如していたため、けっして生起しえないことであった。労働の生産力が改善され、しかもその生産物がヨーロッパのさまざまな国のすべてにおいて増加し、それとともに、住民の実質的な収入と富が増加した。ヨーロッパの商品は、アメリカにとってほとんどすべてが新奇なものであったし、アメリカの多くの生産物は、ヨーロッパにとって新奇なものであった。こうして、新しい組み合わせの交換――以前なら考えられもしなかった――が行われ始め、それは、旧大陸にとって間違いなく有利であったように、新大陸にとっても、同様に有利なものであることが自然にわかってくるはずであった。すべてに利益をもたらすのが当然であるこの出来事を、いくつかの不幸な国で、破滅的で破壊的なものにしたのは、ヨーロッパ人の凶暴きわまりない不正義である。

33　喜望峰を経由する東インド航路の発見は、ほとんど同時期に起きたことであるが、多分もっと遠く離れていたとはいえ、アメリカの発見以上に、さらにもっと広範な地域を外国商業に開放した。アメリカには、どこから見ても未開を上回るような国は二つしかなく、両方とも、発見後まもなく大部分破壊されてしまった。残りは、ことごとくまったくの未開人であった。だが、中国、インドスタン、日本という帝国は、このような帝国の大昔の状態にかんするスペイン人作家の大げさな説明――そっくり信用するには値しないものだが――を、たとえ信用するとしても、東インドにあるいくつかの他の国と同様に、豊富な金や銀の鉱山に恵まれてはいなかったが、どこから見てもずっと豊かで、よく耕作されており、あらゆる職業や製造業において、メキシコやペルーよりもずっと進んでいた。だが、豊かで文明化されている人々は、未開で野蛮な人々に較べ、ずっと大きな価値をいつでも彼らの間で交換することができる。しかしながら、ヨーロッパが東インドとの通商から今日まで引き出してきた利益は、アメリカとの通商からの利益に較べれば、ずっと小さなものでしかない。

ポルトガル人は、約一世紀もの間、東インド貿易を独占してきたから、ヨーロッパの他の国が、その地方から何らかの財貨を送りだしたり、受け取ったりすることが可能であったとしても、それは、あくまでも間接的なもので、ポルトガル人を通してのものであった。前世紀の初めに、オランダ人がポルトガル人による独占を蚕食し始めた時、東インド全体の通商をひとつの排他的な会社に与えた。イングランド人、フランス人、スウェーデン人およびデンマーク人など、すべてが彼らの先例に追従したから、結果的に、ヨーロッパのどの大国も、東インドとの自由な交易がもつ利益を今まで享受したことがないのである。その貿易が、ヨーロッパのほとんどすべての国とそれぞれの植民地との間でなされたアメリカとの貿易――それぞれの国民であれば誰にでも開放されていた――ほど有利であったことがない理由など、ほかに探す必要は少しもない。このような国の東インド会社がもっていた排他的特権、その飛びぬけた豊かさ、それぞれの政府から入手した途轍もない依怙贔屓と保護は、そのような会社に対する激しい嫉妬心を掻き立てたのである。

このような嫉妬心がしばしば明らかにしたことは、このような会社の貿易は、毎年それが遂行されている国から大量の銀をもち出すため、まったく有害だということであった。関係している当事者の反論は、彼らの貿易は銀をこのように継続的に輸出することによって、実際にヨーロッパを一般的に貧しくする傾向があるかもしれないが、しかし、買い付けた積み荷の一部を他のヨーロッパの国に販売することにより、それは、もち出した量よりもずっと多くの銀を年々母国にもち帰るわけだから、それを遂行している特定の国を貧しくするわけではない、というものであった。異論も、それに対する反論も、ともに私がここまで吟味してきた通俗的な観念に依拠している。それゆえ、両者に対して、これ以上のことを指摘する必要はない。東インドに銀を年々輸出することによってヨーロッパでは、金銀製の食器は、銀が輸出されなかった場合に較べ、おそらく幾分か高価になり、そして、銀貨は、おそらくより多くの量の労働と商品を購入することになるだろう。この二つの結果のうちの前者はごく些細な損失であり、後者はきわめて小さな利益であるが、両者とも、重要さの点で著しく劣るものであるため、世間の注目を集めることはない。東インド向けの貿易は、ヨーロッパの商品――つまりほぼ同じことになるが、このような商品で購入される金や銀――に対する市場を開拓することによって、ヨーロッパ商品の年々の生産――結果的に、ヨーロッパの真実の富と収入――を、必然的に増加させるはずである。今日に至るまで、東インド向けの貿易があれほどわずかしか両者を増加させなかったということは、おそらく、あらゆる所でそれを苦しめている制限のためである。

34　冗長になる危険性はあるが、富は貨幣つまり金や銀であるという、この通俗的な観念を詳しく検討することが必要だと思われる。すでに述べたように、貨幣は、日常的に使われる言葉ではしばしば富を意味しており、この表現上の曖昧さが、この通俗的な観念を我々に聞きなれたものにしたため、それが不合理であることを確信している人物でさえ、それぞれが立脚する原理を容易に忘れてしまい、思考を巡らせていく過程で、その観念が、確実で否定し難い当たり前のことだと思ってしまうのである。商業にかんする幾人かの優れたイングランドの著作家は、観察にもとづいて、国の富は金や銀だけにあるのではなく、その土地、家屋およびさまざまな種類にまたがる消費財にもあると説明した。しかしながら彼らは、議論を進めていく過程で、土地、家屋および消費財を、記憶のなかから滑り落としたように思われるのであって、こうして、彼らの議論のよどみない流れが、あらゆる富は金と銀にあるのだから、このような金属を増やすことが、国民的な産業と商業の最大の目的である、としばしば想像させるに至ったのである。

35　しかしながら、富は金と銀にあるということ、さらに、このような金属は、鉱山をもたない国では、貿易収支——すなわち、輸入する以上に大きな価値を輸出すること——以外の方法で国にもち込むことは不可能である、という二つの原則が確立されたため、必然的に、政治経済学の大目的は、国内消費用の外国産財貨の輸入を可能なかぎり減少させること、および、国内産業の生産物の輸出を可能なかぎり増加させること、これになったのである。それゆえ、国を豊かにするための二つの大きなエンジンは、輸入の抑制と輸出の奨励なのであった。

36 輸入の抑制には二種類があった。

37 第一に、どの国からの輸入であろうと、自国で生産可能な国内消費用の財貨輸入に対する抑制。

38 第二に、貿易収支が赤字になっていると思われる特定の国からの財貨の輸入を、すべて抑制すること。

39 このような抑制策には、時に応じて、高関税および完全な輸入禁止があった。

40 輸出は、時に応じて、戻し税によって奨励されたし、また、外国との有利な通商条約、あるいは、遠隔地に植民地を建設することにより、奨励されることもあった。

41 戻し税（ドローバック）は、二つの異なった場合に与えられる。自国の製造業者が、輸出に対して——その全体または一部に対して——何らかの関税や消費税を課されていた場合、その輸出に対してしばしば払い戻されるし、さらに、関税の対象である外国の財貨が再輸出されるために輸入される場合、そのような輸出に際して、時に応じてこの関税のすべて、または一部が返還された。

42 助成金（バウンティ）は、始まったばかりの製造業とか、特別の支援に値すると想定される類いの他の種類の産業を、振興するために付与された。

43 有利な通商条約によって、外国のどこかに、それ以外の国の財貨や商品に対して付与される以上の特権が、当該国の財貨と商人のために付与された。

44 遠く離れた国に植民地を建設することによって、それを建設した国の財貨と商人のために、特権だけでなく独占権も付与されることが多かった。

45 上記二種類の輸入抑制策が、同じく四つの輸出奨励策とならんで、貿易収支を自国に有利なように転換して国内に存在する金や銀の量を増加させる、六つの主要な手段であった。そのそれぞれについて別々の章で検討し、貨幣を国内に引きよせるという想定上の傾向についてはこれ以上の注意を払うことなく、それぞれの政策が、その国の産業の年々の産出高にもたらしがちな影響を、主として検討していくことにしよう。そのような政策が、年々の生産物の価値を増大させたり、減少させたりする傾向をもつとすれば、明らかにそれは、その国の実質的な富と収入を増加させるか、減少させるかする傾向をもつはずである。

第二章　自国で生産可能な財貨の外国からの輸入制限について

1　高い関税、あるいは全面的禁止という方法で、自国で生産可能な財貨の外国からの輸入を制限することにより、そのような財の生産に携わる国内産業には多少なりとも自国における独占が確保されることになる。こうして、外国からの生きた牛、あるいは、塩漬けの貯蔵品の輸入禁止は、グレートブリテンの牧畜業者に対して、食肉に対する国内市場の独占を確保してやるわけである。まずまずの豊年作の時期に、全面的な禁止に相当するような穀物輸入に課される高関税は、そのような商品の栽培者に同様な利益を与える。外国産毛織物の輸入禁止は、毛織物製造業者に対して、同様に好都合なことである。絹織物製造業は、その大部分が外国産の原材料を利用しているが、最近になって同様の利益を確保している。リンネル製造業はまだそれを確保していないが、それに向けて大きな一歩を踏み出しつつある。他の多くの種類の製造業も、同様の方法で、ほとんど同様かあるいはきわめてそれに近い独占を、地方の人々に対して獲得してきた。全面的か、状況に応じてかの違いこそあれ、グレートブリテンへの輸入が禁止されている財貨の多様性は、関税法に通じていない人々が容易に気付きうる範囲を、はるかに超えている。

2　このような国内市場の独占は、それを享受する特定の部類の産業に、しばしば大きな奨励を与え、さらに、その社会の労働と元本の両方において、それが与えられなかった場合に生じるであろうものよりも、ずっと大きな部分をその業務に注ぎ込むことが多いということ、これに疑問の余地があるはずがない。だが、それが社会の組織的な労働（インダストリー）の全体を増加させたり、それにもっとも有利な指針を与えたりする傾向があるかどうか、これは、おそらく完全に自明なことではないだろう。

3 社会の組織的な労働の全体は、その社会の資本が雇用できるものを、けっして超えることはできない。あらゆる個々の人物によって、雇用された状態で維持される労働者の数は、雇用主の資本と一定の比率を保っているはずだから、大きな社会のすべての構成員によって継続的に利用されうる労働者の数も、当該社会の総資本と一定の比率を保っているはずであって、けっして、その比率を超えることはできない。いかなる通商の規制も、社会における組織的な労働の量を、その資本が維持可能な量以上に増加させることは、不可能である。そのような規制は、その一部を、そうでなければ行かなかったような方向へ向かわせることができるだけであるし、しかも、この一方的に押し付けた方向が、自発的に向かっていたであろう方向よりも、社会にとってずっと有利であるかどうか、これはまったく確かではないのである。

4 すべての個人は、自分が支配できるすべての資本のもっとも有利な利用法（エンプロイメント）を見つけるために、絶えず奮闘している。彼が念頭に浮かべているのは、実際には、彼の利益であって、社会の利益ではない。だが、自分自身の利益の細かな検討が、自然に、あるいはむしろ必然的に、社会にとってもっとも利益があるような仕事（エンプロイメント）を選択するように、彼を導くのである。

5　第一に、誰でも、自分の資本を可能なかぎり身近なところで利用しようと試みるから、結果的に、彼が通常の、つまり、通常の元本の利潤を大きく下回ることがない利潤を入手できるとつねに想定した上で、できるだけ多くの資本を、国内産業の維持に利用することになる。

6　こうして、利潤が等しいか、あるいはほぼ等しければ、あらゆる卸売商人は、消費用の外国貿易よりもその国内取引を、中継貿易よりも消費用の外国貿易を自然に選好する。国内取引においては、消費用の外国貿易の場合には頻繁に生じることだが、それほど長期間、自分自身の資本が監視下から遠ざかることはない。彼は、自分自身が信頼している人々の特徴や立場をつぶさに知ることができるし、騙されるような事態が生じた場合でも、救済を求める必要がある国の法律をよく理解しているだろう。中継貿易では、商人の資本は、いわば二つの外国に分割されているのであって、そのどの部分も、母国に戻ってくる必然性をもたないし、彼自身の直接の監視下や指揮下に置かれるわけでもない。アムステルダムの商人が、ケーニヒスベルク〔当時はプロイセン領で、現在のロシア領カリーニングラード。ポーランド北端に隣接する港町〕からリスボンへ穀物を運び、さらに、リスボンからケーニヒスベルクに果物とワインを運ぶために用いている資本は、一般的に、その半分がケーニヒスベルクに、他の半分が、リスボンにあるはずである。そのいかなる部分も、アムステルダムに返ってくる必要は、そもそもないのである。そのような商人の道理にかなった居住地はケーニヒスベルクかリスボンであって、彼にアムステルダムに住むことを選ばせるのは、きわめて特別な事情に限られる。

しかしながら、自分自身の資本から遠く隔てられているがゆえに感じる不安は、一般的に、彼がリスボンの市場に送ることになっているケーニヒスベルクの商品と、ケーニヒスベルクの市場に送ることになっているリスボンの商品双方の一部分をアムステルダムに運ぶように決心させるし、さらにこのことは、船積みと陸上げの費用だけでなく、一定の関税支払いの二重負担を余儀なくさせるにもかかわらず、自分自身の資本の一部を、つねに自分の監視と指揮の下に置いておくために、商人は、自ら進んでこの並外れた負担を甘受するのであって、中継貿易において相当な割合を占めているすべての国が、取引先であるすべての国の商品に対する商業中心地（インポーリアム）、つまり全面的な市場になるのは、このようにしてなのである。そのような商人は、二度目の船積みと陸上げの費用を節約するために、いつも自国でこのようなさまざまな国の商品を可能な限り多量に販売し、こうして、自らの中継貿易を、できるだけ消費用の外国貿易に転換しようと努力する。

消費用の外国貿易に従事している商人は、同じやり方で、外国市場向けの商品を集荷し、等しいか、ほぼ等しい利潤で、可能なかぎり自国で大きな部分を販売できれば、いつでも大満足であろう。可能な時に、このように消費用の外国貿易を国内取引に転換できれば、彼自身、輸出に伴うリスクと手間を省くことになる。何か特別の原因によって時々追い払われ、はるか遠隔地の業務に向けて追放される可能性があるとはいえ、本国とは、そう言ってよければ、このようなやり方で、そこを中心にあらゆる国の住民の資本が絶えず循環し、資本がそこに向かう傾向をもつ中心なのである。だが、国内取引に利用される資本は、すでに説明したように、消費用の外国貿易に用いられる同量の資本よりも、かならずより多量の国内の組織的な労働を起動させ、その国のより多くの住民に収入と仕事を与えるし、さらに、消費用の外国貿易に用いられる資本は、中継貿易に用いられる同量の資本以上に似たような利点をもっている。それゆえ、等しいか、ほぼ等しい利潤があれば、すべての個人は、国内の組織的な労働に最大限の援助（サポート）を与え、自分自身の国の最大数の人々に収入と仕事を与えるような方法で、自分自身の資本を自然に利用する傾向をもつのである。

7　第二に、自分の資本を、国内の組織的な労働を維持（サポート）する事業に用いるすべての個人は、その生産物が、可能なかぎり最大の価値をもち得るように、当該の組織的な労働を管理しようと、かならず努力する。

8　組織的な労働の生産物は、組織的な労働が費やされる対象物や原材料に、その労働が追加したものである。この生産物の価値が大きいか小さいかに応じて、雇用主の利潤も同様に、大きかったり小さかったりするだろう。だが、誰であろうと、資本を組織的な労働の維持に用いる理由は、ただたんに利潤のためなのであり、したがって、その生産物が最大の価値をもちそうな、つまり貨幣であれ他の商品であれ、その最大量と交換できそうな組織的な労働の維持に用いようと、絶えず努力するであろう。

9　どのような社会であろうと、その年々の収入は、組織的な労働全体の年々の生産物の交換価値と、より正確には、その交換価値に等しいものとつねに正確に等しい。それゆえ、すべての個人が、自分の資本を国内の組織的な労働を維持するために利用し、そのような産業に振り向けようと可能な限り努力する結果、その生産物は最大の価値をもつことになろう。つまり、すべての個人は、労働の結果として、必然的にそれぞれ社会の年々の収入を可能なかぎり最大にするのである。事実、個々人は、一般的に公共の利益を促進しようと意図しているわけではないし、それをどの程度促進するか、知っているわけでもない。外国産業よりも国内産業の維持を選択することによって、彼は、たんに自分自身の安全を意図しているにすぎず、その生産物が最大の価値をもつような方法でその産業を管理することにより、彼は、自分自身の利益を意図しているのであって、彼はこうするなかで、他の多くの場合と同様に、見えない手に導かれて、彼の意図にはまったく含まれていなかった目的を促進するのである。

さらにまた、それがまったく含まれなかったことは、かならずしも社会にとって悪いわけではない。自分自身の利益を追求することによって、個々人が実際に社会の利益を促進しようと意図する場合にくらべて、ずっと効果的に、それを促進することがしばしばある。公共のためと称して貿易に影響を及ぼした人々によって、多くの望ましい結果が達成されたことなど、私は聞いたことがない。実際、それは一種の見せかけ(アフェクテーション)であって、商人の間におおいに広まっているわけではないし、彼らにそれを思いとどまらせる際に多言を要することなど、まったくない。

10 自分の資本が利用でき、その生産物が最大の価値をもつ国内産業の種類が何であるか、この点について、彼のために良かれと判断する政治家や立法者よりも、当該の地方に居住しているすべての個人のほうが、ずっとよく判断できること、これは自明のことである。保有する資本をどのような方法で用いるべきかについて、私的な人々を指導しようと試みる政治家は、彼自身がもっとも不必要な配慮を背負いこむだけでなく、個々の人々に対しても、枢密院や議会に対しても、すこしも安心して信任できそうにない権力を握ることになるから、自分自身がその遂行に適していると空想するほどの愚劣さと厚かましさを兼ねそなえた人物の手中に置かれた場合、それは、どこであろうともっとも危険なことであろう。

11　国内産業の生産物に国内市場の独占を許すことは、どの特定の職業であれ、製造業であれ、ある程度ではあるが、どのような仕方で自分たちの資本を利用すべきか私的な人々を指導することであるから、ほとんどの場合、無用の有害な規制であるにちがいない。国内の生産物が、国内で、外国産業の生産物と同じほど安価で購入できる場合には、その規制は、明らかに無用である。もしそれができないのであれば、それは、一般的に有害であるはずである。買うよりも作るほうがもっと費用がかかるようなものなど自国で製造しようと試みないこと、これは、一家の思慮深いすべての主人の格言である。服の仕立屋は、自分自身の靴を作ろうと試みたりせずに、それを靴屋から購入する。靴屋は、自分自身の服を作ろうと試みたりせずに、服の仕立屋を利用する。農業者はそのいずれも作ろうとはせず、このようなさまざまな職人を利用する。彼らは全員、彼らが行う組織的な労働のすべてを、その隣人の誰よりもいくらか強みをもつ方法で用いたうえで、その生産物の一部でもって、あるいは同じことだが、その代価の一部でもって、彼らが必要とする何か別のものを購入することが、自分自身の利益だと気付くのである。

12　あらゆる私人の家庭の管理に関して節約（プルーデンス）であるものが、大君主国の管理に関して愚行であることなど、まずありえない。もし外国が、我々自身よりも安く商品を提供できる場合には、我々がある程度の有利さをもつ方法で用いた我々自身の産業の生産物の一部で、その一部を購入するほうが良いだろう。国の組織的な労働の全体は、つねに産業に利用される資本に比例するから、そのようにした場合でも、減少など引き起こさないことは、先に指摘した職人の場合と同様であるが、それがもっとも有利に利用できる方法を見つけ出すようにさせられている点で、異なっているのである。我々が作るものより安価に購入できる財の生産に資本を用いた場合、それがもっとも有利に利用されていないことは、確かである。その年々の生産物の価値は、このように導かれて生産する商品よりも、明らかにもっと価値がある商品の生産から引き上げさせられた場合に、間違いなく多少とも減少する。ここでの前提に従えば、商品は、自国で製造されるよりも安い値段で外国から購入できるはずであった。それゆえ、その自然な経過に委ねられていたなら、等量の資本によって雇用されている組織的な労働が自国で生産したであろう商品のごく一部で、つまり同じことになるが、その商品の代価のごく一部でもって、その商品を購入できたはずである。それゆえ、その国の組織的な労働は、このようにして、より有利な職業からより利益のすくない職業へ追いやられ、その年々の生産物の交換価値は、立法者の意図にしたがい、増加するどころか、そのようなすべての立法によって必然的に減少させられるにちがいない。

13 実際、そのような規制手段をつうじて、時には特定の製造業が、それがない場合に可能であったものに較べて、より迅速に習得される可能性はあるし、一定の期間が経過した後に、外国と同程度に安いか、より安く、自国で製造できるようになる可能性があるだろう。だが、社会の組織的な労働は、何もしない場合に可能であった場合よりも迅速に、このように特定の分野に有利に導かれる可能性があるとはいえ、組織的な労働であれ収入であれ、そもそも総額がそのような規制によって増やされるということなど、けっして、結果的に生じることはないだろう。社会の組織的な労働は、資本の増加に応じてしか増加できないし、そしてその資本は、社会の収入から漸次的に節約可能なものに応じてしか、増えることができない。だが、そのような規制の直接の効果は、国民の収入を減少させることになるはずであって、国民の収入を減少させるものでありながら、資本と労働の両方がそれぞれその自然な用途を見出すように委ねられていれば、おのずと増加するようなものに較べて、いっそう急速に国民の資本を増加させたりするはずがないのは確かである。

14 そのような規制を欠いている以上、その社会が、提案された製造業を自分のものにすることは生じないが、だからといって、その社会が存続するどの期間についても、かならずしもより貧しくなることにはなるまい。社会が存続するすべての時期で、対象こそ異なりはすれ、その時期においてもっとも有利な方法で、社会のすべての資本と労働がさらに利用されつづけるだろう。社会の収入は、どの期間をとっても、その資本が達成可能な最大のものでありつづけるだろうし、したがって資本と収入は、ともに可能なかぎり最高の速度で増加することができるだろう。

15 特定の商品生産において、ある国が他の国以上にもつ自然な利点は、時にはきわめて大きくなるから、世界のすべての人によって、それと競っても無駄だと認識されている。スコットランドで、ガラスの温室、栽培用の温床、温壁を使って高品質のブドウを栽培することができるから、それを原料に、きわめて良質のワインもまた、外国から運び込めるものと最低でも同程度に良い品質のものを、三〇倍の費用をかけて醸造することは可能なことである。

たんにスコットランドでクラレット〔ボルドー産の赤ワイン〕やバーガンディー〔ブルゴーニュ産のワイン〕の醸造を奨励するために、すべての外国産ワインの輸入を禁止することは、理にかなった法律であると言えようか？　だが、求められた同量の商品を外国から購入するために必要なものより、三〇倍も多くその国の資本と組織的な労働を何らかの仕事に振り向けることに、明らかに不条理が存在するとすれば、全体的にみてそれほど派手ではないが、なお正確に同じ種類のこと、つまり、その国の資本と労働の三〇分の一、あるいは三〇〇分の一だけ多く、何かそのような仕事に振り向けるということのなかにも、不条理が存在するはずである。

自然なものであれ習得したものであれ、ある国が他の国以上に持っている優位性は、この点にかんするかぎり、重要なことではない。ある国がこのような利点をもち、他の国がそれを欠いている限り、後者にとってつねに有利なことは、それを自ら製造するよりも、前者から購入することであろう。一人の職人が他の仕事に従事する周りの職人を上回るのは、自ら習得した強みだけであるが、両者とも、それぞれの固有の仕事に属さないものを製造するよりも、たがいに生産物を購買するほうが、もっと有利だと理解するのである。

16 商人と製造業者は、このように国内市場を独占することから、最大の利点（アドヴァンテージ）を引き出す人々である。外国産の牛や塩漬け肉の輸入禁止は、まずまず豊作の時期には禁止に等しくなる外国産穀物に対する高率の関税ともども、グレートブリテンの牧畜業者や農業者にとって、同じ種類の他の規制が、その商人や製造業者にとって利益があるほど、有利どころではない。とくに高級な種類の製造品は、穀物や牛と違って、ひとつの国から別の国へとはるかに容易に運ぶことができる。したがって、外国貿易がもっぱら従事するのは、製造品を持ってきて運ぶことなのである。製造品にかんしては、ごく些細な利点をもつだけで、外国人は、本国でさえ我が国の職工よりも安く売ることができるようになろう。土地の原生産物にかんして同じことを可能にするには、きわめて大きな利点を持っていなければならないだろう。もし外国の製造品の自由な輸入が許可されたとしたら、多分、国内の製造業者のなかには被害をうける人もいるだろうし、おそらく、そのうちの幾人かが完全に破産するに至り、現在それに利用されている元本と組織的な労働のかなりの部分は、他の仕事を探すように強いられるだろう。だが、これ以上ないほど自由な土地の原生産物の輸入が、その国の農業に対して、そのような影響を及ぼすはずはないのである。

17 たとえば、そもそも外国牛の輸入が自由化されたとしても、ほとんど輸入されることがないため、グレートブリテンの牧畜業が、それによって影響を受けることはありえないだろう。多分、生きた牛は、陸路よりも海路のほうが、はるかにその輸送費用が高くつく唯一の商品である。陸路なら、牛は自分自身の足で市場へたどり着く。海路の場合、牛だけでなく、その餌と水もまた、小さくはない費用と手間をかけて運ばなければならない。実際、アイルランドとグレートブリテンの間の海路の短さは、アイルランド牛の輸入を、よりたやすいものにしている。だが、最近になって一定期間だけ許可された牛の自由な輸入が恒久化されたとしても、それは、グレートブリテンの牧畜業者の利益に、大きな影響をもたらすことはないはずである。

アイリッシュ海に接するグレートブリテンの地域は、すべて牧畜地域である。アイルランド牛が、本来の用途のために輸入されるはずはなく、このようなきわめて広大な地方を通って追い立てられる必要があり、本来の市場に辿り着くまでには、少なくない出費と手間がかかる。丸々太った牛なら、ずっと遠い所まで追い立てることができようが。それゆえ、やせた牛が輸入されうるのは、すなわち、そのような輸入が邪魔しうるのは、飼育したり肥育したりする地方の利益――やせた牛の価格を引き下げるから、それはむしろこの地域にとって利益であるだろう――ではなく、繁殖地域の利益だけである。解禁後に輸入されたアイルランド牛がごく少数であったことは、やせた牛がなおよい価格で売られ続けていることと併せ、グレートブリテンの繁殖地域でさえ、アイルランド牛の自由な輸入によって大きな影響をうけなかったらしいということを、証明しているように思われる。実際、アイルランドの一般民家は、彼らの牛の輸出に対して、暴力を用いて反対したことが時々あったと言われている。だが、その輸出業者がその事業の継続に大きな利益を見出していたとすれば、法律が彼らの味方をしていたら、このような暴徒じみた反対には、容易に打ち勝つことができただろう。

18 くわえて、飼育や肥育を中心とする地方は、つねに改良の度が高くなければならないが、これに対して繁殖を中心とする地方は、一般的に耕作が進んでいない。やせた牛が高価格であることは、未耕地の価値を高めるため、結果的に改良を抑え込む補助金のようなものになる。全体として高度に改良が進んだ国にとって、やせた牛を輸入することは、それを繁殖させることよりも、いっそう有利であろう。したがって、オランダ地方は、現在、この格言どおりの状態であると言える。スコットランド、ウェールズ、およびノーサンバーランドの山岳地帯は、多くの改良が不可能な地方であり、自然環境によって、グレートブリテンの繁殖地方であるべく運命づけられている。外国牛のもっとも自由な輸入は、このような繁殖地域が、仔牛の価格を法外な高さに引き上げ、その国のなかでもっとも改良され、耕作されたすべての地域に対して実質的に課税することにより、王国の残りの部分で生じる人口増加と改良から利益をうけることを妨げる以外の効果をもつはずがない。

19　塩漬け肉輸入の自由化は、同様にして、生きた牛の場合と同様に、グレートブリテンの牧畜業者の利益にほとんど影響を与えるはずがない。塩漬け肉は、きわめて嵩張る商品であるだけでなく、生肉と比べると、価格が高いわりに品質が劣り、しかも、より多くの労働と費用を要する商品である。それゆえ、輸入塩漬け肉は、グレートブリテンの塩漬け肉と競合する可能性はあるが、けっして、生肉と競合するはずはない。それは遠距離の航海を行う船舶の食料、あるいは、類似の用途のために利用されるものだが、国民の食料のかなりの部分を形づくるはずのないものである。その輸入が自由化された後で、アイルランドから輸入された少量の塩漬け肉は、そのことから何も心配するようなことが生じなかった、ということを経験的に証明している。食用肉の価格は、今まで、それによって目立って影響されたようには見えない。

20　外国産穀物の自由な輸入でさえ、グレートブリテンの農業者の利益にほとんど影響を与えることができなかった。穀物は、食用肉よりもはるかに嵩張る商品である。重量一ポンドにつき一ペニーの穀物は、重量一ポンドあたり四ペンスの食用肉と同じほど割高なものである。もっともひどい不作の時期でさえ、輸入された外国産穀物がわずかな量であることは、最大限の自由貿易を恐れる必要などまったくないことを、我が国の農業者を納得させる可能性があろう。全体的にみると、輸入の年平均量は、すべての種類の穀物を合わせて二万三七二八クォーターで、年々の消費量の五七一分の一を超えないというのが、穀物貿易にかんする博識の著者の論考〔『穀物貿易と穀物法に関する三論考』の著者チャールズ・スミス（Charles Smith, 1713-1777）のこと〕の見解である。

だが、穀物に対する助成金は、豊作の年には大量の輸出を引き起こすから、それは結果的に、耕作が現状に留まるかぎり、助成金がなかった場合に較べて、不作の年により多量の輸入を引き起こすはずである。この方法では、ある年の豊作が別の年の不作を補わないから、必然的に、平均の輸出量はそれによって増加させられ、耕作が現状に留まるかぎり、平均の輸入量も同様であるにちがいない。輸出助成金が存在しなければ、穀物の輸出量はより少なくなるから、全体としてみると、輸入量は、現在よりも少なくなる可能性が強い。グレートブリテンと外国との間の穀物商人、つまり、穀物の集荷運送業者の仕事が減少し、彼らは相当な痛手をこうむるだろうが、地方の紳士や農業者は、ごくわずかな痛手しかこうむらないだろう。したがって、私の見るところ、助成金の更新と継続に最大の熱意を抱いているのは、地方の紳士や農業者よりも、むしろ、穀物商人であることになる。

21 地方の紳士や農業者は、彼らには最大の名誉だが、独占という卑劣な精神に支配されることが、すべての人間のうちでもっとも少ない。大工場の企業者は、同じ種類の別の工場が二〇マイル以内の距離に設立されたりすると、時々びっくりする。アブビル〔フランス北部の町〕で毛織物製造業に従事するオランダの企業者は、同じ種類の工場は、その町から三〇リーグ〔国と時代で異なるが、一リーグは約四・八キロメートル〕以内に建設されてはならない、と契約条項に明記していた。農業者と地方の紳士は、これとは逆に、近隣の農場や所領の耕作や改良を阻止するどころか、助成する気持ちになるのが、通例である。大部分の製造業者がもつ秘密のようなものを、彼らは持っておらず、むしろ隣人との意見交換や、利益があるとわかっている新しい実践を可能なかぎり拡大することを、一般的に好むのである。老カトーは、「おおいに堅実であり、嫉妬心を招き寄せないこと、これが生計を営んでいくもっとも高潔な方法である。このような仕事に専念している人物が、悪意に満ちた企みを行うことは滅多にない」と言っている。地方の紳士や農業者は、地方のさまざまな地域に分散しているから、都市に集まっていて、自分たちの間で一般化している排他的同業組合の精神に慣れ親しんでいる商人や製造業者が、自分自身が属するそれぞれの都市の住民に対して一般的に確保している排他的特権と同じものを、地方の仲間全員に対して獲得しようと努力することなど、当然のことながら不可能なのである。

　したがって、商人や製造業者こそ、外国製品の輸入に対するこのような規制のそもそもの発案者であって、それが自国市場の独占を彼らに保証したように思われる。グレートブリテンの地方の紳士や農業者が、彼らの立地条件からして当然持っている度量の大きさを、穀物と食用肉を供給する排他的特権を居住する地方の人々に対して要求するほど忘れさせてしまったのは、おそらく商人や製造業者を真似したこと、すなわち、彼ら自身が、彼らを抑圧しようと取り決めている人々と同程度になったこと、これが、原因であった。彼らは、その事例に追従した人々の利益に較べて、自由貿易が影響を及ぼす可能性がある彼ら自身の利益がどれほど取るに足りないものでしかないか、おそらく、時間をかけて考えなかったのだろう。

22 恒久的な法律によって外国産の穀物や牛の輸入を禁止することは、実際には、国の人口と産業が、いかなる時も、その固有の土地の原生産物が維持しうるものを超えないようにする、という立法になろう。

23 しかしながら、国内産業を奨励するために、外国の産業にいくらか負担させることが一般的な利益になる、二つの場合があると思われる。

24 第一の場合とは、特定部類の産業が、国の防衛にとって不可欠である場合のことである。たとえば、グレートブリテンの国防は、兵士と船舶の数量に大きく依存している。それゆえ、航海法〔イギリスの海運・貿易の保護や海上防衛のための制定法で、一四世紀から存在するが、とくに一六六〇年法が著名〕は、場合によっては絶対的な禁止により、またある場合には、外国の船舶に対するきわめて重い負担によって、グレートブリテンの船員と船舶に、母国の貿易の独占を付与するため、しかるべく心がけたものである。以下に指摘する点が、この法律の主要な措置である。

25 第一に、その所有者、船長、および船員の四分の三がイギリス国民ではない船舶はすべて、イギリス人の定住地や農園と貿易したり、グレートブリテンの沿岸貿易に用いられたりすることを禁止され、違反すれば、船舶や積み荷を没収される。

26 第二に、きわめて多くの種類があり、もっとも嵩張る輸入品は、上に述べたような船舶か、このような商品を生産する国の船舶――その所有者、船長および船員の四分の三が該当国の国民である船舶――による以外には、グレートブリテンに輸入できないが、原産国に属する船舶で輸入された場合でも、外国人に課される特別輸入関税の二倍の徴税を余儀なくされる。どこか別の国の船舶で輸入された場合、それに対する罰金は、船舶と積み荷の没収である。この法律が制定された当時、オランダ人は、今なおそうだが、ヨーロッパ最大の運送業者であったから、彼らはこの法律によって、グレートブリテンへの運送業者であること、つまり、ヨーロッパのどこか他の国の財貨を我が国にもち込むことから、完全に締め出されたのである。

27 第三に、イギリスの船舶によるものであっても、じつにさまざまな、もっとも嵩張る輸入品が原産国以外の国から輸入されることを禁止されており、違反すれば、船舶と積み荷を没収される。この規制もまた、多分、オランダ人に対抗しようと意図したものであった。当時オランダは、現在と同様に、あらゆるヨーロッパの財貨を扱う最大の商業中心地であり、この規制によって、イギリスの船舶はオランダでヨーロッパの別の国の財貨を積み込むことができなくなった。

28 第四に、イギリス船で捕獲されるか、その甲板で処理されたものを除くあらゆる種類の塩漬け魚、クジラの尾ひれ、クジラの骨や油、およびクジラの脂肪といったものは、グレートブリテンへもち込まれる場合、外国人に課される特別輸入関税の二倍の徴税を余儀なくされる。オランダ人は、今でもなお第一位であるが、当時ヨーロッパで、外国に魚を供給しようと試みていた唯一の漁業者であった。この規制によって、彼らによるグレートブリテンへの供給に、きわめて重い負担が課されることになった。

29 航海法が制定された時、イングランドとオランダは実際に交戦していたわけではないが、これ以上ないほど猛烈な敵愾心が両国民の間に存在していた。その始まりは、この法律を最初に立案した長期議会が統治していた間のことであり、護国卿とチャールズ二世が統治している間の対オランダ戦争の直後に、一気に噴き出すことになった。それゆえ、この有名な法律による規制の一部が、国民的敵愾心から発したという可能性は、まったくないわけではない。しかしながら、そのような規制は、あたかももっとも入念な英知によって決定されたかのように、賢明なものである。その時期に特有な国民的敵愾心は、もっとも入念な英知が勧告するものと、ほとんど同じ目的、すなわち、イングランドの安全を脅かしかねない唯一の海軍力であるオランダ海軍力の縮小、これを目指していたからである。

30 航海法は、外国との商業、つまりそれから発生する富裕の成長にとって、都合の良いものではなかった。外国との商業的関係における国の利益は、取引相手であるさまざまな人々に関して商人がもつ利益と同様に、できるだけ安く買って、できるだけ高く売ることにある。だが、もっとも安価に購入できそうなのは、もっとも完全な貿易の自由にもとづいて、国民が購入しなければならない財貨をその国にもたらすようにすべての国が奨励されている時のことであり、また、おなじ理由から、外国の市場がこのようにして最大数の購買者で溢れている時には、間違いなく高い値段で販売できるだろう。

本当のところ航海法は、イギリス産業の生産物を輸出するために入港する外国船には、何らの負担も強いていない。輸入された財貨だけでなく、輸出されたすべての財貨に対して支払われることが通例であったかつて外国人に課されていた特別輸入関税は、後のいくつかの法律によって、大部分の輸出条項から取り除かれていた。だが、もし外国人が、販売しに来ることを禁止や高率関税によって妨げられれば、彼らはいつも買いに来ることができなくなろう。というのは、積み荷無しにやって来れば、彼らの母国からグレートブリテンまでの用船料を、損するはずだからである。それゆえ、売り手の数を減らすことにより、我々は必然的に買い手の数も減少させるわけで、もっと完全な貿易の自由が存在する場合に較べると、このように外国商品をより高い値段で買うだけでなく、我が国の商品をより安い価格で売ることが多くなる。しかしながら、国防は富裕よりもはるかに重要であるから、イングランドのすべての商取引規制のなかでは、航海法は、多分もっとも賢明なものである。

31 第二の場合とは、国内産業を振興するために、外国産業に対して一定の負担を課すことが一般的に有利になるような場合であって、国内産業の生産物に対して、国内で何らかの課税がなされている時のことである。この場合には、外国産業によるよく似た生産物に同一の税を課すことは、理にかなっていると思われる。これは国内産業に国内市場の独占を与えるものではないし、国内の元本と労働のより多くの割合を、自然にそこに向かうであろう割合以上に、特定の仕事に振り向けさせることにもならないだろう。それは、そこへ自然に向かっていたような部分が、課税によって、より不自然な方向へ変更されるのを妨げるだけであり、課税後も、外国の産業と国内の産業との間の競争を、以前と同じ基礎にもとづいて可能なかぎり維持するであろう。グレートブリテンでは、そのような課税が国内産業の生産物に対してなされると、原価を割って国内で売らされることになると申し立てる我が国の商人と製造業者の騒々しい苦情を止めさせるため、同じ種類のすべての外国製品の輸入に対して、もっと重い関税を課すことが、同時に行われるのが通例である。

32　このような第二の貿易の自由の制限は、一部の人々の意見によれば、国内で課税されてきた商品と競争すべく輸入される厳密な意味での外国産品に限られることなく、場合によっては、さらに拡張されるべきだと言われている。どの国であろうと、生活必需品に課税されている場合には、他の国から輸入された生活必需品のようなものだけでなく、国内産業の生産物のどれかと競合する可能性があるすべての種類の外国商品もまた、課税することが適切になってくる、と彼らは申し立てる。彼らが言うには、生活物資は、そのような課税の結果として必然的に上昇するから、労働の価格は、労働者の生活物質の価格と一緒につねに上昇するはずである。それゆえ、国内産業の生産物であるすべての商品は、それ自体が直接課税されていなくても、それを生産する労働の価格が上昇するため、そのような課税の結果、より高価格になる。それゆえ、このような税金は、自国で生産された個々の商品のすべてに対する税金と実質的に等しいものになる、と彼らは言う。それゆえ、自国の産業に外国の産業と同じ地位を与えるためには、自国の商品価格におけるこのような上昇と等しくなるように、国内商品と競争するようになりうる外国商品に対して関税を課すことが必要になる、と彼らは考えるわけである。

33　グレートブリテンで、石鹸、塩、鞣し皮、ロウソク〔初版では、これに麦芽とビールが併記されていた〕などの生活必需品に対する課税が、必然的に労働の価格を上昇させ、結果的に、他のすべての商品の価格を上昇させるかどうか、これについては、後に、租税を論じる箇所で考察することにしよう。しかしながら、それが、このような効果を間違いなく発揮するととりあえず想定するにしても、労働価格が上昇した結果生じるあらゆる商品価格の一般的な上昇は、それに対して直接課税された特定の税額分だけ上昇する特定商品の価格上昇から生じるものとは、以下の二つの点で異なる事態である。

34 第一に、このような課税によって、当該の商品の価格がどの程度引き上げられるか、これは、いつでもきわめて正確に知ることが可能であろうが、しかし、労働価格の一般的上昇が、労働が利用されたあらゆる個々の商品の価格にどの程度影響しうるかは、満足できるほどの正確さをもって知ることなど、およそ不可能である。それゆえ、すべての外国商品に対する課税を、許容可能な正確さで、このようなすべての国内商品の価格上昇に比例させることは不可能であろう。

35 生活必需品に対する課税は、国民の境遇に対して、やせた土地やひどい気候とほぼ同じ効果をもつ。そのため食料は、同じ方法で、あたかもそれを栽培するために追加の労働と経費が必要であったかのように、より多くの犠牲を払わせられる。土地や気候といった自然に起因する必需品不足に見舞われた時に、国民の資本と組織的な労働をどのような方法で利用すべきか彼らに指導することが馬鹿げたことであるように、そのような課税から生じる人為的な必需品不足に見舞われた時に、同じことをするのは、同様に馬鹿げたことである。国民の産業を、それぞれの状況に適応する――もちろん、それは可能である――ように任せておき、不利な状況にあっても、国内市場や外国市場で、ある程度強みをもてるような仕事を見つけ出させることが、いずれの場合でも、彼らにとって最大の利益になるだろう。国民は、すでに税金で過大な重荷を背負わせられているし、さらに、生活必需品に対して高すぎるほど支払わされているのであるから、同様に他の大部分の商品に対して、さらに高く支払わせようとすることは、修正の仕方としては明らかに不条理なものである。

36 そのような税金は、一定の高さまで達した場合、大地の不毛さや荒れ狂う気候に等しい災いのもとであるにもかかわらず、それがもっとも一般的に課されてきたのは、もっとも豊かで、もっとも勤勉な国においてである。それほど大きな災禍に耐えられる国など、ほかにあるはずがない。体に悪い治療を受けると、もっとも頑強な身体をもつ者だけが生きながらえて繁栄を享受することができるように、あらゆる種類の産業においては、自然条件に由来する利点と、習得による利点を最大限保有する国民が、そのような課税の下で生存し繁栄することができる。オランダは、ヨーロッパで人口がもっとも充満している国であり、固有の状況のゆえに繁栄し続けているが、それは、愚かにも真実だと思われてきた課税によるものではなく、課税が存在しているにもかかわらず、実現されたものである。

37 国内産業を奨励するために、外国の産業に一定の負担を課すことが一般的に有益である二つの事態が存在するように、時々考慮すべき事柄になる可能性をもつさらに二つの事態がある。ひとつは、一定の外国商品の自由な輸入をどの程度まで継続するのが適切であるかということ、もうひとつは、しばらくの間それが中断された後、どの程度、またどのような方法で、自由な輸入を再開するのが適切であるか、これである。

38 一定の外国商品の自由な輸入をどの程度継続するのが適切であるか、これが、時に慎重に検討されるべき課題になる事態とは、ある外国の国民が、高関税や輸入禁止によって、我が国の製造品の一部の彼らの国への輸入を制限している場合である。この場合には、復讐心が自然に報復を命じるから、当該国から我が国への製造品の一部またはすべてに対して、同様の関税や輸入禁止を課すに違いあるまい。したがって、どのような国であれ、このような仕方で報復せずに済ますことなど、滅多にない。

フランスは、自国の商品と競合する可能性がある外国商品の輸入を規制することにより、自国の製造業者を厚遇することに、とりわけ熱心であった。コルベール氏〔Jean-Baptiste Colbert, 1619-1683. ルイ一四世時代の財務総監〕の政策の大部分はこれであるが、彼は、偉大な能力の持ち主であったにもかかわらず、この場合には、いつも同国人に対する独占を求めていた商人や製造業者の詭弁によって、付け込まれていたように思われる。現在では、彼のこのような戦略は、母国にとって有益ではなかったというのが、フランスのもっとも聡明な人々の理解である。かの大臣は、一六六七年の関税によって、きわめて多数の外国の製造品に著しく高い輸入税を課した。オランダ人の利益を意図する、その緩和を彼が拒否したことにもとづいて、一六七一年に、オランダはフランスからのワイン、ブランディ、および製造品の輸入を禁止した。一六七二年の戦争は、部分的にはこの通商上の紛争によって引き起こされたように思われる。ナイメーヘンの和平は、一六七八年に、オランダ人に好都合なようにこのような関税の一部を緩和し、それを受けてオランダ人が、輸入禁止を撤廃したことにより、この紛争を終わらせた。

フランス人とイングランド人がたがいに相手国の産業を、同じような輸入税や輸入禁止――とはいえ、最初の手本を示したのはフランス人であったように思われる――を用いて抑圧し始めたのは、ほぼ同時期のことであった。それ以来、両国の間に存在する敵対の気風は、今まで、いずれの側でも緩和されることを妨げてきた。イングランド人は、一六九七年に、フランドルの製造品であるボーンレース〔骨製糸巻きを用いた手織りの麻レース〕の輸入を禁止した。当時スペインの支配下にあったその国の政府は、これに応じて、イングランド産毛織物の輸入を禁止した。ボーンレースのイングランドへの輸入禁止は、イングランド産毛織物のフランドルへの輸入が、以前と同じ基礎に置かれるという条件付きで、一七〇〇年に廃止された。

39 この種の報復は、不満の対象である高関税や輸入禁止の廃絶を引き起こすようなものがそこに含まれていれば、良い政策である可能性があろう。大きな海外市場の回復は、数種類の財貨に対して、短期間高い価格を支払うという一時的な不都合を一般的に償って余りあるほどであろう。そのような報復が、そのような効果をもたらす傾向があるかどうかを判断することは、おそらく、そこでの思考が、つねに同じ一般的な原理によって導かれることが望ましい立法者の科学（サイエンス・オヴ・レジストレイター）に属するというよりはむしろ、一時的な事態のたえまない変動によって協議が導かれるような、俗に政治家とか政治屋と呼ばれている狡猾で悪賢い動物がもつ技量に属するものであろう。そのような廃絶がもたらされる見込みがまったくない場合、損失を与えられた階級に対してだけでなく、他のほとんどの階級の人々に対して、自らもうひとつ別の損害を与えることは、我が国民の一部に対して与えられた損失に対する理不尽な補償方法だと思われる。

我々の隣国人が、我が国のある製造品を輸入禁止にする場合、それだけで彼らに相当な影響を与えることなどほとんどないため、同一の製造品だけでなく、その国が産出する他の種類の製造品も輸入禁止にするのが一般的である。これは、間違いなく我が国民のうちのある特定部類に属する職工を助成する可能性をもっており、彼らの競争相手の一部を排除することによって、彼らが、国内市場でそのような製造品の価格を引き上げられるようにするだろう。しかしながら、隣国人の輸入禁止によって損害をこうむるこのような職工が、我が国の輸入禁止によって利益を受けることはあるまい。むしろ逆であって、彼らや他の大部分の階層にぞくする我が国民は、これによって、一定の商品に対して、以前より高価格の支払いを余儀なくされるだろう。それゆえ、この種のすべての法律は、隣国人の輸入禁止によって損害をこうむった特定の部類に属する職工の利益のためにではなく、他の部類の人々の利益になるように、国全体に対して実質的な税金を課すことになる。

40　一定期間中断していた外国産品の自由な輸入を、どの程度、どのような方法で回復させるのが適切であるかという問題が、ときに熟慮を要する事柄になる可能性があるのは、それと競合する可能性をもつあらゆる外国産財貨に、高関税や輸入禁止という手段を講じた結果、特定の製造業が著しく拡大し、すでにきわめて多数の従業員（ハンド）を雇用している場合である。人間愛からすれば、貿易の自由の回復は、このような場合、段階を追ってきわめて漸次的に、おおいに控えめに、しかも慎重になされるほかない。このような高関税と輸入禁止が突然一斉に廃止されれば、即座に同種のより安価な外国製品が国内市場に大量に供給され、結果的に、きわめて多数の我が国民が通常従事してきた雇用と生計手段が、瞬時に奪われることになる。これが引き起こしかねない混乱は、間違いなく、かなり際立ったものになるだろう。とはいえ、以下二つの理由から、それは一般的に想像されているよりもずっと小さなものである公算が、きわめて高い。

41 第一に、助成金無しで、他のヨーロッパ諸国に普通に輸出されているこのような製造品はすべて、外国製品の自由な輸入によって、ほとんど影響を受けるはずがない。そのような製造品は、同じ品質と種類の他のすべての外国製品と同様に、安く外国で販売されているはずであり、したがって結果的に、国内でより安く販売されるはずである。それゆえ、それはなお国内市場を確保し続けるであろうし、上流階級の気まぐれな人物が、国内産の同種類のより安価で良質の商品よりも、それが外国産であるというだけの理由から、時に外国製品を選択する可能性があるとはいえ、このような愚かな考えは、物の道理からしてごくわずかしか広がらないから、それが国民の一般的な事業（エンプロイメント）に、目立つほどの影響など与えるはずがない。実際、我が国の毛織物、我が国の鞣し皮製品、我が国の金属製品というさまざまな分野の大部分は、助成金無しで、年々他のヨーロッパ諸国に輸出されており、しかもそれは、もっとも多数の従業員を雇用している製造業である。絹織物は、おそらくこのような自由貿易によってもっとも被害をうける製造品であり、それに続くのが麻織物であろうが、しかし、後者は前者よりもずっと被害が少ないだろう。

42 第二に、この自由貿易の回復によって、多数の国民が、彼らの通常の雇用と普通の生活方法から一斉に投げ出されるはずであるが、それによって、彼らが雇用や食料などの生活物資を奪われることにはけっしてなるまい。先の戦争後の陸軍と海軍の縮小によって、一〇万人以上にのぼる陸海軍兵――この数は、最大の製造業に雇用されている人数と等しい――が一斉に彼らの通常の雇用から投げ出されたが、しかし、彼らがいくらか不利益をこうむったのは間違いないにしても、それによって、彼らが雇用と食料などの生活物資すべてを奪われたわけではない。船員の大部分は、機会を見つけることができるにつれて、多分、次第に商船の船員になったし、さらに、とかくするうちに、陸海軍兵ともども国民の大集団の中に吸収され、きわめて多様な職業に従事するようになったようである。一〇万以上の人々——全員が武器の使用に、さらに、その多くが略奪や強奪に慣れていた——の境遇におけるそれほど大きな変化から、大きな動揺だけでなく、明白な混乱も生じなかった。住居も職もない人々の数は、それによって目立って増えた所はほとんどなく、労働の賃金さえ、私が知り得たかぎりでは、商船の船員の賃金を除き、いかなる職業においても、それによって低下させられなかった。

だが、兵士が身に付けた習慣（ハビット）と、あらゆる種類の製造工（マニュファクチャラー）が身に付けた習慣を全体的に比較すれば、新しい職業で用いられる適格性を奪う程度という点でみると、前者の方が後者よりも、新しい職業で用いられる適格性を大きく奪わないという傾向があることが、わかるだろう。製造工は、いつでも彼の労働だけから自分の食料などの生活物資を期待し慣れているが、兵士は、彼の給料からそれを期待し慣れている。応用と勤勉は前者にお馴染みのものであり、怠惰と浪費は、後者にお馴染みのものである。努力の方向をある種類の労働から別のものへ変えることは、怠惰と浪費を、何らかの労働に転換することよりも、はるかに易しいことは確かである。くわえて大部分の製造工にとって、すでに考察したところであるが、性質がよく似た別の付随的な製造業が存在するため、職工は、自分の労働をひとつの製造業から別のものへと容易に移動できる。そのような職工の大部分はまた、折にふれて農場の労働にも従事する。特定の製造業で以前彼らを雇っていた元本（ストック）は、なお地方に残って、同じ数の人々を何か別の方法で雇うだろう。国の資本が同一のものに留まり続けるから、違った場所で、異なった職業で発揮されるとはいえ、労働に対する需要も同様に同一であるか、あるいはほとんど違わないであろう。

事実、国王のための軍役から解放された陸海軍の兵士は、グレートブリテンあるいはアイルランドにあるすべての町や場所で、いかなる職業に従事しようと自由である。自分が気に入った組織的な労働なら何でも遂行するという同じ自然的自由を、陸海軍の兵士に対する仕方と同様に、国民のすべてに取り戻させよう。すなわち、自然的自由の紛れもない侵害である同業組合の排他的特権を打破し、徒弟奉公の規則を廃棄したうえで、さらに、貧しい職工が、ある商売であれ、ある場所であれ、雇用からはじき出された場合には、訴追されたり移送されたりすることなど心配せずに、別の職業や場所で、雇用を探せるようにしよう。そうすれば、社会も個々人も、兵士が除隊によって時々こうむる被害を大きく上回るほど、特定の部類の製造業者による解雇から、被害を受けることがなくなるだろう。我が国の製造業者が、国の一員として大きな長所をもっていることは間違いないが、しかし、彼らが自分の血をもって国を守る人々よりも多くの長所をもつとか、いっそう細かな心遣いをもって処遇されるのがふさわしい、などということになるはずがない。

43 職業や取引の自由（フリーダム・オヴ・トレイド）が、いつかグレートブリテンで全面的に取り戻されるにちがいないと期待することは、オシアナ〔ハリントン［James Harrington（1611-1677）］が著書で描いた理想国家〕やユートピア〔モア［Thomas More（1478-1535）］が著書で描いた理想社会〕が、いつかそこで確立されるにちがいない、と期待するのと同じほど不条理である。社会の偏見だけでなく、多数の個人の私的な利益というはるかに克服し難いものが、いやおうなくそれに反対するのである。軍隊の将校が、親方製造業者が国内市場で競争相手の数を増やすような法律にことごとく敵対する時のような熱意と合意のもとに、あらゆる兵員数の削減に反対するとすれば、つまり後者が配下の職工を扇動するのと同じ仕方で、前者が、配下の兵士を駆り立てたりしたら、軍隊を縮小しようという試みは、製造業者が我々に対して獲得している独占を少しでも減少させようとする試みが、現在そうなっているのと同じほど危険なものになろう。

このような独占によって、製造業者の特定集団が著しく増加した結果、それは肥大化した常備軍のように、政府に対しておそるべき存在となり、しばしば立法府を脅迫する。このような独占の強化に役立つ提案であればことごとく支持する国会議員なら、経済活動をよく理解しているという評判だけでなく、国会議員という重要な地位を与えるだけの数と富をもつ階層の人々に対して、人気と影響力を確保することは間違いない。逆に、国会議員が彼らと対立した場合には、たとえ彼らの目的を頓挫させる十分な権威を保持している場合でも、誰もが知っている彼の誠実さ、最高の地位や彼しか提供できない最高の公共サーヴィスであっても、猛り狂った失意の独占主義者たちの横柄きわまりない非道に由来する恥辱にまみれた虐待や誹謗、人身攻撃、さらには、時として生じる実際の身の危険から、身を守る役には立たないのである。

44　国内市場が、突然外国人との競争に晒されるようになることによって、事業の放棄を余儀なくされるにちがいない大規模な製造業の企業者は、間違いなく大々的な損害をこうむるであろう。雇用している職工への支払いと、原材料の購入に通常利用されてきた彼の資本部分は、それほど大きな困難もなく、おそらく別の仕事を見つけ出すだろう。だが、工場や仕事道具に固定された資本部分は、かなりの損失なしに処理されることなど、ほとんど不可能である。それゆえ、資本家の利害についても同様に配慮する必要があるから、この種の変更は、けっして突然導入されてはならず、ゆっくりと、なだらかに、相当長期間にわたる予告の後でなされなければならない。立法府というもの、もし可能なら、そこにおける討議は一部の利益団体の騒々しい請願によってではなく、一般的な福利にかんする包括的な見通しをもって、つねに運営できるはずであって、まさにこの理由から、この種の新しい独占権を制定したり、すでに制定済みのものをさらに拡張したりすることには、特に慎重でなければならないのである。このようなすべての規制は、国家体制の中に実際の混乱をある程度付け加えるから、後で別の混乱を引き起こすことなく、それを直すことは困難になろう。

45 輸入を阻止するためにではなく、財政収入を増加させるという目的のために外国商品の輸入に対して課税することが、どの程度適切であるか、この点は後に租税を取り扱う際に考察することにしよう。輸入を阻止したり、さらには削減したりしようという見地から課せられる租税は、貿易の自由にとっても、関税収入にとっても明らかに同様に有害なのである。

第三章　貿易収支が赤字だと想定されている国からの、ほとんどすべての商品の輸入に対する特別な制限について

第一節　重商主義の体系という原理にもとづいても、なおこのような規制は理不尽であることについて〔節のタイトルは第二版で挿入〕

1　貿易収支が赤字だと想定されている特定の国からのほとんどすべての商品の輸入に対して、特別な制限を課すことが、重商主義の体系において金や銀の量を増加させると想定されている、二番目の方策である。だからグレートブリテンでは、シレジア〔現在のポーランド・チェコ国境沿いの地域〕産の極薄の麻織物は、国内消費用に一定の関税を支払えば輸入される可能性がある。だが、フランス産の薄手麻織物や極薄の麻織物は、輸出用の倉庫があるロンドン港へ向かう場合を除き、輸入を禁止されていた。フランス産ワインには、ポルトガル産ワインよりも高い――事実、どの国よりも高い――関税がかけられている。一六九二年関税と呼ばれているものによって、量ないし価格について、二五パーセントの関税がすべてのフランス産商品に課されたが、他の国の商品は、その大部分がほとんど五パーセントを上回らない、ずっと軽い関税が課された。フランス産のワイン、ブランディ、塩や食用酢が除外されていたことは確かだが、それは、他の法律または同じ法律の特別条項によって、別の

重い関税を課せられていた。一六九六年には、最初の関税が十分な抑制にならなかったとみなされて、ブランディを除くすべてのフランス産商品に対して、二五パーセントという二番目の関税が課せられ、それとともに、フランス産ワイン一トンにつき二五ポンドの新税と、フランス産食用酢一トンにつき、別の新税一五ポンドが課せられた。

フランス産の商品は、このような全般的な特別徴収税（サブシディ）〔国王を補助するため議会が承認した臨時の租税〕つまり、すべてのもの――すなわち、課税表に列挙された商品の大部分――に対して課せられた五パーセントの関税から、除かれることはなかった。かりに我々が三分の一および三分の二の特別徴収税を、二つの関税の間にある完全な特別徴収税とみなすとすれば、このような全般的な特別徴収税は五つあったことになり、それゆえ結果的に、現在の戦争が開始されるまでは、フランス産の原生産物、生産物や製造品の大部分が支払わなければならなかった最低限の関税は、七五パーセントであったと考えられよう。だが、大部分の商品に割り当てられると、このような関税は輸入禁止に等しくなる。フランス人はフランス人で、我が国の商品と製造品を、当然のことながら腹立たしい思いで扱ったと私は信じているが、彼らが、我が国の産品に課した特定の厳しさについては、詳しい知識をもち合わせていない。相互に課された規制は、二国間の公正な商取引をほとんど終わらせてしまったから、イギリス産商品をフランスにもち込んだり、フランス産商品をグレートブリテンにもち込んだりする主要な輸入業者は、今では密輸業者になっている。私が先立つ章で検討した原理は、その起源を私的利益と独占精神にもっていたが、本章では、国民的偏見と敵愾心に起源をもつ原理を検討することになる〔本パラグラフの最初の文章につづく「だからグレートブリテンでは」以下ここまでの長い説明は、第三版で挿入された〕。したがって、容易に想像できるように、それは輪をかけて不条理なものなのである。それは、重商主義の体系という原理にもとづいたとしても、やはり不条理なものである。

2　第一に、フランスとイングランドの間の自由貿易の場合、たとえば貿易収支はフランスに有利であったが、だからといって、そのような貿易が、イングランドにとって不利益だとか、貿易全体の全般的収支が、それによってイングランドにもっと不利なものに変わる、というわけではけっしてない。フランスのワインが、ポルトガルのワインよりも良質で安価であれば、あるいは、フランスの麻織物が、ドイツのそれよりも良質で安価であれば、グレートブリテンにとっては、必要なワインと外国産麻織物の両方を、ポルトガルとドイツからではなく、フランスから購入するほうがもっと有利であろう。それによって、フランスからの年々の輸入品の価値が次第に増加するであろうが、年々の輸入量全体の価値は、フランス産の商品が他の二国産の商品に較べ、品質が等しくてより安価な分だけ、削減されるであろう。これは、輸入されたフランス産商品のすべてがグレートブリテンで消費されるはずだ、という想定にもとづいたとしても、生じる事態である。

3　だが、第二に、そのような商品の大部分が別の国に再輸出され、そこで、利潤を含めて販売されれば、輸入されたすべてのフランス商品の主要費用に等しい価値の帰り荷を、もち帰ることができよう。東インド貿易についてしばしば言われてきたこと、すなわち、東インド産の商品の大部分は、金や銀で購入されたが、他の国に対するその一部の再輸出が、貿易を営んだ国に、全体としてみた主要費用に等しい額以上の金や銀をもち帰るということは、多分フランス貿易についても真実でありえるだろう。オランダの貿易における最重要部門のひとつは、現在では、フランスの商品を他のヨーロッパ諸国に運ぶことである。グレートブリテンで飲用されているフランス産ワインの一部でさえ、オランダやシェラン島〔東端にコペンハーゲンが位置するデンマーク最大の島〕からひそかに輸入されている。かりに、フランスとイングランドの間に自由貿易があるとか、フランス産の商品が、他のヨーロッパ諸国と同程度の関税――輸出に際して払い戻されることになっている――を支払うだけで輸入できるとすれば、イングランドは、オランダにとってあれほど有利だとみなされている貿易の分け前を、ある程度手に入れることができるだろう。

4　第三に、そして最後に、二つの国の間の差引残高（バランス）と呼ばれているものがどちら側にあるのか、つまり、両者のどちらが、最大値（グレイテスト・ヴァリュー）に達するほど輸出しているのか、これを決定できる確実な基準は存在しない。特定の事業者の私的利益によって助長されるのが常である国民的な偏見と敵愾心は、それにかんするすべての問題に対する我々の判断を、一般的に導く原動力である。しかしながら、そのような場合に求められることが多かった二つの基準には、税関の帳簿と為替の推移がある。税関の帳簿は、今では一般的に認められていると思われるが、そこで見積もられる査定が商品の大部分について不正確であるため、きわめて不確実な基準である。為替相場の推移〔初版ではここに「すくなくとも、今まで見積られてきたもの」があったが、第二版で削除〕もまた、多分、ほとんど同じことである。

5　たとえばロンドンとパリといった二つの場所の間の為替が平価である時、それは、ロンドンからパリへ支払われるべき債務が、パリからロンドンへ支払われるべき債務によって相殺されている指標である、と言われている。これとは逆に、ロンドンでパリ宛の為替手形に対してプレミアムが支払われている時、それは、ロンドンからパリへ支払われるべき債務が、パリからロンドンへ支払われるべき債務によって相殺され尽くしていない指標であると言われるが、支払残高は、貨幣でロンドンから送金されなければならず、送金のリスク、手間、それを輸出する費用に対して、双方でプレミアムが要求され、支払われている。だが、二都市間の債務と債権の通常の状態は、相手との間でなされる取引の通常の推移によって調整される、と言われている。両者ともに他方へ輸出する額以上に輸入しない場合、それぞれの都市の債務と債権は、相殺することができよう。だが、どちらかが、他方への輸出よりも大きな価値を輸入している場合には、必然的に前者は、後者が債務を負うようになる額を超える分だけ、後者に対する債務を抱えることになり、それぞれの債務と債権が相殺されないため、負債が債権を上回っている所から、貨幣が送り出されなければならない。それゆえ、二つの場所の間の債務と債権の通常の状態の指標である為替相場の通常の推移は、輸出入がかならず債権債務状態を規制するため、同様に、二つの場所の間の輸出入の通常の推移の指標であるはずである。

6　しかし、為替相場の通常の推移は、あらゆる二つの場所の間の債務と債権の通常の状態にかんする十分な指標であると認められているとはいえ、それを理由に、債務と債権の通常の状態が自分の側に有利である場所が、貿易収支も有利である、ということにはならない。二つの場所の間の債務と債権の通常の状態は、かならずしも、すべてがそれぞれの間の取引の通常の推移によって規制されているわけではなく、他の多くの場所との間のそれぞれの取引の通常の推移によって、影響されることが多い。たとえば、イングランドの商人にとって、ハンブルク、グダニスク〔ポーランドのバルト海沿いの都市〕、リガなどで購入する商品を、オランダ宛の為替手形で支払うのが普通であるとすると、イングランドとオランダの間の債務と債権の通常の状態は、二国間の互いの取引の通常の状態によってもっぱら規制されるとは限らず、イングランドとこのような他の都市との間の取引の通常の状態によって、影響されることになろう。イングランドは、毎年オランダに貨幣を送らなければならないだろうが、とはいえオランダへの年々の輸出は、そこからの輸入の年々の価値を大幅に超えている可能性があるだけでなく、さらに、貿易収支と呼ばれるものも、イングランド側に著しく有利なのである。

7 くわえて、これまで為替平価が計算されてきた方法では、為替相場の通常の推移は、債権と債務の通常の状態が、為替の通常の推移が有利であると見えたり、想像されているとおりに有利であるという十分な指標を提供できない。つまり別の言い方をすれば、現実の為替は、計算されたものとは大きく違っている可能性があるし、実際そうであるから、多くの場合、後者の推移から、前者の推移について確実な結論など引き出しうるはずがないのである。〔パラグラフ6と7は、第三版で、短い文書が削除されて追加されたものだが、実際には後段の叙述がここに移されたものでもあって、主張の内容に大きな変更はない〕

8 イングランドで、イングランドの鋳造所の標準に従ってオンスで計った一定の純銀を含む一定の貨幣額を支払い、フランスで、フランスの鋳造所の標準に従って同じオンスの純銀を含む貨幣額が支払われる予定の為替手形を受け取る場合、為替相場は、イングランドとフランスの間では平価である、と言われる。貴方がより多く支払う場合、貴方がプレミアムを与えると推定されており、だから、為替はイングランドに不利で、フランスに有利だと言われる。貴方がより少なく支払う場合、つまり、プレミアムを手に入れると推定されている場合、為替はフランスに不利で、イングランドに有利だと言われるのである。

9　だが第一に、我々はさまざまな国で流通している貨幣の価値を、それぞれの国の鋳造所の標準からいつも判断できるとは限らない。摩耗や削り取りの程度は、ある国ではひどく、他の国ではほとんどなされていないし、さらに別の国では、その標準を満たしていない。だが、あらゆる国で流通している貨幣の価値は、他のすべての国と比べると、含まれているはずの純銀の量にではなく、実際に含んでいる量に応じて決まる。

ウィリアム王時代の銀貨改鋳以前、イングランドとオランダの間の為替相場は、それぞれの国の鋳造所の標準に従って通常の方法で計算すると、二五パーセントだけイングランドに不利であった。だが、イングランドの現在の鋳貨の価値は、ラウンズ氏の著作によれば、その標準の価値よりも、当時は二五パーセント以上低かった。それゆえ、実際の為替相場は、計算上の為替があれほど大きくイングランドに不利であったにもかかわらず、当時でさえ、イングランドに有利であった可能性がある。つまり、実際にイングランドで支払われたオンスで計ればより小さな数になる純銀は、オランダで支払われるより大きなオンス数の純銀に対する為替手形を購入できるようになるから、プレミアムを与えると想像されていた人物は、実際には、プレミアムを受け取る可能性があることになる。イギリスの金貨が最近改鋳されるまで、フランスの鋳貨は、イギリスのそれと比べて摩滅の度ははるかに小さく、おそらく、二あるいは三パーセント本来の標準に近かっただろう。それゆえ、計算上のフランスとの為替相場が、イングランドにとって二あるいは三パーセント以上不利でなければ、実際の為替相場は、イングランドに有利であった可能性がある。金貨の改鋳以降、為替相場はいつもイングランドに有利で、フランスに不利であった。

第二に、鋳造費用を政府が負担している国もあるが、鋳造所に自分の地金をもち込む私人が費用を負担し、政府が、貨幣鋳造からいくらか収入を引き出しさえしている国もある。イングランドでは、それは政府によって負担されているから、貴方が重量一ポンドの銀を鋳造所にもち込むと、等しい標準銀で重量一ポンドを含む、六二シリングを受け取るだろう。フランスでは、鋳造に対して八パーセントの税が天引きされ、それはたんに鋳造費用を賄うだけでなく、政府のささやかな収入になっている。イングランドでは、鋳造費用はかからないから、流通する鋳貨は、実際に含んでいる地金の量以上の価値をもつことなどけっしてない。フランスでは、鋳造費として酬いる職人の技量が、入念に作られた金銀製の食器のそれと同じ仕方で、価値を追加する。

それゆえ、一定重量の純銀を含むフランス貨幣の総計は、同じ重量の純銀を含むイギリス貨幣の総計よりも金銭的価値が高く、したがってそれを購入するためには、より多くの地金あるいは他の商品を必要とするはずである。それゆえ、二つの国で流通している鋳貨は、ともに、それぞれの鋳造所の標準に等しいとはいえ、一定額のイングランドの貨幣は、重量オンスとしては等しい数値の純銀を含んでいるフランスの貨幣を多分購入できないし、結果的にフランス宛の為替手形を、そのような額で購入することもできないのである。そのような手形に対して、フランスの鋳造費用を賄うのに十分なもの以上の追加の貨幣が支払われない場合、実際の為替相場は二国間で平価の状態にあり、計算上の為替相場がかなりフランスに有利であったとしても、その債務と債権は、それぞれ相殺される可能性がある。これより少なく支払われる場合には、計算の上ではフランスに有利であっても、実際の為替相場は、イングランドに有利である可能性がある。

11 第三に、そして最後に、アムステルダム、ハンブルク、ヴェネツィアその他いくつかの場所では、外国為替は、彼らが銀行貨幣と呼ぶもので支払われるが、他所つまりロンドン、リスボン、アントワープ、リヴォルノ〔中央イタリア、リグリア海に面し、自由港として知られていた〕等では、それは、その国で広く流通している通貨で支払われる。銀行貨幣と呼ばれるものは、同一額の広く行きわたった通貨よりもつねに価値が高い。たとえば、アムステルダム銀行の一〇〇〇ギルダーは、アムステルダムの通貨一〇〇〇ギルダーよりも、つねに価値が高い。両者の間の差額は、銀行の打ち歩（アジオ）と呼ばれていて、アムステルダムでは一般的に約五パーセントである。その二つの国で流通している貨幣がそれぞれの鋳造所の標準にほぼ等しく、一方が、外国為替をこの広く行きわたっている通貨で、他方が、それを銀行貨幣で支払うと想定すると、計算上の為替相場は、銀行貨幣で支払うほうに有利であることは明らかであるが、実際の為替相場は、広く行きわたっている貨幣で支払うほうに有利であるはずだし、同じ理由から、計算上の為替相場はより価値が高い貨幣で、つまり、それ自体の標準にいっそう近い貨幣で支払うほうに有利である可能性があるが、実際の為替相場は、より価値が劣る貨幣で支払うほうに有利であるはずである。

この前の金貨の改鋳以前、計算上の為替相場は、アムステルダム、ハンブルク、ヴェネツィアさらに銀行貨幣と呼ばれているもので支払いをする——と私が信じている——他の場所に対して、一般にロンドンに不利であった。しかしながら、実際の為替相場がロンドンに対して不利であった、ということにはけっしてならないだろう。金貨の改鋳以降は、このような場所に対してさえ、ロンドンにずっと有利であった。計算上の為替相場は、リスボン、アントワープ、リヴォルノ、さらにフランスを除いて——私はそう信じている——、一般に行きわたっている通貨で支払っているヨーロッパの他の大部分の場所に対して、一般的にロンドンに有利であったから、実際の為替相場もまた同様であったということは、ありえないわけではないのである。

預金銀行、とくにアムステルダムのそれにかんする余論

1　大きな国家（ステート）、たとえばフランスやイングランドの通貨は、一般的に、ほとんどがその国の鋳貨から構成されている。それゆえ、いかなる時であれ、この通貨が摩耗したり、削り取られたり、つまりそれ固有の価値標準を下回るほど下落したりすれば、国家は、その通貨を鋳貨の改鋳によって、実際に立て直すことができる。だが、ジェノヴァやハンブルクといった小規模な国家の通貨は、自国の鋳貨だけで構成されることはほとんどなく、その居住者が永続的な交流をもつ、隣接するすべての国の鋳貨で大部分が構成されざるをえない。それゆえ、そのような国家は、自国の鋳貨を改鋳することにより、自国の通貨を改革できるとは限らないだろう。外国の為替手形がこのような通貨で支払われた場合、その性質からして、不

確実性をもつ不確かな価値は、必然的に、すべての外国でその通貨が実際の価値以下に評価されさえするから、そのような国家を著しく不利にするだろう。

2　このような不利な為替相場が国内の商人にこうむらせるはずの不利益を解消するために、そのような小国は、貿易の利益に目を向け始めるや否や、一定の価値をもつ外国の為替手形は、自国で広く流通している通貨ではなく、信用が確立し、国家の保護のもとにある一定の銀行――この銀行は、国家の標準に厳密にしたがって、高品質で純正の貨幣で、つねに支払う義務があった――に対する支払指図にもとづくか、そのような銀行の帳簿上の振替移転によって支払われなければならない、と法律で定めることが多かった。ヴェネツィア、ジェノヴァ、アムステルダム、ハンブルクおよびニュルンベルクの銀行は、一部は、後の時代に別の目的に従うようになった可能性があるとはいえ、すべて、当初からこのような観点のもとに設立されたように思われる。そのような銀行の貨幣は、その国で広く流通している通貨よりも良質であるから、その通貨が、多少とも国家の標準以下に劣化していると推定されるのに応じて、大なり小なりの打ち歩を、必然的に生じた。たとえば、ハンブルクの銀行の打ち歩は、普通おおよそ一四パーセントであると言われているが、それは、国家の良質な標準貨幣と、あらゆる近隣の国家からそこに流れ込み、削り取られ、摩耗し、減価した通貨との間の推定上の差額である。

3　一六〇九年以前、アムステルダムの広範な貿易がヨーロッパ中からもち込んだ膨大な量に達する、削り取られ、摩耗した外国の鋳貨は、その流通価値を、鋳造所から出てきたばかりの良質の貨幣価値に較べ、おおよそ九パーセント下回っていた。そのような貨幣は、そのような状況にあっては毎度のことだが、発行されるや否や、溶解されるか、もち去られる。豊富に貨幣をもつ商人は、彼らの為替手形を支払うために良質な貨幣を十分な量手当てすることなど、いつも不可能であったから、このような為替手形の価値は、それを阻止するために実施されたいくつかの規制にもかかわらず、きわめて不確実なものになった。

4 このような不便さを解消するために、一六〇九年に、ひとつの銀行がアムステルダム市の保証のもとに設立された。この銀行は、外国の鋳貨とその国の軽い摩耗した鋳貨を、その国の良質な標準貨幣を単位にして、鋳造費を賄うために必要なものと、管理に必要な他の経費とを差し引くだけで、その実質的な内在価値で受け取った。この少額の控除がなされた後で残った価値に対して、銀行は、その帳簿のなかで一定額の貸方記入〔銀行の勘定における貸方記入とは、実際には顧客が自由に引き出したり、小切手を振り出したりできる当座預金のこと〕を行うのである。この貸方記入が銀行貨幣と呼ばれており、それは、貨幣鋳造所の標準に正確に従った貨幣を代表しているため、つねに同じ実質価値をもち、広く流通している貨幣よりも、内在的にはもっと価値があった。それと同時に、六〇〇ギルダー以上の価値をもつ、アムステルダム宛に振り出されたり、アムステルダムで裏書譲渡されたりするすべての為替手形は、このような為替手形の価値にかんするすべての不確実性を同時に取り除く銀行貨幣として預け入れられなければならない、と法律で規定された。このような規制の結果、すべての商人は、自分の外国為替手形を支払うために、その銀行に口座を維持せざるをえなくなり、そしてこれが、銀行貨幣に対する一定の需要をかならず生じさせたのである。

5 銀行貨幣は、それが通貨に対して本来持っている優越性、および、銀行貨幣に対する需要が必然的にもたらす追加的な価値の両方に加え、さらに他のいくつかの利点を持っている。それは、火災、盗難、および他の事故にあう心配がないし、アムステルダム市がそうする義務を負っていて、計算する手間や、それをある場所から他の場所へと運ぶリスクを冒すことなく、たんなる書き換えによって支払いを済ませることが可能である。このようなさまざまな利点を持っていた結果、それは、当初から打ち歩を生じていたと思われるし、しかも、市場でプレミアム付きで売却できる債務〔顧客の預金は銀行の債務〕の支払請求をしようと考えるような人間はいないから、もともとその銀行に預金されたすべての貨幣は、そこに留まり続けている、と一般的に信じられてきた。銀行に支払い〔鋳貨での支払い〕を請求すれば、銀行の貸方記入の所有者は、このプレミアムを失うことになろう。

貨幣鋳造所から出てきた新品の一シリング貨が、我々が広く利用している摩耗したシリング貨の一枚と同じだけの財貨しか市場で購入しないように、銀行の金庫から私人の金庫へ移される可能性がある良質で本物の貨幣は、その国で広く流通している通貨と混ぜ合わせられて混同されるため、もはや容易に区別できない通貨と、同じ価値しかもたないことになろう。それは、銀行の金庫に留まっている間、その卓越性が認知され、確認されていた。それが、私人の金庫に入ってしまうと、その卓越性は、多分その違いがもつ価値を上回る手間をかけないかぎり、十分な確証が困難になる。くわえて、銀行の金庫から引き出されることによって、それは、銀行貨幣がもつ他の利点――その安全性、容易かつ安全な移転可能性、外国の為替手形を支払う際の効用といった利点――をすべて失ってしまう。このすべてに加え、後でわかるように、あらかじめ保管料の支払いを済ませておかなければ、このような金庫から、それを引き出すことはできなかったのである。

6 このような鋳貨の預託（デポジット）、つまり、銀行が鋳貨で返還する義務を有するこのような預金（デポジット）〔「つまり……このような預金」は第二版で追加〕は、銀行の本源的な資本、つまり、銀行貨幣と呼ばれるものによって代表されているものの全価値を形成していた。現在では、鋳貨の預託は、そのごく一部しか構成していないと推定されている。地金での取引を容易にするため、このところ長年にわたって、金や銀の地金の預託と同時に、銀行帳簿における貸方記入を行うという慣行を続けてきた。この場合の貸方記入は、一般的に、そのような地金の鋳造所価格を約五パーセント下回るものである。同時に銀行は、受取とか受領証書と呼ばれているものを与え、預金した人物、あるいは持参人に対して、預金がなされた時に銀行の帳簿に記載された貸方記入の額と等しい銀行貨幣を、銀行に再度移し替え、さらに、預託が銀の場合には四分の一パーセント、それが金でなされた場合には、二分の一パーセントを保管費用として支払うという条件で、六ヵ月以内なら、いつでもふたたび地金を引き出す権利を与えたが、しかし、同時に、そのような支払いを不履行にした場合、および、この期間が満期を迎えた場合には、預金は受け取った時の価格、あるいは、それに対して貸方記入が名義書換台帳（トランスファー・ブック）に記入された価格で銀行に属するものになる旨、言明された。

　このような預金保管のために支払われたものは、一種の倉敷料（ウエアーハウス・レント）〔倉庫に商品を保管する料金〕と考えて良く、だから、この倉敷料が、銀に対してよりも、金に対してなぜそれほど高くなければならなかったかについては、いくつか異なった理由がある。金の純度は、銀のそれよりも確かめるのがいっそう困難である、と言われてきた。詐欺を働くのがいっそう簡単であるし、しかも、より貴重な金属は、より大きな損失を引き起こす。くわえて、銀は本位金属であるから、国家は、金での預金よりも、銀での預金をするように勧めたがる、と言われてきたのである。

7　地金の預託は、その価格が、通常よりも若干低い時にもっとも一般的に行われ、その価格がたまたま上昇すると、預託されたものはふたたび引き出される。オランダでは、金貨の最近の改鋳以前のイングランドと同じ理由から、一般的に、地金の市場価格は貨幣の鋳造価格より高い。その違いは、一マーク〔金や銀に用いられるヨーロッパの古い重量単位で八オンス（二四九グラム）相当〕つまり、一二分の一一が純銀で、一二分の一が卑金属の銀からなる銀八オンスに対し、普通には、六～一六スタイヴァー〔一ギルダー＝二〇スタイヴァー、一スタイヴァー＝一六ペニング〕だと言われている。銀行価格、つまり、そのような銀の預託（メキシコ・ドルのような、その純分がよく知られ、確認されている外国鋳貨でなされた場合）に対して銀行が与える貸方記入は、一マークにつき二二ギルダーであり、その鋳造所価格は約二三ギルダーであったから、市場価格は、二三ギルダー六～一六スタイヴァー、つまり、鋳造所価格よりも二から三パーセント上回っていた*。金地金の銀行価格、鋳造所価格および市場価格の間の割合は、ほぼ同じである。ふつう誰でも、地金の鋳造所価格と市場価格との間の差額を得るために、自分の受領証書を売却することができる。

　地金の受領証書は、ほとんどいつでもなにがしかの価値をもっており、それゆえ、誰であろうと、六ヵ月が経過してしまうまでにそれを取り出さなかったり、続く六ヵ月間の新しい受領証書を獲得するために、四分の一あるいは二分の一パーセントの支払いを怠ったりして、保有する受領証書が期限切れになって被害にあうとか、受け入れられた時の価格で、彼の地金を銀行の所有物にしてしまうなどということは、きわめてまれにしか起きない。しかしながら、ごくまれにしか起きないとはいえ、これは時々起きると言われており、より貴重な金属を保管するために支払われる倉敷料がいっそう高価であるため、銀についてよりも、金についてより頻繁に起きるという。

＊アムステルダム銀行が現在（一七七五年九月）地金とさまざまな種類の鋳貨を受け入れる際の価格は、以下の通りである。

銀

メキシコ・ドル
フランス・クラウン
イングランド・銀貨 } 一マークあたりの銀行価格二二ギルダー

メキシコ・ドル　新鋳貨　二一・一〇ギルダー
ダカトン（一七〜一八世紀オランダ貨幣）三ギルダー
リクスドラー（デンマーク、ドイツ、オランダの古い銀貨）二・八ギルダー

純銀を一二分の一一含む銀の延べ棒は一マークあたり二一ギルダーで、この割合で純分四分の一まで下がり、それに対して五ギルダーが与えられる。

純銀の延べ棒は一マークにつき二三ギルダー

金

ポルトガル鋳貨 }

ギニー金貨 ｝
新ルイ金貨 ｝ 一マークあたり銀行価格三一〇ギルダー
旧ルイ金貨 三〇〇ギルダー
新ダカット金貨 一ダカットあたり四ギルダー一九スタイヴァー八ペニング

延べ棒または鋳塊（インゴット）された金は、上記の外国金貨と比較した純分に応じて受け入れられる。純金の延べ棒については、銀行は一マークにつき三四〇ギルダーを付与する。しかしながら、純分が判明している鋳貨には、溶解して分析しなければその純分を確定できない金や銀の延べ棒よりも、一般的に幾分多めに付与される。

8 地金を預託して、銀行の貸方記入と受領証書を入手する人物は、彼の為替手形が満期を迎えた時に、自分の銀行預金（バンク・クレディット）で支払い、地金の価格が上がりそうか、下がりそうか判断して、所有する受領証書を売却したり、もち続けたりする。受領証書も銀行預金も、長期間一緒に保持されることは滅多にないし、そうしなければならない理由もない。受領証書を保有し、地金を引き出したいと望んでいる人物は、銀行預金、つまり、通常の価格で購入できる銀行貨幣がいつでも豊富に存在すると気付くし、銀行貨幣を保持し、地金を引き出したいと思っている人物は、いつでも、受領証書が同様に豊富にあると気付くのである。

9 銀行預金の所有者と受領証書の保有者とが、銀行に対する二つの異なった債権者である。受領証書の保有者は、地金が受領された時の価格と等しい銀行貨幣を、銀行に対して再譲渡しないかぎり、それに対して受領証書が交付された地金を、引き出すことができない。その人物が、自分自身の銀行貨幣をもたない場合、彼は保有している人物から、それを購入しなければならない。銀行貨幣の所有者は、彼が必要とする額だけ銀行の受領証書を提示しないかぎり、地金を引き出すことはできない。自分自身の受領証書をまったくもたない場合、彼は、それを保有している人物から購入しなければならない。受領証書の保有者は、銀行貨幣を購入した時、鋳造所価格が銀行の価格よりも五パーセントだけ高い地金の一定量を引き出す力を購入するわけである。それゆえ、一般的に彼が支払う五パーセントの打ち歩は、想像上の価値に対してではなく、実際の価値に対してのものなのである。銀行貨幣の所有者は、彼が受領証書を購入する時、その市場価格が、一般に鋳造所価格を二から三パーセント上回っている地金の一定量を引き出す力を、購入するのである。それゆえ、それに対して彼が支払う価格は、同じように、実際の価値に対して支払われるのである。受領証書の価格および銀行貨幣の価格は、両方合わせて、地金の完全な価値あるいは価格を構成したり、形成したりするわけである。

国内で広く流通している鋳貨が預託されると、銀行は、銀行の貸方記入と同様に受領証書をも与えるが、このような受領証書は、しばしばまったく価値を持っておらず、市場で価格がつくことはない。たとえば、通貨としては、三ギルダー三スタイヴァーで流通する一ダカトンに対して、銀行は三ギルダー、つまり流通している価値よりも五パーセント低い貸方記入しか与えない。銀行は同様に、六ヵ月以内であればいつでも、預託料として四分の一パーセントを支払えば、預託したダカトンの数だけ受領証書の持参人が引き出せる、という権利を受領証書に与えている。この受領証書に市場で価格がつくことは、多くの場合ないだろう。三ギルダーの銀行貨幣は、もしそれが銀行から受け取ったものであれば、一般的に市場では三ギルダー三スタイヴァー、つまり一ダカトン目一杯の価値で売却されるが、しかし、引き出せるようになる以前に、保管料として四分の一パーセントが支払われる必要があり、それは受領証書の保有者にとって損失以外の何物でもなかった。

しかしながら、銀行の打ち歩が三パーセントに下落するような時があれば、そのような受領証書に、市場でいくらか値段が付き、一パーセント四分の三で売れる可能性がある。だが、銀行の打ち歩は、今では一般的に五パーセントであるため、そのような受領証書はしばしば失効する、つまり彼らの言い草では、銀行の手に落ちるがまま放置される。ダカット金貨の預託に対して与えられた受領証書は、再度引き出しうるようになるまで、それを保管するためにより高い倉敷料――二分の一パーセント――が支払われる必要があったため、銀行の手に落ちてしまう頻度がもっと高い。鋳貨や地金の預託が銀行の手に落ちるまで放置された場合、銀行が獲得する五パーセントは、そのような預託の継続的保管のための倉敷料、と理解することができるだろう。

11　それに対する受領証書が失効する銀行貨幣の額は、相当大きくなるはずである。銀行の本源的な資本総額は、すでに指摘したさまざまな理由からして、両方とも損失を出さずには実行できないため、誰もこの受領証書を更新したり、預託分を引き出そうとしたりはせず、最初に預託された時から、そこに留まるべく放置されたものであると、一般的に理解されている。だが、この額の全体がどれだけのものでありうるにしても、それが、銀行貨幣の総量に対して保つ割合は、きわめて小さいと推定されている。アムステルダム銀行は、このところ多年にわたって、ヨーロッパにおける地金の大保管所であったし、それに対する受領証書が失効するままにされる——彼らの言い草では、銀行の手に落ちる——ことなど、滅多に生じない。銀行貨幣、つまり銀行の帳簿における貸方記入のはるかに多くの部分は、多年が経過するうちに、地金の取扱業者が継続的に預託したり、引き出したりし続けた預託によって、今日まで作りだされてきたと推定されている。

12 受取とか受領証書という手段を除き、銀行に対する支払請求はできない。受領証書が失効している小額の銀行貨幣は、なお有効な、ずっと大きな額のものと混ぜ合わされ、一緒にされる。その結果、それに対する受領証書が存在しないかなりの額の銀行貨幣があるとはいえ、いつでも誰かから支払請求される可能性をもつ特定の部分は、存在しない。銀行は、同一のものに対して、二人の人物の債務者になることはできないから、受領証書をもたない銀行貨幣の所有者は、それを購入するまで、銀行に支払い請求することができない。普通の落ち着いた時期なら、彼が銀行から引き出す権利を彼に与える鋳貨や地金の価格と一般的に一致する市場価格でそれを購入することに、何の困難も見出すはずがないのである。

13 社会全体の災難、たとえば、一六七二年のフランス人による災難〔ルイ一四世による侵略〕のような時期には、話は別である。銀行貨幣の所有者は、そのような時には、全員がそれを銀行から引き出して、自分自身で保管したがるから、受領証書に対する需要は、その価格を法外な高さに引き上げることができただろう。その保有者は、過度に期待形成する可能性があり、銀行貨幣の二パーセントか三パーセントどころか、それぞれ受領証書が授けられてきた預託にもとづいて貸方記入が与えられた銀行貨幣の半額を、要求する可能性があった。敵方は、その銀行の定款を知悉していたので、富の持ち出しを阻止するために、銀行貨幣を買い上げかねなかった。そのような非常事態に際して、銀行は、受領証書の保有者だけに支払いをするという通常の規則を破りすてた、と信じられている。銀行貨幣を所有していない受領証書の保有者は、彼らがそれぞれもつ受領証書が与えられた預託の価値の二パーセントから三パーセント以内の額を、受け取ったはずである。それゆえ銀行は、この場合、受領証書を手に入れられなかった銀行貨幣の所有者に対し、銀行の帳簿に貸方記入されたものをすべて、何のためらいもなく、貨幣または地金で全額支払ったし、同時にまた、銀行貨幣を持っていない受領証書の保有者に、二パーセントから三パーセント——これが、このような事態において、それに帰すると正当に推定できる価値のすべてである——を支払った、と言われている。

14　通常かつ平穏な時代でさえ、銀行貨幣（さらに、結果的にその受領証書が、後にそれを銀行から引き出すことを可能にする地金）をできるだけ安価に購入するために、あるいは、彼らがもつ受領証書を、銀行貨幣を保有し、地金を引き出そうと欲している人々にできるだけ高い価格で売却するために、打ち歩を引き下げること、これが、受領証書の保有者の利益になる。というのは、受領証書の価格は、一般的に銀行貨幣の市場価格と、受領証書が発行された鋳貨や地金の市場価格との間の差額に等しいからである。これとは逆に、銀行貨幣所有者の利益は、所有する銀行貨幣をできるだけ高く売却するか、受領証書をできるだけ安価に購入するために、打ち歩が上昇することにある。

　このような、反対の利害が時々引き起こす相場師の計略を阻止するため、近年になって銀行は、いつでも広く流通している通貨に対し、五パーセントの打ち歩で銀行貨幣を販売し、四パーセントの打ち歩でそれをふたたび買い戻す、という解決策に移行してきた。この解決策の結果、打ち歩が五パーセント以上に上がったり、四パーセント以下に下がったりすることはありえず、銀行貨幣の市場価格と広く流通している通貨の間の比率は、いつでも、それぞれの内在的な価値の間の比率にきわめて近く保たれることになった。この解決策が採用されるまで、銀行貨幣の市場価格は、相反する利害がたまたま市場に影響を及ぼすのに応じて、時に九パーセントの打ち歩という高さまで上昇したり、時に額面通りというほど低下したりするのが、日常的であった。

15 アムステルダム銀行が公言するところによれば、預託されたものの一部なりとも貸し出されてはいないが、しかし、その帳簿に貸方記入したすべてのギルダーについて、貨幣か地金の形態で、その価値を銀行の収蔵庫（レポジトリー）に保存しているという。その収蔵庫のなかに有効な受領証書が存在し、いつ要求されても応じる義務をもち、実際には、絶えずそこから出て行って、ふたたび戻ってくることを続けているすべての貨幣や地金を、銀行が収蔵庫に保管しているということを、疑うわけにはいかない。だが、その資本のうち、受領証書が長期間失効しており、日常的で平穏な時期に請求されるはずがなく、実際にはずっと、あるいはユトレヒト同盟州〔一五八一年にスペインからの独立を宣言し、オランダ建国の基礎になった北部七州〕の一員として存在するかぎり、それとともにほぼ間違いなく残り続ける部分について、それが同様に保管されるかどうかは、おそらく、ずっと不確実だと思われるだろう。しかしながら、アムステルダムでは、銀行貨幣として流通しているすべてのギルダーには、金や銀の形態で、銀行の保管室（トレジャー）の中にそれに対応するギルダーが存在しているという信念が、他に見られないほど確立している。市当局が、そうなっているはずだという保証人なのである。銀行は毎年交代する四人の羽振りの良い市長の管理下にある。新任の市長団は、それぞれ保管室を訪問し、それを帳簿と照合し、宣誓のうえそれを受け取り、同じく厳粛な手続きをもって、彼らを引き継ぐ次の一団にそれを引き渡すのだが、あの分別があって信仰心が篤い国では、宣誓は今なおおざなりなものではない。

この種の交代は、それだけで、弁明が許されないすべての業務から身を守る十分な補償であるように思われる。派閥争いがアムステルダムの統治の中で引き起こした大変革全体の真っただ中で、支配的な党派が、銀行管理における前任者の背信を非難したことは、一度もなかった。いかなる非難も、面目をつぶされた党派の評判や運命に、それ以上深刻な影響を及ぼしえないし、またこのような非難に裏付けが与えられた場合には、その旨正式に提示されるという保証が、我々に与えられている。一六七二年に、フランス王がユトレヒトにいた時、アムステルダム銀行が二つ返事で支払いをしたので、その業務遂行上守ってきた誠実さには、何の疑念も残らなかった。当時その収蔵庫からもち出された鋳貨の一部は、その銀行が設立された直後に、偶然市庁舎で起きた火事で焦がされたものであったらしい。それゆえ、このような鋳貨は、その当時からずっと存在していたにちがいない。

16 銀行にある財産の総額がどれだけかは、詮索好きな人々の想像が、長い間費やされてきた問題である。それにかんして提供できるのは、たんなる憶測の域を出ない。おおよそ二〇〇〇人が、その銀行に口座を保有していると一般的に推定されており、彼らに対し、全体的にみて、それぞれの口座で正貨一五〇〇ポンドの価値の保有（きわめて大きな引当金（アロウアンス））を認めているとすれば、銀行貨幣、つまり結果的に銀行の財産総額は、正貨約三〇〇万ポンド、すなわち正貨一ポンド当たり一一ギルダーとして、三三〇〇万ギルダーになり、きわめて広範な流通を担うには十分に巨額であるが、一部の人々が銀行の財産について作り上げた途方もない想像を、大きく下回っている。

17 アムステルダム市は、その銀行から相当な収入を得ていた。上に指摘した倉敷料と名付けて良いものに加え、個人はそれぞれ、その銀行に初めて口座を開設すると、一〇ギルダーの手数料を支払い、しかも、すべての新口座に対して三ギルダー三スタイヴァー、一回の振替（トランスファー）ごとに二スタイヴァー、さらに、振替が三〇〇ギルダー以下の場合には、少額の譲渡が多数に上るのを抑えるため、六スタイヴァーを支払う。自分の口座を年に二度清算し損ねた人物は、二五ギルダー没収される。自分の口座残高を超えて振替を指図した人物は、超過した額の三パーセント支払うことを余儀なくされ、彼の支払指図書は、取引を拒否される。銀行はまた、受領証書が失効することによって時々入手し、つねに売却益があがるまで保有する外国の鋳貨や地金を販売して、かなりの利益を上げると推測されている。同様にそれは、銀行貨幣を五パーセントの打ち歩で売却し、四パーセントでそれを買い入れることによって利益を上げている。このようなさまざまな報酬は、行員の給料を支払ったり、経営費用を負担したりするために必要なものを相当上回っている。受領証書にもとづく地金を保管しておくために支払われるものは、それだけで、一五万から二〇万ギルダーという年間収入に近い額に達すると推測されている。

しかしながら、私的な利益ではなく、公共の利益が、この機関の当初の目的であった。その目指すところは、不利な為替相場がもつ不便さから、商人を解放することであった。そこから上がる収入は予見されていなかったから、付随的なものと考えることができよう。だが、銀行貨幣と呼ばれるものを払い込む国と、広く流通している通貨を払い込む国との間の為替相場は、なぜ一般的に前者に有利で、後者に不利であるかという理由の説明を試みながら無意識のうちに陥ってしまった、この長い余論を今や閉じるときである。前者は、内在的な価値がいつも同一で、それぞれの国の鋳造所の標準に正確に合致する貨幣片で払い込むし、後者は、その内在的な価値が絶えず変動し、ほとんどいつも多少とも貨幣標準以下に留っている貨幣片で払い込むのである〔初版では、この後に、「だが、計算上の為替相場は一般に前者に有利であるはずだとはいえ、実際の為替相場はしばしば後者に有利であった」が続くが、これは第二版で削除された。さらに次節のタイトルは第二版からのものであり、初版では「銀行預金に関する余論の結び」であった〕。

第二節　別の原理にもとづいても、このような特別な規制は理不尽であることについて〔第二版で挿入〕

1 本章の先立つ節の中で、商業の体制の原理にもとづいたとしても、貿易収支が不利であると推定される国からの商品の輸入に特別な規制を施すことが、いかに不必要なことであるか、これを説明しようと試みた〔初版では、最初の部分に、第一節パラグラフ6とほぼ同じ文章があった〕。

2 しかしながら、このような規制だけでなく、他のほとんどすべての商業規制の根拠になっている貿易収支にかんするこのような学説の全体以上に、不条理なものはありえない。この学説が想定していることは、二つの場所がたがいに交易する場合に、収支が五分五分であれば両国とも赤字でも黒字でもないが、しかし、それが一方にいくらか傾けば、厳密な釣合から傾いた比率に応じて、両国のいずれか一方が赤字に、他方が黒字になるというものである。この想定は、両方とも間違っている。助成金や独占という手段を用いて無理やり遂行される貿易というものは、今から私が証明を試みるように、その優位が確立されるように目論まれている国にとって有害である可能性があるばかりか、一般的に有害である。だが、強制も抑制もなく、自然に規則正しく二地点間で遂行されるような貿易は、かならずしもつねに両者に同じ程度有益なわけではないが、つねに有益なものである。

3 有益とか利益という言葉で私が理解していることは、金や銀の量の増加ではなく、国の土地と労働の年々の生産物がもつ交換価値の増加、つまり、その住民の年々の収入の増加のことである。

4 差引勘定（バランス）が五分五分で、しかも二地点間の貿易が、それぞれほとんど地元産商品の交換から成り立っているとすると、ほとんどの場合、両者はともに利益を得るだけでなく、等しいか、ほとんど同じくらいの利益を確保するだろう。つまりこの場合、国の余剰生産物の一部に対して、それぞれが市場を提供するのであって、一方の余剰生産物が、他方の余剰分を販売用に調達して製造するために利用され、住民の間で分配され、一定数の住民に収入と生計費（メインテナンス）を与えてきた資本を取り戻すだろう。それゆえ、それぞれの国の住民の一部は、間接的に彼らの収入と生計費を、他の地方の住民から引き出すであろう。さらに、交換された商品は同じ価値をもつと想定されるから、その貿易に用いられる二つの資本は、ほとんどの場合等しいか、ほとんど等しいだろうし、両方とも二つの国の国内産商品の調達に用いられるから、その分配が、それぞれの国の住民にもたらす収入と生計費は等しいか、ほとんど等しいであろう。この収入と生計費は、このように相互に与えられるものであるから、両者の取引の量に比例して大きかったり、小さかったりするだろう。たとえば、もしそれが、それぞれの側で年々一〇万ポンド、あるいは一〇〇万ポンドに達するとすれば、それぞれの国は、前者の場合には一〇万ポンドの、後者の場合には一〇〇万ポンドの年々の収入を、他国の住民にもたらすことになろう。

5　二国間の貿易が、一方が他方に自国産のものだけを輸出し、他方からの返送品が、完全に外国産品で構成される種類のものだとすれば、この場合、商品は商品でもって支払われているから、貿易収支は均衡していると考えられよう。この場合にはまた、両国とも利益を得ているが、等しく利益を得ているわけではなく、自国産の商品だけを輸出する国の住民が、その貿易から最大の収入を引き出すことになろう。たとえば、もしイングランドが、フランスからその国の国産商品だけしか輸入せず、フランスで需要があるような国産の商品をもたず、年々それを大量の外国製品、タバコ、および東インドの財貨と考えて良いものをフランスに送って支払うとすれば、この貿易は、両国の住民に一定の収入をもたらしはするが、イングランドの住民よりも、フランスの住民により多く与えることになろう。年々それに利用されるフランスの資本全体が、フランスの人々の間に年々分配されるだろう。だが、このような外国商品を購入するイングランド商品の生産に用いられるイングランドの資本部分も、年々イングランドの人々の間に分配されるだろう。そのうちのより大きな部分が、ヴァージニア、インドスタンおよび中国で利用され、このような遠く離れた国の住民に収入と生計を与えてきた資本を、取り戻すだろう。

それゆえ、もし両国の資本が等しいか、おおよそ等しければ、フランスの資本のこのような利用は、フランスの人々の収入を、イングランドの資本がイングランドの人々の収入を増加させるよりも、さらに多く増加させることだろう。この場合、フランスは、イングランドと消費財の外国貿易を直接行っているが、他方イングランドは、フランスとの間で同種の迂回貿易を行っていることになる。直接利用される資本と、迂回の消費財の外国貿易に利用される資本がもつ異なった効果については、すでに十分説明したところである〔II. v. 28 を参照〕。

6 おそらく、いかなる国の間であれ、双方にとって自国産商品の交換だけとか、一方における自国産の商品と、他方における外国産の財の交換だけから構成されるような貿易は、存在しないだろう。ほとんどすべての国が相互に交換するものは、一部は国産品であり、また一部は外国産品である。しかしながら、積み荷の中に占める国産品の比率が最大で、外国産品のそれが最低であるような国が、いつでも主要な利益者であろう。

7 イングランドがフランスから年々輸入する商品を支払うのが、タバコや東インド製品ではなく、金や銀であるとすれば、この場合の収支は、商品が商品で支払われずに、金や銀で支払われるために、五分五分にはならないと推定されるだろう。しかしながら、この場合には、先述の事例と同様に、その貿易は両国の住民に一定の収入をもたらすだろうが、しかし、イングランドの住民よりも、フランスの住民のほうが多いだろう。それはイングランドの住民に一定の所得を与えはするだろう。このように用いられる金や銀を購入するイングランド製品を生産するために利用されてきた資本、つまり、住民に分配され、イングランドの一定の住民に収入を与えてきた資本は、金銀によって取り戻され、そのような事業の継続を可能にするだろう。イングランドの総資本が、このような金と銀の輸出によって減少しないのは、等しい価値の別の商品の輸出の場合と同じことであろう。それとは逆に、それはほとんどの場合に増やされるであろう。

需要が自国内よりも外国のほうが大きいと予想される商品だけしか外国に送られないし、したがって、戻り荷の商品も、輸出された商品よりも、国内の方がより大きな価値があるのだろう、と思われてきた。もしタバコが、イングランドでは一〇万ポンドの価値しかなく、フランスに送られると、イングランドで一一万ポンドに値するワインを購買するとすれば、その交換は、イングランドの資本を一万ポンド増加させることになろう。同じ仕方で、もしイングランドの金一〇万ポンドでフランスのワインを購入し、それが、イングランドで一一万ポンドの価値をもつなら、この交換は、イングランドの資本を一万ポンドだけ等しく増加させるだろう。一一万ポンドに値するワインを地下貯蔵室にもつ商人が、倉庫に一〇万ポンドの価値のタバコしかもたない人物よりも金持ちであるのと同様に、彼は、一〇万ポンドに値する金だけしか金庫の中にもたない人物よりも、金持ちである。彼は、より多くの量の組織的な労働を起動させ、他の二人の金持ちよりもずっと多数の人々に、収入、生計費および仕事を与えることができる。だが、その国の資本は、その国のさまざまな住民のすべてがもつ資本と等しいから、それが、年々国内で維持しうる組織的な労働の量は、このようなさまざまな資本のすべてが維持しうるものに等しい。それゆえ、ある国の資本と、年々国内で維持されうる組織的な労働の量は、一般的に、このような交換によって増加するはずである。イングランドは、実際に、フランス産ワインを国内産の金属製品や広幅織り布地(ブロード・クロス)で購入できれば、ヴァージニア産タバコとか、ブラジルやペルーの金や銀で購入するよりも、もっと有利であろう。

消費財の直接的な外国貿易は、迂回的な外国貿易よりもいつでもずっと有利である。だが、金や銀を用いて遂行される消費財の迂回的な外国貿易は、あらゆる他の同じ程度に迂回的なそれにくらべ、不利であるとは思われない。金銀鉱山をもたない国が、このような金属の年々の輸出によって金や銀の枯渇を招かないのと同様に、タバコを生産しない国が、この生産物の年々の輸出によってタバコの枯渇を招くことはない。タバコを買うための手段を持っている国が、長期間それが欠乏することなどけっしてないように、金や銀を購入するための手段を持っている国が、長期間その欠乏に陥ることもないだろう。

8 職工がエールハウスとつづける取引は損をすると言われており、したがって、製造業に従事する国民が、ワイン生産国と自然につづける取引も、性質上同じ取引であるとみなされるかもしれない。私の反論は、エールハウスとの取引はかならずしも損な取引ではない、ということにある。それは多分、ある程度乱用され易いものではあるが、それ自体の性質からして、他と同様に、当然のことながら有利なものなのである。醸造業という職業は、さらには醸造酒の小売人という職業でさえ、他のすべての職業と同様に、分業の必然的な構成部分である。職工にとって、彼が必要とするだけの量を醸造業者から購入することは、自分自身でそれを醸造することに較べ、一般的にはるかに有利なことであり、しかも、彼が貧しい職工である場合には、醸造業者からの大量購入よりも、小売業者から少しずつ購入するほうが、一般的にずっと有利であろう。もし彼が大食漢であったら肉屋から、もし友人の間でしゃれ男のふりをしていたら服地屋から、近隣地域の他のすべての商人から買うことができるから、彼は両方から間違いなく多量に買いすぎる可能性をもっているだろう。それにもかかわらず、このようなすべての取引に規制がないこと（フリー）は、たとえ、このような自由（フリーダム）はあらゆる事柄において乱用されうるし、多分、そうなりやすいものや、なりにくいものがあるとしてもなお、大多数の職工にとっては有利なのである。

くわえて、個人は、醸造酒の過剰な消費によって身代を破滅させる可能性が時にあるが、国民がそうなるだろうというリスクは、まったくないと思われる。どのような国でも、余裕もないのに、そのような酒に金をつぎ込む人間がたくさんいるが、それほどつぎ込まない人間は、いつでもずっと多くいる。経験が教える所によれば、ワインの安価さは、大酒のみの原因ではなく、節酒の原因であるように見えるということも、注目に値しよう。ワイン生産国の住民は、一般的に、ヨーロッパではもっとも節酒に励む人々であること、これはスペイン人、イタリア人およびフランスの南部地方の住民が証明するところである。毎日の食事の中で、人々が度を過ごす罪を犯すことは、滅多にない。弱いビールと同じくらいの安酒を物惜しみしないことによって、寛大さや友情という徳性に悪影響を与える者など、いないのである。これとは逆に、暑すぎるか寒すぎるためにブドウを産しない国、したがって結果的に、ワインが高価で珍しい国では、北国と同様に、南北両回帰線の内側に住むすべての人々、たとえばギニア沿岸部の黒人のあいだでは、酩酊はありふれた悪徳である。フランスの連隊が、フランス北部のワインがいくらか高価な地方から、ワインがとても安価な南部地方にやってきた場合、兵士は、最初良いワインの安さと目新しさに誘惑されるが、しかし駐屯が数ヵ月過ぎると、彼らの大部分は、残りの住民と同じくらい酒を慎むようになるということが観察される、という話をしばしば耳にしてきた。

外国産ワインに対する関税、麦芽、ビールやエールに対する消費税が即刻廃止されれば、それは、同じ仕方で、グレートブリテンにおける中流および下層の人々の間に、かなり一般的で、一時的な酩酊を引き起こす可能性はあるが、おそらくその後、永続的で、ほとんど普遍的な節酒が結果的に生じるだろう。現在、酩酊は上流階級に属する人々、つまり、もっとも高価な酒を容易に購入可能な人々の悪徳ではけっしてない。エールで酔っ払った紳士は、我々の間では滅多にお目にかかれなくなっている。くわえて、グレートブリテンでワイン貿易に課される制限は、言うなれば、人々に酒屋通いを控えさせるように作られたものというよりも、むしろ、人々を最良でもっとも安い酒を購入できる所に行かせないようにするために、作られているように思われる。彼らはポルトガルのワイン貿易を優遇し、フランスのそれを妨害する。実際、ポルトガル人は、フランス人よりも我々の製造品に対する上顧客であるから、それゆえ、彼らに優先して奨励されるべきだ、と言われている。を課すから、我々もそれを課すべきだ、という口実なのである。こうしてくだらない貿易商人の卑劣な術策が、大帝国が振る舞うための政治的格言に引き上げられたのだが、その理由は、自分の顧客にかかりっきりになるのを常態化するのは、もっともくだらない商人だけだからである。大商人なら、この種の小さな利益には目もくれず、彼の商品を、いつでももっとも安価で最善の所で購入する。

9 国民は、このような格言によって、彼らの利益はすべての隣人を貧乏にすることにある、と教えられてきた。それぞれ国民は、貿易取引をしているすべての国民の繁栄を妬むような眼で眺め、相手国の利益を、我々の損失とみなすようにさせられてきた。個人の間と同様に、本来、国民間の結合や親交の絆であるべき商業が、不和と敵愾心を生み出す最大の源泉になってきた。国王や大臣の気まぐれな野心は、前世紀から今世紀にかけて、ヨーロッパの平安にとって、商人や製造業者の図々しい嫉妬心以上に、もっとも致命的なものとなった。人間の統治者の暴力と不正は古来の悪行であり、それについては、残念ながら、人事にかかわる本質からして、矯正の余地を見つけることはきわめて難しい。だが、人類の統治者ではないし、またそうであるはずもない商人や製造業者が抱く卑しい強欲や独占欲は、おそらく矯正などできないであろうが、彼ら以外のすべての人々の平穏を乱すことからであれば、それは容易に防止できるだろう。

10 もともと、このような教義を発明し、普及させたのが独占精神であることは疑うべくもなく、最初にそれを考えた人々は、けっしてそれを信じている人々ほど愚かではなかった。あらゆる国で、自分自身が欲しいものを、もっとも安く販売する人々から購入することは、いつでも大部分の人の利益であるし、そうであるはずである。その提案はきわめて明白であったから、それを証明するのに苦労するなどとても馬鹿げたことに思われたし、商人や製造業者の私利私欲にまみれた詭弁が、人間の常識を混乱させなかったなら、それに疑問が提示されたりするはずもなかった。この点で、彼らの利益は、大部分の人々のそれとは真っ向から対立する。

同業組合に属する自由民（フリー・マン）の利益が、住民の残りの者に彼ら以外の職工を雇わせないように妨害することであるように、あらゆる国の商人と製造業者の利益は、国内市場の独占を自分たちに確保することである。このゆえに、グレートブリテンおよび他のヨーロッパのほとんどすべての国で、外国商人によって輸入されるほとんどすべての商品に対する、けた違いの関税が編み出されるのである。このゆえに、我々自身の製造業と競合しうるような、すべての外国の製造業に対する高関税と輸入禁止があるわけである。このゆえにまた、貿易収支が不利だと推測されている国から、すなわち、偶然そこに対してもっとも激しい国民的敵愾心が煽り立てられている国からのほとんどすべての種類の商品輸入に対する、並外れた規制があることになる。

11 しかしながら、隣接する国の富は、戦争と政治においては危険であるが、貿易においては間違いなく有利である。敵対状態にある場合、それは、敵国が我々より優れた艦隊と軍隊を維持できるようにする可能性があるが、しかし、平和と通商の状態にある場合、それは、同じく我々とより大きな価値の交換ができるようにし、さらに、我々自身の組織的な分業の直接の生産物だけでなく、その生産物で購入するものすべてに対する、すばらしい市場を提供できるようにするはずである。貧乏人よりも金持ちのほうが、その近くに住む勤勉な人々にとって申し分のない顧客になる傾向があるように、金持ちの国についても同様である。実際、自分自身が製造業者である富裕な人物は、同じ職業で商いをするすべての人にとって、危険きわまりない隣人である。しかしながら、圧倒的多数を占める隣人は、金持ちの支出が彼らにもたらす十分な需要(マーケット)によって、すべて得をする。彼らは、金持ちの製造業者が、同業の商いに従事する貧しい職人よりも安売りすることによって、儲けさえする。

同様に、豊かな国の製造業者は、隣国の製造業者にとって間違いなくきわめて危険な競争相手でありうる。しかしながら、まさにこの種の競争は、大多数の国民にとって利益なのであり、くわえて彼らは、そのような国民の膨大な支出が、他のあらゆる事柄において彼らにもたらす十分な需要によって、おおいに儲ける。金持ちになろうと欲する私人は、国の遠隔地にあって、貧しい地方に引退することなどまったく考えず、首都かどこか大商業都市に注目する。わずかな富しか流通しない所では、手に入れるモノも小さいが、莫大な富が動くところでは、その分け前のいくらかが転がり込む可能性があるということを、彼らは知っているのである。

このような仕方で一人、一〇人あるいは二〇人の常識を導く同じ格言は、一〇〇万人、一〇〇〇万人あるいは二〇〇〇万人の判断を規制するはずであるし、さらに、全国民が、その隣人の富を、おのずと富を獲得するための原因やきっかけと見るように導くに違いなかろう。外国貿易によって豊かになってきたような国民であれば、その隣国がことごとく豊かで、勤勉で、しかも商業的な国である場合、もっともそうなりやすい傾向をもつことは間違いない。放浪する未開人や、貧しい野蛮人に周囲を囲まれている大国が富を獲得したのは、自分自身の土地の耕作と国内通商によってであって、外国貿易でないことは間違いあるまい。古代のエジプト人と近代の中国人は、このような方法で、それぞれ富を獲得してきたように思われる。古代のエジプト人は外国商業を無視したと言われており、近代の中国人はそれを極度に軽蔑し、それにある程度の法的保護を与えることもほとんどなかったことが、知られている。外国商業にかんする近代の格言は、我々の隣人すべてを貧しくするように目指すことによって、意図した効果をもたらし得るかぎり、まさしくその商業は、つまらないもので軽蔑に値する、と宣告する結果になる傾向をもっている。

12 フランスとイングランドの間の通商が、両方の国でそれほど多くの妨害と抑制を加えられてきたのは、このような格言の結果なのである。しかしながら、この二国が、商業的な嫉妬心や国民的な敵愾心をもつことなく、両国の真の利益を考慮することができるとすれば、フランスの商業は、他のいかなる国にとってよりも、グレートブリテンにとってもっと有利なものになり、同じ理由から、グレートブリテンの商業も、フランスにとって有利なものになるだろう。グレートブリテンにとって、フランスはもっとも近い隣国なのである。イングランドの南部海岸とフランスの北部および北西部の海岸の間の貿易においては、その利益は、国内取引と同様に、年に四倍も五倍も六倍も期待できるだろう。それゆえ、この貿易に用いられる資本は、二国のそれぞれで、四倍も五倍も六倍もの組織的な労働量を起動させ続けることができ、こうして、等量の資本が、他の分野の外国貿易のより大きな部分でもたらし得るものに較べ、四倍も五倍も六倍もの数の人々に、雇用と生活物資をもたらすことができるだろう。たがいにもっとも離れているフランスの一部とグレートブリテンの一部の間では、収益は、すくなくとも一年に一回は期待できるだろうし、この貿易でさえ、我が国がヨーロッパの人々と行う外国貿易の他の大部分の分野に、すくなくとも劣らぬ程度、有利であろう。それは、収益がすくなくとも三年以内に上がることが滅多になく、四~五年より短いことがほとんどない我が国の北アメリカ植民地との鼻高々な貿易にくらべ、すくなくとも、三倍も有利であろう。

くわえて、フランスは、二四〇〇万人以上の住民を抱えていると推定されている。我が国の北アメリカ植民地は、三〇〇万人以上の住民を抱えていると推定されたことがない。おまけにフランスは、富のいっそう不平等な分配のゆえに、ひとつの国の中にずっと多くの貧困と物乞いが他の国以上に存在するとはいえ、北アメリカ植民地よりもずっと豊かな国である。それゆえ、フランスは、すくなくとも八倍も広大で、さらに、我が国の北アメリカ植民地が今まで提供してきたものに較べ、収益がずっと頻繁であるため、二四倍も有利な市場を提供できることになる。グレートブリテンの貿易は、フランスにとってまさに有利であろうし、そして、両国の豊かさ、人口や距離的近さのわりには、フランスがそれ自身の植民地で継続している貿易以上に、不動の優位性を持っているだろう。両国のお偉方が、妨害するのが適切だと考えた貿易と、もっとも優遇してきた貿易との間のきわめて大きな違いとは、そのようなものなのである。

13　だが、妨害もなく自由な二国間の通商を、両国にとってこれほど有利なものにするまさに同じ状況が、そのような通商に対する主要な障害の原因になってきた。隣人であるがゆえに、隣国は必然的に敵になり、それぞれの富と力は、そのゆえに、恐怖心を引き起こすものになるから、国民的な交友がもつ利益を増加させるものが、国民的敵愾心の激しさに油を注ぐことにしか役立たなくなるのである。隣国は、ともに豊かで勤勉な国民であり、それぞれの国の商人と製造業者は、他方の商人や製造業者がもつ技術や活動の競争相手になることを、恐れている。商業上の嫉妬心は、国民的敵愾心の激しさによって呼び覚まされ、両者を燃え上がらせるだけでなく、自ずと激高するものである。だから、両国の貿易従事者は、私利私欲で動くという間違った考えを強く信じ込んだ挙句、あの不利な貿易収支の結果――彼らが申し立てるところでは、抑制不可能な相手国との貿易収支の結果――として、それぞれが壊滅的被害を受けたのは間違いない、と公言してきた〔前パラグラフと本パラグラフは、『増補と訂正』すなわち第三版で加えられた〕。

14 ヨーロッパの商業国で、不利な貿易収支を理由に、この体制の没落が近づきつつあると、自称博士連中が頻繁に予言しなかった国など存在しない。しかしながら、彼らがこれにかんして喚起した懸念にもかかわらず、さらには、ほとんどすべての貿易従事国が、貿易収支を自国に有利、近隣国に不利に転換しようとした無益な試みにもかかわらず、ヨーロッパのどの国も、どこから見てもこれが原因で貧しくなったようには思われなかった。これとは逆に、あらゆる都市や地方は、その港をあらゆる国民に開放するのと比例して、この自由貿易によって破壊される――重商主義体系の根本思想が我々に覚悟させるように――どころか、それによって豊かになってきた。事実、ヨーロッパには、いくつかの点で自由港という名称にふさわしい都市が少数存在したが、そのようにする国は存在しなかった。多分オランダは、この種類のものにもっとも近づいたが、なおそれから相当かけ離れているし、しかもオランダは、その富だけでなく、必要な食料などの生活物資の大きな部分まで、外国貿易から引き出していることが知られている。

15 すでに指摘したことだが、実際、貿易の均衡（バランス・オヴ・トレイド）とはおおいに異なった別の均衡（バランス）があり、それは、それがたまたま有利か不利かに応じて、必然的に、すべての国で繁栄や衰退を引き起こす。生産と消費の年々の均衡がこれである。すでに考察したように、年々の生産物の交換価値が年々の消費の交換価値を超過した場合には、社会の資本はこの超過分だけ、年々増加するはずである。この場合、社会はその収入の範囲内で生活を律するから、その収入から年々貯蓄されたものは、当然その資本に加えられ、さらに年々の生産物をいっそう増やすために利用されるだろう。これとは逆に、もし年々の生産物の交換価値が年々の消費に達しなかったら、社会の資本は、この不足に比例して年々減少するはずである。この場合、社会の支出はその収入を上回るから、必然的にその資本を蚕食（さんしょく）する。それゆえ、社会の資本は、かならず衰退するにちがいなく、だからそれと一緒に、社会の産業の年々の生産物の交換価値も減少するはずである。

16 この生産と消費の均衡は、いわゆる貿易の均衡とは、まったく異なったものである。これは、外国貿易をもたず、世界のすべてから完全に分離された国でも、生じうることである。これは、富、人口および改良が、漸次的に増加しつつあろうと、漸次的に減少しつつあろうと、地球上どこでも生じる可能性がある。

17 貿易の均衡と言われるものが、一般的に国民（ネイション）にとって不利であっても、生産と消費の均衡は、つねに国民にとって有利である可能性がある。国民は、おそらく半世紀の間ずっと、輸出するよりも大きな価値を輸入することが可能であろうし、同時に、国に入ってくる金や銀は、この期間に国内からただちに送り出される可能性があり、国内で流通する鋳貨が次第に減少し、さまざまな種類の紙の貨幣によって取って代わられ、また取引を行っている主要な国で契約された債務も次第に増加する可能性があるが、それでもなお、その真実の富、その土地と労働の年々の生産物の交換価値は、同じ期間をつうじて、もっと大きな比率で増え続ける可能性があろう。現在の混乱が始まる以前、*我が国の北アメリカ植民地、および、植民地がグレートブリテンと遂行している貿易の状態は、このことが、けっしてありえない仮説などではないことの証拠として、役立つ可能性がある。

＊このパラグラフは一七七五年に書かれたものである〔この注は、第三版で加えられた〕。

第四章　戻し税について

1 商人と製造業者は、国内市場の独占で満足しているわけではなく、彼らの商品を最大限海外で販売することを望んでいる。彼らの母国は、外国では裁判権を確保しておらず、それゆえ、当地で彼らに独占というものをもたらすことは、まず不可能である。したがって彼らは、一般的に、輸出に対する一定の奨励を請願することで、満足せざるをえない。

2 このような奨励策のうちでは、戻し税と呼ばれるものがもっとも合理的なものだと思われる。国内産業に対して課税される物品税（エクサイズ）や内国税の全部または一部を、輸出に当たって商人に払い戻す許可を与えることが、内国税が徴収されなかった場合に生じるであろう量を上回る量の商品の輸出を引き起こすことなど、けっしてあるはずがない。そのような奨励策は、その国の資本のより大きな部分が、自然にその仕事に向かうであろうものを超えて、何か特定の仕事に向かわせる傾向をもっておらず、物品税や内国税が、自然にそこに向かうであろう国の資本の一部を、他の仕事に追いやってしまわないように防ぐだけである。そのような奨励策は、社会に存在するすべてのさまざまな仕事の間で、自然に出来上がる釣り合いを壊す傾向をもつわけではなく、釣り合いが、税金によって壊されることを防ぐのに役立つのである。それは、ほとんどの場合、維持するほうが有益であるもの、つまり、社会における労働の自然な細分化と配分を、壊してしまう傾向をもっていない。

3　同じことは、輸入された外国商品の再輸出に対する戻し税——グレートブリテンでは、一般的に、輸入品に対する税金の飛びぬけて大きな部分に相当する——についても、言うことができるだろう。議会の立法に追加された二番目の規則（ルール）、つまり、旧特別徴収税（サブシディ）と今日呼ばれているものによれば、イングランドの商人であろうと外国の商人であろうと、再輸出する時に、その税金の半分を払い戻すことが許されていたが、イングランドの商人の場合は、その輸出が一二ヵ月以内になされることが条件であり、外国の商人の場合は、九ヵ月以内にそれを行うという条件が付されていた。ワイン、干しブドウおよび精巧な絹織物は、この規則の適用外にある数すくない商品であり、もっと有利な控除額を別にもっていた。この議会の立法によって課せられた税金は、当時、外国商品の輸入に対する唯一の課税であった。これ、および他のすべての戻し税を請求できる期限は、後に（ジョージ一世治世七年法律第二一号一〇条）三年に延長された。

4　旧特別徴収税以降に賦課されてきた税金は、その大部分が、輸出に際してほとんど払い戻されている。しかしながら、この一般的な規則は、きわめて多数の例外を免れないものだから、戻し税という原則は、最初に制定された時に較べ、なおさら単純な事柄ではなくなった。

5　輸入が国内消費に必要なものを大幅に超過していると予想されるような外国商品の輸出については、旧臨時徴収税の半分も留保することなく、すべての関税が払い戻される。我が国の北アメリカ植民地反乱以前、我が国は、メリーランドとヴァージニアのタバコを独占していた。我が国は大樽で約九万六〇〇〇個を輸入し、国内消費は一万四〇〇〇個未満であったと推定されている。残部を捌くために不可欠な膨大な輸出を促進するため、三年以内に再輸出が実行されるという前提で、関税の全体が払い戻された。

6　我が国は、全部ではないが、ほとんどそれに近い程度、西インド諸島の砂糖独占を今なお確保している。それゆえ、もし砂糖が一年以内に輸出されれば、輸入に際して課せられたすべての関税が払い戻されるし、三年以内に輸出された場合には、今も大部分の商品の輸出に対して維持され続けている旧特別徴収税の半分を除いて、残りすべての関税が払い戻される。砂糖の輸入は、国内消費のために必要なものを相当量超過しているとはいえ、タバコの場合に通常目につくものと較べて、その超過の程度は大きなものではない。

7　我が国の製造業者の嫉妬心の特別な対象であるような商品は、国内消費用に輸入することを禁じられている。しかしながら、一定の関税を支払えば、それを輸入し、輸出のために保税倉庫に入れることは可能である。だが、そのような輸出に対しては、このような関税はまったく払い戻されない。我が国の製造業者は、このように制限された輸入さえ奨励されることを望んでいないし、このような商品の一部が倉庫から盗み出され、彼らの製品と競争するようになってはいけないと、心配しているように思われる。精巧な絹織物、フランス産の薄手麻織物や極薄の麻織物、さらに、手描き・捺染（なっせん）・染色あるいは糸染めの平織り綿布（キャラコ）といったものの我が国への輸入は、このような規制の下でのみ可能である。

8　我々は、フランス産商品の運搬者になることさえ望んでおらず、だから、我々が敵国と考える人々に、我々の資金を用いて黙って儲けさせるよりも、自分たちの利益を先送りすることを選ぶのである。旧特別徴収税の半分だけでなく、また別に二五パーセントが、あらゆるフランス産商品の輸出に対して維持されている。

9 旧臨時徴収税に付け加えられた四番目の規則によって、その当時、その輸入に対して支払われた関税の半分以上に及ぶ、きわめて多額のあらゆるワインの輸入に対して戻し税が許可されたから、当時、ワインの中継貿易に対する通常の助成以上の何かを与えることが、立法府の目的であったと思われる。さらにまた、同じ時か、あるいは旧臨時徴収税のすぐ後に課せられた他のいくつかの関税があり、追加的な関税と呼ばれているもの、つまり新臨時徴収税、三分の一および三分の二の臨時徴収税、一六九二年の輸入税、ワインに対する鋳造費〔鋳造にかんする経費を賄うためのワインに対する関税〕は、輸出に際して、すべて払い戻されることが認められていた。

しかしながら、追加的な関税と一六九二年の輸入税を除き、このような関税は、輸入時にすべて現金で全額支払われていたから、それほど大きな額に対する利子が経費負担になって、この商品でいくらか利益が上がる中継貿易を行うという期待を、実情に合わないものにしてしまった。それゆえ、ワインに対する輸入税と呼ばれる関税の一部だけが、輸出に際して払い戻しを認められたのであって、フランス産ワインに対する一トン当たり二五ポンドのどの部分も、つまり一七四五年、一七六三年、および一七七八年に賦課された関税のうちのどの部分も、払い戻しを認められなかったのである。従来のすべての関税に対して一七七九年と一七八一年に賦課された五パーセントの二つの輸入税は、他のすべての商品の輸出に際して、完全に払い戻されると認められていたから、ワインの関税に対しても同様に払い戻されると認められた。ワインに対して特別に賦課されていた最後の関税、つまり一七八〇年の関税は、丸ごと払い戻されることが認められているが、あれほど多くの重い関税が維持されていることを思えば、この恩恵は、まず間違いなくワイン一トンの輸出さえ引き起こすことは不可能であろう。このような規則は、アメリカにあるイギリス植民地を除く、あらゆる場所における合法的な輸出にかんして効力を発揮している。

貿易を促進するための立法と呼ばれたチャールズ二世治世一五年法律第七号は、ヨーロッパで産出または製造されたあらゆる種類の商品を植民地に供給する独占権を、グレートブリテンに与えるものであり、したがって、結果的にワインもそれに含まれていた。我が国の北アメリカおよび西インド植民地のように、広大な海岸をもつ地方では、我が国の支配力はつねにきわめて貧弱であって、当地の住民は、彼ら自身の船舶で、産出する非列挙商品〔本国以外への輸出を禁止されていない商品〕を、まずヨーロッパのすべての地域に、その後、フィニステレ岬〔イベリア半島北西部スペイン西端の岬〕より南に位置するすべての地域へ輸出することが許されていたから、この貿易独占がおおいに賞賛された可能性などほとんどなかっただろうし、植民地住民は、商品の搬出を許可されていた国から、一定の積み荷をもち帰る手段を、多分いつでも使えるようになっていただろう。

しかしながら、ヨーロッパ産のワインを、それぞれの産地から輸入する際にいくつか困難があることを、彼らは理解していたように思われる。というのは、多くの重い関税を賦課され、そのかなりの部分が輸出に際して払い戻されなかったグレートブリテンから、ワインを十分に輸入できなかったからである。マデイラ産ワイン〔マデイラ諸島は、アフリカ大陸西部大西洋上の群島でポルトガル領〕は、ヨーロッパ産の商品ではないため、アメリカや西インドへ直接輸入可能であり、このような地方は、植民地の非列挙商品にかんして、マデイラ諸島との自由貿易を享受していた。おそらく、このような事情が、マデイラワインに対する一般的な好みを導入したのであって、一七五五年に始まった戦争開始期に、我が国の将校が、我が国のあらゆる植民地ですでにその好みが定着しているのを知り、そのワインがまだそれほど流行していなかった母国に、彼らがそれをもち帰ったのである。その戦争が終結すると、つまり一七六三年に（ジョージ三世治世四年法律第一五号第一二条によって）、三ポンド一〇シリングを除き、すべてのワインを植民地向けに輸出する際にあらゆる関税が払い戻されたが、フランス産ワインは、その通商と消費に対して、国民的偏見がそのような助成をまったく許さなかったため、除外された。このような恩恵の授与と、我が国の北アメリカ植民地の反乱に挟まれた期間は、このような国の慣習におけるかなりの変化を許容するには、おそらく短すぎたのである。

11 同じ法律は、フランス産ワインを除き、すべてのワインに対する戻し税にかんして、このように他のすべての国をはるかに上回る奨励を植民地に対して与えたが、他の商品の大部分については、ずっとすくない奨励しか与えなかった。大部分の商品の他の国々への輸出に際しては、旧臨時徴収税の半分が払い戻された。だが、この法律は、植民地へのあらゆる商品――ワイン、純白のキャラコやモスリン以外の、ヨーロッパや東インドの産物や製造品――の輸出に対して、旧臨時徴収税のいかなる部分も払い戻されてはならない、と規定していた

〔訳注〕〔本章のパラグラフ3「議会の立法による」以下ここまでは、二版までの短い文章を除去したうえで、第三版で追加された〕。

〔訳注〕第三版で削除された短い文章は、以下の通り。「旧臨時徴収税と呼ばれるものによって賦課された関税の半分は、イングランドの植民地に向けて輸出された商品を除き、例外なく払い戻される。だから、しばしば全体のこともあるが、ほとんどいつも、後の臨時徴収税や輸入税によって賦課された関税の一部であった」。

12　戻し税は、おそらくもともと中継貿易を奨励するために交付されたもので、それは、船の運賃が外国人によって現金で支払われることが多かったから、金や銀を国内にもたらすために、ことのほか適合的であったと推測されている。しかし、中継貿易が、特別の奨励に値しないものであることが確かであるにもかかわらず、さらに、その制度の動機が、多分著しく馬鹿げたものであるとしても、制度そのものは、十分合理的であると思われる。そのような戻し税は、国の資本のうち、輸入に対する関税が存在しなければ自然に中継貿易に流入したであろう部分よりも大きな資本を、中継貿易に押し込むことはできない。戻し税は、このような関税によって、我が国の資本が中継貿易からまったく締め出されるのを、防げるだけである。中継貿易は、優先するには値しないが、排除されるべきものではなく、他のすべての貿易と同様に、自由に放置されるべきものである。それは、我が国の農業にも製造業にも、消費財の国内取引にも、外国貿易にも仕事を見つけることができない資本にとって、不可欠な方策なのである。

13　関税収入は、そのような戻し税から、損害どころか、留保された関税の相当部分だけ利益を得る。もしすべての関税が留保されるとすれば、関税支払いの対象である外国商品は、ごくまれにしか輸出できないばかりか、市場不足のため、結果的に輸入されることも不可能になるだろう。それゆえ、その一部が留保される関税など、けっして支払われなかっただろう。

14 このような理由が、戻し税を十分に正当化しているように思われるし、戻し税を正当化していただろうが、しかしすべての関税は、国内産業の生産物に対するものであれ、外国商品に対するものであれ、輸出に際してつねに払い戻されていた。実際のところ、臨時徴収税の収入は、この場合ごくわずかしか被害を受けず、著しい被害を受けたのは関税収入であろうが、しかし、多かれ少なかれ、つねにそのような関税によって攪乱される産業の自然な均衡、つまり、労働の自然な細分化と自然な配分は、そのような調整によって、おおむね再建されたことであろう。

15 しかしながら、このような理由が戻し税を正当化するのは、完全に外国であり、独立した国に対する商品の輸出に限られるのであって、我が国の商人と製造業者が独占を享受している国に対する輸出についてではない。たとえば、我が国のアメリカ植民地に向けたヨーロッパ産商品の輸出に対する戻し税は、それなしに行われるであろうものよりも、ずっと多くの輸出をかならずしも引き起こすものではあるまい。我が国の商人や製造業者がそこで享受している独占という手段によって、関税全体は保持されたままであっても、同量の商品が、おそらく頻繁に植民地に向けて送られる可能性がある。それゆえ、戻し税は、物品税と関税の収入にとっては、貿易の状態を変更したり、どの側面であれ、それをいっそう拡大したりすることもなく、しばしば純粋な損失である可能性がある。そのような戻し税が、我が国の植民地における産業の適切な奨励として、どの程度まで正当化しうるか、あるいは、残りの同国民の全員が支払っている税金を植民地が免除されるべきであるというのは、母国にとってどの程度まで有利なのか、これは、後に植民地について論じる時に明らかになるだろう。

16 しかしながら、つねに銘記しておく必要があるのは、戻し税が役立つのは、指定されている輸出用商品が、どこか外国に実際に輸出される場合だけであって、こっそりと我が国に再輸入されるものについてではない、ということである。いくつかの戻し税、特にタバコに対するそれが、しばしばこの方法で悪用されてきたし、さらに、収入と公正な貿易の両方にとって等しく有害な、多くの詐欺を発生させてきたことは、よく知られている。

〔下巻につづく〕

本書は、新訳です。

アダム・スミス（Adam Smith）

1723-1790。英国の経済学者・道徳哲学者。著書に『道徳感情論』がある。

高　哲男（たか　てつお）

1947年生まれ。九州大学名誉教授。博士（経済学）。著書に『ヴェブレン研究』，『現代アメリカ経済思想の起源』，『アダム・スミス　競争と共感、そして自由な社会へ』，訳書に『道徳感情論』（スミス），『有閑階級の理論』（ヴェブレン）などがある。

定価はカバーに表示してあります。

国富論（上）

アダム・スミス／高 哲男 訳

2020年4月8日　第1刷発行

発行者　渡瀬昌彦
発行所　株式会社講談社
東京都文京区音羽 2-12-21 〒112-8001
電話　編集（03）5395-3512
販売（03）5395-4415
業務（03）5395-3615
装　幀　蟹江征治
印　刷　豊国印刷株式会社
製　本　株式会社若林製本工場
本文データ制作　講談社デジタル製作

ISBN978-4-06-519094-4

「講談社学術文庫」の刊行に当たって

これは、学術をポケットに入れることをモットーとして生まれた文庫である。学術は少年の心を養い、成年の心を満たす。その学術がポケットにはいる形で、万人のものになることは、生涯教育をうたう現代の理想である。

こうした考え方は、学術を巨大な城のように見る世間の常識に反するかもしれない。また、一部の人たちからは、学術の権威をおとすものと非難されるかもしれない。しかし、それはいずれも学術の新しい在り方を解しないものといわざるをえない。

学術は、まず魔術への挑戦から始まった。やがて、いわゆる常識をつぎつぎに改めていった。学術の権威は、幾百年、幾千年にわたる、苦しい戦いの成果である。こうしてきずきあげられた城が、一見して近づきがたいものにうつるのは、そのためである。しかし、学術の権威を、その形の上だけで判断してはならない。その生成のあとをかえりみれば、その根は常に人々の生活の中にあった。学術が大きな力たりうるのはそのためであって、生活をはなれた学術は、どこにもない。

開かれた社会といわれる現代にとって、これはまったく自明である。生活と学術との間に、もし距離があるとすれば、何をおいてもこれを埋めねばならない。もしこの距離が形の上の迷信からきているとすれば、その迷信をうち破らねばならぬ。

学術文庫は、内外の迷信を打破し、学術のために新しい天地をひらく意図をもって生まれた。文庫という小さい形と、学術という壮大な城とが、完全に両立するためには、なおいくらかの時を必要とするであろう。しかし、学術をポケットにした社会が、人間の生活にとってより豊かな社会であることは、たしかである。そうした社会の実現のために、文庫の世界に新しいジャンルを加えることができれば幸いである。

一九七六年六月　　野間省一

中国の古典

論語 増補版
加地伸行全訳注

人間とは何か。溟濛の時代にあって、人はいかに生くべきか。儒教学の第一人者が『論語』の本質を読み切り、独自の解釈、達意の現代語訳を施す。漢字一字から検索できる「手がかり索引」を増補した決定新版！

1962

倭国伝 中国正史に描かれた日本 全訳注
藤堂明保・竹田 晃・影山輝國訳注

古来、日本は中国からどう見られてきたか。漢委奴国王金印受賜から遣唐使、蒙古襲来、勘合貿易、倭寇、秀吉の朝鮮出兵まで。中国歴代正史に描かれた千五百年余の日本の姿を完訳する、中国から見た日本通史。

2010

荘子 内篇
福永光司著

中国が生んだ鬼才・荘子が遺した、無為自然を基とし人為を拒絶する思想とはなにか？ 荘子自身の手によるとされる「内篇」を、老荘思想研究の泰斗が実存主義的に解釈。荘子の思想の精髄に迫った古典的名著。

2058

訳注「**淮南子**」
池田知久訳注

淮南王劉安が招致した数千の賓客と方術の士に編纂させた思想書『淮南子』は、道家、儒家、法家、兵家、墨家の諸子百家思想と、天文・地理などの知識を網羅した古代中国の百科全書である。その全貌を紹介する。

2121

茶経 全訳注
布目潮渢訳注

中国唐代、「茶聖」陸羽によって著された世界最古の茶書。茶の起源、製茶法から煮たて方や飲み方など、茶のあらゆる知識を科学的に網羅する「茶の百科全書」を豊富な図版を添えて読む、喫茶愛好家必携の一冊。

2135

荘子（上）（下）全訳注
池田知久訳注

「胡蝶の夢」「朝三暮四」「知魚楽」「万物斉同」「庖丁解牛」「無用の用」……。宇宙論、政治哲学、人生哲学まで、森羅万象を説く、深遠なる知恵の泉である。達意の訳文と丁寧な解説で読解・熟読玩味する決定版！

2237・2238

中国の古典

井波律子訳
三国志演義（一）～（四）

中国四大奇書の一冊。後漢王朝の崩壊後、群雄割拠の時代から魏、蜀、呉の三つ巴の戦いを活写する。時代背景や思想にも目配りのきいた、最高の訳文で、劉備、関羽、張飛、諸葛亮たちが活躍する物語世界に酔う。

2257～2260

下定雅弘・松原　朗編
杜甫全詩訳注（一）～（四）

国破れて山河在り、城春にして草木深し――。「詩聖」と仰がれ、中国にとどまらず日本や周辺諸国の文化や文芸に影響を与え続ける中国文学史上最高の詩人。その全作品が、最新最良の書きおろし全訳注でよみがえる！

2333～2336

池田知久著
『老子』その思想を読み尽くす

老子の提唱する「無為」「無知」「無学」は、儒家思想のたんなるアンチテーゼでもニヒリズムでもない。最終目標の「道」とは何か？　哲学・倫理思想・政治思想・自然思想・養生思想の五つの観点から徹底解読。

2416

池田知久訳
荘子（上）（下）　全現代語訳

「無」からの宇宙生成、無用の用、胡蝶の夢……。宇宙論から人間の生き方、処世から芸事まで。幅広い思想を展開した、汲めども尽きぬ面白さをもった『荘子』を達意の訳文でお届けする『荘子　全訳注』の簡易版。

2429・2430

井波律子訳
水滸伝（一）～（五）

中国武侠小説の最大傑作にして「中国四大奇書」の一つ。北宋末の乱世を舞台に、好漢百八人が暴力・知力・胆力を発揮し、戦いを繰り広げながら、「梁山泊」へと集結する！　勢いのある文体で、完全新訳！

2451～2455

顔之推著／林田愼之助訳
顔氏家訓

王朝の興亡が繰り返された乱世の古代中国を生き抜いた名門貴族が子孫に書き残した教えとは。家族の在り方、教育、養生法、仕事、死をめぐる態度まで、人生のあらゆる局面に役立つ英知が現代語で甦る！

2476

道徳感情論
アダム・スミス著／高　哲男訳

『国富論』に並ぶスミスの必読書が、読みやすい訳文で登場！「共感」をもベースに、個人の心に「義務」「道徳」が確立される、新しい社会と人間のあり方を探り、「調和ある社会の原動力」を解明した必読書！

2176

役人の生理学
バルザック著／鹿島　茂訳・解説

「役人は生きるために俸給が必要で、職場を離れる自由もなく、書類作り以外能力なし」。観察眼が冴え渡る抱腹絶倒のスーパー・エッセイ。バルザック他、フロベール、モーパッサンの「役人文学」三篇も収録する。

2206

神曲　地獄篇
ダンテ・アリギエリ著／原　基晶訳

ウェルギリウスに導かれて巡る九層構造の地獄。地獄では生前に悪をなした教皇、聖職者、作者の政敵が、神による過酷な制裁を受けていた。原典に忠実で読みやすい新訳に、最新研究に基づく丁寧な解説を付す。

2242

神曲　煉獄篇
ダンテ・アリギエリ著／原　基晶訳

知の麗人ベアトリーチェと出会い、地上での罪の贖いの場＝煉獄へ。ダンテはここで身を浄め、自らを高めていく。ベアトリーチェに従い、ダンテは天国に昇る。古典の最高峰を端整な新訳、卓越した解説付きで読む。

2243

神曲　天国篇
ダンテ・アリギエリ著／原　基晶訳

天国では、ベアトリーチェに代わる聖ベルナールの案内により、ダンテはついに神を見て、合一を果たし、三位一体の神秘を直観する。そしてついに、三界をめぐる旅は終わる。古典文学の最高峰を熟読玩味する。

2244

ジャーナリストの生理学
バルザック著／鹿島　茂訳・解説

今も昔もジャーナリズムは嘘と欺瞞だらけ。大文豪が新聞記者と批評家の本性を暴き、徹底的に攻撃する。バルザックは言う。「もしジャーナリズムが存在していないなら、まちがってもこれを発明してはならない」。

2273

西洋中世奇譚集成 魔術師マーリン
ロベール・ド・ボロン著／横山安由美訳・解説

神から未来の知を、悪魔から過去の知を授かった神童マーリン。やがてその力をもって彼はブリテンの王家三代を動かし、ついにはアーサーを戴冠へと導く。波乱万丈の物語にして中世ロマンの金字塔、本邦初訳！

2304

人間不平等起源論 付「戦争法原理」
ジャン＝ジャック・ルソー著／坂倉裕治訳

身分の違いや貧富の格差といった「人為」で作り出された不平等こそが、人間を惨めで不幸にする。この不平等の起源と根拠を突きとめ、不幸を回避する方法とは？　幻の作品『戦争法原理』の復元版を併録。

2367

論理学 考える技術の初歩
E・B・ド・コンディヤック著／山口裕之訳

ロックやニュートンなどの経験論をフランスに輸入・発展させた十八世紀の哲学者が最晩年に記した、若者たちのための最良の教科書。これを読めば、難解な書物も的確に、すばやく読むことができる。本邦初訳。

2369

人間の由来（上）（下）
チャールズ・ダーウィン著／長谷川眞理子訳・解説

『種の起源』から十年余、ダーウィンは初めて人間の由来と進化を本格的に扱った。昆虫、魚、両生類、爬虫類、鳥、哺乳類から人間への進化を「性淘汰」で説明。我々はいかにして「下等動物」から生まれたのか。

2370・2371

愉しい学問
フリードリヒ・ニーチェ著／森　一郎訳

『ツァラトゥストラはこう言った』と並ぶニーチェの主著。随所で笑いを誘うアフォリズムの連なりから「永遠回帰」の思想が立ち上がり、「神は死んだ」という鮮烈な宣言がなされる。第一人者による待望の新訳。

2406

革命論集
アントニオ・グラムシ著／上村忠男編・訳

イタリア共産党創設の立役者アントニオ・グラムシの、本邦初訳を数多く含む待望の論集。国家防衛法違反の容疑で一九二六年に逮捕されるまでに残した文章を精選した。ムッソリーニに挑んだ男の壮絶な姿が甦る。

2407

西洋の古典

言語起源論
ヨハン・ゴットフリート・ヘルダー著／宮谷尚実訳

神が創り給うたのか？　それとも、人間が発明したのか？――古代より数多の人々を悩ませてきた難問に果敢に挑み、大胆な論を提示して後世に決定的な影響を与えた名著。初めて自筆草稿に基づいた決定版新訳！

2457

書簡詩
ホラーティウス著／高橋宏幸訳

古代ローマを代表する詩人ホラーティウスの主著。オウィディウス、ペトラルカ、ヴォルテールに連なる韻文による書簡の伝統は、ここに始まった。名高い『詩論』を含む古典を清新な日本語で再現した待望の新訳。

2458

リュシス　恋がたき
プラトン著／田中伸司・三嶋輝夫訳

美少年リュシスとその友人を相手にプラトンが「友愛」とは何かを論じる『リュシス』。そして、「知を愛すること」としての「哲学」という主題を扱った『恋がたき』。「愛すること」で貫かれた名対話篇、待望の新訳。

2459

メタサイコロジー論
ジークムント・フロイト著／十川幸司訳

「抑圧」、「無意識」、「夢」など、精神分析の基本概念を刷新するべく企図された幻の書『メタサイコロジー序説』に収録されるはずだった論文のうち、現存する六篇すべてを集成する。第一級の分析家、渾身の新訳！

2460

国家の神話
エルンスト・カッシーラー著／宮田光雄訳

稀代の碩学カッシーラーが最晩年になってついに手がけた畢生の記念碑的大作。独自の「シンボル（象徴）」理論に基づき、古代ギリシアから中世を経て現代に及ぶ壮大なスケールで描き出される怒濤の思想的ドラマ！

2461

七十人訳ギリシア語聖書　モーセ五書
秦　剛平訳

前三世紀頃、七十二人のユダヤ人長老がヘブライ語聖書をギリシア語に訳しはじめた。この通称「七十人訳」こそ、現存する最古の体系的聖書でありイエスの時代の聖書である。西洋文明の基礎文献、待望の文庫化！

2465